1 MONTH OF
FREE
READING

at

www.ForgottenBooks.com

By purchasing this book you are eligible for one month membership to ForgottenBooks.com, giving you unlimited access to our entire collection of over 1,000,000 titles via our web site and mobile apps.

To claim your free month visit:

www.forgottenbooks.com/free1259963

ISBN 978-0-428-63540-4
PIBN 11259963

This book is a reproduction of an important historical work. Forgotten Books uses
state-of-the-art technology to digitally reconstruct the work, preserving the original format
whilst repairing imperfections present in the aged copy. In rare cases, an imperfection in
the original, such as a blemish or missing page, may be replicated in our edition. We do,
however, repair the vast majority of imperfections successfully; any imperfections that
remain are intentionally left to preserve the state of such historical works.

CANTIONES BOHEMICAE.

Leiche, Lieder und Rufe

des

13., 14. und 15. Jahrhunderts

nach Handschriften

aus Prag, Jistebnicz, Wittingau, Hohenfurt und Tegernsee

herausgegeben

von

Guido Maria Dreves,

S. J.

Leipzig.

Fues's Verlag (R. Reisland).

1886.

Einleitung.

Als Herausgeber dieses zum Zwecke hymnologischer Studien
die zahlreichen liturgischen Handschriften durchging, welche die
Klostervergewaltigung Josephs II. aus allen Gegenden Böhmens
auf der k. k. Universitätsbibliothek dahier zusammengeführt, stiefs
er in mehreren derselben auf eine neue, ihm völlig fremde Art
lateinischer Gedichte. Bei näherem Studium dieser ergab sich,
dafs dieselben ihrer erdrückenden Mehrzahl nach so gut wie
unbekannt, eines besseren Loses aber unter mehr als einer Rücksicht würdig seien.

Einmal schienen an dem gewaltigen Schatze mittelalterlicher
lateinischer Hymnendichtung, zu dem die meisten abendländischen
Völker in hervorragender Weise beisteuerten, die zur lateinischen
Kirche rechnenden slavischen Stämme, also vor allem Polen und
Tschechen in der denkbarst dürftigen Weise vertreten. Während
die gedankenkühne, aber in der äufseren Form rauhkräftige
Weise der älteren Sequenzendichtung, von Deutschland ausgehend,
sich in Deutschland und fast ausschliefslich hier zur Blüte ent-
faltete, ja in den hervorragenden Leistungen der St. Galler und
Reichenauer Sängerschulen zu einer Beliebtheit und einem Ansehen in der gesamten Christenheit gelangte, dafs selbst der
veränderte Geschmack und die vollendeteren Formen des zwölf-
ten und dreizehnten Jahrhunderts sie nur in beschränktem Mafse
zu verdrängen vermochten; während die zweite, äufserlich glän-
zendere und anmutigere Blüte der Sequenzendichtung im südlichen Frankreich, speziell in Clugny ihren Anfang nehmend, im
nördlichen, vor allem in der berühmten Abtei von St. Viktor
ihre herrlichsten Triumphe feierte: war bisher nicht ersichtlich,
dafs die slavischen Völker, soweit dieselben in die grofse Völker-
familie eintraten, die man im Mittelalter das abendländische oder
lateinische „Christentum" zu nennen pflegte, sich in irgend er-

1 *

heblicher Weise an der Hymnodie beteiligt hätten. Und doch mufste eine solche Beteiligung bei der bekannten Sangeslust der beiden zunächst in Betracht kommenden Stämme mindestens für das dreizehnte und vierzehnte Jahrhundert von vornherein so gut wie ausgemacht erscheinen. Wenn sich, wie die folgenden Seiten darthun werden, diese Beteiligung, wo nicht ausschliefslich, so doch vorzugsweise auf eine Art von Gesängen erstreckt, die im strengen Sinne des Wortes nicht als liturgisch bezeichnet werden können, während die Ausbeute an eigentlichen Hymnen und Sequenzen sich auf die Offizien der Landesheiligen Vitus, Wenżel, Ludmilla, Prokop und etwa das Festoffizium der Heimsuchung beschränken dürfte, so kann diese Erscheinung uns nicht im mindesten befremden. Die römisch-christliche Bildung des Abendlandes wurde durch die von Nordosten gegen Südwesten dahinbrausenden Wogen der Völkerwanderung fast gänzlich in den europäischen Westen und Süden, und da dieser von den Griechen Italiens und den Mauren in Spanien verkümmert ward, fast ausschliefslich nach Gallien gedrängt, von dessen Gefilden der Ansturm der Hunnen wie der Mauren siegreich zurückgewiesen wurde. Folge und Lohn dieser rettenden That war, dafs das grofse germanische Weltreich des gewaltigen Karl, das wie eine neue Schöpfung nach ihren .Tagen und Formationen aus dem Chaos der Völkerwanderung auftaucht, mit seinem geistigen Schwerpunkt auf gallischem Boden ruhte; dafs von Frankreich ausgehend[1]) jene eigentümliche Mischung germanischer und römischer Bildung, die Kultur des Mittelalters, sich gen Osten ausbreitete. Bis diese Arbeit, die im Westen begann und zum Teil vollendet ward ehe noch im Osten die Bewegungen der Völkerwanderung ihr Ende gefunden und die in Flufs geratenen Massen in die Gleich- gewichtslage zurückgekehrt, das abgeschlossene Böhmen erreicht und von den Anfängen christlicher Gesittung ausgehend, langsam den hartnäckigen Widerstand des nationalen Heidentums über- windend, das Land auf jene Höhe . der Bildung zu heber

---

[1]) Allerdings blieb auch die eigenartig gefärbte irisch-angelsächsisch Bildung von dem verheerenden Einflusse der Völkerwanderung verschon und ihre Bedeutung für den späteren tand der Wissenschaften ist ein nich zu unterschatzender. Allein auch ihre Wirkung wird durch das Reich de Merowinger den östlicher liegenden Ländern vermittelt; man braucht nur a Columban, Gallus und Bonifacius zu erinnern.

vermochte, wie sie in Frankreich schon zu den Zeiten der ersten
fränkischen Dynastie bestand; bis es den Pionieren dieser Bildung,
der Geistlichkeit und den Mönchen, vergönnt war, ihre Mufse-
stunden der heiligen Dichtkunst zu weihen: war auch die zweite
Bluteperiode der lateinischen Rhythmendichtung bereits im Nieder-
gange begriffen. Die reichen Kirchen und Klöster Böhmens
sahen sich daher für ihren liturgischen Bedarf nur selten auf
Neuschöpfung angewiesen, sie hatten nur zuzugreifen und aus
dem überreichen Schatze aller Länder und Zeiten sich dasjenige
auszuwählen, was ihrem Geschmacke am besten zusagte. Besonders bei Karl IV., dem eigentlichen Vater der Gröfse Böhmens,
tritt dies Bestreben, sein geliebtes Erbreich wie in anderer so
in kirchlicher Beziehung mit der Sahne aller Völker zu nähren
in auffallender Weise hervor. Mufsten doch, damit seinem Prag
keine Art kirchlicher Prachtentfaltung abgehe, die Mönche des
nachmaligen Hibernerklosters sich des ambrosianischen Ritus ge-
brauchen, während Emaus nach der Absicht seines Stifters bestimmt war, der altslavischen Liturgie eine Heimstätte zu gewähren.

Dagegen sehen wir, wenn nicht früher, so jedenfalls in
hervorragenderem Mafse, als in andern Ländern der Fall, eine
neue Sangesweise gepflegt, die einen mehr aufserliturgischen
Charakter an sich hat; nicht etwa jene auf stille Privatandacht
berechneten umfangreichen Psalterien und Rosarien, wie sie
namentlich in süddeutschen Klöstern während des vierzehnten
und fünfzehnten Jahrhunderts in grofser Menge zu Tage gefördert
wurden, sondern jene kurzen, volkstümlichen, auf den Gesang
berechneten Leiche, Lieder und Rufe, die als Vorläufer und
Wegebereiter in unverkennbarem Zusammenhange mit dem späteren
religiösen Volks- und Kirchenliede der Landessprache stehen.

Der Anfang des böhmischen Volksliedes ist dem des deutschen
durchaus parallel. Wie in Deutschland, so beteiligte sich das
Volk auch in Böhmen jahrhundertelang am Kirchengesange nur
durch den Ruf Krleš (Kyrie eleison). Als 973 der erste Prager
Bischof Dietmar von seiner Weihe aus Mainz zurückkehrte, und
feierlich im Prager Dome inthronisiert wurde, da stimmte, wie
uns Cosmas von Prag berichtet, der Klerus feierlich das Te deum
an; der Herzog und die Edeln des Landes aber sangen —
merkwürdig genug: Christe keinado, kyrie eleison und die haliegen

alle helfent unse; die Einfältigen und Ungebildeten aber riefen Kerlessu[1]). Zum Jahre 1055 geschieht wieder bei der Wahl Spitihněvs zum Herzoge des Kyrie eleison Erwähnung[2]). Ebenso bei der Erhebung der Gebeine des hl. Adalbert 1039, bei welcher Gelegenheit abermals zwischen dem Gesange der Kleriker, sie das Te deum sangen, und dem der Laien unterschieden wird, die sich auf das Kyrie eleison beschränkt sahen[3]). Ähnlich ferner wie sich in Deutschland einige wenige Volkslieder finden, die sehr viel früher als die übrigen auftreten und das Privileg geniefsen, an gewissen Festen selbst im Hochamte vom Volke abgesungen zu werden (wir erinnern an „Christ ist erstanden" und „Gelobet seist du Jesus Christ"), tauchen auch in Böhmen zuerst zwei vereinzelte Lieder auf, von denen das eine litaneiartige Hospodine pomiluj ny (Herr, erbarme dich unser) durch die Überlieferung dem hl. Adalbert zugeschrieben wird, der es um das Jahr 972 gedichtet haben soll. Obschon diese Tradition nur bis in das Jahr 1397 sich zurückverfolgen läfst[4]), das Lied auch handschriftlich sich erst in Manuskripten des XIV. Jahrhunderts vorfindet, hat doch die Kritik auf Grund der altertümlichen Sprache des Originals und der Nachrichten der Chronisten dem Liede ein ehrwürdiges Alter zuerkennen zu müssen geglaubt. Urkundlich sicher ist, dafs dieser Choral, der auch bei der Inthronisation Arnests von Pardubitz, des ersten Prager Erzbischofes, sowie bei

---

[1]) Ut ventum est metropolim Pragam juxta altare S. Viti inthronizatus ab omnibus clero modulante Te Deum laudamus. Dux autem et primates resonabant Christe keinado Kyrie eleison und die halicgen alle helfent unse et cetera; simpliciores autem et idiotae clamabant Kerlessu. Cosmas ad an. 967.

[2]) Post cujus (scl. Bracislai I.) obitum filium ejus primogenitum nomine Spitignev omnis Bohemiae gentis magni et parvi communi consilio et voluntate pari eligunt sibi in ducem cantantes Kyrie eleison cantilenam dulcem. Cosmas ad an. 1055.

[3]) Clerici Te Deum laudamus, Laici Kyrie eleison modulabantur, et resonant voces eorum usque ad aethera. Cosmas ad an. 1039. Äufserst interessant ist der Grabgesang, den ein Geistlicher bei dem Leichenzuge Břetislaw II. improvisiert haben soll: Cujus feretrum unus ex clero sequens usque ad sepulchrum hujusmodi luctum iterabat dicens: Anima Brecislai Sabaoth Adonai vivat expers thanaton Brecislaus yskiros. Cosmas ad an. 1100.

[4]) A. Voigt, Von dem Altertume und Gebrauche des Kirchengesanges in Böhmen. (Abhandlg. d. gelehrten Gesellsch. I. Bd.) Prag 1775, S. 214. Vgl. W. Nehring, Das altpolnische Marienlied Bogarodzica. Archiv fur slavische Philologie I. Bd. S. 78. J. Jirecek, Hymnologia Bohemica S. 2.

der Grundlegung des St. Veitsdomes angestimmet worden sein
soll.[1]), 1375 üblich, sogar unter der Messe, und mit Ablässen
bedacht war, was alles auf ein hohes Ansehen schliefsen läfst,
in dem das Lied schon damals gestanden haben mufs[2]). Zu
ähnlicher Bedeutung gelangte bald das Wenzelslied: Svatý Václave,
das von Balbin, leider ohne jede Angabe seiner Quelle, dem
Arnest von Pardubitz beigelegt wird[3]). Wichtig für die uns im
folgenden beschäftigende Frage ist, dafs andere Kirchenlieder
in der Landessprache vor Ende des vierzehnten Jahrhunderts
überhaupt nicht auftauchen, und dafs wir da, wo solche uns zuerst begegnen, die kirchliche Behörde denselben abwehrend
gegenüber sehen. Es findet sich nämlich unter den Verordnungen
der Prager Synode vom Jahre 1406 die Bestimmung, die Pfarrer
sollten von der Kanzel herab verkündigen, dafs nur vier Lieder in
der Landessprache, darunter die beiden vorgenannten, künftighin
in der Kirche sollten erlaubt sein[4]). Eine allgemein gehaltene
Verfügung ähnlichen Inhaltes[5]), die sich indes (wie das in der

---

[1]) Vgl. A. Ambros, Der Dom zu Prag, Prag 1858, S. 201, Anm.

[2]) Albert von Sternberg, Bischof von Leitomischl, verlieh in diesem Jahre
40 Tage Ablafs postremo quotiescunque, qui sermoni ibidem (scl. in conventu
Augustinorum Landscronensi) interfuerit, cantilenam hospodin pomiluj ny
ante sermonem vel in missa vel quando corpus Domini nostri Jesu Christi
ad infirmum seu infirmos deportabitur cum aliis cantaverit. Codex diploma-
ticus epistolaris Moraviae ed. V. Brande, Brünn 1885, p. 557.

[3]) B. A. Balbinus, S. J. Vita venerabilis Arnesti, Pragae 1664, p. 193.

[4]) Item mandat Dominus archiepiscopus quod plebani et ecclesiarum rec-
tores in praedicationibus nuntient prohibitas esse novas cantilenas omnes
praeter   Buoh wssemohúcy.

                 Hospodine pomiluj ny.

                 Jesu Chryste stydedry kniezie.

                 Swaty nass Waczlawe.

Alias vero cantantes et cantare permittentes per remedia juris punientur.
C. Höfler, Concc. Pragensia, Prag 1862, p. 52.

[5]) Item districte praecipitur quod paesens (post) festum paschae quotiescunque officium defunctorum celebratur Graduale „Christus resurgens" in
missa defunctorum non decantetur. Item quod runteli vel cantilenae dis-
solutae in missis et trophi in jubilis per clericos in organis minime vel etiam
in aliis instrumentis decantentur. Item cum Deus in modulatione cantus in-
strumentalis non delectetur sed potius in devotione cordis, quare omnibus
et singulis decanis, plebanis, clericis et laicis in virtute sanctae obedientiae
districtius mandatur, ne ludos theatrales vel etiam fistulatores vel joculatores
in festo corporis Christi in processionibus ire quovis modo permittant et ad-
mittant. Hofler, l. c. p. 13. Vgl. Ambros, Gesch. d. Musik, II. S. 482 u. f.

betreffenden Verordnung erwähnte Graduale und das Wort
trophi in der Verbindung mit runteli und cantilenae beweist)
auf ungehörige lateinische Lieder bezogen haben mag, findet
sich schon vom Jahre 1366 und wurde 1371 fast wörtlich erneuert.

Zu diesen Liedern, die sich damals von der überlieferten
kirchlichen Form loszulösen und an das weltliche Lied (ronteli)
anzulehnen begannen, mögen manche der nachstehenden Gesänge
zu rechnen sein, welche ihrer ganzen inneren und äußeren Ver-
anlagung nach denjenigen ähnlich sind, die Daniel im ersten
Bande des Thesaurus S. 327 u. ff. zusammengestellt hat und als
carmina sacra bezeichnet, quae in breviariorum ordinem non
redacta, privato consilio ad sacra obeunda adhibita sunt,
d. h. Lieder, welche zunächst bei außerliturgischen Andachten,
Krippen und Osterspielen, dem Kindelwiegen, der Auferstehungs-
feier, kirchlichen Umzügen und bei ähnlichen Anlässen, dann
aber auch unter der Stillmesse in Gebrauch kamen. Diese Art
Lieder unterscheiden sich von Hymnen und Sequenzen, abgesehen
von ihrem späteren Auftreten (vereinzelt im dreizehnten, in Masse
seit der Mitte des vierzehnten bis zur Hälfte des fünfzehnten
Jahrhunderts) einmal durch die populärere Gestaltung nicht nur
des Inhaltes, sondern auch der Form. Denn während die Hymnen
alle oder doch fast alle auf umgebildete klassische, dem accentuierenden Prinzip mundgerecht gemachte Versmaße sich beschränken, lehnen sich die in Frage stehenden Lieder teils an
die Sequenzen der zweiten Epoche, welche ja selbst schon ein
volkstümliches Element aufgenommen haben, teils an weltliche
Lieder und zwar solche in lateinischer (wir erinnern an die
Carmina burana), wie solche in der Volkssprache an. Ihre
innere Verwandtschaft mit letzteren geht vor allem daraus hervor,
daß sie meist frühzeitig in die Landessprachen übersetzt, sich
als eigentliche geistliche Volkslieder oft bis in unsere Tage ver-
erbt haben. Es genügt, sich auf Lieder zu beziehen wie: „Ein
Kind geborn zu Bethlehem“, „Erstanden ist der heil'ge Christ“,
„Gen Himmel aufgefahren ist“ u. a. m., die aus den lateinischen:
Puer natus in Bethlehem, Surrexit Christus hodie, Coelos ascendit
hodie und ähnlichen hervorgegangen sind[1]).

---

[1]) Von unseren Hymnologen hat eigentlich nur Wackernagel in seinen
beiden Werken über „Das deutsche Kirchenlied“ diesen lateinischen Gesängen
einige Aufmerksamkeit geschenkt. Was Daniel a. a. O. bietet, stammt fast

Ein weiterer Zusammenhang letzterer mit dem Volksliede besteht darin, dafs vielen derselben Melodieen eigen sind, die sich auch im Volksliede, geistlichem wie weltlichem, erhalten haben, je nachdem entweder geistliche Lieder zu weltlichen, weltliche zu geistlichen verwertet wurden, was beides in grofsem Mafsstabe geschehen. Welche von beiden Möglichkeiten im einzelnen Falle vorliegt, und welchem der beiden Doppelgänger, dem geistlichen oder dem profanen, die Anciennetät zuzuerkennen, ist eine meist nur durch ebenso anregende als dornenvolle Detailforschung zu lösende Frage.

Unterscheiden sich so unsere Lieder in metrischer Hinsicht von den Hymnen, um sich den Sequenzen anzuschliefsen, so sind sie von diesen in musikalischer Beziehung ebenso verschieden, als sie dem Hymnus sich nähern, da sie nicht wie jene aus einer Reihe von Chorälen bestehen, sondern wie die Hymnen dieselbe Melodie durch alle Strophen wiederkehren lassen, sei es, dafs diese eine einfache oder eine gegliederte (zweiteilige) ist.

Denn um vom Allgemeinen auf das Besondere, von der Gattung auf die spezifisch böhmische Art dieser Lieder zu kommen, so ist vielleicht das Auffälligste daran, dafs dieselben fast ausnahmslos in Strophen zerfallen, von denen die einen in den Handschriften als V. (resp. W), die andern als R. bezeichnet werden. Es lag nahe, diese Abkürzungen als Versus und Responsorium zu deuten[1]); allein fast alle Handschriften fügen dem R noch ein o hinzu, und so oft sich die Worte ausgeschrieben finden, was gar nicht selten der Fall, lesen wir Versus und Repetitio, so dafs über den Wortlaut ein Zweifel nicht obwalten, sondern höchstens die Wahl des Ausdruckes befremden kann. Repetitio heifst nämlich nicht etwa der Teil der Strophe, der repetiert, sondern gerade derjenige, der nicht wiederholt wird. Denn es kommt stets auf je zwei Versus, welche gleiche Melodie haben,

---

sämtlich aus Wackernagel (1841). Aber auch was W. selbst im ersten Bande seines grofsen Werkes gesammelt, ist nur ein kleiner Bruchteil dieser Lieder und daselbst verhältnismäfsig selten aus Handschriften, sondern meist nur aus Gesangbüchern des 16. und 17. Jahrh. beigebracht. Gerade für die Geschichte des deutschen Kirchenliedes sind aber diese spateren lateinischen Lieder unentbehrlich.

[1]) K. Konrád, Dějiny posvátného zpěvu staročeského I. V Praze 1882. p. 172.

je eine Repetitio, welche einer anderen Weise folgt; blofs am
Ende des Liedes steht häufig, gleichsam als prägnanter Abschlufs
des Ganzen eine doppelte Repetitio, während nur in selteneren
Fällen auch im Innern des Leiches die Repetitio eine zweifache
ist[1]). Will man daher das Wort Repetitio nicht wie lucus a non
lucendo erklären, so wird man dieselbe als denjenigen Teil des Liedes
aufzufassen haben, der sich rundreimartig nach je zwei Strophen
wiederholt, oder man wird in dem Namen eine Andeutung dafür
vermuten, dafs die seltenere Form mit doppelter Repetitio, also
die vierteilige die ältere und ursprünglichere sei, aus der sich
die dreiteilige durch Unterdrückung einer Repetitio herausgebildet
habe. Möglich[2]), dafs sich diese Vermutung als ebenso unstich-
haltig nachweisen läfst, als diejenige, die Julius Feifalik zur Er-
klärung des befremdlichen Namens aufgestellt hat. Nachdem derselbe aus einer Wiener Handschrift den Leich „Ave pulcherrima
regina" genau in der Ordnung des Manuskripts abgedruckt, wodurch in der ersten Strophe die Repetitio zwischen die beiden
Versus geraten mufste, fügt er bei: „Die Art, wie hier bei der
ersten Strophe in der Handschrift 'der Abgesang angebracht ist,
läfst vermuten, dafs derselbe nach jedem Stollen
(versus), also zweimal gesungen wurde, woher denn auch seine
lateinische Benennung Repetitio herrühren mag[3])". Gewifs nicht.
Sonst würde ja wohl auch bei der zweiten und dritten Strophe
die Repetitio nach dem ersten Versus, nach dem zweiten die
Bemerkung stehen: Repetitio ut supra. Dafs in den Handschriften,
wenigstens in denjenigen, welche auch die Melodie des Liedes
haben, der Abgesang der ersten Strophe regelmäfsig nach [dem
ersten Stollen steht, erklärt sich einfach daraus, dafs man in der
Notenschrift den Gebrauch des Repetitionszeichens noch nicht
kannte. Man schrieb also zunächst die Melodie, erst der Stollen,
dann des Abgesanges; unter jene schrieb man den Text des
ersten Versus, unter diese denjenigen der ersten Repetitio und

---

[1]) Wie z. B. in dem Liede No. 50: Salve regina gloriae, emundatrix
scoriae.

[2]) Ja bei der ausgesprochenen Vorliebe der Leiche für die Dreiteiligkeit —
haben doch die meisten auch drei Strophen — selbst wahrscheinlich.

[3]) „Untersuchungen über altböhmische Vers- und Reimkunst" II, Wien
1862, S. 42 u. f. (Aus den Sitzungsberichten der kais. Akad. d. Wiss. Phil-
hist. Kl. XXXIX. Bd., S. 281 ff.)

trug dann den zweiten Stollen nach. Die folgende Bemerkung: Repetitio ut supra heifst dann dem Sinne nach soviel als: Jetzt kommt erst der schon oben geschriebene Abgesang.

Aus dem Gesagten ist bereits klar geworden, dafs sich die Ausdrücke Versus und Repetitio sachlich mit den deutschen Ausdrücken Stollen und Abgesang decken, nur dafs die böhmischen Versus und Repetitiones mehr als selbständige Strophen, denn als Strophenteile, die deutschen Stollen und Abgesänge mehr als Glieder der Gesamtstrophe aufgefafst erscheinen[1]). Nach Feifalik[2]) wäre die dreiteilige Strophe etwa im dreizehnten Jahrhundert aus der deutschen in die altböhmische lyrische Dichtung eingetreten, und hätte sich hier weit verbreitet, eine Behauptung, fur deren Richtigkeit die nachfolgende Sammlung, wie ich glaube, reiches und wenig beachtetes Beweismaterial liefern wird. Lieder der beschriebenen Art habe ich als L e i c h e von den andern, die keine dreiteilige Strophe haben, gesondert.

Bemerkenswert für die Verbreitung der dreiteiligen Strophe ist des weiteren, dafs man sich allmählich alle Lieder ebenso notwendig aus Versus und Repetitio zusammengesetzt dachte, als die mittelalterliche Philosophie sich gewöhnt hatte, jedes Wesen sofort in seinen materiellen und formellen Bestand zu zergliedern. Dies geht daraus hervor, dafs wir die Bezeichnungen Versus, Repetitio nicht nur dort angewendet finden, wo wir einem doppelten strophischen Bau und dem entsprechend zwei voneinander abweichenden Melodieen begegnen, sondern auch da, wo in dem Liede eine solche Verschiedenheit gar nicht vorhanden ist, sondern alle Strophen völlig gleich gebaut und nach ein und derselben Melodie zu singen sind. In diesem Falle wird dann entweder jede dritte Strophe mechanisch als Repetitio bezeichnet, oder eine beliebige Strophe, sei es, dafs sie dem Liede ursprünglich angehört, sei es, dafs sie zum Behufe neu gedichtet oder auch einem anderen Liede entlehnt worden, wird nach jeder zweiten Strophe wiederholt, also dafs bereits aus dem Abgesang sich ein

---

[1]) Dieser Anschauung glaubte ich in der folgenden Sammlung dadurch gerecht werden zu sollen, dafs ich zwar nur Stollen und Abgesang zusammen als Strophen zahlte, deren Teilen aber auch aufserlich durch einen Zwischenraum einige Selbständigkeit der Erscheinung sicherte.

[2]) „Untersuchungen uber altböhmische Vers- und Reimkunst" I, Wien 1859, S. 3. (Sitzungsber. Bd. XXIX, S. 315 ff.)

eigentlicher Rundreim entwickelt hat. Das anschaulichste Beispiel
für letzteres Verfahren haben wir an der bekannten Trinitätsprosa
Adams von St. Viktor Profitentes unitatem, die sich in die Lieder
der Handschrift X E 2 (k. k. Universitätsb.) verirrt hat, und die
sich auch in gleicher Behandlung gedruckt findet hinter der
„Antiqua et constans confessio fidei ecclesiae Christi in regno
Bohemiae“, die 1574 zu Prag (ohne Paginierung) gedruckt wurde.
Sie trägt hier wunderlich genug die Aufschrift: De S. Trinitaté
confessio adversus Florentinae synodi assertiones etc. Die Prosa
ist hier in Halbstrophen geschrieben, die mit einer Ausnahme[1])
dieselbe Reihenfolge beobachten, wie bei L. Gautier, Oeuvres
poétiques d'Adam de Saint Victor (Paris 1881) p. 65 sqq. Ausgelassen ist nur die 9. Strophe, die natürlich mit ihrem Bekenntnis
der unfehlbaren Kirche nicht zu brauchen war. Dagegen ist die
letzte Halbstrophe

> Trinae sit laus unitati
> Sit et simplac trinitati
> Coaeterna gloria

zunächst interpoliert und dann, mit der Bezeichnung R⁰ versehen,
hinter die zweite Halbstrophe gestellt, so daſs wir also folgenden
Bau erhalten:

> V. Profitentes trinitatem
> Veneremur unitatem
> Pari reverentia.

> V. Tres personas asserentes
> Personali differentes
> A se differentia.

> R⁰. Trinae sit laus unitati
> Sit et simplae trinitati
> Patri nato ac flamini
> Ab utroque procedenti
> Coaeterna gloria.

Am Schlusse des Liedes steht wieder (ganz wie in analogen
Fällen die Handschriften thun) R⁰ Trinae sit laus, woraus hervorgeht, daſs dieselbe als Repetitio, als Refrain nach je zwei Halbstrophen wiederkehrte. Ähnlich wurde mit zahllosen Liedern
verfahren, oft in einer Weise, daſs durch die unorganisch da-

---

[1]) Die Halbstrophen Pater proles sacrum flamen und Non unius quam
duarum haben ihre Plätze gewechselt.

zwischentretende Repetitio Zusammengehöriges auseinandergerissen, Unzusammengehöriges zusammengebracht, jedes Verständnis ausgeschlossen wurde, ein Beweis, daß die ursprüngliche Bedeutung, welche der Repetitio als Abgesang innewohnte, längst abhanden, und diese nur als eine mechanische Hantierung, ein unverstandenes Rätsel beibehalten war[1]). So steht z. B. in der Hsch. X E 2 in dem Liede Urbs beata Sion gaude (No. 136 d. Sg.) Str. 7 als R⁰ zwischen Str. 3 u. 4, d. h. zwischen dem Hauptsatze und seinem Relativsatze. Vgl. No. 99; No. 59 mit No. 11.

Kommen wir nunmehr auf die wichtigen Fragen: Welches ist das mutmaßliche Alter und die Herkunft dieser Lieder. Um jene, soweit möglich, zu erledigen, ist es vor allem notwendig, die Handschriften zu prüfen, welche diese enthalten.

Die erste Handschrift, welche wir im Verlauf mit D benennen, gehört dem böhmischen Museum zu Prag, trägt keine Signatur, und muß nach ihrem Inhalte und dem Orte ihrer Herkunft als „Gradual von Jistebnicz" bezeichnet werden. Die Handschrift ist in 4⁰ auf Papier geschrieben, das durch eine Bekleidung mit Ölpapier gestärkt werden mußte, und wird von Kennern hiesiger Handschriften in den Beginn des fünfzehnten Jahrhunderts versetzt. Nach dem Sequentiar, das nur am Anfange gegen die herkömmliche Ordnung verstößt, folgen, mit vereinzelten böhmischen durchsetzt, eine Reihe lateinischer Lieder der vorbeschriebenen außerliturgischen Art, und zwar solche für fast alle Feste des Herrn und der Heiligen, obschon weder nach den Festzeiten, noch nach irgend einem andern ersichtlichen Einteilungsgrunde geordnet. Die Handschrift ist äußerst nachlässig besorgt, ebensosehr was die äußere Erscheinung der Züge, als was die Genauigkeit in Wiedergabe der Texte betrifft, und stammt offenbar aus einer Feder, der das Latein entweder völlig fremd oder doch wenig geläufig war. Die störendsten Fehler machen an einzelnen Stellen, wo eine Korrektur an der Hand anderer Handschriften ausgeschlossen, oder dem Irrtume nicht mehr anzusehen ist, aus welcher Verwechslung von Buchstaben er her-

---

[1]) Die Sache war wichtig für die Frage, ob ein Gedicht noch als Leich bezeichnet werden könne oder nicht. Kommt in einem Liede eine Dreiteiligkeit der Strophe nur durch einen Rundreim im wahren Sinne des Wortes zustande, so ist dasselbe in die zweite Abteilung „Lieder" verwiesen worden.

vorgegangen, die Herstellung eines verständlichen Textes unzulässig, da er nur durch Konjekturen zu erreichen wäre, die möglicherweise sich vom Originale weiter verirren könnten, als es der verdorbene und unverständliche Text thut. Von solchen Verbesserungen ist bei Wiedergabe der Texte meist völlig abgesehen, immer aber ist die handschriftliche Überlieferung in den Noten beigegeben; dagegen ist offenbaren Schreibfehlern ungebildeter Skribenten nicht die unverdiente Ehre diplomatischer Wiedergabe zu teil geworden[1]). Schon aus dieser Fehlerhaftigkeit ist ersichtlich, dafs wir es mit einer Abschrift älterer Handschriften zu thun haben, und würden wir so mit diesem Manuskripte allein in die ersten Decennien des fünfzehnten Jahrhunderts geführt.

An diese Handschrift reihe ich die kurze Erwähnung einer verwandten, des husitischen Kantionals von Jistebnicz (G), das zwar nur wenige lateinische Lieder enthält, aber wichtig ist, weil es einigen böhmischen Liedern lateinische Anfänge, wie wir sagen würden, als „Töne" vorzeichnet. Es sind dies die Liedanfänge:

Ad honorem et decorem.
Ex legis observantia.
Imber nunc coelitus.
Salve regina gloriae.
Veni dulcis consolator.

Dies Kantional mag, nach der Schrift zu urteilen, um ein Geringes älter sein und stammt jedenfalls noch aus den ersten Zeiten des Husitismus. Konnte man damals im zweiten, höchstens dritten Jahrzehnt des fünfzehnten Jahrhunderts diese lateinischen Lieder als Töne vorzeichnen, so mufsten sich dieselben schon ganz ins Volk eingesungen haben; es mufs also in Anbetracht einer Zeit, die keinen Buchdruck kannte, ihr Ursprung mindestens in die zweite Hälfte des vierzehnten Jahrhunderts zurückverlegt werden. Diese Lieder sind aber Repräsentanten ganzer Klassen von Liedern.

---

[1]) Schreibungen wie loycum, traycum, loycaliter statt logicum etc.; nunctiavit, nunctia, flencte für nuntiavit etc.; zophia fur sophia, fizice für physicae, aut fur haud und hore für ore sind auch unter den Varianten eitel Ballast. Fehler sind nur dort unter den Varianten angebracht, wo dieselben veranschaulichen, dafs nur ein verdorbener Text vorliegt.

Die zweite Handschrift (E), welche die gröfste Mehrzahl der
Lieder des Gradual von Istebnicz zum zweitenmal enthält und
daher ein unschätzbarer Controleur desselben ist, gehört der
k. k. Universitätsbibliothek und trägt dort die Signatur X. E 2.
Es ist eine Papierhandschrift in 4⁰ aus dem Anfange des sechzehnten Jahrhunderts und enthält auf 32 Blättern eine Reihe von
Gesängen, die ein Bibliothekar des ehemaligen Collegii Clementini
S. J., dem die Handschrift eignete, richtig als Cantus latini per
totum bezeichnet hat. Die Handschrift enthält keine Noten, mit
Ausnahme der zum Liede Hospodine pomiluj ny (die auch über-
schriftlich als Cantio S. Adalberti bezeichnet ist); wohl aber
stehen am Rande bei einer Reihe von Liedern die Intonationen
(4—5 ersten Noten) samt Angabe der Tonart verzeichnet; eine
dankenswerte Hilfe für einen späteren Erforscher dieser Melodieen,
da die Museumshandschrift weder die Tonart bemerkt, noch es
in der Regel für notwendig hält, irgend einen Schlüssel vor-
zuzeichnen. Diese Handschrift ist häfslich, aber richtiger als D,
Fehler und Unverständlichkeiten sind weniger häufig.

Von hohem Interesse ist die dritte, sehr verwilderte Handschrift VI. C. 20, die wir kurz C nennen, und die man als
Collectaneum ex omni genere musicorum zu bezeichnen versucht
ist. Der erste Teil dieser Handschrift bis fol. C 1 enthält eine
Reihe von Marienliedern mit Melodieen. Von dieser ersten Partie
ist der zweite Bogen (seine Seiten sind später mit B I—XX
numeriert) offenbar früher als der erste (A I—XXIII) geschrieben
und mufs noch in das fünfzehnte Jahrhundert gesetzt werden. Er
ist durch häufigen Gebrauch stark geschädigt und daher rundum
und stellenweise in der Mitte geflickt. Der erste Bogen ist Neuschrift eines früheren, der sich in ähnlichem Zustande wie der
jetzige zweite befunden haben mufs. Diese Neuschrift ist von
einer zweiten Hand erst in eckiger, dann in runder Schrift
hergestellt worden; diese Hand mit ihren grofsen charaktervollen
Zügen gehört ins sechzehnte Jahrh. und zwar, wie wir sogleich
sehen werden, in den Anfang desselben. Der Introitus Rorate coeli
etc. auf. foll. B XX und C I trennt den bisher besprochenen
ersten Teil der Handschrift von dem zweiten, dessen Inhalt den
der vierten Abteilung der vorliegenden Sammlung bildet. Dieser
zweite Teil der Handschrift umfafst vier Lagen, von denen die
erste mit C I—XII, die zweite mit D I—XVIII, die dritte und

vierte mit E I—XXIV paginiert ist, und enthält ausnahmslos
Marienlieder, und zwar solche, die sich speziell mit dem Geheimnisse der Verkündigung Mariä befassen und offenbar im
Advente bei den sog. Roratemessen gedient haben[1]). Von seinen
vier Bogen ist wieder einer, der dritte, mit älterer Schrift geschrieben (und zwar ist diese dritte Hand nicht dieselbe wie
die vorerwähnte erste) und hat das Eigentümliche, dafs er zu
den Liedern keine Melodieen giebt, sondern statt derselben die
Anfänge böhmischer, meist weltlicher Lieder mit roter Schrift
den lateinischen vorzeichnet und am Rande die Tonart des Stückes
bemerkt. Auch hier kann es kaum einem Zweifel unterliegen,
dafs Bogen 1, 2 und 4 ebenfalls Neuschrift alter beschädigter
Blätter sind. Diese Neuschrift ist von derselben grofsen runden
Hand bewerkstelligt, die den ersten Bogen der Gesamthand-
schrift neugeschrieben hat. Dabei hat dieselbe sich aber nicht
begnügt, die Anfänge der böhmischen Volkslieder über oder unter
die Lieder zu schreiben, sondern hat in den meisten Fällen noch
die Melodie in Notenschrift hinzugefügt; seltener hat sie die
Melodie zugeschrieben, dafür aber den Anfang des Volksliedes
fortgelassen, oder letzteren beibehalten aber keine Melodie bei-
gefügt. Die weltlichen Lieder, deren Anfänge geistlichen vorgesetzt,
sind spurlos verschwunden. Berechtigt das Gesagte zu dem
Schlusse: Als die dritte Hand diese Lieder schrieb, waren die
weltlichen Volkslieder mit ihren Weisen allen so geläufig; dafs
sie jenen als Töne vorgezeichnet werden konnten; als die zweite
Hand sie im sechzehnten Jahrhunderte abschrieb, war dies in
demselben Grade nicht mehr der Fall, so dafs es rätlich schien,
die Melodieen beizufügen? Dafs diese zweite Hand zu Anfang
des sechzehnten Jahrhunderts schrieb, ist aus der Handschrift selbst
bezeugt. Das Papier, welches der Schreiber benützte, war schlecht
geleimt; seine kräftigen und grofsen Züge erschienen auf der
Rückseite mit solcher Deutlichkeit, dafs er sich bald genötigt
sah, nur eine Seite zu beschreiben. Die freibleibenden Seiten
benützte später eine zierliche vierte Hand zur Ablagerung einiger
Gedichte. Dieselbe giebt sich p. C XVIII zu erkennen. Hier
befindet sich eine in quantitierendem Metrum gehaltene Paraphrase

---

[1]) Hinter dem Liede „Hac nube irrorante" steht z. B.: „Mox post
Rorate. Re in dyapason".

des Vaterunser mit der Aufschrift: Oratio dominica. Carmen jambicum dimetrum. Darunter steht 1546. J. R. A. Ch., d. h. Johannes Rodericus a Choteřina, der Stadtschreiber auf der Prager Kleinseite war und 1571 starb. Noch einmal p. D III finden wir von derselben Hand die Jahrzahl 1546 zugesetzt. Als in diesem Jahre Johannes Rodericus seine Lieder, die sich mehrfach als „christliche Korrekturen und Bearbeitungen" älterer erweisen, auf die leer gebliebenen Seiten und Blätter niederschrieb, war die zweite und jüngste Hand, beziehungsweise das Papier, auf dem sie ihre Neuschriften vorgenommen, schon durch den Gebrauch geschädigt; p. D II und III schrieb er seine Umdichtung des Ave gloriosa virgo mater auf das bereits am Rande beklebte und erneuerte Papier und damit er die Jahrzahl 1546 darunter zu setzen vermochte, hatte p. D III auch in der Mitte mit einem Streifen Papier geheilt werden müssen. War 1546 die zweite, jüngste Handschrift schon so verbraucht, daſs sie geflickt werden muſste, so werden wir mit dieser in den Anfang des sechzehnten, wahrscheinlich schon mit der älteren dritten, jedenfalls mit der ältesten ersten bis ins fünfzehnte Jahrhundert zurückzugehen haben.

Das weiter der Handschrift Angebundene zu beschreiben, unterlasse ich; es sind diverse ältere Liturgica, die einer husitischen Gemeinde angehört, und endlich zwei Sequenzen und drei Lieder auf Hus, die geradezu das Non plus ultra von Poesie und Verskunst sind, das man sich wünschen kann[1]).

---

[1]) Ich hatte anfänglich vor, diese Stücke sämtlich in die Sammlung aufzunehmen, stehe aber davon ab, um den einheitlichen Charakter derselben (sie umfaſst nur Aufserliturgisches) zu wahren. Die Hauptsequenz auf Hus zählt 32 Strophen und fängt lebhaft, an ein bekanntes Gedicht Brentanos erinnernd, mit einer Jahrzahl an. Als Beispiel für die Metrik des Zeitalters mögen die drei ersten Strophen hier eine Stelle finden:

1. Rex regum Jesu Christe	2. Gloriae tuae laudes	3. Christe tuum calicem
anno millesimo	crepando sedulus	tunc die sabbathi
Ac quadringentesimo	De Bohemia natus	In octava principum
et quintodecimo	Johannes dictus Hus	bibens Petri Pauli
Tuae nativitatis	Extremum composuit	Ad aethereum bravium
secundum hominem.	sui finis diem.	cucurrit fortiter.

Obschon diese Lieder hier nur von einer Hand des 16. Jahrhunderts vorliegen, glaube ich — sie machen wenigstens ganz den Eindruck — daſs sie sehr bald nach der Katastrophe von Konstanz gedichtet — oder doch gemacht sind.

Die vierte Handschrift (B) trägt die volle Signatur VI B 24, und ist eine Papierhandschrift in Kleinfolio aus der ersten Hälfte des sechzehnten Jahrhunderts, wie Schrift und Stil der gut ausgeführten Miniaturen bezeugen. Auf der Rückseite des Deckels stand das Jahr der Anfertigung vermerkt; aber die dort befindlich gewesene Inschrift ist durch eine geistreiche Hand mittelst Abschaben des Papieres beschädigt. Was noch zu entziffern ist, lautet: Anno ** feria IV die Sanctae Agnetis ego Georgius baccalaureus T[heologiae?] hunc codicem per totum reformavi papiro apposita in superficie f[olio]rum ** ratura diligenti. Aus der Inschrift sowie der künstlerischen Ausstattung des Werkes geht hervor, daſs dasselbe einer der sog. Litteratengesellschaften angehörte. Die Handschrift, welche überall die Spuren eines emsigen Gebrauches an sich trägt, ist leider mit einer viel zu scharfen Dinte geschrieben, die nicht nur heute nach Jahrhunderten ihren ätzenden Vitriolgeruch nicht verloren, sondern auch das Papier, namentlich in dem Teile, der unsere Lieder enthält, völlig zerfressen und so vermorscht hat, daſs es bei leisester Berührung in Trümmer zu zerfallen droht. Leider ist verabsäumt worden, die Blätter rechtzeitig mit Ölpapier zu bekleiden, so daſs manche Lieder schon jetzt nicht mehr zu lesen sind, manche es nicht lange mehr sein werden. Dieser Codex stellt ebenfalls ein Graduale dar. Auf das Ordinarium missae, das sich durch eine stattliche Reihe interpolierter Kyries auszeichnet, folgt das Proprium des Advents, in welches ausnahmsweise (die übrigen Prosen stehen am Ende des Buches zusammen) eine Reihe marianischer Sequenzen Aufnahme gefunden hat. Zwischen dem Proprium des Advents und demjenigen der Weihnachtszeit, und zwischen die fortlaufende Paginierung des Codex (zwischen fol. C XIII und fol. D I) ist ohne Bezeichnung der Seiten eine Reihe lateinischer, nach dem Alphabet geordneter Lieder mit Melodieen (oder Teilen derselben) eingeschaltet. Dieselben sind mit Ausnahme eines einzigen „Consolator, gubernator", das wohl nur aus Irrtum in die Sammlung geraten, sämtlich Marienlieder, hängen also mit den Roratemessen zusammen, in denen manche dieser Melodieen bis heute üblich, und stehen somit ganz an der Stelle des Graduales, die ihnen zukam.

An diese Adventslieder gehängt finden sich auf wenigen Seiten einige kurze Gesänge, die wir als „Weihnachtsjubel"

bezeichnen können: sie sind ganz auf den Gesang berechnet und
können ein litterar-historisches Interesse nicht beanspruchen.

Äufserlich ist unser Codex sehr schön und regelmäfsig
geschrieben, aber leider auch äufserst fehlervoll. Der Schreiber
und gewifs auch die Sänger können nicht übertrieben viel von
dem verstanden haben, was sie schrieben und sangen. Wer sich
davon überzeugen will, der sei beispielshalber auf das Lied
Paraneuma eructemus (No. 111) verwiesen, das ebenfalls unter
den erwähnten Weihnachtsjubeln figuriert, und von dem a. a. O.
in der Anmerkung mitgeteilt ist, welches Los ihm daselbst zu
teil geworden. Ferner sei aufmerksam gemacht auf das Lied
Intuamur enixa und die Behandlung, welche den neun Musen in
der Handschrift widerfahren, indem Terpsychore zu otersitore,
Erato zu exacho, Talia zu calio geworden u. s. w. Für denselben
Mangel jedes Verständnisses spricht es auch, wenn die beteiligten
Litteraten noch im sechzehnten Jahrhunderte den letzten Vers
des Liedes Imber nunc coelitus sollten gesungen haben, den
jedenfalls der Schreiber (uns zum Glücke) gedankenlos mit ab-
geschrieben hat:

> Tu viatorum spes,
> Flagitamus omnes,
> Ut Johannes noster,
> Qui modo agit iter,
> Sanus revertatur.

Diese Strophe kann sich nämlich unmöglich auf etwas anderes
beziehen als auf die Reise des Magisters Johann Hus zum Konzil
von Konstanz. Und da die Strophe (offenbar nicht vom Verfasser [vgl. S. 14], sondern von einem späteren Interpolator)
nicht in das Lied verwebt, sondern hinter die abschliefsende
Doxologie als Beiwagen angehängt worden, dürfte der Schlufs
gerechtfertigt sein, dafs dasselbe schon vor 1414 vollendet war.
Und da es wiederum nicht allein steht, sondern als Glied einer
eigenartigen Zunft von Liedern uns entgegentritt, werden wir
auch für diese auf die allerersten Jahre des fünfzehnten, wenn
nicht auf die letzten des vierzehnten Jahrhunderts als die Zeit
der Entstehung hingewiesen.

Doch damit sind wir bereits unvermerkt zur Betrachtung
der inneren Kennzeichen übergegangen. Bevor wir dieselben weiter
verfolgen, müssen wir, um den begonnenen Gegenstand zum Abschlufs zu bringen, noch kurz die übrigen Handschriften erwähnen.

Einige wenige Lieder finden sich in der Prager Handschrift XI E 2, die mit dem Buchstaben F bezeichnet werden wird.

Reichere Ausbeute gewährt eine Wittingauer Handschrift, dem Fürstlich Schwarzenbergschen Archiv zuständig und mit der Signatur A 4 versehen. Die Handschrift A 7 enthält nur ein lateinisches Lied. Eine ausführliche Beschreibung dieser beiden Codices mixti hat J. Feifalik gegeben in seiner Schrift: „Altčechische Leiche, Lieder und Sprüche des 14. und 15. Jahrhunderts"[1] S. 4 ff. (A 7) und S. 6 ff. (A 4), auf die ich mich hier der Kürze halber beziehe. Beide Handschriften stammen aus der Feder des Frater Crux de Telcz, die — nomen est omen — allerdings geeignet ist, den Leser zu kreuzigen. A 4 enthält zweimal die Angabe: Scriptum in collegio regis Wenceslai Pragae. Anno 1459. Die Handschrift ist im Verlauf mit N bezeichnet.

Wichtiger noch, weil ergiebiger und um ein halbes Jahrhundert älter, ist die Papierhandschrift No. 42 der Abtei Hohenfurth (A). Auf der ersten Seite steht: Iste libellus est comparatus per fratrem Pribiconem monachum et sacerdotem professum in monasterio Altovadensi, Ordinis Cisterciensis, dioecesis Pragensis .... et est scriptus et notatas totaliter et consummatus in anno Domini millesimo CCCCX. In quo continetur diversus cantus secundum morem saecularem, d. h. eine Auswahl verschiedener liturgischer Gesänge, aber nicht nach dem Cantus proprius des Ordens, sondern wie sie vom Weltklerus gesungen wurden. Daran schließt sich ein Hinweis auf das folgende Inhaltsverzeichnis. Er ist wichtig, denn er beweist, daß der Index gleichzeitig und von derselben Hand geschrieben ist, die den Codex und dies Vorwort schrieb, und zwar in gotischer Minuskel, während der Index mit Kursivschrift geschrieben ist. Mit derselben Kursiv sind nun am Ende des Codex auf einer Reihe leer gebliebener Blätter verschiedene Lieder mit Melodieen zugeschrieben, zum Teil dieselben wie in den vorher besprochenen Handschriften. Sie sind also auch wahrscheinlich schon 1410, mindestens nicht lange danach, in jedem Falle vor 1420 geschrieben. Dies beweist ein von späterer Hand zu-

---

[1] Aus den Sitzungsberichten der Wiener Akademie d. Wissensch. XXXIX, 627 ff. Wien 1862.

geschriebenes Lied kirchenpolitischen Inhalts, in dem Wenzels IV.
als regierenden Königs gedacht wird [1]).

Einige Leiche (sämtlich marianische) sind der Prager Papier-
Handschrift III D 10 (im Verlauf K) entnommen. Dieselbe gehört
dem fünfzehnten Jahrhundert an und mufs, obschon sie auch
einzelne Teile der Liturgie enthält, als Antiphonar bezeichnet
werden. Die Handschrift enthält das Offizium des im Jahre
1390 eingeführten Festes Mariä Heimsuchung und zwar mit den
andern Offizien verglichen in einer Ausführlichkeit, die dasselbe
deutlich als eine Novität kennzeichnet. In der älteren Hsch.,
die dem Schreiber von K vorlag, dürfte das Fest entweder ge-
fehlt haben oder, wie in so manchen Codices, zugeschrieben gewesen sein. Am Schlusse der Hsch. stehen, von dem Vorhergehenden durch einige leere Blätter getrennt, eine Reihe
gereimter marianischer Antiphonen, von denen aber einige sich
bei näherer Untersuchung als strenge Leiche entpuppen. Diese
Leiche gehören zu den künstlichsten und wohl auch zu den
ältesten, da ihre Singweisen sich noch mehr an den strengen
Choralstil anschliefsen, als dies mit den späteren Leichen und
Liedern der Fall ist. Auf der letzten Seite der Hsch. befindet
sich ein Explicit, das möglicherweise einiges Licht über Alter
und Herkunft der Gesänge oder doch der Handschrift verbreitet
haben würde. Wie in die Deckelaufschrift von B ist aber auch
in dies Explicit eine Bresche gelegt und — offenbar nicht ohne
Absicht — ein rundes Loch mitten in dasselbe gerissen. Was
noch zu lesen, lautet: Explicit — — cra summ — — imsel de
novo foro in P[oloni]a.

Mit dieser Handschrift ist zunächst V H 11 (H) in Verbindung
zu bringen, ein kleines musikalisches Quodlibetum aus dem vierzehnten Jahrhundert. Es enthält ganz oder bruchstückweise einzelne der Antiphonen und Leiche, die sich in K finden, liefert also

---

[1]) Dies Lied mit dem Anfang Omnes attendite, animadvertite steht
auch nach einer Breslauer Hsch. in J. Feifaliks „Studien zur Geschichte der
altbohmischen Litteratur" V. (Aus den Sitzungsberichten XXXVI. S. 119 ff.)
Wien 1861, S. 42 ff. Die betreffende Strophe lautet:

> Strenue fortiter
> Imperator noster,
> Moderni regis pater,
> (Requiescat dulciter)
> Erat fractor mali.

den Beweis, ·dafs diese mindestens um ein Jahrhundert älter sind als letztere Hsch.; daneben finden sich einige Rufe, für welche H die einzige Quelle ist, die ich bisher entdecken konnte.

Ferner ist hierher zu beziehen die Münchner Handschrift Cgm 716 (M); die zu benutzen mir Dank der gefälligen Zuvorkommenheit des Herrn Direktor der Kgl. Hof- und Staatsbibliothek vergönnt war. Aufmerksam wurde ich auf die Hsch. durch Mone, der im 2. Bande seiner „Lateinischen Hymnen des Mittelalters" einzelne der Leiche, die sich in K finden, aus diesem Münchener Codex publiziert hat, allerdings meist ohne das künstliche Versmafs derselben blofszulegen. Er beklagt sich mehrfach, dafs die Handschrift die Verse nicht absetze; dieselbe gehört aber zu den bestbesorgten, die ich für diese Sammlung benutzen konnte. Der Umstand, · dafs der Münchener Codex Leiche enthielt, die anscheinend nur in hiesigen Handschriften sich finden, liefs mich zunächst vermuten, ob nicht etwa M eine böhmische Hsch. sein sollte[1]). Nach Einsicht des Manuskripts ist dieser Verdacht nicht geschwunden, ohne dafs ich indes imstande wäre, mir eine bestimmte Meinung zu bilden. Der Codex, eine Papierhandschrift des fünfzehnten Jahrhunderts, ebenfalls eine musikalische Anthologie, hat der Abtei Tegernsee gehört. Auf p. 1 steht: „Tegernsee 1790". Die Inschrift besagt natürlich noch nicht, dafs der Codex im Kloster geschrieben; er könnte sehr wohl 1790 von der Abtei erworben sein. Verdachtsgründe sind aufser dem bereits angeführten der Umstand, dafs die, soweit mir bekannt, spezifisch böhmische Bezeichnung von Versus und Repetitio in der Handschrift mehrmals, z. B. fol. 21 b, fol. 180 a und b, vorkommt; dafs eine ganze Reihe von Antiphonen hiesigen zum Verwechseln ähnlich, ja von entschiedenen Bohemismen nicht frei sind[2]); dafs endlich das Lied des Joh. Hus „Jesus

---

[1]) So steht z. B. No. 34 teilweise in der verwilderten Hsch. V H 11 die um mindestens 100 Jahre älter ist als der Münchener Codex. No. 18 steht in der jedenfalls gleichaltrigen III D 10.

[2]) So z. B. wenn es in No. 30 heifst: Sicut Judaeis exstat mos | Defunctos sepelire. Dieser Gebrauch von exsto als Kopula scheint mir einer der auffälligsten Bohemismen zu sein. Er findet sich in den folgenden Liedern sehr häufig, z. B.: Genitus tuus exstat dignus et laudabilis; oder Nymphula es pudoris inaestimabilis | a perpetuo exstans praedestinabilis. Ein ahderer auffälliger Bohemismus ist der Gebrauch des Reflexivs an Stellen, wo absolut

Christus nostra salus" in dieser Handschrift vorkommt. Da nun
auch deutsche Lieder sich in derselben finden, sowie manche
lateinische, die sich in älteren deutschen, namentlich öster-
reichischen Manuskripten nachweisen lassen, so reicht zur Er-
klärung eines von zweien aus: entweder der Codex stammt aus
einer böhmisch-deutschen Grenzgegend, oder es gingen, wenn er
in Tegernsee geschrieben sein sollte, mancherlei Bohemica in
denselben über. Was in der Sache Aufschluß geben könnte,
sind die folgenden Verse:

> Verbum Dei genuit Virgo benedicta,
> Illud nobis resera Johannes evangelista,
> Quod digito monstraverat Johannes baptista
> Hos petimus ardentius. Cum nostri sint patroni,
> Ut nostrae generosi Assint orationi.

Danach wären an dem Orte, dem die Handschrift ursprünglich
angehörte, Maria und die beiden Johannes die gemeinschaftlichen
Kirchenpatrone gewesen, was in Tegernsee nicht zutrifft.

Weil ich die Frage nicht zum Austrage zu bringen vermochte, habe ich von M nur beschränkten Gebrauch gemacht
und nur aufgenommen, was entweder auch in hiesigen Handschriften vorkommt, oder aus gewichtigen inneren Gründen
böhmischen Ursprungs schien. Im übrigen will ich schon hier
ganz im allgemeinen bemerken, daß ich durchaus nicht von
jedem einzelnen Liede dieser Sammlung spezifisch böhmischen
Ursprung behaupte. Bei einigen, vor allem der Rufe, scheint mir
ein solcher sogar unwahrscheinlich. Dagegen bin ich allerdings
der Meinung, daß die große Masse dieser Lieder böhmischen
und tschechischen Ursprunges ist.

Der älteste der benutzten Codices ist der Prager XIII H 3 c (J),
eine Pergamenthandschrift in 12° aus dem Anfange des vierzehnten
Jahrhunderts. Es ist ein Processionale, hat Benediktinerinnen
gehört, und zwar denen des Georgklosters auf dem Hradschin,
denn in der hexametrischen Litanei „Humili prece et sincera
devotione" wird mit den Patronen Cosmas, Vitus, Wenzel,

---

das Demonstrativ erwartet wird: Coma sibi fulva = sie hat gelbes Haar.
Haec est sibi cura. Non est in toto orbe sibi consimilis etc. etc. Unter
metrischer Rücksicht vergleiche man das Lied No. 100 Lumen sancti spiritus
aus dem Codex Monacensis etwa mit No. 90 aus der Wittingauer Handschrift
oder mit dem Vivus panis angelorum.

Adalbert auch Georg angerufen. Zeit, Ort und Ausstattung lassen kaum einen Zweifel, daſs auch diese Handschrift zur Bibliothek der Äbtissin Kunigunde, der Tochter Ottokars, gehörte. Aus der Handschrift konnten nur Rufe benutzt werden, von denen sich eine Zahl auch in VI G 5 (O) und XII E 15 (P) findet.

Die letzte Handschrift, die eine eingehendere Erwähnung verdient, ist jene, welche den deutsch-lateinischen Passionsleich No. 40 und 40 a enthält, der unter mehr als einer Beziehung der Aufmerksamkeit wert ist. Was von dem Liede bisher im Drucke bekannt geworden, findet man bei Wackernagel II, S. 372 ff.: nämlich 1) No. 523 nach der Breslauer Pergamenthandschrift I, 233 aus dem fünfzehnten Jahrhundert, um mit Wackernagel zu reden, „Das einfache Lied“, d. h. die Abgesänge unseres Leiches bis auf einen; lateinisch und deutsch. 2) No. 524 aus der Papierhandschrift der Stadtbibliothek zu Zwickau No. XVIII, „Das zusammengesetzte Lied“, d. h. je einen Stollen und einen Abgesang; deutsch und lateinisch. Mehr bietet, was den lateinischen Text angeht, auch die Prager Hsch. VII C 10, der ich das Lied entnehme, nicht[1]); dafür bringt sie aber ein „noch zusammengesetzteres“ deutsches Lied, nämlich einen regelrechten Leich von zwei Stollen und einen (in letzter Strophe doppelten) Abgesang. Was aber das Wichtigste ist, während die Breslauer Handschrift des „einfachen Liedes“ aus dem fünfzehnten Jahrhundert ist, die Zwickauer des „zusammengesetzten Liedes“ aus dem fünfzehnten bis sechzehnten Jahrhundert (vgl. Wackernagel a. a. O.), dürften wir an der Hand unseres Manuskriptes bis ins vierzehnte Jahrhundert zurückgeführt werden. Zwar ist dasselbe an sich auch nur eine Papierhandschrift des sechzehnten Jahrhunderts; je zwei Blätter sind mit den Rückseiten zusammengeklebt, so daſs die Handschrift wie auf festem Karton geschrieben erscheint. Auf fol. 1 steht: Reverendus Dominus atque pius Johannes Laurentius a Kerchemboch etc. emeritusque D. Praepositus in laudem et gloriam Dei me fecit. Von späterer Hand: Collegii Societatis

---

[1]) Der Text weicht auch sonst wenig von dem Wackernagels ab, doch fehlt die auch inhaltlich verdächtige Str. 8; dafür vermiſst man bei W. die Strophe O gens christiana. Die beiden Melodieen sind kaum verschieden von denen bei Büumker „Das kath. deutsche Kirchenl. in seinen Singweisen“ 1. Bd. (Freiberg 1886) S. 467, nur daſs die Melodie der Stollen ohne sonstige Unterschiede sich einigemal aus d, einige andere Male aus a bewegt.

Jesu Grizinij. Anno 1626. Diese Angabe ist wichtig, weil sie
die Möglichkeit ausschließt, VII C 10 sei nur Kopie der Handschrift
von 1556. Auf der Innenseite des Deckels steht aber folgende
Bemerkung des berühmten böhmischen Geschichtschreibers
Balbin: Hic liber ex Glacensi Bibliotheca Canonicorum regularium
S. Augustini nescio quomodo huc devenit. Est ex autographo
venerabilis Arnesti I. Pragensis archiepiscopi et fundatoris ejus
coenobii descriptus, qui fundator Canonicis libros pulcherrime
(ut est in ejus vita MS) descriptos donavit. Id etiam confirmant
picturae illae et clypei duo primo libri folio adjuncti, quorum
prior insigne archiepiscopatus Pragensis habet alter gentilitium
Arnesti, videlicet dominorum de Pardubicz repraesentat. Boh.
Balbinus S. J. m. p. Die beiden Wappen (de sable à la fasce
d'or und de gueules à un demi-cheval sautant d'argent) finden
sich auf fol. 1 b., ebenda die Jahrzahl 1556. Wir werden also
mit diesen beiden Liedern aller Wahrscheinlichkeit nach in die
Regierung des Arnest von Pardubitz († 1364) zurückgehen
dürfen. Das Ergebnis ist wichtig auch für eine Reihe anderer
Lieder, von denen manche unverkennbare Spuren der Verwandtschaft mit dem lateinischen Passionsleich zeigen, namentlich
was die Behandlung des Versmaßes betrifft.

Wir werden aber auch auf anderem Wege wieder in die
Zeit des Ernst von Pardubitz gelangen. Es wird jedem auf den
ersten Blick auffallen, wie der Löwenanteil unter den hier ver-
öffentlichten Liedern dem Marienkulte zufällt. B und C bieten
sogar ausschließlich Marienlieder. Beide Handschriften bringen
dieselben ausdrücklich, wie schon oben ausgeführt worden, in
Zusammenhang mit dem Advente, als Lieder zum Rorate.
„Rorate", so Balbin Vita Arnesti c. XIII, p. 369, „catholica apud
Bohemos antiquitas vocat Missae Sacrificium matutinum cum
cantu, quod eo tempore, quo partus Virginis expectatur et Adventus (nota templis voce) dicitur, peragi solet, frequentissimo
populo ante lucem ad ecclesias affluente et sacrum illud de B.
Maria audiente et sub eo appositas veteresque cantiones modulante. Id sacrum invenit aut in patriam induxit Arnestus."
So besteht die Sitte noch heute. Die appositae cantiones bilden
jetzt ein ganzes festes System, das für jeden Tag der Woche
eine bestimmte Reihenfolge von Liedern enthält. Diese Lieder
haben das Merkwürdige, daß ihre Weisen teils dem Choral,

teils dem Volksliede entnommen sind, und zwar so, dafs abwechselnd auf ein Stück Choral, etwa ein Kyrie oder einen Vers
einer Sequenz (natürlich mit böhmischem unterlegten Liedertext)
gleichsam als Abgesang eine Volksmelodie (von ursprünglich
weltlichen, jetzt untergegangenen Volksliedern) sich anschliefst.
Dies System von Rorateliedern findet sich erst in Handschriften
des sechzehnten Jahrhunderts, und mufs der Gedanke, als könne
diese ganze Einrichtung so auf die Zeiten Arnests von pardubitz
zurückgeführt werden, als im Widerspruch mit den oben angeführten kirchlichen Bestimmungen a limine abgewiesen werden.
Das ist aber kein Grund, die Angabe Balbins in Zweifel zu
ziehen, die wir allerdings nicht mehr diplomatisch beglaubigen
können; leider hat Balbin, dem viele Hilfsmittel zu Gebote
standen, deren Verlust wir beklagen, und der vielleicht in der
Lage war, seine Angabe zu beweisen, dies in unserem Falle
gegen seine Gewohnheit unterlassen. Vertrauen in seine Daten
betreffs des Rorate mufs es aber erwecken, dafs sich die Angabe,
die unmittelbar folgt, und die auch das sog. Salve auf Arnest
zurückführt, sich diplomatisch als richtig erweist[1]). Aber was
hat Arnest eingeführt, indem er die Rorate ins Leben rief?
Balbin sagt nur id Sacrum. Allein dies müssen wir wohl dahin
verstehen, id sacrum speciali modo cantu ornatum, denn eine
blofse Votivmesse in der Frühe wäre kaum etwas Aufserordentliches
gewesen und hätte schwerlich einen solchen Grad von Popularität
erreichen können. Was der Erzbischof für die Rorate bestimmte,
können wir noch am ehesten aus der Analogie mit dem Salve
regina vermuten. Hier verordnete er feierlich die Absingung
der kirchlichen Antiphon mit Versikel, Responsorium und Kollekte;

[1]) Balbin l. c: „Salve jejunii verni tempore potissimum (aliquibus in
locis omni per annum die) honori virginis sub Completorii tempus cani solet."
— Vgl.: „Item commendator vel ejus vices gerens tenetur ordinare quatuor
clericos ad sacros ordines aptos vel ad sacerdotium habiles et idoneos aut
sacerdotes, qui cum fratre praedicto missam b. virginis Salve sancta parens
vel etiam de ipsa virgine tempori competentem quotidie in aurora in altari
ejusdem virginis gloriosae in choro, diebus singulis Salve Regina ante in-
ceptionem ejusdem missae et post completorium similiter dicto (fratre)
vel alio incipiente cum versiculo et collecta consuetis et competentibus sub
nota per se vel alios decantare teneantur." Stiftung Arnests für die Malteser-
kirche in Glatz. Vgl. F. Tadra, Cancellaria Arnesti, Formelbuch des ersten
Prager Erzbischofs. Wien 1880. S. 173.

seine Anordnung greift nicht über den Rahmen des streng liturgischen Gesanges hinaus. Es ist somit wahrscheinlich, dafs er
dies auch mit Bezug auf die Rorate nicht gethan, sondern ein
tägliches Votivamt während des Advents gestiftet hat. Wie
sich aber aus dem einfachen Salvegesang bald eine populäre
Andacht entwickelte, sed ea res multis aliis cantibus et precibus
permiscetur, sagt Balbin, ut justam dimidiam aut etiam integram
occupet horam; so ging es auch mit dem Rorate. Auf dem
Wege aber zwischen dem anfänglichen Votivamte und dem
Volksgesange in der Landessprache, wie er in Handschriften des
sechzehnten Jahrhunderts auftritt, daher wohl im fünfzehnten Jahrhundert schon vorhanden war, um so mehr, als Balbin diese Lieder
appositas (dies deutet auf das erwähnte kunstliche System von
Liedern) et veteres nennt, zwischen dem Amte und dem böhmischen Liede, sage ich, liegen unsere lateinischen Lieder, die handschriftlich zu Anfang des fünfzehnten Jahrhunderts vorkommen,
in der Mitte. Sie müssen also mindestens zum Teile noch in
das vierzehnte Jahrhundert hinaufreichen, d. h. sie nähern sich
der Zeit Arnests, ohne dafs sich gerade die Grenze der An-
näherung bestimmen liefse[1]).

Das Gesagte erhält eine neue Bestätigung, wenn wir diese
Lieder mit der Entstehung der sog. Litteratengesellschaften in
Verbindung bringen. So nannte man nämlich in Böhmen Vereine
ursprünglich[2]) angesehener und studierter (daher der Name)
Bürger, die, bei ähnlicher Einrichtung wie etwa die deutschen
Sängerzünfte oder z. B. die Fraternität Sanctae Caeciliae zu
Andernach, sowohl in Prag als in andern Städten den Gesang
beim Gottesdienste besorgten, und von deren Eifer für die Zierde
des Hauses Gottes die zahlreichen mit herrlichen Miniaturen
versehenen Kantionalien zeugen, welche sie auf ihre Kosten

---

[1]) Wie die Rorate ursprünglich gesungen wurden, zeigt wohl die Handschrift VI. B. 24. Der Introitus war stets derselbe. Zum Montage heifst es:
Et sic per totum adventum qualibet die Introitus semper „Rorate" non alius.
Jeder Tag hatte aber eine andere Sequenz. Der Sonntag: Mittit ad virginem;
fer. II. Ave praeclara; fer. III. Verbum bonum; fer. IV. O beata beatorum
angelorum domina; fer. V. Missus Gabriel de coelis; fer. VI. Stabat mater;
Sabbato: Salve mater salvatoris.

[2]) Spater auch Handwerker und schwerlich viel Studierte mehr. Vgl.
d. w. o. G.

schreiben und mit ihren Wappen zieren liefsen. Was diese Ge-
sellschaften sangen, ist aus diesen Kantiónalien ersichtlich. Sie
sangen ursprünglich die lateinischen liturgischen Texte und zwar
choraliter, später, namentlich seit der Kirchentrennung, dieselben
Texte in böhmischer Übertragung, und später auch mehrstimmig.
Etwas, was sie mit Vorliebe gesungen haben müssen, waren die
Rorategesänge. Nun treten uns die Litteratengesellschaften
vielleicht schon 1391 entgegen[1]), also in derselben Zeit, in die
wir die Entstehung der lateinischen Roratelieder setzen möchten.
Dürfen wir diese und jene in ursächlichen Zusammenhang bringen?
Inhalt und Form der Lieder (ich habe zunächst die Marienlieder der I. und IV. Abteilung im Auge) würden wenigstens
der Bejahung der Frage kein Hindernis in den Weg legen. Dieselben weisen entschieden, wenn nicht auf diese, so doch auf
verwandte Kreise hin. Es ist interessant zu beobachten, wie bereits der Sauerteig des Humanismus in diesen Liedern anfängt
sich zu regen. Bis an die Oberfläche der metrischen Form hat
er sich noch nicht durchgearbeitet, aber den inneren Kern des
Gedankens und seines Ausdrucks hat er bereits angesteckt. Da
finden wir in einem Marienliede nicht nur die Muse im allgemeinen angerufen, sondern die sämtlichen neun namentlich her-
beigefleht, dem Dichter bei seinem schweren Werke hilfreiche
Hand zu leisten, ja wir finden Maria selbst als (jungfräuliche)
Diana bezeichnet. Wir hören von Eurus und Zephir, von Scylla
und Pluto, von Acheron und Phlegeton; ein merkwürdiges Haschen
nach griechischen und selbst hebräischen Wörtern macht sich be-
merklich, nach El und Bel, nach hyle, pyr und ir (hir, $\chi \varepsilon \tilde{\iota} \varrho$),
da hören wir von dem rheuma der Sünde, von der Erlösung des
microcosmus, von der protonoxa des protoplastus und der nymphula mit dem puer neophytus, ja der Autor (oder sollten mehrere

---

[1]) In den Monumenta Universitatis Carolo-Ferdinandeae, Tom. II (Prag
1834) p. 395 bezieht sich eine Urkunde des Jahres 1401 auf eine frühere von
1391, welche beglaubigt gewesen u. a. von Johannes dictus Ruland alias Lyssi
und Johannes dictus Meysner, die als „cives literati" aufgeführt werden.
Dafs sie damit nicht blofs als studierte Leute, sondern als Mitglieder einer
Litteratengesellschaft hingestellt werden, scheint aus dem Umstande hervorzugehen, dafs im folgenden noch manche Zeugen, z. B. ein Notarius publi-
cus, ein clericus u. a. aufgeführt werden, die ebenfalls „gelehrté Bildung"
genossen haben mufsten; das „cives literati" wollte also etwas mehr besagen.

die sonderbare Liebhaberei geteilt haben) hat sogar aus Plautus
die altertümlichen Pronominalformen mis und tis aufgegabelt
und spickt damit, ungeschickt genug, seine Gedichte: Tis tilio,
schreibt er, tis apud filium, et benedictus fructus ventris tis.
Wenn ferner häufig von logica und physica die Rede ist, die über
die mira natio der heiligen Weihnacht staunen, oder von der
vis herbarum, lapidum, stellarum, so weist das alles einerseits
auf die Zeit, da Petrarka bei dem humanistisch angesäuselten
Kanzler Johann von Neumarkt auf dem Hradschin weilte, andererseits auf gelehrte Kreise, die mit den magistris artium der
blühenden alma mater in Beziehung stehen mußten; und mehr
noch thut dies die Unterscheidung, welche die Gelehrten dem
Geheimnisse, fast möchte ich sagen als Schauende, die arme
plebecula als Gläubige gegenüberstellt:

> Docti mystice,
> Ceteri pistice.

Es widerstreitet dieser Annahme nicht, wenn wir (ich habe
über fünfzehnmal gezählt) den Ausdrücken clerus, clerici, clericuli
begegnen: Salva te laudantem clerum; nos clerici choro assistentes;
scribere clericulis[1]) cunctis instat cura. Es ist bekannt, daß im
späteren Mittelalter das Wort clerici als pars pro toto oder nach
dem Grundsatze: pars major trahit minorem zur Bezeichnung
aller Studierenden, namentlich von Hochschülern und vor allem
von fahrenden gebraucht wurde[2]). Es liegt, da einzelne unserer
Lieder ganz den Eindruck geistlicher Vagantenlieder machen,
neben dem Liede von den Musen, vor allem Prima declinatio,
Gaudeamus pariter u. a., wirklich die Versuchung nahe, e i n -
z e l n e Nummern ursprünglich für Produkte fahrender Schüler
oder jener clerici ribaldi zu halten, die für Geld und gute Worte
den Gesang beim Gottesdienste besorgten, bis Synodalverbote
der verschiedensten Diöcesen ihnen das Handwerk legten. Am
meisten Nahrung erhält dieser Verdacht durch das folgende Lied,
das mit böhmischer (allerdings sehr freier) Übersetzung sich
im Kantional von Jistebnicz mitten unter den andern befindet

---

[1]) Ganz so beginnt ein Vagantenlied bei Feifalik, Studien etc. V, No.
XXIV: Scribere clericulis | Verisque Christi famulis | Nostrum est intentum;
und S. 43: Scribere clericulis paro doctrinale novellis.

[2]) Vgl. W. Wattenbach, Das Schriftwesen im Mittelalter, 1875, S. 358 u. f.

und das am Martinstage bei den Bettelumzügen gedient haben
dürfte. Die Melodie desselben sehe man in den Beilagen No. XIV.

More festi quaerimus
Virum virtuosum
Quem et benedicimus
Hospitem gloriosum
Et ab ipso petimus
Munus gratiosum
Ut summam nobis conferat
Trium solidorum.

Hospes amantissime
Ex amicis unus
Fac honorem hodie
Nobis dando munus
Ut possis diu vivere
Cum honorandis unus
Pro quo nos quotidie
Petitores sumus.

Clericalis concio
Jure deprecatur
Ut tua perpetua
Salus augeatur
Super mundi climata
Semper agnoscatur
Virtus tibi tradita
Non diminuatur.

Alles bisher Gesagte macht es wahrscheinlich, daſs von den
Leichen und Liedern der I. und II. Abteilung manche bis in die
zweite Hälfte des 14. Jahrh. und darüber hinaufrücken dürften.
Damit ist zugleich die Frage gelöst, ob dieselben — denn viele
existieren mit böhmischen Paralleltexten — etwa Übertragungen
aus der Landessprache, seien oder umgekehrt. Jedenfalls ist, bis
bündig das Gegenteil (die Ausnahme) erwiesen, an der Priorität
der lateinischen Texte festzuhalten. Nicht mit derselben Zuver-
sicht läſst sich ein Gleiches von den Liedern der Handschrift C
behaupten, die in der vierten Abteilung eben deshalb zusammen-
stehen, weil ich sie für jünger halte; um so mehr, als auch die
Melodieen derselben, soweit sie aufgezeichnet, der modernen
Auffassung näher stehen und sich weniger in den sog. strengeren
kirchlichen Tönen bewegen. Keinem dieser Lieder bin ich in
irgend einer andern Handschrift begegnet, und so ist es nicht
ausgeschlossen, daſs sich unter diesen Übertragungen finden.
    Was die Hauptmasse der Lieder (Abteil. II) betrifft, so
werden wir nicht irre gehen, wenn wir sie in das ausgehende
vierzehnte und das beginnende fünfzehnte Jahrhundert versetzen.
Namentlich die Sakramentslieder weisen auf diese Zeit. So z. B.
entschieden der Ruf Corpus Christi cum sanguine datur nobis
quotidie, den man mit dem Auftreten des Milič von Kremsier
und des Mathias von Janow in Beziehung zu bringen versucht

ist. Unter den Briefen von Johann Hus enthält einer (Palacky, Documenta Mg. Joan. Hus No. 84) die Worte: Dixit mihi etiam [Palecz] quomodo literam haberent, quae scripta est ad Bohemiam, in qua scribitur, quod ego sub nota „Buoh wšemohúcí" cantavi in castro duos versus de vinculis. „Buoh wšemohúcí", Deus omnipotens" ist aber der Anfang eines Osterliedes, das böhmisch und lateinisch vorkommt. Das böhmische Lied war, wie wir oben sahen, schon 1406 nicht blofs bekannt, sondern auch sehr verbreitet, wofür dieser Zug einen neuen Beweis liefert; ist das lateinische Lied nach der allgemeinen Regel das ältere, so werden wir wieder auf die zweite Hälfte des vierzehnten Jahrhunderts als Entstehungszeit auch dieses Liedes zurückgewiesen.

Unter diesen Liedern befindet sich eines mit dem Anfange „Vivus panis angelorum", das sowohl in seiner lateinischen (meines Wissens hier zum erstenmal mitgeteilten) als in seiner böhmischen Form von Hus stammen soll[1]). Es führt uns das zunächst zu dem Liede Jesus Christus nostra salus, das ebenfalls Hus zugeschrieben wird[2]), und das gleichfalls in beiden Sprachen vorhanden. Gehen wir von diesem Liede aus, so wird bei noch so oberflächlicher Betrachtung auffallen, dafs sich dasselbe von metrischer Seite sehr viel anders anläfst, als wir dies bei anderen accentuierenden Hymnen gewohnt sind. Die ersten zwei Zeilen lassen sich trefflich nach der Betonung lesen und haben alsdann trochäischen Fall; aber schon die beiden folgenden Zeilen sind nicht von gleicher Beschaffenheit. Die Verse

    Nobis sui memoriam
    Dedit in panis hostiam

sind, wenn sie schon etwas sind, jambisch, obschon sie auch dies nur unter Verletzung des Wortaccentes (nobís, suí, dedít) sein können, In der zweiten Strophe sind die Schwierigkeiten noch gröfser. Die zwei ersten Zeilen sind nicht mehr gut trochäisch, sondern werden dies nur durch Verletzung des Accents (tu solús es); die zwei folgenden Zeilen sind nicht mehr jambisch wie in der ersten Strophe, sondern trochäisch, die zweite mit fehlerhafter Betonung: quo nunquám majús inventum. Die dritte Strophe

---

[1]) Vgl. J. Jireček, Hymnologia Bohemica, Prag 1878, S. 86.
[2]) Jireček l. c. S. 47. Wackernagel 1, S. 218 u. f.

bringt nach zwei trochäischen Reihen zwei, die sich weder so
noch so schicken. Ähnlich geht es durchs ganze Lied hin, so
daſs, läge auch dieses allein vor, wir zur Annahne kommen
müſsten, dasselbe sei entweder von einem heillosen Stümper, nicht
aber von einem magister artium, oder aber Johann Hus habe
in seinen lateinischen Gedichten sich der blofs silbenzählenden
Metrik bedient.

Der Vergleich des Vivus panis wird das Gesagte bestätigen.
Ob wir drei, ob sechs Zeilen zu einer Strophe verbinden, bleibt
sich für unsere Frage an sich gleich. Thun wir letzteres, so
haben wir wieder die Erscheinung, daſs die erste Hälfte der
ersten Strophe trochäisch, die zweite jambisch gemessen ist; aber
je weiter man in dem Gedichte vordringt, um so mehr fällt eine
Regel nach der andern, bis man sich letztlich wieder auf das
Silbenzählen als auf den letzten haltbaren Punkt zurückzieht.
Und auch da ist noch schlecht gezählt:

> Cujus morte sumus redemti
> Et sanguine renovati
> Peccatorum scoria.

Zu beachten sind Reime wie:

> Ascribamur libro vitae
> Regnum meum accipite.

Noch ein drittes lateinisches Lied finde ich Hus gutgeschrieben,
das aber aus dieser Sammlung, die ausschlieſslich aus Handschriften schöpft, ausgeschlossen bleiben muſste. Es steht in der
schon erwähnten Antiqua et constans confessio als Mg. Johannis
Hussii consolatoria. Auf die Autorität dieser Schrift allein möchte
ich an die Autorschaft des Hus nicht glauben[1]), die Behandlung
des Versmaſses stimmt indes mit den beiden analysierten Liedern:

---

[1]) Dieselbe produziert nämlich an erster Stelle ein Gedicht „Carmen
rhythmicum priscorum Bohemorum de numero, usu et veritate sacramentorum
ecclesiae Christi", das nebst vielen andern M. Venzeslaus Coranda, professor
sacrae Theologiae, M. Joannes Przibram director cleri, M. Joannes Rokyczana,
praedicator antiquae Pragae, und M. Jacobus Jacobellus Mysenus unter-
schrieben haben sollen. In diesem Gedichte werden aber Lehren vorgetragen,
über die sich mindestens der letztere noch im Grabe umgedreht hätte,
Lehren, die protestantisch, um nicht zu sagen calvinisch lauten:

> „Cultum qui debetur Christo aeterno patri (l. pani)
> Ne applices pani coenae Domini
> Illud qui praesumit,
> Idololatricis par est, fidem polluit."

Pauper, egens, fame, siti,
Vigil et proxirmus morti,
Labore, cura pressus es
Tua gratia.

Noch drei andere Lieder stehen in der Antiqua confessio,
ne cartae sint vacuae, beigedruckt, von Mg. Martinus de Rochec-
zana, Mg. Nicolaus episc. Thabor. und von Jacobellus. Letzteres,
das später ebenfalls ins Böhmische übertragen wurde, ist nur
eine Mißhandlung des Liedes No. 90 wie dieses des Jesu dulcis
memoria; metrisch sind beide dem Vivus panis verwandt:

Hinc mens mea satiata
Sapit Dei charismata
In adversis semper laeta.
Quos pascis non esuriunt
Quod magis petant nesciunt
Nam tui consortes fiunt.

Aus dem Gesagten geht hervor, daß die erwähnten metrischen
Eigentümlichkeiten, zu denen auch das Zusammenschrumpfen des
Reimes zu bloßer Endassonanz zu rechnen ist, nicht ein Charisma
des Hus, sondern eine Eigentümlichkeit der damaligen slavischen
Latinisten überhaupt war[1]), woher dann, da die Deutschen versucht sein mußten, alles nach dem Accente zu lesen, das ge-
flügelte Wort stammen mochte, das sich bis heute behauptet hat:
Nos Póloni non cúramus quantítatem syllábarum. Der Vorwurf
enthielte eine nicht zu verkennende Ungerechtigkeit, wollte er
mehr besagen als das, was wohl niemand in Abrede stellen wird,

---

Damit vergleiche man die folgenden authentischen Worte Jacobells, und man
wird die Wahrheitsliebe dieser Constans et antiqua confessio zu würdigen
wissen: Ex istis omnibus supra dictis diligenter pensatis videtur sequi quod
sacerdotes Domini debent esse valde docti et in lege Domini meditari die ac
nocte; ut sciant docere frequenter populum de existentia vera divinis-
simi corporis et sanguinis Domini in sacramento altaris et de
magnitudine mysteriorum ejus, de capacitate eorum, quomodo debeant credere
et quam magnam reverentiam debeant ibi exhibere, colere et adorare in
templis circa missarum solemnia etc. Vgl. Balbini, Bohemia docta II. p. 357.

[1]) Man sehe auch die gleichzeitigen historischen Lieder bei Höfler, Ge-
schichtsschreiber der hussitischen Bewegung in Bohmen. Wien 1856—66.
Vor allem die Sermones ad Bobemos I, 541 ff., die Cantio de auctoribus bo-
hemici schismatis 1, 553 ff. und das Carmen des Laurentius de Brezowa I,
596 ff.

daſs die bloſs syllabierende Metrik, wie sie an sich auf der niedrigsten Stufe sich befindet, so vor allem dem Latein schlecht zu Gesichte steht, weil sie des musikalischen Elementes, das namentlich in der lyrischen Poesie von so hoher Bedeutung ist, so gut wie gänzlich enträt. Daraus ergiebt sich dann weiter, daſs mindestens alle jene Gedichte, die entweder rein syllabierend sind oder auch nur jene merkwürdigen Schwankungen im Fall der Verse zeigen, wie wir sie bei Hus beobachteten, als slavischen Ursprungs angesehen werden können. Ob nur diese, hinge davon ab, ob die syllabierende Lateindichtung erst im vierzehnten und fünfzehnten Jahrhundert auftrat, oder ob sie und sie allein zu allen Zeiten gehandhabt wurde, eine Frage, zu deren Beantwortung mir vor der Hand das nötige Beweismaterial abgeht, die ich daher nur anzuregen vermag.

Über Bedeutung und Interesse der nachstehenden Lieder für die Hymnologie, speziell die böhmische, für germanistische und slavistische Studien, für Geschichte der Musik, sowie endlich für die Kulturgeschichte Böhmens und des Mittelalters überhaupt, wäre es überflüssig, viele Worte zu verlieren; die Sache ist so einleuchtend, daſs es nur zu verwundern, wie diese Gedichte so lange im Dunkel bleiben konnten. Blofs auf die Bedeutung derselben für die Kenntnis des deutschen Volksliedes, geistlich wie weltlich, will ich mir einen flüchtigen Hinweis erlauben.

Es ist interessant zu beobachten, daſs man aus der ganzen Klasse der Marienlieder bei unseren Hymnologen, speziell bei Daniel und Wackernagel, oder eigentlich bei dem letzteren allein, dem einzigen Ave hierarchia coelestis et pia begegnet. Der Grund ist klar. Leisentritts Gesangbuch ist die Brücke für dies Lied nach Deutschland geworden; durch ihn ist es in die verschiedensten deutschen Liederbücher übergegangen, entweder Text und Melodie, wie in das Bamberger (1628), das Cornersche (1631), das Erfurter (1666), oder doch die letztere, wie in das Dillinger (1575) und Neiſser (1625). Ähnlich wie mit diesem Liede ist es noch mit einzelnen anderen Texten ergangen, sehr häufig dagegen mit den Singweisen, die zu einem nicht zu verachtenden Bruchteile diesen alten in Böhmen üblichen lateinischen Liedern ursprünglich angehört haben. Welchen Einfluſs Leisentritts Gesangbuch auf die späteren katholischen Gesangbücher ausgeübt, ist bekannt; eine ähnliche Bedeutung hat für die protestantischen das Gesangbuch der böhmischen Brüder gehabt. Beide aber, Leisentritt und die Brüder (ähnlich auch Hecyrus und Triller), zeichnen bei vielen Liedern die Anfänge unserer lateinischen Lieder vor, was stets ein Hinweis auf irgend eine Abhängigkeit ist, sei es nach textlicher oder melodischer Seite, oder nach beiden Richtungen zugleich. Für diese Gesangbücher beziehe ich mich auf die Werke von Bäumker und Wackernagel. Was die böhmischen Gesangbücher des vierzehnten und siebzehnten Jahrhunderts betrifft, so enthalten dieselben Hinweise auf folgende Lieder dieser Sammlung:

Ad honorem et decorem.
Ad honorem infantuli.
Angelus ad virginem Christi.
Auroram lucis.
Ave hierarchia.
Ave gloriosa virgo.
Ave maris stella, lucens.
Ave rubens rosa.
Ave sanctissima regina.
Caudens ebur castitatis.
Cedit hiems eminus.
Consolator gubernator.
Cuncti nunc assurgentes.
Deus omnipotens.
Dum jubar astris oritur.
Ex legis observantia.
Ezechielis porta.
Felici peccatrici.
Gaudeamus pariter.
Hoc festum venerantes.

Jam Christus ab inferis.
Jam verbum deitatis.
Imber nunc colitus.
Imperatrix gloriosa.
Mens surgat fidelium.
Mittitur archangelus fidelis.
Modulemur in hac die.
Nunc angelorum gloria.
Omnis mundus jocundetur.
O rex regum clementiae.
Puer natus in Bethlehem.
Quid admiramini.
Resurgenti Nazareno.
Resurrexit Dominus.
Salve amicta sole.
Salve regina gloriae.
Surgit in hac die.
Surrexit Christus hodie.
Vivus panis angelorum.
Veni dulcis consolator.

Es bleiben nur noch folgende Hinweise, hinter denen allenfalls ein unbekanntes lateinisches Lied vermutet werden kann:

Angeli, archangeli.
Assatus Laurentius.
Ave gratiosa(?).
Ave rubens stella(?).
Collaudemus, collaudemus.
En Christus rex gloriae.
Jesu Salvator optime.
Mittitur ad virginem angelus(?).
Mortis en cum gloria.
O dulcedo charitatis.

O Maria florens rosa(?).
Omnipotens pater gentium.
Puellari eleganter.
Quatuor ad mundi partes.
Qui sine peccato (Hexam).
Rivus jam emanavit.
Salvator jam illuxit.
Salve Jesu proles Dei.
Super te Jerusalem.
Superne qui habitas.

3*

Die Melodieen der lateinischen Lieder stehen wieder in einem nur wenig erforschten Zusammenhange wie einerseits mit dem lateinischen Choral, so andererseits mit dem geistlichen und weltlichen Volksliede, und zwar nicht blofs mit dem böhmischen, sondern auch mit dem deutschen. Nehmen wir z. B. den protestantischen Choral zum Liede Elisabeth Creutzigers „Herr Christ der einig Gottes Sohn" in Joh. Walters Gesangbuch von 1524 so werden wir als Quelle der Melodie auf das Lochheimer Liederbuch (1450) speziell das Lied: „Mein' Freud' möcht' sich wohl mehren", zurückgéführt (Böhme No. 128). Der Choral ist hier jonischer Tonart. Auch im Gesangbuch der Böhmischen Brüder kommt die Melodie vor zu dem Lied „Gott sah zu seiner Zeit"; und zwar stimmt sie hier mit dem Lochheimer Liederbuch genauer überein als bei Walther. Das Brüderkantional hat aber die Weise nicht dem weltlichen Liede entlehnt, sondern giebt an Ave rubens rosa. Die Melodie des lateinischen Textes, wie sie in den Handschriften (C und teilweise B) vorkommt, ist dagegen ersten Tones, beginnt in der Terz, schliefst in der Tonika. Wir sind noch nicht am Schlufs der Wanderung. Bäumker, Das kath. deutsche Kirchenlied I, S. 454 hat bemerkt, dafs ein Hauptmotiv der Melodie dem Kyrie an Muttergottesfesten entnommen ist.

Die beiden ältesten deutschen Kirchenlieder, das titanenhafte „Christ ist erstanden" und der „Kyrleis": „Nun bitten wir den heiligen Geist" sind von der musikalischen Seite verwandt mit den böhmischen Liedern Buoh všemohúcí. und Jezu Kriste štědrý kněže, die schon 1406, wie wir oben sahen, als alte Lieder sich eines besondern Ansehens erfreuten; eine Verwandtschaft, deren eingehende Erörterung uns hier zu weit führen würde.

Ein anderes Beispiel. Ein offenbar jüngeres und darum in dieser Sammlung übergangenes Marienlied: Salve decus virginum trägt in der Handschrift C die Melodie des beliebten altdeutschen Wallfahrtsliedes „Gott der Vater wohn' uns bei". Darüber steht bemerkt Pane bože bud. In jener Handschrift stehen aber lauter Lieder, die auf Volksmelodieen gesungen wurden. Wie gerät dieses Lied (die böhmischen Worte sind nur die Übertragung der deutschen) in die Gesellschaft. Hat die Weise ursprünglich einem Volksliede angehört? Der böhmische Text kommt schon

1501 gedruckt vor. Bei uns zuerst im Walterschen Gesangbuch
1524. Über das Alter dieses Teiles der Handschrift haben wir
oben das Nötige gesagt.

Einem andern Liede: Vita mundo produit (No. 214) ist an
derselben Stelle als Ton vorgezeichnet ein Lied des Anfangs:
Elško mila srdeczna (Elslein liebes, trautes) und die Angabe der
Tonart: in re. Jeder wird sofort an die berühmte Schwimmer-
sage erinnert „Ach Elslein, liebes Elslein, wie gern wär' ich bei
dir" (Böhme No. 24), und in der That stimmen Tonart und
Versmaſs überein; ja die Wittingauer Handschrift N giebt zum
Liede Gaudeamus pariter (No. 83) den Anfang des längst ver-
schollenen böhmischen Volksliedes also an: „Elško mila Eliško",
was sich mit dem deutschen völlig deckt. Welche Verwandtschaft
besteht unter den Volksliedern und wie steht es um das Recht
der Erstgeburt? In einer Handschrift vom Jahre 1589, dem Kloster
Strahov gehörig, welche die böhmischen Rorategesänge enthält,
kommt mehrmals die Bezeichnung vor. Eliško mila srdeczna
napecz nam koblihu (Elslein liebes, trautes, sollst mir Krapfen
backen), eine neue, interessante Lesart des Textes. Nicht minder
wichtig ist die Fassung der Melodie, die hier vollständig ausgeschrieben ist und sich von den bei Böhme (a. a. O.) mitgeteilten Weisen in nicht unwesentlichen Stücken, vor allem dadurch
unterscheidet, daſs die höchst charakteristischen Intervalle der
Melodie noch nicht durch Zwischennoten ausgeglichen und über-
brückt erscheinen. Die Melodie vergleiche man im Anhange No. X.

In sehr inniger Weise hängt eine ganze Klasse lateinischer
Lieder und durch sie eine noch zahlreichere deutscher mit dem
Chorale zusammen. Es sind dies die Rufe, welche den vierten
Teil dieser Sammlung bilden, und aus denen sich hinwieder die
ebenso mannigfachen als volkstümlichen deutschen Rufe entwickelt
haben; man braucht nur an Lieder zu erinnern wie: Ein Kind
gebor'n zu Bethlehem (Puer natus in Bethlehem), Erstanden ist der
heilig Christ (Surrexit Christus hodie), Zum Himmel aufgefahren
ist (Coelos ascendit hodie) u. a. m., die zu den beliebtesten
Volksliedern rechneten und noch rechnen. Wenn man diese
lateinischen Rufe durchgeht, wird man bemerken, daſs sie fast
sämtlich durch die eine oder andere Wendung mit dem Benedicamus Domino schlieſsen, auf welches dann oft noch ein Vers
mit eingewobenem Deo gratias folgt. Die gewöhnlichste, fast
stereotype Formel für beides lautet:

Uni trino sempiterno
Benedicamus Domino.

Laudetur sancta Trinitas,
Deo dicamus gratias.

Diese Schlufsformel ist eine Art Muttermal, das diesen Liedern
anhaftet; denn sie haben sich sämtlich aus dem Benedicamus
herausentwickelt. Auf diese Entdeckung wurde ich zuerst durch
den Hohenfurter Codex geführt. Hier findet sich am Schlusse
der Handschrift der Ruf „Johannes postquam senuit" (No. 163)
und zwar mit der Aufschrift: Post Benedicamus ad versus de
Sto. Johanne apostolo et evangelista. Gleich darunter steht ein
ähnliches Benedicamus für das Fest des heil. Wenzel, aber nicht
ein förmliches Lied zum Benedicamus, sondern dieser selbst, nur
auf regelrechte Weise interpoliert:

Benedicamus regnanti,
Cuncta mundo creanti,
Wenzeslaum sic decoranti,
Pro martyrio praemianti,
Civem hunc coelo collocanti
Domino. — Alleluja.

Damit war der Ursprung dieser Lieder klar. Um jede
Täuschung unmöglich zu machen, als ob es sich etwa um einen
vereinzelten Fall handle, fand sich bald in dem oben beschriebenen
Codex J aus dem Anfange des vierzehnten Jahrhunderts, also
ein volles saeculum vor dem Hohenfurter, derselbe Ruf auf den
heil. Johannes, zugleich mit einer Reihe ähnlicher. Und zwar fanden
sich diese Rufe verbunden und vermischt nicht nur mit interpolierten, sondern auch mit uninterpolierten Benedicamus, so dafs
jeder Zweifel ausgeschlossen ist. So findet sich daselbst das
folgende durch zwei Hexameter interpolierte:

Nos factura Dei super hujus festa diei
Benedicamus Domino.
Christo psallentes dicamus dulce canentes
Deo gratias.

oder:

Quem laudant angeli,   Factori omnium,
Adorant archangeli,   Qui per suum sanguinem
Omnes unanimes   Saeculum redemit proprium
Benedicamus Domino.   Deo gratias.

In Zusammenhang mit dem späteren volkstümlichen Liede stehen zweifelsohne auch die Tropen; auch die schon oben erwähnte erzbischöfliche Verordnung vom Jahre 1406 bringt geradezu die trophi in jubilis d. h. durch Tropen interpolierte Jubilationen oder Alleluja mit den runteli in Zusammenhang. Die Hohenfurter Handschrift bietet mehrere dergleichen Tropen, die durch ihre modern klingenden, schon ganz taktmäfsigen Melodieen sehr von den sie umrahmenden Chorälen abstechen. Ich habe eine und zwar keineswegs die modernste in den Beilagen No. XI abdrucken lassen, weil sie in der folgenden No. XII, dem Liede Gaude regina gloriae, als R⁰ wiederkehrt.

Sehr bemerkenswert ist ferner, dafs auch ganze Lieder als Tropen zur Verwendung kamen, so z. B. das Lied Clementiae pax bajula No. 66 in der Handschrift C, in der Hohenfurter sogar das bekannte Lied Dies est laetitiae als Interpolationen des Gloria, so, dafs nach jedem Verse des letzteren eine Strophe des Liedes gesungen ward. Da die Melodie des wichtigen Weihnachtsliedes, soviel ich weifs, aus einem älteren Codex noch nicht bekannt geworden ist, habe ich ihr in den Beilagen eine Stelle gegeben.

Nur noch ein Wort über die Beispiele mehrstimmigen Tonsatzes. Die Musikgeschichte des Mittelalters liegt überhaupt noch im Argen. Es ist interessant, zu beobachten, wie die Historiker, Ambros nicht ausgenommen, über die breiten Schultern Hucbalds und Guidos zu den Troubadours, d. h. über das halbe Mittelalter, über die ganze Entwickelungsgeschichte des Chorales hinwegturnen. Um so weniger mochte ich die Gelegenheit vorbeigehen lassen, durch Mitteilung einiger Proben eine der interessantesten Fragen, die nach der praktischen Anwendung des Organum, zu beleuchten.

Kisewetter (und wie viele nach ihm) hat bekanntlich in Abrede gestellt, dafs die Quinten- und Oktavenbegleitung jemals praktisch geübt geworden. „Das Organum," schreibt er, „müfste schon Hucbald aufgegeben haben, wenn er es jemals mit eigenen leiblichen Ohren zu hören bekommen hätte, was aber der Obere seines Klosters schon nach dem ersten Versett verhindert hätte, da unter den Pönitenzen und Kasteiungen eine so empfindliche in den Ordensregeln nicht gemeint sein konnte" [1]. Ambros selbst

[1] Gesch. der europ. abendl. Musik S. 18.

gesteht, dafs er sich lange nicht von der Autorität Kisewetters losmachen konnte, und es ist vergnüglich zu sehen, wie er sich den Schmack der Alten an den Quinten- und Oktavengängen psychologisch enträtseln möchte. „Dafs das Organum je in so strenger Konsequenz ausgeführt worden, wie es Hucbald theoretisch erläutert, will uns freilich kaum glaublich erscheinen; aber Remi von Auxerre, Aurelianus Reomensis, Regino von Prüm reden davon so bestimmt, dafs man diesen unverwerflichen Zeugnissen die gröfste Gewalt anthun mufs, um im Organum nichts als einen vereinzelten barbarischen Mönchseinfall zu erblicken, der nirgends existiert, als im Kopfe seines Erfinders. Dafs wirklich und wahrhaftig in solcher Weise gesungen worden, ist wohl zweifellos. Der eindringliche Quintenklang tönte damals den Zuhörern anregend; sie mochten gerade in dem, was uns heutzutage unerträglich scheint, einen eigenen Reiz finden. Man könnte fast auf den Gedanken kommen, dafs das Organum wirklich eine Pönitenz, eine Ascese für das Ohr sein sollte, dafs man dem Reize weltlicher Musik im Kirchengesange etwas Herbes, der Sinnlichkeit absolut Widerstrebendes, entgegensetzen wollte, sowie die damalige bildende Kunst ihre Heiligen ‚bald mürrisch, bald komisch, immer häfslich‘ bildete; aber die Schriftsteller wissen, wie wir hörten, nicht genug von der ‚Süfsigkeit‘ des Organums zu reden. Das sog. Quintieren galt sogar als allgemeine Bezeichnung jeder kunstvollen Musik überhaupt.

> Sie wissen als viel vom Kirchen regieren
> als Müllers esel vom quintieren

sagt Sebastian Brant in seinem Narrenschiff" [1]. Auffallend ist nur, dafs man nicht in die Handschriften schaute, wo die lebendigen Thatsachen in einer Anschaulichkeit und Frische reden, die alle Zweifel vernichtet.

Am Weihnachtstage wurde die Vesper im Stifte Hohenfurt jedenfalls so feierlich als möglich gehalten. Dazu dürfte nicht wenig der folgende „versiculus ad vesperas" beigetragen haben, den ich der Handschrift A entnehme:

---

[1] Gesch. d. Musik II. S. 141 u. f.

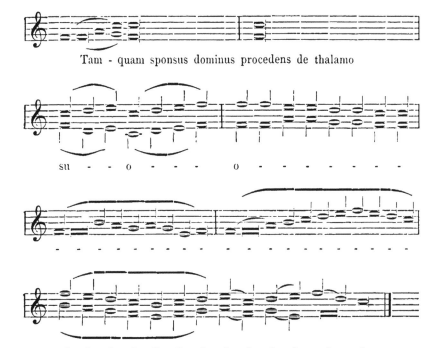

Tam - quam sponsus dominus procedens de thalamo

su - - o - - - o - - - - - - -

Hucbald starb 930; dieser Versikel und die Beilagen XXI—
XXIV stammen aus dem Anfang des fünfzehnten Jahrhunderts;
No. XXV gar aus einem vielgebrauchten Codex des sechzehnten,
aus einer Zeit, da der bewundernswerte Prager Tonsetzer Heinrich
Isaak vielleicht schon gestorben, in München ein Lassus, in Rom
ein Palästrina blühte. Zahlen und Namen sind beredt.

Dies wenige mag zum Nachweise genügen, in wie vielen
interessanten Beziehungen diese Lieder, Wort und Weise, fast
möchte man sagen nach allen Richtungen der Kulturgeschichte
stehen.

. In den benutzten Handschriften befanden sich von hierher-
gehörigen Liedern noch die folgenden, von deren Abdrucke abgesehen wurde:

1. Ave Jesus qui formosus, Osterlied E, ist nicht ab-
gedruckt, weil es nur ein Bruchstück eines längeren Psalterium
Jesu Christi ist, über das ich zu vergleichen bitte Blätter für
Hymnologie 1886, No. 1, S. 2. —

2. Ave plena gratia F fol. 123 mit Mel. bei Mone II. 288.
Unsere Hsch. schließt sich der Hsch. B. Mone's an. Varianten:

2, 8 thronus deitatis. 3, 3 Consolatrix pauperum. 5, 5 gloriae spectaculum.

No. 7: O quae super agmina
Coeli sublimaris,
Angelorum domina,
Virgo singularis,
Cor meum illumina,
Fulgens stella maris,
Et ab hostis machina
Semper tuearis.

8: O vitae remedium,
Puella decora,
Coeli refrigerium
Coelitus irrora,
Sacrum tuum filium
Pro nobis ex ora,
Peccatorum omnium
Veniam implora.

3. Ave virgo gloriosa, Coeli jubar B. Nur einzelne Strophen ohne Zusammenhang aus Mone II, 318.

4. Ave virgo virginum, verbo E, bei Mone II, 107 u. f.[1]) Varianten. 1, 2 Verbo concepisti. — 1, 6 Mater Jesu. — 1, 7 Juva me miserrimum. — 2, 4 Fons summi dulcoris. — 2, 6 Pons timoris. — 3, 4 Matrem sibi. — 6, 5 Summa fervitas, verschrieben. — 9, 6 Jesus Christus secus. — 9, 7 Lux eadem ipse sit. — 10, 4 Tu es sublevatrix. — 10, 6 Es auxiliatrix — 10, 7 u. 8 Tu tanta, nobilis sis Mihi relevatrix. — 11 verschrieben. — 12, 2 Tibi obedivit. — 12, 7 Sit mihi propitius. — 13, 1 Fructus florens floruit. — 12, 2 Lucens cum. — 14, 2 Produxit hunc. — 14, 2 u. 3, 4 u. 5 umgestellt. — 14, 8 Muneret. — 15, 7 Ne demum cum impiis. — 16, 1 Amen dicat clericus etc.

5. Dies est laetitiae A D E G, bei Mone I, 62 u. f. Wackernagel I, 206 u. f. Ordnung der Strophen: 1. 3. 2 D E G. 1. 3. 6. 4. 5. 7. 9 A. No. 8 fehlt A. Dafür folgende Schlußstrophe:

Mater tuum filium
Jugiter implora,
Ut nobis remedium
Sit in mortis hora,
Qui lucramur (l. luctamur) stadio,
Daemonis incendio
Camino poenali,
Sed accepto bravio
Laetemur cum filio
Veste nuptiali.

6. Gaude quam magnificat B, wenige Strophen aus dem Liede bei Mone II, 128.

7. Jesu dulcis mater bona B, einzelne unter Aufgeben des Verständnisses aus dem Kontext gerissene Strophen des Liedes bei Mone II, 318, zum Teil dieselben wie in Ave virgo gloriosa.

8. Jesus Christus nostra salus ADEM, daraus bei Wackernagel I, No. 367. Varianten 1, 4 hostiam DF. — 9, 4 Offan-
tium ADE. — 10, 1 Caro panis A. — In A u. D hat das Lied
folgende R⁰: Eja jubilate | Voces attollite | Nostro creatori | Sym-
phoniis | Hymnidicis | Christum zelate. Die Melodie sehr ab-
weichend von der bei Leisentritt, sowie von den Brüderkantio-
nalen; daher im Anhang No. IX.
9. In hoc anni circulo DE, stimmt nur mit Leisentritt (bei
Wackernagel I, No. 266), der eben das Lied bietet, wie es in
Böhmen und den Nachbarländern üblich. Doch kommen hier die
Strophen Tres magi de gentibus (b), Aurum regum domino (c),
Illi laus et gloria (d), aus denen Leisentritt mit einigen anderen
ein eigenes Lied gebildet hat (Wackernagel I, No. 405), in diesem
vor. Aufserdem folgende Strophe (a):

O prompta humilitas,
Delicata castitas,
Quam abstraxit caritas
Per virginem Mariam.

Die Reihenfolge der Strophen ist dann im Vergleich zu
Wackernagel No. 266 in D: 1. 3. 2. 4. 5. 9. 10. a. b. c. d. 14;
in E: 1. 2 3. 4. 5. 6. 8. b. c. 14. d.
10) Inter natos mulierum E, auf Joh. B. Bruchstücke einer
noch ungedruckten Sequenz.
11) Magnum nomen Domini DE, verwirrt Unzusammengehöriges.
12) Puer nobis nascitur AN. — Wackernagel No. 329.
Strophen 1. 2. 5. 3 A. 1. 3. 2. 4 N. — Varianten: 3, 1 Tunc
Herodes A. 3, 3 Infantesque puerulos A. — 4, 1 Qui natus de
virgine N. 4, 4 Perduc nos. N. — 5, 1—3 Alpha I et E et O,
dreimal A. —
Endlich sind einige Lieder übergangen worden, von denen
die Handschriften nur einzelne Bruchstücke bieten oder einen
so verkommenen Text, dafs damit nichts zu machen war. Dies
war vor allem mit dem Leiche „Ut igitur plenitudo venit temporis" (N) der Fall.
Es erübrigt noch, dafs ich eine Pflicht der Dankbarkeit er-
fülle, indem ich allen denen meine Erkenntlichkeit bezeige, die
mich in dieser Arbeit gefördert haben; vor allen den Vorständen
der hiesigen K. K. Universitätsbibliothek und des Kgl. böhmischen

Museums; dann Herrn Dr. Laubmann, Direktor der Kgl. Hof-
und Staatsbibliothek in München, Sr. Hochgeboren dem Herrn
Reichsgrafen A. von Schönborn, Herrn Professor Dr. Schnee-
dorfer O. C., Herrn Th. Wagner, Fürstl. Schwarzenbergschem
Archivar zu Wittingau; schließlich und vor allen dem Hw. Herrn
J. Pachta, sowie dem Kustos des Böhmischen Museums Herrn
A. Patera, ohne deren stets sich gleichbleibende Zuvorkommenheit es mir unmöglich gewesen wäre, diese Arbeit in verhältnis-
mäßig kurzer Zeit zu bewältigen.

Prag, den 6· März 1886.

Guido Maria Dreves.

LEICHE.

1. Ad honorem et decorem
   Matris Domini
   Jubilemus et psallamus
   Melos laetitiae;

   Quam beavit coronavit
   Deus hominem,
   Ut intraret et crearet
   Solem justitiae.

   Hanc sanctus spiritus
   Replevit coelitus,
   Obumbravit, illustravit
   Quam divinitus;
   Dum concepit, non recepit
   Semen humanitus.

2. Nil negare matri charae
   Debet filius,
   Sed paratus erit natus
   Maternis precibus.

   Ergo ora omni hora,
   Rosa, lilium
   Ut det tutos nos exutos
   Peccati faecibus.

   Praeter te misere
   Vivimus sine spe,
   Ergo, grata advocata,
   Esto propere,
   Ne iniquo et antiquo
   Damnemur opere.

3. Tu sanctorum angelorum
   Exultatio,
   Dum te vident digne rident
   Delectabilius.

   Tu parata et ornata
   Habitatio,
   Quam beavit et ornavit
   Excelsi filius.

   Audi nos, florum flos,
   Omnis dulcoris ros,
   Supplicantem te laudantem
   Salva populum,
   Ne damnemur sed laetemur
   Tecum in saeculum.

ABCDE. — 1, 3 psallemus C. — 1, 4—7 verstellt E. — 1, 6
Deus omnium A. — 1, 13 et recepit (sic) C. — Nach 1, 14: Gaudium om-
nium | es invocantium | Audi vota mente tota | Rosa lilium | Virgo pia es
Maria | Spes desperantium C. — 2, 4 Matris precibus. — 2, 7 Ut te tutos
D B E et exutos B. — Nach 2, 8 Gaudium omnium etc. B. — 2, 9 Praeter
te, rex Christe E. — 2, 11 Ergo grate advocate E. — 3, 1 ff. und 3, 4 ff.
umgestellt D. — 3, 3 Semper rident D. — 3, 7 Quam purgavit et ornavit
A. — 3, 8 Excelsus B. — 3, 11 Supplicantes et laudantes D E. — 3, 14 in
patria B saecula A C D E. —

2.

1. Ave gloriosa
Virgo, mater Christi,

Ave speciosa,
Christum genuisti,

Super omnes choros
Mater extitisti,
Placa nobis tuum
Dilectum filium,
Maria pia.

2. Nostra sis advocata,
Virgo Deo grata,

Fac servare rata
Almaque. beata

Interventrix pia.
Succurre, Maria,
Da nobis aspectu
Frui resurgentis
Maria pia.

3. Virgo pulchra tota,
Sole praelucida,

Plena dulcorosa,
Gratiam impetra,

Fulgens velut rosa,
Nos hic illumina,
Ut jungamur tuo
Dilecto filio,
Maria pia.

4. Ave maris stella,
Lucens prae ceteris

Quasi luna plena,
Esto dux miseris;

Protege, benigna,
Omni laude digna,
Ne nos hostis ducat
Trahens ad infima,
Maria pia.

5. Gloriosa tutrix,
Asta promiseris,

Coeli sidus clarum
Cunctis creaturis,

Bona cuncta posce
Nobis de superis,
Ut fruamur tuis
Semper suffragiis,
O Maria pia.

B. C. — 3, 1 pulchra sole C. — 3, 2 nimis praelucida C. — 3, 3 Velut luna plena C. —

3.

1. Ave Maria,
Angelorum dia
Coeli rectrix,
Virgo Maria.

Gratia plena
Et porta amoena
Paradisi,
Coeli regis filia.

Dominus tecum.
Tu sis mecum
In coelestibus.

2. Benedicta tu
 In mulieribus
 Ac mulier
 In mulieribus

 Et benedictus
 Tuus primogenitus,
 Qui dicitur
 Mariae filius.

  Fructus illuxit
 Et induxit
 Nos in gaudium.

3. Ventris ex utero
 Virginitatis dum
 Virgo deum
 Nobis genuit,

 Cui angeli
 Simul decantabant:
 Gloria sit
 In altissimis.

  Amen, conceptum
 Verbum caro
 Ex te prodiit!

BCD. — 3, 3 nobis Deum B. — 3, 6 decantant D. — 3, 7 sit fehlt in D. — 3, 9 ff. fehlen in B dafür Dominus tecum wie oben 1, 9 ff.

4.

1. Ave maris stella,
 Lucens miseris,

 Deitatis cella,
 Porta principis.

 Paradisi patens fons,
 Tu Cupressus, Sion mons,
 Peccatorum pons.
 Patris obumbratione
 Verbum caro fit per te
 Sacro flamine.

2. Regis diadema,
 Stola praesidis,

 Samsonis problema,
 Funda Davidis.

 Turris, per quam transit gens,
 Deum verum tenens ens,
 Ne desperet fiens.
 Tu es Salomonis res,
 In te nostra tota spes
 Agitur per tres.

3. Mater pietatis,
 Parens filium,

 Ebur castitatis,
 Candens lilium,

 Urna coeli manat ros,
 In te crevit Jesse flos,
 Qui salvavit nos.
 Rubus, quem non urit pyr,
 Nec in cujus ponit ir
 Se coelestis vir.

ABCDE. — 1, 5 Pons AB. — 1, 7 fons AB. — 1, 8 subumbramine ABE. — 2, 3 probleuma B. — 2, 5—7 u. 2, 8—10 umgestellt A. — 2, 6 De Moab adversum ens B. — 2, 8 sqq. fehlen in B. — 2, 9 rata spes BE. — 3, 5 manans ros BE. — 3, 9 Der Sinn verlangt et oder sed statt nec; ir für das bessere hir. —·3, 10 sed coelestis AD. — B hat noch folgenden Zusatz, der offenbar ungehörig ist:

V. Ave vitae via tuta,
  Duc ad patriam,
  Ave virgo, coeli scala,
  Dona veniam.

R. O lux animarum,
  Tu lux tenebrarum
  Lucens miseris.

5.

1. Ave non Evae meritum
Sedentis ad interitum
Maria sic affatur;

Maria nata gratia
Offerens se galaxia
Vaganti gratulatur

Coetus fidelis, virginis
Qui meritis juvatur;
Virgo quaerens ab angelo,
Quid vult haec salutatio,
Maria sic turbatur.

2. Gratia plena, spiritus
Sanctus in te divinitus
Descendet, ne turberis,

Virtus ad haec altissimi
Tibi obumbrabit, cara mi,
Gratia sic repleris.

Ecce ancilla Domini,
Verbum tuum salvetur.
In me, pia, ne timeas,
Hymnum decoris offeras,
Sacrum ex te nascetur.

3. Dominus tecum, hodie
Victricem manum porrige,
Benedicta tu rosa,

Rorans in mulieribus,
Succurre tuis gentibus.
Ne tardes speciosa.

Et benedictus filius
Ventris tui levamen
Omni reatu conferat,
Verbum tuum referat
Opus honoris. Amen.

K·M, in letzterem verschmolzen mit dem Leich: Digna laude, w. m. s. K hängt zwei Stollen dieses Leiches dem vorstehenden an, obschon das Amen am Schlusse jeden Zweifel über die Unzusammengehörigkeit ausschliefst. — 1, 6 Vagienti K M. — 3, 7 liest M: Et benedictus filius, was dem Versmafse gerecht wird, während K hat: Et benedictus fructus, was der Schrifttext fordert. — 3, 10 Et tibi, mater, referat M.

6.

1. Ave rosa in Jericho
Purpure vestita,

Maria phoebi spherico
Divinitus polita.

Gratia sacri flaminis
Mire illustrata,
In hora diri examinis
Nostra sis advocata.

2. Plena virtutum flamine
Spurcitias subegit

Dominus natus pro homine
Te sibi praeelegit.

Tecum conregnans hodie
In coelorum thronis
Matrem honorans gloriae
Gratuitis in donis.

3. Benedicta tu domina,
Tu virginum fecunda,

In mulieribus femina
Nulla fuit secunda.

Et benedictus fructus tis
Ventris nos attollat,
Tuo pio juvamine
A poenis nos absolvat.

Maria candens lilium,
Trinitatis cella,
Tuum dilectum filium
Pro nobis interpella.

ACDN. — Die Leichform des Liedes ist aus den Versanfängen, die dem Ave Maria entnommen, ersichtlich. 1, 2 Phoebo CD. — 1, 8 Maria sis advocata D. — 2, 1 virtutum floribus A, famina D. — 2, 5 Gratulatur in donis C. — 3, 6 Ventris nos absolvat CD. —

7.

1. Ave rubens rosa.
   Virgo speciosa,

   Jesu Christi tu es
   Mater gloriosa.

   Peccatorum nostrorum
   Ne sis odiosa,
   Sis interventrix nostri,
   Ut evadamus rostri
   Inimici nostri.

2. Vale imperatrix,
   Nostra advocatrix,

   Virtutum amatrix,
   Munerum es datrix

   Splendens urna aurea,
   Porta es reclusa.
   Per spiritum aperta
   Sanctum. fuisti certa
   Nuntio reperta.

3. Salve ardens rubus
   Nihil concrematus,

   Per quam rex coelorum
   In mundum est natus,

   Qui sibi te elegit
   Sponsam virtuosam,
   Dominam angelorum
   Et reginam polorum,
   Omnium regnorum.

4. Eja virga Jesse,
   Virens et florida,

   Munda corda nostra
   Nimium arida.

   Ne sinas nos perire,
   Mortis quoque dirae,
   Ut crimen evadentes,
   Gloriam tibi dantes
   In coelis canentes.

5. Probleuma Samsonis,
   Tu funda Davidis,

   Victoriam auffers
   Iniquis validis.

   Thronus es Salomonis,
   Ornata coronis,
   Lilium virginale.
   Odorosum crinale,
   O flos aestivale.

6. In extrema hora
   Exora filium

   Cum maxima turba
   Sanctorum omnium,

   Subvenite pro nobis
   Vestris piis donis,
   Ut per vestrum juvamen
   Det[ur] pium examen,
   Deo demus Amen.

BCE. — 1, 9 Inimici hosti C. — 2, 1 Ave B. — In CE steht diese Strophe an 4. Stelle. — 2, 8 Dum fuisti B, factum fuisti C. — 3, 8 terrae nec polorum C, terrae et polorum E. — 4, 2 florens et florida B. — 4, 6 morte CE. — 5, 9 aestivalis E. — 6, 2 excita filium C. — 6, 4 sanctorum millium CE. — 6, 8 Et grave examen C, gratiae hoc examen E. —

8.

1. Ave sanctissima regina,
Gratia divina
Quam trina
Beavit,
Ante nec post creavit
Majorem te.

Te rex regum, Deus deorum,
Dierum multorum,
Pro morum
Virtute
Sponsam in senectute
Traxit ad se.

Mira res, angelum emiserat,
Tantum placuisti;
Plena es gratia, qui dixerat,
Verbo concepisti,
Virgo permansisti,
Dixisti:
Secundum
Verbum tuum jucundum
Fiat in me.

2. Salve lux patrum prophetarum,
Glosa scripturarum
Multarum,
Serrata
Porta perambulata
Ezechiel.

Sicut rubus non concremata
Moysi flammata
Servata,
Sic paris,
Mater nescia maris,
Per Gabriel.

Aaron arens virga floruit
Non naturae more,
Gedeon vellus mire maduit
De coelesti rore;
Sic salvo pudore,
Dolore
Semoto,
Viro gignis ignoto
Emmanuel.

3. Vale Esther, per te Judaeum
Salvat Mardochaeum
Rex regum,
Comprendit
Ferox Aman, suspendit
Pro scelere.

Judith ut caput Holofernis,
Qui praeest infernis,
Prosternis,
Volentem
Superbe Juda gentem,
Te perdere.

Salomon regis potentissimi
Mater nuncupata,
In Sion sedentis altissimi
Dextris sociata,
Nobis advocata,
Vocata,
Maria,
Virgo clemens et pia,
Nos protege.

BCDEF, letzteres mit der böhmischen Übertragung. — 1, 11 in juventute B. — 2, 7 ff. concrematus, flammatus servatus BCE. — 3, 7 Audit st. Judith E. — 3, 12 Teque perdere E. — 3, 14 matre nuncupata B. — 3, 15 Sedentis in Sion E. — — Der Leich ist aus einer Wiener Hsch. abgedruckt in J. Feifalik „Untersuchungen über altböhmische Vers- und Reimkunst" II, S. 42 u. f.

9.

1. Ave sole purior,
   Luna plena pulchrior,
   Mundi luce
        clarior, Maria,
   Te collaudat
        clerus voce pia.

   In te solem gratiae
   Christus sol justitiae
   Suum lumen
        mire radiavit,
   Dirae mortis
        tenebras fugavit.

   Tu sol super omnia
        Sole es amicta,
   Verae lucis gaudia
        Per te benedicta
   Fiant nobis pervia,
        Mater Dei dicta.

2. Liquefac et arida,
   Mollia consolida,
   Nostra corda
        noxis indurata,
   Peccaminum
        faece praegravata.

   Sicut sol spectabilis,
   Visu delectabilis,
   Tibi veri
        solis dat amictum
   Calcans caput
        tyranni devictum.

   Reduc, rege devia,
        Fove nascitura,
   Robora debilia
        Tibi placitura
   Pellens quaeque vilia
        Nobis nocitura.

3. Effice, ut vanitas
   Mundique cupiditas
   Nec non amor
        per nos reficetur,
   Scelus omne
        penitus vitetur.

Tu es virgo regia,
Stella maris praevia,
Tu es candens
     lilium corona,
Tibi dantur
     gratiarum dona.

Grata inchoatio
     In ventre materno,
Es sanctificatio
     Parens ab aeterno,
Gratiae repletio
     Pneumate superno.

4. Non virali semine
   Sed sacro spiramine
   De coelo tu
        superveniente
   Patrem nata
        concipis umbrante.

   Sic concepto filio
   Gravida cum gaudio
   Nobis natum
        parturis jucunda,
   Sine viro
        es virgo fecunda.

   Absque pari femina,
        Praemio procellis
   Angelorum agmina,
        Quae es favus mellis,
   Giras mundi lumina,
        Sygis obstas bellis.

5. In coeli cacumine
   Beatorum culmine
   Praefulcita
        digne trabearis
   Et bis senis
        stellis coronaris.

   Ambiunt jerarchici
   Ordines angelici
   In te visum
        suum defigentes
   Et te castam
        virginem scientes.

Apostoli, martyres
  Nec non confessores,
Virgines et viduae,
  Christi assessores,
Laudant unanimiter,
  Tibi dant honores.

Eja splendor patriae,
  Lassis in hac via
Sis lucerna veniae,
  Interventrix dia,
Duc ad lumen gloriae,
  Fulgida Maria.

C. — 2, 5 faece peccaminum praegravata Hsch. — 2, 9 Tibi dat veri solis amictum Hsch. —

10.

1. Ave spes et salus
  Infirmorum,
Desperatorum
Renovatrix.

Salve fax coelestis
  Luminosa,
Tu copiosa
Consolatrix.

Laude plus laudabilis
  Coeli terraeque giro
    Dominaris,
Virgo venerabilis,
  Mater, quae sine viro
    Nuncuparis.
Summi regis nostri plasmatoris
Sedes amoris
Trinitatis.

2. Aberrati sumus
  In hac vita,
Virgo Maria,
Male stamus.

In peccatis multum
Constituti,
Per te soluti
Ut fiamus.

Da tuo juvamine
  Delectamenta carnis
    Superare,
Ut sine gravamine
  In die novissima
    Queamus stare
Coram justo judice congaudendo
Et non flendo
Cum damnatis.

3. Hoc perpendat homo,
  Mundi levis
  Haec vita brevis,
  Cito cedit.

Mors perennis post hanc
  Minitatur,
Non terminatur,
Malos laedit.

Curta delectatio
  Peccantibus suavis
    Reputata,

Longa castigatio
  Pro hac est in inferno
    Praeparata,
A qua nos digneris custodire,
Fac nos ire
Cum beatis.

KM, daraus bei Mone II, 354 u. f. Ein durchaus regelmäfsiger Leich, dessen Abgesänge ebenfalls dreiteilig gegliedert sind.

11.

1. Ave trinitatis
  Cubile,
Ave castitatis
  Sedile,
Plenum gratia.

Ave nocivorum
  Fugatrix,
Ave vitiorum
  Curatrix,
Culpae nescia.

Opifex, qui regit
Summa et infima,
Te matrem
Sibi praeelegit,
O sanctissima.

Maria, te rogamus,
Succurre, ne petamus
Ima.
Atque scelus iniquum
Expurga et antiquum
Zyma.

2. Caro et natura
   Mirantur,
   Quare in te jura
   Mutantur
   Mirabilius.

Virgo singularis
In prole,
Luna plus probaris
Ac sole
Lucens clarius.

Nulla praelibatur
Tibi, matrum prima,
Similis
Nec te comitatur,
O dignissima.

Maria, te rogamus,
Succurre, ne petamus
Ima.
Atque scelus iniquum
Expurga et antiquum
Zyma.

3. Protege, benigna,
   Tu gentem,
   Salva, benedic, et
   Egentem
   Redde filio.

Ut non contra nos
Accusatrix,
Sed tu nostra sis
Advocatrix
In exilio.

Gemma mulierum,
In die ultima
Te laudantem
Respice clerum,
O sanctissima.

Maria, te rogamus,
Succurre, ne petamus,
Ima.
Atque scelus iniquum
Expurga et antiquum
Zyma.

A B C. — Leich mit Abgesang und Rundreim. — 1, 8 peccatorum B. — Nach 1, 18 fehlt der zweite Teil des Rundreims C. — Die Stollen von Str. 2 umgestellt C. — 2, 9 a sole A. — 3, 2 Lugentes C. — 3, 3 Ob nicht benedicta oder digna? — 3, 4 Egentes C. — Am Schlusse nur die zweite Hälfte des Rundreims C. —

12.

1. Ave virgo, mater intemerata,
   Paradisi lilium,
   Genuisti filium
   Inviolata.

Rore perfusum vellus Gedeonis
Te signavit, Maria,
In te lucet sophia,
Fons Salomonis.

Flos pudicitiae,
Fons omnis gratiae.

2. Ave templum divinae majestatis,
   Florens Aaron virgula,
   Radiosa stellula
   Divinitatis.

Beatus venter tuus procreavit
Angelorum dominum,
Salvatorem omnium,
Quem mors expavit,

Et plenam gratia
Sine fallacia.

3. Maria, porta jugiter serrata,
   Salutavit Gabriel,
   Quam vidit Ezechiel,
   Semper beata.

   Dixit: Ave, te solam concupivit
   Regum rex altissimus,
   Fructus nam dulcissimus
   Ex te prodivit.

   Ut tuo filio
   In summo solio

4. Cum sanctis conregnare mereamur,
   In coelesti acie
   Deitatis faciem
   Intueamur,

   O virgo sacra atque veneranda,
   Praesta hoc quod petimus,
   Nam te unigenitus
   Mire exaudit,

   Cujus in dextera
   Gaudes cum gloria.

C. — 2, 5 Beatus venter tuus, qui überzählig. — 3, 2 Te salutavit
gegen den Vers. — 3, 10 Summo solio desgl. — 4, 8 Virgo sacra atque.

13.

1. Beati, qui esuriunt
   Et sitiunt justitiam,

   Nam verbum Dei audiunt
   Et fugiunt laetitiam,

   Quae ducit ad supplicia.
   Plus valet tristitia,
   Quae gaudia
   Dat justis aeternalia.

2. Cantemus hymnum gloriae
   Cum cantico laetitiae,

   Solemnizantes hodie
   Regi regum victoriae,

   Qui natus est de virgine
   Sine virili semine.
   Cum gaudio
   Benedicamus Domino.

D E. — 1' 3 Qui Christum Dei audiunt E. — 2, 13 hodie fehlt E. —

14.

1. Benignam,
   Dignam
   Laudibus
   Decet exaltare,
   Quae fructum vitae omnibus
   Novit generare.

   Impleta
   Laeta
   Munere,
   Merito exultavit,
   Dum angelus dulcissime
   Piam salutavit.

   Pietatis, pacis fons,
   Virgo tu es navis, pons,
      Donum fer salutis.
   O suavis navis, pons,
   Virgo tu es nobis pons,
      Portum da salutis.

2. Exulta
   Multa
   Gratia
   Tu virgo singularis,
   Nam regis regum fulgida
   Mater appellaris.

   Te clamant,
   Amant
   Jugiter
   Agmina sanctorum,
   Collaudantes praedulciter
   Reginam polorum.

   Clare, care rutilas.
   Virgo cunctis imperas
      Veram in salutem,
   Obfuscare ne sinas,
   Virgo, tu ne sinas
      Servis tuis lucem.

3. Caterva   Aurora,
   Serva   Ora
   Hominum   Filium
   In te jocundamur,   Pulcherrima cunctorum,
   Dum per dilectum unicum   Ut nobis det praemium
   Natum liberamur.   Sortis beatorum.

          Infinitae vitae flos,
          Virgo, tu es vitae flos,
            Gemma charitatis,
          Insignire rite nos,
          [O] virgo tu rite nos
           Conjunge beatis.

      C. — 3, 15 eine Silbe zu wenig, wohl O. — Der reiche Reim scheint mindestens in der zweiten Hälfte der Abgesänge beabsichtigt. 3, 13 könnte aber verschrieben sein, etwa statt glos oder phos, die sonst in ähnlichen Verbindungen vorkommen, dem Schreiber von C aber nicht mehr geläufig waren. —

15.

1. Collaudemus
   Matrem Domini,
   Laudes demus
   Sacrae virgini,
   Quae peperit filium,
   Regem humilium.

   Haec praeconcepta
   Dudum fuerat,
   Antequam mundum
   Deus fecerat,
   Mente divina
   Coeli regina.

   Regem es enixa
   Virgo manens fixa,
   Thronus Salomonis,
   Vellus Gedeonis,
   Tu Dei triclinium,
   Candens lilium,
   Casta, asta
   Ante filium.

   Tu aurea urna,
   Merces divina,
   Virga Aaronica
   Spesque unica,
   Vitam vivifica
   Suffragiis,
   Aurora ora
   Pro naufragiis.

2. Sole amicta,
   In te depicta
   Sunt duodena
   Clara sidera,
   Veniae vena,
   O vitis vera.

   Mitis puerpera,
   Per te vipera
   Est contrita,
   Salus reddita.
   Mons, pons, fons,
   Flos, ros, coeli dos.

   Stelliferis castris
   Cunctis et astris
   Tu dominaris,
   Virgo singularis,
   Nam laetaris
   In coelestibus;
   Socia nos superis
   Tuis civibus.

   Felix regis porta
   Nunquam aperta,
   In te reperta
   Sunt bona cuncta,
   Suntque defuncta
   In te crimina;
   Nostri interventrix sis,
   Clemens domina.

3. Portus in undis,.
   Potus sitibundis,.
   Scutum tutum
   Contra jacula,
   Rivus vivus
   Dans vitae pocula.

   Virga arida
   Nucigerula,
   Viola florida
   Salutifera,
   Soli, poli
   Hera vera.

   Ora tuum natum,
   Fac nobis placatum,

   Quem carne tegis,.
   Tu filia regis,
   Subveni miseris,
   Extrema hora
   Pro nobis ora,
   Dulcis aurora.

   Tu sacratum manna,
   Coeli roris canna,
   Rubus inustus,
   Ceteris venustus,
   Hostis gladius,
   In infernum
   Tu regnare fac
   Nos in aeternum.

CB. — Letzteres nur Str. 1—6 und 9 zum Teil in anderer Ordnung.
Leich mit doppeltem Abgesang. Das Geheimnis des anscheinend regellosen
Versbaues liegt darin, dafs nur die Hebungen (zwei in jeder Verszeile) gezählt
werden, die Senkungen (1—3 zwischen zwei Hebungen) aber nicht. — 1, 19
asta pro nobis, letzteres überzählig, wie auch das entsprechende Aurora ora
nahe legt. — 2, 4 sacra sidera C. — 2, 11 u. 12 fast eine Genusregel. —
2, 19 supernis B. — 3, 6 Conferens vitae B. — Zum zweiten Stollen der ersten
Strophe könnte Philipp Wackernagel die Bemerkung wiederholen: „Es giebt
Lieder, welche die Präexistenz der Maria bei Gott vor der Schöpfung lehren."
Hier würde ihm vielleicht das Licht aufgehen, dafs es sich um eine Präexistenz handelt in ideis divinis, wie der Schulausdruck lautet, mente divina,
wie das Lied sagt.

16.

1. Cum gaudio concinite,
      Omnes maculati,

   Carmenque novum solvite
      Huic nativitati.

   Christum laudantes
   Estote parati,
   Ut nos a cunctis sordibus
   Redimat peccati.

2. Hic jacet in praesepio,
      Tartara qui fregit,
   Et mundum suo brachio
      Universum regit.

   Et matrem sibi
   Virginem elegit,
   Qui cuncta mundi entia
   Solo verbo regit.

3. Ergo laudes angelicas
      Demus . Christo nato

   Semper fundentes gratias
      Homini beato.

   Et matrem sibi
   Virginem elegit
   Qui cuncta mundi entia
   Solo verbo regit.

AGN. — „De nativitate Christi" A. — Str. 2 u. 3 fehlt G; dafür:
Uni trino etc. und Sit benedicta trinitas etc., die nicht hierher passen. Str. 3
fehlt A. 1, 1 concurrite N. — 1, 2 immaculati N. — 2, 7 Sic cuncta regum
domino Solo verbo egit A. — Am Schlusse Repet. ut supra: Et matrem etc. N. —

17.

1. Depromemus laudes
   Piae genitrici

   Stirpe Davidica,
   Nostrae assistrici,

   Beatae virgini
   Totius gratiae,
   Mansuetae humili.

2. Flori emanato
   Solis cum radio,

   Christo conregnata
   In poli solio,

   Fecundata more
   Divo, inspirante
   Animi pudore.

3. Super exaltata
   Choros claritatis,

   Restaurata throno
   Piae largitatis,

   O sancta Maria,
   Audi cleri vota,
   Nostra precamina.

4. Evae infamati
   Noxia, gravati,

   Per te restaurati,
   Filii tui nati,

   Nostri Jesu Christi,
   Laudibus praecelsis
   Promere parati.

5. Novae legis latrix,
   Pia propugnatrix,

   Fidei amatrix,
   Excelsa zelatrix,

   Aurora diurna,
   Gloriosa tutrix,
   Merito primula.

6. Imprecamur tibi
   Laudes assiduas,

   Ut summa hypostasis
   Precata virginis

   Commendet Domino,
   Soli trino uno,
   Coelorum herulo.

B C. — 2, 1 emanata B. — 2, 4 et poli B. — 4, 1 Evae informati B. —
5, 6 gloriosa virgo C. — 6. 4 Precatu B.

18.

1. Digna laude,
   Gaude,
   O Maria,
   Quia
   Sine
   Fine
   Tu pro reis stas,
   Das
   Eis fas
   Perfruendi luce
   Supernorum.

   Quorum coetus
   Laetus
   Canit ibi
   Tibi
   Ave
   Suave,
   Super omnes res
   Es
   Vera spes
   Desperatis mole
   Vitiorum.

Namque scis
Prout quis
Atque vis
Semper his
Pie subvenire,
Qui relicta
Ficta
Fide, voto
Toto,
Cura
Pura
Tibi, florum flos,
Ros,
Coeli dos,
Pii patres student
Deservire.

2. Tres te magi
Vagi
Tribus donis
Bonis
Quaerunt,
Ferunt
Aurum, myrrham, thus,
Rus
Nunquam plus
Visum stella duce
Percurrentes.

Mentes quorum
Morum
Fons perfudit,
Cudit,
Certe
Per te
Vitam tenent nam,
Quam
Tecum jam
Semper sunt in pace
Possidentes.

Ergo prae
Cunctis te
Virgo, quae
Sine vae

Mater extitisti
Christi, posco,
Nosco
Scelus meum,
Deum
Placa,
Vaca
Mihi tua vi,
Qui
Statim, ni
Suffrageris, dabor
Orco tristi.

3. Tu vocaris
Maris
Stella, rite
Vitae
Datrix,
Latrix
Boni, super quo
Pro
Nobis, o
Tu Maria, Christum
Deprecare.

Dare genti
Flenti
Gaudiorum
Chorum
Stude,
Trude
Procul mortis fel
Vel
Funde mel,
Ut possimus digne
Te laudare.

Prope sta,
Cito na,
Fidem da
Rectam, quâ
Degustemus coenam,
Plenam Jesu
Esu,
Qui per mortem
Fortem

Crucis
Trucis
Lavit, pavit nos,
Quos

Verax os
Texit labem priscam
Solvens poenam.

M, untermischt mit dem Leich „Ave non Evae meritum“, der sich aber durch das Amen am Ende des dritten Abgesanges als ein abgeschlossenes Ganze präsentiert und in dessen Zusammenhang der vorliegende auch inhaltlich nicht pafst. Die Stollen der 3. Strophe auch in K. — Der erste Teil des Abgesanges der ersten Strophe steht in M hinter dem ersten Stollen; irrtümlich; denn die Anfangsreime der Stollen, die den Endreimen der vorausgehenden entsprechen, geben die richtige Stellung an die Hand.

19.

1. Dorothea beata,
Cappadociae nata,
Messiae desponsata
Sacro flamine.

Ornata virtutibus
Ab annis puberibus
Velut palma floribus,
Alto sanguine.

Romano patre nata,
Sacro fonte renata
In Caesarea.

2. Omnibus amabilis,
Coaevis praestabilis,
Zabulon odibilis
Propter opera.

Tunc praeses Fabricius
Institit ardentius,
Hanc gliscens praestantius
Saeva vipera.

Honorat muneribus,
Spondet pro sponsalibus
Dona aurea.

3. Equuleus paratur,
In catasta fixatur,
Dum consensus non datur
Surdis idolis.

Antro taetro clauditur,
Pabulum subtrahitur,
Ab angelis nutritur,
Coeli incolis.

Visa pulchritudine
Turba abs formidine
Credit in Deum.

4. Idolum prosernitur,
Vox daemonum auditur,
Cur devastas, dicitur,
Nos Dorothea?

Ritibus gentilibus
Omissis martyribus
Fit corona millibus
In Caesarea.

Gravi poena subditur,
Verberibus caeditur
In equleo.

5. O quam dire flagellant,
Virgis, uncis [lacerant],
Papillas taedis cremant
Saevi tortores!

Bacchans praeses nebulo
Hanc claudit ergastulo
Mortis in articulo
Spumans terrores.

E carcere sanior
Fit antequam pulchrior,
Cedit Diana.

6. Ad sorores hanc mittit,
Multa dona promittit
Et has simul amittit
Per Dorotheam.

Tyrannus ambas dorso
Tradit igni immenso
'Ligatas vultu verso
    Ad poenam.

Ait, o Dorothea,
Quousque sic athea
    Tua venena

7. Nobis offers prothrahens,
Deos meos contemnens,
Mea jussa et spernens
    Quasi frivola?

Idolis sacrifica,
Pessima malefica,
Nobis te parifica,
    Thura immola!

Capite truncaberis,
Si non immolaberis
    Diis nostris magnis.

8. Corde laeto respondit:
Deum colo, qui condit
Mundum, mihi spopondit
    Rosas cum pomis.

Loca deliciarum,
In quo sponsum praeclarum
Amplectar, valde carum
    Cum coeli donis.

Audiens haec tyrannus,
Ira fervet ut rhamnus
    Tortor immanis.

9. Jubet ut pulcher vultus
Plagis sit ita cultus,
Quod tortoris insultus
    Fatigaretur.

Servata in crastinum
Habet vultum pristinum,
Movet ira tyrannum,
    Ut necaretur.

Videns scriba puellam
Alloquitur sic illam
    Quasi illudens:

10. Sponsi tui de horto
Rosas cum pomis opto,
Mihi mitte de facto,
    Ut tibi credam.

Cui illa promisit,
Laeta ad mortem ivit,
Et pro cunctis petivit,
    Vox dixit: Reddam.

Impetrasti omnia,
Quae petisti munia,
    Veni jam gaudens.

11. Prece dulci completa
Ad ictum inclinata,
Spiculatoris spata
    Cum extenditur,

Ecce puer purpura
Stellis auro varia
Rosarum cum sportula
    Sibi mittitur.

Voce miti hunc rogat,
Ut eas scribae ferat,
    Fide, spe plena.

12. Obsecro, mi Domine,
Da mi Christi numine
Theophilo nomine
    Haec munuscula.

Tunc perrexit ad Christum
Decollata per ictum,
Credit scriba in istum,
    Qui fecit saecla.

Amoena Dorothea,
Duc nos ad empyrea
    Prata serena.

N. — Die Mel. findet sich zu einer freien böhmischen Bearbeitung gleichen Versmafses in der Hohenfurther Handschrift A. — 5, 2 lacerant fehlt. — 6, 8 fehlen zwei Silben.

20.

1. En arca, quam tunc foederis
   Duxisti per clangorem,

   David fert hanc cum ceteris,
   Nunc cernimus candorem.

   Nam hodie concepta,
   Mater et arca Domini,
   Nunc cernitur adepta,
   Cui sit laus incepta.

   Davidicae hinc gentes,
   Cytharizate canticis,
   In jubilo clangentes,
   Hanc arcam conducentes.

2. Est uterus virgineus
   En arca peramoena.

   Coetus cujus virgineus
   Est urna manna plena.

   Manna haec deitatis
   Vigore typus emanat,
   Manna divinitatis,
   En arca trinitatis.

   Nos clerici cantemus
   In diversis melodiis
   Et voce resonemus,
   Hanc arcam conducemus.

BCN. — Leich mit doppeltem Abgesang. — 1, 11 Prae jubilo N. —
2, 2, arca est primaeva B. — 2, 3 coetus tuus C. — 2, 4 est vinea dilecta
C. — 2, 6 Figurae typus B. — 2, 9 Nos carmen pium cantemus gegen den
Vers B. Nos pueri N. — Str. 2 vielfach verschrieben N.

21.

1. En e mola typica
   Superni molitoris
   Prodit far saporis.
   Dum floris
   Virga Jesse
   Germen induit.

   Stupenda novalia,
   Mirandum supernale,
   Gignenti (co)aequale.
   Regale,
   Virgo Deum
   Verbo genuit.

   Felix puellula
   In cellula
   Continet, qui
   Mundum circuit.

2. Vola stringens firmamentum
   Ens indivisivum,
   Vere amantivum.
   El divum,
   Almo birro
   Digne clauditur.

Syllogizans summum verbum,
Transcendens firmatum,
Usion beatum,
Reatum
Tollens saecli,
Satan sternitur.

Grande connubium,
Haud dubium,
Christus natus
Visu cernitur.

3. O mira conjunctio,
   Dum medium extremo,
   Primum cum postremo,
   El homo
   Sic unitur
   Hypostatice.

   Casta generatio
   Ab aevo inaudita.
   Miris insignita,
   Dum ita
   Plebs te laudat
   Permagnifice.

Rosa cum lilio,
Tis filio,
Stupet physis,
Sed erratice.

4. Porta clausa permanens,
Clausuris deaurata,
Pulchre trabeata,
Praegrata,
Tuum natum
Fac propitium.

Te laudantes respice,
Tu interventrix pia,
Genitrix Maria,
In via
Da conductum
Tege vitium.

Tecum in patria
Cum latria
Da perenne
Vitae gaudium.

CB D. — 1, 2 Supremi, B. C. — 1, 8 miramur supernale D. — 1, 10 reale C. — 1, 11 f. Virgo verbum Deum genuit D. — 1, 16 qui mundum creavit D C. — 2, 2 ens indivisum D. Es ens indivisum C. — 2, 3 vere amantium D. — 2, 4 en divinum D, en divum B. — 2, 5 Alme miro D, alme viro B. — 2, 7 summum regem C. — 2, 16 visus C. — 3, 2 extremum gegen Reim und Sinn D. — 3, 12 praemagnifice B. — 3, 14 cis filio C. — 3, 15 Stupescit D. — 3, 16 creatice D. — 4, 12 vitia D B C gegen den Reim. — 4, 13 in praemia D. — 4, 14 cum latera D, cum laetitia C. — 4, 16 gaudia B. —

22.

1. En trinitatis speculum
Illustravit saeculum,

Eja curialiter
Jubilando pariter,

Taliter hilariter,
Infantulo concinite,
Psallite benigne
Carmen perinsigne.

2. En virgo Dei filium
Parit primogenitum,

Nascitur aethereis
Cantibus et modulis.

Canite et psallite,
Voces puras attollite,
Christo incarnato,
Deo humanato.

3. Hic jacet in cunabulis
Puer admirabilis,

De coelo laudabilis,
A nobis amabilis.

Ergo voce hilari
Modulantes et pari,
Canite benigne,
Laetanter perinsigne.

D. Weihnachten, Varianten bei Wackernagel I. No. 324—327.

23.

1. Evangelizo gaudium,
Quod salvator omnium
Natus est de virgine. gaudete,
Sicut sancti testantur
Prophetae.

Emanuel vocabitur,
Nobiscum morabitur,
Animo et corde jubilemus,
Et cum angelis laeti
Cantemus.

In excelsis gloria
Sit divinitati,
Pax in terra patria
Bonae voluntatis,
Nam ab idolatria
Sumus liberati.

Pastores magnalia
Quando audierunt,
Angelis cantantibus
Bethlehem iverunt,
Et cum gaudio magno
Christum laudaverunt.

2. Cum rex in regno nascitur,
Stephanus renascitur,
Pro milite de coelo descendit,
Morte mortem primus hic
Rependit.

Joannes amantissimus,
Corpore purissimus,
Salutari calice potatur,
Ad Christi convivia
Portatur.

Martyres pro Domino
Etiam nolentes,
Sub Herodis gladio
Esse innocentes,
Et pro testimonio
Christi non loquentes.

In excelsis residens,
Nate summi patris,
In gremio colludens
Tuae piae matris,
Nunc cunctos nos protege
Solvens a peccatis.

Nur E. — Weihnachten. Leich mit doppeltem Abgesang. Die Str. 1 u. 2, 5 u. 6 sind als V., 3 u. 4, 7 u. 8 als R. bezeichnet. — 1, 13 patriae Hsch.

24.

1. Ex Jacob sidere
Antiquo foedere
Nascitur Emanuel,
Quod est „sit vobiscum El“,
Deus verus homo.

Venit absolvere
De mortis carcere
Reclusos in domo Bel,
Quem nuntiat Gabriel
De coelesti domo.

Ave gratia,
Dicens Ave,
Nihil pave,
Abs viro concipies,
O stupenda haec res.

2. O casta genitrix,
Peccantium rectrix,
Quae sola meruisti,
Fore genitrix Christi,
O arca foederis.

O Engeddi vitis',
Pia virgo mitis,
Formam, senile hyle,
Reduxit ad ovile
  Josue victoris.

Delens vitia,
Demens Vae
Olim Evae,
Benedicta sola es
Inter mulieres.

B C. — 1, 9 nuntiavit B. — 1, 3 Nil pave B C. Das Versmafs fordert
nihil. — 2, 2 Peccantium nutrix C. —

25.

1. Ex legis observantia
  Virgo Maria Christum
    Praesentavit.

  Synagogae Mosaicae
  Se penitus sub lege
    Subjugavit.

  Simeon hic vetus
  Amplexatur laetus,
  Congaudet
  Angelorum coetus.

2. Gratulentur jam virgines,
  Virgo Maria Christum
    Procreavit.

  Nihil in ea fomitis
  Mansit post partum, virgo
    Exultavit.

Exultent et viduae,
Tonent assidue,
Elisabeth
Christum prophetavit.

3. Vates quoque sancti patres
  Visionem Christi de-
    siderabant:

  Solus hic senex Simeon
  Cum puerpera Christum
    Praesentabant.

  Est huic responsum
  A Deo transmissum,
  Nasciturum
  Ut videret Christum.

A D E. — „De purificatione" A. — 1, 7 Simeon hic laetus A. — 2, 1
et virgines D. — 2, 3 Praesentavit D E. — 2, 6 Illibata D E. — 2, 7 ff.
fehlen E. — 2, 8 Tonantes D E. — 2, 10 Nam prophetavit A. Christum
praesentavit E procreavit D. — 3, 4 Velut hic senex D E. — 3, 5 Dum
D E. — 3, 6 Praesentavit D E. — 3, 10 Christum videret A. —

26.

1. Felici signo
  Regnasti in ligno

  Crucis figurae,
  Dominus naturae.

  Evam, quam damnasti
  Primo in homine,
  In cruce salvasti,
  Nobis passus, Domine.

2. Fuso cruore
  Nostro pro amore

  Vis immolari,
  Clavo vulnerari.

  Lateris fixurae
  Sanguis unda [pro]fluit,
  Salutis futurae
  Cujus dolor profuit.

3. Ecce, Maria,
   In quem transfixerunt,

   Pro materia
   Doloris addiderunt

Fel mixtum aceto.
Tuo auxilio
Fine finire laeto
Fac nos Dei filio.

H an zwei Stellen mit folgenden Abweichungen: 2, 1 Nostro pro sanguine. — 2, 6 Sanguinis dona profluit. — 3, 4 Salutis ediderunt. — 3, 7
Sine. — 3, 8 Fac nos cum. —

27.

1. Hoc festum venerautes
   Concordi voce,
     ore, corde humili,
   Paschalemque tonum
     resonantes, Christi servuli.
   Illi redemptori
   Resurgenti cuncti psallite
     Festivaliter.

   Voce paterna suscitatus
   Surexit Christus,
     patris gloria,
   De somno potenter
     virtute propria,
   Ad paratum sanctis
   Regnum patris transit hodie
     Personaliter.

   Quo Christus vita [oritur]
   Mortuorum
     resurgens jam non moritur,
   Mors illi viventi
     ultra non dominabitur
   Unum permanenti
   Cum patre et sancto spiritu
     Aeternaliter.

3. Portas disrupit tartari,
   Vinctos allevat
     in ventre inferi
   Flentes: advenisti
     omnibus desiderate,
   Inimicum vitae
   Vinxit rite victor strenuus
     Mirabiliter.

2. Triumphat ille splendide
   Hostem vincens
     suo sacro sanguine,
   Redemit a morte
     mundum patris unctus flamine
   Et tenebras mortis
   Phlegetontis praedam detulit
     Liberaliter.

   Da nobis coeli gaudia,
   Ubi summa
     semper est laetitia,
   Da nunquam laetari
     praeter in tua gratia,
   A malignis tutos
   Tuo scuto fac spiritibus
     Aeternaliter.

E. — Himmelfahrt. — Dass das Gedicht ein Leich ist, der aber in E
seine Abgesänge verloren hat, geht aus dem Gesangbuche der böhmischen
Brüder hervor, woselbst es als „Ton" zu einem Liede erwähnt wird, das eine
Repetitio von vier 11 + 9 + 11 + 5silbigen Zeilen hat. In E steht statt
dieser ein verkrüppelter Rundreim: Huic ergo resurgenti | omnes angeli
psallant omnes laete pariter. Nach dem Brüdergesangbuche ist auch die
Abteilung der Zeilen vorgenommen, da E keine Melodie und das Lied keinen
ausgeprägten Reim hat. Es bleiben aber noch manche Abweichungen. —

28.

1. Illustratam venustate,
   Sociam soli,

   Trabeatam claritate,
   Conjunctam proli,

   Veneremur gloriosam,
   Florum florem rosam,
   Matrem Jesu Christi.

2. Ambiunt quam coelici
   Chori mirantes,

   Ordines hierarchici
   Odas canentes;

   Parens salve sancta,
   Gignens natum casta,
   Regem angelorum.

3. Civium ad turmam
   Coeli conscendis,

   Angelorum turbam
   Virgo transcendis,

   Doxa freta prolis,
   Memor esse velis
   Tui servulorum.

4. Omnis coetus corde laetus
   Solvit carmina,

   Doxa fretus et facetus
   Coeli famina

   Pangit jubilando,
   Laudes concrepando,
   Odas Orpheales.

5. Beatam in numine,
   Nulli secundam,

   Sine viri semine
   Prole fecundam,

   Nympham parituram,
   Filium laturam
   Vates praedixerunt.

6. Veni, vena veniae,
   Ferens juvamen

   Placa regem gloriae
   Ante examen

   Nostri facinoris
   Fluxum ob cruoris
   Sui durissimum.

B. — 1, 5. Vorschlag von einer Doppelkürze. — Die ungeraden Zeilen
der Aufgesänge schwanken zwischen 8 (Str. 1 u. 4), 7 (Str. 2, 5, 6) u. 6
(Str. 3) Silben.

29.

1. Imperatrix gloriosa,
   Plena laudum titulis,

   Potens et imperiosa,
   Canticis angelicis.

   Jure commendaris,
   Mater et regina,
   Nato non gravaris,
   Tuo nos assigna,
   Christi mater, Deo digna.

2. Peccatorum medicina,
   Salus es debilium,

   Rosa vera sine spina,
   Castitatis lilium:

   Respice, quod posco,
   Mater veri Dei,
   Me peccasse nosco,
   Miserere mei,
   Consolatrix sanctae spei.

3. O dilecta praeelecta,
Fer solamen misero.

Castitate es electa,
Imple, quod desidero.

Revoca errantem
Ad viam veritatis,
Ad te nunc clamantem,
Gemma castitatis,
Templum sanctae trinitatis.

A B D E. — 1, 8 consigua E B. — 1, 9. Virgo mater E B. — 2, 1
medicina peccatorum irrtümlich E B. — 2, 6 Mater summi Dei A. — Dei
veri irrtümlich D B E. — 2, 8 Intercede pro me verändert E. — 3, 1 biefs
wahrscheinlich O dilecta, praedilecta, weil eine Anspielung an den gleich-
lautenden Vers Adams v. St. Viktor. — 3, 2 miseris D BE gegen den Reim. —
3, 5 und 6 biefs ursprünglich wohl Revoca errantem, via veritatis! — 3, 7
Ad te proclamantem A. —

30.

1. In matutinis patris sapientia,
Clementia,
Summa lux angelorum,
Manibus reorum
Deus homo adducitur,
Fallaciter eorum
Fraude sui discipuli
Traditus voluntati.

Turba discipulorum fugam
capiens,
Et rapiens
Jesum plebs inquinata,
Ut scriptura rata
Maneret ex oraculis
Prophetarum prolata.
O mira patientia
Dei patris ac nati!

Quae Deus pater voluit,
Filius ista coluit,
Qui pro nobis doluit,
Qui nos perire noluit,
Idcirco carnem moluit
Satis horenda passio
Parendo deitati.

2. Hora prima judicio comparuit,
Qui caruit
Labe, et incusatur,
Multum sceleratur,
Percutitur, conspuitur,
In facie velatur,

Genas suas vellentibus
Praebens humilitate.

Annas ipsum ligatum ad ponti-
ficem
Sentifice
Dolose destinavit,
Is eum ligavit
Pilato et Herodi
Eundem praesentavit;
Sic foederantur principes
In hac subtilitate.

Alba veste induitur,
Pilato restituitur,
Plebs furens tum instruitur,
Lingua in hoc acuitur,
Non bonitate fruitur,
Sed vitiatur pessime
In multa vilitate.

3. Ad Tertiam praetorio intruditur,
Illuditur,
Flagellis flagellatur,
Purpura honoratur,
Arundo stat in dextera
Et spinis coronatur,
Turba hunc flexis genibus
Subridens adoravit.

Videntes eum Crucifige clamitant,
Non amittant,
Neque verentes Deum,
Dimittentes reum

Omnes latronem Barrabam,
Et adducentes eum,
Qui velut agnus innocens
Trabem crucis portavit.

O perfidum judicium,
Cujus est exercitium,
Quia salutis initium
Traditur ad supplicium,
Et quem non foedat vitium,
Cum sceleratis impiis
Sententia damnavit.

4. Cum reprobis in hora sexta
        Dominus
    Fit cominus
In cruce conclavatus
Tamquam sceleratus,
Quando dicit sitio,
Cum felle satiatus,
Et supra vestem milites
Ejus miserunt sortem.

Tribus scriptus super eum titulus,
    Ut vitulus
Describens appellatur,
A cunctis ut legatur:
Hic est Judaeorum rex
Qui Jesus nuncupatur;
Hic titulus in furiam
Concitavit cohortem.

Sinister compendentium
Blasphemat, credentium
Sol oculis videntium
Obscuratus et gentium,
Velum templi praesentium
Divisum est, cum vitae dux
Appropinquat ad mortem.

5. In hora nona canit: Deus Heloi,
        Vox meloi
Hujus cum eructavit,
Se patri legavit
Et inclinato capite
Sic clamans expiravit;

Terrae motus efficitur
In orbem generalis.

Petrae scissae, januae monu-
                mentorum
    Mortuorum
Se tunc aperuerunt,
Nam qui dormierunt
Multa sanctorum corpora
Quam cito surrexerunt,
Ut hominis effigies
Testatur animalis.

Latus ejus aperuit
Caecus, qui vitam meruit,
Et irridens deseruit,
Centurio asseruit
Natum Dei, qui eruit
Suos de mortis vulnere
Morsus daemonialis.

6. Ad vesperas vir nobilis, decurio,
        Centurio,
Falso non consentivit,
Pilatum petivit,
Ut daret corpus Domini,
Pilatus accersivit
Centurionem sciscitans,
Si mortem jam subisset.

Quo percepto donavit corpus
            Domini
    Huic homini,
Joseph ab Arimathea;
Erat dies illa
Permagna dies sabbati,
Qua tunc contumeliae
Solebant dari cuique,
Si multum deliquisset.

Cruce corpus eripitur,
Ulnis Joseph suscipitur,
Deportari praecipitur,
Mori nostrum surripitur
Et vivere incipitur,
Cum dirae mortis vincula
Praesul noster fregisset.

7. Nicodemus in hora completorii
    Notorii
Odoris incrementum,
Nobili retentum,
Mixtum myrrhae et aloës
Fert libras quasi centum,
Salvatoris exsequiis
His volens deservire.

Joseph mercatus sindonem
    mundissimam,
    Purissimam,
In quo corpus beatum
In saxis ligatum
In monumentum collocat
De petra exaratum,
Sicut Judaeis extat mos
Defunctos sepelire.

Saxum magnum exhibuit,
Turba custodes tribuit,
Sed manus non inhibuit
Surgentem nec prohibuit.
Rex fortis, qui distribuit,
Surrexit die tertia,
Nam potens est transire.

M. — Stundengebet zum Leiden Christi. — 1, 15 Omni patientia Hsch.
eine Silbe zu wenig. — 6, 3 consensit Hsch. —

31.

1. Intuamur enixam
    virgunculam,

Jesu Christi matrem
    atque filiam,

Quae nos sua prece
Salvavit a nece
Scabies dissolvens
    Daemonis a faece.

2. Omnigenas ergo
    vocemus Musas

Recolendo inclytum
    hoc Christi vas,

In quo hoc gestavit,
Quod omnes sanavit,
Aridos rigavit,
    vitam reparavit.

3. Hanc ergo Mariam
    tu, Euterpe,

Decantandi ramum
    tu belle flecte;

Melpomene, carmen
Tragicum continens
Virginem placando,
    ne desperet flens.

4. Harmoniza, grata
    o Terpsichore,

Ut flagitet natum
    haec nata pro me;

Calliope sonans,
Reprime noxia,
Imiter ut cives
    In coeli patria.

5. Narra, Clio musa,
    hanc historiam,

Qua referam laude
    sanctam Mariam;

Subveni, Erato,
Per hanc ingemiam
Livorum, quorum
    captarem veniam.

6. Exsurge adjuva
   me, Polhymnia,
  Quo colore scribam,
   qua facundia;

  Puto si adesset
  Lingua Tulliana,
  Minima daretur
   hac laus de Diana.

7. Symphoniza, Thalia,
   hanc melodiam,
  Attingamus musam
   ut Uraniam,

  Ubi exaltata
  Es, virgo beata,
  Angelorum atque
   turma trabeata.

8. Flos superexcelsus
   vertice Syna,
  Producasne servum
   mortis ad ima?

  Flebili de valle
  Duc ad palatia,
  Ubi laudes tibi
   dabo per saecula.

B, in welchem Zustande mögen die folgenden Abweichungen des vorstehenden Textes zeigen: 3, 4 flencte. — 4, 2 Otersitore. — 4, 7 imitar. — 5, 5 exacho statt Eratho (Erato). — 6, 8 de dyama. Dafs Maria Diana genannt, ist nicht auffällig, da Maria anderwärts auch Minerva genannt wird: Amarae aladis ut non vis | Tollat spem laetitiae | Gazetis clementiae | Monstra, o Minerva (M). — 7, 1. Calio st. Thalia. — 7, 3 actingamus, so dafs auch accingamus gelesen werden könnte; oder sollte accinamus beabsichtigt sein? — 1, 2 f.; 2, 3 f.; 4, 6 f. im Metrum verdorben. Der Sinn ist so unbestimmt, dafs eine Verbesserung durch Konjektur wenig rätlich erscheint. —

32.

1. Johannes, Dei gratia
   Speculum castitatis,

  Virgo clarus munditia,
   Lucerna puritatis,

  Custos Mariae virginis,
  Arca beatitudinis,
   Mariae delegatus,
  Rector vicissitudinis,
  Virgo similitudinis,
   Virgini commendatus.

2. Apostolus vicarius,
  . Legis evangelista,

  Coelestis cancellarius,
   Doctissimus sophista.

  Aquila velocissima,
  Avis excellentissima
   Vatis Ezechielis,
  Secreta occultissima,
  Arcana profundissima
   Aspexisti in coelis.

3. Recumbens in pectusculo
   In coena Salvatoris,

  Inebriaris poculo
   Melliflui amoris.

  Gyrum sedis consdierans,
  Majestati investigans
   Immensae trinitatis,
  Pacem terrae praenuntians,
  Voluntati notificans
   Divinae pietatis.

4. Scribis verbum principium,
   Verbi carnationem,

  Verbum filii initium
   Pandes hanc rationem.

  Johannes serenissime,
  Jesu Christo carissime,
   Da ut benedicamus;
  Domino amantissime,
  Deo tu acceptissime,
   Gratias referamus.

A Zugeschrieben ohne Singweise. — 3, 8 u. 9 erwartet man ein verbum finitum statt des Particips. — 4, 3 u. f. schwer verständlich.

33.

1. Iris ostentans
   Nova gaudia
   Post acta fulmina,

   Ornata clares
   Super sidera
   Patrans miracula.

   Hoc decus tua curia
   Depromit tibi mente sedula
   Per cuncta saecula.

2. Habuit namque
   In idea
   Deica gratia

   Nexu carente
   Ab infantia
   Omni spurcitia.

   Noscant tua juvamina,
   Qui tibi canunt nova carmina,
   Praeclara domina.

3. Aerumnosa hic
   Habitacula,
   Trahe suspiria,

   Sedentes valle
   In lacrymosa
   Post coeli agmina.

   Precamur te familia
   Commenda nato nostra carmina
   Post vitae proelia.

4. Mare, quos gressu
   Hic meabili
   Efficit timidos,

   In medio
   Divae acie
   Statuat servulos;

   Prorsus nihil noceat,
   Sed tota turma nos ad se trahat
   Coeli in patriam.

Nur B. — 2, 2 fehlt eine Silbe. — 4, 4 desgleichen. — Str. 3 u. 4
bietet das Verständnis Schwierigkeiten: Dort beleidigt der plural sedentes;
4, 4 ff. möchte zu lesen sein In media diva acie. — 3, 8 vielleicht crimina? —

34.

1. Maria triuni gerula,
   Te precor voce querula,
   Ne aspernaris verba lamentantis,
   Ad te, regina gloriae,
   Clamantem mundi scoriae
   Rorantibus ocellis ejulantis.

   Tot peccatorum luctibus
   Heu cingor, remorum ductibus
   Sum impotens ad portum trans-
   　　　　　　meare,
   Ni tua per remigia
   Reducar ad vera vestigia,
   In bervi me oportet naufra-
   　　　　　　gare.

   Nam procellae minitantur
   　　Navim ascendere,
   Venti contrariantur,
   Festina propere,
   In mari furibundo
   Ne mergar in profundo
   O mater gratiae.

2. Maria vernans rosula,
   Tu vera legis glosula,
   Quae constas pia mater orpha-
   　　　　　　norum,
   Conducat tua gratia
   Nos, qui per mundi spatia
   Dum vagamur more peregri-
   　　　　　　norum.

Sub clipei signaculo
Confirma nos pinnaculo
Dirae balistae sagittariorum, .
Fac nos ducatum visere,
Ne subito privemur misere
Induniis per vim spoliatorum,

Ab his si capiamur
Per vim victoriae.
Uti non infigamur
In limo scoriae,
Sed per te liberemur,
Sic ut restituemur
Aeternae gloriae.

3. Maria, mundi domina,
Per tua pia nomina
Reclude portas nostrae civi-
tatis,
Circumvallat quotidie

Exercitus invidiae
Ad expugnandum templum
deitatis.

Conforta propugnacula,
Ut non per machinarum jacula
Frangantur, nostra cum sis
advocata;
Ut pugil fortis pistice
Vexillum nobis praeduc mystice,
Sic triumphamus virgo trabeata.

Ni castra tueantur
Per te, piissima,
Vigiliae frustrantur;
Confer, sanctissima,
Turbae quod angelorum
Custodes sint murorum,
Duces victoriae.

M. Str. 1 auch in H, nur dafs der Abgesang vor die Stollen geraten.
Dieselbe Strophe auch bei Mone II, 367 aus eben dieser Münchner Hsch.
Wie er dazu kam, die folgenden zwei fortzulassen, ist rätselhaft, da nun erst
die poetische Form dieses auch inhaltlich bedeutenden Liedes hervortritt. —
1, 2 Precor voce M. — 1, 3 Non aspernaris M. — 1, 5 Munda me a scoriae
(sic) H. — 1, 6 Peccatorum miserere ejulantes. H. — 1, 7 Nunc peccatorum
fluctibus M. — 1, 9 ad portum remigrare M. — 1, 10 Inde reducar ad
M. — 1, 17 Solare moribundum M. — 1, 18 in profundum M. —

35.

1. Mater bonitatis,
Maria virgo, potum da
De fonte pietatis
Nos sitientes satia
Orando tuum filium
Auxilium
Ut nobis condonet.

Maria mediatrix
Pia dei et hominum
Maria auxiliatrix
Tu sis pro nobis omnibus
Maria reparatrix dos
Coeli et flos
Dulciter redolens.

Maria illuminatrix,
Nostras tenebras mentium
Illustra, largiatrix,
Ut valeamus rite
Laudare Christum Dominum;
Maria, adjutrix hominum,
Da nobis
Possidere regnum vitae.

2. Maria, ad salvandum
Nos Noë arca foederis,
Maria, ad laetandum
Tu sis pro nobis omnibus,
Maria, Christi cellula,
Fiscellula
Moysi nuncuparis.

Maria virgo Aaron,
　Quae arida tunc floruit,
Maria dum pro nobis
　Filium virgo peperit,
Maria funda utilis,
　Per quam David
　Goliam destruit.

Maria Gedeonis
　Vellus de coelo roridum,
Maria Salomonis
　Vera dilecta nata,
Maria porta clausa stans
　Ezechielis, adorans
　Pro nobis
　Dei genitrix beata.

3. Maria Dei cella,
　In qua Christus recubuit,
Maria maris stella,
　Quae suis semper splenduit

Maria virgo, Christi dos,
　Protege nos,
Tutrix piissima.

Maria, mundi mella
　Fac nos despicere,
Maria, ad procella
　Ne Satan ducat misere,
Maria, virgo prohibe,
　Da vincere
Tecum sanctissima.

Maria copiosa,
　Nobis prodesse poteris,
Tuum implora natum,
　Ut det nobis miseris
　Regnum aeternum in coelis
. . . .
　　Maria
Virgo, per securum statum.

KM, woraus bei Mone II, 435 u. f. Derselbe bemerkt: „Das Strophen-
mafs des Liedes ist in der Hsch. nicht genau beobachtet und läfst sich danach schwerlich herstellen." Ich hoffe, dafs mir die Herstellung an der Hand
der Mel. gelungen. Das Lied erweist sich als streng durchgeführter Leich
von drei Strophen à 2 Versus und einer Repetitio, obgleich diese Bezeichnungen
fehlen. Aber auch die einzelnen Versus und Repetitiones sind ihrerseits wieder
nach demselben System der Dreiteiligkeit aufgebaut. Meist fangen diese
Unterglieder noch mit dem Namen Maria an, so dafs der Leich zu den aller-
künstlichsten gezählt werden mufs. Beim letzten Abgesange ist dem Schreiber
leider eine Zeile in der Feder geblieben.

36.

1. Melodicae vocis
　Exordium lucis
　　Sumunt dogmata,

　Angelicis sonis
　De coelicis thronis
　　Fluant neumata

Universorum
Nunc peragmina
Fulgida sanctorum,
Maria flos florum.
　(Dux polorum.)

2. Jubar planetarum,
　Virtus prophetarum
　　Servit varie,

　Cui apostolicum
　Jus et evangelium,
　　Nato Mariae.

Regina coeli
Legat carmina,
Modulo fideli
Quae pangit os zeli,
　Vox angeli.

3. Jubilusque martyrum,
Confessorum, virginum,
Promat omnino

Usu laudantium
Ac decantantium
Laudes Domino.

BN. — 2, 6 Cum nato Mariae B. — 2, 10 panxit zeli N. — 2, 11 fehlt B. — 3, 1 u. f. eine Silbe überzählig. — Am Schlufs: Repetitio ut supra, wobei zweifelhaft bleibt, welche. N hat den Abgesang von Str. 2 gleich hinter dem von Str. 1; dann ist der Abgesang schon Rundreim geworden.

37.

1. Nunc angelorum gloria
Hominibus
Resplenduit in mundo.

Quam celebris victoria
Recolitur
Et corde laetabundo!

Novi partus gaudium
Virgo mater produxit,
Et sol verus
In tenebris illuxit.

2. Permagnum nomen Domini
Emanuel,
Quod est nobiscum Deus.

Culpae datur homini
Remissio,
Laetetur homo reus!

Redemtori hominum
Redemti jubilemus,
Haec est dies
Et annus jubilaeus.

3. Pastores palam dicite,
In Bethlehem
Quem genuit Maria?

Quem virtutes Uranicae
Concinebant
Coelesti harmonia?

Lux de luce claruit
Pace jam reformata,
Et genitrix
Permansit illibata.

4. Haec ergo cum gaudio
Festa celebremus
Et ipsam cum parvulo
Mariam salutemus.

DEG. — Weihnachten. Übereinstimmend. 3, 7—10 fehlt G. — 4 als trophus bezeichnet und mit eigener Melodie G. — Abweichend nur aus Drucken bei Daniel I, 328 und Wackernagel I, 108.

38.

1. Nunc clerici cantantes
Jubilent, resonantes
Dulciter organa,

Jesum Christum laudantes
Gratesque referentes
Decantent Hosanna.

Cum esset Conanus
Princeps sed paganus,
Ursulam adamavit,

Quae Christum adoravit
Spernendo idola.

2. O mira genitura,
In hac virgine pura
De stirpe regia

Legiones beavit
Deoquede dicavit
Undena millia.

Angelus apparet,
　Docet solennia
Ut virgo impetraret,
Conanus expectaret
　Hanc per triennia.

3. O laudabilis rosa,
　Puella generosa
　　Tantam familiam

Sagaciter regendo
Cantando et legendo,
　Duxit Coloniam.

Sed furiosus princeps,
　Tyrannus perfidus,
Puellas jugulavit,
Sagittis penetravit
　Ut canis rabidus.

4. Illas de valle tristi
　In sinum Jesu Christi
　　Fert gens barbarica,

Currunt aguum sequentes
In albis procedentes
　Cum laude coelica.

Horum agminum ductrix,
　Ursula florida,
Te petimus protectrix
Cleri sis atque rectrix,
　Gemma praefulgida.

Nur D mit der Aufschrift: Canitur sicut: Nunc festum celebremus, ein
Lied, das in D gar nicht vorkommt, wohl aber in E. — 1, 7 Conanus cum
esset. — 2, 7 Angelus apparens. — 4, 1 Illos. —

39.

1. Nunc festum celebremus
　Laudesque decantemus
　　Corde, voce, ore

Virginis Catharinae,
Martyris et reginae
　Psallentium more.

Haec per virtutem oris
　Vicit Maxentium
Doctosque oratores
Ut rosa veri floris
　Docet martyrium.

2. Unica Costi nata,
　Scientiis ornata
　　Pulchraque facie,

Per artes liberales,
Ut tradunt hic annales,
　Vincit in acie.

Reginam convertisti
　Atque Porphyrium,

Nam hostem contrivisti,
Pro sanguine fudisti
　Tu lactis rivulum.

3. Rotae dirae parantur
　Minaeque intentantur
　　Tam dulci virgini,

Sed virgo dum oravit,
Rotas in plebe stravit
　Virtus Adonai.

Haec virgo flagellatur
　Diu et fortiter,
Sed et incarceratur
Enseque decollatur,
　Quiescit dulciter.

4. Sacrum corpus transvexit
　In montem Sina vexit
　　Phalanx angelica,

Traditur sepulturae
Virginis corpus purae
　Cum laude coelica.

Ex cujus tumba manat
  Rivulus olei,
Cunctorum morbos sanat,
Languores quosque planat
  Per gratiam Dei.

O felix Catharina,
  Exora Dominum,
Tu virginum regina,
Ut praemium det Trina
  Regnique solium.

DE. — Die drei ersten Zeilen auch in A. — 1, 7 oris fehlt D. — 2, 8 Porphylium D. — 2, 11 rimulum D. — 3, 11 ginescit D. — Str. 4 fehlt D. — Dafür hat D noch die folgende: Jesu in te laudamus | Digneque... | Gratesque referamus | Atque benedicamus | Coelorum Domino.

40.

1. O filii ecclesiae,
Deplangite mecum hodie
Scissae petrae, apertae
Monumentorum sunt januae,
Prae amaritudine
Passionis dilecti filii
Deplangite Mariae.

Homo, tristis esto,
Deplorans corde moesto
Grandes afflictiones
Et magnas passiones,
Quas Deus
Nunquam reus
Sustinuit patienter
Atque gratanter
Ab iniquis
In hac nocte heu Judaeis.

2. O dolor ineffabilis,
Cum salus humani generis
Fit pretium sanguinis,
Qui fuerat spes hominis,
Condoluit pro nobis,
Offerens semetipsum pro reprobis
Factus est patiens ut ovis.

Ecce qui redemit
Hominem et exemit,
Hic modo captivatur
Et fune vinculatur.
Ligatur
Heu quasi fur,

Tandem est nimium laesus
Et virgis caesus
A propriis
Sine culpa creaturis.

3. O quantus luctus virginis
Et fletus in discipulis
Cum Dominus praesidis
Praeceptis parat judicis.
O pater magnanime,
Dilectione tuae charitatis
Natum tradis, servum redimis.

En factorem mundi
Peccatores immundi
Heu flegma projecerunt,
Et omnes conspuerunt
In vultum
Ejus multum,
Ad collum percutientes
Atque dicentes:
Hic est reus,
Nam vult esse noster Deus.

4. O homo per te agitur
Quod Christus ad mortem ducitur,
Oboediens patitur,
Cui laus et gloria datur,
Conspuitur, caeditur,
Spinis et hasta configitur,
Ligatus sic mori cernitur.

Fortis et invictus
Deus est nunc devictus,
Ad mortem judicatus
Est et sententiatus,
Qui lavit
Et curavit
Sacri sui cordis rore
Atque cruore
Hunc languidum
Ab ictu doloris mundum.

Heu innocens perit
Et reus justus erit,
Rectus mortificatur
Et iniquus salvatur,
Mors probo.
Sors reprobo
Cedunt inaequali mensura
Heu contra jura;
Ergo flendum
In hac nocte et dolendum.

5. O Juda, doctor sceleris
Et compos falsi foederis,
Tu turpiter egeris
Nec veniam perceperis!
Vae tibi, vae miseris,
Qui egerunt torquentur in inferis
Regnante filio virginis.

Jam est et transfixus,
Per quem mundus stat fixus,
Pariter sui cordis
Hoc purgat labem sordis;
Pro eo
Ipsi Deo
Compati digne debemus
Quantum valemus,
Plagas duras
Recolendoque fixuras.

6. O vos Judaei perfidi,
Qui necastis filium Dei,
Qui de terra Aegypti
Vos vocavit tamquam sibi,
Pavit pane coelesti,
Nec pepercistis ei,
Dum pateretur nexus cruci.

7. O fratres Judae, lugite,
Qui Christum necastis hodie,
Peccatorum pondere
Corda vestra confringite,
Ut Dominus gloriae
Veniam det vobis percipere
Et secum coelis vivere.

O gens christiana,
Estote mente sana,
Christi mortem colentes,
Pro nobis actam rentes
Ac rete
Nefas delete
Conterrentes vos, solventes
Hymnos, dicentes
Gloria Deo,
Qui misertus exstat reo.

Prolem patris almam,
Qui nunc per mortis palmam
Tristem mortem necavit
Et hostem superavit,
Laudemus,
Adoremus
Quod ita nos moriendo
Et patiendo
Liberavit
Et a morte suscitavit.

Über diesen Leich und seine nachfolgende Übertragung vergleiche man das in der Einleitung Gesagte. Aufmerksam gemacht sei auf den Ausdruck: Qui misertus ex stat reo. Die Strophen folgen in der Reihenfolge der Handschrift, nur dafs der Stollen der siebenten Strophe vom Ende an ihren Ort, d. h. vor den (Schlusses halber) doppelten Abgesang gestellt ist. Dafs Verstellungen unter den Strophen des Liedes vorgekommen, ist ersichtlich aus Hoffmann, Gesch. d. deutschen Kl. N. 164 und vor allem W. II, p. 374 u. f.

40 a.

1. O liben kint der christenheit
helfft mir clagen meyn gros herczeleit
auff reissen berg vnde steyn
vber alle der werlet gemeyn
von der grossen bitterkeit
dy dy Juden han an meyn trawt
            kint gelech
das helfft mir clagen meyn gros
            herczeleyt.

Vil liben kint czu diser stund
von sünden wert ir alle gesunt
o her Got neyge deynen munt
bis das wir werden in rew entczunt
O Jesu nw find den funt
das vns werde hymelische frewde kunt
bewar vns vor der hellen grunt.

Mensche nw leid smerczen
vnd beweyne in dynem herczen
mit rewerlicher gere
dy bitter marter swere
dy deyn Got
geliden hot
von vnschult geduldiglichen
vnd williglichen
von den schneden
vngetrawen falschen Juden.

2. Dis ist czwar eyn yomer breit
dos Jhesus der werlet selikeit
so felschlich vorkawffet wart
der do eyn trost was menschlicher art
yo was ein leit vnser peyn
dach gab herauff williglich das leben
            seyn
vnd wart geduldig als ein schefeleyn.

O Jesu sisser herre gut
bewar vns vor der hellen glut
dy den bösen lonen thut
dy alhy leben noch lusten frut.
O Jesu mach vns behut
vor des argen feindes vbermut
vnd mach vns wirdig deynes bytern
            toth.

Sich mensch der dich erlöste
von der hellen röste
der leit swerlich gebunden
mit stricken ummewonden
vor libe
gleich eynem dibe
dornoch mit sarffen herben ruthen
sein flasch durch wuten
vnd gar durch furen
seine selbes creaturen.

3. Ach grosses weynes das man pflag
do got des gerechtes orteil vnderlog
beyd vnder der iunger schar
vnd von den iuncfrawen dy en gebar
O Vater milde vnd gerecht
du host hewthe dy sunden gemachet
            slecht
vnd mit deynem sone erlest den
            knecht.

· Mit fleis beweynet dy erbeit
vnd dy vnmessige bitterkeit
dy gote gar was bereit
do her vor vns an dem creucze streit.
O Herr der barmhertzigkeit
nw teyl vns deyne mildikeit
so mege wir leben ane leyt.

Aller werlet schepfer
han dy snöden bösen sunder
vorspeyt seyn antlitze
mit böser thummer witcze
vil drote
mit vnflote
dornoch off den hals sy en slugen
mit gar vnfugen
sy schrien algemeyne
her sol sterben der vnreyne.

4. O mensch von dir kompt dy not
das christus den vnverschölten tod
geliden hot mit gedult
dem dy werlet gemeyne hot geholt
er wart vorspeyt vnd vorwunt
mit sper vnnd mit dorn in seynes
            hertzen grunt
er starp gebunden tzu derselben
            stund.

Frewet euch Jhesus christus hot
erföllet seynes vaters gebot
vorgossen seyn blut so rot
vnd auch geliden den bittern tod
O Jesu hilff vns durch Got
das wir wirdiglich entpfaen das
            hymelbrot
so leben wir wirdiglichen ane not.

Nu tzu deser stunden
ist got der starcke vberwonden
der todt ist ym geteilet
der do von sunden heilet
dy swere
vnser sele
mit seynem fronen blute tewre
vns nw tzu stewre
macht er vns heyle
al der cranken werlet tzu teyle.

5. O Juda wy vngetraw du bist
vnd eyn meister aller falscher list
wenn du host felschlich geton
vnd woldest keine rewe ny dorum
    entphon
we dir we den dorfftigen
was haben sy mit dir gerochen an ym
des must ir ewiglich vorloren seyn.

Ach Juda deyner falschen list
dorum du ymmer verlorn bist
wen du vorritest Jhesu Christ
der aller werlet eyn schepfer ist.
O Jesu hilff uns tzu der frist
das du vns armen deyne genode
    gibst
so werden wir von der hellen gefrist.

Nnu ist gar tzubrochen
vnd seyn hertze gar ctzustochen
an dem dy werlid gemeyne
gestiftet ist alleyne
seyne list
der sunden mist
der vns anerblich was becleben
gar hot vertreben
das seynt dy swere
seynes wunden clagebere.

6. O vngetrawe Judischeit
worumbe host du man schlechtikeit
begangen an deynem Got
der dich aus Egipten gefüret hot
er speist euch mit dem hymmelbrot
des wolt yr ny bedencken seyne not
do ir yn sterbet an dem crewcze
    todt.

Beweynet alle das yomer gros
do Christus stund yemmerlichen blos
seyn leichnam blut vnd wasser gos
domith her vns allen den hymel auff
    schlos.
O Jesu mach vns genos
des blutes das aws deiner seiten
    flos
so werden wir reyne vnd von allen
    sunden los.

Nnu todt man den gerechten
vnd frist man den vngerechten
der schuldige in bösheit wirbet
der vnschuldige vortirbet
sonst gleich leyder
wird ir beyder
lon gar vntrewlich gewegen
dem bosen wirt der segen
vnd nicht dem reynen
das soln wir alle nu beweynen.

7. Ir Judas bruder claget das
Jhesum hot gesterbet ewer has
vnd strofft dorvmme ewern mut
so wirt es werlich ewern selen gut
vnd bitet got demütiglich
das er euch gebe rewe tzu emphoen
    allen gleich
vnd mit ein leben in dem hymmelreich.

O herre Gott los vns hülff geschen
vnd mit lewterlichen augen an sehen
milde vater hilff vns tzu dem
dy dir immer an ende lobes sein.
O Jesu thu vns scheyn
di vns mag ewiglich seyn reich geben
vil liben christen nw sprecht ynnig-
    lichen Amen.

All ir christenlaute
seidt besonnen heute
vnd gottis todt beweynet
der vns von sunden reynget
vnd tzu hant
der sunden bant
loest auff mit seyner bitthe
auch sprechet stete
got sey geereth
der vou sunden vns hot ernereth.

Gotis son der weisse
mit des todis reize
den todt gerichtet tzu todten
vnd vns hot brocht aus noten
den lobe wir
von gantzer gir
das er vns mit seynem sterben
heyl wold erwerben
frewet euch der stunden
ir seit von dem tode entpunden.

Auch bei diesem Leiche sind entsprechend dem vorhergehenden Stollen und Abgesänge der letzten Strophe umgestellt. Allerdings erregt hier das abschliefsende Amen am Ende des zweiten Stollens gegen die Erlaubtheit der Umstellung einiges Bedenken. Allein einmal ist ja die regelmäfsige Leichform des Ganzen bis herab auf die Verdoppelung des letzten Abgesangs so ausgeprägt, dafs das Verlassen derselben am Schlusse unerklärlich wäre, und sodann mag gerade das Amen am Schlufs des zweiten Stollens Grund zur Versetzung gewesen sein. In der Zwickauer Handschrift (Wackernagel l. c.) steht ebenfalls „Gotis sohn der weisse" am Schlufs.

41.

1. O Maria, mater pia,
O benigna, laude digna,
Plena dei lumine,
Fulgens divino numine.
Me dignare, te laudare,
Sanctissima,
Verbis dignis, sanctis hymnis,
Castissima,
Et psalmorum tibi dulcorum
Carmina da promere,
Ne nos illorum reproborum
Sarcinemur onere,
Sed nobis coeli gloria
Per te sit allata
Tua prece, Maria,
Sanctis associata
In semper.

2. O praeclara, Deo cara,
O serena, Deo plena,
Nos in tuo lumine
Docens coelestis gratiae,
Ne nos tangat neque frangat
Inferni trux
Hostis ictus et conflictus
* * * dux

Tu beatorum gubernatrix,
Nutrix orphanorum
Et coelorum illuminatrix,
Rectrix angelorum
Et sempiternum gaudium
Sanare [?] impetratis
Da nobis tuum filium
Videre cum beatis
In semper.

3. O Maria, lux divina,
O formosa plus quam rosa,
Pro nobis quaeso rogita
Sensusque nostros visita.
Ora Deum vivum verum
In gloria,
Consolando, visitando,
Ne scoria
Peccati lati fati dati
Nos demergat lividi,
Sed nato grato, lato, dato
Nobis simus additi.
Trinitatis speculum,
Castitatis via,
Pro nobis, spes humilium,
Exora natum, pia,
In semper.

H. Strophe 1 mit der Mel. an zwei Stellen. Sehr verderbter Leich mit
Sequenzenform. — 2, 7 qui hostis Hsch. — Aurum dux?! Hsch. — 2, 14
vielleicht donare zu lesen. Von viel Verständnis zeugt das Lied nicht. Wer
sehen will, wie es „gemacht" wurde, vergleiche Mone II No. 606. Von dort
sind bezogen 1, 1. 2. 3. 5. 7. 9; 2, 1. 2. 5. 7; 3, 1. 2. 3. 4. 7.

42.

1. O regina, lux divina,
Pro me rogita,

O formosa, plus quam rosa
Sensum visita.

Protege, benigna,
Omni laudi digna,
Tuum filium.

2. Ave virgo, me conserva
A vi daemonum,

Ave dives arca Christi,
Tu princeps florum.

O vas deitatis,
Tu fons pietatis,
Manans largiter.

3. O suavis, nulli gravis,
Praebe transitum,

O decora plus aurora,
Post exilium,

Ut fruamur laude,
Det nobis hoc per te
Dei filius.

4. Ave virgo, altissimi.
Genitrix Dei,

Ave nutrix magni ducis,
Solatrix rei.

Ne abs te desperet,
Qui tibi adhaeret
Toto conamine.

5. Ave vitae via tuta,
Duc ad patriam.

Ave virgo coeli scala,
Dona veniam.

O dux animarum,
Tu lux tenebrarum,
Lucens miseris.

6. O dilecta, praeelecta,
Mundi domina,

O beata, Deo grata,
Coeli regina.

Miserere mei,
Virgo mater Dei
In exilio.

D C. — 2, 1—4 fehlt in C. — 3, 2 Praebe [tuum] filium D. — Nach
3, 7 hat C: In coelesti curia Da mater et filia Aeterna gaudia. Denselben
Zusatz hat D aber erst hinter 5, 7. — Nach 6, 7 haben D u. C: Ruant
hostes animae, Ne involvant tenebrae Eam post obitum. Beide Zusätze
stören die Symmetrie des Vers- wie des Strophenbaues.

43.

1. Paranymphus adiit
Virginem laetanter,
Verbum summi nuntians
Nymphulae gratanter.

2. Inquit: Ave coelica,
Virgo gravidata,

Exstans mater deica,
Deicis umbrata.

3. Psallat ergo concio
Tota cleri cum jubilo
Nato regi neophyto
Jacenti in cunabulo
Regenti cuncta verbulo.

B zweimal für Diskant und Tenor von späterer Hand zugeschrieben.
Ein einstrophiger Leich aus 2 V. und 1 R., obschon alle 3 Teile verschiedene
Melodie haben. — 3, 3 neophico verschrieben.

44.

1. Prima declinatio,
Casuum regulatio
Misit genitivum,

In ae analepsim
Quos cepit per ethesim
Stygis infectivum,

Hos bonitatis gerula
Attraxit jam homagio,
Quos nepa nugigerula
Exclusit obstagio.

2. Scribere clericulis
Cunctisque christicolis
Nobis instat cura;

Magister, per quam regulam
Deus servi formulam
Sumpsit contra jura?

Non solvo philosophice
Neque logicaliter,
Sed scripturae mysticae
Credamus simpliciter.

6*

3. In masculino genere
   Fortis vult discernere,
   Legio curialis;

   Heu est interjectio,
   Murmurum connexio
   Et clamor furialis.

   Ob hoc jube, domine,
   Fieri silentium,
   Ut in tuo nomine
   Laetetur cor querentium.

4. Musa, dic veridice,
   Quae sit causa mysticae
   Hujus novitatis?

   Scamnum luna pedibus,
   Gignit virgo regibus
   Solem claritatis.

   Deus misit filium
   Mundi in exilium,
   Ut hunc virgo pariat
   Stupente natura.

Ob hoc omnes parvuli,
Senes et juvenculi,
Viri nec non vetuli
Odas reboemus.

N B C. — Die Ordnung der Stollen ist in C und N vielfach gestört. Der Reim bestimmt sie. — 1, 10 clausit obstagio C; reclusit obstagio N. — 2, 5 Christus cepit formulam B. — 4, 14 Odas roboremus B C. — Zwischen dem abschliefsenden Doppel-Abgesang schieben B u. C: Fruamur solatio | Coelorum palatio | Hoc nobis sit datum.

45.

1. Pueri nativitatem
   Cuncti gratulemur hic,

   Ut nobis suam largitatem
   In coelis manifestet sic.

   O virgo mater Jesu Christi,
   Placa nobis filium,
   Ut conferat auxilium
   In hac valle tristi.

2. Reges de Saba veniunt
   Stella praecedente.

   Aurum thus myrrham offerunt
   Regi (regum) ab oriente.

   Salutantes novum regem
   Intrant domum invicem,
   Salutant novum principem,
   Qui invenit novam legem.

3. Lector, tu progredere
   Protinus proficere

   Et in primo carmine
   Dic jube benedicere.

D G E A, letzteres mit der Aufschrift „De nativitate Christi". — Trotz der vier Handschriften ist der Text nicht sicherzustellen, da offenbare Unrichtigkeiten wie das überzählige regum 2, 4 in allen sich findet. In G werden 2, 5—8 auch als Versus, nicht als Ro. behandelt. — 3, 1—4 nur in A, dahinter Ro. ut supra, G bringt auch noch den Ruf Uni trino sempiterno herzu. — Dazu ist der Leich, Lied, Ruf (die schlechte Überlieferung des Textes verhindert eine richtige Erkenntnis des Wesens) mit Material des Puer natus in Bethlehem gearbeitet. — 1, 2 Cuncti nunc G. — 1, 2 Cuncti gratulentur D. — 1, 4 manifestet hic D G. — 2, 8 Tandem invenit novam legem D G.

46.

1. Pulcherrima rosa
De spina floruit,

Flore germinosa
Lilium genuit.

Servans pudorem
Et virgineo more
Peperisti,
Factura factorem.

2. Virgo singularis,
Te nulla dignior,

Fulgens stella maris,
Luna lucidior,

Sic succurristi,
Regina, mundo tristi,
Evae matris,
Noxam sic solvisti.

3. Esto nobis grata
Tis apud filium,

Mater, advocata
Post hoc exilium.

Nos per juvamen
Pater, natus [ac] flamen
Tuum, mater,
Solvat omnes. Amen.

Nur E. — 1, 3 Ex flore gegen das Versmafs. — 1, 7 Peperit eine Silbe
zu wenig. — 3, 2. Der Schreiber hat wieder nicht gewufst, was er aus
dem tis machen solle, und schrieb: Esto nobis gratatis apud filium. —
3, 6 fehlt eine Silbe. — 3, 7 Tuum mater virgo einer der Titel ist zu viel.

47.

1. Quid admiramini,
Quid opinamini,
Filiae Jerusalem,
De partu novitatis.

Licet mirabile,
Tamen possibile,
Virginem puerperam
Fuisse gravidatam.

Omnia, quae voluit,
Ex nihilo creavit,
Omnia, quae docuit
Naturam, naturavit.
Natus ipse voluit,
Naturam, claudicare.

2. Miremur amplius,
Quod illo dignius,
Qui de terra coelum fecit,
Mundum de immundo.

Tu coelis altior,
Tu stellis clarior,
Me dignare te laudare
Carmine jocundo.

Tu omnis boni pretium,
Tu balsamus odoris,
Tu lilium convallium,
Tu formula pudoris,
Tu coeli sanctuarium,
Tu gaudium moeroris.

3. Tu merces annua,
Tu vitae janua,
Tu via viris invia,
Tu salus in prophetis.

Tu caecis oculus,
Tu claudis baculus,
Tu sitientis rivulus,
Tu quies inquietis,

Tu clericorum jubilus,
Tu virtus viduarum,
Tu mulierum titulus,
Tu gemma puellarum,
Te tui orant famuli,
Da fontem lacrymarum.

E. — Mit der Mel. in Rosenpluts Kantional. — 3, 3 via veris invia
ohne Sinn.

48.

1. Rex gloriae,
   Christe pie,
   Dei patris genite,
   Fili Mariae,

   Da opem miseris,
   Quos diligis,
   Ut possint vivere
   Absque carie.

   Lumen coeli clarum
   Dona ecclesiae,
   Quam redemisti
   Tuo sanguine,
   Ut esset candida
   Stola gratiae
   Sempiternae.

2. O regina,
   Coeli domina,
   Virgo Dei filia.
   Et puerpera,

   Da nobis petentibus
   Tuis precibus,
   Ut simus cum civibus
   In coelestibus,

   Veram charitatem
   Nos hic in via
   Per te habentes,
   Maria pia,
   Tandem manentes
   In patria
   In Dei gloria.

3. Et vos, sancti
   Apostoli,
   Archangeli, Angeli
   Cunctique sancti,

   Cibum verum coelicum,
   Corpus dominicum,
   Sanguinem quoque verum,
   Potum angelicum,

   Quibus vos mystice
   Pascit Deus in coelis,
   Nobis praestate
   Frui in terris,
   Ut refecti in via
   Ad vos conscendamus
   In gaudia.

E. — Allerheiligen — Leich mit rudimentärem Reim, die Zeile hat zwei Hebungen und beliebig viele Senkungen, 3—1 auf eine Hebung.

49.

1. Salve Maria,
   Virginum regina,
   Dia
   Coeli hierarchia,
     Naufragantum via,
   Rivus salutaris.

   O salutaris
   Miserorum portus,
   Ortus
   Et conclusus hortus,
   Ex te sol exortus,
   Virgo deum paris.

   Sit novus rex
   Nova lex,
   Per quam faex
   Veteris peccati,
   Ut in aula creatoris
   Oris
   Jugiter honoris
   Angelorum choris
   Regnemus beati.

2. Gaude, Maria,
   Felix creatura,
   Cura

Vulnerum praedura.
Typus et figura
Vatum praesignavit.

Tu coeli, virgo,
Bajulans secretum
Fretum,
Coelitus repletum,
A qua stat deletum,
Quod Eva damnavit.

Tu coeli ros,
Campi flos.
Audi nos,
Mater salvatoris,
Sidus, decus firmamenti,
Genti
Succurre cadenti
Et fruges egenti
Decori pudoris.

3. Tu spes reorum,
Cum sis advocata

Grata,
Dilue peccata,
Ut sic moderata
Pro nobis loquaris.

Tu angelorum
Princeps et patrona,
Dona,
Ut loquaris bona
Pro regni corona
Ac laude fruaris.

Dignare me,
Virgo, te,
Christum prae
Omnibus amare;
Laude serviamus ei
Rei,
Virgo, mater Dei,
Locum requiei
Quod velit praestare.

KM, aus letzterem mit Abweichungen bei Mone II. 327 u. f. Die regelmäfsige und künstliche Leichform tritt bei Mone nicht hervor; sie mufs es
aber, denn sie ist das einzige Verdienstliche am Liede, da die Form den
Geist überwuchert und erstickt hat. — 2, 17 Quarum sidus, decus K.
morum sidus Mone. Weil überzählig, unterdrückt. — Ebenso 3, 17 Ut in.

50.

1. Salve regina gloriae,
Emundatrix scoriae,
Imperatrix coelica,
Blande vox angelica
    Te piam salutavit.

Ave plena gratia,
Inquit cum laetitia
Archangelus Gabriel,
Tunc Deus Emanuel
    Cunctorum mendas lavit.

Concepisti Dominum,
Salvatorem hominum,
    Virgo permansisti,
Valde pulchrum lilium,
Pro salute filium
    Mundo contulisti.

2. Gyrum coeli praeteris,
Electa prae ceteris,
Cherubim et Seraphim,
Invictus [te] Benjamin
    Honoris vas elegit.

Te solaris circulus
Vestit, lunae globulus
Pedibus subjicitur,
In te dum conficitur,
    Qui regna cuncta regit.

Vis carnis et deitas
Processit vera trinitas
    Eburneis a thronis,
Moerentium solatium,
Summi regis palatium,
    Thronus Salomonis.

3. Tu vena scaturiens,
   Vitam in te sitiens
   Humectetur roribus
   Cunctis in odoribus,
     Vitis dulcorosa.

   Sporta manens aurea,
   Virginalis laurea,
   Finis et exordium.
   Fer solamen cordium,
     Sine spina rosa.

   Corpore castissima,
   Genitrix sanctissima,
     Flagrans maris stella,
   Tu gemma virginea,
   Tu botrus et vinea,
     Puritatis cella.

4. O Maria, florum flos,
   Supplices commenda nos
   Nantes in exilio
   Amabundo filio,
     Mater et ancilla.

   Junge tabernaculo
   Regnorum pinnaculo,
   Angelorum choreis,
   Ne damnemur cum reis
     Gehenae scintilla.

   Pietatis tu mirae,
   Cum dies venit irae,
     Non sis odiosa;
   Extremo in examine
   Adsis pio juvamine,
     Mater gratiosa.

ABCDF. — 1, 9 Tunc regnans ACD. — 1, 10 Cunctorum mentes A. — 1, 12 omnium ABDF. — 1, 13 et virgo BD. — 1, 16 et mundo BD. — 2, 6 Tu solaris C. — 2, 6 solaris radius F. — 2, 10 Regna qui cuncta A. — 2, 16 Domus es cedrina D. — 3, 2 vita indeficiens D. — 3, 4 Tu excerpta floribus F. Tu excerptis floribus AC. Cum excerptis floribus D. — 3, 5 Viris dulcorosa F. Vini vi dulcorosa D. Vi vini dulcorosa A. — 3, 6 Porta manens ABDF. — 4, 3 Manentes in exilio A. — 4, 6 u. f. Junge tabernaculis | Regnorum prae ceteris C. — 4, 10 Pneumatis scintilla BC. — 4, 11—13 u. 4, 14—16 umgestellt A. — 4, 12 Dies cum velit ire D. —

II.

LIEDER.

51.

1. Ad honorem et decorem
   Matris Dei, sanctae spei,
   Consurgamus et psallamus
   Laudes ei.

2. Qui memores et vigiles
   Sic assistunt nec desistunt,
   Parant viam per Mariam
   Ad patriam.

3. O unicam, quam coelicam
   Sic contexit et revexit,
   Ut sit sancta in conceptu
   Et exitu.

4. Post in templum praesentata,
   In conspectu regis nata,
   Fis reorum advocata,
   Virgo grata.

5. Gaude primum salutata,
   Ab angelo es affata,
   Ut sis mater summi Dei,
   Placens ei.

6. Dum gravari te praesentis,
   Mox montana sic ascendis,
   Elisabeth salutando,
   Obsequendo.

7. Te subjici voluisti,
   Labe carens mater Christi,
   Purificans exemplum dans
   Formam justi.

8. Spargis nivem miracula,
   Ut sit memor plebecula
   Tuae laudis, quam exaudis,
   Mater pia.

9. Consummata vitae via,
   Assumpta es, o Maria,
   Ad stellata palatia
   Aeviterna.

10. Memor esto in hoc festo,
    Qui te laudant et honorant,
    Ut sic vadant et non cadant
    In saecula.

E. — 10, 4 In saecula saeculorum, letzteres des Guten zu viel. Das
Gedicht bekundet gleich auffallend, die Sucht und die Ohnmacht zu reimen.
Da es die einzelnen Lebensmomente Mariä von der Empfängnis bis zum Tode
verfolgt, ist es auffallend, Str. 8 das Wunder Mariä Schnee erwähnt zu finden.
Ob sich hierauf 10, 1 'in hoc festo bezieht? Es würde uns auf die Maria-
Schneekirche in der Prager Neustadt weisen.

52.

1. Ad terrorem omnium
   Surgam locuturus,
   Meus sermo percutit
   Velut ensis durus,
   Nihil est quod timeam,
   Valde sum securus,
   Omnis clerus audiat,
   Simplex et maturus.

2. Puniendi clerici
   Sunt et cardinales,
   Abbates, propositi,
   Nigrae moniales,
   Sacerdotes aemuli,
   Clerici venales,
   Comparantes jugiter
   Opes temporales.

3. Quid est avaritia,
   Nisi vilis cultus,
   Vanitatum vanitas,
   Cordium tumultus,
   Pereunt divitiae,
   Perit homo stultus,
   Quando dives moritur,
   Statim fit sepultus.

4. In sepulchro tegitur
   Vili tegumento,
   Et postea punitur
   Misero tormento,
   In tormento quatitur
   Ut arundo vento,
   Redimi non praevalet
   Auro nec argento.

5. Cogitate, clerici,
   Qui vel quales estis,
   Numquid de judicio
   Dicere potestis?
   Legite psalmigraphum
   Et invenietis,
   Verum vobis nuntio,
   Quod percipietis.

6. Judicabit judices
   Judex generalis,
   Ibi nulli proderit
   Dignitas papalis,
   Sed foedorem sentiet
   Poenae gehennalis,
   Sive sit episcopus,
   Sive cardinalis.

A. — Zugeschrieben: „Item sequitur alia contra omnes status". Als Rüge-lied pafst das Lied streng genommen nicht in diese Sammlung, da es aber in Leisentritts Gesangbuch überging, mag es auch hier seine Stelle finden.

53.

1. Angelus ad virginem
   Christi destinatur,
   Per quem incarnatio
   Tua nuntiatur,
   At virgo dum sedula
   Voce salutatur,
   Admirandae seriem
   Rei percunctatur.

2. En te, inquit, spiritus
   Sanctus foecundabit,
   Tibique altissimi
   Virtus obumbrabit,
   Pariesque filium,
   Quem gens adorabit,
   Eique perpetuum
   Pater regnum dabit.

3. Ad consensum virginis
   Mox huc descendisti
   Et pudici pectoris
   Templum elegisti,
   Virginis purissimae
   Cellam introisti,
   Qua nostrae substantiam
   Carnis assumpsisti.

4. Pudoris signaculum,
   Servans illibatum
   Et quem virgo concipit,
   Virgo parit natum.
   Non decet vas flosculi
   Esse defloratum,
   Neque inde tollere
   Matris coelibatum.

5. Ventris habitaculum
   Rex regum intravit,
   Quasi tabernaculum
   Hoc inhabitavit,
   Pugnaturus propter nos
   Ibi se armavit
   Armis decentissimis,
   Quibus hostem stravit.

6. Patrem sua filia
   Sine passione
   Gignit, non praeambula
   Viri mixtione,
   Sed ex sola spiritus
   Fecundatione
   Partus sine physicae
   Fit conditione.

7. Eja nunc, o Domina,
   Nos tibi canentes
   Hymnorum haec carmina
   Choro assistentes,

Precamur, ut filius
Tuus sic placetur,
Per te quod post exitum
Nobis regnum detur.

BCDE und die Wittingauer Hsch. A. 7. (N[1]). — 2, 1 In te D. — 4, 3 concepit BCDE. — 6, 5 Sed et haec sola D. — 6, 8 fecundatione irrtümlich B. — 7, 1 Nos te concinentes N[1]. — 7, 8 per te post exitum D. per quem E gegen den Sinn. —

54.

1. Auroram lucis
   Visitat Gabriel,
   Verbo ducis,
   Qui cognominatur El,
   Parens summae deitati.

3. Manet aeternum
   Verbum supernorum,
   A Deo missum
   In cuneum, verum,
   Salvans semper bonum clerum.

2. Dictat hoc ille,
   Quod non norat homo,
   Anni trecenti
   Et quinquies mille
   Viginti septem figurati.

4. Kyrieleyson
   Nos semper dicamus,
   Christeleyson
   Semper te oramus,
   Deo jam amen dicamus.

C. Nach Str. 2 ist eine ziemliche Anzahl Strophen durch Abschneiden der halben Seite verloren. Von der Str. 3 vorhergehenden ist noch die letzte Zeile vorhanden: paries tu Dei natum.

55.

1. Ave hierarchia
   Coelestis et pia,
   Dei monarchia,
   Respice nos dia,
   Ut erigamur
   Errantes in via.

4. Plena, dulcorosa,
   Dona fer annosa,
   Nostrae legis glosa,
   Ne sis odiosa
   Te petentibus,
   Mater gratiosa.

2. Maria beata,
   Doce nos mandata
   Nostrae legis grata,
   Fac servare rata,
   Virgo nobilis
   Et intemerata.

5. Dominus plasmavit
   Adam, qui peccavit,
   Quod malum piavit,
   Quando te vocavit
   Et in utero
   Beatificavit.

3. Gratia divina
   De superna Sina,
   Virginum regina,
   Veniam propina,
   Tu celerius
   Aurem huc inclina.

6. Tecum nos redemit,
   Mundum, quem exemit,
   Zabulon qui fregit
   Et in mundo degit,
   Ut nos aleret.
   Postea redemit.

7. Benedicta sola
De superna schola,
Deitatis stola
Nos a faece cola,
  Nostri criminis
Purgatrix et mola.

8. Tu pia vocaris,
Vera lux solaris,
Et in fluctu maris
Te consociaris,
  Mater omnium,
Et sanctificaris.

9. Inter mulieres
Tu sola adhaeres
Deo velut haeres,
Ut manu teneres,
  Primogenita,
  Quibus nos impleres.

10. Benedictus digne
Pneumatis in igne
Verbum per insigne,
Quod tibi benigne
  Missus Gabriel
Nuntiavit digne.

11. Ventris tui fructus
Coelitus eductus,
Per patrem instructus
Et in mundum ductus,
  Carnem sumere,
Postea reductus.

12. Tuum per juvamen
Pater, natus, flamen
Det nobis solamen,
Judicis examen
  Ne nos terreat
Sed salvet nos. Amen.

ABCDEN. — „In adventu ad missam Rorate" A. — Aus Leisentritts
Gesb. II f. 25 bei Daniel I, 345 und Wackernagel (D. deut. Kl.) I, 245. —
1, 5 eruamur D. — 3, 5 Cum celerius D. — 3, 6 Aurem nunc DE. — 6, 4
Nobisque ademit A. Pro nobis advenit E. — 7, 4 Nos aferre cola DC. —
7, 5 Nostri terminus D. — Str. 8 nur in E; dafs sie hingehört, beweist das Tu.
Die Anfänge der Strophen bilden das Ave Maria. Weil aber die Strophe fehler-
haft, wurde sie von einzelnen Hsch. ausgestofsen AN, von andern korrigiert
BCD: Ave stella maris | Quae es singularis | Radius solaris | Filium quae
paris | Pro me supplica | Pia nam vocaris. Ähnlich bei Leisentritt, wo aber das
Tu beibehalten: Tu pia vocaris etc. Str. 10 fehlt BCD. — 10, 3 Verbum pura
signe N. — lo, 4 Quod nobis A. — 10, 6 Tulit jam benigne AN. — 11, 2
Coelitus obductus A. — 11, 6 Postea eductus DCE. — 12, 2 Pater, nate, flamen
A N. —

56.

1. Ave regina coelorum,
Mater regis angelorum,
Sponsa Dei speciosa,
Spectabilis florum rosa.

2. Maria, virgo beata,
Summo parenti pergrata,
Ordinata ab aeterno,
Sola places Dei verbo.

3. Gratia divi spiritus
Obumbravit tuos sinus
Et alvum fecit fecundam,
Reddendo intemeratam.

4. Plena misericordiae,
Sceleratis vas veniae,
Patrona tu orphanorum,
Conciliatrix hominum.

5. Dominus factor siderum
Castum beavit uterum,
In aetheris dum statuit,
Coelicolis te praetulit.

6. Tecum sedem fave, mater,
Quam nobis coelestis pater
Precibus condonet tuis
Exulibus Evae natis.

7. Benedicta sunt viscera,
Quibus paranymphi verba
Prolem almam intulerunt,
Deum summum nuntiarunt.

8. Tu lapso levamen orbi,
per te vitiorum morbi
Et leviathan oppressus,
Dum ex te ortus est Christus.

9. In te vetus contagium
Protoplastique devium
Terminum cepit salubrem,
Dum salus prodit in lucem.

10. Mulieribus es dispar,
Splendor nympharum et jubar,
Ante te nulla similis
Nec sequens est visibilis,

11. Et tua vatum famina
Praedixerunt exordia,
Inquientes ex te nasci
Pacem generis humani.

12. Benedictus est uterus
Ab omni scelere salvus,
Fit thalamus magni Dei
In opitulamen rei.

13. Fructus dulcis mundo crevit,
Iter salutis invenit
Ovis errans, sideream
Inducitur hierarchiam.

14. Ventris tui, virgo, natus
Nostros absolvat reatus,
Virtute firmans pectora,
Intrare juvet aethera.

15. Jesus Christus, almum verbum
Cum patre regnans in aevum
Pariter et sanctum fiamen
Id nobis concedat. Amen.

C ohne Mel., aber mit der Angabe: Zdrawa genz sy pozdrawena (Ave, die du gegrüfst worden), was der Anfang eines verbreiteten böhmischen Kirchenliedes war.

57.

1. Benedictum
Fructum germinavit
Radix Jesse,
A quo emanavit
Virgo nobilis puerpera.

2. Gaude virgo,
Praedicaris pura,
Quod fuisti
Digna paritura
Natum, qui gubernat aethera.

3. Ah quam mirum
Naturae fecisti,
Dum factorem
Facta genuisti,
Genitorem gignens filia.

4. Sicut vitro
Radius solaris,
Sic per pneuma
Partus virginalis
Datur manens flos virgineus.

5. Jam altata
Ad regnum coelorum,
Gloriaris
Laude angelorum
Juxta natum, quem lactaveras.

6. Virgo juncta
Regina ad regem,
Concilia
Nato tuo gregem,
Nam te matrem audit filius.

7. Spes haberis
   Prima post filium,
   Per te nobis
   Post hoc exilium
   Tuus natus sit propitius.

8. Mater alma,
   Regnum tenens illud,
   Nobis offer
   Auxilium illuc,
   Ubi resides cum filio.

C. — 2, 1 u. 2 zum Teil umgestellt statt: Gaude praedicaris Virgo pura, was dem Versmaſs widerstrebt.

58.

1. Candens ebur castitatis
   Sublimatur filio,
   Aurum fulvum charitatis
   Maritatur lilio.

2. Elevata super choros
   Angelorum, domina,
   Cantus audis praedulcoros
   Et coelorum famina.

3. Tu saporans majorana,
   Tu virens basilicon,
   Gedeonis madens lana,
   Commune catholicon.

4. Rosa florens absque spina,
   Naturae praejudicans,
   Deum paris tu divina
   Puella fructificans.

5. Spica nardi speciosa,
   Praecellens aromata,
   Tu cedrus deliciosa,
   Mundo praebens dogmata.

6. Super choros exaltatam
   Te collaudant singuli,
   Pro se cernant advocatam
   Ante regem saeculi.

ABD. — 1, 1 u. 1, 3 Anspielung an die Prosa Adams von St. Victor: Salve mater. — 1, 3 Flavens aurum A. — 2, 3 audit A; praedulcoris ABD. — 3, 2 Tu urceus D. — 4, 3 Parens Deum tu B. — 6, 1 exaltata ABD. — 6, 3 cernunt D. — A hat die Angabe: De beata virgine. quando placet. Str. 2, 4 u. 6 sind als R⁰ bezeichnet und haben eigene Melodie.

59.

1. Candor claritatis
   Aeternae,
   Consodales nos sem-
   piternae
   Facit gloriae,

2. Angelorum festa
   Sacrata
   Agimus qui mente
   Parata,
   Fratres, hodie.

3. Superbum draconem
   Vicisti
   A supernis quem pro-
   jecisti,
   Victor optime.

4. Angelus, qui pacis
   Vocaris,
   Precamur ut nos tu-
   earis
   Instantissime.

5. Cherubim qui tu
   Penetrasti,
   Legiones Sathan
   Fugasti
   Arce propria.

6. R⁰ Quorum nos primatem
   Decet extollere,
   Michaelem
      hostem calcantem
   Mortis tempore.

    Michael te rogamus
    Per te ut evadamus
       Ima.
    Daemones tu fugare
    Velis, vi impugnare
      Summa.

Nur E. — Vom hl. Michael. Das Lied ist nach dem Leich: Ave trinitatis cubile gemacht, aber die künstliche Form ist nur im rohen, nur in Bezug auf die Silbenzahl beibehalten. Der beigefügte Anfang der Mel. h c d e d h stimmt mit der des Leiches (BC) überein. —

60.

1. Caro Christi vita vivens,
   Vigor mundi et lux mentis,
   Grandis cibus salutaris,
   Ignis purus irradians
   Sempiterno radio.

2. Exsuperans creaturas,
   Spirituum hierarchias,
   Mentem nostram, beatorum
   Angelorumve cunctorum
   Et omne, quod Deus non est.

3. Carbo lucens et ignitus
   Corda ignit, mentem urit,
   Unitasque et caritas,
   Scientia et veritas
   Haec beata hostia.

4. Non terrenum hic sapias,
   Sed aeternum concipias,
   Nec sensibus adhaereas,
   Sed veritati perhaereas;
   Hoc est corpus meum verum.

5. Iste panis filiorum
   Est contemptor perfidorum,
   Nutrit veros, urit pravos,
   Pascit fide hic mortales,
   Veritate et gratia.

6. Verus Deus immortalis
   Panis iste est legalis,
   Manna fluens sanguinis potus,
   Gratiarum plenus totus,
   A nobis venerandus.

EN. — „De corpore Christi. Canitur sicut: Veni dulcis consolator." — 2, 3 nostram terrenorum N. — 4, 5 Hoc est verum corpus meum N. —

61.

1. Cedit hiems eminus
   . Peccati, Christus Dominus
      Tulitque gaudia;
   Caro ejus floruit
   Nec unquam contabuit,
   Ipse regum Dominus
      Cibus est angelorum.

2. Corpus, quod pependerat,
   In cruce dum aruerat,
      Nunc stat in altari,
   Deitate parili
   Debet adorari,
   Singultibus ac vocibus
      Prae omnibus laudari.

3. Nunc laete referamus
Gratias corpori Domini
Omnes humiliter,
Non plus sapiendo,
Quam oportet sapere,
Adonai laudando,
Ejus corpus adorando.

4. Alleluja canentes,
Jubilose referrentes
Nostro salvatori
Voce incessabili,
Patri ac Jesu filio,
Spiritui quoque sancto,
Uni et simplo domino.

C. — Zugeschrieben mit Mel. für 4 Stimmen. Überarbeitung des folgenden. 2, 6 singulis offenbar verschrieben. In B ist das gleiche Lied zugeschrieben, doch so nachlässig, dafs von der Schrift kein Gebrauch zu machen. —

62.

1. Cedit hiems eminus,
Surrexit Christus Dominus
Tulitque gaudia;
Terra nostra floruit,
Reviviscunt arida,
Postquam ver intepuit,
Recalescunt frigida.

2. Adam qui dum viderat,
Manu quem formaverat,
Ipsum trinitatis
Innuebat veteris
Opus deitatis
In annosis ceteris
Summae caritatis.

3. Dragma, quam perdiderat,
In ligno reformaverat
Pari ratione;
Mortem nobis intulit
Pomi fractione,
Pater vitam retulit
Christi passione.

4. Parens nostra docuit,
Sathanicis quod nocuit
Actus traditoris.
Quantum en condoluit
Sprevit creatoris
Veniam, quam meruit
Sui genitoris.

5. Alleluja canentes,
Jubilose referentes
Nostro salvatori,
Voce incessabili
Debet adorari,
Singultibus ac vocibus
Prae omnibus adorari.

ABC. — „In resurrectione Domini super gloria in excelsis cautio" A. — In B u. C später beigeschrieben, in B nur Str. 1. Aus Leisentritt bei Wackernagel I, 410. — 1, 4 Vallis nostra BC. — 4, 3 Factis proditoris C. — 4, 4 Cui El condoluit C. — In A ist folgendes beigeschrieben: Per idem reformatur | Mors fugatur | Vita datur | Salvator | resuscitatur | Die tertia | Homo captus liberatur | Sua et inertia.

63.

1. Cedit moeror eminus,
Natus est Christus Dominus
Tulitque gaudia,
Ingens jubar emicuit,
Acheron contremuit,
Filium dum genuit.
Virgo illibata.

2. Deus ima petiit,
Mortalis homo adiit.
Missa donaria;
Nobis vita redditur,
Mortis. vis repellitur,
Dum in cruce moritur,
Per quem cuncta vivunt.

3. Datur pax hominibus,
In terris habitantibus
Bonae voluntatis,
In excelsis gloria
Cum omni victoria
Pro tanta clementia
Deo persolvatur.

4. Acviterne regnanti,
Polum terramque regenti,
Nostro salvatori,
Sit laus Deo filio,
Qui in hoc exilio
Declivi praesepio
Fuit reclinatus.

BC. — Umdichtung des vorigen auf Weihnachten.

64.

1. Christus aeternalia
Mundo parans gaudia,
Mortis pro memoria
Suae dedit optima
Coenae bellaria.

2. Solus in edulium
Se suis exhibuit,
Quod amplius debuit?
Panis vini specie
Se ipsum praebuit.

3. Stolida caecutiens
Esset inquisitio,
Quae rerum mutatio;
Fides vera suppleat,
Quod nescit ratio.

4. Musset nec definiat
Scrutator mysteria,
Opprimet hunc gloria,
Montem si tetigerit,
Peribit bestia.

5. Sacramenti specie
Latent res eximiae,
Corporis et animae
Digne se sumentibus
Verae deliciae.

6. Cernat fides aliud,
Sensus dum pellicitur,
Ingens donum sumitur,
Corpus Christi editur,
Sanguisque bibitur.

7. Deus amoris Christus est,
O mira dignatio!
Nulla major natio,
Quam cui datur coelitus
Tanta refectio.

8. Donans eja veniam
Aerumnosos respice,
Orphanos non abjice,
Christe, tuo corpore
Totos et calice.

Nur E. — Fronleichnam. — 6, 2 Sensus dum pollicitur. —

65.

1. Christus surrexit,
Mala nostra texit
Et quos hic dilexit,
Hos ad coelos vexit.
Alleluja.

2. Mortem morte stravit,
Sathanam ligavit,
Infernum vastavit,
Patres liberavit.
Alleluja.

3. Hora matutina
Virtute divina
Surgit leo fortis
Fractis orci portis.
Alleluja.

4. Mariae moerenti,
Aromata ferenti,
Angelus detexit,
Quod Christus surrexit.
Alleluja.

5. Cui dum obviavit,
   Se ad pedes stravit,
   Sed recusat dare
   Pedes osculare.
   Alleluja.

6. Discipulis defer,
   Me vivere refer,
   Ut eant Galileam,
   Cernant genam meam.
   Alleluja.

7. Jesu Christe pie,
   Restaurator die,
   Nos pusillum gregem
   Doce tuam legem.
   Alleluja.

8. Morte surgis victa,
   Tu nostra delicta
   Necans dona vitam,
   Et hanc stabilitam.
   Alleluja.

9. Laus patri creanti,
   Nato restauranti,
   Amborum spiranti
   Per saecula regnanti.
   Alleluja.

DE. — Osterlied auf die Mel. Christ ist erstanden. — Str. 1 fehlt in E. — 4, 2 Aromata quaerenti E. — 4, 4 Jam Christus surrexit D. — 5, 1 Qui dum D. — Str. 7 u. 8 fehlen in D. — Str. 9 fehlt in E. —

66.

1. Clementia[e] pax bajula
   Justitiae dat oscula,
   Originis a macula
       Christi matre procreata.

2. Laudatur in rubo Deus,
   Rex velleris, Deus meus
   Panis vivus triticeus
       Fit forma Dei servata.

3. Gratias decet agere,
   Jacob orto sidere,
   Esther de nostro genere
       Fit Assuero sociata.

4. Ex patre semper genitus
   Per flamen dulcis halitus
   Ut flos novus est editus
       Christi matre foecundata.

5. Agnus Dei pacificus,
   Isaac risus coelicus
   Virginis matris unicus
       Fit forma Dei servata.

6. Nunc pandis arcum foederis,
   Misericors sis miseris,
   Tuae matris prae ceteris
       Facta plebis advocata.

7. Clavis David, Samson fortis
   Pertransisti portas mortis,
   Prae dilecte tuae sortis
       Nos libera prece grata.

8. Tu cuncta tenes fortiter,
   Salve nos Christe pariter,
   Qui vivis aeternaliter
       In trinitate beata.

Nur C, wo dies Lied zur Interpolierung des Gloria gebraucht ist, so dafs auf jeden Vers des Gloria mit einer Strophe des obigen Liedes geantwortet wird, wobei zu bemerken, dafs auch der Text des Gloria selbst nicht ohne Änderung verblieben. 5, 2 Isaac ritus verschrieben, weil nicht verstanden. Vgl. Trench. Sacred latin poetry (1874) p. 168, not. 25.

67.

1. Consolator, gubernator,
Pater Deus restaurator,
Viva luce claruit,
Immolatur, veneratur,
Laude prece honoratur,
Fide tota roboratur.

2. Corpus Christi hic sacratur
Natus Patri immolatur,
Pro salute fidelium,
Sanguis ejus hic cernitur,
Qui pro multis effunditur,
Sordes lavans peccaminum.

3. Accedite omnes mundi,
Caritate sitibundi,
Vinclo pacis uniti.
Cave, Juda, ne damneris,
Sume, Petre, ut salveris
Cibum verum fidelium.

4. Bonis justis est praemium,
Cunctis malis supplicium,
Hoc se ipsum probet homo.
Digni quoque non maligni,
Poenitentes non despecti
Cultores veridici.

5. Hic Maria veneratur,
Ore voce deprecatur,
Virgo mater nobilissima,
Natus matre exoratur,
Et per eam tunc placatur
Ultra modum petentium.

6. Ergo bone Jesu Christe,
Ut te laudet coetus iste,
Audi voces clamantium;
Sit gloria trinitati,
Indivisae unitati
Laus perennisque victoria.

DBEN. — Fronleichnam. 3, 6 Nam cibus est fidelium B. Cibus verus fidelium N. — 4, 3 Hic se ipsum BN. — Digui quoque et maligni DBE. — 5, 4 Natus matre exhortatur. — 6, 1—3 fehlt B. —

68.

1. Constat aethereis
Jesum sedilibus
Jam residere,
Viris Gallilaeis
Ipsum cernentibus
Cum astitere.

2. Per semitonia
Haec festivalia,
Non ore nodoso
Chorus Alleluja
Canat per omnia
Corde jocoso.

3. Testes angelici
Semper veridici
Sic profitentes:
Iterum veniet,
Qui mundum possidet,
Este gaudentes.

4. Pueri canite,
Denuo vivite
Sed absque fermento,
Stabiles faciat,
Qui suos satiat,
Vitae sacramento.

AE. „Cautio de ascensione Domini.“ — 3, 1—3 fehlt A. — 4, 4—6 fehlt A.

69.

1. Cosmi caligo pellitur
Jam phoebo rutilante,
Manna verum colligitur
Populo jubilante.

2. Carnis tollens fastidium,
Gerens suavitatem,
Aegypti adnuens luctum
Afferens libertatem.

3. En rore vellus maduit
   Roborans bellatores,
   Et patrem nata genuit
   Exultent peccatores.

4. Nam Goliath prosternitur
   Davidica virtute,
   Amalech confunditur,
   Frustratus a salute.

5. Ecce typus exponitur
   In rubo figuratus,
   Dumque plasmator nascitur
   Carne nymphae velatus.

6. Nos ergo Christicolae
   Mente, ore psallamus,
   Poli futuri incolae
   Trino benedicamus.

A „De nativitate Domini“. — In zwei Halbstrophen sind abwechselnd als V. V. und R⁰ R⁰ bezeichnet.

70.

1. Cum ens primum dignatum
   Gratum
Sit orbi dare natum,

Tollens primum reatum
   Latum,
Ab Eva propagatum,

2. Cui gens per ave, gaude,
   Plaude
Huic condigna laude

Canens non pectus claude
   Fraude,
Sed ferre Deo melos.

3. Et mens sit juncta ori,
   Flori
Christoque, coeli rori,

Urgens odas decori
   Chori
Nos locent ut post mori.

R⁰ Honos altitonanti
   Flanti
Sit matri et infanti.

M. — „De nativitate Domini“. — 2, 6 Deo melos gegen das den Reim beherrschende Gesetz. Die Strophenteile sind ausdrücklich als Versus, nur der letzte als R⁰ bezeichnet.

71.

1. Cuncti nunc assurgentes
Verbigenam collaudantes,
Corde voce jam laetemur,
Nympham Christi deprecemur,
Sonorose veneremur.

2. Rivus nam emanavit,
A quo quondam deviavit
Primus parens non advertens,
Diabolo consentiens
Evam suam per conjugem.

3. Jam hic rivus nos purgavit,
Christi sanguine mundavit
Suam per humanitatem,
Sanctam quoque deitatem,
Vitae per poenalitatem.

4. Salvator jam illuxit,
Mundi principem destruxit,
Pastoribus dans gaudium,
Declinans in praesepium,
Mundi devincens stimulum.

5. Omnes ei plaudentes,
Patrem Deum venerantes,
Qui filium clarificavit
Huncque condonavit,
Ut absolvat facinora.

6. Salutemus hunc natum,
In altari nunc tractatum
Immolatum per ministrum,
Generis levitici
Quod non credunt schismatici.

7. Tota gens clericorum
Virginis collaudat thorum,
Venustate praedecorum,
Nam virginale sigillum
Nullum habet scrupulum.

8. O mira humanitas,
Quod virginalis castitas
Semper illaesa extitit,
Ex qua Deus prodiit
Et terrena instituit.

9. Sacra haec mysteria
Nos perducant ad gaudia,
Ubi pax et gloria,
Ubi clericorum coetus
Conregnet cum Deo laetus.

10. Mons hic manet illaesus,
De quo Christus lapis caesus,
Nobis est condonatus,
Pro nobis immolatus
Agnus vere pacificus.

11. Virgo igitur clara,
Hic qui in crucis ara
Extensus ligno aruit
Et latroni profuit,
Per te nobis sit placatus.

BCN. — 2, 1 jam emanavit C. — 3, 1 mundavit B. — 3, 2 Christus nos sanguine lavit B. — 3, 4 Factum quoque bonitatem N. — Nach Str. 3 schaltet N ein, offenbar um das Lied zu Ostern zu gebrauchen: Redemtor mundi jam surrexit | Principem orci qui destruxit | Discipulis dans gaudium | Tyrannum vincens superbum | Gloriose refloruit. — 4, 3 Gaudia C. — 4, 5 Corporis devincens C. — Nach Str. 4: Victricem manum ostendit | Ad inferna dum descendit | Strenue debellaturus | Manens Deus homo purus | Nunquam tamen moriturus N. — 5, 1 eum plaudentes N. — 5, 2 Deum patrem C. — 5, 3 Qui nos liberavit C. — 5, 4 Nobisque condonavit C. — 6, 2 consecratum B. — 7, 2 collaudet C. — 7, 5 Nullumque scrupulum B. — 8, 5 Et terrigena institit C. — 11, 1 et praeclara C. — 11, 3 extendens C. —

72.

1. Deus omnipotens
A morte resurgens,
Laudemus hunc hodie
Carmine laetitiae.

2. Triduo humatus,
Pedes, manus, latus
Dedit perforare,
Volens nos salvare.

3. Christe, surrexisti,
Exemplum dedisti,
Ut nos resurgamus
Et tecum vivamus.

4. Nazarene Jesu,
Nos paschali esu
Digneris reficere,
Ad coelos perducere.

5. Maria praeclara,
Coeli rosa clara,
Ora pro nobis Deum,
Tuum carum filium.

6. Chori angelorum,
Agmina polorum
Canunt Jesum surgere,
In aeternum vivere.

7. Gentem, o rex pie,
   Audi Bohemiae,
   Da per bonitatem
   Fidei unitatem.

8. Jesu Christe pie,
   Restaurator die,
   Nos pusillum gregem
   Doce tuam legem.

9. Laus patri creanti,
   Nato restauranti,
   Amborum spiranti
   Per saecla regnanti.

DE. — Ostern. Str. 4 nach 5 E. — Str. 8 fehlt E. Str. 9 fehlt D. —
Nach 1, 1 hat E Christeleyson, was ein wichtiger Fingerzeig für Herkunft des
Liedes sein kann, obschon in der Melodie, welche D giebt, kein Platz für
diese Anrufung ist. E giebt aber auch einen andern Anfang der Melodie.
Nach 1, 2 hat E Alleluja, Ave Maria. Ebenfalls wichtig für spätere Ver-
gleichung. D hat nur am Schlufs der Strophe ein Alleluja.

73.

1. Dies jam laetitiae,
   Salutis et fiduciae,
   In qua processit hodie
   De stella sol justitiae.

2. Aaron virga floruit,
   Casta virgo fecunda,
   Thronus veri Salomonis,
   Et vellus justi Gedeonis.

3. Servi sumens formulam
   Plastorum quoque normulam,
   Per vatum praesagia
   Mundi luit contagia.

4. Pro nobis ora filium,
   Rosa candens lilium,
   Absterge nostra vitia,
   Tu imple nos laetitia.

B. — Weihnachten. — Die abweichende Strophe 2 dient als Rundreim.

74.

1. Divo flagrans numine
   Maria dulcoris
   Congaudet in culmine
   Angelicis choris.

2. Ave thuris virgula
   Ascendens in altum,
   Pigmentorum cellula
   Dans in coelis saltum.

3. Radiis solaribus
   Undique amicta,
   Stellis luminaribus
   In convexo picta.

4. Cum ingenti gaudio
   Tot coelicolarum
   Nobis omni studio
   Jesum flecte carum.

5. Honorem per filium
   Dignum rapuisti,
   Singulare lilium
   Quando genuisti.

6. Ornata monilibus,
   Serto laureata,
   In coeli cubilibus
   Rite colorata.

7. Vale, virgo virginum,
   Ab angelis sumpta,
   Mediatrix hominum
   Tu sola innupta.

8. Carismatum munera
   Propter sumptionem,
   Tuam, o puerpera,
   Da fruitionem.

9. Almo quem tu ubere
    Lactasti in solo,
  Tecum regnat libere
  Rutili [sic] in polo.

10. Eja nunc, o Domina,
     Decus angelorum,
   Suscipe precamina
   Laeta servulorum.

A mit der Aufschrift: De assumptione beatae virginis und zweistimmiger
Melodie. — b, 2 sumptio hier = assumptio. —

75.

1. Duae verae sunt olivae,
   Per quas plantae primitivae
     Nascuntur ecclesiae,
   Quibus Sion est imbuta,
   Et coelesti delibuta
     Roma rore gratiae.

2. Ista Sion fundamenta,
   Bases, tecta, fulcimenta,
     Arcam portant foederis:
   Petrus primus principatu,
   Paulus doctor, magistratu
     Effulgens prae ceteris.

3. Hi sunt summi bellatores,
   Duae legis et doctores,
     Vectes evangelii,
   Turres, trabes cypressinae,
   Saga pelles et cortinae,
     Claves sanctuarii.

4. Christum dum docerent, mores
   Romae plantant et errores
     Excludunt gentilium,
   Vincunt magos et Neronem,
   Nec abhorrent passionem
     Aut crucis supplicium.

5. Ergo vos in Christo duce,
     Tu in ense, tu in cruce,
       Ardore martyrii
   Nos ad crucem inflammate,
   Nobis coenam impetrate
     Coelestis convivii.

E. — Peter und Paul. Vgl. Kehrein Sequenzen No. 396. — 4, 1 u. 2:
Christi dum Romae docerent | Mores plantant et errores. Hsch. — Das Lied
dürfte ein Bruchstück einer längeren Sequenz sein, was der Anfang vermuten läfst, bei dem völlig unklar bleibt, von wem die Rede ist. — Str.
2, 1—3 erinnern an die Sequens Adams v. St. Victor Roma Petro glorietur
Str. 2 (Gautier, Oeuvres poétiques 2me ed. p. 120); Str. 2, 4—6 an Str. 5 derselben Sequenz (l. c. p. 122).

76.

1. Dulces odas resonemus,
   Ovantes tripudiemus,
     Hodie
   Ex alvulo castae matris
   Nascitur rex gloriae.

2. Orbis gaude renovate,
   Sol illuxit Christus a te,
     Pellere
   Potens labem protonoxae
   Et salutem reddere.

3. Reclinatur rex coelorum
   In praesepe jumentorum,
     Dextera
   Fascinatur, qui creavit
   Terram mare sidera.

4. Ortum pandit novum regem
   Pastoribus juxta gregem
     Gaudio,
   Angelus et sidus magis
   Miro fulgens radio.

5. Tantae matris castum thorum
Phalanx laudans angelorum
Jubilat,
Laudes Deo in excelsis,
Pacem mundo nuntiat.

6. Ave puer, nobis nate
Ex virgine casta matre
Maria ;
Laudatores nos perducas
Ad coelorum gaudia.

Nur E. — Weihnachten. —

77.

1. Dum jubar astris oritur,
Ebur candoris colitur
Paradisi, stella maris,
Speculum virginitatis.

2. Eurus spirat ab aurora,
Zephyrus a noctis hora,
O Maria praedecora,
Pro reis jugiter ora.

3. Virgo pigmenti cellula,
Nobilis tu puellula,
Mitis casta sine spina,
Peccatorum medicina.

4. Inter choros angelorum
Tu splendor et lux polorum,
Tu radius planetarum,
Zelotypus animarum.

5. Dirige corda coelitus,
Deliciosa cypressus, ·
Aromata transsuperans,
Odore balsami fragrans.

6. Rosa sanctorum aurea,
Tu botrus es et vinea, ,
Vitis vera fructifera,
Nardus tu odorifera.

7. Aethereis sita choris,
Tympanum tenens dulcoris
Tripudians saltitando
Saepis Christum chorizando.

8. Christiferaeque caelibi,
Illibatae matri Christi
Modulentur plasmatori,
Amborum sacro flamini.

BCE. — 1, 2 tollitur Schreibfehler B. — 2, 4 Pro nobis C. — 4, 4
zelotypes C, zelotipsque E. — 5, 4 balsamus C, balsamum E. — 6, 2 botrus
es virginea E. — 7, 4 hymnizando E. — 8, 2 Illibatae quoque matri CE. —
8, 3 sq. Modulentur plasmaturae Quaeque mundi creaturae E. —

78.

1. E morte pater divinus
Velut modus leoninus
Clamans excitat filium.

2. Exurge mea gloria,
Nam passus es pro scoria
Patienter humillimum.

3. Ligno qui crucis aruit,
Nunc vividus apparuit.
In limbo sanctis patribus.

4. Hinc Maria Magdalena,
Primaevo gaudio plena,
Revelat Christi fratribus.

5. A tormento dirae mortis,
Nos conserva leo fortis
A malis imminentibus,

6. Nosque pie hic guberna
Dona nobis dans superna
Post mortem in coelestibus.

7. R. Harmonice symphonizemus,
Limpidius contractemus,
Per tempora paschalia
Magna gaudia
Concrepantes.

A E. „De resurrectione" A. — 1, 1 En morte E. — 2, 3 humillime E. —
Str. 3 u. 4 umgesetzt A. — 3, 2 Nunc quod vivus A. — 5, 1 A contactu jugis
mortis A. — 5, 3 Nunc te confitentibus A. — 6, 1—3 In coelis dona superna |
Pie tuque guberna | A malis imminentibus A. — 7, 5 Alleluja A. — Nach Str. 5
hat E folgendes: Introire da superna | Nos tu pieque guberna | A malis immi-
nentibus, was durch Versehen aus Str. 5 u. 6 zusammengestoppelt scheint. —

79.

1. En aetas jam aurea
Incipit vigere
Regnaque saturnea
Revolvuntur vere,

2. Parvulus dum nascitur
Ex intemerata
Virgine, quae pariens
Mansit illibata.

3. Sibyllinis versibus
Hic fuit praedictus,
Quod Maro commemorat,
Nec est sermo fictus.

4. Utrique ergo psallite,
Matri, nato canite
Pia resonantes.

5. Tibi Deus pater grates,
Qui in figura per vates
Filium spopondisiti;

6. Atque tibi sacrum flamen,
Qui nobis consolamen
Obumbrando contulisti.

7. R° Narrando poetice,
Intelligendo mystice
Is est saloninus,
Vera sapientia
Filius divinus.

A mit der unzutreffenden Bemerkung: De assumptione und mit zweistimmiger Singweise. Str. 7 ist als R°, Str. 4 als R° alia bezeichnet. Es scheint
fast, als sei Str. 4—6 durch Irrtum hierhergeraten, da sie völlig abweichendes
Versmaß haben.

80.

1. Ezechielis porta
Clausa pertransitur.
Per quam lux est orta,
Salus invenitur.

2. Achaz non petit signum,
Tamen sibi datur,
Rubum incombustum
Moyses miratur.

3. En virgo parit Christum
Nova genitura,
Et post partum istum
Manet virgo pura.

4. Ollam succensam video,
Dicit Jeremias,
Lapilli cum jaculo
Sternitur Golias.

5. Gedeo[nis ut] vellus
Mirifice madescit.
Ros in cultum tellus
Virgula florescit.

6. Sibylla, dic in stella,
Quod confert tenella
Infantulum puella
Praedicta in stella?

7. O parvule, nos salva,
Ut tecum laetemur,
Dictus O et Alpha,
Ne hoste gravemur.

D E G. Str. 2 u. 3 umgestellt E. — 2, 3 Nec non sibi datur G. — 4, 1 Illam D. — Str. 4—7 fehlen G. — Str. 5 u. 6 fehlen E. — 5, 1 fehlen 2 Silben. — Das Lied hat gleiches Versmafs, aber in D andere Melodie, als das Lied Singuli catholice, obwohl B bei letzterem die Randbemerkung hat sicut: Ezechielis porta. Unser Lied ist auch um einen Rundreim reicher als jenes, welcher lautet: Gaudete, gaudete | Cum domino nascente, | Mundus renovatus est | Populo mirante.

81.

1. Felici peccatrici
Christique amatrici
    Post carnis scrupulum
Decet symphonizare,
Quae meruit beare
    Amoris calculum.

2. Marsiliae apostola,
Evolvens hostis jacula
    Tu cum sodalibus,
Exhinc post statum gratiae
Assumens locum gloriae,
    Apta coelestibus.

3. Pharisaeus dum spernit,
Te Deus mire cernit
    Mundans a vitio;
Te Lucas peccatricem,
Sed ego amatricem
    Virtutum judico.

4. Christicolae nos lasse
Precamur, sed non casse
    Roges pro venia
Ut tua per suffragia
Relaxentur vitia
    Tua prece pia.

5. R° O peccatorum spes,
Exemplar desperatis, ╮
Magdalena, gratis
A Deo facta es.

A D E. — „Cantio devota de S. Maria Magdalena" A. — 1, 3 post spinae scrupulum A. — 2, 6 Regnans in aethere D. — 4, 2 Precamur ut non casse D E. — 4, 3 Fibris pro venia A. — 4, 5 nostra vitia A. — 4, 6 Benedicamus Domino D E. — 2, 3 ff.: Perennis laudis statum | Tenes ac principatum |, Tu in coelestibus, Korrektur in A. —

82.

1. Flagranti sisto
     conamine,
   Multas concrepare
     laudes de virgine,
   Quae protulit
     orbis redemtorem,
   Astrorum saecli
     lucem et decorem.

2. Labia polluta
     munda clemens,
   Ut queat resonare
     tibi pura mens;
   Tu polorum
     vere altissima,
   Quid ergo dicam
     gens debilissima.

3. Ortu solis
     terra illustratur,
   Fecunda prole
     en irradiatur,
   Per virginem
     sementes rigantur,
   Coelestibus
     terrestria ligantur.

4. Stellae suis
     indulgent regulis,
   Campus pingitur
     floribus singulis,
   Per virginem
     tristis gratulatur
   De perditis, flens
     exul regulatur.

5. Magaritae
     funguntur viribus,
   Vis herbis insita
     atque lapidibus,
   Per virginem
     crispantur lilia,
   Delectantur
     coeli plura millia.

6. Velamen maris,
     Selmon tempestas,
   Ver, hiems [autumnus]
     dirigitur et aestas
   Per virginem,
     canit avicula,
   Nutu ejus
     flectuntur singula.

7. Rector entium
     huic tribuit,
   Solo verbo cuncta
     regere, et voluit
   Per virginem
     salvare hominem,
   Adaeque delens
     Evae caliginem.

8. In me virtus
     scaturiat mores,
   Pellantur praesentes,
     futuri dolores
   Per virginem,
     cujus pro nomine
   Merar poni
     in coeli culmine.

B. — 6, 2 telmon tempestas, offenbar Schreibfehler für Selmon; dem
Dichter liegt Ps. 67, 15 im Sinne: Dum discernit coelestis reges super eam,
nive dealbabuntur in Selmon, woraus ihm soviel klar ist, dafs auf dem Selmon
öftere Schneegestöber vorkommen müssen. — 6, 3 autumnus ergänzt — 7, 4
regens et voluit. — 8, 3 Pelluntur. — Als einzig annehmbares Versmafs ergab
sich eine Zeile zu vier Hebungen mit beliebigen Senkungen. Da die Melodie
keinerlei Wiederholung kennt, ist das Gedicht als Lied aufzufassen, obschon die
Behandlung des Versmafses es den Leichen näher bringt. Als Parallelstelle
zu Str. 5 verdient aus einem Leiche der Hsch. III D. 10 (bei Mone II, 353)
angeführt zu werden: Omnes virtutes | omnium lapidum | in se continens |
Atque cunctarum | herbarum vim | retinens.

83.

1. Gaudeamus pariter
   Omnes et singuli,
   De virgine nascitur
   Salvator saeculi.

2. O proles eximia
   De stirpe regia,
   Alvo Christum tulisti,
   O virgo Maria.

3. O stupenda natio,
   Quam nulla ratio
   Potuit definire
   Nec enodatio.

4. Physicus concutitur
   Horrore nimio,
   Dum fallit in Mariae
   Natura filio.

5. Logicus syllogizando
   Hic obstupescit,
   Dum praemissas formando
   Concludere nescit.

6. Intellectus discurrendo
   Hic confunditur,
   Dum causa rei quaeritur
   Hic et non solvitur.

7. Miratur et ratio,
   Qualis sit natio,
   Et a cunctis varia
   Fit indagatio.

8. O natura, qualiter
   Errasti hodie,
   De virgine nascitur
   Filius Mariae.

9. Omnia qui potuit
   Ex nihilo creare,
   Naturam in filio
   Voluit claudicare.

10. Misit enim filium
    In hoc exilium,
    Per quem et restauravit
    Salutem hominum.

11. Ergo cuncti hodie,
    Omnes et singuli
    Laudes demus filio
    Et matri virgini.

N mit der Aufschrift: „Canitur sicut: Elško milá Eliško.“ Mit ver-
schwindenden Abweichungen in Rosenpluts Kantional. —

84.

1. Gaude felix Pannonia,
   Exultet Provincia
   Prole tanta genita
   In Sabaria.

2. Decantet omnis coelicus
   Cunctus atque populus,
   Cujus prece inclyta
   Poscunt aeterna.

3. Martine pater optime,
   Posce nobis omnibus
   Veniam poscentibus
   A te jugiter.

4. Tres mortuos suscitasti,
   Daemones effugasti,
   Caecos illuminasti
   Virtute deica.

— 111 —

5. Tam pretiosa chlamyde
   Induisti pauperem,
   Sibi distribuendo
   Misericorditer.

6. In Martini solemnia
   Patri atque filio
   Benedicamus lilio,
   Coelorum domino.

7. R. Nos junge regi gloriae,
   Praesul pie Martine,
   Pastor egregie.

Nur D). St. Martin. — Mit der Aufschrift: Canitur sicut: Katharinae solemnia. — 7 Rundreim nach jeder zweiten Strophe. In der Handschrift zwischen Str. 1 u. 2 und am Schlusse, wo die letzte Zeile aber lautet: In Sabariae [sic] = Savaria (Anger am Stein). —

85.

1. Gaude regina gloriae,
   Quae polos transis hodie,
   Peragmina coelestium,
   Maria candens lilio.

5. Gaude Deo vicinior,
   Secum in posse potior,
   In summo sedens solio,
   Maria candens lilio.

2. Gaude, cui obediunt
   Et revereri sitiunt
   Te angeli obsequio,
   Maria candens lilio.

6. Gaude, quod sanctos superas,
   In hoc quod Christo imperas,
   Tu potens mater filio.
   Maria candens lilio.

3. Gaude, quod tua facies
   Illustrat coeli acies,
   Ut mundum sol ex radio,
   Maria candens lilio.

7. Gaude, quod tota trinitas
   Et velle tui unitas
   Sunt unum in arbitrio,
   Maria candens lilio.

4. Gaude, quod tui servuli
   Post finem hujus saeculi,
   Ut vis, fruantur praemio,
   Maria candens lilio.

8. Gaude cum tuo filio,
   Cum quo sedes in solio.
   Benedicamus Domino.
   Maria candens lilio.

A B. — 1, 2 polo scandis B. — 1, 4 candens lilium von derselben Hand geändert in lilio. — 2, 3 Te fehlt B. — 6, 2 In hoc cum B. — 6, 5 Ut potes B. — A hat die Aufschrift „De assumptione" und folgende Ordnung der Strophen: 1. 2. 7. 4. 5. 6. Str. 4 u. 8 fehlen, ebenso der Zusatz Maria candens lilio. Dafür ist Str. 2 als R⁰ bezeichnet und hat eigene Mel. —

86.

1. Gaude virgo speciosa,
   Mater Dei gloriosa,
   Pulchra nimis et formosa,
   Super omnes amorosa,
   Tu sola sine compare.

2. Gaude nostra mediatrix.
   Nostra sola consolatrix.
   Nostra mater et amatrix.
   Nostri hostis expugnatrix,
   O felix quam inhabitas.

3. Gaude semper et exsulta,
   Auro, gemmis bene culta,
   Ad te nostra mens suspirat,
   Qui te amat non delirat,
   O amor, o amoenitas.

4. Gaude pura tu puella,
   Dominantis domicella,
   Cujus tuto sub mantello
   Nullus timor est misello
   Sed timido latibulum.

5. Gaude festa, nunquam maesta,
   Praehonesta tu modesta,
   Gaude bona nostra mater,
   In qua gaudet Deus pater,
   In cujus gaudes curia.

6. Gaude stellis coronata,
   Solis luce trabeata,
   Sub qua luna est locata,
   Semper manens illibata,
   Tu cingens virum femina.

7. Gaude schola disciplinae,
   Glosa legis fons doctrinae,
   Vas coelestis medicinae,
   His, quos culpae pungunt spinae,
   Infunde medicamina.

8. Gaude, quia semper tecum
   Deus manet et tu secum,
   Per quem precor ut sis mecum,
   Et cor meum lustra tecum
   Vultus tui lumine.

9. Gaude virgo, laetans plaude,
   Et sic vitam nostram claude,
   Et qui dicunt tibi: Gaude,
   Semper tecum sint in laude
   In coelesti culmine.

Nur C. Das auf das Metrum Salve mundi salutare sauber gearbeitete Lied scheint nur ein Bruchstück eines gröfseren Gedichtes. Denn während die jambischen Schlufszeilen der Strophen (beziehungsweise Halbstrophen) 2 u. 3, 6 u. 7, 8 u. 9 aufeinander hinweisen, stehen sie in 1, 4 u. 5 vereinzelt. 7, 5 glaubte ich wegen des Versmafses und Reimes (femina) medicamina statt des handschriftlichen medicinam setzen zu sollen. — 8, 5 Vultus tui nomine sinnlos. 9, 5 culmine weist auf lumine. Beiden Zeilen fehlt eine Silbe. Ob: In vultus tui lumine und In coelesti cacumine?

87.

1. Jam adest dies jubilaeus,
   In quo jam nascitur Deus
   Tribuendo lumen;
   Olim coetus propheticus
   Hunc praevidit, coelitus
   Expectando lumen.

2. Lucifer nempe periit,
   Lucifer lucens prodiit,
   Sol Jacob de stella;
   Christus Jesus rex oritur,
   Per quem salus conditur,
   Matre de puella.

R⁰ Eja nunc vos concinite,
   Voce corde psallite,
   Nato hymnizemus.

A. „De nativitate Christi".

88.

1. Jam Christus ab inferis
   Surgens reddit miseris
   Dulce Alleluja;

2. Quem morte turpissima
   Damnarat gens pessima,
   Expers Alleluja,

3. Caecitate caligans;
   Huic mundo innovans
   Tonat Alleluja.

4. Ver parit florigerum,
   Cantibus vociferum
   Clamans Alleluja.

5. Elementa serviunt,
   Coeli lumen conciunt
   Dantes Alleluja.

6. Tempus fit serenius,
   Et sol lucet clarius,
   Ex hoc Alleluja

7. Omnes nunc cum superis
   Cantemus jam in terris,
   Semper Alleluja.

8. O Christe, rex coelice,
   Fractor mortis tetricae,
   Da ut Alleluja

9. Castis demus mentibus
   Una cum fruentibus,
   Verum Alleluja.

10. Adde justis ceteris,
    Qui conjuncti aetheris
    Promunt Alleluja.

E. — Ostern. — Str. 8, 4 u. 7 sind als R bezeichnet. — Die Strophen des Liedes sind offenbar durcheinander gemengt. Sie folgen sich in der Hsch.: 1. 5. 7. 6. 9. 8. 10. 3. 2. 4, in welcher Ordnung sie einen Sinn nicht zulassen.

89.

1. Jam verbum deitatis
   Declinat congrue
   Casum mortalitatis
   Primaeve feminae.

2. Olim sanctis precibus
   Promisit coelitus,
   Mundi pro reatibus
   Est puer genitus.

3. Devote recolite
   Diem laetitiae,
   Qui indicat, quod oritur,
   Est sol justitiae.

4. Omnes nunc pueruli
   Devote canite,
   Ad honorem parvuli
   Laetanter psallite,

5. O vos, o scholastici,
   Cives inclyti,
   Magni cum minoribus,
   Omnes et singuli.

6. Summo da carere
   Nati judicio
   Et tecum gaudere
   Perenni gaudio.

E. — Weihnacht. — Auch bei Rosenplut p. 81. Da das Lied in der Hsch. etwas vernachlässigt erscheint, mögen die Varianten des Kantionals folgen: 2, 1 u. 2 fehlen. — 3, 1 Devote nunc recolite. — 3, 3 quod ortus. — 4, 1 Nunc vos, o pueruli. — 4, 3 Ad honorem infantuli. — 4, 4 Devote. — 5, 1 Et vos, o scholastici. — Nach Str. 5 folgt

6. Melopaeum depromite
   Regi gloriae,
   Ut vos velit exuere
   A sorde scoriae

7. Et superinduere
   Stola candida
   Cum virtutum titulis
   In coeli curia,

8. Ut cum electis omnibus
   In coeli patria
   Perfruamur gaudiis
   Per cuncta saecula.

90.

1. Jesu dulcis memoria,
Est super mel et omnia
Tua dulcis praesentia.

2. O sacramenti gratia,
O regum plena copia,
Jesu in eucharistia.

3. Homo Deus, amor meus,
Liberator Christus meus,
Cujus ego miser reus.

4. Amor tuus dulcissimus
Plus millies gratius,
Quam dicere sufficimus.

5. Nil auditur suavius,
Nil degustatur dulcius,
Quam Jesus Dei filius.

6. Non negat ista Dominus,
Sed totum dat cominus,
Quod rogat suus famulus.

7. Esca nunc veni nobilis,
Dulcedo in effabilis,
Valde desiderabilis.

8. Sequor quocunque ieris,
Tolli mihi non poteris,
Tu meum cor abstuleris.

9. Desidero te millies,
Mi Jesu, quando venies,
Me de te quando saties.

10. Esca, sanctum convivium,
Excedens omne gaudium
Et omne desiderium.

11. Purae mentis refectio,
Replens sine fastidio,
Dans flamen desiderio.

12. Rogo (te) amore sedulo,
Imple, Jesu, quod postulo,
Peragas vota famulo.

13. Zelus facit ut audeam,
Jesum posco ut habeam,
Ut de te solo gaudeam.

14. Jesu decus angelicum,
In ore mel mirificum,
In corde pigmen coelicum.

15. Bona sunt tua pocula,
Quam felix tua copula,
Sed in his parva morula.

16. Rivus tuus quem debeat,
Novit quod Jesus faciat,
Non est quod ultra cupiat.

17. Arca coelestis nectaris
Affunde modo famulis
Flumen tuae dulcedinis

18. Mortis cuncta pericula.
Laeta transibit anima,
Quae bibit tua pocula.

19. Post te non cessat gemere,
Optat prorsus deficere,
Ut tibi queat vivere.

20. Eja Jesu dulcissime,
Spes suspirantis animae,
Te poscunt piae lacrymae.

21. Claro sole praeclarior,
Omni dulcore dulcior
Et balsamo suavior.

22. Curram post te cum fletibus,
Jesu, provolvar pedibus,
Sanctis haerens amplexibus.

23. Quae dicam [o] amor meus,
Jesus Christus mellifluus,
Quo delectatur spiritus.

24. Qui te gustant plus sitiunt,
Desiderare nesciunt
Nisi Jesum, quem diligunt.

25. O beatum incendium,
    O ardens desiderium,
    Amare Dei filium.

26. Ergo dic te petentibus,
    Quam bonus es quaerentibus,
    Sed quid invenientibus.

27. Vox lingua nescit dicere,
    Expertus novit credere,
    Quid sit Jesum diligere.

28. Jesu, qui dulci gratia
    Instauras hic convivia,
    Sit tibi laus et gloria.

29. Et parces tuo famulo,
    Qui te omni stimulo
    Ego miser sollicito.

30. Gratum habendo hoc carmen,
    Reddes tuum dulce flamen,
    Dicant omnes. Amen.

N. — „De corpore Christi". Eine poetische Vergewaltigung und Mifs-
handlung des bekannten Jubilus S. Bernhardi; ein ähnliches Lied „Jesu tui
memoria Est super mel et omnia" steht in der Antiqua et constans confessio
und wird dort dem Jacobellus zugeschrieben. Das Lied der Confessio ist
wieder eine Entstellung des vorliegenden. Die Varianten davon herzusetzen
geht nicht an; man müfste das Lied ganz abdrucken.

91.

1. Imber nunc coelitus
   Irrigavit vellus,
   Partum laudabilem
   Praesignat mirabilem
   Gedeon et Jesse.

2. O mira virgula,
   Profert amygdala,
   Fuit quamvis arida,
   Viruit ut florida
   Germinoso flore.

3. Esther egregia
   Virtute regia
   Victrix est hostium,
   Vicit et iniquum
   Judith Holofernum.

4. Aurora lucida,
   Prae cunctis fulgida,
   Sole es amicta,
   Luna suppedita,
   Gignit nata natum.

5. Non valet ratio,
   Logica actio,
   Qualis sit natio,
   Nulla enodatio
   Valet definire,

6. Nisi sis fidelis;
   Crede tunc est satis.
   Mater deitatis
   Vera et hominis
   Genitrix est facta.

7. Et sicut splendidi
   Solares radii
   Vitrum pertranseunt
   Illud sed non rumpunt,
   Genuit intacta.

8. Salve mater casta,
   Hominibus asta,
   Ne Plutonis hasta
   Feriat nos subito,
   Tu gessisti Jesum.

9. Sonet vox lyrica
   Lyra Orpheica
   Voxque angelica
   Nuntiet in terra
   Hominibus pacem.

BCN. Letzteres zweimal, einmal mit der Aufschrift: „canitur sicut:
Dywna milost Bozie". — 5, 1 Nil valet ratio BC. — 4, 3 Radiis amicta
B. — 5, 3 Mira est natio B. — 5, 5 Genus definire. Zu Str. 5 vgl. man

No. 83 Str. 3. — 6, 4 Verique hominis C. Atque humanitatis. B. — 7, 4
Sed nec illud corrumpunt B. — 7, 5 Gignis sic intacta. — Str. 8 ist in B
u. C. Str. 3. — 8, 2 Clamantibus asta. — 8, 3 u. 4 Ne nos mortis hasta
Feriat ut subito B. — 8, 5 juvamen implorantes. C. — 9, 4 Nuntiavit B. —
N hat das zweite Mal noch folgende Zusatzstrophen:

10. Nullus est alius
    Nisi solus Deus,
    Qui regit omnia
    Et aufert taedia
    Sperantium in se.

11. Ergo nos homines
    Quaesumus fragiles,
    Ad gloriam ejus,
    Qui est summus bonus,
    Omnes decantemus.

12. Gloria sit trino,
    Patri cum filio
    Pneumatique sancto
    De tanto miraculo
    Nunc et in aevum.

B hat die folgenden zwei:

10. Sit laus Deo patri
    Filioque pneumati
    Spiritui quoque sancto
    Pro tali miraculo;
    Virgo deum gessit.

11. Tu viatorum spes,
    Flagitamus omnes,
    Ut Johannes noster,
    Qui modo agit iter,
    Sanus revertatur.

92.

1. In hac die decantemus,
   Matrem Christi collaudemus,
   Speciali gloria.

2. O quam digne honoratur,
   Dum in summo coronatur
   Stellato sedens solio.

3. Haec est mater gratialis,
   Per quam datur specialis
   Peccatori venia.

4. Ave mater salvatoris,
   Tu vocaris stella maris,
   Tuo nato non gravaris.

5. Nunquam fuit nec est talis,
   Ut haec virgo singularis,
   Mater manens et ancilla.

6. Non est visa sibi prius,
   Similis nec posterius,
   Nec audietur amplius.

7. Ergo Jesu mater bona,
   Nostra soror et patrona,
   Confer coeli dona.

8. Sumas laudes hac exiles,
   Quas reddimus nos fragiles,
   Tuae almae virginitati.

BCN. — „Sub eadem nota canitur sicut: Dominator jam est natus."
N. — 4, 1 virgo salvatoris B. — 6, 1 u. 2 Non visa prius similis non posterius
audietur amplius N. — Der Autor des Liedes hat sich sichtlich weder um
Einhaltung des Versmafses noch um Vermeidung von Reminiszenzen bemüht.
Möglich, dafs es sich nur um einige einem oder mehreren gröfseren Gedichten
entrissene Strophen handelt.

93.

1. In laudem Mariae
   Tendo depromere
   Laudesque decantare
   Tam dulci virgini,
   Quae Christum concepit
   Vi sacri flaminis,
   Semenque non recepit
   Naturae fragilis.

2. Natura miratur
   Ventris tui fructum,
   Quod sine pare paris
   De coelo adductum,
   Donante Deo patre
   Misericordiae
   Pro solo reparatu
   Nostrae miseriae.

3. Sole es praesignata
   Vitrum penetrante,
   Post partum virgo manes
   Sicut eras ante,
   Vellusque Gedeonis
   Te praesignavit,
   Quam super omne coelum
   Deus exaltavit.

4. Evae nomen mutatum
   Dictum fuit Ave,
   Antidotum solamen
   Donumque suave,
   Nuntiavit digne
   Dei archangelus
   Et suscepit benigne
   Haec Dei thalamus.

5. Dum serpens antiquus
   Evam defraudavit,
   Totum genus humanum
   Morsu mali stravit,
   Haec gestando Christum
   Totum reparavit,
   Portas aeternae vitae
   Nobis reseravit.

6. Logici mirantur,
   Stupent naturales,
   Quod tu ens indivisum
   Sic comprehendes,
   Quod erat immensum
   Et ante saecula,
   Manebis in aeternum,
   Sic reges aethera.

7. O Jesu, prece matris
   Confer coelestia,
   Da frui sinu patris
   Post haec terrestria,
   Qui cum Deo patre
   Sanctoque flamine
   Regnas nunc et in aevum
   Sine juvamine.

8. Qui sanctis suis dedit
   Mundum debellare,
   Sui corporis flammas
   Mire suffocare,
   Acherontem superbum
   Juvit conculcare,
   Exhinc est salus illi
   Virtus et gloria.

Nur C. — Das Versmafs, die bekannte Strophe des Nachtigallenliedes ist mit durchgehender Nonchalance behandelt, der Taktwechsel ein häufiger. — 6, 4 verändert aus Sic comprehendens. —

94.

1. Insignis infantule,
   Speciose nimis,
   Salve Jesu parvule,
   Coeli rex sublimis.

2. O pulcher puerule,
   Nimis amorose,
   Delicate natule
   Tu affectuose.

3 Pro te languet anima
   Nostra incessanter,
   Cor ardet et omnia
   Ardore vehementer.

4. Natus est de virgine
   Deo creatore
   Sine viri semine
   Pro omni peccatore.

5. Te voces propheticae
   Nasci personabant,
   Patres limbo mystici
   Venire optabant.

6. Noli moram facere,
   Puer per amate,
   Veni, veni propere,
   Tu desiderate.

B C. — Weihnachten. — Str. 3 fehlt B. — Str. 2 u. 3 dienen als Ro. —

95.

1. Jubilemus dulciter
     Odas depromentes,
   Hymnis, lyris, canticis
     Melos exsolventes,
   Altithrono domino
     Cuncta gubernanti,
   Inque sede polorum
     Pater residenti.

2. O mira immensitas
     Nostri creatoris,
   Quem nulla nostra pravitas
     Valet demoliri,
   Filium ab aeterno
     Misit incarnari,
   Ut ejus creatura
     Posset reformari.

3. Hoc non esse dubium
     Sed fide fateri
   Licet semper hominum
     Corde confiteri,
   Ex intacta theotocos
     In mundum venisse,
   Micrôcosmum perditum
     Sibi reformasse.

4. Ave splendor summi patris,
     Et virtus unica,
   Salus bonor gloria
     Pax laus victoria,
   Qui venisti in carne,
     Ut nos redimeres,
   A gehenna iniqui
     Cruore piares.

5. Nulla valet actio
     Robori obire,
   Nec humana ratio
     Genus definire,
   Ab aeterno genitus
     Illuc descendisti,
   Castissimae virginis
     Claustra penetrasti.   -

6. Non est in toto circo
     Sibi consimilis,
   Nec prophetarum ore
     Quondam laudabilis,
   Praeter hanc clarissimam
     Virginem Mariam,
   Sponsam Dei fulgidam,
     Matrem humillimam.

7. Eja mater, domina,
     Mater et ancilla,
   Flagita prece filium,
     Ferat auxilium
   Nobis indignis miseris,
     Fruamur in terris,
   Ut coronemur in coelis
     Cum nato superis.

8. Suaviter decantantes
     Laudem in excelsis,
   Faciem speculantes
     Nostri plasmatoris,
   Perfruamur gratia
     Ejus in curia,
   Ubi sanctorum unitas,
     Pax, laus et gloria.

C mit der Aufschrift: Canitur sub eadem nota, d. h. wie das voraufgehende Salve amicta sole. — 3, 5 steht deutlich doch durchgestrichen catherethos, am Rande die Korrektur: theotocos. —

96.

1. Jubilemus singuli
     Unanimiter,
   Carmina concrepantes
     Praecordialiter.

2. In honorem piae
     Virginis Mariae,
   Nobis ipsa assistat
     Ut in examine.

3. Genitam ex regali
   Abs viri semine,
   Dominam illustratam
   Sacroque flamine.

4. Sic ex consensu patris
   Mystico prodiens
   Ac in utero gestans
   Superlativum ens.

5. Haec est, quae ignoravit
   In deliciis
   Thorum suum ac exclusit
   Sic se a vitiis.

6. Tu gemma mulierum
   Es splendidissima,
   Tu inter omnes sola
   Sis illustrissima.

7. Supremum nomen regis
   Aeterni suscipis,
   Quem sicut salutata
   Utero concipis.

8. Et paranymphi dicta
   Mox tunc adimplentur,
   Christiani fideles
   Per te jam laetentur.

9. Nymphula es pudoris
   Inaestimabilis,
   A perpetuo exstans
   Praedestinabilis.

10. Genitus tuus dignus
    Exstat laudabilis,
    Ex sacro flamine
    Fit illustrabilis.

11. Tu norma sanctitatis,
    Oros munditiae,
    Cellaque puritatis
    Es, da vox veniae.

12. Tu prima spes post Deum,
    Mater fidelium,
    Tu consolatrix vera
    Ad te clamantium.

13. Deviantes a via
    Revoca propere,
    Tu nos constantes fac
    In bono opere.

14. Laudemus Deum et te
    Imperia prope,
    Et sic post liberemur
    Inferni ab igne.

C. — Das Lied ist metrisch nicht sorgfältig gearbeitet; Str. 5, 7 u. 14 scheinen besonders verderbt. Str. 5 scheint an die Antiphon zu erinnern Haec est, quae nescivit thorum in delicto. —

97.

1. Jubilo cum carmine
   Veneremur hodie
   Factorem gentium,

2. Qui sibi apostolum
   Sanctum elegit Jacobum
   Virtutum studio.

3. Hermogenes in varia
   Studebat arte magica,
   Qua eum falleret.

4. Philetum condemnavit,
   Dum eum seque stravit
   Virtutis osculo.

5. Daemones destinavit,
   Jussu eis mandavit
   (Ut) sanctum apostolum

6. Adducerent ligatum,
   Et fore praesentatum
   Sibi in vinculis.

7. Daemones multifarie
   Clamabant in aëre:
   Nobis miserere.

8. R° O lucerna gentium,
   In exemplar datus,
   Poenas sustinens gratus
   Pro Christi nomine.

E. — St. Jakob — 2, 3 Jacobus mit kurzer paenultima, die gewöhnliche Betonung des MA. — Das Lied dürfte kaum vollständig sein. —

8

98.

1. Katharinae solemnia
Celebret ecclesia,
Qua salutis praemia
Das petentibus.

2. Costi regis tenerrima
Filia, pulcherrima
Exultet Katharina,
Lux egregia.

3. Maxentius confineis
Dum mandat provinciis,
Circumsitis incolis
Flecti idolis.

4. Dum jussa spernis principis,
Oratores incipis
Ad fidem convertere,
Christo credere.

5. Ergastulo dum carceris
Graviter coerceris,
Credit uxor Caesaris
Cum Porphyrio.

6. Ducentibus militibus
Cum suis comitibus
Quos ad coelos dirigis
Cum martyrio.

7. Te decollatam gladio
Christus solis radio .
Sociat angelicis
Turbis coelicis.

8. Te turbae laudant coelicae,
Ordines angelicae
Sepeliunt vertice
Montis Syna.

9. R. Gaudens in coelis hodie
Nos junge, Katharina,
Regie gloriae.

D E. — Katharina — 4, 3 Ad finem E. — 5, 4 Cum Porphylio D. —
Str. 6, 7, 8 fehlen D. — Str. 9 Rundreim nach je zwei Strophen wieder-
kehrend.

99.

1. Laudes dicat omnis aetas
Christo regi semper laetas
Dulci cum symphonia,
Qui ex sua clementia
Cuncta gubernans entia
Andream evocavit,

2. Arte piscandi varia
Hunc perscrutantem maria
Cum Simone Barjona.
Et quid eo dicis dignum,
Nullum Christi videns signum
Primo sub admonitu

3. Fugit rete, linquit ratem,
Nec dum plene veritatem
Contemplatur spiritu.
Patris spernens praesentiam,
Ovans sequitur Messiam
Piscaturus homines.

4. Post ut agnus tu, Andrea,
Crucifixus ab Aegea
Emisisti spiritum.
Te precamur, ut ducamur
Post hanc lucem per te ducem
Ad coelorum gaudia.

5. O Andrea tu benigne,
O tu consors Christi digne,
Votis meis annue,
Pulsa morte laeta sorte
Pacem fessis et oppressis
Apud Christum obtine.

Nur E. — Die erste Hälfte der 5., die zweite der 2. Strophe sind als
R aufgeführt. Erstere unterbricht auch wirklich den Zusammenhang, da sie
in der Hch. hinter Str. 1 steht. Wie Jacobus so war auch Simonis etc.
stets auf der drittletzten betont. 3, 4 Anspielung an Adam v. St. Viktor.
Fugit rete, fugit ratem (Gaude Roma caput mundi).

100.

1. Lumen sancti spiritus
Descendat divinitus,
Nos illuminet hodie.

Plenitudo gratiae,
Tu solus lux justitiae,
Exaudi nos in hac die.

Rex dulcis angelorum,
Salus archangelorum,
Spes in te credentium.

Solatium sanctorum
Et vita beatorum,
Protector sperantium.

Tu via peccatorum,
Tu semita justorum,
Latitudo fidelium.

Pater es orphanorum,
Solamen miserorum,
Plenitudo omnium.

Da solamen populo,
Da virtutem in jubilo,
Nos perduc ad solatium.

M. — Pfingsten.

101.

1. Maria pia,
Virgo pudica,
Nos salvifica,
Regis amica.

2. Aaron virgula
Tu fructifera,
Cedrus odora,
Gemma decora.

3. Rectrix mentium,
Arca virtutum,
Tu spes gentium
Desperantium.

4. Janua coeli,
Sis memor mei,
Genitrix Dei,
Fer opem rei.

5. Ave aurora,
Solis nuntia,
Stella praevia,
Pulchra ut luna.

6. Beatissima
De David nata,
Benignissima,
Fellis nescia.

7. Eja domina,
Tu es spes nostra,
Solve vincula,
Hostem subcalca.

8. Audi gementes,
Guberna mentes,
Adjuva flentes,
Tibi psallentes.

9. Tu es post Deum
Salus omnium,
Spes peccatorum,
Terror daemonum.

10. Ave beata,
Virgo sacrata,
Parens serena,
Mater amoena.

11. Vita diceris,
Digna titulis,
Carens maculis
Mentis, corporis.

12. In coelestibus
Pulchra ut cedrus,
Dulcis libanus,
Flagrans quasi thus.

13. Tu mellis favus,
Dulcis es quam plus,
Caecis oculus,
Claudis baculus.

14. Imago lucis,
Virgo decoris,
A vi daemonis
Tuere velis.

15. Sidus aureum,
Pelle nocivum,
Da solatium,
Rege devium.

16. Virgo sublimis,
Tu reorum sis
Adjutrix mitis,
Quae es coeli vis.

17. Stella marina,
Flos sine spina,
Nobis propina
Bona divina.

18. Coelis altior,
Stellis clarior,
Sanctis sanctior,
Da regnet amor.

19. Ibi nos loca,
Ubi gaudia
Permanentia
Sunt melliflua.

20. Porta aurea,
Porta beata,
Coeli regina,
Mundi domina.

21. Ergo juva nos,
O pneumatis dos,
Dulcis coeli ros,
Tene naufragos.

22. Valde inclyta
Es, o Maria,
Da mi gaudia,
Quaeso, o pia.

23. O refugium
Pereuntium,
Tu naufragûm
Es solatium.

24. Te matrem Dei
Canunt angeli,
Seraphim chori
Assistunt tibi.

25. Amen, solamen
Per te det flamen,
Inclytam amem
Virginem. Amen.

B C. — 8, 4 Ad te clamantes. C. — 17, 1 Stella Maria. C. — 24, 3 Seraphim, Throni. C. — In C fehlen die Str. 13, 14, 15, 19, 22, 23.

102.

1. Mens surgat fidelium,
Laudare sanctissimum,
Dulce Christi ferculum
Et sanguinis poculum.

2. Ecce tempus gratiae,
Tempus est laetitiae,
Cedat vis moestitiae,
Gaudeamus hodie.

3. Haec sacra magnalia
Typicavit in manna
Et in urna aurea
Olim turma Judea.

4. Hic Isaac immolatur,
Et agnus manducatur,
Elias confortatur,
Peccator restauratur.

5. Ut surgamus oritur,
Ne perdamur moritur,
Compensemus igitur
Illud, quod nobis datur.

6. Ejus sacra lectio
Nostra sit refectio,
Nos pro vitae pretio
Mundo mori docuit.

7. Jesu tua gratia
, Fideles tuos satia,
Refocilla debiles,
Consolare flebiles.

8. O Jesu dulcissime,
Qui nos tuo corpore
Cibas, potas sanguine,
Munda nos a crimine.

9. Confer, ut te fruamus,
Sic ut tecum vivamus
Et tecum capiamus
Consortium gloriae.

D E F. — Fronleichnam — Die Strophen folgen in D. 1. 7. 2. 8. 9.
5. 6. 3. 4; in E: 1. 2. 3. 4. 7. Die übrigen fehlen; in F. 1. 7. 2. 3. 4. 5. 8.
Die übrigen fehlen. Str. 7 wurde als R betrachtet, daher ihre Stellung an 2.
oder letzter Statt. 5, 4 quod nobis tam traditur F. — 8, 3 Cibas atque
sanguine F. — Str. 6 und 9 fehlt F.

103.

1. Mente pura laudemus,
Margarethae decantemus
Dulci melodia

Stirpe gentili nata
Fideque desponsata
Haec virgo regia.

2. Rectam fidem sectatur,
A patre propulsatur,
Nutrici paruit.

Cujus oves dum pavit,
Hanc praeses adamavit,
Haec Christum praetulit.

3. Trinoque in personis
Nos modulemur sonis
Coelorum Domino,

Margaretham qui thronis
Locavit in decoris
Post victoriam.

4. R⁰ Tu gemma castitatis
Aurumque puritatis
Deo nos reconcilia.

E. — Margaretha. Wohl unvollständig. — 2, 1 Rectam fidem dum
sectatur Hsch.

104.

1. Mittitur archangelus fidelis
Ad Mariam virginem de coelis,
Antiquis quae latuere velis,
Vox haec patefecit Gabrielis.

2. Ingressus hic nuntiat amoena,
Ave, inquit, gratia tu plena,
Heres manet in te vitae vena,
Inter omnes femina serena.

3. Cujus ex sermone fit turbata,
Cogitabat, cur sic sit affata,
Stupet virgo, quod sit salutata
Voce prius nunquam usitata.

4. Ne timeas, inquit, o Maria,
Dominus nam tecum exstat dia,
Altissimi filium tu quia
Gignis et vocabis hunc Messia.

5. Quomodo, legate arcanorum,
Pariam nunc regem angelorum,
Conjugis non novi viri thorum,
Virgini hoc exstat indecorum.

6. Almi sancti spiritus radius
Obumbrabit, virgo, tuos sinus,
Ex te enim exiet dominus,
Ab aeterno genitus filius.

7. Ecce dei humilis ancilla,
Fiat verbum, quod dicis, in illa,
In me sistunt vates et sibylla
Per me ruit Evae necis scylla.

8. Laetentur christicolae soluti
Pharaonis vinculis versuti,
Liberi deserviant virtuti,
Mundi pompam calcantes polluti.

A B C D E. — 1, 3 Ante quisquam D B. — 2, 1 Ingressus haec B C. —
2, 3 Heros manet C E heres D. — 2, 4 feminas B C. — 4, 2 nam exstat
tecum B. — 4, 4 Messiam D. Gignes, veni precor, o Messia A C. — 5, 1
archangelorum verschrieben A. — 5, 3 Conjugis nam nunquam novi thorum
A. — 5, 4 Virgini hoc manet indecorum. Ob Korrektur des Bohemismus
exstat? A. — 6, 3 exiet divinus A. — 7, 3 sistant B. — 7, 4 ruat...
stilla. A.. — Str. 8 ist in A R⁰ die mit eigener Melodie nach je zwei
Strophen wiederkehrt. Am Schlusse ist auch Str. 7 als R⁰ bezeichnet, auf
die dann 8 folgt. Diese Handschrift hat die Angabe: De annuntiatione.

105.

1. Modulemur
Die hodierna,
Qua rex regum
Scandens ad superna
Mundo grata
Dedit munera.

2. Ad agalma
Perficiens saltum,
Emptum plasma
Transferens in altum,
Jubilosus
It per aethera.

3. Redivivus
De se diffidentes
Inviserat
Fratres conquerentes,
Redarguens
Infidelia.

4. Tradens illis
Coelica mandata,
Charismata
Daturum beata
Se promisit
Optabilia.

5. In excelsi
Apicis cacumen
His perductis
Suum pandens numen,
Elevatus
Est ad aethera.

6. Nitens clarus
Binus illum testis
Ut astaret,
Curio coelestis
Fertur, grata
Promens verbula.

7. Viri fratres,
Inquit, Galilaei,
Ut spectatis
Elevatum
Ignivoma
In nubecula,

8. Sic venturus
Fidite constanter,
Recensurus
Omnia patenter
Transitura.

9. De aerumna
Revehi orantes,
Charismata
Jam coeli zelantes
Athanatos
Nos accelera.

Nur E. — Himmelfahrt. — Str. 2 ist als R bezeichnet, offenbar nur aus Gewohnheit. — 7, 4 esse natum verschrieben.

106.

1. Modulemur nato regi,
Qui condolens suo gregi
Cernitur in terrestribus.

2. Horas meas hic mortales
Pessum dedit jam fatales
Mortis nexus evellendo.

3. O parvule sumni nate,
Qua [per]motus pietate
Adis regna terrestria.

4. Phos culminis tui patris
Obumbravit sinus matris
Tibi parans hospitium.

5. O stupenda haec natio.
El homini permixtio,
Hypostasis est ratio.

6. Implora tuum natulum,
Ut praebeat se sedulum
Pellendo omne noxium.

7. Et post saecli consortium
Vehat nos ad palatium
Sui aeterni numinis.

N ohne Mel. — Weihnacht. — 4, 3 Tibi parans exitium Hsch.

107.

1. Nascitur de virgine
Carens omni crimine
Deus coeli et terrae.

2. Nascitur de virgine
Pro captivo homine,
Nolens eum perdere.

3. Nascitur de virgine
Jesus Christus nomine,
Regnans sine termino.

4. Nascitur de virgine,
Plenus Dei flamine,
Filius deitatis.

5. Nascitur de virgine
Homo sine semine,
Regnans sine termino.

6. R. Omnis homo jam laetetur
De tam magno gaudio,
Evae scelus jam deletur
Virginis puerperio.

G. — Das Lied könnte seiner Form nach mit Weglassung des Refrains zu den Rufen gerechnet werden; es fehlt ihm aber das Benedicamus am Schlusse. — 6, 3 jam letetur.

108.

1. Novis canamus mentibus
Apostolorum coetibus,
Ut ipsorum in laudibus
Concordes simus vocibus.

2. Solemnia hodierna
Dent nobis regna superna,
Ut pietas nos paterna
Conservet luce aeterna.

3. In apostolorum die
Exaudi nos, Christe pie,
Ut ipsorum sacrae viae
Jungant nos coeli curiae.

4. O coelestia sidera,
Adaugete nunc munera,
Portantes vestra pondera
Delete nostra scelera.

5. Felices mundi judices,
Exaudite nos supplices,
Ne sitis nobis vindicès,
Sed docete nos simplices.

6. Plaude semper fraternitas,
Quam tenet coeli civitas,
In qua semper jucunditas
Est atque plena charitas.

R. O vos sancti apostoli,
Jungite nos regi poli.
Alleluja.

DE. — Von den Aposteln. — 1, 3 In ipsorum nunc laudibus. E. —
4, 3 vera pondera D. — 6, 1 Plaude frater fraternitas D. — 6, 2 quam atque
coeli civitas D.

109.

1. O Rex regum, clementiae,
Intuere, pater pie,
Modulamen symphoniae,
Audi voces ecclesiae.

2. Sublima tuos plasmatos,
Restaura nos desolatos,
Ut justorum per precamen
Nobis ferat consolamen.

3. Sponsa Christi Deo digna,
Virgo virginum regina,
Nobis pia sis benigna,
O Maria, tu condigna.

4. Omnes Sancti triumphantes,
Imploramus anhelantes,
Per vestrorum suffragia
Purgemur nos a venia.

5. Rogitamus, flagitamus,
Ut sanctorum nos jungamur
Merentium consortio,
Psallentium regi pio.

6. Audi virgo gloriosa,
Post filium spes unica,
Clemens et imperiosa,
Delens nostra maculosa.

7. Salve mater speciosa,
Super solem clariosa,
Vale, vade et decora,
Pro nobis Deum exora.

8. Nunquam fuit nec est talis,
Ut haec virgo singularis,
Mater manens et ancilla,
O Maria, tu benigna.

B. — Allerheiligen. — 1, 1 O fehlt in B, ist aber zu ergänzen. Vgl.
Hymnologia Bohemica p. 73 Slunce zachází za horu. — 7, 3 und 4 dem
Ave regina coelorum entlehnt, daher wahrscheinlich vale, valde o decora.

110.

1. Pangant odas pariter
   Pueri hilariter
   Voce cum sonora,
   Ecce vox intonuit,
   Patrem nata genuit,
   Rutilat aurora.

2. Vagit infans parvulus,
   Quem gesserat alvulus
   Virginis Mariae,
   Stellaque praecedente
   Intrant ab oriente
   Reges Arabiae.

3. Regi regum Domino
   Ac matri cum filio
   Gratias agamus,
   Sibi cum laetitia
   Spretaque moestitia
   Laete concinamus.

A von späterer Hand mit zweistimmiger Melodie. Um der unvermeid-
lichen R⁰ willen ist 3, 4—6 vom Schluss des Liedes an den Anfang verpflanzt
und dadurch Reim- und Gedankenfolge aufgehoben. Den Ursprung des Gedichtes beweist der Bohemismus Sibi statt ei 3, 4, wenn es die Betonungs-
verhältnisse von Str. 2 nicht schon gethan haben.

111.

1. Paraneuma eructemus
   Tripudiali rotulo,
   Voce sed et personemus
   Tibi, Christe, parvulo;

2. Qui ob culpam protoplasti
   De Maria volitasti
   Nasci mirabiliter,
   Hominem, quem tu fecisti,
   Redimere voluisti,
   Cruce sumpta acriter.

4. Ille fecit lugubramen,
   Noluisti tu sedamen
   Malens mundo gaudia,
   Tibi dat virgo Maria
   Arma, quibus nobis dia
   Disponis solatia.

3. Plutonis edacitatem
   Tuam per nativitatem,
   Jesu Christe, mutuans,
   Cum egenis vis manere,
   Adae primi et delere
   Pomi morsum quaeritans.

5. Non manebo soporatus,
   Prece[s] crebra[s] sed paratus
   Sum tibi refundere,
   In te spero gratulari,
   A te neque separari
   In amoeno aethere.

6. Ubi chorus angelorum
   Omniumque electorum
   Congaudet hilariter,
   Illuc et nos promitantes
   Ad amoena et laudantes
   Cunctos trahe pariter.

Nur B. — Weihnachten — Das Lied ist in der Handschrift unglaublich
entstellt, denn es ist ohne jede Rücksicht, nicht nur auf das Versmaſs,

sondern auf Sinn und Verständnis unter vier Melodieen gepfercht. Das erste dieser so entstandenen Lieder geht von 1, 1 bis 2, 3, schaltet hinter Maria (2, 2) virgine ein und repetiert mirabiliter. Das zweite reicht von 2, 3 þis 3, 5 einschliefslich, schaltet vor Jesu Christe (3, 3) O ein, repetiert dies Glied, sowie vis manere (3, 4) und et delere (3, 5). Das dritte Lied fängt an Pomi morsu (3, 6) und schliefst mit prece crebra (5, 2), nachdem es non manebo und prece crebra repetiert hat. Das vierte Lied fängt dann am geistreichsten von allen mit Sed an und reicht bis zum Schlufs. Alle vier beginnen mit grofser roter Initiale. Von den so gebildeten Liedern ward das erste zweimal hintereinander gesungen, und nach dem dritten das zweite wiederholt. Was die Leute dabei mögen gedacht haben? Erst nach langem Studium kam ich hinter das Geheimnis.

112.

1. Patrata sunt miracula,
Natum parit virguncula
Sine dolore feminae,
Haec nova sunt in virgine.

2. Paranymphus apparuit
Pastoribus et retulit:
Infantulus jam gignitur,
Quo tótus mundus regitur.

3. Quis audivit talia,
Tres reges cum victoria
Solis ab ortu procedunt
Eique munera reddunt.

4. Tu fili matris unice,
Da salutem pracifice
Et peccatorum veniam,
Peccati delens scoriam.

5. Mater, exora filium,
Ut tollat nostrum vitium
Et clementer indulgeat,
Gratiam nobis conferat.

Nur D. — Weihnachten. — Es kommen zwei R vor, die aber verschiedenes Versmafs haben; eine nach Str. 1: Jam laetemur cum gaudio | Bethlem confinio | Deus jam nascitur. Die andere am Schlusse: Ergo cum novo jubilo | Decantemus infantulo | Regi regum victoriae, deren letzte Zeile auch in dem Liede: Beati qui esuriunt vorkommt. — 5, 1 Pater. Hsch.

113.

1. Plena gratia,
Naevorum inscia,
Divina Maria,
Ave Deo grata,
O beata.

2. Alma trinitas,
Perfecta Deitas,
Divina Maria,
Decora gloria
Te coronat.

3. Docti mystice,
Ceteri pistice,
Divina Maria,
Tibi gratulantur,
Venerantur.

4. Exemplo tali
Pariter singuli,
Divina Maria,
Psallimus, agimus
Festas laudes.

5. Dei genitrix,
   Olymporum rectrix,
   Divina Maria,
   Nostri tutrix bona
   Et patrona.

6. Quanti valeas,
   Creata praecellas,
   Divina Maria,
   Nemo concipere
   Scit, referre.

7. Auro carior,
   Sole micantior,
   Divina Maria,
   Astra super celsa
   Praeexcelsa.

8. Manna sapidum,
   Sicut thus fragidum,
   Divina Maria,
   Magis sapis, places
   Ac redoles.

9. Fructus varii,
   Rerum proficui,
   Divina Maria,
   Redundas virtute
   Pro salute.

10. Ut exules nos,
    Mortis saevae dignos,
    Divina Maria,
    Reddas eripias,
    Tibi jungas.

11. Amen singula
    Mente percredula,
    Divina Maria,
    Personent jugiter
    Jubilanter.

Nur B. — 8, 4 Mage sapis. — 10, 2 Morti saevae. — 10, 4 u. 5 Reddat, eripiat | Sibi jungat. Hsch.

114.

1. Plena gratia,
   Da solatia
   Ibi in patria,
   Virgo Maria.

2. Aula regia,
   Porta lucida,
   (Tu) nobis impetra
   Aeterna gaudia.

3. Voce angelica
   Es salutata,
   Nunc o [tu] praeclara,
   Praeclarissima.

4. Lucem miseris
   Confer inferis,
   Ut [nunc] a vitiis
   Nos tuearis.

5. Vocibus piis,
   Laudibus cunctis,
   In celliculis,
   Laudat in choris.

6. Sola decora,
   Virgo tenera,
   Nos ad aethera
   Tecum praepara.

7. Eja inclyta,
   Reconcilia
   Et [nos] colloca
   Nunc ad amoena.

8. Sana lauguentes,
   Respice stantes,
   Et nos precantes,
   Fac participes.

9. Tu nos petentes
   Fac ut stabiles,
   Et inhabiles
   Foras ejicias.

10. Ne nos damnemur,
    Sed ut laetemur
    Tecum in patria,
    Virgo Maria.

11. O sponsa Christi,
    Suveni tristi
    Et illumina
    Nostra merita.

12. Mater gratiae,
    Sordes ablue,
    Procul repelle,
    Veniam praebe.

13. Exora Deum,
    Tuum filium,
    Sanctum spiritum
    Sanctorum omnium.

14. Nos custodire
    Digneris, ire
    Ad pallatia,
    Virgo praeclara.

15. Ergo concinam(us),
    Tibi referam(us)
    Laudes (cum) gloria[m],
    Virgo Maria.

C. Das Lied trägt dieselbe Melodie und soll im gleichen Versmafse geschrieben sein wie Aaron virgula. Wie dieses syllabiert es blofs, aber auch
das noch nachlässig. 1, 3; 3, 1; 10, 3; 13, 4 liefse sich der Überschufs
von einer Silbe beseitigen, wenn man an Elision denken dürfte; aber 7, 1
wird der Hiatus nicht gemieden. — Überzählige Silben aufserdem in 2, 3;
2, 4; 3, 3; 4, 3; 9, 4; 15, 1—3. Eine Silbe fehlt 7, 3. Str. 5 ist ohne
Subjekt.

115.

1. Probleumata aenigmatum
   Typorum reclusorum
   Velata stirpsque stemmatum
   Ex Jesse manatorum

2. Produnt se clare hodie,
   Cum praeterit figura,
   Dum regem parit florida
   Maria, nympha pura.

3. Stirps Jesse virgam floridam
   Fecundam propagavit,
   Haec sine viro gravidam
   Mariam designavit.

4. Ex sobole Davidica
   Illuxit en salvator,
   Ex stella Jacobitica,
   Quae dudum praesignatur.

5. Per ampla orbis spatia
   Hinc laudes sint Mariae,
   Quae facta Dei gratia
   Est genitrix Messiae.

N mit Mel. — Weihnachten. — 5, 1 oris spatia. Hsch. — Str. 5 steht
nach Str. 1, was daher kommt, dafs sie als Rundreim benutzt ward. Sie
stört aber dort den Zusammenhang.

116.

1. Procopii solemnia
Existant nostra munia
Juvamento altissimo;

2. Qui de gente Bohemorum
Natus, velut sidus morum
Venustate claruit
In salutem plurimorum,
Sospitatem infirmorum
Dans pius apparuit.

3. Novae legis novus lator,
Gentis naturae zelator,
Novus doctor literis,
Docet non ut simulator
Sed activus contemplator,
Dans exemplum posteris.

4. Caecis visum, claudis gressum
Reparavit et oppressum
Lapidum congerie,
Atro daemone possessum
Liberavit et oppressum
Patricidam carie.

5. Idem dum interpellatur,
Fluens amnis congregatur
In aestatis tempore,
Orbis videt et caecatur,
Quid non bene [de]precatur
Pro salutis opere.

6. Hinc oramus te, patrone,
Miseros audire prone,
Qui tot signis radias;
A vindictae nos mucrone
Salves, coelesti coronae
Conformari facias.

Nur E. — St. Procopius. —

117.

1. Puerum solatio
Cedat vis omnis moeroris,
Sonuit tripudio
Vis magna tanti pastoris.

2. Canticis et laude
Jubilantes vociferemur,
Daemonum a fraude,
Sic viventes, ut liberemur.

3. Meritis eximii
Nicolai quo sublevemur,
Conferat El praemii
Aureolam, ad hoc conemur.

4. Juvenum ritu
Differens lasciva subegit,
Coelico jam situ
Collocat hunc, aeterne qui regit.

A. „De sancto Nicolao." Mel. der R⁰ zweistimmig, fast ganz in
Quinten. — Das Lied besteht aus bipartitis caudatis, von denen 2, 1 als
R⁰ fungiert. —

118.

1. Quidam triplo metro
Salutando retulit talia,
Quae sunt curialia,
Domina,
Pro te cano carmina.

2. De imperatrice.
Facta matre trinae deitatis,
Chorus noster dogmatis
Gaudium
Psallat et tripudium.

9*

3. Dum ipsa conizat
   Fortiter bumbicina tunica,
   Quasi mala punica
      Sic rubet,
   Felix est cui nubet.

4. Coma sibi fulva,
   Magna quoque vultus serenitas,
   Oculorum claritas,
      Ideo
   Laetor, dum hanc video.

5. Dum sub umbra quercus
   Comedit, tunc sternitur floribus,
   Humectis humoribus,
      Inviam
   Ne intret lasciviam.

6. Dum comedit rumbum,
   Tunc emisit buccellam omnibus
   De rumbo pauperibus,
      Maxime
   Cursu quadragesimae.

7. Dum lecto se ponit
   Clericus, supportat psalterium,
   Regi psallens omnium
      Cantica
   Devote Davidica.

8. Haec est sibi cura,
   Sublevare crucis signaculum,
   Frequentet oraculum,
      [Omnibus]
   Ornata virtutibus.

9. Poli quot inula, (?)
   Tot habet in cultu monilia,
   Quibus membra propria
      Redimit
   Et me magis perimit. .

A von späterer Hand zugeschrieben und zwar in einer Weise, die das Lesen äußerst schwierig macht. Am Ende des Liedes steht etc.; es ist also nur ein Bruchstück. Gleichwohl und trotz der großen Unverständlichkeit des Gedichtes wollte ich dasselbe nicht übergeben, da es unter mehrerer Rücksicht von Interesse ist. — 2, 2 Factam m e r e trinae deitatis anders läßt sich nicht lesen; die jedes theologische Gefühl beleidigende Konjektur matre hätte ich nicht gewagt, wenn der Ausdruck nicht auch sonst in diesen Liedern vorkäme, z. B. No. 91 Str 6: Mater-deitatis, veri et hominis genitrix es facta. — 2, 3 Chorus nostrae docmatis. — 3, 1 Dum ipsam conisat (κονίζω, eilen bis zum Staubigwerden?). 5, 4 fehlt. In viam? ne intret lacisivam. Möglich auch latis(s)imam, die breite Straße des Verderbens. — 7, 3 Regi psallentibus omnium gegen den Sinn und das sonst gut beobachtete Versmaß. — 8, 4 fehlt. — 9, 1 inula vielleicht als zwei Worte zu lesen. — Daß das Gedicht Anspielungen an das Hohelied enthält, ist klar. Bei dem rumbus in Str. 6 werden wir wohl an den ἰχϑύς zu denken haben. Str. 7 u. 8 dürfte sich auf die Vision des heil. Felix von Valois beziehen: Dormientibus cunctis fratribus et ad matutinas preces in pervigilio Nativitatis Deiparae media nocte recitandas Deo sic disponente non surgentibus, Felix de more vigilans et horas praeveniens, chorum ingressus reperit beatam Virginem in medio chori h a b i t u c r u c e O r d i n i s i n s i g n i t o (vgl. 8, 2) indutam ac coelitibus similiter indutis sociatam. Quibus permixtus Felix praecinente Deipara laudes divinas concinuit riteque persolvit. (Brev. Rom.) —

119.

1. Recolamus virginis
   Inclyta miranda,
   Da laudum praeconia
   Nobis imitanda,

   Olim ex prophetica
   Voce praedicatum
   Deprompsit angelica
   Vox a patre natum. .

2. Missus est ad Mariam
   Gabriel de coelis,
Verbi summi nuntius,
   Bajulus fidelis,
Ingressus ad Mariam
   Angelus sic ait:
Ave plena gratia,
   Deus te beavit.

3. In sermone angeli
   Maria turbatur,
Qualis salutatio
   Anceps admiratur,
Respondens ad angelum:
   Virum non cognosco,
Ubique mysterium
   Nimis expavesco.

4. Angelus ad Mariam
   Inquit: Invenisti
Gratiam altissimi,
   Qua digna fuisti,
Concipies filium,
   Cui nomen Jesus,
Pariesque dominum,
   Fit alvus illaesus.

5. Dabit illi dominus
   Sedem patris David,
Et in domo Israel
   In aevum regnabit.
Ad sermonem angeli
   Virgo stetit rata,
Suumque propositum
   Praebet mente grata.

6. Nihil insolentiae
   Virgo praetendebat,
Nam lux sapientiae
   In ipsa vigebat,
Ex affectu simplici
   Deo famulatur,
Sed et gestu simplici
   Cernentes ornatur

7. Oliva fructifera,
   Mater pietatis,
Fuga mundi scelera,
   Stella claritatis,
Per quam cuncta prospera
   Dantur nobis gratis,
Nos tandem in aethera
   Transfer cum beatis.

8. Orthodoxae fidei
   Cuncti professores,
Solvite nato Dei
   Laudes et honores,
Huic nostros poplices
   Proni inflectamus,
Ut errorum pullulans
   Succidatur ramus.

9. Melodicas psallite
   Odas genitrici,
Ut nos promoveat
   Opere felici;
O pater optime,
   Praesta consolamen
Fidei cultoribus,
   Dicat omnis: Amen.

B. — 5, 2 Sedem David patris. — 9, 3 u. 5 fehlt eine Silbe. —

120.

1. Resurgenti collaetemur,
Pace grata jubilemus,
Et resonet personorus
Alleluja noster chorus.

2. Haec est dies laetitiae,
Qua surrexit rex gloriae,
Laudemus unigenitum
Matris Mariae filium.

3. Hic assumit dotes gratas,
Quos invisit sic conatas,
Claritate [prae]fulgentem
Et opaca evellentem.

4. In mortali statu cultus,
Manens Deus hic sepultus,
Passibili pulsa norma,
Beatorum mansit forma.

5. In gloriosa carne tali
Surgens Christus aeternali,
Gravitate omni mota
Agilitatis plausit vota.

6. Flenti apparuit Magdalene
In hortulani specie,
Pascha novum instituit,
Dum redivivus claruit.

7. R. O victor mortis strenue,
Ab hostibus nos erue.
Alleluja.

Nur D. — Ostern. — Mit der Aufschrift: Canitur Sicut: Novis canamus mentibus. — Str. 3 entstellt; 3, 3 fehlt eine Silbe. — 5, 1 In überzählig — 5, 4 eine Silbe desgl. — 6, 1 Flenti oder ein Äquivalent überzählig. —

121.

1. Resurgenti Nazareno
Triumphantique Domino
Laudes prorumpentes demus
Senes ac infantuli.

2. Jesu pie, rex gloriae,
Digneris nos exaudire
Et de faece miseriae
Ad te nos perducere.

3. Qui pro nobis tot perpessus
Vulnera per flagitia,
Mortem nostram sua morte
Diluens acerrima.

4. O benigne Jesu Christe,
Succurre nobis hodie,
Et digneris liberare
Nos ab omni crimine;

5. Quo soluto valeamus
Videre te in patria,
Ubi regnas Deo Patre
Per aeterna saecula.

6. Alleluja reboantes
In hoc paschali gaudio,
Exultemus et laetemur
Supernorum domino.

Nur E. — Ostern. — Str. 2 ist als R bezeichnet und für sie, doch von späterer Hand, am Rande eine abweichende Melodie notiert. — 3, 2 entstellt. —

122.

1. Salve amicta sole,
Sponsa claritatis
Summi parentis prole,
Fecunda pneumatis,
Prodis nobis in lucem.
Solem justitiae,
Mutans tu vetustatem
Evam tristitiae.

2. Lunam sub tuis pedibus
Calcans terrestria,
Pulchrior sideribus,
Coelorum agmina
Laudant te matrem luminis,
Tu porta principis,
Clausa aeternaliter,
Nunc et perenniter.

3. Coronam gemmarum
Gestans in capite
Duodecim stellarum,
Miro tu ordine
Profers, virgo, filium
Ut sidus radium,
Rosa spinarum germine
Producis lilium.

4. Candore aurora,
Splendore originis,
Dulcis et decora
Ad nos progrederis,
Stirps Jesse es prophetica,
Tu Aaron virgula,
Florem, frondes educens
Nucis amygdala.

5. Rutilans maris stelʃa,
  Portus refugii,
  Ne mortis nos procella
  Demergat inferi,
  Succurre fluctuantibus
  In mundi pelago,
  In te confitentibus,
  Tuo suffragio.

6. O Libanus non incisus,
  Cypressus in Sion,
  Te circumfluit rivus
  Paradysi Geon;
  Riga nos virtutibus,
  Repelle jurgia,
  Tuis fruamur dotibus,
  Da pacis sidera.

7. O mater Christi fulgida,
  Clavis Davidica,
  Quae verbo claudis, aperis
  Regis palatia,
  Educ vinctos de carcere,
  Tu mater veniae,
  Salva nos a tenebris
  Hujus miseriae.

8. O turris fortitudinis,
  Scutum auxilii,
  Ex te mille clypei
  Dependent aurei,
  Extirpa cunctas haereses
  Tua potentia,
  Ne nos labamur desides
  Tua clementia.

9. Non est in toto arco
  Sibi consimilis,
  Nec prophetarum ore
  Quondam laudabilis,
  Praeter hanc clarissimam
  Virginem Mariam,
  Sponsam Dei inclytam,
  Matrem humillimam.

B C letzteres zweimal: fol. B XI (Ca) und fol. F XIV (Cb). — 1, 7 venustam B. — 3, 7 germina Ca. — 4, 1 Polum spargis aurora Cb. — 4, 2 Splendore originis B; candore originis Cb. — 4, 3 Pulchra et Ca. — 4, 5 ex B. Cb. fehlt Ca. — 4, 7 Frondes et flores Cb. — 4, 8 mitis amygdala verschrieben Cb. — 5, 1 O rutilans Cb. — 5, 5 Juva fluctuantibus Cb. — 5, 8 Naufragio B. Ca. — Str. 7 vor 6. Cb. — 6, 6 noscia B. — 6, 8 foedera B. Cb. — 7, 1 O porta coeli fulgida Cb. — 7, 7 Solve nos B. Ca. — 8, 3 Mille ex te clypei Ca. Cb. — 8, 5 Exstingue Cb. — 8, 7 desines B. Ca. — Str. 9 fehlt B. Ca. — Die Silbenzahl der ungeraden Verszeilen schwankt zwischen 6 u. 8. —

123.

1. Salve auctor nostrae vitae,
  Existens botrus de (vera) vite,
  Qui es summe sanctus.

2. Deus pater te dat mundo,
  Auge vitam, corde mundo
  Ut dicatur sanctus.

3. Nil auditur suavius
  Praeter Jesus Christus pius,
  Misericors, sanctus.

4. Te oramus, Jesu Christe,
  Ne pereat mundus iste,
  Salva nos Sabaoth.

5. Anima stat gratiosa,
  Videt edens mellicosa
  In gloria tua.

6. Sanguis tuus, nobis datus,
  In altari stat consecratus
  Ut est in excelsis.

7. Gaudet coelum, flet infernus,
Videt dies hodiernus
Salutem Domini.

8. Veni dator gratiarum
Tergens sordes animarum,
Qui es in excelsis.

E. — Fronleichnam, zum Sanctus — 7, 3 Wohl Salutare Domini. —

124.

1. Salve Dorothea,
Gemma virginea,
Populum tu bea,
Ne vis tartarea
    Ipsum deglutiat,
Virgo aetherea.

2. Dorothea nata,
Christo desponsata,
Virtute ornata,
A Deo vocata,
    Ut Fabricium
Vincat fide [rata].

3. Fabricius furens
Ut canis est amens
Eam caedi jubens,
Carcere recludens
    Novem diebus,
Dure quoque tenens.

4. Pugnat animosa
Valde pulchra rosa,
Rumpit odiosa
Christo et damnosa
    Muta daemonia,
Virgo gloriosa.

5. Dire cruciata,
Uncis lacerata,
Faculis cremata
Mori destinata,
    Ut praedicaret
Jesum pia nata.

6. Sententia data,
Mori proclamata,
Virgo fit saccata,
Ad ictum ducata,
    Ut plecteretur
Capite beata.

7. Scriba duci videns,
Virginem illudens
Sibique subridens,
Rosas mala petens,
    Ut mitteret ei
Veritatem quaerens.

8. Mox est decollata
Pugil trabeata,
Jesu sociata,
Cum sanctis locata,
    Ut sponsum videret,
Martyr laureata.

9. Puer dona portat,
Rosas mala donat,
Scriba voce clamat,
Jesum Christum laudat
    Et crucifixum
Populo affirmat.

10. Palmam fert victricem
Sequens adjutricem,
Culpae fugatricem,
Christi genitricem,
    Coeli reginam,
Cleri amatricem.

11. Ergo martyr digna,
Nos tibi consigna,
Virgoque benigna,
Ne damna maligna
    Nos invaderent
In hora aeterna.

12. Agnum ut edamus
Per Mariae manus,
Amen concinamus,
Quem nos immolamus,
    Ora, omni die
Et corde laudamus.

N mit der Aufschrift: „Canitur sicut: Ave Jerarchia coelestis." — 2, 6 rata fehlt. — 3, 2 examens Hsch. — 5, 5 Ut praediceret Hsch. — 11, 6 vielleicht extrema?

125.

Samson fortis vectes mortis
    Potenter confregit,
Leo rugit, pestis fugit;
    Infernus qui degit,

Fugans mortem confer sortem
    Nobis verae lucis.

A „De resurrectione". — Wohl nur die Anfangsstrophe eines längeren Liedes. —

126.

1. Samsonis honestissima
    Praesasia patrata
  Resurgentis cum gloria
    Virtute reformata.

2. Samson valvis cum postibus
    Ab urbe separatis
  Pandit, quod surgit Dominus
    Captivis reseratis.

3. Victor mortis saevissimae,
    Hoste jam superato
  Electorum collegio
    Exsultat cum beato.

4. Ergo jubilatio
    Sit nostro creatori,
  Atque benedictio
    Sit nostro redemtori.

A „De resurrectione" mit Zweistimmiger Melodie. — 3, 4 Exsultent. — 4, 1 u. 2 sowie 4, 2 u. 3 als R⁰ bezeichnet. — 4, 1 jubilamina, gegen den Reim. — 4, 2 redemtori, was wahrscheinlich aus Versehen zweimal steht.

127.

1. Scimus in altari
  Carnem de pane creari,
  Illa caro vere Deus
  Est nec dubitat nisi reus.

2. Aegris et sanis
  Bona est refectio panis,
  Sed Christi panis
  Non est sanus nisi sanis.

3. O caro Jesu Christi,
  Quae pro nobis passa fuisti,
  Intus nos munda,
  Ne moriamur morte secunda.

G mit Mel.; letztere sowie der erste der leoninischen Verse auch in D am Schlusse der Hsch. — 2, 3 Sed panis Jesu Christi verstellt.

128.

1. Septiformis qui in donis
  Es spiritus vivifice,
  Dei donum tu maximum,
  Nos te ipso refice.

2. Illustrator o benigne,
  Mentibus nostris assiste,
  Uritanto et ditando
  Corda tuo munere.

3. Da timorem filialem,
Dans mala quaeque fugere
Et de tuo consilio
Bona semper agere.

5. Da dolere et gemere,
Si quid displicens pullulet,
Intellectum confer rectum,
Ne nos error fascinet.

4. Haec da duo dona tuo,
Spiritum fortitudinis,
Fac nos scire sic vivere
Juste nostris proximis.

6. Da sapere sic sobrie,
Ut post simus in gloria,
Quae septena nobis dona
Semper adsint coelica.

Nur E. — Pfingsten. — 1, 4 Nos te ipsum reffice. —

129.

1. Singuli catholice
Mariae laudes date,
In hymnis et canticis
Eam venerate.

4. O virgo sanctissima,
Nostri miserere,
Ut in regno coelesti
Te possimus videre.

2. In orationibus,
Quibus vos oratis,
Mariam implorate
Vestris pro peccatis.

9. Non est in te macula,
Aliqua inventa,
Sed major virginitas
In te est reperta.

3. Maria, virgo virginum,
Spes desperatorum,
Dele cuncta peccamina
Fidelium tuorum.

10. El ex te dum natus est,
Virgo permansisti,
Quem admodum fueras,
Antequam concepisti.

11. Concepisti dominum,
Regem angelorum,
Mundi gubernatorem,
Patremque coelorum.

Nur B. — Das beabsichtigte Versmafs ist 7. 6. 7. 6; es laufen aber
Unebenheiten selbst in der Silbenzählung mit unter. —

130.

1. Sol de stella oritur,
Mundus gratulatur,
Princeps mundi tollitur,
Infernus tristatur.

3. Nam tulit angariam
Ab homine reo,
Delens culpam variam
Triumphat ut leo.

2. Angeli dant gloriam
In excelsis Deo,
Christi per victoriam
Fit gaudium reo.

4. Quidquid nobis intulit
Adam necnon Eva,
Christus totum detulit
Et a morte saeva

— 139 —

5. Retraxit ut ab ore
Severi leonis
Nos et a mansione
Dirae Babylonis.

6. Et post hoc exilium,
Christus et Maria,
Ad coeli convivia
Duc nos arcta via.

A D. „De nativitate Domini." A. — Str. 2. 3. 5 u. 6 als R⁰ bezeichnet. —
Str. 6 fehlt D. — 6, 1 Ut post A. —

131.

1. Solis praevia
Aurora fulgida,
Stirpe [de] Davidica
Emergens velut rosa de spina,

2. Vatum famina
Patescunt lucida,
Digna nam, deifica,
Regis esse mater et regina.

3. Nulla ratio
Valet discutere,
Partulum virginalem
Physica stupida fit ad illa.

4. Ingens natio,
Quam vates promere
Supra vim naturalem
Traduntur paginis et sybilla.

5. Tanti principis
Digna puerpera
Fore quae meruisti,
Summa cum laude jam veneraris.

6. Regem conspicis
Regentem aethera
Victo jam orbe tristi
Coelorumque regina vocaris.

7. Audit filius
Te, mater inclyta,
Potens, imperiosa,
Posce pro filiis, o benigna.

8. Maria pia,
Veniam praebita,
Natus sit vera rosa,
Lilio tu nos assigna.

B C E. — 1, 3 fehlt eine Silbe, vielleicht de. — 2, 1 femina B. — 2, 3 u 4
Digna nam regina Regis esse mater deifica fehlerhaft E. — 3, 4 stupenda B. —
4, 4 Tradunt paginae E. — Traduntur paginae et sigilla C. — B allein hat
noch eine neunte offenbar unechte Strophe: Ut nobis tribuat | Coelorum
sublima | Qui regit et infima | Cui servit tota mundi machina. — Der
Reim verbindet in diesem Liede stets je zwei Strophen zu einem Ganzen;
daher vielleicht 7, 1 (vgl. 8, 1) ursprünglich lautete Audi filia | et mater . . .

132.

1. Stupefactus inferni dux
Abhorruit poenarum trux
Quando venit vexilli dux,
    Cujus lux
    Sedentibus
In umbra mortis egentibus
Attulit laetitiam.

2. Virtute leo propria,
Quavis carens inertia,
Deitatis solertia
    Tertia
    Die mortis
Victor surgens a mortuis,
Nesciens tristitiam.

3. Idem enim in numero,
   Qui crucem tulit humero,
   Legaliter post poenas tot
     Aliquot
     Diebus plus
   Conversatus hominibus
   Docuit laetitiam.

4. Laetetur cum facetia
   Sancta mater ecclesia,
   Christi rigata flumine,
     Lumine
     Qui micuit
   Novamque legem instituit
   Ordine Melchisedech.

5. Ergo propter memoriam,
   Triumphi quoque gloriam
   Benedicamus lilio,
     Filio
     Coelifluo
   — — — nobis deifluo
   Vincere det Amalech.

A „De Resurrectione." — 2, 3 Quamvis carens gegen den Sinn. — 3, 1
Idem numero scholastischer Kunstausdruck; Gegensatz: idem specie. —
3, 7 Ich vermute justitiam statt laetitiam, das schon 1, 7. — 5, 6 fehlt ein
Wort zu drei Silben, das der Schreiber übersprungen hat. —

133.

1. Superni jubar aetheris,
   Praefigurata veteris,
     Mundo detegit scripturam,
     Laudando Mariam puram.

5. Hebescit sensus logicae,
   Stupescit cursus physicae,
     Obmutescunt cunctae artes
     Philosophicaeque partes.

2. Aspectu solis rutilans
   Salutis tempus nuntians,
     In orbe jam divo legi
     Summo quoque Christo regi.

6. Dum virgo carens semine
   Sacrato gignit germine,
     Coelique terrae rectorem
     Marisque dominatorem.

3. Nam chaos necis pellitur,
   Coelesti vitae redditur,
     Hinc sumus hic exultantes
     Ac excelsum venerantes.

7. Aurora fulgentissima,
   Stellaque praepurissima,
     Subventrixque miserorum
     Consolatrix oppressorum.

4. Praefulgens natus cernitur,
   A sinu patris mittitur,
     Quem paternali dulcore
     Jubilo canamus ore.

8. Benigna placa filium,
   Ut nobis post exilium
     Donet regna supernorum,
     Tandem chorum angelorum.

Nur C. — 6, 1 Gegen Vers und Sinn At dum virgo etc.

134.

1. Surgit in hac die
Christus Dominus,
Sustulit qui pie
Pro hominibus
   Duram mortem crucis
Trucis,
Hostis a vinclis spolia
Trahens omnia.

2. Tyrannum crudelem
Jam superavit,
Paradisi portas-
met reseravit,
   Tartarea frangens,
Solvens
Regna mortis cum gloria
Et victoria.

3. Virtutibus plena
Prima omnium
Cernit Magdalena
Christum Dominum
   Potenter surgentem,
Flentem
Christus solatus hodie,
Princeps gloriae.

4. Limbus atque mundus
Plaudant dulciter,
Adamque secundus
Nunc feliciter-
   Opere praeclaro,
Caro
Salutis, quam promiserat,
Viam reserat.

5. Corde laetabundo
Nos alleluja
Carmine jucundo
Nos alleluja
   Resonemus [et] cantemus
Insigni nunc symphonia
Nos alleluja.

N mit der Mel. — Das Lied könnte dem Versmaße nach auch als Leich
betrachtet werden; aber die Melodie kennt keine Wiederholung, und Str. 5
wird als R⁰ bezeichnet, was also hier soviel als Rundreim heifsen würde. Der
abweichende Bau und das dreimalige lückenbüfsende Nos alleluja scheint
mir diese Str. als späteres Einschiebsel kenntlich zu machen. Zu dem Liede
sind zwei Melodieen vorhanden, die im Anhang N⁰ XXVI mitgeteilt sind. Die
Mel. I ist die der Wittingauer Hsch. A. 4 (N), die auch gedruckt steht in
Wenceslai Vodniani „Cautiones Evangelicae" Wittenbergae 1554, zum Liede:
„Manus Sancti Thomae palpant Dominum." Die Mel. II ist die Melodie der
Brüdergesangbücher zu dem bis heute üblichen Liede „Vstalť jest této chvíle".
Die Vergleichung beider Melodieen untereinander als auch mit den zwei-
stimmigen Sätzen N⁰ XXI—XXV macht es höchst wahrscheinlich, dafs wir es
hier ebenfalls mit den Stimmen eines nach den Regeln des Organums, wie
es in späterer Zeit gehandhabt wurde, angefertigten Satzes zu thun haben.
Dann wäre die jetzt übliche Melodie als die Begleitstimme anzusehen. Denn
1) die Wittingauer Melodie schliefst auf dem Grundtone, die übliche Melodie
unregelmäfsig in der obern Oktave; 2) die übliche Melodie überschreitet mit
dem oberen f zweimal den Ambitus des phrygischen Kirchentones; 3) die
übliche Melodie macht bei den Worten: „na kříži, nevinný" mit der zweimal
aufeinander folgenden Schlufskadenz e d e, e d e ganz den Eindruck einer Begleitstimme; 4) die Wittingauer Melodie ist jedenfalls ausdrucksvoller und bei den
Worten „Duram mortem crucis" geradezu malerisch.

135.

1. Turba canat populi
Melos tanti praesuli
Mentis ex fervore,
Nec sit expers gaudii
Sed concors [tripudii],
Psallat cum canore.

2. Audi, pater, famulos,
Tuos clemens oculos
Digneris aperire,
·Nicolae, tu pium
Conferens praesidium
Gregem erudire. ·

A „De sancto Nicolao." — Die Halbstrophen der 1. Strophe sind als V.,
die der zweiten als R⁰ bezeichnet und dementsprechend auseinander gerissen. — 2, 5 conferens tripudium praesidium, wovon eines überzählig. Tripudium würde 1, 5 eine diesem Überfluſs entsprechende Lücke schlieſsen.

136.

1. Urbs beata Sion, gaude,
Pio voto digna laude
Pia colens gaudia.

2. Haec est domus gratialis,
In qua datur specialis
Peccatori gratia,

3. Qui sincera pietate
Cum fidei puritate
Templum hoc ingreditur.

4. Haec est domus terribilis
Et irreprehensibilis,
Porta coeli patula.

5. Serva in ea Domine
In dulci tuo nomine
Pusillos atque magnos.

6. In hoc festo laetabundo
Voce laeta, corde mundo
Decantemus pariter.

7. Salva, Christe, te laudantes,
Tibi laudes concrepantes ⁻
Cordis cum tripudio;

8. Eja Jesu, rex benigne,
Fac vivamus tecum digne
Nunc et in perpetuum.

Nur E. — Kirchweih. — Nr. 7 u. 8 sind in der Handschrift als R. bezeichnet. Davou steht Salva Christe etc. hinter Str. 1, wo es den Zusammenhang aufs Empfindlichste stört, da es den Relativsatz von seinem Hauptsatze
abschneidet, wenn anders nicht Str. 3 einen neuen Gedanken beginnt, aber
ihren Nachsatz verloren hat. Denn es ist nicht unwahrscheinlich, dafs das
Lied aus den Trümmern einer längeren Sequenz aufgebaut ist. Das läfst
mich vor allem der Umstand glauben, dafs die dritten Verse nur einmal (Str. 1
u. 2) reimen. Auch Str. 5 hat ihre andere Hälfte verloren.

137.

1. Ursula speciosa,
Florida florum rosa,
Gemma praefulgida,
Speculum virginale,
Liliorum crinale,
Stella praelucida.

2. Choreis angelorum
Ad gaudia polorum
Undena millia
Duxisti comitivam,
Sectantem vitam vivam,
Calcantem vilia.

3. O turba copiosa,
   Legio gloriosa,
      Phalanx angelica,
   Tres [hostes] superasti
   Carnium Beel vastasti
      In manu bellica.

4. Sagitta cruentata
   In te, virgo, vibrata,
      Quae corde mergitur.
   Praemium triumphale,
   Signum victoriale
      Tibi adscribitur.

5. Primipella regimine,
   Vexillifera essentiae
      Trinae unae
   Imperii principatum
   Regis, virgo, ducatum
      Dei clementiae.

6. Columbae coelestinae
   Supplent lapsum ruinae
      In choro aeternali,
   Amoenae philomenae
   Tonantes carmen bene
      Modulo virginali.

7. Notabilis adjutrix,
   Periculorum tutrix,
      O dulcis Ursula,
   Moestorum consolatrix,
   Afflictorum curatrix
      Cum duce Cordula.

8. O sponsae Jesu Christi,
   In hora mortis tristi
      Nobis succurrite,
   Jungentes vestris turmis
   Cum angelorum hymnis
      Laetae occurite.

A. „De sancta Ursula." Nur wenig abweichend in Rosenpluts Kantional 1601. Doch fehlt ihm Str. 5. — 5, 1 Primipella verwandt mit Primipulus, — polus, — pilus „(i. e. vexillifer) der erst vor an hin am Streit" wie Diefenbach den Sinn erläutert. —

138.

1. Vale Jacob stellula,
   Praelecta cellula,
   Natum paris gracilem,
   Mitem castum humilem.

2. Emanara [?] sincera,
   Puella mitissima,
   Nunquam culta de terra
   Palmitum vitis vera.

3. Nulla valet natio,
   Physicorum ratio,
   Partum hunc discutere,
   Signatum in vellere.

4. Concinamus dulciter
   Salvatori hilariter,
   Qui matris ob merita
   Tollat nostra delicta.

5. Emanuel diceris,
   Nobiscum semper eris,
   Praestas dona varia,
   Nemo dedit talia.

6. Sauciati poscimus,
   In aevum tui simus,
   Nos ad te suscipias,
   Coeli cives facias.

7. Laeta laete carmina
   Cantant coeli agmina,
   In throno residenti,
   Omnibus praesidenti.

8. Audi tibi canentes,
   Sedule depromentes,
   Salve Jesu parvule,
   Fili matris Mariae.

9. Veni dator munerum,
   Solare·tuum clerum,
   Naufragantem misere
   Digneris invisere.

10. Stirpe de Davidica,
    Tu spes nostra unica,
    Virgine de pudica
    Processit vis deica.

Nur B. — 4, 1 Überschufs von einer Silbe. Entweder Salvati hilariter oder Salvatori pariter, wenn anders der Fehler nicht original ist.

139.

1. Vale imperatrix coelica,
   Charitas te insignivit deica,
   Maria plena gratia,
   Nos virtutibus satia,
   Mater omnis clementiae.

5. Haec excelsa atque veneranda,
   Honoranda, digne adoranda,
   Te praeelegit trinitas,
   Fecit beatam deitas
   Ejusque arca facta es.

2. Posce digne nos te laudare,
   Canticisque laudum personare,
   Ut degustare possimus
   Patris natique spiritus
   Donum et munus gratiae.

6. Ter sancta quaterque beata,
   Laudum hymnis mire trabeata,
   Portasti manu absconditum,
   Ab aevo nunquam auditum,
   Vere sanctorum sancta es.

3. Omnes una te profitemur,
   Trinum Deum unum confitemur,
   Nam monas gignit monadem,
   Ex se spirantes ardorem
   Aequalem et coaeternum.

7. Et quis quit te digne laudare,
   Tuas laudes recte enarrare,
   Non tellus, unda, calamus,
   Herbarum, lapidum virtus,
   Aetas, lingua valet, sexus.

4. Tres personae tria nomina,
   Est simplex in una essentia,
   Ex nullo gerens initium,
   Est finis et principium
   Ens entium dignissimum.

8. Ergo o clemens et venusta,
   Rectrix, princeps et augusta,
   Huic sanctae trinitati
   Immensaeque deitati
   Digneris nos commendare.

N B C ersteres mit der Aufschrift: „Canitur sicut: Zdrawas cziesarzowno." 1, 1 Salve B. — 1, 5 Omnis mater ecclesia B. — 2, 1 Posce nos te digne N. — 2, 3 Ut possimus degustare C. — 3, 1 Omnes una voce C. — 3, 2 Trinum unum Deum C. — 3, 5 Aeternum et coaequalem B. — 4, 1 tria sunt nomina B C. — 4, 2 Et simplex in una essentia C. Et unus Deus una essentia B. — 4, 4 es finis et exordium C. — 5, 2 Digne adoranda honoranda B. — 5, 3 Te elegit B. — Str. 6 fehlt B. — 7, 3 laudes atque ennarrare B. — 7, 3 tellus una calamus C. — 7, 5 Aetas, lingua nec valet N. — 8, 1 Ergo clemens B. — 8, 2 verschrieben B. — Aus der Aufschrift der Hsch. N. kann man nicht etwa folgern, das böhmische Lied sei Original des lateinischen, K. Konrad l. c. p. 143. Denn auch das Lied Imber nunc coelitus hat in N ein böhmisches Lied als Ton vorgezeichnet, während das ältere Jistebniczer Kantional (G) umgekehrt das lateinische Lied einem böhmischen vorzeichnet.

140.

1. Vale, mater deica,
   Decus angelorum,
   Ave spes salvifica
   Tu desperatorum,
   Salve, virgo nobilis
   Et intemerata,
   Venustate gracilis,
   Maria beata.

2. Imperatrix coelica,
   Mater orphanorum,
   Regina magnifica
   Patriae coelorum,
   O virgo egregia,
   Inclytum per natum
   Sobole de regia
   Deleas reatum.

3. Castitatis cumulus
   Es inviolatus,
   Caritatis titulus
   Evae insignatus,
   Fontis vivi rivulus
   Nunquam exsiccatus,
   Regis coeli flosculus
   Gemmis decoratus.

4. Trinitatis regia
   Aulaque fuisti,
   Porta coeli aurea
   Fieri meruisti,
   Nobis juva miseris,
   Virgo trabeata,
   Precibus tuis sedulis,
   Maria beata.

5. O miranda pietas
   Nostri salvatoris,
   Qui ob salutem servi
   Descendit de coelis,
   Ipsum ut eripiat
   Mundi a procellis,
   Et eum perduceret
   Coelestibus cellis.

6. Regina sanctissima,
   Fautrix clericorum,
   Virginum castissima,
   Lux quoque sanctorum,
   Tua per precamina
   Natum videamus,
   Et tecum in patria,
   Da, ut maneamus.

7. Jesu, fili Mariae,
   Domine dominorum,
   Per preces matris tuae
   Reginae coelorum,
   Delens nostra crimina
   Nobis miserere,
   Et coelica lumina
   Da nos invenire.

8. Nobis posce veniam,
   Tenerrima virgo,
   Per misericordiam
   Inferni a tergo,
   Tui nati inclyti
   Da ut eruamur,
   Et coelorum gloriam
   Ut adipiscamur.

9. Victor mundi strenue,
   Mundi restaurator,
   Coelestis militiae
   Inclyte imperator,
   Crimine nos erue
   Pie o salvator,
   Virtute nos indue,
   Nostrum miserere.

10. Summo patri gloria,
    Cuncta qui creavit,
    Filio victoria,
    Gentem qui redemit,
    Pneumati pax, gratia,
    Nos qui irrigavit,
    Trino uni gloria
    In aeternum. Amen.

BC. — 1, 7 es venusta gracili B. — 2, 8 Dele nos reatum B C. — 3, 1 castitatis tumulus C. — 7, 8 Da nobis introire P. — 8, 4 Ich vermute pyrgo. — 9, 1 Victor Jesu C. — 9, 7 instrue C. —

141.

1. Veni, dulcis consolator,
   Tenebrarum illustrator,
   Pectora purificando,
   Divino igne inflammando
   Nostra, sancte Spiritus.

2. Veni munera daturus,
   Gratiam nunc infusurus,
   Quos laedit peccati rheuma,
   Almum sana tu nos pneuma,
   Sine te deficimus.

3. Da fidem, spem, charitatem,
   Da sinceram pietatem,
   Da terena contemnere
   Et coelestia appetere,
   Juva sancte spiritus.

4. Paraclitus increatus,
   Neque factus neque natus,
   Patri consors genitoque,
   Sic procedens ab utroque,
   Dulcis sancte spiritus.

5. In aquis olim ferebaris,
   Nunc a nobis veneraris,
   Lolia tu evellendo,
   Rosas in nobis inserendo,
   Veni sancte spiritus.

6. Nunc pueri dicant Amen,
   Collaudantes sacrum flamen,
   Quod procedit ab utroque,
   In uno esse manens quoque,
   Patris ac nati spiritus.

ADE. „De spiritu sancto" A. — 2, 5 Veni sancte spiritus A. Str. 3 u. 4 fehlen A. Str. 4 fehlt D. — 5, 5 Sine te deficimus A. — 6, 4 In uno esse manensque D. — A giebt als R⁰ an Alleluja, alleluja etc. —

142.

1. Vigilanter melodicum
   Nymphae harmonizet
   Corde ovans cleri coetus,
   Carmen reboando.
   Hymnidicum phonicum
   Matri modulizet,
   Ore tonans, corde laetus,
   Melos reboando.

2. Castissimam Assuerus
   Esther collocavit,
   Vasthi spernens, scepto regni
   Jure trabeavit,
   Te archicam Salomon
   Dextris sociavit,
   Venustate praecellentem
   Matrem adoravit.

3. Orphanorum lugubres
   Laudant matrem voces,
   Adjutricem expectantes
   Diva abs repulsa,
   Regi regum celebres
   Pro te mittunt preces,
   Redemit quos, ut salventur,
   Morte saeva pulsa.

4. Interventu celebris,
   Mater Jesu, salva
   Hanc catervam deposcentem
   Tua tecum regna,
   Nymphularum reginam
   Cohors interpella,
   Consequaris adjutricem
   Euntem in regna.

R⁰ Magnificans assistricem
Regis theotocon,
Humanitus alitricem
Summi venerando.

B C. — 1, 6 Matri ausgeblieben B. — 2, 3 Vasthi ausgelassen B. — 2, 5 Gemeint ist Bethsabee; vgl. 3 Reg. 2, 19. — 2, 8 Laude adornavit C. — 3, 6 Mater interpella C. — Str. 1 zeigt deutlich, und 3 noch hinlänglich die beabsichtigte, über vier Glieder sich erstreckende Reimstellung, die aber in Str. 3 verwischt und Str. 3 so gut wie aufgegeben ist. Die Repetitio lehnt sich durch den letzten Reim an Str. 1 an. Nach Str. 3: R⁰ Magnificans etc. B. —

143.

1. Virens in civitate
Coram divinitate,
Laurenti inclyte,

2. Suscipe preces gratas,
Fac eas quoque ratas
Ante regem coeli.

3. Medice infirmorum,
Curator languidorum,
Ad te confugimus.

4. Emenda vitam mentis
Nosque a nocumentis
Constanter semove.

5. Ut mundi post exilium
Cernamus Dei filium
In coelestibus,

6. Ibique collacati
Pangamus trinitati
Laudes cum jubilo

7. Sicque Benedicamus
Trinitati promamus
Unique Domino.

DE. — Lorenz. — Canitur sicut: Felici peccatrici D. — Canitur sub eadem nota nämlich wie Jubilo cum carmine E. — Am Schlusse Rᵒ O sancte Laurenti E; nach Str. 2. Rᵒ O Laurenti inclyte D, was nicht dem Rundreim des Magdalenenliedes entspricht. — In D folgen die letzten Strophen 7, 5, 6. —

144.

1. Vivus panis angelorum,
Vitam praebens electorum,
Tu es spes desperatorum.

2. Infinita potentia
Inter contradictoria
Dixit, facta sunt omnia.

3. Nobis natus, nobis datus,
Ex intacta procreatus
Umbra sancti spiritus.

4. Corpus tuum tradidisti,
Dum te ipsum obtulisti,
Diris plagis afflixisti.

5. Ecce libamen gratiae,
Salus aeternae gloriae,
Ens entium potentiae.

6. Nobis praestet nunc solamen
Pius pater, sanctum flamen
Passionis gratia.

7. Cujus morte sumus redemti
Et sanguine renovati
Peccatorum scoria.

8. In altari hic tractatur,
In figuris praesignatur,
Sicut scriptura testatur.

9. Ut post hujus finem vitae
Adscribamur libro vitae,
Regnum meum accipite,

10. Sit laus almae trinitati
Et immensae majestati
Honor virtus et gloria.

DEN. — Fronleichnam. Von Hus? — 1, 3 Tu ens spes E. — 3, 3 Imbre sancti spiritus N. — 6, 3 Passionis gravamen N. — 7, 1 Ob nicht emit oder nati? — 7, 3 Pro peccatorum scoria E. — 9, 2 ligno vitae D. —

145.

1. Vota laudum cantica
   Aeterni neumatis
   Cantantes hymnidice
   Nunc voce sonora,

2. Decantate carmina
   Dragmatis sonori,
   Turmae, quibus replentur
   Angelorum chori.

3. Maria, nymphularis
   Tu pudicitia,
   Posce nos, ut fruamur
   Coeli laetitia.

4. Nam filius non negat
   Suae matris donum,
   Qui in te stabilivit
   Deitatis thronum.

5. Apostoli judices
   Saecli affuturi,
   Prophetae eximii
   Messiae venturi;

6. Martyres et virgines,
   Confessores veri,
   Viduae, conjugatae,
   Omnes sancti Dei;

7. Exorate pro nobis
   Labe sordidatis,
   Jungamur ut coelicis
   Dono pietatis.

8. Subvenite precibus
   Clade iuvolutis,
   Ut vota percipiant,
   Cum sit agnus mitis.

Nur B. Allerheiligen. — Mit der Raudnote sicut: Ezechielis porta, was
in dieser Handschrift gar nicht vorkommt, sondern nur in D E. Die Melodie ist
aber dieselbe wie in Singuli catholice. — 3, 1 Hinc Maria gegen die Silbenzahl. — 5, 1 Apostolique judices ebenso. — 8, 3 Ut vota perripiant.

146.

1. Wenzeslao,
   Dulci caro,
   Nos, Bohemiae,
   Personemus,
   Carmen demus
   Dulcis melodiae.

2. Ad superna
   Qui aeterna
   Tendens gaudia,
   Spernit rite
   Hujus vitae
   Fastum et gloriam.

3. Profugator,
   Exstirpator
   Idolatriae,
   Nos ad regnum
   Sempiternum
   Ducat dux latriae.

4. Zelo plenus,
   Dux serenus
   Dat egentibus
   Dona rerum,
   Se sincerum
   Exhibens flentibus.

5. Fert lignorum
   Struem suorum
   Hic pauperibus,
   Vinum dabat
   Et oblata
   Sacris altaribus.

6. A germano
   Dux profano
   Dum occiditur,
   Caesus chorum
   Beatorum
   Laetus ingreditur.

7. Wenceslaus
   Nos praeclarus,
   Qui sic moritur,
   Hic ad sanctos
   Tollat cunctos,
   Quo ipse tollitur.

E. — Wenzel. — Mit geringen Abweichungen in Rosenpluts Kantional p. 506. Doch fehlt hier Str. 5. Als R⁰ hat E nach Str. 2: Rebus pater (s)is praesentis patriae. Rosenplut hat einen viel längern Rundreim. Das Versmaſs des Liedes ist das des Hymnus Christum ducem des hl. Bonaventura; daher dürfte der Rundreim überhaupt eine spätere Verschlimmbesserung sein.

147.

1. Zachaeus arboris ascendit stipitem,
   Ut Jesum cerneret, coelorum hospitem,

2. Jesus dum transiens sursum respiceret,
   Zachaeo imperavit ut descenderet:

3. Zachaee festinans descende huc ad me,
   Quia in domo tua volo manere.

4. Zachaeus Jesum suscipit hospitio,
   Et charitatis pertractat officio.

5. Illique pandens cordis habitaculum:
   Et si quem defraudavi, reddo quadruplum.

6. Dimidium bonorum do pauperibus
   Placatur Deus talibus muneribus.

7. Ergo de tali laetantes convivio,
   Benedicamus dominorum domino.

8. Laus tibi sit et honor, sancta trinitas,
   Deo dicamus infinitas gratias.

D E. — Kirchweih. — Str. 3 steht irrtümlich nach Str. 6 D. — 5, 2 Dicens: Si quem etc. C. — 7, 1 Et nos de tali D. — Str. 8 fehlt E. — Das Benedicamus Domino und Deo gratias am Schlusse dieses Liedes würden berechtigen, dasselbe unter die Rufe zu rechnen. Es giebt aber auch Lieder, welche die Sitte der Rufe, mit der Formel Benedicamus Domino und Deo

gratias zu schliefsen, nachahmen, wofür schon oben das Lied Virens in civitate
ein Beispiel liefert. Vorliegendes Gedicht ist hauptsächlich deshalb nicht zu
den Rufen gerechnet worden, weil das längere Versmafs desselben bei diesen
ungewöhnlich ist. Wäre die Cäsur in der Versmitte nicht fast völlig vernachlässigt, so könnte auch in der Schreibung durch Brechung der Langzeilen
diesem Umstande Rechnung getragen werden. Immerhin ist das Lied eine
Übergangsform zwischen Ruf und Lied, gerade wie es ähnliche Zwitterbildungen
auch zwischen dem Rufe und dem blofs interpolierten Benedicamus giebt und
geben mufs, wobei es dann schwierig, oft unmöglich ist zu entscheiden, ob
dieselben bereits als Rufe oder noch als Interpolationen anzusehen sind. So
z. B. die folgenden Zeilen der Hsch. P.

> Martyr Dei Wenzeslaus,
> Pro delictis fractor pius,
> In hac die vitam finit,
> Aulam coeli laetus ivit;
> Videns Christum collaetatur
> Et pro poenis muneratur,
> Hujus benedicamus Domino.

III.

RUFE.

148.

1. Aaron virga jam floruit
   Dum virgo orbi claruit.

2. Elias nubes appetit,
   Virgo salutem repetit.

3. Legatus ex empyreis
   Parat salutem nunc reis.

4. Vis tota rumpitur debet,
   Dum Gabriel it Nazareth.

5. Chere mirum dat virgini,
   Haec datur cogitamini.

6. Is fatur: Ne tu timeas,
   Concapta nunc leges meas.

7. Mire te pneuma flammabit,
   Ex te Deus Deum dabit.

8. De narratu contristatur,
   Viro mens nunquam dabitur.

9. Mole nolo imitari,
   Humilis malo vocari.

10. Rata sum dei ancilla,
    Comple, pneuma, dicta illa.

11. Virus mirmilon damnabo,
    Pro clero bono orabo.

12. Asta reis, dulcis Jesu,
    Refovens salubri esu.

B C. — Advent. — Nach jeder Strophe wiederholt sich: Vita manet ita. —
4, 1 debet = חבט? — 5, 1 Chere mittelalterliche Korruption aus χαῖρε. —
7, 2 Haec dabitur B. — 8, 1 Mobe vale imitari. C.

149.

1. Ad honorem infantuli
   Clangemus omnes singuli.

2. Sine viri copula
   Florem dedit virgula.

3. In praesepe ponitur
   Et a brutis noscitur.

4. In cujus natalitio
   B e n e d i c a m u s D o m i n o

5. R⁰ Rupit Adae morsum
   Non pone nos deorsum
   Sed trahe sursum.

N und C, hier zugeschrieben und sehr abweichend; denn nach Str. 1
folgen zwei aus dem Rufe Puer natus in Bethlehem, dann: Pueri concinite |
Omnesque ei canite. — Ergo lector progredere | Dic jube benedicere. —
Omnes de tali gaudio | Benedicamus Domino. — Laudetur sancta trinitas | Deo
dicamus gratias — 1, 2 Sol salutem contulit N gegen den Reim und in das
Lied In hoc anni circulo gehörig. — Nach jeder ersten Zeile des Rufes re-
petierte sich Rupit Adac morsum, nach jeder zweiten der ganze R⁰, was
spätere Zuthat sein dürfte.

150.

1. Ad hujus templi gloriam
Decantemus melodiam.

2. Hic est locus terribilis,
In omnibus laudabilis;

3. In qua nunc datur gratia
Delentur atque vitia.

4. Ad hoc festum, rex omnium,
Absolve nexus criminum.

5. Aula, domus deifica,
Vocata porta coelica.

6. In ea qui petunt corde,
Hi liberantur a sorde.

7. Laudantes in ecclesia
Te cum omni fascisia.

8. Istum templum sanctifica,
Majestas honorifica.

9. Ut in corde fidelium
Maneat evangelium.

10. Ergo cum novo cantico
Benedicamus Domino.

DE. — Kirchweih. — Str. 6 fehlt E. — Str. 7 u. 8 fehlt D. — 7, 2 fascisia = facetia. — Str. 9 fehlt D. — 10, 1 Ergo laudes cum jubilo E. — Als Rundreim eingeschoben: Gaudet chorus coelestium Et angeli canunt Deo aus dem Abecedarius des Coelius Sedulius. —

151.

1. Ascendit Christus hodie
Super coelos, rex gloriae.

2. Gallilaei, aspicite,
In Domino jam plaudite.

3. Gallilaeis cernentibus
Vehementer mirantibus,

4. Videntibus discipulis
Est elevatus dominus.

5. Praeparavit nobis viam,
Jam ascendunt ad gloriam.

6. Ut benedixit omnibus,
Susceptus est in nubibus.

7. Uni trino sempiterno,
Benedicamus Domino.

Nur E. — Himmelfahrt. —

152.

1. Corpus Christi cum sanguine
Datur nobis quotidie.

2. Sub panis vini specie
Dona Dei clementiae.

3. Donum datum divinitus
Veneremur humanitus.

4. Salve salutis hostia,
Nos edentes hic satia.

5. Dans solamen in patria,
Bella fugans hostilia.

6. Omnis fidelis concio
Benedicamus Domino.

7. Omnes ergo nunc in quie
Laetemur [et] assidue.

8. Laudetur sancta trinitas,
Deo dicamus gratias.

DE. — Fronleichnam. 3, 1 Donum dei divinitus E. — 6, 2 Gratias agamus Deo E. — Str. 7 u. 8 fehlt in E, dafür 7: Et nos de tali gaudio Benedicamus Domino.

153.

1. Culmen honoris
Tu, mater salvatoris,
Prae ceteris.

2. Aurem huc inclina,
Tu mater et regina,
Prae ceteris.

3. Nobis propitiare,
Ut possimus regnare
Cum ceteris.

4. Ad gaudia, flos florum,
Duc nos, Christe, polorum
Cum ceteris.

5. Stantes in peccatis,
Tu rosa claritatis,
Nos eripe.

6. Maria generavit
Christum Jesum, lactavit
Prae ceteris.

7. Rosa sine spina,
Tu mater et regina
Prae ceteris.

B. — Weihnachten. — Mel. für Diskant und Tenor.

154.

1. Daniel prophetica
Praedixit nobis gaudia.

2. Christum natum in gloria
Regnantem super aethera.

3. Parit mater et filia
Natum ex matre Maria.

4. Pastoribus magnalia
Nuntiantur tripudia.

5. Mors fugatur, tristitia,
Vita datur et gratia.

6. Cujus sunt haec solemnia,
Illi sit laus et gloria,

7. Christicolis fidelibus
Intimaque solatia.

8. Uni trino sempiterno
Benedicamus Domino.

9. Sit benedicta trinitas,
Deo dicamus gratias.

DGE. — Weihnachten. — Str. 2 fehlt D. — 4, 2 Annuntiantur gaudia
EG. — Nach Str. 4: Pastoribus innotuit — Quod virgo Deum genuit.
G. — Str. 5, 6 u. 7 fehlen G. — Str. 6 u. 7 fehlen D. — Str. 9 fehlt E. —
Später ist nach jeder Strophe des Rufes folgender Rundreim eingeflochten, in
welchem die vierte Zeile nach G Homo liberatur lautet:

Jam laetamini,
Salus nova crescit,
Consolamini,
Homo liberescit.

Qui prophetizatus,
Deus homo natus,
Puer nobis datus,
Pulcher roseus.

155.

1. Exurgens virgo hodie,
Sublimis mater gloriae,

2. Tam grato felix pignore,
Adit montana propere.

3. Elisabeth invisere,
Quam noverat concipere,

4. Mulieres in gaudio
Sese salutant mutuo.

5. Infans in matris utero
Exultat coram Domino.

6. Loquentes mira feminae,
Sacro repletae flamine.

7. Descendit virgo gravida,
Parit anus sed marcida.

8. O Mater pia, Maria,
Deo nos re concilia.

Nur D. — Heimsuchung. — Mit der Aufschrift: Canitur sicut: Novis canamus mentibus. Dem widerstrebt aber der Bau des Liedes, das, die Strophe zu 6 Zeilen gerechnet, nicht aufgeht, sondern offenbar ein Ruf ist nach Art des Surrexit Christus hodie. Str. 6 u. 7 sind als R bezeichnet. — 6, 1 Munera der Hdsch. ist durchgestrichen, die Korrektur aber nicht leserlich, da die Seiten der Hdsch. mit Ölpapier überzogen sind.

156.

1. Festivali melodia
Te laudamus, o Maria,
Quam commendat prophetia.

2. O Maria mater Dei,
Te rogamus tamquam rei,
Effectum da nostrae spei.

3. Ut in coeli palatio
Cum sanctorum collegio
Benedicamus Domino.

4. O quam potens divinitas
Per quam parit virginitas
Deo dicamus gratias.

JOP. — Vgl. Moue II. 480. — An Marienfesten. — Rundreim: Matris privilegio — Regem regum peperisti — Miro puerperio. — 3, 2 Cum coelorum P.

157.

1. Gaude felix Bohemia,
Laudes tibi per agmina

2. Sanctus Vitus proposuit,
Cujus virtus emicuit.

3. Corde, verbo et opere
Christum sequens sumopere.

4. Dulces patris spernit sinus,
Ludos jocos nilominus.

5. O martyr Christi patrone,
Ab hostibus nos erue.

6. Hic a vita vere Vitus,
Nullos mortis agens ritus,

7. Vanaque censens omnia,
Hic puer egit seria.

8. Plus elegit contarqueri,
Quam iniquum suaderi.

9. O sancte Vite patrone,
Tu nostrum hostem comprime,

10. Ne peccatorum jaculis,
Servulis noceat tuis.

11. Ergo Vito laudes demus,
Eum quoque imploremus.

DE. — Vitus. — 2, 2 Cujus vita non ebuit D. — Str. 6 steht an Stelle von 10 E. — Str. 5 u. 11 werden in beiden Hdsch. als R bezeichnet. In E auch Str. 6 (resp. 11). — Die Melodie in D ist viergliederig. E giebt wie immer nur den Anfang am Rande, aber bei Str. 5 den Anfang einer andern Weise; diese kehrte als Refrain wieder, wie oft, ist nicht abzusehen, noch abzuzählen.

158.

1. Gaude felix Bohemia,
   Tibi laudes per agmina

2. Wenzeslaus proposuit,
   Cujus virtus emicuit.

3. Corde verbo et opere
   Christum sequens sumopere.

4. Quem frater infideliter
   Ense necat crudeliter.

5. Cujus ira cataclismus
   Ferit nimis furibundus.

6. Victor jam ex victoria
   Coronatus in gloria.

7. In hoc festo solemniter
   Benedicamus Domino.

8. O martyr Christi patrone,
   Jungas nos coeli coronae.

9. Laudetur sancta trinitas,
   Deo dicamus gratias.

D E. — Wenzel. — 1, 2 Wenceslai solemnia D. — 2, 2 wieder: Cujus vita non ebuit D. — Str. 3 fehlt in D; dafür: Alleluja trinitati, Ejus quoque pietati. — Str. 4 folgt auf 5 D. — Str. 5 fehlt D. — 6, 1 Hic victor ex E. — 7, 1 Regnanti sine termino D. Str. 8 fehlt D; dafür: Unum trinum sempiternum | Laudemus nunc cum jubilo. — Str. 9 fehlt E. — D hat dasselbe Lied noch an anderer Stelle mit der Aufschrift: Canitur sicut: Novis canamus mentibus. Hier fast übereinstimmend mit E. — 2, 2 Cui — non horruit. — Str. 5 fehlt, ebenso 9. —

159.

1. Illuxit nobis hodie
   Triumphus regis gloriae.

2. Qui debellavit inferos,
   Glorificavit superos.

3. Testes ejus sunt angeli
   Mulieres discipuli.

4. Fugat mortis imperium
   Dans vitae refrigerium.

5. Nobisque tunc apparuit,
   Novam legem qui statuit.

6. Ergo cum laudis jubilo
   Benedicamus Domino.

H ohne Mel. — Osterruf. —

160.

1. In laude sancti spiritus
   Exultet omnis coelicus;

2. Qui linguis suis variis
   Perfecit discipulos.

3. Tu nos, divine spiritus,
   Perfunde rore coelitus.

4. Ut tibi laudes debitas
   Persolvamus alacriter.

5. Qui manet idem spiritus,
   Sic pater est et filius.

6. Cujus nemo sit dominus,
   Nam hoc nihil est verius.

7. Par majestas et unitas,
Una Deo aequalitas.

8. Ergo nos cum tripudio,
Benedicamus Domino.

9. Laudetur sancta trinitas,
Deo dicamus gratias.

HD mit der Aufschrift: Canitur sicut: Surrexit [Christus hodie]. 1, 1
omnis spiritus D. — H nur Str. 1. 5. 6. — 7, 1 Pater majestas sit unus D.

161.

1. In laudibus infantium
Psallat chorus fidelium.

3. Quos rex Herodes denecat,
Christus ad vitam revocat.

2. Laeta voce corde pio
Benedicamus Domino.

4. Deo laudes dulcisonas
Referamus et gratias.

JOP. — Zum Fest der unschuldigen Kinder. — Str. 1 u. 2 interpolieren
den Versiculus, 3 u. 4 das Responsorium des Benedicamus.

162.

1. Johannes Christi baptista,
Praecursor atque propheta.

4. Nos Johannis nativitas
Laetificat et sanctitas.

2. Christum venturum praedixit
Et digito demonstravit.

5. In hoc festo cum jubilo
Benedicamus Domino.

3. Johannes viam Domino
Praeparavit in eremo.

6. Laudetur sancta Trinitas,
Deo dicamus gratias.

DE. — Johannes B. — Str. 6 fehlt E. —

163.

1. Johannes, flos ecclesiae,
Baptista regis gloriae
Natus est nobis hodie.

2. Sacrae virtus prophetiae
Replevit os Zachariae
Benedictus rex gloriae.

3. Nos itaque laudis sono
Cum cymbalis et organo,
Benedicamus Domino.

JOP. — Geburtsfest Johannes des Täufers. Rundreim: Gaudeamus. —
2, 3 .deus gloria gegen den Vers. JP. —

164.

I.

1. Johannes postquam senuit,
Christus ei apparuit.

2. Dicens: amice, propera,
Ascende nunc ad aethera.

3. Relictis mundi dapibus
Epulare cum fratribus.

4. Et nos de tali convivio
Benedicamus Domino.

H.

5. In hoc festo sanctissimo
Magno laetemur gaudio,

6. Et pietatis studio
Benedicamus Domino.

7. Ille facto mirabili
Mandata complet Domini.

8. Nam ad virtutis cumulum
Vivus subintrat tumulum.

9. Nos ad tales exsequias
Deo dicamus gratias.

JOPA. Letzteres nur Str. 1—4 mit der Aufschrift: Post Benedicamus ad versus de Sto. Johanne apostolo et evangelista. — 4, 1 Nos de tali convivio O. — Str. 5 u. 6 fehlen O. — Str. 7 u. 8 fehlen P. — Str. 9 fehlt JP.

165.

1. Johannes sidus coelicum
Et decus archangelicum;

2. Parentibus herilibus
Procedens et sterilibus;

3. Viam salutis praeparans
In deserto repereans [?].

4. Praenuntiavit Gabriel,
Te fore sanctum Israel;

5. Prophetam venerabilem,
Praecursorem laudabilem.

6. Inter natos mulierum,
Ut testatur verbum verum,

7. Non surrexit major eo
Benedicamus Domino.

D. — Johannes B. — Str. 6 und 7, 1 aus der Sequenz gleichen Anfanges entlehnt. —

166.

1. Laudemus Christum hodie
Cum cantico laetitiae;

2. Praesens aeterne qui pie
Nos reformavit gratiae.

3. A peccati origine
Suo nos lavit sanguine.

4. A servitute libere
Nos qui donavit vivere.

5. Ergo ei cum jubilo
Laudes dicamus sedulo.

H ohne Mel. — Ostern. — 3, 1 Ob nicht rubigine? — 4, 2 Nosque donavit. H. —

167.

1. Michael coeli signifer,
Gabriel mundi lucifer,

2. Raphael, tres archangeli,
Christi et omnes angeli.

3. Animas atque corpora
Nostra per cuncta saecula,

4. Tutentur ab insidiis
Et hostium perfidiis.

5. Hi nos semper custodiant,
Et post mortem suscipiant.

6. - Angelorum altissimo.
Benedicamus Domino.

7. Sit benedicta trinitas,
Cui dicamus gratias.

D. E. — Von den hl. Engeln. — 4, .2 praesidiis D. — 6, 2 Laudemus
Domino D. — 7, 1 u. f. Laudetur sancta trinitas, Deo dicamus gratias D. —

ˋ 168ː

1. Nos respectu gratiae
Gentium primitiae,

Spem ad locum veniae
Nobis damus hodie.

2. Cujus stellam vidimus,
Deum esse credimus.

Quem Deum cognovimus,
Adorare venimus.

3. Dona damus talia,
Per quae regi gloria,

Pater in potentia
Qui gubernat omnia.

4. Ergo nostra concio,
Omni plena gaudio,

Psallat cum tripudio,
Benedicat Domino.

R. Audi, audi, audi, nos,
Clemens et misericors.

Audi, audi, audi, nos,
Rex aeterne, salva nos.

JOP. — Abweichend Mone I. 80. — Dreikönigstag. — Das Lied scheint
auf ein Mysterium zu weisen, so gleich die Einführung Nos respectu gratiae;
ferner Str. 3: Dona damus talia, bei welchen Worten die Könige ihre Gaben
werden in die Höhe gehalten und gezeigt haben. — 3, 2 Per quem regis. J. —

169.

1. O crux Christi laudabilis,
Virtutis admirabilis,

2. Per te fiunt magnalia,
Pelluntur nocivalia.

3. In tua quadri formula,
Pependit vitae normula.

4. Dum Christus crucifigitur,
Mundi salus dirigitur.

5. Lux lucis, coeli signifer,
   Ecce triumphat lucifer,

6. Heraclio victoriam
   Hodie dans et gloriam.

7. Crucifixo cum jubilo
   Benedicamus Domino.

H ohne Mel. — Kreuzerhöhung. — Übereinstimmend Rosenpluts böhmisches Kantional (Olmütz 1601), nur fehlen Str. 5 u. 7.

170.

1. O gloriosa trinitas,
   O veneranda unitas.

2. Unus Deus per omnia,
   Aeternus in essentia.

3. Quem laudat. sol atque luna,
   Adorat vox angelica.

4. Deus trinus in personis
   Et unus in essentia.

5. Qui es creator omnium
   [Coeli] atque terrestrium.

6. O adoranda trinitas,
   O veneranda unitas.

7. Nos benigna nunc respice,
   Cunctasque culpas ignosce.

8. Corda fecit flammantia
   Paraclitum amantia.

9. Laus [sit] Patri cum Filio,
   Laus sit Spiritui sancto.

10. Uni trino sempiterno
    Benedicamus Domino.

11. Laudetur sancta trinitas,
    Deo dicamus gratias.

Nur D. — Dreifaltigkeit. — 4, 2 Et verbum in essentia offenbar verschrieben. — 5, 2 fehlen zwei Silben, wahrscheinlich coeli, wenn nicht das atque eine Zuthat ist, und es hiefs: coelestium, terrestrium. — 9, 1 sit fehlt. —

171.

1. O Maria Magdalena,
   Apostolorum apostola,

2. Tibi Christus apparuit,
   Postquam a morte surrexit.

3. Exemplum poenitentiae,
   Et divinae clementiae,

4. Multa tibi peccamina
   Lavit Dei clementia.

5. Laetetur ergo saeculum,
   Poenitentibus speculum,

6. Maria, es amabilis,
   Quae eras exsecrabilis.

7. Nos per tua suffragia
   Duc ad coeli palatia.

8. In hoc festo cum jubilo
   Benedicamus Domino.

Nur D. — Magdalena. —

172.

1. O princeps apostolice,
   Pastor plebis catholicae;

2. Tu coelestis es claviger
   Religionis naviger;

3. Ecclesiarum lucifer
   Christique carnis crucifer.

4. Dignare tuos regere,
   Pascere et protegere.

5. Ut tuo patrocinio
   Benedicamus Domino.

6. Sit benedicta trinitas
   Deo dicamus gratias.

DE. — Petrus. — 4, 2 Pastores protegere D. — Str. 6 fehlt E. —

173.

1. Pangamus melos gloriae,
   Plebs laeta laudes hodie.

2. Nam natus est rex gloriae,
   Filius sanctae Mariae.

3. Laus ergo tibi, regina
   Angelorum, virgo pia.

4. Laudent hunc sancti angeli,
   Sancti quoque archangeli.

E. — Dreikönigstag. —

5. Ab oriente veniunt
   Tres magi, dona offerunt.

6. Aurum thus myrrham offerunt,
   Et Christum adoraverunt.

7. Assit nobis sacrum flamen,
   Spiritus sancti solamen.

8. Ut nos a rebus lubricis
   Mundet et jungat coelicis.

174.

Pangamus melos gloriae
Regi regum victoriae.

Qui natus est de virgine
Et nos redemit sanguine,

Nos emundans a sordibus
Infundens nostris cordibus

Nunc flamen sancti spiritus,
Qui dicitur paraclitus.

Cujus nos resurrectio,
Pariter et ascensio

Conjungat nos coelestibus
Consortes Christi civibus

O angelorum domina,
Audi nostra precamina

Et ora tuum filium
Pro nobis, spes humilium.

Gaudentes cum tripudio
Benedicamus Domino.

Sit benedicta trinitas,
Deo dicamus gratias.

H. — Himmelfahrt. — Jedes dritte und das letzte Zeilenpaar als R⁰ bezeichnet und dementsprechend mit eigener Melodie versehen. Dennoch steht der rufartige Charakter des Liedes aufser Zweifel.

175.

1. Paradisi praepositus,
   Michael archangelus

2. Animas pro merito
   Locat in coeli gaudio.

3. Ergo nostra concio
   Redemptori altissimo

4. Cum canoro jubilo
   Benedicamus Domino.

J. — Michael. — 2, 1 Animas pro meritis gegen den Reim. — 2, 2
Locat in coelesti gaudio gegen das Versmafs statt des Obigen oder für: Locat
coelesti gaudio. —

176.

1. Patrem parit filia,
   Patrem, ex quo omnia,
   Parturit haec filia.

2. Nulli unquam populo
   Visum est a saeculo,
   Claruit miraculo.

3. Ad nos venit humilis
   Lucifer mirabilis,
   Pro nobis passibilis.

4. Latet sol in sidere,
   Oriens in vespere,
   Nesciens occidere.

5. Virgo parit filium,
   Deum et non alium
   Sicut spina lilium.

6. Ergo nostra concio
   Psallat cum tripudio,
   Benedicat Domino.

JOP. — Weihnacht. — Nach jeder Strophe als Rundreim wiederholt: Per
gratiam — Redditus est aditus — Ad patriam. — Ein längeres Lied gleichen
Versmafses mit 5, 1 als Anfang bei Kehrein (Sequenzen) No. 197.

177.

1. Petrus clausus ergastulo
   In catenarum laqueo

2. Sub Herodis imperio
   Jam tenebatur vinculo.

3 Ad quem accessit angelus
   Et tetigit ejus latus.

4. Tali modo fuit fatus:
   O Barjona, surge citus.

5. Ft pro tali miraculo
   Benedicamus Domino.

6. Cujus in natalitio
   Respondeat laudes plenas

7. Cui angeli serviunt,
   Deo dicamus gratias.

JOP. — Peter und Paul. — 4, 3 cito J. — Str. 6 u. 7 fehlen OP. —

178.

1. Puer natus in Bethlehem,
   Unde gaudet Jerusalem.

2. Assumpsit carnem filius
   Dei patris altissimus.

11*

3. Per Gabrielem nuntium
Concepit virgo filium.

4. Tamquam sponsus de thalamo
Processit matris utero.

5. Ponitur in praesepio,
Qui regnat sine termino.

6. Cognovit bos et asinus,
Quod puer erat dominus.

7. Reges de Saba veniunt,
Aurum, thus, myrrham offerunt.

8. Intrantes domum invicem
Novum salutant principem.

9. Trino uni sempiterno
Benedicamus Domino.

DGJOP. — Dies Lied ist bisher immer nur aus Handschriften des 15.
Jahrh. bekannt geworden; es mag daher hier aus solchen des 14. und zwar aus
dem Anfange des 14. Jahrh. folgen. Offenbar der Melodie wegen, die im Anhange
mitgeteilt ist, sind je drei Verspaare als Strophe behandelt. — 5, 1 Imponitur
praesepio D G. — Str. 7 u. 8 zugeschrieben G. — Str. 10 Sit benedicta Trini-
tas, | Deo dicamus gratias G. Ei semper angelicas | Deo dicamus gratias. P.

179.

1. Resurrexit Dominus,
Qui pro nobis omnibus
Passus fuit serotinus.

2. Descendit ut leo stans,
Ad inferos vociferans,
Portas inferni reserans.

3. Adam, Evam eripuit
Et alios, quos voluit,
Suisque jam apparuit.

4. In coelesti curia
Sunt ad vincenda omnia,
Quae sunt sibi contraria.

5. Ergo cum novo jubilo
Nunc et sine termino
Benedicamus Domino.

A. „De resurrectione"; nach Str. 2 u. 5 je 6 Alleluja auf die zweistimmige,
sich in Quintenparallelen bewegende Melodie.

180.

1. Sedentem in teloneo
Verbo vocat idoneo

2. Christus Matthaeum nomine,
Quod hic describit hodie,

3. Ut in corda fidelium,
Funderet evangelium.

4. Ergo nos cum apostolo
Benedicamus Domino.

5. Laudetur sancta trinitas,
Deo dicamus gratias.

H. ohne Mel. — Matthäus. — Ganz übereinstimmend in Rosenpluts
böhmischem Kantional (Olmütz 1601), nur 2, 2: Quod recolitur hodie. —

181.

1. Spiritum misit hodie
Ab aetheris rex gloriae.

2. Huic melos laetitiae
Plaudat decus harmoniae.

3. Ut flamen sancti spiritus
Succendat corda coelitus.

4. Foris atque interius
Expurget nostrum facinus.

5. Gavisi sunt discipuli
Orantes corde humili.

6. Gaudium nobis attulit,
Evidenter quod patuit.

7. Dies laeta intepuit,
Sol clarius resplenduit.

8. Concinamus corde laeto
Viventes absque fermento.

9. Angelorum altissimo
Benedicamus Domino.

10. Laudetur sancta trinitas,
Deo dicamus gratias.

Nur E. — Pfingsten. — 10, 2 ist in der Feder geblieben, versteht sich aber bei der Geläufigkeit dieses Schlufsrufes von selbst. —

182.

1. Stirps Jesse florigeram
Germinavit virgulam,

2. Et in flore spiritus
Quiescit paraclitus.

3. Fructum profert virgula,
Per quam vivunt saecula.

4. Stirpis est Davidicae
Virga dicta mystice,

5. Sicca quae sic floruit
Et quae florem protulit.

P. — Weihnachten. — 1, 1 floruerat Hsch. — 4, 1 Stirps ex Davidicae Hsch. verschrieben. — 5, 1 Sicca sic floruit Hsch. — Am Schlusse steht das Wort Domino, während das Wort Benedicamus weder am Anfange noch am Schlusse sich findet.

183.

1. Surrexit Christus hodie
Humano pro solamine.

2. Mortem qui passus pridie
Miserrimo pro homine.

3. Mulieres ad tumulum
Dona ferunt aromatum,

4. Album cernentes angelum
Anuntiantes gaudium.

5. Mulieres o tremulae,
In Galilaeam pergite,

6. Discipulis hoc dicite,
Quod surrexit rex gloriae.

7. Ubique praecedet suos,
   Quos dilexit, discipulos.

9. Ergo cum dulci melodo
   Benedicamus Domino.

8. Sit benedictus hodie,
   Qui nos redemit sanguine.

10. Laudetur sancta trinitas,
    Deo dicamus gratias.

A D E H. — Ostern. — Von den vielen Lesarten des variantenreichen Liedes kommt die Leisentritts (Wackernagel I, No. 277) unseren Hsch. am nächsten. — Str. 5 an dritter Stelle gegen den Zusammenhang D E. — Str. 4 u. 10 fehlt D. — Str. 7 fehlt E. — Str. 7, 8 u. 9 fehlt H. — 9, 1 In hoc paschali gaudio E. — A bietet zwei Melodieen zu dem Liede, ebenso D, von denen eine in H zum Rufe Pangamus melos gloriae steht. Eine weitere Mel. bietet G zu der böhmischen Übersetzung. —

LIEDER AUF BÖHMISCHE VOLKSWEISEN.

1. Aetas orbi venit aurea,
   Jubar clarum nituit,
   Procul fugans moestissima
   Noctis umbracula.
   Quo venusta prorupit
   Lampas phoebea.

2. Alma patrum prisca vetustas
   Taetris clausa sedibus,
   Quam pati vexat gravitas
   Leges tartareas,
   Nunc soluta domos
   Colit aethereas.

3. Admirabile commercium!
   Conditor summus rerum,
   Ens, athanatos, entium
   Finis, initium,
   Corpus alvo nymphae
   Sumit animatum.

4. Firmo Gabrielis nuntio,
   Ab alto venientis,
   Concilio deifico
   Pudico thalamo
   Virginalem ventrem
   Gravidat filio.

5. Diva, inquit, ave Maria,
   Coetibus femineis
   Antistes sincerissima
   Et plena gratia,
   Domini est tecum
   Alma praesentia.

6. Verba nympham turbant angeli,
   Se fecundam miratur
   Ac nescia thori absque
   Semine virili,
   Sileat hic lege
   Physicus exili.

7. Umbrat virtus divi flaminis
   Pectus pudicissimum,
   Sacratae virginis refertum
   Rore numinis,
   Unde recens oritur
   Salus hominis.

8. Matri pariter et filio
   Dignas promamus laudes,
   Ut quae nos ab exilio
   Candenti lilio
   Mundi liberatos
   Fert coeli bravio.

Nur C ohne Mel. Darüber: Czijzku ptaczku (Zeisig, Vögelein).

185.

1. Almi tonantis nobilis
      Virgo speciosa,
   Super omnes spectabilis,
      Sponsa gratiosa.

   Excelsum sidus luminum,
      Regina coelorum,
   Quam elegit ab aeterno
      Rector aetherorum,
   Audi vota supplicum,
      Maria, tuorum.

2. Tu, quae partu mirifico
      stupente natura
   Ex effectu deifico
      Teneris aurora,

   Parentis cum exilio
      Mederis filio,
   Unde vera lux oritur
      Patrum excidio,
   Umbrae quos detinuit
      Longaeva regio.

3. Sic nos quoque tui partus
      Freti solatio,
   Cunctis per quam oris salus
      Venit auxilio,

   Te precamur, mater Dei
      Forma sanctae spei,
   Vota precantum suscipe,
      Nam te orant rei,
   Fac tecum exsistamus
      Cives aetherei.

Nur C mit beigeschriebener Mel. und der Aufschrift: Nikdy mi se to nestalo (Nie ist mir das geschehen). — 3, 3 orbis. —

186.

1. Ave maris stella
      naufragantibus,
   Clarum sidus aequori
      mergentibus,
   Jubar noctis aemulum,
   Lucis verae nuntium,
   Salutis nostrae exordium.

2. Maria, flos mirae
      pulchritudinis,
   Et reorum turris
      fortitudinis,
   Deliciarum hortus,
   Naufragantium portus,
   Per te summi natus exortus.

3. Gratia divina
      sanctum thalamum,
   Virginum regina,
      fecit foecundum,
   Prodis orbi filium,
   Miseri[i]s subditum
   Castitatis servans lilium.

Nur C ohne Mel. aber mit der Aufschrift: A ty mily sywy holube (Und du, lieber grauer Tauber).

187.

1. Aureum orbis saeculum
   Mente recolamus,
   Salutis exordium
   Laudibus canamus.

2. Inclytae partum virginis
   Angeli nuntio,
   Graditur a superis
   Mundi redemptio.

3. Adae patris atque matris
   Quondam casus Evae
   Reparatur felicis
   Paranymphi Ave.

Nur C. —

4. Contulit hoc nam pietas
   Celsa conditoris,
   Dum humana pravitas
   Cunctis crevit oris.

5. Boreas, auster, occasus,
   Lucidus oriens,
   Universa factura,
   Quam salvat summum ens.

6. Dic: Sit honor patri nato
   Ob tantum levamen,
   Sit et flamini sacro
   Per saecula. Amen.

188.

1. Ave candens thronus
   Celsae trinitatis,
   A Deo possessus
   Factus ab antiquis.

   Terrae praecedens abyssos
   Et orbis cardines,
   Maria, prius aethere
   Tu ordinata es.

2. Quam vetustas patrum
   Almo praeconio,
   Et venustas vatum
   Orbis initio

   Futurum divini luminis
   Praescivit thalamum,
   In quo Dei quievisse
   Praedixit filium.

Nur C mit der Mel.

3. Jacob sidus clarum,
   Foedere promissum,
   Radix Jesse tuum
   Signavit uterum.

   Aaron virgo dum arida
   Produxit folium,
   Candens ex te nasciturum
   Ostendit lilium.

4. Gedeonis vellus,
   Udum coeli rore,
   Et Moysi rubus,
   Dum ardet flamine,

   Hic virens igneo manet
   Illaesus calore,
   Tuum notans partum, casto
   Progressum pudore.

189.

1. Ave celsi conditoris
   Sponsa gloriosa,
   Mater nostri salvatoris,
   Rubens velut rosa,
   Maria virgo, florum speciosa.

2. Gratia quam divum flamen
   Rejecit honoris
   Altissimi obumbramen,
   Clausuram pudoris
   Inviolatam fecit redemtoris.

3. Plena mater clementiae,
   Reorum curatrix,
   Solem paris justitiae,
   Nostra advocatrix,
   Humani lapsus casta reparatrix.

4. Dominus tecum antiqua
   Rerum origine,
   Serena fecit sidera
   Supero culmine,
   Retulit alma polorum lumine.

5. Benedicta tu diceris
   In mulieribus
   Laudibus dignis sinceris,
   Tui ventris fructus
   Sit benedictus in saecula Christus.

Nur C mit der Mel. Strophe 3 ist ausgéstrichen und von späterer Hand die folgende ·nachgetragen: Plena partu clementiae Mater e x s t a s Dei Solem paris justitiae Advocatum rei Quem glorificant coetus aetherei.

190.

1. Ave virgo sincera,
   Per te salus exit vera,
   Missa patris dextera,
   Rupit celsa aethera.

2. Regina deifica,
   Partus tui mirifica
   Promit omnis populus,
   Dum ex te venit· Deus.

Patrum quondam voce procla-
      mata,
Nunc reorum exstas advocata.

Humani casus summa me-
            dela,
Scelerum purgamen et tutela.

3. Digna laudum carmine,
   Quae paris absque semine
   Natum celsi tonantis
   Virtute pneumatis.

   Angeli Gabrielis nuntio
   Mundum liberas ab exilio.

Nur C mit Mel. und der Bemerkung: Gidech tam wedle rzeky (Ich ging dort neben dem Flufs).

191.

1. Celsa parens,
   Sordis carens
   Contagio,
   Mundi electa exordio.

2. Prophetarum
   In te clarum
   Praeconium
   Coopertum exstat veridicum.

3. Tu, puella,
   Jacob stella
   Mirifica,
   Patrum limbo spes magnifica.

4. Jesse virgo,
   Tu arida
   Fronduisti,
   Leges physicae excessisti.

5. Udum vellus,
   Sicca tellus
   Gedeonis
   Illaesa signa fert pudoris.

6. Virgo, vatum
   Paris natum
   Praeconio,
   Patrum mederis exilio.

7. Tui partus
   Dulcis fructus
   Sceleratis
   Det vincere cum beatis.

Nur C ohne Mel. mit der Aufschrift: Piekna kacza (Die schöne Käthe).

192.

1. Coelicolarum sublimi,
   Flori florum virgini   ᵗ
   Laudibus resonemus,
   Neuma dignum pneumate.

2. Ezechielis haec porta,   .
   Soli Deo pervia,
   Ex divo spiramiue
   Vero nitet lumine.

3. O quam felix, quam beata,
   Gignis patrem creata,
   Conditorem omnium
   In salutem hominum.

4. Inaudita haec natio,
   Quam humana ratio
   Lippis cernit oculis,
   Cedit lumen tenebris

5. Eja mater summi Dei,
   Formula sancta spei,
   Sub tuo praesidio
   Nos commenda filio.

6. Ut hora nostri exitus
   Clemens et propitius
   Post purgatum spiritum
   Det felicem obitum.

Nur C ohne Mel. mit der Angabe: Sebrali se miestsstij dietj (Zusammen kamen die Stadtkinder). Str. 5 ist „christlich emendiert" nachgetragen.

193.

1. Concinat plebs christicolarum.
   Neuma dulce flori florum,
   Sacratae virgini,
   Quae salutem contulit homini

2. Haec est nitida Jacob stella,
   Venustissima puella,
   Speculum pudoris,
   Thymiama fragrantis odoris.

3. Haec est cypressus Sion sita,
   Cedrus alta et incisa
   Vertice Libani,
   Aromatizans odor balsami.

4. In Jericho haec rubens rosa,
   Olea campis formosa,
   Et in Cades palma,
   Suavitatis myrrha electa.

5. Vitis vera tu fructifera,
   Nardus et odorifera.
   Specimen honoris,
   Sapidissimi favus dulcoris.

6. Eja dilectionis mater,
   Veritatis tutum iter,
   Norma sanctae spei,
   Supplex precor, miserere mei.

7. Conciliare tuum natum,
   Ne det gravem ob reatum
   Diti tartareo,
   Sed secum locet poli solio.

Nur C ohne Mel. Darunter steht: Nadarmo letass sseredna kanie (Umsonst fliegst du herum, garstiger Geier).

194.

1. Gaudent chori angelorum,
Ac virtutes coelorum
Student sibi resonare
Melos dulce, mulce gnare
Natum tuum,
    O Maria;
Qui matrem super sidera
Te collocavit omnia.
    Nos a neve
    Tua prece
    Salva,
Redemtor noster pie,
Per preces matris Mariae.

2. Gaudeat turba clericorum,
Advocata orphanorum
Super agmina angelorum
Es cum jubilo fluvioque
Gratiarum pulchre locata,
    O Maria.
Qui matrem super sidera
Te collocavit omnia.
    Nos a nece
    Tua prece
    Salva,
Redemtor noster pie,
Per preces matris Mariae

3. Gloria sit sancto sanctorum,
Matrique regis angelorum
Cum psalmodiis canticorum,
Et jucundantes abundanter
Quam plebs psallit voce pia,
    O Maria etc.

Nur C mit Mel. für 4 Stimmen. — R giebt nur nach Str. 1 einen Sinn und auch da nicht ohne Gewaltthätigkeit. Vielleicht liegt eine „christliche Korrektur" dem zu Grunde. —

195.

1. Hac nube irrorante
    Numine divino
Superno poli culmine
    Pluit salus mundo
Telluris germine.

2. Coeli narrant gloriam
    Summo conditori,
Firmamentum potentiam
    Manu plasmatori
Nuntiat aeternam.

3. Gloria ingenito
    Patri ab aeterno,
Sit nato unigenito,
    Spiritui sancto,
Uni trino Deo.

Nur C mit Mel. und der Bemerkung: Mox post Rorate.

196.

1. Hosce niti et laeti
    Cordis solatio
Laudum dies homini,
    Mentis cum jubilo.

Decet digne canere,
Virginis partum extollere,
    In coelos levare.

2. Superis egreditur
  Salutis medela,
  Unde mundi oritur
  Scelerum tutela,

  Virtus orci sternitur,
  Cum Deus humani nascitur
  Generis natura.

3. Ergo tanti principis
  Freti subsidio,
  Virginis castissimae
  Solati filio,

  Tibi, pater optime,
  Confer hic et aeternaliter
  Gratias agere.

Nur C mit Mel. und der Aufschrift: Kto chcze byti wesely (Wer will lustig sein). — 1, 1 unverständlich.

197.

1. Jacob sidus canduit,
  Aaron virga floruit
  Et Jesse radix germinavit.

2. Rorat aether desuper,
  Justitiae pluit imber
  Oritur telluris arbiter.

3. Summo coeli culmine
  Egressus est pro homine,
  Nasciturus matre virgine.

4. Carnis jura superat,
  Qui cuncta tenens imperat,
  Sic casum parentis reparat.

5. Ergo nostrum singuli,
  Redempti partu nobili,
  Corde flagitemus humili.

6. Jesum Mariae natum,
  Ut gravem tollens reatum
  Nos in agmen ducat beatum.

Nur C mit der Unterschrift: Kdes tam bywal holy (Wo warst du, Nackter?). Dann folgt von der Hand des Joannes Rodericus ein Lied: Ave Jesu Christe mit der Aufschrift: Sicut: Ave Gloriosa virgo mater Christi, das sich als eine „christliche Korrektur" des letzteren ausweist. Darunter steht wieder 1546. —

198.

1. Jubar clarum emicuit
  Splendoris et radio
  Atra orbis fugavit.

2. Nullum tale contigerat,
  Aequa luce nitendo
  Maria transcenderat.

3. Hanc laudibus extollo
  Miser, asylum quaerens
  Veniam expostulo.

4. Hostes saevi captant arma,
  Ni properet gratia,
  Tristis perit anima.

5. O angeli, poli cives,
  Periculis tuendo
  Nostri sitis memores.

6. In extremo vitae die
  Nos laetanter tollite
  Ex valle miseriae.

Nur C ohne Mel. und mit der Aufschrift: Yasna zarze (Heller Schein), woraus hervorzugehen scheint, dafs wir es hier mit der Uebertragung eines böhmischen Originals zu thun haben. Die Unbeholfenheit des Lateinischen entspricht dieser Annahme.

199.

1. Laeta promat concio,
   Humana generatio,
   Cordis et vocis modulo
   Regi regum ac aeterno.

2. Qui sua clementia
   Inter creata entia
   Solum elegit hominem
   Coelestis aulae participem.

3. Locum deliciarum,
   Quem plantavit sibi carum,
   Hunc protoplasto contulit,
   Domino subjugavit.

4. Ut post prima gaudia
   Aeterna petat atria,
   Conditoris sui vultum
   Visurus in sempiternum.

5. Quem peccati macula
   Hostis antiqui jacula
   Deo exosum fecerant,
   Paradisi loco privant.

6. Clausa manent aethera,
   Porta firmata ferrea,
   Donec Dei altissimus
   Est humanatus filius.

7. Ex virginis thalamo
   Novus egreditur homo,
   Adae lapsum reparat,
   Astra serrata reserat.

8. Redempti sempiterno
   Laudes concinamus Deo,
   Qui sua nos ex gratia
   Ad coeli ducat palatia.

Nur C ohne Mel. und mit der Aufschrift: Ach, mlynarzko mlynarzko (Ach Müllerin, Müllerin). Ein Stück der Melodie ist am Ende der Seite zugeschrieben, das mit dem deutschen Volksliede von der schönen Müllerin keine Beziehung hat.

200.

1. Magna Dei summi parens,
   Virgo singularis,
   Maria,
   Tu serena stella maris
   Mundi per naufragia.

2. Omnis tibi famulatur
   Coetus angelorum,
   Maria,
   Paret ordo superorum
   Virtutum ob merita.

3. Tuo partu a reatu
   Mederis mortales,
   Maria,
   Leges frangis Avernales
   Ditis et imperia.

4. Aaron virga florens contra
   Jura rationis,
   Maria,
   Signat vellus Gedeonis
   Pudoris insignia.

5. In te vatum consummatum
   Vetus praeconium,
   Maria,
   Parit nympha filium
   Angeli per nuntia.

6. Laudes mater sume pias,
   Quos premit peccatum,
   Maria,
   Tuum natum fac placatum
   Implorata venia.

Nur C mit der Mel. Über dem Liede steht: Kdysz u meho otczi slauzil (Als du bei meinem Vater dientest); darunter: Na zmeskanau (Für die Verspätung). — 2, 5 Virtutum ob media Hsch.

201.

1. Magni parentis matrem
   Veneremur in gaudio,
   Quae partu mirifico
   Mundi exilio
   Gabrielis
   Salutem attulit
   Felici nuntio.

2. Fortunatus uterus
   Quem spiritus replet almus,
   Ultra naturae morem
   Edit virga florem,
   Aaron quondam
   Arida signata
   Veteri figura.

3. Lumen summi luminis,
   Quod micat alvo virginis,
   Jesus Christus, laudantum
   Carmen hoc in imis
   Suscipiat,
   Coetibus aequando
   Pius aethereis.

Nur C mit Mel.

202.

1. Mirifice supremus plasmator
   Casum dolens generis humani
   Exstitit reparator.

2. Verbum suum sibi coaeternum
   Ab aetheris demittens in mun-
   dum
   Per angeli nuntium.

3. In virginis pudicum thalamum
   Intrat ille, Ave dicto sincerum
   Foecundat uterum.

4. Ex spiritus almi velamine
   Progressus est filius sine semine,
   Deus casta virgine.

5. Ergo tanti patris clementiam,
   Nati in nos benevolentiam
   Flaminisque gratiam,

6. Vocum laude coelos extollamus
   Ac sincero corde jubilantes
   Gloriam persolvamus.

Nur C mit Mel. und der Aufschrift eines böhmischen Liedes, die beim Ein-
binden der Handschrift durch Abschneiden unlesbar geworden. —

203.

1. Missus ab aetherea
   Paranymphus aede,
   Nova tulit gaudia
   Ad infima terrae,
   Virginis intrans thalamum
   Certum fert nuntium,
   Humano generi
   Summum remedium.

2. O inter femineos
   Benedicta choros,
   Is, qui regit serenos
   Ab aeterno polos,
   Me tibi misit legatum,
   Gignes virgo natum,
   In te consummentur
   Praeconia vatum.

3. Te virtus obumbrabit
   Sacrati flaminis,
   Et sinus foecundabit
   Expertes seminis,
   Ne timeas, o Maria,
   Sanctissimi via
   Excellit omnia
   Mundi judicia.

4. Altissimus nam tuum
   Elegit uterum
   Et gratia refecit
   Dominus deorum,
   Quod tuo nascetur alvo,
   Claustro portae salvo
   Filius supremi
   Vocabitur Dei.

5. Indecens virgineo
   Quamvis est pudori
   Attamen aeviterno
   Haud repugno patri.
   En Dei, inquit, ancilla
   Sum, fiant in illa,
   Quae jubes, domini
   Legate maximi.

6. Cantibus extollamus
   Matrem et filium,
   Qui protoplasti vetus
   Fugat exilium,
   Victo rege tartareo
   Mater cum filio
   Post mundi terminum
   Coeli dent solium.

Nur C mit Mel. u. der Angabe: Nynij wam chczy zpiewati czo se stalo
(Nun will ich euch singen, was geschehen ist).

204.

1. Olim te virentibus
   Herbulis ornatam
   Et gemmis nitentibus
   Pango trabeatam.

2. Sardius, topasius,
   Onyx, edulius,
   Achates, ligurius,
   Jaspis et beryllus.

3. Color smaragdineus
   Virens castitate,
   Rubor carbunculeus
   Fulgens claritate,

4. Injuriam mitigans
   Laetum dat saporem,
   Iter fraudum superans
   Gratum fac victorem.

5. O Maria, humilis
   Mater Jesu Christi,
   Purpureo similis
   Decor ametysti

6. Ornat te venustius
   Et fugat venena,
   Nil plus te beatius,
   O gratia plena.

7. En mater et filia
   Pro mundi salute,
   Nato nos concilia
   Saphyri virtute.

8. Ut peccati scabiem
   Chrysolithus tergat,
   Inimice rabiem
   In sacrum demergat.

9. Colloca in patria
   Virgo nos Maria,
   Ut simus cum filio
   In aeterna gloria.

10. Tuus dilectus natus
    Det nobis solamen,
    In coelesti curia
    Deo demus Amen.

Nur C, aber zweimal, fol. B. XIX u. f. und fol. D. XII; an letzterer Stelle
fehlt Str. 4. — 6, 1 Ornet se venustius B. XIX, ornat te venusius D. XII. —
9, 4 u. f. Ut simus in aeterna Cum sanctis gloria D. XII. — 10, 1 Ut tuus
dilectus B. XIX. — Str. 9 ist an beiden Stellen von späterer Hand „christlich korrigiert". Die an beiden Orten zugeschriebenen Melodieen sind beide
ersten Tones, sonst aber durchaus verschieden.

205.

1. O mirandum commercium,
Finis et initium
Corpus sumit humanum.

2. O qui creavit singula
Deus ante saecula
Nascitur ex puella.

3. O homo sine semine
Processit ex virgine
Illibato hymine.

4. O stupenda haec natio,
Quam naturae ratio
Nescit et expressio.

5. O qui causas magnalia,
Ens summum, in saecula
Tibi laus et gloria.

Nur E ohne Mel. mit der Angabe: O negezd marku utoness (O fahre nicht, Mark, du wirst ertrinken).

206.

1. Optimus rerum conditor
Aevo vetustior,
Coeli, terrae, maris auctor,
Cunctorum fortior,
Aetherum sedens regia,
Nutu gabernans singula
Creata entia;

2. Natum sibi coaeternum
A coeli culmine
Per Gabrielis nuntium
Divo spiramine
Misit in alvum virginis,
Ut tollat noxam criminis
Humani generis.

3. O quam felix, quam venusta
Polorum cardine,
Coronata et onusta
Stellarum ordine,
Maria virgo, crederis
Mater aeterni luminis,
Levamen miseris.

4. Sancta, quae talem utero
Prolem edidisti,
Tuo partu virgineo
Mundo contulisti
Salutem et remedium,
Sceleratis subsidium,
Lumen fidelium.

5. Laus patri sit ingenito
Superis regnanti,
Sit nato Deo inclyto,
Utriusque flanti
Sit coaequalis gloria
Cum diva matre Maria
Cuncta per saecula.

Nur C ohne Mel. Ein Teil derselben ist unten beigeschrieben sowie die Worte: Zwolil sem sobie newím czo (Ich wählte mir, ich weifs nicht was).

207.

1. Orbis salus oritur,
   Plaudite mortales,
   Salvati concinite
   Laudes triumphales;
   Mentibus sinceris
   Tripudiantes psallite
   Auctori de coelis.

2. Pudore progreditur
   Natus virgineo,
   Divo qui praedicitur
   Angeli muntio,
   Ex luminum patre,
   Inviolata matre,
   Prisco vaticinio.

3. Tibi patri aeterno
   Cum nati numine
   Sit simul et sacrato
   Gloria flamine,
   Virginis per alvum
   Reatum deus salvum
   Effecit in homine.

Nur C mit der Mel.

208.

1. Os almi nam te legati
   Jussu patris increati
   Matrem fecit Dei nati.

2. Maria, florum specimen,
   Ob miserorum levamen
   Te foecundat sacrum flamen.

3. Ab antiquo es praescita,
   Adae dudum deperdita
   Per te restauratur vita.

4. Tui ventris dulci fructu
   Patres sanctos in conflictu
   Misero solvis a luctu.

5. Laeta laetior crederis
   Esse virgo in superis
   Tuo partu prae ceteris.

6. In nostrae mortis agone
   Ora natum et die prone:
   Miserere Jesu bone.

Nur C mit Mel. u. der Überschrift: Procz kalina w struze stogij (Warum steht der Schneeballstrauch im Graben). Ob nicht Str. 1 u. 2 verstellt sind? Wenn nicht, dann war das Lied bestimmt, sich an ein vorhergehendes (Almi tonantis nobilis) anzulehnen.

209.

1. Patris increati pietas,
   Dum humani generis nefas
   Ab antiquo invaluit,
   Salutem hanc ordinavit.

2. A summo coelorum culmine
   Ad haec usque infima terrae
   Natum sibi coaequalem
   Misit orbi salvatorem.

3. Per almi pneumatis virtutem
   Virgineum fecundans ventrem,
   Effecit ut Deus homo
   Vulneri juvet humano.

4. Inaudite mira natio!
   Virgo credens verbi nuntio
   Concipit sine semine
   Salvo pudoris hymine.

5. Laetemur principis exortu,
Statuti salutis in portu,
Vacuatos sceptro mortis
Jam tuetur gigas fortis.

6. In sede qui residet poli,
Maris gubernator et soli,
Tartarea frangens castra
Serena contulit astra.

7. Omnis ergo coetus hominum
Gratuito corde Dominum
Collaudando deprecare,
Secum donet conregnare.

Nur C mit der Überschrift: Powiediela Sybilla dale (Sagte die Sybille weiter) und beigeschriebenem Anfang der Melodie d f a g e.

210.

1. Salve virgo nobilis,
Ab aeterno stabilis
In virginitate,
Quae Deo placabilis
Exstas et amabilis
In humilitate.

2. Ex te summus oritur,
Qui pro reis moritur
Salutem quaerendo;
Hic a nobis colitur,
Laudibus extollitur
Digne vernerando.

3. Nil tibi suavius,
Nil corde jucundius,
Quam Jesus filius;
Ejus audi tu servos,
Choros in aethereos
Cantus offer nostros.

Nur C ohne Mel. und mit der Aufschrift: Stuoy formanku nehybay (Steh' Fuhrmann, rühre nicht). —

211.

1. Sed laceratum Dei
Miserentis pietas
Cernens orbem, per hostis
fraudem
Dum perit aequitas;

2. Qui primaevos parentes
Aedibus voluptatis
Fallax verbo suasu superbo
Traduxit mandatis;

3. Ne mortis imperio
Plutonis durent jura,
Omnis quibus esset humana
Caro peritura:

4. Misit rex superorum
Ab arce siderea
Vallem in hanc miserorum
Salutis nuntia.

5. Haec legatus Gabriel
Divae fortitudinis
Nasciturum fert Emanuel
Ab alvo virginis.

6. Ave, inquit, Maria,
Sponsa patris aeterni,
Flaminis almi quae gratia
Mater exstas Christi.

7. Credit nympha nuntio,
   Mirum concipit verbum,
   Pudore manens virgineo
   Casta gignit natum.

8. Ergo patrem filia,
   Natum mater implora,
   Ut haec nobis post exilia
   Det regna superna.

Nur C mit der Mel. — Korrektur zu Str. 8 von der Hand des Johann Roderich von Choteřina: Ergo Jesu Maria nate patrem implora. — Das Lied fängt sonderbar genug mit Sed an, woraus hervorgeht, dafs es entweder als Teil in eine ganze Reihe von Liedern gehörte, oder dafs Strophen ausgefallen sind. —

212.

1. Summi, increati,
   Patris aeterni,
   Humanitus dati,
   Geniti sui
   Memores agamus
   Gratias cernui.

2. Rerum ab antiqua
   Hic origine
   Protoplasti venit
   Ut pro crimine
   Ferat opem sauciis
   Medicamine.

3. Nil physicae vires
   Prosunt vulneri,
   Nil gemmae nec valet
   Species auri
   Succurrere lapso
   Generis humani;

4. Donec conditoris
   Unigenitum
   Virgineus prodit
   Venter in mundum,
   Tunc sperata salus
   Oritur hominum.

5. Tibi Christe, nate
   Matris unice,
   Per patrem qui missus
   Es mirifice,
   Pneumate sacri
   Partus opifice,

6. Aeviterna salus
   Et laudatio,
   Coelo, terra, mari
   Jubilatio,
   Uni Deo summa
   Sit benedictio.

Nur C mit der Mel. —

213.

1. Supremus rerum conditor,
   Coelestis aulae et rector
   Protoparentis casui
   Praeclari geniti sui
   Medetur missione.

2. Fortis veniens aetheris
   Intrat thalamum virginis,
   Angelus miro nuntio
   Fecundam profert fiilio
   Salva virginitate.

3. Stupet pudoris conscia
   Virilis thori nescia,
   Sed credens verbo numinis
   Mox jura contraxit matris
   Pia humilitate.

4. Ergo tuus, mater, natus
   Nostros abstergens reatus,
   Implora, clementissima,
   Hac de mundi miseria,
   Poli nos ducat aedam.

Nur C mit Mel. unter dem Liede: Na to se sstjestije zdarzilo (Auf dies ist das Glück gekommen).

214.

1. Venit ab aetlicreo
   Paranymphus parente,
   Virginis in thalamum
   Nezareth manente.

2. Laeta ferens nuntia
   A superis secum,
   Ave, inquit, gratia
   Plena, dominus tecum.

3. Cogitat altissimi
   Virgo ad se legata,
   Miratur castissima,
   Quod sit foecundata.

4. Zelo celsi numinis,
   Angelus hoc respondet,
   Vi divini flaminis
   Parituram pandit.

5. Ex alvo progreditur
   Natus magni tonantis,
   Mundi lapsis oritur
   Medicamen ab altis.

6. Kyrie cunctipotens;
   A superna sede
   Vota suscipe clemens,
   Nobis miserere.

Nur C mit der Aufschrift: Stary gede (Der Alte fährt), aber ohne Mel. —

215.

1. Virgini gloriosae,
   Supra solem speciosae,
   Odas novas concrepantes
   In laudem assurgamus.

2. Evae noxam abstulit,
   Dum salutem intulit,
   Mundo lapso subveniendo
   Auxilium praebuit.

3. O mira virginitas,
   O venusta castitas,
   Gignis natum increatum
   Ob hominis reatum.

4. Nil valet homuncio,
   Nec sufficit ratio,
   Nymphae partum exprimere,
   Quam gratias agere.

5. Plasmatori cunctorum,
   Regi summo polorum,
   Regnanti per saecula,
   Honor laus sit et gloria.

Nur C mit der Aufschrift: Wijmt ya bagek (Ich weifs von einem Haine), aber ohne Mel. —

216.

1. Vita mundo prodiit,
   Laeta, mortales,
   Carmina resonate
   Virginis in laudes.

2. Lucifero clarior
   Micat Maria,
   Est gemmis nitidior
   Castitate varia.

3. Kyros hanc aethereus
   Visam desuper
   Sublimat prae omnibus,
   Puritatis arbiter.

4. Humilis exstitisti
   Verbo coelico,
   Utero concepisti
   Nuntio angelico

5. Vatum in te scripturae
   Datae coelitus
   Extra jura naturae
   Complentur divinitus.

6. Summus tui corporis
   Intrans thalamum,
   Noxa solvit sceleris
   Omne genus humanum.

7. Infirmatur uterus
   Castus virginis,
   Egreditur filius
   Lumen veri luminis.

8. Damnum vetus veteris
   Adam vintulit,
   Fructum novum miseris
   Novus Adam retulit.

9. Victa lege tartari
   Salus oritur,
   Turbans sceptra inferi
   Coeli regnum firmatur.

10. Maria laudantibus
    Posce veniam,
    Te nati petentibus
    Obtineto gratiam.

Nur C ohne Mel. mit der Aufschrift: Elsska mila srdeczna (Elslein, liebes herzliches). Dieser Liedanfang weist auf unser deutsches Volkslied: „Ach Elslein, liebes Elslein, wie gern wär' ich bei dir." (Böhme, Altdeutsches Liederbuch No. 24.) Das Versmafs stimmt, ebenso die in unserem Manuskript am Rande bemerkte Tonart Re.

BEILAGEN.

Sal - - - - - - ve Ma-ri - a, vir-gi-num re - gi - na,
O sa - lu-ta-ris mi-se-ro-rum por - tus,

Di - a coe-li hier-ar-chi - a, Nau-fra gan-tum vi - a
Or - tus et con-clu-sus hor - tus Ex te sol est or - tus,

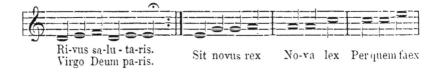

Ri-vus sa-lu - ta-ris.
Virgo Deum pa-ris. Sit novus rex No-va lex Per quem faex

Ve-te-ris pec - ca - ti Ut in au - la summi cre-a - to - ris

O - ris Ju - gi - ter ho - no - ris An - ge - lo-rum cho - ris

Re - gne - mus be - a - ti.

II.

München. Cgm. 716. 15. Jahrh.

In ma-tu - ti-nis patris sa - pi-en-ti-a   Clemen-ti - a
Turba dis - ci-pu-lo-rum fu - gam ca-pi-ens   Et ra-pi-ens

Summa lux an-ge-lo-rum   Ma - ni-bus re - o-rum
Je-sum plebs in-qui-na - ta   Ut scrip-tu-ra ra-ta

De-us ho-mo ad-du-ci-tur Fal-la-ci-ter e - o-rum
Ma-ne-ret ex o-ra-cu-lis Prophe-ta-rum pro-la-ta

Fraude su-i dis-ci - -pu-li Tra-di-tur vo-lun-ta - ti.
O mi-ra pa-ti-en - -ti-a De-i pa-tris ac na-ti.

Quae De-us pa-ter vo-lu-it Fi-li-us is-ta co-lu-it

qui pro no-bis do-lu-it Qui nos pe-ri-re no-lu-it

Id-cir-co carnem mo-lu-it Sa-tis horrenda pas - -si-o

Pa-rendo De - i-ta - ti.

III.

Prager Hsch. XI. E. 2.

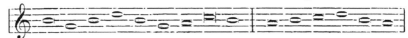

A - ve sanc-tis-si - ma re - gi - na   Gra - ti - a di - vi - na
Te rex re-gum de - us de - o - rum   Di - e - rum mul-to-rum

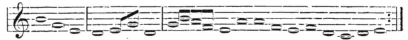

Quam tri-na be-a - vit An - - te nec post cre-a-vit ma-jo-rem te
Pro mo-rum vir-tu - te Spou - - sam in se-nec-tu - te tra-xit ad se

Mi - ra res an - ge-lum e - mi - se - rat tan-tum pla - cu - i - sti

Ple - na es gra - ti - a qui di - xe - rat Ver - bo con - ce - pis - ti

Vir - go per-man - si - sti   Di - xi - sti   Se - cun - dum

ver - - bum tu-um jo-cun-dum fi - at in me.

IV.

Hohenfuiter Hsch. 1410.

Mit - ti - tur arch-an - ge - lus fi - de - - lis   Ad Ma - ri - am
In - gres-sus hic nun - ti - at a - moe - - na   A - ve in-quit

vir-gi-nem de coe - - - - lis   An-ti-quis quae la-tu - e - re ve-lis
gra - ti-a tu ple - - - - na   Haeres te-cum ma-net vi - tae ve-na

Vox haec pa-te-fe-cit Ga-bri-e-lis.
In-ter om-nes fe-mi-nas so-re-na.
Laetentur Chri-sti-co-lae so-lu-ti

Pha-ra-o-nis vin-cu-lis ver-su-ti Li-be-ri de-ser-vi-ant vir-tu-ti

Mun-di pompas calcantes pol-lu - - - - - - - - - - ti.

V.

Prager Hsch. VI. C. 20.

I.

A - ve tri - ni - ta - tis cu - bi - le A - ve ca - sti - ta - tis
A - ve no - ci - vo - rum fu - ga - trix A - ve vi - ti - o - rum

II.

se - di - le Ple-num gra - ti - a
cu - ra - trix Cul-pae nes - ci - a.
O - pi - fex qui re - git

Sum-ma et in - fi - ma Te ma-trem si - bi prae-e - le - git,

III.

O sanc-tis - si - ma. Ma - - ri - a te ro - ga-mus

Suc-cur-re ne pe - ta-mus I - ma.

VI.

Kantional von Jistebnicz ca 142?.

Versus.

Nunc an - ge - lo - rum glo - ri - a   Ho - mi - ni - bus
Quam ce - le - bris vic - to - ri - a   Re - co - li - tur

Repetitio.

res - plen - du - it in mun - do   No - vi par - tus gau - di - um
et   cor - de lae - ta - bun - do.

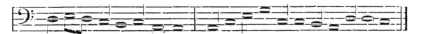

Vir - go   ma - ter pro - du - xit   Et sol ve - rus in te - ne - bris il - lu - xit

Tropus.

Haec er - go cum gau - di - o   fe - sta ce - le - bre - mus   Et i - psam cum par - vu - lo

Ma - ri - am sa - lu - te - mus.

VII.

Prager Hsch. VI. B. 24.

In tu - a - mur e - ni - xam vir - gun - cu - lam   Quae nos su - a pre - ce
Je - su Chri - sti matrem atque fi - li - am

Sal - va - vit a - ne - ce   Sca - bi - es dissolvens Dae - mo - nis a fae - ce.

VIII.

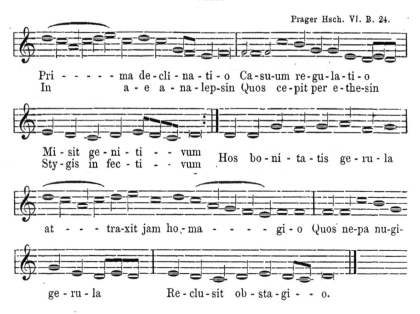

Prager Hsch. VI. B. 24.

Pri - - - - - ma de-cli - na - ti - o Ca-su-um re-gu-la-ti-o
In   a - e a - na-lep-sin Quos ce-pit per e-the-sin

Mi - sit ge - ni - ti - - vum   Hos bo - ni - ta - tis ge - ru - la
Sty - gis in fec - ti - - vum

at - - - tra-xit jam ho.-ma - - - - gi - o Quos ne-pa nu-gi-

ge - ru - la   Re - clu-sit ob - sta-gi - - o.

IX.

Hohenfurth. Hsch. 1410.

Je-sus   Chri - stus nos-tra sa - - - lus   Quod re-cla-mat om-nis
O quam sanc - tus pa-nis is - - - te   Tu so-lus es Je-su

ma - - - lus   No - bis su - i me-mo - ri - am
Chri - - - ste   Pa - nis ci - bus sa - cra-men - tum

De-dit in pa-nis ho-sti - am.   E - - - - - - - - ja
Quo nunquam majus in-ven - tum.

ju - bi - la - - te   vo - ces at - tol - li - te.

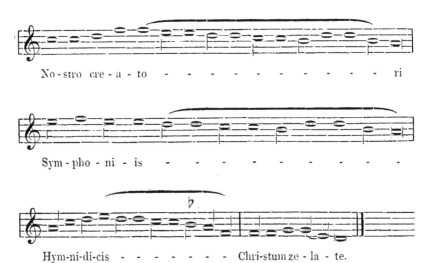

No-stro cre - a - to - - - - - - - - - - ri

Sym - pho - ni - is - - - - - - - - -

Hym-ni-di-cis - - - - - - Chri-stum ze - la - te.

X.

Strahover Hsch. von 1598.

Gau-de - a-mus pa-ri-ter Om-nes et sin-gu-li De vir-gi-ne na-sci-tur

Sal - va - tor sae - cu - li.

XI.

Hohenfurter Hsch. 1410.

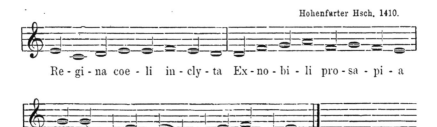

Re - gi - na coe - li in-cly - ta Ex - no - bi - li pro-sa - pi - a

Co - ro - na di - gni-ta - - tis.

XII.

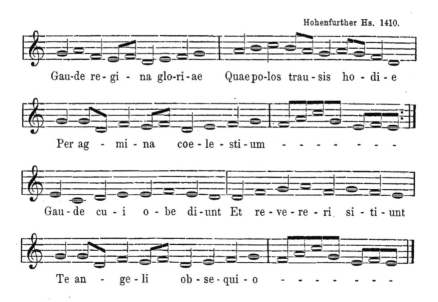

Gau-de re - gi - na glo-ri - ae Quae po-los trau - sis ho - di - e

Per ag - mi - na coe - le - sti - um - - - - - -

Gau - de cu - i o - be di -unt Et re - ve - re - ri si - ti - unt

Te an - ge - li ob - se - qui - o - - - - - -

XIII.

Di - es est lae - ti - ti - ae In or - tu re - ga - li Nam processit ho - di - e

Ventre vir - gi - na - li Pu-er ad-mi-ra - bi - lis Totus de-lec-ta - bi - lis

In hu-ma-ni-ta-te Qui in-aes-ti-ma-bi-lis Est et in ef-fa-bi-lis

In di - vi - ni - ta - te.

XIV.

Kantional von Jistebnicz ca. 1420.

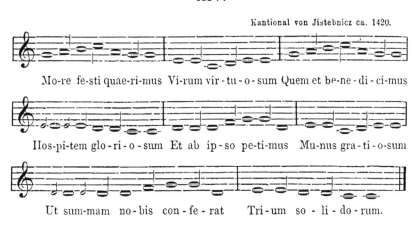

Mo-re fe-sti quae-ri-mus Vi-rum vir-tu-o-sum Quem et be-ne-di-ci-mus

Hos-pi-tem glo-ri-o-sum Et ab ip-so pe-ti-mus Mu-nus gra-ti-o-sum

Ut sum-mam no-bis con-fe-rat Tri-um so-li-do-rum.

XV.

Prager Hsch. XIII. H. 3. c. ca. 1320.

In lau-di-bus in fan-ti-um

Psal-lat cho-rus fi-de-li-um.

XVI.

Prager Hsch. XIII. H. 3. c. ca. 1320.

Pu-er na-tus in Beth-le-hem Un-de gau-det Je-ru-sa-lem

As-sum-psit car-nem fi-li-us De-i pa-tris al-tis-si-mus.

Per Ga-bri-e-lem nun-ti-um Vir-go con-ce-pit fi-li-um.

XVII.

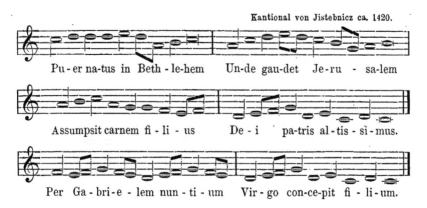

Kantional von Jistebnicz ca. 1420.

Pu - er na-tus in Beth - le-hem   Un-de gau-det Je - ru - sa-lem

Assumpsit carnem fi - li - us   De - i   pa-tris al - tis - si - mus.

Per Ga - bri - e - lem nun - ti - um   Vir - go con-ce-pit fi - li - um.

XVIII.

Prager Hsch. V. H. 11. 14. Jahrh.

In lau - dem sanc - ti spi - ri - tus   Al - le - lu - ja.

De - can - - tet   om - nis   spi - ri - tus.

XIX.

Prager Hsch. V. H. 11. 14. Jahrh.

Sur - re - xit Chri-stus ho - di - e   Al - le - lu - ja, Al - le - lu - ja.
Hu - ma - no pro so - la - mi - ne   Al - le - lu - ja, Al - le - lu - ja.

XX.

Prager Hsch. V. H. 11.

Pan-ga-mus me-los glo - ri - ae   Re - gi re - gum vic - to - ri - ae.
Al - le - lu - ja   Al - le - lu - ja   Al - le - lu - ja Al - le - lu - ja.
Qui na-tus est de vir - gi - ne   Et nos re - de - mit san - gui - ne.
Al - le - lu - ja   Al - le - lu - ja   Al - le - lu - ja Al - le - lu - ja.

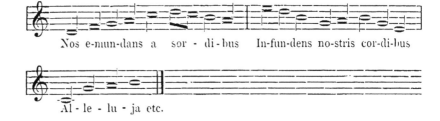

Nos e-mun-dans a sor - di-bus In-fun-dens no-stris cor-di-bus

Al - le - lu - ja etc.

XXI.

Hohenfurther Hsch. 1410.

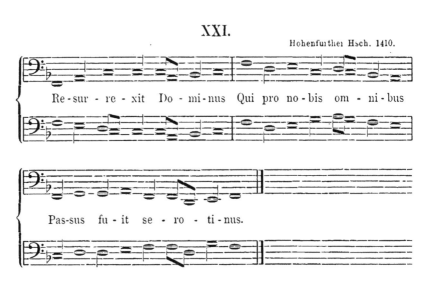

Re - sur - re - xit Do - mi - nus Qui pro no - bis om - ni - bus

Pas-sus fu - it se - ro - ti - nus.

XXII.

Hohenfurther Hsch. 1410.

Superior nota.

Sur - re - xit Chri - stus hô - di - e Al - le - lu - ja

Inferior nota.

Hu - ma - no pro so-la-mi-ne Al - le - lu - ja, Al - le - lu - ja.

XXIII.

Kantional von Jistebnicz.

In hoc an - ni cir - cu - lo Vi - ta da - tur sae - cu - lo

Na - to no - bis par - vu - lo Per vir - gi - nem

na - to no - bis par - vu - lo per vir - gi - nem Ma - ri - am.

XXIV.

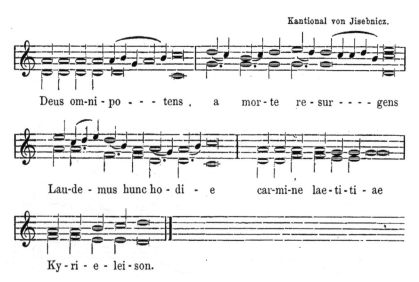

Kantional von Jisebnicz.

Deus om - ni - po - - - tens, a mor - te re - sur - - - - gens

Lau - de - mus hunc ho - di - e car - mi - ne lae - ti - ti - ae

Ky - ri - e - lei - son.

XXV.

Prager Hsch. VI. B. 24. 16. Jahrh.

Ja - cen-ti in cu - na-bu - lo   Re-gen-ti cunc-ta ver - bu - lo

XXVI.

I. Wittinganer Hsčh. d. 15. Jahrh.
II. Brüderkantional 1576.

I.

Sur-git in hac di - e   Christus Dominus   Sus - tu-lit qui pi - e

II.

Vstalť jest té-to chvíle   ctný Vy-ku-pi-tel   Je-žíš Kri-stus mi - le

Pro ho - mi - ni - bus   Du-ram mar-tem cru - cis   Tru-cis

svě-ta Spa - si - tel,   jenž pro hří-chy na - še   on vstá-še

Hos-tis a vin - clis spo - li - a   tra-hens om - ni - a.

roz-piat na kři - ži ne - vin - ný   náš Bůh je - di - ný.

Inhalts-Verzeichnis.

13**

Nachträge und Berichtigungen.

S. 4 Zeile 1 v. u. lies B o n i f a t i u s statt Bonifacius.

S. 7 Zeile 6 v. o. lies „ohne Angabe einer zuverlässigen Quelle" statt „ohne jede Angabe seiner Quelle".

S. 17 Zeile 13 v. u. lies „und fängt, lebhaft an ein bekanntes Gedicht Brentanos erinnernd" u. s. w.

S. 33 Zeile 2 v. o. lies p r o x i m u s statt proxirmus.

S. 35 Zeile 8 v. o. lies „des s e c h z e h n t e n und siebzehnten" statt „des vierzehnten und siebzehnten Jahrhunderts".

S. 35 Zeile 13 v. o. lies c o e l i t u s statt colitus.

S. 37 Zeile 4 v. o. lies p r o d i i t statt produit.

S. 38 Zeile 13 v. o. lies „d i e s e s selbst" statt „dieser selbst".

S. 39 u. f. Man beachte aus dem Chronicon Francisci Pragensis L. II. c. 19 „De novitatibus morum, quae temporibus regis Johannis ortum habuerunt", die folgende Stelle: „Cantus fractis vocibus per diatessaron et diapente modulatus jam in choreis ubique resonat et plateis. Choreae magistrales morosae et delicatae jam non curantur, sed lagii, cursorii et breves nunc frequentantur." Scriptt. rer. Bohem. II, 163.

S. 41. Das Notenbeispiel ist genau nach dem Codex Altovadensis, also ohne Vor- beziehungsweise Einzeichnung, wiedergegeben. Dabei versteht sich für die Melodie von selbst, dafs die ersten beiden h zur Vermeidung des diabolus in musica als verminderte anzusehen sind.

S. 53. Der Leich No. 9 ist gearbeitet mit Material aus dem Amictus beatissimae virginis Mariae von dem Karthäuser Konrad von Hainburg. Mone II, 440. Daraus bestimmt sich das Alter des Leiches.

S. 111. Meine Vermutung betreffs des Liedes No. 86 hat sich nachträglich bestätigt. Str. 1—5 stammen aus einem langen Gedichte, das sich als Jubilus beati Bernhardi abbatis de gaudiis Mariae in der Prager Hsch. XIII E 3 befindet. Str. 6—9 sind dem Crinale des Konrad von Hainburg (Mone II, No. 507) entnommen.

S. 123. Von dem Liede No. 104 habe ich nachträglich den Verfasser ermittelt. Es ist der dritte Prager Erzbischof Johann von Jenstein, † 1400. Vgl. „Die Hymnen Johanns von Jenstein, Erzbischofs von Prag, zum erstenmal herausgegeben von Guido Maria Dreves S. J. Prag 1886. Cyrillo-Methodsche Buchdruckerei (J. Zeman u. Comp.).

O. A. M. D. G.

Pierer'sche Hofbuchdruckerei. Stephan Geibel & Co. in Altenburg.

ANALECTA HYMNICA

MEDII AEVI.

II.

HYMNARIUS MOISSIACENSIS.

Das Hymnar der Abtei Moissac

im

10. Jahrhundert.

Herausgegeben

von

Guido Maria Dreves,

S. J.

Leipzig.

Fues's Verlag (R. Reisland).

1888.

HYMNARIUS MOISSIACENSIS.

Das Hymnar der Abtei Moissac

im

10. Jahrhundert.

Nach einer Handschrift der Rossiana.

Im Anhange:

a. Carmina scholarium Campensium.
b. Cantiones Vissegradenses.

Herausgegeben

von

Guido Maria Dreves,
S. J.

Leipzig.
Fues's Verlag (R. Reisland).
1888.

Vorwort.

I.

Seit längerem mit den Vorarbeiten für eine Geschichte der lateinischen Hymnodie beschäftigt, wurde mir, je mehr ich dieselben zu fördern vermochte, um so klarer, daſs die mir gesteckte Aufgabe mit dem bisher freigelegten Materiale nur in höchst ungenügender Weise sich lösen lasse. Die Geschichte einer Litteratur läſst sich nicht wohl schreiben, solange dieselbe, wenn auch nicht zur besseren, so doch jedenfalls zur gröſseren Hälfte in Handschriften begraben liegt, von denen die meisten wenigen, viele so gut wie keinem zugänglich sind. Hatte ich mich anfänglich mit der Hoffnung getragen, den beabsichtigten historisch gegliederten Bau über den von unseren deutschen, englischen und französischen Sammlern, vor allen über den von Daniel und Mone gelegten Fundamenten aufrichten zu können, so muſste ich, seit ich zur gegenteiligen Erkenntnis gelangt war, mich wohl oder übel entschlieſsen, zunächst die Fundamentierungsarbeiten zu ergänzen und zu vervollständigen, d. h. das verschüttete hymnologische Rohmaterial soweit und solange zu fördern, bis ein richtiger Überblick über das Ganze werde ermöglicht sein. Diesen Vorarbeiten für eine dereinstige Geschichte der Hymnologie soll die Sammlung dienen, deren zweites Bändchen hier vorliegt.

Der Zweck dieser Analekten ist somit ein anderer als der von Mones Anthologie, die es nirgends auf Erschöpfung ihres Gegenstandes abgesehen hat, oder von Daniels Thesaurus, der das gesamte zugängliche Material, nach historischen und liturgischen Gesichtspunkten geordnet, zu umspannen die Absicht hatte. Auch zu einem solchen Thesaurus, der gleichfalls ein schreiendes Bedürfnis geworden, seit das einst klassische Werk Daniels derart überholt erscheint, daſs eigentlich nur die gut gearbeiteten Indices des fünften Bandes noch von praktischer Bedeutung sind; auch zu einem solchen Thesaurus, sage ich, dürfte sich diese Sammlung als eine unerläſsliche Vorarbeit erweisen. Bei derselben wird es mein Bestreben sein, da nun einmal die Ordnung, wie sie ein Thesaurus bieten müſste, hier von vorneherein ausgeschlossen ist, daſs jedes Bändchen als ein abgerundetes und in sich geschlossenes Ganze auftrete, wie dies bereits mit dem ersten Hefte der Fall gewesen. Und zwar kann ich nach dem jetzigen Stande meiner Arbeiten als gesichert betrachten einen Band Sequenzen — also eine Ergänzung zu der bisher reichhaltigsten Sammlung von Kehrein, deren rund 900 Nummern ich nach noch nicht anderthalbjährigem Sammeln bereits über 700 weitere hinzufügen könnte: einen Band Hymnen, einen Band Reimofficien, einen Band Reimgebete und Leselieder. Um diese Punkte nämlich muſs man das vaste Material der s. g. Adespota sich krystallisieren lassen, soll nicht (wie leider in so manchen Sammlungen) das Disparateste und Unzusammengehörigste in bunter Mischung durcheinandergärend eine unentwirrbare Konfusion überall da zurücklassen, wo die seltene Kenntnis der katholischen Liturgie, noch dazu die historische Kenntnis derselben, abgeht. Wie sich die von bestimmten Verfassern herrührenden Lieder werden einreihen lassen, vermag ich selbst für den Augenblick noch nicht abzusehen,

Nachdem ich so Zweck und Methode dieser Sammlung im groſsen und ganzen gekennzeichnet, wird es vielleicht manchem Leser auffallen, daſs ich mich mit diesem zweiten Bändchen einigermaſsen von der mir vorgezeichneten Linie entferne; ich bin mir dieser Abweichung sehr wohl bewuſst, glaube indes, daſs die starre Konsequenz in diesem Falle zum Nachteile der Sache gereichen würde.

In der dem Generale der Gesellschaft Jesu gehörigen, zur Zeit, der augenblicklichen Zustände Italiens halber, unter dem Schutze Sr. k. u. k. apost. Majestät hieher geflüchteten s. g. bibliotheca Rossiana fand ich nämlich eine Handschrift wieder, die bereits im Jahre 1854, als sie sich noch in Rom in der Bibliothek des Can. Rossi befand, von Bethmann benutzt und beschrieben wurde [1]). Die Handschrift ist ein Hymnarium des 10. Jahrh., aus der Abtei Moissac im südlichen Frankreich stammend. Hätte ich mit der Handschrift wie mit allen anderen verfahren, so hätte ich, das einmal Veröffentlichte bei Seite lassend, die noch unbekannten Lieder nach liturgischen Gesichtspunkten geordnet unter die übrigen Hymnen meiner Sammlung verteilt, wo sie dann unter der Masse — Hymnen im strengsten Sinne des Wortes sind schon jetzt an 800, im weitesten zwischen 3 bis 4000 — so untergegangen wären, daſs die Handschrift als solche völlig aus dem Auge verschwunden wäre. Bei dem Interesse, das dieselbe ihres Alters, ihrer Herkunft und ihres Inhaltes wegen beansprucht, konnte ich mich zu einer solchen Aufsaugung derselben nicht entschlieſsen und zog es vor, ihren Inhalt beisammen zu lassen und das Hymnarium Moissiacense, so wie es war und ist, als ein Ganzes zu veröffentlichen, ein Seitenstück zu dem durch Muratori bekannt gewordenen Antiphonarium Benchoriense, dem es an Alter wenig, an Interesse und Bedeutung für die hymnologische Forschung wohl gar nicht nachsteht.

Der Umstand, der am meisten gegen diese Behandlung der Handschrift sprach, war der, daſs ich auf diese Weise gezwungen wurde, entweder eine ungenieſsbare Variantensammlung statt eines Hymnars zu edieren, oder aber eine groſse Anzahl hinlänglich bekannter und des öftern edierter Texte von neuem abzudrucken, wogegen sich mein Gefühl um so mehr auflehnte, als gerade dieses Verfahren bei mehreren neueren Hymnensammlungen mich recht unangenehm berührt hatte. Die Inedita des Codex Moissiacensis verhalten sich nämlich zu den bei Daniel, Mone u. a. bereits befindlichen wie 51 zu 90, bilden also ein starkes Drittel des Gesamtinhaltes. Dennoch beruhigte ich mich dieses Neudrucks wegen völlig, nicht nur als ich sah, daſs viele dieser bereits bekannten Hymnen in der Handschrift mit bedeutenden Abweichungen auftraten, deren eine künftige kritische Textedierung der Hymnen nicht entbehren dürfe (bei einzelnen Hymnen finden sich ganze Strophen zugesetzt, wie bei Quem terra, Almi prophetae, Urbs beata, Jam

---

[1]) Archiv der Gesellschaft für ältere deutsche Geschichtskunde. Herausgegeben von G. H. Pertz. B. XII. S. 409.

ter quaternis); sondern mehr noch, als ich wahrnahm, in welcher Weise so manche dieser Lieder bisher ediert worden. Nicht wenige derselben, und es handelt sich meist gerade um sehr alte Lieder, finden sich nur bei Daniel; prüft man seine Quellen, so findet sich gar nicht selten, daſs keine einzige handschriftliche Aufzeichnung seinem Texte zu Grunde liegt, daſs derselbe vielmehr schlechthin den Hymnensammlungen des 16. und 17. Jahrhunderts entnommen, mithin für die textliche Sicherstellung des betreffenden Liedes seit einigen hundert Jahren nichts geschehen. So ist, um nur ein Beispiel zu erwähnen, von dem schönen Marienhymnus O quam glorifica` bei Daniel I, 245 nur die erste Strophe angeführt unter Verweisung auf Hilarius, Wimpheling etc.; Band IV, 188 geschieht dann der Abdruck des ganzen Liedes, ob ex recentiori Praemonstratensium breviario oder aus den Band I genannten Sammlungen, bleibt ebenso ungewiſs, als die Herkunft der unterm Text verzeichneten Varianten. Der gewiſs interessante Hymnus Alleluja dulce carmen ist bei Dan. I, 261 ohne Angabe jeder Quelle mitgeteilt; IV, 152 erscheinen einige Varianten desselben Liedes wieder ohne jede Genealogie. Für eine Reihe dieser Lieder hat erst Mone eine handschriftliche Grundlage geboten; aber auch diese ist für viele wieder recht spärlich, oft eine einzige Handschrift, oder Handschriften des 14. und 15. Jahrh. für Lieder von beträchtlichem Alter, z. B. Jam Christe sol iustitiae, Jam Christus astra ascenderat, Lignum crucis mirabile, Chorus novae Jerusalem etc. etc. Nach diesen Wahrnehmungen schien es mir kein bloſser Luxus mehr zu sein, jene Lieder aus einer Quelle wie die vorliegende zu wiederholen.

Der Codex Moissiacensis, um auf die nähere Beschreibung der Handschrift zu kommen, ist ein Cod. memb. in 8⁰, 22,9 zu 13,9 cm. Was sein Alter betrifft, so ist derselbe sowohl von de Rossi als von Bethmann, sowie von mehreren Sachverständigen, denen ich die Handschrift vorlegen konnte, darunter Professor Dr. E. Mühlbacher dahier, übereinstimmend dem 10. Jahrhunderte zugewiesen worden. Die Herkunft derselben aus der Abtei Moissac ist zwar nur durch eine sehr späte Zuschrift auf fol. 1 a bezeugt; es liegt indes kein Grund vor, die Angabe in Zweifel zu ziehen, da der gaskonische Charakter der Handschrift sowohl durch mancherlei Eigentümlichkeiten der Schreibung (von denen weiter unten), als auch durch den Inhalt (sie enthält Hymnen

auf eine Reihe specifisch aquitanischer Heiliger) bezeugt ist.
Auf das dem hl. Petrus geweihte Moissac[1]) insbesondere weist
nicht undeutlich der Umstand, dafs unter den Hymnen nicht
weniger als sieben auf Petrus (beziehungsweise Petrus und Paulus)
sich finden.

Die Stiftung der Abtei, deren Lage die Annales O. S. B. als
in pago Cadurcino ad confluentes Sarae (Sère) in Tarnum (Tarn)
bestimmen, wird bald Chlodwig, bald Chlotar II. zugeschrieben,
erfolgte aber auf alle Fälle bereits im 7. Jahrhundert. Unter
wechselvollen Schicksalen, indem geistliche Würdenträger und
weltliche Machthaber sich um den Besitz des mächtigen Klosters
bemühten, welches in der Folge zeitweise bis zu vier Äbten,
zwei geistliche und zwei s. g. weltliche Äbte (Vögte) hatte, er-
hielt sich die Abtei, seit 1047 zur Reform von Clugny zählend,
bis sie durch Dekret Pauls V. vom 9. Juli 1618 in ein weltliches
Stift umgewandelt wurde, eine Bestimmung, die indes über
Einspruch Clugnys erst 1626 verwirklicht wurde. Näher auf
die Geschichte der Abtei einzugehen, ist natürlich nicht dieses
Ortes. Die besten zusammenhängenden Nachrichten fand ich
in Dionysii Sammarthani Gallia Christiana (ed. 1716) I, 158—171,
woselbst auch die series abbatum; viel zerstreutes Material
bietet die Histoire générale du Languedoc, einiges Mabillons
Annales.

Unsere in Rede stehende Handschrift, zu dieser zurückzukehren, enthält jetzt 107 Blatt; in vollständigem Zustande
enthielt sie deren zwei mehr, da von der ersten Lage der
äufserste Bogen, die eigentlichen fol. 1 u. fol. 8 fehlen, wodurch
leider die Lücke in No. 24 verursacht ist. Inhaltlich ist die
Handschrift ein Hymnar, das indes auch die im Monasticum gebräuchlichen Cantica der 3. Nocturn enthält. Sie zerfällt in drei
Teile, eine erste gröfsere Serie von Hymnen (fol. 1 a—48 b) und
Cantica (fol. 49 a — 61 b); eine zweite Serie, ebenfalls Hymnen
(fol. 61 b—70 a) und Cantica (fol. 70 a—71 a); endlich fol. 71
beginnend und bis zum Schlusse fortlaufend, eine Reihe von Nach-

---

[1]) „. . . Leotadio abbati vel omni congregationi Moissiacensi, quod infra
pago Caturcino (sic) in honore Sancti Petri constructum esse videtur". .
Mabillon, Annales O. S. B. I, 686. Moysiaci quoque loco in dioecesi eiusdem
ecclesia super fluvium Tarnis in honore SS. apostolorum Petri et
Pauli monasterio constructo . . . Ibidem II, 267.

trägen, die sämtlich nicht mehr als zum corpus der Handschrift gehörig anzusehen sind. Der Mehrzahl nach sind dies prosaische Gebete, untermischt jedoch mit einzelnen Hymnen und Liedern. Während die beiden ersten Teile, das eigentliche corpus, von zwei sich ablösenden Händen geschrieben erscheinen, die, obwohl die kleineren Züge der einen altmodischere, dem 10. Jahrh. angehörende, die gröfseren und schwerfälligeren der andern modernere, der Art des 11. Jahrh. sich nähernde Formen erkennen lassen, dennoch gleichzeitig geschrieben haben, da sie in unbestimmten Zwischenräumen innerhalb derselben Lage, oft auf demselben Blatte (nicht Seite) abwechseln, sind die Nachträge des dritten Teiles von sehr verschiedenen Händen und zu verschiedenen Zeiten eingetragen. Diese Dreiteilung ist auch in dem gegenwärtigen Abdrucke beibehalten, in dem genau in der Anordnung der Handschrift die Hymnen der ersten und zweiten Serie sowie die Hymnen und Lieder des Nachtrages sich folgen, obwohl drei Gedichte dieser letzten Abteilung, die Nummern 127, 129 u. 140, dem weltlichen Liede angehören und daher wie Saul unter den Propheten sich ausnehmen. Da sie schon einmal in der Handschrift diese privilegierte Stellung behaupten, wollte ich ihnen dieselbe auch nicht im Abdrucke verkümmern und beliefs sie an der Stelle, an der ich sie vorfand. Von diesen Liedern habe ich eines, das fol. 75 a u. b der Handschrift befindliche Krönungslied Odos, da es ein besonderes historisches Interesse beansprucht, Herrn Prof. D. Mühlbacher zur Veröffentlichung in den Mitteilungen des Instituts für österreichische Geschichte übergeben, wo dieselbe im Laufe des Jahres erfolgen wird. Was sich über die Person dieses Odo durch Vermutung erreichen läfst, möge der freundliche Leser ebenda nachsehen, da die Behandlung dieser Frage uns zu weit von unserem hymnologischen Vorwurfe entfernen würde.

Eine andere, die Wifsbegirde erregende Personalangabe enthält der verwilderte Abcedarius No. 134 Almae dictatis etc., eine Angabe, auf die auch Bethmann seiner Zeit aufmerksam wurde. Fol. 83 b der Handschrift bekennt sich nämlich der Dichter als einen von seinem Sitze vertriebenen Bischof Namens Petrus, der, da die Schrift dieses Liedes bereits dem 11. Jahrh. anzugehören scheint, an der Grenze des 10. und 11. gelebt haben dürfte. Die bezüglichen Verse lauten:

Te laudat Petrus rhythminizans laetus,
Malis adfectus et dolore pressus,
Languore fessus patriaque exsul,
Omnino moestus.

Moerori datus, honore privatus,
Lamentis raucus, fletibus et auctus,
Sat blasphematus et probris vallatus,
His corde tactus.

Rogo te, sancte Martyr Antonine,
Meum intendens hodie clamorem
Confer honorem et episcopalem
Da mihi sedem.

Wer dieser Petrus war, ist leider nicht möglich gewesen
zu erkunden. Von den zahlreichen Prälaten dieses Namens,
von denen die Gallia Christiana zu berichten weifs, fand ich
zwischen der Mitte des zehnten und Ende des elften Jahrhunderts
nur einen, bei dem eine Vertreibung von seinem Sitze berichtet
wird, und dieser e i n e, Petrus, Sohn des Vicomte von Narbonne
und Bischof von Rhodez, wurde um 1080 von Gregor VII. ex-
kommuniziert und abgesetzt, eine Mafsregel, der er längere Zeit
hindurch erfolgreichen Widerstand entgegensetzte. Von Petrus I.,
Bischof von Aire, der 1063 bei der feierlichen Einweihung der
neuen Abteikirche von Moissac gegenwärtig war:
　　　Elloreus Stephanum concessit et Adura Petrum,
und an den zu denken man geneigt wäre, ist leider eine Vertreibung von seinem Bistum nicht bekannt.

　Was die Wiedergabe des handschriftlichen Textes betrifft,
mufs ich bemerken, dafs ich die Lesarten des Codex n u r dort ver-
liefs, wo dieselbe eine offenbare Korruption enthielten; in diesem
Falle ist aber jedesmal, selbst wo es sich nur um einen Schreibfehler handelt, die Lesart der Handschrift unter dem Texte bemerkt. Nicht vermerkt habe ich dagegen, wo eine Aspiration
ergänzt oder unterdrückt werden mufste, da die Handschrift
nach echt romanischer Weise gerade dort aspiriert, wo nicht
zu aspirieren ist, und umgekehrt, also z. B. schreibt: Bonis
veamur hactibus, hoves herroneas, hodas ymni etc. etc. So finden
sich ohne Aspiration [h]orror, [h]ostis, [h]orae, [h]anc, [h]uius,
[h]agia, tra[h]as, pro[h]ibere, [h]omo, [h]umanitus, [h]austus,
[h]orrens, [h]odie; mit Aspiration per(h)ennis, (h)aetheris, (h)ac,

(h)arundo, (h)actibus, (h)unus, (h)aulam, (h)ordinis, per(h)acta, cre(h)etur, co(h)ornata, (h)unicus, (h)oritur, (h)en, (h)atrocissimus, (h)oriens, (h)olim, (h)omnis, praecipu(h)us, acc(h)olis, (h)ordinet, (h)usia u. a. Minder häufig ist die gleichfalls nicht verzeichnete Verwechslung von j und g: gecore, gaculis, jenu, jenitoris, jenitus, jentes, jesta. In der Orthographie folge ich der in der Liturgie nun einmal üblichen, brauche jedoch gegebenen Falles von zwei Schreibungen jene, die durch die Reinheit des Reimes gefordert wird. In allen Fällen, in denen Klammern zur Anwendung kommen, bedeutet die eckige Klammer, dafs die betreffenden Silben in der Handschrift zu Unrecht fehlen, die runde, dafs sie daselbst sich finden, obschon sie überzählig sind; eine Unterscheidung, die ich auch später einhalten werde.

Zum Schlusse noch ein Wort über die im Hymnarium enthaltenen Melodieen. Schon Bethmann ist, wie aus seiner kurzen Beschreibung der Handschrift erhellt, nicht entgangen, dafs die Neumen derselben nicht die gewöhnlichen, sondern eine seltnere, namentlich im südlichen Frankreich gebräuchlichere Art dieser musikalischen Keilschrift sei [1]). Zu meiner freudigen Überraschung bemerkte ich bei wiederholten Vergleichen, dafs diese Neumenart der Entzifferung weit günstigere Aussichten biete, als alle übrigen, die mir bisher zu Gesicht gekommen. Ich nehme bei dieser Gelegenheit Veranlassung, ein kurzes Wort über Neumen im allgemeinen einfliefsen zu lassen, weil ich sehe, dafs vielfach irrige Ansichten über deren Lesbarkeit verbreitet sind. So las man noch jüngst in No. 3 der „Blätter für Hymnologie" S. 48 anläfslich einer Besprechung des Riemannschen Musik-Lexikons: „Wenn derselbe (Riemann) es für unausführbar erklärt, zu dem klassischen Rhythmus etwa gar der Jubilationen zurückzukehren, weil keine Hoffnung vorhanden sei, den Schlüssel für die Rhythmik der alten Notirungen (Neumen) wiederzufinden, so teilen wir diese Furcht nicht; denn Dom Pothiers Forschungen haben uns den Neumenschlüssel längst gegeben; es fehlt nur noch an den Männern, welche die ungeheueren Neumenschätze dechiffriert der Öffentlichkeit zuführen." Mein verehrter Freund

---

[1]) Es ist jene Art von Neumen, die bei Dom Pothier, Les mélodies Grégoriennes d'après la tradition, Tournay 1881 p. 50 und in der Tabelle p. 69 (in der Horizontalkolumne des 11. und 12. Jahrh.) erklärt und veranschaulicht sind.

Dr. L. wird mir gewifs nicht verübeln, wenn ich ihm Riemann gegenüber zwar völlig Recht gebe — denn den Schlüssel zur Rhythmik des Chorals enthalten Dom Pothiers Werke zur Vollkommenheit —, seine Behauptung bezüglich der Entzifferbarkeit der Neumenmelodieen aber einer Einschränkung unterwerfe.

Der Neumenschlüssel nämlich, den uns Dom Pothier unter dieser Rücksicht gegeben — übrigens meines Wissens nicht als der erste gegeben — besteht nur darin, dafs er uns lehrt, welches die quantitativen Werte der Neumenzeichen seien, welches Zeichen einen punctus d. h. eine kurze, welches eine virga d. h. eine lange Note, welches einen podatus, torculus, scandicus u. s. w. bedeute. Die Schwierigkeit der Neumenentzifferung liegt aber durchaus nicht in der Bestimmung des Notenwertes, sondern in der Bestimmung der Tonlage.

Rücksichtlich ihres Verhältnisses zur Tonlage haben wir vier Arten von Neumen zu unterscheiden: Einige sind nämlich in einer einzigen geraden Linie fortgeschrieben; diese Neumen bezeichnen n u r die Quantität der einzelnen Noten, also den Rhythmus der Melodie. Die zweite Art schreibt nicht in gerader, sondern in wellenförmig auf- und niedersteigender Linie; diese Neumen zeigen aufser dem Rhythmus der Melodie auch deren Steigen und Fallen i m a l l g e m e i n e n, nicht aber die e i n z e l n e n Intervalle an, und zwar zeigen sie dieselben nicht etwa blofs u n s nicht an, die wir vielleicht den Schlüssel dieser Neumen verloren haben, sondern sie haben dies z u k e i n e r Z e i t angezeigt. Da man aber aus einer Schrift nie mehr herauslesen kann, als der Schreiber ursprünglich in sie hineingelegt hat, ist alles Suchen nach einem Neumenschlüssel eitele Mühe. Das einzige, was sich rücksichtlich dieser beiden Neumenarten erreichen läfst, hat durch Vergleichung mit Noten-Handschriften zu geschehen. Habe ich nämlich eine Melodie in einer späteren Notenhandschrift vor mir, so vermag ich durch Vergleichen der Notenwerte, vor allem aber der Notengruppen (Podatus, Torculus etc.) sowie des allmählichen Steigens und Fallens der Melodie zu konstatieren, ob die neumierte Melodie mit der notierten identisch ist oder nicht. Es giebt aber eine dritte Gattung von Neumen — und zu dieser gehören die des Hymnars von Moissac — welche auch die einzelnen Intervalle, wenn auch ohne Liniensystem und nach dem blofsen Augenmafse, aber doch hinlänglich genau bezeichnen, um ein Ablesen der

Intervalle möglich zu machen, wovon man sich am leichtesten überzeugt, wenn man etwa ein Lineal durch die Noten legt. Diese Neumen bringen mich also in der Entzifferung um einen Schritt weiter: ich kann nämlich an ihrer Hand die neumierte Melodie auf ein Liniensystem übertragen; nur fehlt mir noch, wenn ich der ersten Note eine beliebige Lage gegeben und die Lage der übrigen in Bezug auf diese eine fixiert habe, der Schlüssel, den ich meiner Melodie vorzusetzen habe; ich weiſs noch nicht, welches die Tonhöhe der ersten Note, ich weiſs nicht, welches die Tonart des ganzen Stückes ist. Mit anderen Worten, die dritte Neumengattung giebt mir wohl die relative Tonhöhe der einzelnen Noten in Bezug auf eine unbekannte erste, nicht aber die absolute Tonhöhe der Melodie an. Dieses thut erst die vierte Gattung von Neumen, die bereits den Übergang zur Notenschrift darstellt, da sie auf ein System von mindestens einer (der roten F - Linie), später zweier Linien (der roten F- und der gelben C - Linie) geschrieben erscheint. Da durch diese Linie die absolute Tonhöhe einer Note, des f, gegeben, ist auch die ganze Melodie in allen ihren Teilen bestimmbar und zwar ohne jeden weiteren Schlüssel. Die beiden letzten Neumenarten scheinen in Deutschland überhaupt selten zu sein, während sich die beiden ersteren stellenweise bis ins fünfzehnte Jahrhundert behaupteten.

Nach diesen Vorbemerkungen komme ich auf die Neumen des Codex Moissiacensis, also zu denen der dritten Art zurück. Unser Codex enthält, in der oben beschriebenen Weise neumiert, 28 Melodieen, nämlich zu den Texten:

> Pange lingua gloriosi.
> Lustra sex qui jam peracta.
> Ad coenam agni providi.
> Almi prophetae progenies pia.
> Felix per omnes festum mundi cardines.
> Athleta Christi, Antoninus martyr.
> Laudes magnificas altithrono Deo.
> Ut tibi clarum resonemus hymnum.
> Ave coeli janua.
> Te, Christe, patris verbum, virtus inclyta.
> Christe, sanctorum decus angelorum.
> Tibi, Christe, splendor patris.
> Urbs beata Hierusalem.
> Exsultet coelum laudibus.

Aeterna Christi munera.
Rex gloriose praesulum.
Sanctorum meritis inclyta gaudia.
Martyr Dei, qui unicum.
Deus, tuorum militum.
Jesu, redemptor omnium.
Iste confessor Domini colentes.
Jesu, corona virginum.
Jesus refulsit omnium.
Odo, princeps altissime.
Quique cupitis audire.
Cives coelestis patriae.
Alme dictatis resonante gratis.
Manus edocta variis.
Ob adventum carissimi.
Psallere quod docuit.
O Musae Cicilides.

Drei Melodieen sind zweimal geschrieben, indem die Hymnen Aeterna Christi munera und Jesu corona virginum, Iste confessor und Athleta Christi, Sanctorum meritis und Laudes magnificas gleiche Weisen erkennen lassen, wenn auch die letztgenannten nicht ohne beträchtliche Abweichungen.

Zunächst sei ein negatives, aber darum nicht minder wichtiges Ergebnis verzeichnet, damit nicht etwa ein späterer Benutzer derselben Handschrift der gleichen Täuschuug unterliege, der ich mich eine Zeit lang hingab. Während nämlich die zwei ersten Melodieen auf dem unteren Rand der Handschrift nachgetragen, die dritte zwischen die engen Zeilen des Hymnus eingeklammert erscheinen, ist von fol. 15 b an (vereinzelt schon fol. 13 b) vom Schreiber Raum für die spätere Neumierung belassen und zwar so, daß in der ersten Strophe jedes Hymnus jedesmal eine der 21 dem Pergamente eingeritzten Linien übersprungen ward. Es war möglich, daß der Neumator diese geritzte Linie als F-Linie benutzt hätte, in welchem Falle die Neumen der Handschrift zur vierten, nicht zur dritten der oben unterschiedenen Gattungen gehört hätten. In der That fehlt es nicht an einigen Momenten, welche diese Vermutung zu bestätigen scheinen. Einmal bemerkte ich bei einigen durch Vergleich entzifferten Melodieen (z. B. der Melodie Felix per omnes), daß die sämtlichen f auf der geritzten Linie standen, sowie daß bei der zweimal geschriebenen Melodie Iste confessor die entsprechenden Noten stets die gleiche Lage in Bezug auf die Linie einnahmen. Fortgesetzter Vergleich, namentlich die Auffindung der Melodie des Iste confessor in einer Klosterneuburger Notenhandschrift, ergab indes schliefslich zur Evidenz, dafs der Linie eine solche Bedeutung nicht zukam, die Neumen der Handschrift vielmehr lediglich zur erwähnten dritten Klasse zu rechnen seien.

Da die letzteren, wie bemerkt, wohl das Ablesen der Intervalle gestatten, nicht aber die Tonlage der Melodie bestimmen lassen, mufste ich zunächst trachten, durch Vergleichung der Neumenmelodieen mit späteren Notenschriften den nötigen Anhalt zu gewinnen, was mir denn auch für eine Anzahl von Hymnen mühelos gelang. Auf diese Weise entzifferte ich die Melodie der Hymnen Felix per omnes, die fast Note für Note mit der noch heute zum Hymnus Miris modis repente liber gebräuchlichen übereinstimmt (vgl. Antiphonarium Romanum. Paris, Lecoffre 1855, p. 442); Athleta Christi (und Iste Confessor) durch Vergleich mit dem Hymnar. Claustroneoburgen. 601 saec. 14, das dieselbe Melodie zum Hymnus Christe, coelorum habitator alme kennt. Tibi, Christe, splendor patris durch Vergleich derselben Melodie mit dem Antiph. ms. Cremifanense vom Jahre 1465 (cod. memb. Cremifan. 359), der fast völlige Kongruenz ergab; Aeterna Christi munera (und Jesu corona virginum), die ich völlig übereinstimmend fand, zum gleichen Texte im Cod. Pragen. XIV D. 4. i, zum Texte Martyr Dei, qui unicum im Cod. Cremifan. 359; Jesus refulsit omnium, welche sich in kongruenter Fassung findet im Antiphonarium No. 20 des Stiftes Heiligenkreuz saec. 12 zum Texte Jesu corona celsior, sowie in vielen anderen Handschriften. Bei diesen also bestimmten Hymnen ist die Sicherheit der Entzifferung selbstredend die gröfstmögliche. Bei allen ist die Melodie der Notenhandschriften Vergleichs halber beigedruckt.

Hieran schliefse ich die Melodieen, deren Tonalität ich ebenfalls durch Vergleichung bestimmte, obschon ich nicht die ganze Melodie wiederzufinden vermochte. Zunächst entdeckte ich, dafs die Melodie Sanctorum meritis und die dieser verwandte Laudes magnificas augenscheinlich dieselben seien mit der noch heute zum ersteren Texte üblichen (vgl. Antiphon. Lecoffre p. 545), obwohl die Abweichungen bedeutender sind als bei den vorhergehenden Hymnen. Dennoch ist an der Modalität der Melodie ein Zweifel nicht wohl möglich. Geringer war der Anhalt, der sich mir für die Melodie Christe sanctorum decus angelorum dadurch darbot, ich den Schluß des heutigen Iste confessor

als den der Melodie Christe sanctorum nach dem Hymnarius Moissiacensis erkannte, wodurch auch für diese Weise der Schlüssel gefunden.

Weitere Erfolge wußte ich leider durch Vergleiche nicht zu erzielen, mußte mich also für den Rest der Melodieen nach einem anderen Wege umsehen, die aus den Neumen selbst nicht zu erkennende Tonart zu bestimmen. Ich übertrug also zunächst die Neumen auf ein Notensystem und suchte teils aus dem Umfange und den charakteristischeren Intervallen, teils nach dem Gehöre zu ermitteln, welcher der kirchlichen Tonarten die betreffende Melodie zuzuweisen sei. Es versteht sich von selbst, daß diese Art der Entzifferung, namentlich wo es sich um sehr einfache Melodieen ohne energischere und eigentümlichere Intervallenschritte handelt, nicht jene absolute Sicherheit bietet, welche allein die Vergleichung zu gewähren imstande ist. Diesen Mangel einigermaßen zu begleichen, sandte ich jene Melodieen ohne Schlüsselvorzeichnung überschrieben an Herrn P. H. Thielen, Chordirektor in Goch bei Cleve, dessen gründliche Vertrautheit mit den Eigentümlichkeiten der kirchlichen Tonarten ich oftmals zu bewundern Gelegenheit gehabt. Seine völlig unabhängige Bestimmung der Tonarten verglich ich alsdann mit der meinigen, und ergab sich zu meiner Freude, daß wir nur bei drei Melodieen in der Wahl des Tongeschlechtes nicht übereinstimmten; diese drei Melodieen wurden natürlich erneuter Prüfung unterzogen, welche schließlich die obwaltenden Zweifel zerstreute.

II.

Dem Hymnar von Moissac gebe ich als Begleitung ein Viertelhundert geistlicher Scholarenlieder, Vagantenlieder würde ich sagen, wollte ich nur dem herrschenden Geschmacke Rechnung tragen. Indes es gab ja auch Scholaren, die gerade keine vagi waren. Ich füge diese Lieder bei, nicht bloß aus typographischen Rücksichten, sondern mehr noch deshalb, weil diese Art geistlicher Lieder einerseits weder zahlreich genug ist, um eine eigene Klasse für sich bilden zu können, noch anderseits sich irgend einer der Eingangs namhaft gemachten Kategorieen in ungezwungener Weise anschliefst. Die Veröffentlichung der Lieder nach einer einzigen Handschrift — auch unter dieser Hinsicht fügen sie sich wohl zu dem Hauptinhalte dieses Bändchens — scheint mir kaum zu beanstanden, da die Wahrscheinlichkeit, denselben später wieder zu begegnen und die wenigen Lücken, die unser Codex läfst, ergänzen zu können, leider eine allzu schwache ist, um mit derselben zu rechnen.

Die Handschrift, welche diese Scholarenlieder enthält, ist in ihrer Art eine der interessantesten, welche die kk. Hofbibliothek dahier besitzt. Es ist ein Cod. membr. in 12⁰, zum Teile wohl dem vierzehnten, zum Teile jedenfalls dem fünfzehnten Jahrh. angehörend, da er fol. 157 a den Hymnus des Kardinals Adam Easton „In Mariam vitae viam" enthält[1]). Die Handschrift hat dem Cisterzienserkloster Camp am Niederrhein gehört (Liber monasterii Campensis Colon. dioec. heifst es fol. 1 a) und zwar zeitweise dem Gumpert von Goch; Liber fratris Gumperti de Goch magistri. . . . Ordinis Cisterciensis; so fol. 31 a, aus welcher Aufschrift der Manuskriptenkatalog der kk. Hofbibliothek Veranlassung genommen, den Gumpert von Goch zum Verfasser der l. c. beginnenden Gedichte didaktischen Inhalts zu machen. Eine dritte Aufschrift fol. 163 b, von der leider schwer zu ersehen, auf welche Teile der Handschrift sie sich beziehen kann, erklärt: Scriptum per manus Fratris Io. Zúetingh de Leyden.

Da der Inhalt dieser Handschrift in dem Manuskriptenkatalog der Hofbibliothek mit hinlänglicher Ausführlichkeit beschrieben, beschränke ich mich darauf, dasjenige hervorzuheben, was er an hymnologischem Materiale bietet. Solches findet sich, von wenigen da und dort zerstreuten Kleinigkeiten abgesehen, an zwei Stellen, nämlich fol. 122, wo eine erste, und fol. 146, wo eine zweite Reihe von geistlichen Liedern, Hymnen, Sequenzen und anderen sich findet, die der gröfsten Mehrzahl nach zu dem Bekannten und Bekanntesten gehören. Dagegen enthalten fol. 88—100 eine andere Reihe geistlicher Reimdichtungen, an denen zunächst neben der gewandten Handhabung der Form der künstliche Bau der

---

[1]) Vgl. G. M. Dreves, die Hymnen Johanns von Jenstein, Prag 1886. S. 30.

Strophen auffällt. Daſs wir Scholarenlieder vor uns haben, vermuten wir zwar bereits, werden dessen jedoch zum Überflusse
auf fol. 92 b. ausdrücklich versichert:

Nos scholares laudantes te
Conserves ab omni peste.

Auch das häufige Vorkommen des „Clerus", vor allem das
klassische „scribere clericulis" fol. 94, sind unfehlbare Indicien.

Bei dem hohen Interesse, das man heute der s. g. Vaganten-
poesie entgegenbringt — hat man doch die gewöhnlichsten Sequenzen,
ja sogar interpolierte Teile des Meſsformulars, s. g. Tropen, Kyrie
farcis und was dergleichen mehr ist, zu Vagantenliedern gemacht —
wird vielleicht ein Teil dieses Interesses, unerachtet ihres geistlichen Vorwurfes, auch den Scholarenliedern des Codex Campensis
sich zuwenden. Mir sind dieselben schon um des Landes willen
wert, aus dem sie — wenigstens in dieser Abschrift — stammen, wo
mir so manches Jahr fröhlich verflossen, in dessen reiche Ver-
gangenheit sich mein Geist so gerne vertiefte, wo die mächtige
Pulsader deutschen Lebens und Strebens, unser herrlicher Rhein,
wenn sie gleich bereits langsamer und bedächtiger schlägt, einst
Blüten der Kunst in Wort und Bild und Ton getrieben, wie sie
so mannigfaltig, so farbenprächtig, so warm das sonnige Hellas
nie gesehen.

III.

Das erste Bändchen dieser Sammlung war längst auf dem
Büchermarkte erschienen; ich selbst schickte mich bereits an,
Prag zu verlassen, als ein unerwarteter Zufall mir Kenntnis von
einem lateinischen Kantional brachte, von dessen Existenz, wie
es scheint, nie etwas in die Interessentenkreise transpiriert
war. Dasselbe gehört der Bibliothek des Wiſerhrader Kapitels
und trug ehedem die Signatur V C c η; augenblicklich trägt es
keine. Es ist eine Papierhandschrift in groſs Quart aus dem
fünfzehnten Jahrhundert, da eine spätere Zuschrift, die sich an
zwei Stellen findet, vom Jahre 1483 datiert ist. Die Handschrift
enthält nicht nur viele der Lieder, die ich in meinen „Cantiones
Bohemicae" ediert, einige derselben mit brauchbaren Varianten,
sondern auch eine Reihe von anderen Leichen, Liedern und Rufen,
für welche sie die einzige Quelle bildet. Ich werde daher diese
Lieder anhangsweise als Cantiones Vissegradenses mitteilen, damit
sie nicht allzu weit vom Bande I, zu dem sie inhaltlich gehören,

2*

getrennt werden. An dieser Stelle füge ich bei 1) ein Verzeichnis der im Cantionale Vissegradense enthaltenen Cantiones (aufser diesen finden sich noch Sequenzen, Tropen, Mefsgesänge u. s. f), damit für jene Lieder des I. Bandes, die aus einer einzigen Hs. wiedergegeben werden mufsten und sich auch in dieser finden, die zweite Quelle nicht übersehen werde; 2) ein Verzeichnis der Varianten zu Band I.

1) Die Lieder des Codex Vissegradensis sind folgende:

Ad honorem et decorem matris Dei.
Felix Sion filia.
Dorothea gloriosa.
Mundi lux volubilis.
Vere te cerno Dominum.
Vale amicta sole.
Patris sapientia.
Vivus panis angelorum.
Novis canamus mentibus.
Exsurgens virgo hodie.
Gaude felix Bohemia (Vitus).
Gaude felix Bohemia (Wenzel).
Resurgenti collaetemur.
Stupefactus inferni dux.
En morte pater divinus.
Morte mortem stravit[1]).
Surgit in hac die.
Jam Christus ab inferis.
Wenzeslao duci claro.
Dorotheae festo.
Constat aethereis.
Salve mundi gloria.
Jubilo cum carmine.
Caro Christi vita vivens.
Mundo Deus nunc illustra.
Consolator gubernator.
Illustratam venustate.
Maria pia.
Olim te virentibus.
Ave Maria angelorum.
En e mola typica.
Salve regina gloriae.
Imperatrix egregia.
En positive.
Prima declinatio.

Jam praestolantes.
Ave virgo mater.
Dies jam laetitiae.
Ex Jacob sidere.
Benignam dignam.
Modulizemus omnes.
In laudem Mariae.
Gaudeamus pariter.
In hac die decantemus.
Virgo prudens graditur.
In hoc festo Domino.
Candens ebur castitatis.
Ave maris stella.
Ad honorem et decorem.
Ave sanctissima regina.
Ave rosa in Jericho.
Vivus panis angelorum 2°.
Mens surgat fidelium.
O regina lux divina.
Jesus Christus nostra salus.
Mens surgat fidelium 2°.
Corpus Christi cum sanguine.
Ut igitur plenitudo.
Mittitur archangelus fidelis.
Angelus ad virginem.
Ave Hierarchia.
Vale imperatrix coelica.
Imperatrix gloriosa.
Collaudemus matrem.
Hymnizemus Christo regi.
Felici peccatrici.
Virens in civitate.
Zachaeus arboris.
Ad hujus templi gloriam.
O Maria Magdalena.

[1]) Das Lied Christus surrexit, Bd. I, 65.

Veni dulcis consolator.
O gloriosa trinitas.
Johannes Christi baptista.
Johannes sidus coelicum.
Donum patris et filii.
Candor claritatis.
Laudes dícat omnis aetas.
Elisabeth praegrata.
Ad honorem et decorem.
Beati qui esuriunt.
Sol de stella oritur.
Michael coeli signifer.
Gratulemur in hoc festo.
Ad huius templi gloriam.
Katharinae solemnia.
Nunc festum celebremus.
Dies est laetitiae in ortu.
Dies est laetitae in festo.
Nunc angelorum gloria.
Magnum nomen Domini.
Danielis prophetia.
Pueri nativitate.
En trinitatis speculum.
Puer natus in Bethlehem.
Ezechielis porta.
In hoc anni circulo.
Ex legis observantia.
Christus surrexit 2⁰.
Surrexit Christus hodie.
O princeps apostolice.
More festi quaerimus.
Vile tangit praesepium.
Solemnizemus hodie.
Nunc clerici cantantes.
Puellulae laudabilis.
Deum coeli collaudemus.
Salve Dorothea.
In laudem sancti spiritus.

Adest dies celebris.
Novus praesul prodiit.
Profitentes unitatem.
Instat tempus gratiae.
Elisabeth beatae 2⁰.
Jam virtus almi numinis.
Jam caligo noctis.
Cum gaudio concurrite.
Nobis est natus hodie.
Gaude felix Pannonia.
Puer nobis nascitur.
Evangelizo gaudium.
Omnis mundus jucundetur.
Gaudeamus pariter.
Jam consurgunt pueri.
Jesu dulcis mater bona.
Nascitur ex virgine.
Nativitas pueruli.
Odas demus Christo.
Ad honorem infantuli.
Patrata sunt miracula.
Cedit hiems eminus.
Imber nunc coelitus.
Insignis infantule.
Pangat chorus jubilo.
Perstrepet concentu.
Cuncti nunc assurgentes.
Vita Christi resurgente.
Laude Christo debita.
Melodicae vocis.
En archa quam tunc foederis.
Jesu Christe pie.
Deus omnipotens.
Cedit hiems eminus.
Vile tangit praesepium 2⁰.
Virens in civitate.
Pater creator divinissime.

2) Varianten des Codex Vissegradensis zu den in Band I mitgeteilten Liedern. Zu

Nr. 1. „Canitur sicut Dorothea." 1, 2 Almae matris. — 1, 6 Mite Deus. — 2, 6 candens rosa. — 2, 7 te tutos.

Nr. 12. 4, 7 Nam te audit filius, Semper laudanda.

Nr. 14. 2, 4 und 5 fehlen. — 2, 14 Virgo tu rutilas.

Nr. 15. 1, 19 pro nobis ante. — 1, 22 Merces diurna. —

2, 27 sp. Res pres nobis es, clemens Domina. — 3, 6 Ministrans
vitae. — 3, 11 sp. Soli poli valida hera vera. — 3, 13 Ornatum
tuum natum. — 3, 18 In extrema hora. — 3, 24 Ceperis venustus.

Nr. 21. 2, 4 En divum. — 2, 5 Alme mirro. — 2, 9 In Sion
beatum.

Nr. 25. 3, 6 Praesentavit.

Nr. 28. 3, 7 Servitorum. — 5, 2 Nullum. — Str. 7: Salve lux
fidelium Sine ecclipsi, Rosa candens lilium, Odor cypressi. Iuva
fluctuantes, Absque navi nantes Mari furibundo. — Str. 8: Venerantes hymnidice Throno vivamus, Supernorum vertice Praebe
sedeamus, Tibi collaetantes, Deum speculantes, Cunctis gra-
tiosam.

Nr. 29. 1, 9 Mater Christi. — 2, 6 Dei veri. — 3, 2 miseris.

Nr. 42. Nach Str. 1: Ave salus miseri, Fructus tui uteri
Est merces in coelis. — Str. 4 vor 3. — 4, 1 Ave virgo, pro
me roga Tuum filium, 4, 2 magni regis. — 4, 4 Solare reum. —
Nach Str. 4: Ne abs te desperet, Qui tibi adhaeret Toto conamine. — Nach Str. 3: In coelesti curia Da, mater et filia,
Aeterna gaudia. — Str. 5, die Stollen verstellt. — Nach Str. 5
nichts. — Nach Str. 6: Ruant hostes animae, Ne involvant
tenebrae Eas post obitum. — Also vielleicht Leich mit doppeltem
Abgesang.

Nr. 44. 1, 4 analensin korrigiert in analexin. — 4, 14 Odas
roboremus.

Nr. 45. 1, 2 Cuncti nunc gratulemur. — 1, 4 hic. — Str. 3
fehlt.

Nr. 51. 1, 2 nostrae spei. — 3, 1 O unica, quam coelica. —
3, 2 et evexit. — 4, 3 Sis reorum. — Nach Str. 4: Te subjici
voluisti, Labe carens mater Christi, Purificans, exemplum dans,
Forma justi. — 5, 3 Quod sis. — 8, 1 miraculum.

Nr. 59. 6, 1 Horum. — 5, 1 qui fehlt. — Zugeschrieben:
Fortitudo Dei Raphael, Subveni nobis ministrando El In
auxilium. — Uriel, qui ignis diceris, Uranum succende miseris
Navigantibus.

Nr. 60. 1, 2 Et lux manens. — 1, 4 irradiaris. — ange-
lorumque. — 4, 5 verum meum. — Str. 5 an 3. Stelle.

Nr. 61. Nach Str. 2: Mens humana nimiam Vertitur in ob-
thalimam, Affectans rimari Corporis mysteria Labitur in decliva,
Involvitur tenebris Ac erroribus nocivis.

Nr. 62. Nach 2, 2 Namque reformaverat. — Str. 5 fehlt.

Nr. 65. Str. 1 fehlt. — 4, 4 Jesus surrexit. — 5, 3 dari osculari. — 8, 2 Nostra cuncta delicta.

Nr. 78. 1, 1 En morte. — 2, 3 humillime. — 7, 7 Decantantes alleluja. — 3, 1 Qui in ligno. — 5, 1 A contactu dirae. — Str. 6 fehlt.

Nr. 83. 2, 4 O fehlt. — 7, 2 Qualis haec natio. — 11, 3 Laudem.

Nr. 88. Strophenfolge 1. 8. 9. 10. 2. 4. 3. 7. 5. Str. 6 fehlt.

Nr. 93. Nach Str. 1: Haec ut rosa flore Currente tempore Suavem dat odorem Servato pudore, Coeli perfusa rore; Aurora rutilans, Fer miseris solamen, Haec dona propinans. Dann Str. 4; 4, 7 Antidotum salutis. — Dann Str. 2; 2, 7 Quae sola reparavit nostrae miseriae. — Dann Str. 5. 3. 6. 7. — 6, 7 Sic manens in. — 7, 3 Da frui summi patris. — 7, 7 Sic reges in aeternum. — Str. 8 fehlt.

Nr. 99. 5, 1—3 hinter 1, 1—3. — 5, 4—6 fehlen.

Nr. 101. 4, 4 reis. — 8, 3 fantes. — 8, 4 In te sperantes. — 15, 2 noxium. — 17, 4 Dona. — 20, 1 Porta beata, Deo praegrata. — 22, 3 Da mis. — 23, 3 blos Naufragantium. — 24, 2 Cernunt. — 25, 3 Inclyta.

Nr. 102. Str. 1. 2. 7. 8. 9. 5. 6. 4.

Nr. 108. 2, 4 luce superna. — 6, 1 frater fraternitas.

Nr. 120. 1, 2 jucundemur. — 3, 3 Claritatem fulgentem. — 3, 2 Quas invisit. — 4, 2 Manens tamen hic. — 5, 1 In subtili carne.

Nr. 122. 1, 4 vetustae Evae tristitiam. — 4, 1 Polum spargis aurora, Candor originis. — 4, 8 Nuces. — 5, 1 O rutilans. — Nach Str. 5 Str. 7. — 7, 10 Coeli porta fulgida, Clavis Davidica, Quae verbo. — 7, 7 Solve. — Str. 9 fehlt.

Nr. 124. 2, 6 rata. — 3, 2 Ut canis exurens. — 9, 6 Confirmat. — 11, 6 hora aeterna. — 12, 5 In ara omni die Corde et laudemus.

Nr. 130. 5, 1 Abstulit. — Nach Str. 5 zugeschrieben: Cordis pulso vitio In hac natione Grates reddamus Domino In jubilatione. — Nach Str. 6: Ibique perpetuum Coelesti in curia Nobis habere praemium Trinitas det pia.

Nr. 132. 1, 5 Egentibus. — 1, 6 sedentibus. — Nach Str. 3.: Regna frangens tartarea, Carnis solvens mortalia, De sepulchro cum gloria Magnaque victoria Summo resurgens cum laudibus

Implevit nos gaudio. — 4, 5 Lumine fehlt. — 5, 5 deifico Nobisque bella neophico Vincere det Amalec.

Nr. 139. 1, 5 wie B. — 2, 3 Degustare ut possimus. — 4, 2 est simplex Deus in. — 6, 1 Es ter sancta.

Nr. 141. Str. 4 fehlt. — Str. 5 vor 3.

Nr. 144. 9, 2 Adscribamur ligno vitae.

Nr. 146. 2, 6 fastus et taedia. — 5, 5 oblatas. — Str. 8 als letzte.

Nr. 150. Nach Str. 2: Hic est locus pacificus, Hominibus salvificus. — Gaudent hic chori coelici Et spiritus angelici. — 4, 1 Ob hoc festum. — Str. 8: Orantes hic deifica, Istud templum sanctifica. — Dann: Zachaeo nos purifica, Majestas honorifica.

Nr. 152. 7, 1 intime. — 7, 2 jam assidue.

Nr. 154. 1, 1 Danielis prophetia. — Str. 2 fehlt. 6 und 7 desgl. Rundreim wie G.

Nr. 155. Strophenfolge: 1. 2. 4. 3. 8. 5. 6. 7.

Nr. 157. 2, 2 Cujus vita non ebuit. — 3, 2 sequentes sumopere. — 8, 2 persuaderi. — Str. 11 vor Str. 9.

Nr. 158. 2, 2 Cujus virtus non horruit. — 3, 2 sequentes. — 4, 2 necavit. — Str. 5 fehlt. — 6, 1 jam fehlt. — Str. 9 fehlt.

Nr. 160. 1, 1 in laudem. — 1, 2 omnis spiritus. — 2, 1 suos variis. — 7, 1 Pater majestas sit unus.

Nr. 165. 3, 2 reparans.

Nr. 170. Nach Str. 2: Succinamus ergo illi Quamvis simus praepusilli. — Str. 4—9 fehlen. — 9, 1 Laus patri etc.; dann als eigener Ruf: 1. Deum trinum in personis. — 2. Veneremur adorantes Totoque corde amantes. — 3. Qui es creator omnium, Coeli etc. — 4. O adoranda etc. Str. 8 u. ff. fehlen.

Nr. 204. 3, 3 u. 4 fehlen. — 4, 1 Luxuriam. — 4, 3 Sitim fraudem. — Str. 9 u. 10 fehlen. Das Lied gehört also in die 2. Abteilung von Band I.

Bevor ich von dem Cantionale Vissegradense Abschied nehme, will ich nur noch die folgende Anweisung aus demselben hersetzen, weil sie für die Entwicklungsgeschichte des Volksliedes von Bedeutung ist und ein weiteres Stadium zu dem Band I. S. 27 Anm. 1 Mitgeteilten bildet:

Tempore adventus de Domina. Canitur omni die Kyrie eleison aliud et aliud cum cantilenis.

Et primo die Dominica: Kyrie cunctipotens cum tropho

„O paraclite etc; prosa: Mittit ad virginem cum cantilenis: En positive; Imperatrix egregia; Prima declinatio.

Secunda feria: Kyrie virginitatis amator; cantio: En e mola typica; prosa: Missus Gabriel; Cantio: Mittitur archangelus vel Angelus ad virginem.

Tertia feria: Kyrie magne Deus potentiae; cantio: Melodicae vel En arca; prosa: Ab arce siderea; cantio: Jesu dulcis mater bona.

Quarta feria: Kyrie [ohne Titel]; cantio: Dies jam laetitiae, vel: Collaudemus; prosa: Imperatrix gloriosa; cantio: Ave sanctissima, vel: O regina lux divina.

Quinta feria: Cantio: Ave trinitatis cubile, vel: Ave virgo mater intemerata; prosa: Salve virgo stirpis Iesse; cantio: Collaudemus matrem; cantio: Ave Maria angelorum dia.

Sexta feria: Cantiones: Collaudemus matrem, vel: Ave rosa in Iericho; prosa: Ave Maria gratia plena, vel: Castae matris; cantio: Melodicae, vel Ave hierarchia coelestis.

Sabbato: Kyrie angelorum domina; cantio: Illustratam; prosa: A rea virga; cantio: Angelus ad virginem vel alia; prosa: Ave praeclara, vel: Flos de spina procreatur; cantio: Collaudemus matrem Domini, vel cantiones, quae placent.

Wien, den 6. April 1887.

Guido Maria Dreves.

Hymnarius Moissiacensis.

ERSTE SERIE.

1.

Feria II ad Laudes.

1. [Splendor paternae gloriae
   De luce lucem proferens,
   Lux lucis et fons luminis,
   Dies diem illuminans.]

2. Verusque sol, illabere,
   Micans nitore perpeti,
   Jubarque sancti spiritus
   Infunde nostris sensibus.

3. Votis vocemus te patrem,
   Patrem perennis gloriae,
   Patrem potentis gratiae,
   Culpam religet lubricam.

4. Informet actus strenuos,
   Dentem retundat invidi,
   Casus fecundet asperos
   Donet gerendi gratiam.

5. Mentem gubernat et regat
   Casto, fideli corpore,
   Fides calore ferveat,
   Fraudis venena nesciat.

6. Christusque nobis sit cibus,
   Potusque noster sit fides,
   Laeti bibamus sobriam
   Ebrietatem spiritus.

7. Laetus dies hinc transeat,
   Pudor sit ut diluculum,
   Fides velut meridies,
   Crepusculum mens nesciat.

8. Aurora cursus provehit,
   Aurora totus prodeat,
   In patre totus filius
   Et totus in verbo pater.

Fol. 1 a. — Biraghi, Inni sinceri e carmi di Sant' Ambrogio. Milano 1862 p. 113; Dan. I. 24; Mone 272. — Die Aufschrift und Str. 1 des Hymnus fehlen der Handschrift, die mit Verusque sol illabere beginnt. — 4, 2 Dente Hs. — 6, 1 scibus Hs. — 6, 3 sobria.

2.

Ad vesperas.

1. Immense coeli conditor,
   Qui, mixta ne confunderent,
   Aquae fluenta dividens
   Coelum dedisti limitem,

2. Firmans locum coelestibus
   Simulque terrae rivulis,
   Ut unda flammas temperet,
   Terrae solum ne dissipet.

3. Infunde nunc, piissime,
   Donum perennis gratie,
   Fraudis novae ne casibus
   Nos error atterat vetus.

4. Lucem fides inveniat,
   Sic luminis jubar ferat,
   Haec vana cuncta terreat,
   Hanc falsa nulla comprimant.

5. Praesta, pater.

Fol, 1 a. sq. — Dan. I. 85; Mone 273.

3.

Feria III ad nocturnas.

1. Consors paterni luminis,
Lux ipse lucis et dies,
Noctem canendo rumpimus,
Assiste postulantibus.

2. Aufer tenebras mentium,
Fuga catervas daemonum,
Expelle somnolentiam,
Ne pigritantes obruat.

3. Sic, Christe, nobis omnibus
Indulgeas credentibus,
Ut prosit exorantibus,
Quod praecinentes psallimus.

4. Praesta, pater piissime,
Patrique compar unice,
Cum spiritu paraclito
Nunc et per omne saeculum.

Fol. 1 b. — Dan. I. 27. — Die Doxologie wie gewöhnlich nur angefangen Hs.

4.

In matutinis laudibus.

1. Ales diei nuntius
Lucem propinquam praecinit,
Nos excitator mentium
Jam Christus ad vitam vocat.

2. Auferte, clamat, lectulos,
Aegro sopore desides,
Castique recti ac sobrie
Vigilate, jam sum proximus.

3. Jesum ciamus vocibus,
Flentes precantes sobrie,
Intenta supplicatio
Dormire cor mundum vetat.

4. Tu, Christe, somnum disjice.
Tu rumpe noctis vincula,
Tu solve peccatum vetus
Novumque lumen ingere.

5. Praesta, pater.

Fol. 1 b. — Dan. 1. 119.

5.

Ad vesperas.

1. Telluris ingens conditor,
Mundi solum qui eruens
Pulsis aquae molestiis
Terram·dedisti immobilem,

2. Ut germen aptum proferens,
Fulvis decora floribus,
Fecunda fructu sisteret
Pastumque gratum redderet.

3. Mentis perustae vulnera
Mundavit, roris gratia.
Ut facta fletu deleat
Motusque pravos atterat.

4. Jussis tuis obtemperet,
Nullis malis approximet,
Bonis repleri gaudeat
Et mortis actum nesciat.`

5. Praesta, pater.

Fol. 2 a. — Dan. I. 59; Mone 274. — 3, 1 vulneret (& statt at) Hs. — 3, 2 gratiae.

6.

Feria IV. ad nocturnas.

1. Rerum creator optime
   · Rectorque noster, respice,
   Nos a quiete noxia
   Mersos sopore libera.

2. Te, sancte Christe, poscimus,
   Ignosce tu criminibus,
   Ad confitendum surgimus
   Morasque noctis rumpimus.

3. Mentes manusque tollimus
   Propheta sicut noctibus
   Nobis gerendum praecipit
   Paulusque gestis censuit.

4. Vides malum, quod gessimus,
   Occulta nostra pandimus,
   Preces gementes fundimus,
   Dimitte, quod peccavimus.

5. Praesta, pater.

Fol. 2 a. — Dan. I. 53; Mone 275. — 1, 3 quietet (& statt at) Hs. — Merso sopore Hs., das Schlufs-s in mersos aus dem Anfangs-s in sopore zu ergänzen.

7.

In matutinis laudibus.

1. Nox et tenebrae et nubila,
   Confusa mundi et turbida,
   Lux intrat, albescit polus,
   Christus venit discedite.

2. Caligo terrae scinditur
   Percussa solis spiculo,
   Rebusque jam color redit
   Vultu nitentis sideris.

3. Te, Christe, solum novimus,
   Te mente pura et simplici
   Flendo et canendo quaesumus,
   Intende nostris sensibus.

4. Sunt multa fucis inlita,
   Quae luce purgentur tua,
   Tu lux eoi sideris
   Vultu sereno illumina.

· 5. Praesta, pater piissime.

Fol. 2 b. — Dan. I. 120; Mone 276.

8.

Ad vesperas.

1. Coeli deus sanctissime,
   Qui lucidum centrum poli
   Candore pingis igneo
   Augens decoro lumine;

2. Quarto die qui flammeam
   Solis rotam constituens,
   Lunae ministrans ordini
   Vagos recursus siderum;

3. Ut noctibus vel lumini
   Direptionis terminum
   Primordiis et mensium
   Signum dares notissimum;

4. Illumina cor hominum,
   Absterge sordes mentium,
   Resolve culpae vinculum,
   Everte moles criminum.

5. Praesta, pater piissime.

Fol. 2 b. — Dan. I. 60; Mone 277. — Vago recursu Hs.; die Interlinear-glosse schreibt aber über vago „incertos" und bei recursu ist das s aus siderum zu ergänzen.

9.

Feria V. Ad Nocturnas.

1. Nox atra rerum contegit
   Terrae colores omnium,
   Nos confitentes poscimus
   Te, juste judex cordium.

2. Ut auferas piacula
   Sordesque mentis abluas,
   Donesque, Christe, gratiam,
   Ut arceantur crimina.

3. Mens ecce torpet impia,
   Quam culpa mordet noxia,
   Obscura gestit tollere
   Et te, redemptor, quaerere.

4. Ut in beato gaudeat
   Se collocari lumine,
   Repelle tu caliginem ·
   Intrinsecus quam maxime.

5. Praesta, pater.

Fol. 3 a. — Dan. I. 54; Mone 278.

10.

In matutinis laudibus.

1. Lux ecce surgit aurea,
   Pallens fatescat caecitas,
   Quae nosmet in praeceps diu
   Errore traxit devio.

2. Haec lux serenum conferat
   Purosque nos praestet sibi,
   Nihil loquamur subdolum,
   Volvamus obscurum nihil.

3. Sic tota decurrat dies,
   Nec lingua mendax nec manus
   Oculi nec peccent lubrici
   Nec noxa corpus inquinet.

4. Speculator adstat desuper,
   Qui nos diebus omnibus
   Actusque nostros prospicit
   A luce prima in vesperum.

5. Deo patri sit gloria.

Fol. 3 a. — Dan. I. 121.

11.

Ad vesperas.

1. Magnae Deus potentiae,
   Qui ex aquis ortum genus
   Partim remittis gurgiti,
   Partim levas in aëra;

2. Dimersa lymphis imprimens,
   Subvecta coelo irrogans,
   Ut stirpe una prodita
   Diversa rapiant loca;

3. Largire cunctis servulis,
   Quos mundat unda sanguinis,
   Nescire lapsus criminum
   Nec ferre mortis taedium.

4. Ut culpa nullum deprimat,
   Nullum levet jactantia,
   Elisa mens ne concidat,
   Elata mens nec corruat.

5. Praesta, pater.

Fol. 3 b. — Dan. I. 61.

12.

Feria VI. Ad nocturnas.

1. Tu ·trinitatis unitas,
   Orbem potenter qui regis,
   Attende laudum cantica,
   Quae excubantes psallimus.

2. Nam lectulo consurgimus
   Noctis quieto tempore,
   Ut flagitemus vulnerum
   A te medelam omnium.

3. Quo fraude quidquid daemonum
   In noctibus deliquimus,
   Abstergat illud coelitus
   Tuae potestas gloriae.

4. Nec corpus adsit sordidum,
   Nec torpor instet cordium,
   Nec criminis contagio
   Tepescat ardor spiritus.

5. Ob hoc, redemptor, quaesumus,
   Reple tuo nos lumine,
   Per quod dierum circulis
   Nullis ruamus aetibus.

6. Praesta, pater piissime,
   Patrique compar unice,
   Cum spiritu paraclito
   Nunc et per omne saeculum.

Fol. 3 b. — Dan. I. 35. Mone 279. — 1, 4 Que excubantes Hs. -- 6, 1
Von der Doxologie nur die zwei ersten Worte Hs. ·

13.

In matutinis laudibus.

1. Aeterna coeli gloria,
   Beata spes mortalium,
   Celsi tonantis unice
   Castaeque proles virginis;

2. Da dexteram surgentibus,
   Exsurgat et mens sobria
   Fragransque in laudem dei
   Grates rependat debitas.

3. Ortus refulget lucifer
   Sparsamque lucem nuntiat,
   Cadit caligo noctium,
   Lux sancta nos illuminet.

4. Manensque nostris sensibus
   Noctem repellat saeculi
   Omnique fine diei
   Purgata servet pectora.

5. Quaesita jam primum fides
   Radicet altis sensibus,
   Fecunda spes congaudeat,
   Quo major exstet caritas.

6. Praesta, pater piissime,
   Patrique compar unice,
   Cum spiritu paraclito
   Nunc et per omne saeculum.

Fol. 4 a. — Dan. I. 55; Mone 159.

14.

Ad vesperas.

1. Plasmator hominis Deus,
   Qui cuncta solus ordinans
   Humum jubes producere
   Reptantis et ferae genus;

2. Qui magna rerum corpora
   Dictu jubentis vivida,
   Ut serviant per ordinem,
   Subdens dedisti homini;

Dreves, Hymnarius Moissiacensis.

3

3. Repelle a servis tuis
   Quidquid per inmunditiam
   Aut moribus se suggerit
   Aut actibus se interserit.

4. Da gaudiorum praemia,
   Da gratiarum munera,
   Dissolve litis vincula,
   Adstringe pacis foedera.

5· Praesta, pater.

Fol. 4 a. — Dan. I. 61; Mone 280.

15.

Feria VII. Ad nocturnas.

1. Summae Deus clementiae
   Mundique factor machinae,
   Unus potentialiter
   Trinusque personaliter;

2. Nostros pios cum canticis
   Fletus benignus suscipe,
   Quo corde puro sordibus
   Te perfruamur largius.

3. Lumbos jecurque morbidum
   Adure igni congruo,
   Accincti ut sint perpeti
   Luxu remoto pessimo.

4. Ut quique horas noctium
   Nunc concinendo rumpimus,
   Donis beatae patriae
   Ditemur omnes affatim.

5. Praesta, pater.

Fol. 4 b. — Dan. I. 34. — 4, 1 Ut quicquid Hs.

16.

In matutinis laudibus.

1. Aurora jam spargit polum,
   Terris dies illabitur,
   Lucis resultat spiculum,
   Discedat omne lubricum.

2. Phantasma noctis decidat,
   Mentis reatus subruat,
   Quidquid tenebris horridum
   Nox attulit culpae, cadat;

3. Ut mane illud ultimum,
   Quod praestolamur cernui,
   In lucem nobis effluat,
   Dum hoc canore concrepat.

4. Praesta, pater piissime,
   Patrique compar unice
   Cum spiritu paraclito
   Nunc et per omne saeculum.

Fol. 4 b. — Dan. I. 56.

17.

Ad vesperas.

1. O lux beata trinitas
   Et principalis unitas,
   Jam sol recedit igneus,
   Infunde lumen cordibus.

2. Te mane laudum carmine,
   Te deprecemur vespere,
   Te nostra supplex gloria
   Per cuncta laudet saecula.

3. Sit tibi virtus, gloria,
   Deo patrique filio,
   Sancto simul paraclito
   In sempiterna saecula

Fol. 5 a. — Dan. I. 36.

18.

Hymnus de adventu Domini ad vesperas.

1. Conditor alme siderum,
Aeterna lux credentium,
Christe, redemptor omnium,
Exaudi preces supplicum.

2. Qui condolens, interitu
Mortis perire saeculum,
Salvasti mundum languidum
Donans reis remedium;

3. Vergente mundi vespere
Uti sponsus de thalamo
Egressus honestissime
Virginis matris clausula.

4. Cujus forti potentiae
Genu flectuntur omnia,
Coelestia, terrestria
Fatentur nutu subdita.

5. Te deprecamur, hagie,
Venture judex saeculi,
Conserva nos in tempore
Noctis a telo perfidi.

6. Laus, honor, virtus, gloria
Deo patri cum filio,
Sancto simul paraclito
In sempiterna saecula.

Fol. 5 a. — Dan. I. 74. Mone. 34. „Hymnum de adventu" etc. Hs. hier und im folgenden stets statt des Nominativs.

19.

In prima nocturna.

1. Verbum supernum prodiens,
A patre olim exiens,
Qui natus orbi subvenis
Cursu declivi temporis;

2. Illumina nunc pectora
Tuoque amore concrema,
Audita ut praeconia,
Sint pulsa tandem lubrica.

3. Judexque cum post aderis,
Rimari facta pectoris,
Reddens vicem pro abditis
Justisque regnum pro bonis,

4. Non demum artemur malis
Pro qualitate criminum,
Sed cum beatis compotes
Simus perenne caelibes.

5. Praesta, pater.

Fol. 5 b. — Dan. I. 77; Mone. 33.

20.

In matutinis laudibus.

1. Vox clara ecce intonat,
Obscura quaeque increpat,
Pellantur eminus somnia,
Ab aethre Christus promicat.

2. Mens jam resurgat turpida,
Quae sorde exstat saucia,
Sidus refulget jam novum,
Ut tollat omne noxium.

3. E sursum agnus mittitur,
Laxare gratis debitum,
Omnes pro indulgentia
Vocem demus cum lacrymis.

4. Secundo ut cum fulserit,
Mundumque error cinxerit,
Non pro reatu puniat,
Sed pius tunc nos protegat.

5. Deo patri.

Fol. 5 b. — Dan. I. 76.

21.

Hymnus in nativitate Domini ad vesperas.

1. Veni, redemptor gentium,
Ostende partum virginis,
Miretur omne saeculum,
Talis decet partus Deum.

2. Non ex virili semine
Sed mystico spiramine
Verbum Dei factum caro
Fructusque ventris floruit.

3. Alvus tumescit virginis,
Claustra pudoris permanent,
Vexilla virtutum micant,
Versatur in templo Deus.

4. Procedens de thalamo suo,
Pudoris aula regia,
Geminae gigas substantiae,
Alacris ut currat viam.

5. Egressus ejus a patre,
Regressus ejus ad patrem,
Excursus usque ad inferos,
Recursus ad sedem Dei.

6. Aequalis aeterno patri,
Carnis trophaeo accingere,
Infirma nostri corporis
Virtute firmans perpeti.

7. Praesepe jam fulget tuum
Lumenque nox spirat novum,
Quod nulla nox interpolet,
Fide quo jugi luceat.

8. Gloria tibi, Domine,
Qui natus es de virgine,
Cum patre et sancto spiritu
In sempiterna saecula.

Fol. 6 a. — Biraghi. p. 49. Dan. I. 12 — 8, 1. Von der Doxologie nur der Anfang Hs.

22.

In prima nocturna.

1. Christe, redemptor omnium,
Ex patre patris unice,
Solus ante principium
Natus ineffabiliter;

2. Tu lumen, tu splendor patris,
Tu spes perennis omnium,
Indende, quas fundunt, preces,
Tui per orbem famuli.

3. Memento salutis auctor,
Quod nostri quondam corporis
Ex illibata virgine
Nascendo forman sumpseris.

4. Sic praesens testatur dies
Currens per anni circulum,
Quod solus a sede patris
Mundi salus adveneris.

5. Te coelum, terra, maria,
Te omne, quod in eis est,
Auctorem adventus tui
Laudat exsultans cantico.

6. Nos quoque, qui sancto tuo
Redempti sanguine sumus,
Ob diem natalis tui
Hymnum novum concinimus.

7. Gloria tibi Domine.

Fol. 6 b. — Dan. I. 78. „Hymnus in vetustis non nisi raro obvius."

23.

In matutinis laudibus.

1. A solis ortus cardine
Ad usque terrae limitem
Christum canamus principem
Natum Maria virgine.

2. Beatus auctor saeculi
Servile corpus induit
Ut carne carnem liberans,
Ne perderet quos condidit.

3. Clausa parentis viscera
   Coelestis intrat gratia,
   Venter puellae bajulat
   Secreta, quae non noverat.

4. Enixa est puerpera,
   Quem Gabriel praedixerat,
   Quem matris alvo gestiens
   Clausus Johannes senserat.

5. Foeno jacere pertulit,
   Praesepe non abhorruit
   Parvoque lacte pastus est,
   Per quem nec ales esurit.

6. Gaudet chorus coelestium,
   Et angeli canunt Deo,
   Palamque fit pastoribus
   Pastor, creator omnium.

7. Gloria tibi, Domine.

Fol. 6 b. Nr. 1 und 2, 1 u. 2. Das übrige fehlt mit dem fehlenden fol. 8 der ersten Lage und ist ergänzt aus Dan. I. 143. — Der ganze Hymnus bei J. Huemer. Sedulii opera omnia (Corpus Scriptt. eccles. lat. Vol. X) Vindobonae 1885 p. 163 sqq.

24.

De sancto Stephano ad vesperas.

1. — — — — — — — — —
   — — — — — onum pietate
   cordis
   Hostibus quaerit veniam misertus
   Pectore grato.

2. Imbuit primos homines bea-
   tos
   Corde directo, jecore fideli,
   In fide Christi jugulata tellus
   Ponere membra.

3. Quaesumus flentes, benedicte
   prime
   Martyrum civis, sociate justis,
   Coelitus clarae regionis haeres,
   Inclite, polles.

4. Promptus hic nostrum facinus
   remitte,
   Pelle languorem, tribue salutem,
   Confundas hostem, releva moe-
   rorem
   Morte subacta.

5. Gloria psallat, canat et resultet,
   Gloria dicat, canat et revolvat
   Nomine trino, deitate soli
   Sidera clament. Amen.

Fol. 7 a. Da das letzte Blatt der ersten Lage fehlt, fehlt leider auch der Anfang dieses, soweit ich sehen kann, unbekannten Hymnus. Da zwischen ihm und dem vorhergehenden ein weiterer Hymnus sich nicht befunden haben kann, muß das diesem Fehlende über eine Seite der Handschrift ausgefüllt, sich also auf 8 bis 9 Strophen belaufen haben. — 3, 2 Martyres cives Hs. — 4, 3 Confundet Hs. — 5, 1 canet et resultet Hs.

25.

Hymnus in prima nocturna.

1. Laudes canamus Domino
   De protomartyre Stephano,
   Qui fuit ex diaconibus
   Electus ab apostolis.

2. Mortem quam ipse dominus
   Suscepit propter homines,
   Hanc athleta fortissimus
   Primus reddere studuit.

3. Cum accepissit lapides
Jactante de torrentibus,
Genu flectebat domino
Orans pro transgressoribus.

4. Jam Paulus servans vestibus
Fuit martyrii conscius,
Quem ipsa ejus caritas
Erexit, cum prosterneret.

5. Haec namque dixit Dominus
Paulo pergenti Damasco:
Ego, inquit, te perderem,
Nisi orasset Stephanus.

6. Martyr, levita Stephane
Cum beato apostolo,
Preces fundite dominò,
Ut nos vobiscum societ.

7. Praestet et ipsa trinitas,
Quam tu vidisti unica,
Pater ejusque filius,
Spiritus sanctus dominus.

Fol. 7 a sq. — 4, 2 martyri Hs. — 7, 2 Quam tu vidisti unita Hs.

26.

In matutinis laudibus.

1. Hymnum canamus Domino,
Hymnum martyri Stephano,
Christo ut regi omnium,
Stephano ut primo martyri.

2. Christo ut patris unico,
Stephano ut vernaculo,
Christo Deo et homini,
Stephano ut sancto homini.

3. Christo, quod mundo genitus,
Stephano, quia mortuus,
Christo, quod vitam contulit,
Stephano, quod mortem pertulit.

4. Christo, quia descenderat,
Stephano, quod ascenderat,
Christo, quod terras adiit,
Stephano, quod coelos petiit.

5. Laus patri sit ingenito,
Laus patris unigenito,
Laus sit sancto spiritui,
Tanto praestanti martyri.

Fol. 7 b. — 1, 4 martyre Hs. — 3, 1 genitur Hs. — 5, 4 martyre.

27.

In purificatione S. Mariae ad vesperas.

1. Quem terra, pontus, aethera,
Colunt, adorant, praedicant,
Trinam regentem machinam
Claustrum Mariae bajulat.

2. Cui luna, sol et omnia
Deserviunt per tempora,
Perfusa coeli gratia
Gestant puellae viscera.

3. Mirantur ergo saecula.
Quod angelus fert nuntia,
Quod aure virgo concepit,
Et corde credens parturit.

4. Beata mater munere,
Cujus supernus artifex
Mundum pugillo continens
Ventris sub arca clausus est.

5. O gloriosa femina,
Excelsa super sidera,
Qui te creavit provide.
Lactas sacrato ubere.

6. Quod Eva tristis abstulit,
Tu reddis almo germine,
Intrent ut astra flebiles,
Coeli fenestra facta es.

7. Tu regis alti janua
Et porta lucis fulgida,
Vitam datam per virginem,
Gentes redemptae, plaudite.

8. Flos, Christe, decus virginum,
Florem te, natum virgine,
Nos precibus virgineis
Salve precantes jugiter.

9. Gloria tibi, Domine.

Fol. 8 a. — Dan. I. 172. Mone 419. — 5, 4 Lacta Hs, s zu ergänzen
aus sacrato. — Str. 8 fast gleichzeitiger Nachtrag hinter der Doxologie.

28.

Hymnus in prima nocturna.

1. Quod chorus vatum venerandus
olim
Spiritu sancto cecinit repletus,
In Dei factum genitrice constat
Esse Maria.

2. Haec deum coeli dominumque
terrae
Virgo concepit peperitque virgo
Atque post partum meruit
manere
Inviolata.

3. Quem senex justus Simeon in
ulnis
In domo sumpsit domini gavisus,
Hoc quod optavit proprio videre
Lumine Christum.

4. Tu libens votis, petimus, pre-
cantum,
Regis aeterni genitrix, faveto,
Clara quae celsi renitens olym-
pi
Regna petisti.

5. Sit Deo nostro decus et potestas,
Sit salus perpes, sit honor perennis,
Qui poli summa residet in arce,
Trinus et unus.

Fol. 8 b. — Dan. I. 242. — 4, 3 Olymphi Hs.

29.

Item alius de S. Mariae.

1. Ave maris stella,
Dei mater alma
Atque semper virgo,
Felix coeli porta.

2. Sumens illud Ave
Gabrielis ore
Funda nos in pace
Mutans Evae nomen.

3. Solve vincla reis,
Profer lumen caecis,
Mala nostra pelle,
Bona cuncta posce.

4. Monstra te esse matrem,
Sumat per te precem,
Qui pro nobis natus
Tulit esse tuus.

5. Virgo singularis,
   Inter omnes mitis,
   Nos culpis solutos
   Mites fac et castos.

6. Vitam praesta puram,
   Iter para tutum,
   Ut videntes Jesum
   Semper conlaetemur.

7. Sit laus Deo patri,
   Summum Christo decus,
   Spiritui sancto,
   Trinus honor unus.

Fol. 8 b. — Dan. I. 204.

30.

Item alius.

1. O quam glorifica luce corruscat
   Stirpis Davidicae regia proles,
   Sublimis residens virgo Maria
   Supra coeligenas aetheris om-
   nes.

2. Tu cum virgineo mater honore
   Anglorum domino pectoris
   aulam
   Sacris visceribus casta parasti,
   Natus hinc Deus est corpore
   Christus.

3. Quem cunctus venerans orbis
   adorat,
   Cui nunc rite genuflectitur omne,
   A quo nos petimus adveniente
   Abjectis tenebris gaudia lucis.

4. Hoc largire, pater luminis omnis,
   Natum per proprium flamine
   sancto,
   Qui tecum nitida vivit in aethra
   Regnans ac moderans saecula
   cuncta.

Fol. 9 a. — Dan. IV. 188.

31.

Hymnus de S. Benedicto.

1. Christe sanctorum decus atque
   virtus,
   Vita et forma, via lux et auctor,
   Supplicum vota pariterque
   hymnum
   Suscipe clemens.

2. Qui dudum tuum benedictum
   ad te
   Attrahens mire segregasti mundo,
   Ut prava mundi reprobare
   discens
   Te sequeretur.

3. Cujus devotum animum pueri
   Gratia praestas fidei valere,
   Qua valens mira precibus peregit
   Mente fideli.

4. Dein extendens pedem in re-
   motis
   Ardua scandens, cruciare ma-
   lens
   Corporis artus juvenilis ardens
   Casto amore;

5. Imbuit posthinc homines beatos
   Regulis artis, animos retundit,
   Et jugo semper domini polo-
   rum
   Subdere colla.

6. E quibus Maurus, sedulus mi-
   nister,
   Gurgite ductum Placidum pu-
   erum
   Obsequens patri latice levatus
   Aequore traxit.

7. In quibus ipse via rite clarens
   Actibus sanctis docet ammo-
           nendo,
   Sic Dei jussu liber a pandendo
   Mente subesse.

8. Gloria patri resonemus omnes
   Et tibi, Christe, genite superne,
   Cum quibus sanctis simul et,
           creator
   Spiritus, regna.

Fol. 9 b. — 3, 2 mire Hs. — 4, 2 mallens Hs.

32.

Hymnus in septuagesima.

1. Alleluja, dulce carmen,
      vox perennis gaudii,
   Alleluja, laus suavis
      est choris coelestibus,
   Quod canunt dei manentes
      in domo per saecula.

2. Alleluja, laeta mater
      concinis Jerusalem,
   Alleluja, vox tuorum
      civium gaudentium,
   Exsules nos flere cogunt
      Babylonis flumina.

3. Alleluja non meremur
      nunc perenne psallere,
   Alleluja nos reatus
      cogit intermittere;
   Tempus instat, quo peracta
      lugeamus crimina.

4. Unde supplices precamur
      te, beata trinitas,
   Ut sinas nobis audire
      paschale mysterium,
   Quod canunt dei manentes
      in domo per saecula.

Fol. 10 a. — Dan. I. 261. — 1, 2 gaudia Hs.

33.

In matutinis laudibus.

1. Alleluja piis edite laudi-
           bus,
   Cives aetherei, psallite na-
           viter
   Alleluja perenne.

2. Hinc vos perpetui luminis ac-
           colas
   Assumens resonant hymniferis
           choris
   Alleluja perenne.

3. Vos urbs eximia suscipiet
           Dei,
   Quae laetis resonans cantibus
           excitat
   Alleluja perenne.

4. Felici edite gaudia sumite
   Reddentes domino glorificos
           melos,
   Alleluja perenne.

5. Almum sidereae jam patriae
           decus
   Victores capitis, quo canor est
           jugis
   Alleluja perenne.

6. Illic regis honor vocibus inclytis
   Jucundum reboat carmine per-
           petim
   Alleluja perenne.

7. Hoc fessis requies, hoc cibus et
           potus,
   Oblectans reduces haustibus
           affluens
   Alleluja perenne.

8. Nos te suavisonis, conditor,
           affatim
   Rerum carminibus laudeque
           pangimus
   Alleluja perenne.

9. Te, Christe, celebret gloria vocibus
   Nostris, omnipotens, ac tibi dicimus
   Alleluja perenne.

Fol. 10 b. — Mone 66. Dan. IV. 63. — 3, 1 suscipie Hs der t-Laut aus
Dei zu ergänzen.|— 3, 2 Quae laeti resonant Hs. — 5, 2 Victor est Hs. — 5, 2 que
eanor. Hs. — 7, 2 redue Hs. — 8,3 laudem que Hs. — Der bei Mone un-
genügend edierte Text wird leider auch durch unsere Hs. noch nicht fehlerfrei.

34.

Hymnus in Quadragesima ad vesperas.

1. Audi, benigne conditor,
   Nostras preces cum laudibus
   In hoc sacro jejunio
   Fusas quadragenario.

2. Scrutator alme cordium,
   Infirma tu scis virium,
   Ad te reversis exhibe
   Remissionis gratiam.

3. Multum quidem peccavimus,
   Sed parce confitentibus,
   Ad laudem tui nominis
   Confer medelam languidis.

4. Sic corpus extra conteri
   Dona per abstinentiam,
   Jejunet ut mens sobria
   A labe prorsus criminum.

5. Praesta, beata trinitas,
   Concede, simplex unitas,
   Ut fructuosa sint tuis
   Jejuniorum munera.

Fol. 11 a. — Dan. I. 178; Mone 74.

35.

In matutinis laudibus.

1. Summe largitor praemii,
   Spes qui es unica mundi,
   Preces intende servorum
   Ad te devote clamantum.

2. Nostra te conscientia
   Grave offendisse monstrat,
   Quam emundes, supplicamus,
   Ab omnibus piaculis.

3. Si renuis, quis tribuet?
   Indulge, quia potens es,
   Te corde rogare mundo
   Fac nos, precamur, Domine.

4. Ergo acceptare nostrum
   Qui sacrasti jejunium,
   Quo mystice paschalia
   Capiamus sacramenta.

5. Summa nobis haec conferat
   In deitate trinitas,
   In qua gloriatur unus
   Per cuncta saecula Deus.

Fol. 11 a. — Dan. I. 182; Mone 75. — 1, 2 Spes quies unica Hs.

36.

In matutinis laudibus.

1. Jam, Christe, sol justitiae,
Noctis recedunt tenebrae,
Nunc mentis eat caecitas,
Virtutum et lux redeat.

2. Da tempus acceptabile
Et poenitens cor tribue,
Ne nos vacuum transeat
Hoc, quod benigne prorogas.

3. Quiddamque poenitentiae
Da ferre, licet grandium
Majore tuo munere
Quod emptio sit criminum.

4. Dies venit, dies tua,
Per quam reflorent omnia,
Laetemur in hac ut tua
Per hanc reducti gratia.

5. Praesta, beata trinitas.

Fol. 11 b. — Dan. I. 235; Mone 69.

37.

Ad Tertiam.

1. Dei fide, qua vivimus,
Spe per eum, qua credimus,
Per caritatis gratiam
Christo canamus gloriam.

2. Qui ductus hora tertia
Ad passionis hostiam,
Crucis ferens suspendia
Ovem reduxit perditam.

3. Precemur ergo subditi,
Redemptione liberi,
Ut eruat a saeculo,
Quos solvit a chirographo.

4. Gloria tibi, trinitas,
Aequalis una deitas,
Et ante omne saeculum
Et nunc et in perpetuum.

Fol. 11 b. — Dan. I. 71. — Von der Doxologie nur die erste Zeile. Hs.

38.

Ad Sextam.

1. Meridie orandum est,
Christusque deprecandus est,
Ut jubeat nos edere
De suo sancto corpore.

2. Ut ille sit laudabilis
In universis populis,
Ipse coelorum dominus,
Qui sedet in altissimis.

3. Detque nobis auxilium
Per angelos mirabiles,
Qui semper nos custodiant
In omni vita saeculi.

4. Gloria tibi, trinitas,
Aequalis una deitas,
Et ante omne saeculum
Et nunc et in perpetuum.

Fol. 12 a. — Dan. I. 72. — Ad Sexta Hs. — Von der Doxologie nur 4, 1. Hs.

39.

Ad Nonam.

1. Perfecto trino numero
Ternis horarum terminis,
Laudes canentes debitas
Nonam dicentes psallimus

2. Sacrum Dei mysterium
Puro tenentes pectore,
Petri magistri regulam
Signo salutis proditam.

3. Et nos psallamus spiritu
   Adhaerentes apostolis,
   Qui mentes habent debiles,
   Christi virtutem diligant.

4. Gloria tibi, trinitas,
   Aequalis una deitas,
   Et ante omne saeculum
   Et nunc et in perpetuum.

Fol. 12 a. — Dan. I. 45. — Von der Doxologie nur 4, 1. Hs.

40.

De passione Domini.

1. Pange, lingua, gloriosi
   proelium certaminis
   Et super crucis trophaeum
   dic triumphum nobilem,
   Qualiter redemptor orbis
   immolatus vicerit.

2. De parentis protoplasti
   fraude factor condolens,
   Quando pomi noxialis
   morte mors occubuit,
   Ipse lignum tunc notavit,
   damna ligni ut solveret.

3. Hoc opus nostrae salutis
   ordo depoposcerat,
   Multiformis proditoris
   ars ut artem falleret,
   Et medelam ferret inde,
   hostis unde laeserat.

4. Quando venit ergo sacri
   plenitudo temporis,
   Missus est ab arce patris
   natus orbis conditor
   Ac de ventre virginali
   carne factus prodiit.

5. Vagit infans inter arta
   positus praesepia,
   Membra pannis involuta
   virgo mater alligat,
   Et pedes manusque crura
   stricta cingit fascia.

6. Gloria et honor Deo
   usquequo altissimo,
   Una patri filioque,
   inclito paraclito,
   Cui laus est et potestas
   per aeterna saecula.

Fol. 12 a. mit Mel. — Dan. I. 163.

41.

Alius.

1. Lustra sex qui jam peracta
   tempus implens corporis,
   Se volente natus ad hoc,
   passioni deditus,
   Agnus in cruce levatus
   immolandus stipite.

2. Hic acetum, fel, arundo,
   sputa, clavus, lancea,
   Mite corpus perforatur,
   sanguis unda profluit,
   Terra, pontus, astra, mundus,
   quo lavantur fiumine.

3. Crux fidelis inter omnes,
   arbor una nobilis,
   Nulla silva talem profert
   fronde, flore, germine,
   Dulce lignum, dulces clavi,
   dulce pondus sustinent.

4. Flecte ramos, arbor alta,
   tensa laxa viscera,
   Et rigor lentescat ille,
   quem dedit nativitas,
   Ut superni membra regis
   miti tendant (!) stipite.

5. Sola digna tu fuisti,
 ferre saecli pretium,
 Atque portum praeparare
 nauta mundo naufrago,
 Quem sacer cruor perunxit
 fusus agni corpore.

6. Gloria et honor Deo
 usquequo altissimo,
 Una patri filioque,
 inclito paraclito,
 Cui laus est et potestas
 per aeterna saecula.

Fol. 12 b. sq. mit Mel. — Daniel I. 164. — 2, 1 aceto Hs. — Str. 3 am Rande nachgetragen. 3, 5 dulce clavi Hs.

42.
Hymnus ad vesperas.

1. Vexilla regis prodeunt,
 Fulget crucis mysterium,
 Quo carne carnis conditor
 Suspensus est patibulo.

2. Confixa clavis viscera
 Tendens manus vestigia,
 Redemptionis gratia
 Hic immolata hostia.

3. Quo vulneratus insuper
 Mucrone dirae lanceae,
 Ut nos lavaret crimine,
 Manavit unda, sanguine.

4. Impleta sunt, quae concinit'
 David fidelis carmine,
 Dicens: in nationibus
 Regnavit a ligno Deus.

5. Arbor decora et fulgida,
 Ornata regis purpura,
 Erecta digno stipite,
 Tam sancta membra tangere.

6. Beata, cujus brachiis
 Saecli pependit praemium,
 Statera facta corporis,
 Praedam quae tulit Tartari.

7. O crux, ave, spes unica,
 Hoc passiones tempore,
 Auge piis justitiam
 Reisque dona veniam.

8. Te, summa Deus trinitas,
 Collaudet omnis spiritus,
 Quos per crucis mysterium
 Salvas, rege per saecula.

Fol. 13 a. — Dan. I. 160. — Str. 2 später ausradiert, doch mittelst Schwefelammonium wieder leslich Hs.

43.
Hymnus de beata Maria.

1. Quidquid creatum permanet,
 Laudes Mariae personet,
 Quae theotocon hagia
 Mundum vestivit in gloria.

2. Malum, quod Eva et coluber
 Pomo patrarunt pariter,
 Hoc sola totum pepulit,
 Dum virgo Christum peperit.

3. Orta Juda prosapia
 Davidis haec juvencula,
 Quae sine viri semine
 Virgo praegnatur homine.

4. Salutatur ab angelo,
 Fecundatur a domino
 Fit namque viri nescia
 Plena coelesti gratia.

5. Portat portantem omnia,
 Facta polorum janua
 Et paradisi semita,
 Porta et fenestra coelica.

6. Columba, sponsa decora,
 Mater, soror et domina,
 Perfecta Christi gerula,
 Fons signatus in gloria.

7. Rosis ornata et lilio,
   Nardo manans et balsamo,
   Regina et decus virginum,
   Christi Jesu sacrarium.

8. Ortus et salutatio,
   Hypapante, assumptio
   Tantae reginae celebris
   Festis corruscant annuis.

9. Quem mundus non intercludit,
   Haec ventris alvo contegit,
   Est qui creator omnium,
   Per hanc sumpsit corpusculum.

10. Navis, sedes tutissima,
    Mortis et vitae medica,
    Coeli suscepit principem,
    Quo coelo reddit hominem.

11. Quia de cunctis credimus
    Quod te exaudit filius,
    A cunctis mundum cladibus,
    Virgo, guberna coelitus.

12. Quod mente, dictis, actibus
    Nato tuo fraudavimus,
    Tu de coelesti thalamo
    Materno solve studio.

13. Nostris oramus vocibus,
    Aurem flecte divinitus,
    Quo nos ad tuum filium
    Ducas post vitae transitum.

14. Patri, nato, paraclito
    Laus, honor sine termino,
    Qui disparili nomine
    Coaevo regnat numine.

Fol. 13 b. — 3, 4 omine Hs., was einen Sinn zuläfst; wahrscheinlicher die Aspiration zu ergänzen. — 6, 1 Columbra Hs. — 8, 2 Hypapautis Hs. — 8, 4 corruscat Hs.

44.

Hymnus de Pascha domini ad vesperas.

1. Ad coenam agni providi
   Et stolis albis candidi,
   Post transitum maris rubri
   Christo canamus principi.

2. Cujus corpus sanctissimum
   In ara crucis torridum,
   Cruore ejus roseo
   Gustando vivamus Deo.

3. Protecti paschae vespere
   A devastante angelo,
   Erepti de durissimo
   Pharaonis imperio.

4. Jam pascha nostrum Christus est,
   Qui immolatus agnus est,
   Sinceritatis azyma
   Caro ejus oblata est.

5. O vere digna hostia,
   Per quem fracta sunt tartara,
   Redempta plebs captivata
   Redit ad vitae praemia.

6. Cum surgit Christus tumulo
   Victor redit de barathro,
   Tyrannum trudens vinculo
   [Et reserans paradisum].

7. Quaesumus, auctor omnium,
   In hoc paschali gaudio
   Ab omni mortis impetu
   Tuum defende populum.

8. Gloria tibi, domine,
   Qui surrexisti a mortuis,
   Cum patre et sancto spiritu
   In sempiterna saecula.

Fol. 14 b. mit Mel. — Dan. I. 88; Mone 161. — 6, 4 fehlt. Hs.

45.

Hymnus de Pascha domini ad nocturnas.

1. Rex aeterne Domine,
   Rerum creator omnium,
   Qui es ante saecula
   Semper cum patre filius;

2. Qui mundi in primordio
   Adam plasmasti hominem,
   Cui tuae imagini
   Vultum dedisti similem;

3. Quem diabolus deceperat,
   Hostis humani generis,
   Cujus tu formam corporis
   Assumere dignatus es;

4. Ut hominem redimeres,
   Quem ante jam plasmaveras,
   Et nos Deo conjungeres
   Per carnis contubernium;

5. Quem editum ex virgine
   Pavescit omnis anima,
   Per quem nos resurgere
   Devota mente credimus.

6. Qui nobis per baptismum
   Donasti indulgentiam,
   Qui tenebamur vinculis
   Ligati conscientiae;

7. Qui crucem propter hominem
   Suscipere dignatus es,
   Dedisti tuum sanguinem
   Nostrae salutis pretium.

8. Gloria tibi, Domine,
   Qui surrexisti a mortuis,
   Cum patre et sancto spiritu
   In sempiterna saecula.

Fol. 15 a. — Dan. I. 85. — Von der Doxologie nur 8, 1 und 2. Hs.

46.

In matutinis laudibus.

1. Aurora lucis rutilat,
   Coelum laudibus intonat,
   Mundus exsultat, jubilat,
   Gemens infernus ululat.

2. Cum rex ille fortissimus
   Mortis confractis viribus
   Pede conculcans tartara
   Solvit a poena miseros.

3. Ille, qui clausus lapide
   Custoditur sub milite,
   Thriumphans pompa nobili
   Victor surgit de funere.

4. Solutis jam gemitibus
   Et inferni doloribus,
   Quia surrexit dominus,
   Resplendens clamat angelus.

5. Tristes erant apostoli
   De nece sui domini,
   Quem poena mortis crudelis
   Servi damnarant impii.

6. Sermone blandus angelus
   Praedixit mulieribus,
   In Galilaea Dominus
   Videndus est quantocius.

7. Illae dum pergunt concite,
   Apostolis hoc dicere,
   Videntes eum vivere
   Osculantur pedes domini.

8. Quo agnito discipuli
   In Galilaeam propere
   Pergunt, videre faciem
   Desideratam domini.

9. Claro paschali gaudio
   Sol mundo nitet radio,
   Cum Christum jam apostoli
   Visu cernunt corporeo.

10. Ostensa sibi vulnera
    In Christi carne fulgida,
    Resurrexisse Dominum,
    Voce fatentur publica.

11. Rex Christe clementissime,
    Tu corda nostra posside,
    Ut tibi laudes debitas
    Reddamus omni tempore.

12. Gloria tibi, domine,
    Qui surrexisti a mortuis,
    Cum patre et sancto spiritu
    In sempiterna saecula.

Fol. 15 b. — Dan. I. 83; Mone 141. — Von der Doxologie nur 12, 1 und 2. Hs.

47.

Hymnus de ascensione Domini.

1. Aeterne rex altissime,
   Redemptor et fidelium,
   Quo mors soluta deperit,
   Datur triumphus gratiae.

2. Scandens tribunal dexterae
   Patris, potestas omnium
   Collata est Jesu coelitus,
   Quae non erat humanitus.

3. Ut trina rerum machina,
   Coelestium, terrestrium,
   Et infernorum condita
   Flectet genu jam subdita.

4. Tremunt videntes angeli
   Versam vicem mortalium,
   Culpat caro, purgat caro,
   Regnat Deus Dei caro.

5. Tu, Christe, nostrum gaudium,
   Manens Olympo praemium,
   Mundi regis qui fabricam,
   Mundana vincens gaudia.

6. Hinc te precantes quaesumus,
   Ignosce culpis omnibus
   Et corda sursum subleva
   Ad te superna gratia.

7. Ut cum rubente coeperis
   Clarere nube judicis,
   Poenas repellas debitas,
   Reddas coronas perditas.

8. Gloria tibi, Domine,
   Qui scandis super sidera,
   Cum patre et almo spiritu
   In sempiterna saecula.

Fol. 16 a. — Dan. I. 196; Mone 171. — 5, 4. vices Hs. — 6, 4 gratiam Hs. — Die Doxologie nur bis qui scandis incl. Hs.

48.

Item alius hymnus.

1. Hymnum canamus gloriae,
   Hymni novi nunc personent,
   Christus novo nunc tramite
   Ad patris ascendit thronum.

2. Transit triumpho gloriae
   Poli potenter culmina,
   Qui morte mortem absumpserat
   Derisus a mortalibus.

3. Apostoli tunc mystico
   In monte stantes chrismatis
   Cum matre clara virgine
   Jesu videbant gloriam.

4. Hoc prosecuti lumine
   Laeto petentem sidera
   Laetis per auras cordibus
   Duxere regem saeculi.

5. Quos alloquentes angeli,
   Quid astra stantes cernitis?
   Salvator hic est, inquiunt,
   Jesus triumpho nobili.

6. A vobis ad coelestia
   Qui regna nunc adsumptus est,
   Venturus inde saeculi
   In fine judex omnium.

7. Quo nos precamur tempore,
Jesu redemptor unice,
Inter tuos in aethera
Servos benignus adgrega.

8. Da nobis, illuc sedula
Devotione tendere,
Quo te sedere cum patre
In arce regni credimus.

9. Gloria tibi, Domine.

Fol. 16 b. — Vgl. Daniel I. 206. — 4, 3 per aures verschrieben Hs.

49.

Alius hymnus.

1. Jesu nostra redemptio,
Amor et desiderium,
Deus creator omnium,
Homo in fine temporum.

3. Inferni claustra penetrans,
Tuos captivos redimens,
Victor triumpho nobili
Ad dextram patris residens.

2. Quae te vicit clementia,
Ut ferres nostra crimina,
Crudelem mortem patiens,
Ut nos a morte tolleres?

4. Ipsa te cogat pietas,
Ut mala nostra superes
Parcendo et voti compotes
Nos tuo vultu saties.

5. Tu esto nostrum gaudium,
Qui es futurus praemium,
Sit nostra in te gloria
Per cuncta semper saecula.

Fol. 17 a. — Dan. I. 63; Mone 173.

50.

Item alius hymnus.

1. Jam Christus astra ascenderat,
Regressus unde venerat,
Promissa patris munera,
Sanctum daturus spiritum.

5. Impleta gaudent viscera,
Afflata sancto spiritu,
Voces diversas intonant,
Fantur Dei magnalia.

2. Solemnis urgebat dies,
Quo mystico septemplici
Orbis volutus septies
Signat beata tempora.

6. Ex omni gente cogniti
Graecis, latinis, barbaris,
Cunctisque admirantibus
Lingnis loquuntur omnibus.

3. Cum hora cunctis tertia
Repente mundus intonat,
Orantibus apostolis
Deum venisse nuntiat.

7. Judaea tunc incredula,
Vesana torvo spiritu,
Ructare musti crapula
Alumnos Christi concrepat.

4. De patris ergo lumine
Decorus ignis almus est,
Quo fida Christi pectora
Calore verbi compleat.

8. Sed signis et virtutibus
Occurrit et docet Petrus,
Falsos probari perfidos
Joelis testimonio.

9. Hinc, Christe, nunc paraclitus
   Per te pius nos visitet,
   Novansque terrae faciem
   Culpis solutos recreet.
   Gloria tibi, Domine.

Fol. 17 b. — Dan. I. 64; Mone 182.

51.

De sancto pentecosten ad nōcturnas hymnus.

1. Beata nobis gaudia
   Anni reduxit orbita,
   Cum spiritus paraclitus
   Effulsit in discipulos.

2. Ignis vibrante lumine
   Linguae figuram detulit,
   Verbis ut essent proflui
   Et caritate fervidi.

3. Linguis loquuntur omnium,
   Turbae pavent gentilium,
   Musto madere deputant,
   Quos spiritus repleverat.

4. Patrata sunt haec mystice
   Paschae peracto tempore
   Sacro dierum numero,
   Quo lege fit remissio.

5. Te nunc, Deus piissime,
   Vultu precamur cernuo,
   Illapsi nobis coelitus
   Largire dona spiritus.

6. Dudum sacrata pectora
   Tua replesti gratia,
   Dimitte nunc peccamina
   Et da quieta tempora.

7. Sit laus patri cum filio,
   Sancto simul paraclito,
   Nobisque mittat filius
   Charisma sancti spiritus. Amen.

Fol. 18 a. — Dan. I. 6; Mone 183. — 4, 1 mystica Hs.

52.

Hymnus de S. Johanne.

1. Ut queant laxis resonare fibris
   Mira gestorum famuli tuorum,
   Solve polluti labii reatum,
   Sancte Johannes.

2. Nuntius celso veniens olympo
   Te patre magnum fore nasci-
   turum
   Nomen et vitae seriem geren-
   dae
   Ordine promit.

3. Ille promissi dubius superni
   Perdidit promptae modulos lo-
   quelae
   Sed reformasti genitus peremp-
   tae
   Organa vocis.

4. Ventris obstruso positus cubili
   Senseras regem thalamo manen-
   tem,
   Hinc parens nati meritis uterque
   Abdita pandit.

5. Antra deserti teneris sub annis
   Civium turmas fugiens petisti,
   Ne levi saltem maculare vitam
   Famine posses.

6. Praebuit hyrtum tegimen ca-
   melus
   Artibus sacris, strophium biden-
   tes,
   Cui latex haustum, sociata pastum
   Mella locustis.

.7. Ceteri tantum cecinere vatum
Corde praesago jubar adfu-
turum,
Tu quidem mundi scelus aufe-
rentem
Indice prodis.

8. Non fuit vasti spatium per orbis
Sanctior quisquam genitus Jo-
hanne,
Qui nefas saecli meruit lavan-
tem
Tingere lymphis.

9. Laudibus cives celebrant superni
Te, Deus simplex pariterque trine,
Supplices at nos veniam precamur,
Parce redemptis.

Fol. 18 b. — Dümmler, Poetae lat. aevi Carol. I. 83. Dan. I. 209. —
1, 3 Polluti labiis Hs. — 6, 2 trophium Hs. s aus sacris zu ergänzen.

53.

Alius.

1. O nimis felix meritique celsi,
Nesciens labem nivei pudoris,
Praepotens martyr eremique
cultor,
Maxime vatum!

2. Serta ter denis alios coronant
Aucta crementis, duplicata
quosdam,
Trina centeno cumulata fructu
Te, sacer, ornant.

3. Nunc potens nostri meritis opi-
mis
Pectoris duros lapides repelle,
Asperum planans iter et reflexos
Dirige calles.

4. Ut pius mundi sator et redemp-
tor,
Mentibus pulsa livione puris,
Rite dignetur veniens sacratos
Ponere gressus.

5. Laudibus cives celebrant superni
Te, Deus simplex pariterque trine,
Supplices at nos veniam precamur,
Parce redemptis.

Fol. 19 a. — Dümmler. 1. c. Dan. I. 210.

54.

Item de S. Johanne.

1. Almi prophetae progenies pia,
Clarus parente, nobilior patre,
Quem matris alvus claudere
nescia
Ortus herilis prodidit indicem.

2. Cum virginalis regia gloriam
Summi tonantis nomine pigno-
ris
Gestaret, aula nobilis intimo
Claustro pudoris fertilis inte-
gro.

3. Vox suscitavit missa puerpera
Fovetque vatis gaudia parvuli,
Matres prophetant munere pi-
gnorum,
Mutus locutus nomine filii est.

4. Scribendus hic est, vocis ut
augeat
Nostrae canores diraque vincula
Dissolvat oris, larga propheticis
Verborum habenas litera no-
minis.

4*

5. Vox namque verbi, vox sapien-
tiae est,
Major prophetis et minor angelis,
Qui praeparavit corda fidelium
Stravitque rectas justitiae vias.

6. Assertor aequi non ope regia
Nec morte dura liquere trami-
tem
Veri coactus, non licet, ait, tibi
Uxorem habere fratris adul-
teram.

7. Sic ira regis saevaque funera
Saltationis munere vendita
Mensas tyranni et virginis
ebriae
Luxu replevit sanguine sobrio.

8. Haec vitricus dat dona vesanior
Quam si veneni pocula traderet.
Negare praestat quam dare vi-
trico.
Odisse praestat, plus nocet hic
amor.

9. Sit trinitati gloria unicae,
Virtus, potestas, summa potentia,
Regnum, potestas, quae Deus unus est
Per cuncta semper saecula [saeculi].

Fol. 19 b. mit Mel. — Dan. I. 100; Mone 647. — 1, 3 nescius Hs. —
1, 4 Oritur Hs. — 2, 3 Gestare Hs. — 2, 4 claustra puduris! Hs. — 3, 2
parvulis Hs. — 4, 1 voces ut augeat nostre canore Hs. — 7, 1 funere Hs. —
7, 3 mensa Hs. — 8, 1 metricus Hs. — 8, 2 poculo trahere Hs. — 9, 3 Regnum retentas Hs.

55.
Alius.

1. Praecursor alti luminis
Et praeco verbi nascitur,
Laetare, cor fidelium,
Lucemque gaudens accipe.

2. Miranda cujus saeculi
Nativitas per angelum
Intonuit parentibus
Pia fide jam praeditis.

3. Sublime cui vocabulum
Johannes ipse Gabriel
Imponit et clarissima
Ipsius acta praecinit.

4. Qui matris adhuc parvulus
Vulva retentus spiritu
Percepit almus gratiam,
Festis futurus gloriae.

5. Nec dumque natus jam dedit
De luce testimonium;
Quod natus admirabili
Complevit ipse gloria.

6. Sic plurimos ex Israel
Christi fidei subdidit,
Et corda patrum in filiis
Docens superna transtulit.

7. In Eliae qui spiritu
Venit propheta, semitam
Parare Christo, ac plebibus
Iter salutis pandere.

8. Quo feminarum in filiis
Propheta major nullus est,
Quin ipse miris actibus
Plus quam propheta claruit.

9. Baptisma poenitentiae
Qui praedicabat ac dedit,
Turbasque Jesu gratiae
Illuminandas obtulit.

10. Ipsum Jesum, qui omnia
Sancto lavans in spiritu
Emundat, in Jordanicis
Tinxit fluentis gurgitis.

11. Et baptizato protinus
Aperta vidit aethera,
Nobis suo baptismate
Pandit poli qui regiam.

12. Atque in columba spiritum
Illum super descendere
Vidit, qui doli nescius
Mentes requirit simplices.

13. Audivit et vocem patris:
Dilectus est haec filius
A saeculo dixit meus,
In quo mihi complacuit.

14. Edoctus his oraculis
Baptista Jesum praedicat
Natum Dei, qui in spiritu
Sancto fideles baptizet.

15. Quid sermo noster amplius
Hujus canat praeconia,
De quo patris vox filio
Olim locuta praecinit:

16. En mitto, dixit, angelum
Tuam paret qui semitam,
Vultum praecurratque tuum
Solem lucens ut lucifer.

17. Praesta, pater piissime.

Fol. 20 a sqq. — Migne PP. LL. XCIV. p. 527 sq. — 2, 3 Intonuit
vielleicht st. innotuit. — 2, 4 praeditus Hs. — 10, 4 fluendo Hs. — 14, 2
Baptisma Jesum Hs.

56.

In natali sancti Petri hymnum.

1. Felix per omnes festum mundi
cardines
Apostolorum praepollet alacriter
Petri beati, Pauli sacratissimi,
Quos Christus almo consecravit
sanguine,
Ecclesiarum deputavit principes.

2. Hi sunt olivae duo coram domino
Et candelabra luce radiantia,
Praeclara coeli duo luminaria,
Fortia solvunt peccatorum vin-
cula,
Portas olympi reserant fideli-
bus.

3. Habent supernas potestatem
claudere
Sermone sedes, pandere splen-
dentia
Limina poli super alta sidera,
Linguae eorum claves coeli
factae sunt,
Larvas repellunt ultra mundi
limitem.

4. Petrus beatus catenarum laqueos
Christo jubente rupit mirabiliter,
Custos ovilis et doctor ecclesiae
Pastorque gregis, conservator
ovium
Arce luporum truculentam rabiem.

5. Non impar Paulus huic, doctor
gentium,
Ecclesiarum templum sacratis-
simum,
In morte compar, in corona particeps,
Ambo lucernae et decus ecclesiae,
In orbe claro corruscant vibra-
mine.

6. Quodcumque vinclis super ter-
ram strinxerit,
Erit in astris religatum pariter,
Et quod resolvit in terris arbitrio,
Erit solutum super coeli radium,
In fine mundi judex erit saeculi.

Fol. 21 a. —Dümmler I. 136 sq. Dan. I. 243. — 5, 5 Fruculenta rabie Hs.

57.

Diviso.

1. O Roma felix, quae tantorum
   principum
   Es purpurata pretioso sanguine,
   Excellis omnem mundi pulchritudinem
   Non laude tua sed sanctorum
   meritis,
   Quos truculentis jugulasti gladiis.

2. Vos ergo modo, gloriosi martyres,
   Petre beate, Paule mundi lilium,
   Coelestis aulae triumphales
   milites,
   Precibus almis vestris· nos ab
   omnibus
   Munite malis, ferte super aethera.

3. Gloria Deo per immensa saecula,
   Sit tibi, nate, decus et imperium,
   Honor, potestas sanctoque spiritui,
   Sit trinitati salus individua
   Per infinita saeculorum saecula.

Fol. 22 a. — Dümmler l. c.; Dan. l. c.

58.

Alius.

1. Aurea luce et decore roseo,
   Lux lucis, omne perfudisti sae-
   culum,
   Decorans coelos inclito martyrio
   Hac sacra die, quae dat reis
   veniam.

2. Janitor coeli, doctor orbis pariter,
   Judices saecli, vera mundi lumina,
   Per crucem alter, alter· ense
   triumphans
   Vitae senatum laureati possident.

3. Jam bone pastor, Petre, clemens,
   accipe
   Vota precantum et peccati vincula
   Resolve tibi potestate tradita,
   Qua cunctis coelum verbo claudis, aperis.

4. Doctor egregie, Paule, mores
   instrue
   Et mente polum nos transferre
   satage,
   Donec perfectum largiatur plenius,
   Evacuato, quod ex parte ge-
   rimus.

5. Olivae binae pietatis unicae,
   Fide devotos, spe robustos maxime,
   Fonte repletos caritatis geminae,
   Post mortem carnis impetrate
   vivere.

6. Sit trinitati sempiterna gloria,
   Honor, potestas atque jubila-
   tio,
   In unitate cui manet imperium
   Ex tunc et modo per aeterna
   saecula.

Fol. 22 a. — Dan. I. 156; Mone 684. — Das Lied wird durch die Überlieferung der Elpis zugeschrieben, was mindestens ebenso glaublich klingt als der geniale Grund, den Mone l. c. gegen diese Autorschaft ins Feld führt.

59.

Alius.

1. Apostolorum passio
Diem sacravit saeculi,
Petri triumphum nobilem,
Pauli coronam praeferens.

2. Conjunxit aequales viros
Cruor triumphalis necis,
Deum secutos praesulem
Christi coronavit fides.

3. Primus Petrus apostolus
Nec Paulus impar gratia,
Electionis vas sacrae,
Petri adaequatur fides.

4. Verso crucis vestigio
Simon honorem dans Deo,
Suspensus ascendit, dati
Non immemor oraculi.

5. Praecinctus, ut dictum est, senex,
Elevatus ab altero
Quo nollet ivit, sed volens
Mortem subegit asperam.

6. Hinc Roma celsum verticem
Devotionis extulit,
Fundata tali sanguine
Et vate tanto nobilis.

7. Tantae per orbis ambitum
Stipata tendunt agmina,
Trinis celebratur viis
Festum sanctorum martyrum.

8. Prodire quis mundum putet,
Concurrere plebem poli,
Electa gentium caput
Sedes magistri gentium.

9. Deo patri sit gloria.

Fol. 22 b. — Biraghi p. 86; Dan. I. 101; Mone 684; 5, 3 Quod nollet, se volens. Hs. — 8, 4 Sedet Hs.

60.

Item alius.

1. Apostolorum gloriam
Hymnis canamus debitis,
Votis vocemus annuis,
Jesu fave precantibus.

2. Bar Jona, Simon Petrus
Et doctor almus gentium
Festiva saeclis gaudia
Suo dicarunt sanguine.

3. Conjunxit unus exitus,
Quos dispar ortus protulit,
Terris simul non editi
Simul petunt coelestia.

4. Diversa verba plebium
Ad astra cogunt agmina
Unaque condunt plurimis
Aulam Deo de gentibus.

5. Ecclesiae princeps sacer
In monte Jesum conspicit
Vocemque patris igneo
Audit poli de vertice.

6. Fulgentis ascendit poli
Tertia Paulus edita,
Arcana discit, alteri
Proferri nulli quae licet.

7. Gressus Cephi per caerula
Christi juvantur dextera,
Christus suos ne saeculi
Demergat aequor erigit.

8. Hujus pericla saeculi
Vinci fide credentium,
Paulus docet, jam naufragos
Salvans ab undis socios.

9. Imis Simon e fluctibus
Mundi fideles extrahens
Pisces bonos ut libere
Ad lucis effert patriam.

10. Xriste, precamur ut quibus
Laudes ovantes dicimus,
Horum frui·nos lucidis
Dones per aevum aspectibus.

11. Ymnisonis per aethera
Apostolorum coetibus
Noster chorus hic consonet,
Psalmis canorus dulcibus.

12. Deo patri sit gloria
Ejusque soli filio
Cum spiritu paraclito
In sempiterna saecula.

Fol. 24 b. — Migne PP. LL. XCIV. p. 628 sq. — Die Doxologie nur begonnen Hs.

61.

De sancto Martiale.

1. Martialis sanctissimi
Trophaeum nimis nobile
Plebs omnis hymnis concrepet
Deoque laudes personet.

2. Hic praeclaro de genere,
Christi ditatus munere,
A sede apostolica
Datur pastor in Galliam.

3. Petrum secutus principem,
Callem. adgressus Galliae
Urbis plebem Lemovicae
Tinxit baptismi gratia.

4. Advectus ad dispositam
Dignus sacerdos patriam,
Urbis plebem et principem
Christi subegit dogmate.

5. Haec condocente- patriam
Conversa sunt tot milia,
Dirupta nec non idola,
Christo erecta altaria.

6. Virgo praeclara genere,
Valeria cognomine,
A sancto docta praesule
Caeso laetatur capite.

7. Te nunc redemptor quaesumus,
Ut hujus sanctis precibus
Omnem clerum et populum
Conserves in perpetuum.

Fol. 24 a. — 3, 2. Lemovicam Hs. — 3, 4 gratiam Hs. — 6, 4 Pheso laetatur Hs.

62.

Hymnus in matutinis laudibus.

1. Benigna Christi gratia
Respargit orbem hodie,
Qua Martialis pontifex
Coelorum intrat cardines.

2. Petri comes et proximus
Christique praesens actibus,
Hoc tunc repletus neumate
Nunc pontifex fit Galliae.

3. Jussus petit Limovicas
Et cum docet provincias
Sermone, signis, actibus,
Divis subegit legibus.

4. Firmo statu jam fidei
Jesum videns obdormiit,
Coeleste capitolium
Intrat coaequus maximis.

5. Hoc vita, vox, miraculum,
Hoc mors probat mirifica,
Coetus comit imperios
Visa phalanges choreas.

6. Hymnis Deum, hunc precibus
Cuncti frequentent supplices,
Suae tamen plus Galliae
Pontificatus indicet:

7. Tu caritatis filius,
   Minister indulgentiae,
   Agnosce nos ut proprios,
   Culpis licet extraneos.

8. Te, sancte Deus trinitas,
   Superna laudet civitas,
   Per hunc fide, qua vivimus,
   Dignos tuis fac laudibus.

Fol. 24 b. — 3, 2 Et cum deducit Hs. — 4, 5 Intrat quo equus maximus Hs. — 5, 3 und 4 verderbt; Konjektur, die das Siegel der Wahrscheinlichkeit trüge, schwierig.

63.

In transfiguratione Domini hymnus ad nocturnas.

1. O sator rerum, reparator aevi,
   Christe rex regum, metuende
   censor,
   Tu preces nostras pariterque
   laudes
   Suscipe grates.

2. Noctis en cursu tibi vota laudum
   Pangimus, praesta, tibi sint ut
   aptae
   Nosque concentu renova per-
   enni,
   Luminis auctor.

3. Inter Eliam Moysenque vates
   Ut jubar solis facie refulgens,
   Candidas vestes nivis instar
   almis
   Tu reserasti.

4. Tu dei prae his patre teste
   proles,
   Tuque sanctorum decus ange-
   lorum,
   Tu salus mundi, via, vita, virtus
   Crederis esse.

5. Da dies nobis probitate faustos
   Morti[s] ignara[m] tribuendo
   vitam,
   Semper ut nostros tua sit per
   actus
   Gloria perpes.

6. Ure cor nostrum, jecur atque
   lumbos
   Igne divino vigilesque nos fac,
   Semper ardentes manibus lu-
   cernas
   Ut teneamus.

7. Esto tu noster cibus atque potus,
   Tu labor, virtus, requies, amic-
   tus,
   Livor absistat, tumor, ira, luxus,
   Moeror et omnis.

8. Lumen infunde, tenebras re-
   pelle,
   Aufer infesti laqueos celydri,
   Vincla dissolve, coelorum fer
   astra
   Scandere nobis.

9. Gloria, virtus, tibi sit, creator,
   Cuncta qui solus retinens gubernas
   In throno regni sine fine regnans
   Trinus et unus.

Fol. 25 a. — 2, 2 ut aptas Hs. — 2, 3 renove Hs. — 3, 2 facies Hs. — Str. 1—4 und 9 auch in Brev. ms. Palat. Vindob. 1526. saec. 12; Diurn. ms. Palat. Vindob. (olim Lunaelacen.) 1968 saec. 14.

64.

Alius hymnus de transfiguratione.

1. O nata lux de lumine,
   Jesu redemptor saeculi,
   Dignare clemens supplicum
   Laudes precesque sumere.

2. Qui carne quondam contegi
   Dignatus es pro perditis,
   Nos membra confer effici
   Tui beati corporis.

3. Prae sole vultus flammeus,
Ut nix amictus candidus,
In monte dignis testibus
Tu paruisti conditor.

4. Vates alumnis abditos
Nobis vetustos conferens,
Utrisque te divinitus
Deum dedisti credere.

5. Te vox paterna coelitus
Suum vocavit filium,
Quem nos fideli pectore
Regem fatemur coelicum.

6. Concede nobis, quaesumus,
Almis micare moribus,
- Ut ad polorum gaudia
Bonis vehamur actibus.

7. Laudes tibi nos pangimus,
Aeterne regum rex Deus,
Qui trinus unus rector es
Per cuncta regnans saecula.

Fol. 26 a. — Dan. IV. 161.

65.

Hymnus de Trinitate.

1. O pater sancte, mitis atque
pie,
O Jesu Christe, fili vene-
rande,
Paraclitusque spiritus et alme,
Deus aeterne.

2. Trinitas sancta unitasque fir-
ma,
Deitas vera, bonitas immensa,
Lux angelorum, salus orphano-
rum,
Spesque cunctorum.

3. Te tuae cunctae laudent creatu-
rae,
Serviant tibi cuncta, quae creasti,
Nos quoque tibi psallimus de-
vote,
Tu nos exaudi.

4. Gloria tibi, Deus omnipotens,
Trinus et unus, magnus et aeter-
nus,
Laus tibi, Christe, honor, lux,
decus hic
Et in aeternum.

Fol. 26 b. — Dan. I. 263; Mone 12.

66.

De S. Benedicto hymnus.

1. Rex Christe, dignanter fave,
In laude patri psallere
Et debitas laudes dare
Nostrumque munus solvere.

2. Sint haec tibi praeconia,
Quae nostra tergant crimina,
Orante pro nobis patre,
Per quem rogamus te pie.

3. Nos esse jam, quales jubes,
Largire, tales fieri,
·Coelestis ut vitae vias
Intremus haeredes poli.

4. Dilectus hic proles tua,
Sanctissimus, nostrum decus,
Quem Benedictum dicimus,
A quo juvari poscimus.

5. Adquirat hic nobis tuam,
Quam coelitus dat, gratiam
Et praestet in coelis eam,
Quam possidet jam gloriam.

6. Sit semper adjutor pius
Nec servulos spernat suos,
Cui sola post te spes inest,
Hic et polo nos qui jubet.

7. Sit laus patri cum filio
Et cum pio paraclito,
Quem personant sursum poli
Per cuncta semper saecula.

Fol. 26 b. — 2, 2 nostram Hs. 3, 3, vita Hs. — 3, 4 polim. Hs. — 4, 1 poles tuis Hs. — 6, 3 Qui Hs.

67.

Alius hymnus.

1. Magno canentes annua
Nunc Benedicto cantica,
Fruamur hujus inclitae
Festivitatis gaudiis.

2. Quo fulsit ut sidus novum,
Mundana pellens nubila,
Aetatis ipso limine
Despexit aevi florida.

3. Miraculorum praepotens,
Afflatus alto flamine,
Resplenduit prodigiis,
Ventura saecli praecinens.

4. Non ante saeclis cognitum
Noctu jubar effulserat,
Quo totus orbis 'cernitur
Et haec terrá conspicitur.

5. Sit trinitati gloria,
Sit perpes et sublimitas,
Hanc qui lucernam fulgidam
Donavit nostro saeculo.

Fol. 27 a — Mone 839; Dan. IV. 183. — 4, 2 effulgerat Hs. — 4, 3 Quod totus Hs. — 4, 4 et etera Hs. — 5, 1 trinitatis.

68.

De S. Antonino hymnus ad nocturnas.

1. Athleta Christi, Antoninus mar-
tyr,
Supplici voto veneranda gesta
Cujus insignis radiat nitore
Vita per orbem.

2. Dum Dei vates rudimenta pri-
mae
Ferret aetatis, studuit superni
Omnibus votis inhiare curis,
Mente senescens.

3. Sicque certatim miseros fovebat,
Copiam victus tribuens egenis,
Contegens nudos, pariter conso-
lans
Carcere trusos.

4. Naviter tandem famulos tonandi
Nominis lito propriis furore
Cespitis nomen genitalis almo
Pectore gestat.

5. Namque tranquillo venerandus
exstat
Ortus ex vico Dominique nutu
Mente tranquillo simul et sereno
Splenduit actu.

6. Christe, poscentes famulos sub-
audi,
Vocibus nostris miserans faveto,
Trinus et simplex deitatis al-
mo
Lumine splendens.

Fol. 27 b. — mit Mel. = Iste confessor. — 2, 2 Fere Hs. — 3, 2 victis Hs. — 4, 1 und 2 unverständlich. — Der Heilige ist der s. g. S. Antonin de Pamier.

69.

Alius.

1. Laudes magnificas altithrono
   Deo
   Psallamus pariter festa per an-
   nua
   Antonini obitus, martyris incliti,
   Hymnorum bene cantibus.
2. Nam Christi famulus matris ab
   ubere
   Consecrante fide flaminis intima
   Virtutum meritis claruit, actibus
   Concedens salutaribus.
3. Divini subiit officii gradum
   Indutus domino, quo sacer in-
   fula
   Consecrando litat sancta liba-
   mina
   Commissum duplicans lucrum.
4. Hic sanctus rutilo stemmate
   praeditus,
   Vicinas patrias ac loca plurima
   Perlustrans, fidei dat pia dog-
   mata
   Cum summa patientia.

5. Inter prodigia signaque maxima
   Virtutis merito fontes ab arida
   Produxit sitiens pocula vivida,
   Antiquum reserans opus.
6. Armis omnigenis ac fidei probus
   Praecinctus subiit martyrii
   decus
   Victorumque choris nectitur
   aulica
   Ditatus bene laurea.
7. Jam nunc, Christe Deus, rex quo-
   que martyrum,
   Hujus nos meritis patrocinan-
   tibus
   Athletae refovens stare viriliter
   In statu praebe saeculi.
8. Laus semper tibimet, nate, per
   omnia
   Laus patrique Deo summaque
   gloria
   Cum sancto resonet flamine per-
   petim
   Cum chordae modulamine.

Fol. 28 a. mit Mel. — 2, 1 famulis Hs. — 3, 3 litet Hs. — 5, 2 fontis
Hs. — 8, 4 corde Hs. = chordae oder cordis Hs.

70.

Item de S. Antonino.

1. Ut tibi clarum resonemus hym-
   num
   Mentibus puris, sacer o sacerdos,
   Martyr Antonine, nefas piato
   Omne tuorum.
2. Merce qui mortis roseam tiaram
   Hoste devicto referens in aulam
   Regis aeterni, speciale munus
   Promeruisti.
3. Nam ferae gentis rabie peracta
   Gloria magna redimire Christi,
   Cujus ad nutum patefacta
   cunctis
   Unda dehiscit.

4. Sicque discissis pelagi procellis
   Accolae gentes lavacro beati
   Corporis glebam gladio recisam
   Gurgite tollunt.
5. Ut tui pignus capitis sacratum
   Inditum lintri varios per amnes
   His tibi latis vehitur in oris
   Remige Christo.
6. Cujus ad jussum volucris ge-
   mella
   Rite candenti specie nivali
   Prora decurrens agitur per
   undas
   Tramite recto.

7· Unde concentu(m) fidium ca-
nora
Oris et cordis tibi, sancte
martyr,
Psallimus laeti canimusque
cuncti
Munia laudis.

8. Laus, honor semper decus et
potestas
Sit sancto patri simul atque
nato
Flamini nec non ab utroque
fuso
Tempore cuncto.

Fol. 29 a. mit Mel. — 2, 1 roseum Hs. — 3, 3 nutu Hs. — 3, 4 de-
hixit Hs. — 4, 2 beate corpori glebam gladio recisum Hs. — 6, 1 volucri
gemella rite candentis Hs. — 6, 3 per unda Hs.

71.

Hymnus de sancta Maria.

1. O virgo princeps virginum,
Quae auris sensit talia,
Quod virgo viri nescia
Tu casta sis puerpera.

5. Per lignum indulcans crucis
Gustum amarae arboris,
Resurrexit de mortuis,
Ascendit ad sedem patris.

2. Regina mundi nobilis,
Mater Dei et hominis,
Nata in mundo similis
Non est tibi ex feminis.

6. Felix nimis per filium,
Quem ante omne saeculum
De corde patris genitum
Post concipis per spiritum.

3. Tu sola mater virgo es,
Tu porta caeli permanes,
Qui sunt per Evam flebiles,
Per te fiunt nunc alacres.

7. Quem nos precamur, domina,
Per te reatus pondera
Nunc allevet sic antea,
Ut judicet nos postea.

4. Fit natus ex te vir novus,
Mortem, quam Adam fert vetus,
De morte aufert coelitus,
Vitam[que] dat credentibus.

8. Trino et uni gloriam
Deo canamus debitam,
Qui omnem a se conditam
Mundi gubernat fabricam.

Fol. 29 b. — 1, 2 Qui aures Hs. — 7, 3 Nec alleva Hs.

72.

Alius hymnus.

1. Ave coeli janua,
Stella maris lucida,
Virgo sacratissima,
Dei mater inclita Maria.

3. O virgo sanctissima,
Prudens et pacifica,
Quae praesago animo
Gabrieli credidisti nuntio.

2. Quem superni pectora
Sibi regis unicam
Praeelegit famulam
Ante primi saeculi tempora.

4. Non te infidelitas
Perturbavit aliqua,
Sed divinis credula
Coelo terrae intulisti gaudia.

5. Stirps Jesse florigera
Germinavit virgulam,
Virga florem roscidum,
Ubi sanctus requiescit spiri-
tus.

6. Ut a stirpe spinea
Mollis rosa pullulat,
Sic ab Evae miserans
Processisti, Maria, germine.

7. Mala cuncta delue,
Probos mores ingere,
Ut nostras, sanctissima,
Cantilenas digneris excipere.

8. Gloria patri natoque
Inclito paraclito,
Cui virtus et potestas
Per aeterna saecula [saecu-
lorum.]

Fol. 30 a. mit Mel. — 2, 1 Quem Hs. — 2, 2 unica Hs. — 2, 3 famula
Hs. — 3, 3 Quem Hs. — 5, 2 virgula Hs. — 5, 3 Virgo floris Hs. — 7, 3
sanctissime Hs. — 7, 4 Cantilenae Hs. — Das Lied ist wichtig, weil es ein
völliges Brechen mit den lyrischen Formen der klassischen Zeit bedeutet.
Die Verse 1, 4; 2, 4 und 6, 4 haben eine Silbe weniger als die entsprechenden
der anderen Strophen; ohne diese Unregelmäfsigkeit hätte ich nach der ersten
Dipodie jeder vierten Verszeile eine Brechung eintreten lassen.

73.
De S. Cornelio hymnus.

1. Te, Christe, patris verbum,
virtus inclita,
Submissis laudum quaesumus
praeconiis,
Hujus diei festa celeberrima
Superna semper fac nitere
gratia,
Quam frequentare nos dedisti
annua.

2. Haec namque dies, triumphali
gloria
Per quadrifidi vernans mundi
climata,
Immensa nobis repraesentat
gaudia,
Honore sacra et cultu dignissima
Religionis sub ope gratuita.

3. Hanc miles fortis et bellator
strenuus,
Romanae arcis antistes Cornelius,
Sacri cruoris purpuravit notulis,
Quam rutilantem velut solis
lampadem
Suis praecelsis consecravit
meritis.

Fol. 30 b. sq. — mit Mel.

4. Qui sanctitatis luce pollens
fulgida
Sacerdos atque grata factus
victima,
Obtulit sese mactandum per
jugula
In pastorali summa vigilantia,
Pii magistri secutus vestigia.

5. Unde perenni trabeatus infula
Et pretiosa segmentatus stra
gula
Inter sacrata martyrum col-
legia
Ovat micatque immortali laurea
Melosque Christo laude pangit
sedula.

6. Sit ergo perpes atque decens
gloria,
Sceptrum perenne, laus et jubilatio
Patri natoque cum aeterno
flamine,
Quibus majestas virtus et par
unitas
Per universa semper exstat
saecula.

74.

Ad nocturnas hymnus.

1. Praepotens miles cathedraeque
princeps
Maximae Romae, domine per
orbem,
Alme Corneli, strue templa
coeli
Pervia plebi.

2. Quem minae mortis neque
torvus hostis
Terruit verbo capulove stricto,
Quin caput sacrum jugulo di-
catum
Das violandum.

3. Jura tunc Christi reboans
magistri,
Ut satis doctus simul ortho-
doxus
Fers ad hanc — — bravii
coronam
Sat pretiosam.

4. Hinc palatinus potes esse divus
Atque coelestis socius pha-
langis,
Unde nos omnes tibi vota
dantes
Annua salves.

5. Omne per tempus honor hinc et virtus
Sit Deo patri meritoque nati.
Flamini virtus, honor ipse dignus
Sit quoque mixtus.

Fol. 31 b.

75.

Ad vesperas hymnus.

1. Psallamus modulis carmina
dulcibus
Christo, quem superis martyr
in arcibus
Laudat et inclitus praesul
Cornelius
Additus summis coetibus.

2. Sacris eloquiis qui fera gen-
tium
Arcis Romuleae pectora con-
domans,
Fundans ecclesias diruit idola,
Coelicae plenus gratia.

3. Hinc jussu rabido principis
impii
Obstrusus patriis exsul in abditis
Lucis fundit opes ut jubar
emicans
Orbis fine sub ultimo.

4. Quae laus dum canitur Caesaris
auribus,
Post oris laceri torvida verbera
Ut sacram jugulo praecipit
hostiam
Tradendam quoque caedere.

5. Sic coeli penetrans atria fulgida,
Victrici renitet perpete laurea,
Regnans cum Domino, qui regit aethera,
In cuncta semper saecula.

Fol. 32 a. — 2, 4 Coelite Hs. — 3, 3 et jubar Hs.

76.

Hymnus de S. Michaele.

1. Christe sanctorum decus angelorum,
   Rector humani generis et
   auctor,
   Nobis aeternum tribue benignus
   Scandere regnum.

2. Angelum pacis Michael ad istam
   Coelitus mitte rogitamus aulam,
   Nobis ut crebro veniente cres-
   cant
   Prospera cuncta.

3. Angelus fortis Gabriel, ut
   hostem
   Pellat antiquum, volitet ab
   alto,
   Saepius templum veniat ad
   istud
   Misertus nostri.

4. Angelum nobis, medicum salutis,
   Mitte de coelis Raphael, ut
   omnes
   Sanet aegrotos pariterque nostros
   Dirigat actus.

5. Hic Dei nostri genitrix Maria,
   Totus et omnis chorus angelorum
   Semper assistat simul et beata
   Concio tota.

6. Praestet hoc nobis deitas.

Fol. 32 b. mit Mel. — Dan. I. 218; Mone 311. — 3, 3 istum Hs.

77.

Hymnus ad nocturnas.

1. Tibi, Christe, splendor patris,
   Vita, virtus cordium,
   In conspectu angelorum
   votis, voce psallimus,
   Alternantes concrepando
   melos demus vocibus.

2. Conlaudemus venerantes
   omnes coeli milites,
   Sed praecipue primatem
   coelestis exercitus,
   Michaelem, in virtute
   alligantem zabulum.

3. Quo custode procul pelle,
   rex Christe piissime,
   Omne nefas inimici,
   mundos corde et corpore
   Paradiso redde tuo
   nos sola clementia.

4. Gloriam patri melodis
   personemus vocibus,
   Gloriam Christo canamus,
   gloriam paraclito,
   Qui Deus trinus et unus
   exstat ante saecula.

Fol. 33 a. mit Mel. — Dan. I, 220; Mone 307.

78.

Hymnus de Sancto Geraldo.

1. Laudes solvamus debitas
Tibi, unita trinitas,
Alternis rite vocibus,
Claris quoque concentibus.

2. Ut in Geraldi precibus
Noster exsultet spiritus,
Totumque corpus gaudeat,
Opem salutis sentiat.

3. Qui virgo ab infantia,
Christi repletus gratia,
Dum vixit in hoc corpore,
Miro refulsit opere.

4. Nudis membrorum tegmina
Porrexit, siccis pocula,
Lacrimas tersit flentibus,
Angorem aufert mentibus.

5. Unde post carnis obitum,
Ut praesens sit indicium,
Majora dat miracula
Domini per suffragia.

6. Frontibus noctem pepulit,
Lucem diei retulit,
Vires nervorum aridis,
Dedit vigorem languidis.

7. Morborum mundat genera,
Cordium sanat vulnera,
Corpore fugat daemones,
Bacchantes purgat homines.

8. Surdorum aures arrigit,
Mutorum linguas aperit,
Quo sensus per officium
Plures conlaudant dominum.

9. Ergo, confessor inclite,
Crimina nostra delue,
Sit nobis per te venia,
Feras tranquilla tempora.

10. Praesta, pater piissime,
Patrique compar unice,
Cum spiritu paraclito
Regnans per omne saeculum.

Fol. 33 b. — Der Heilige, dem dieser und der folgende Hymnus gewidmet, ist der hl. Geraldus Graf von Aurillac, nicht Geraldus von Sauve majeur, der jünger ist und auf den 79, 3, 3 nicht passen würde.

79.

In matutinis laudibus hymnus.

1. Deus, patrum sub tempore
Qui mirum opus gesseras,
Sit laus tibi, quod nunc quoque
Nostros dies laetificas.

2. Miles novus cum veteri
Saeclo Geraldus splenduit,
Cujus levet nos pietas,
Quos mergit ingens pravitas.

3. Nam stirpe, gazis inclitus,
Piis vacans et actibus,
In spiritu pauper fuit,
Simus quod ejus meritis.

4. Hic nempe coram dyscolis
Te glorificans coluit,
Tu coram his hunc decores
Ut hos per ipsum corrigas.

5. His cuncta vertis in bonum,
Qui diligunt te per eum,
Qui vexit et hunc pignetra [sic,]
Conventum huuc sanctifica.

6. Praesta, pater piissime,
Patrique compar unice,
Cum spiritu paraclito
Nunc et per omne saeculum.

Fol. 34 a. sq. — 5, 3 verderbt; da in dem Worte pignetra die Silbe et durch das Abkürzungszeichen & gegeben, ist penetra oder pignora zu vermuten, was indefs einen Sinn ebenfalls nicht zuläfst.

80.

De omnibus Sanctis.

1. Festiva saecli colitur
   Dies sanctorum omnium,
   Qui regnant in coelestibus,
   Jesu, tecum feliciter.

2. Hos invocamus cernui,
   Teque, redemptor omnium,
   Illis tibique supplices
   Preces gementes fundimus.

3. Jesu, salvator saeculi,
   Redemptis ope subveni,
   Et pia dei genitrix,
   Salutem posce miseris.

4. Coetus omnis angelicus,
   Patriarcharum cunei,
   Et. prophetarum merita
   Nobis precentur veniam.

5. Baptista Christi praevius
   Et claviger aethereus
   Cum ceteris apostolis
   Nos solvant nexu criminis.

6. Chorus sacratus martyrum,
   Confessio sacerdotum
   Et virginalis castitas
   Nos a peccatis abluant.

7. Monachorum suffragia
   Omnesque cives coelici
   Annuant votis supplicum
   Et vitae poscant praemium.

8. Laus, honor, virtus, gloria
   Deo patri et filio
   Una cum sancto spiritu
   In sempiterna saecula.

Fol. 34. b. — Dan. I. 297. — Aufschrift: De omnium sanctorum (scl. festo) Hs.

81.

In matutinis laudibus.

1. Christe, redemptor omnium,
   Conserva tuos famulos,
   Beatae semper virginis
   Placatus sanctis precibus.

2. Beata quoque agmina
   Coelestium spirituum,
   Praeterita, praesentia,
   Futura mala pellite.

3. Vates aeterni judicis
   Apostolique domini,
   Suppliciter exposcimus
   Salvari vestris precibns.

4. Martyres Dei incliti,
   Confessoresque lucidi,
   Vestris orationibus
   Nos ferte in coelestibus.

5. Chorus sanctarum virginum
   Monachorumque omnium
   Simul cum sanctis omnibus,
   Consortes Christi facite.

6. Gentem auferte perfidam
   Credentium de finibus,
   Ut Christi laudes debitas
   Persolvamus alacriter.

7. Gloria patri ingenito
   Ejusque unigenito,
   Sancto simul paraclito
   In sempiterna saecula.

Fol. 35 a. — Dan. I. 256; Mone 635.

82.

Hymnus de Sancto Martino.

1. Rex Christe, Martini decus,
Hic laus tua, tu illius,
Tu nos in hoc te colere,
Quin ipsum in te tribue.

2. Qui das, per orbis cardines
Quod gemma fulget praesulum,
Da, quos premunt culpac graves,
Solvat per ingens meritum.

3. En pauper hic et modicus
Polum dives ingreditur,
Coeli honores obviant,
Linguae, tribus, gentes ovant.

4. Ut vita fulget transitus,
Coelis et arvo splendidis
Gaudere cunctis pium est,
Cunctis salus sit haec dies.

5. Erili nocte media
Abrahae sinu subiit,
Qui pace migrat reddita,
Quam reddit et nunc dyscolis:

6. Martine, mundus te colit
Consertum ut apostolis,
Voces precantum suscipe,
Cunctis, quod egent, obtine.

7. Sit trinitati gloria,
Martinus ut confessus est,
Cujus fidem per opera
Qui semper in nos roboret.

Fol. 35 b. — Mone 1071. — 1, 3 in hunc Hs. — 4, 2 arva Hs.

83.

Alius.

1. Martine par apostolis,
Festum colentes tu fove,
Qui vivere discipulis
Vis aut mori, nos respice.

2. Fac nunc, quod olim gesseras,
Nunc praesules clarifica,
Auge piis ecclesiae,
Fraudes elide sathanae.

3. Qui ter chaos eviceras,
Mersos reatu suscita,
Diviseras ut chlamydem,
Nos indue justitiam.

4. Ut specialis gloriae
Quondam recorderis tuae,
Monastico nunc ordini
Jam paene lapso subveni.

5. Sit trinitati gloria,
Martinus ut confessus est,
Cujus fidem per opera
Qui semper in nos roboret.

Fol. 36 a. — Mone 1071, V. 17 ff.

84.

Item alius.

1. Martine, praesul obtime,
Salus nostra et omnium,
Fusis precamur precibus,
Nobis obtende veniam.

2. Ovile, sancte, nos tuum
Sumus, quod hinc in aethera
Leva precando, quaesumus,
Summis adhaerens coetibus.

3. Cum hic manemus saeculo
Viae trahentes tenebras,
Per te, rogamus, jugiter,
Lapsos vitari pessimos.

4. Laus, honor, virtus.

Fol. 36 b. — 2, 4 adhaerent Hs.

85.

Hymnus de Sancto Salvio.

1. Cantibus dignis modulisque mi-
ris
Pangimus regi dominoque coeli,
Gesta promentes tua, sancte
Salvi,
Voce fideli.

2. Jam dies instat tibi consecrata,
Qua poli regnum penetrans sub-
isti,
Hanc pio cultu celebramus omnes
Laetificati.

3. Tu quidem mundum fugiens
caducum,
Ac Deo summo cupiens placere,
Mente subdisti bene te fideli
Legibus ejus.

4. In quibus digne placideque
vivens,
Nomen abbatis refutans habere,
Cellula clausus latitabas arta,
Corpore parcus.

5. Postque correptus febribus ibidem,
Morte praeventus quoque pretiosa,
Spiritum reddens domino polorum
Alta petisti.

6. Plura sanctorum veneranda ca-
stra
Te salutabant humili favore
Teque gaudebant habitare secum
Luce beata.

7. Unde praecepto domini reversus,
Pontifex plebi sacer ordinaris
Urbe, qua celsa resides in aevum
Sede patronus.

8. Ergo nos omnes pariter rogamus,
Expies culpas precibus benignis,
Carmen hoc dignum faciasque
regem
Ante supernum.

9. His fave votis petimus, redemptor,
Qui patris consors deitatis atque
Spiritus sancti regis omne saeclum
Magnus et unus.

Fol. 36 b. sq. — 1, 3 promente Hs. — 5, 1 correptis Hs. — 5, 2 prae-
ventis Hs.

86.

In matutinis laudibus.

1. Agmina cuncta populi praesentia
Christo sacrata per haec festa
annua
Pangant in altis cantica prae-
dulcia
Regi superno in honore incliti
Salvii, nostri patroni, composita.

2. Hic enim alta inspiratus gratia
Flaminis sancti liquit vana
saecula
Atque divina sequendo vetigia
Coenobiorum arta habitacula
Petiit, regna amplexans si-
dera.

3. Ibi devota exercendo semita
Actibus almis atque sanctis mo-
ribus
Claruit ipse carnis in certamine,
Monita sacra atque cura pa-
triae
Cernens benignus, servans sibi
tradita.

4. Jamque peracta aetate juven-
cula
Regenda castra suscepit monas-
tica,
Deinde morte dissolutus beata,
Sidera super elevatus, divina
Novit secreta, prodit et in sae-
cula.

5. Redditum membris post tanta
mysteria
Plebs Albiensis ereptum de cel-
lula
Pontificali ipsum sede sublimat,
In qua divina revocante gratia
Domino sanctam reddit felix
animam.

6. Hujus, o Christe, prece patris
sedula
Ipsum foveto agmina colentia,
Qui regis una cum sancto spi-
ramine
Ac Deo patre ima atque supera,
Trinus et unus per aeterna
saecula.

Fol. 37 b. — 1, 5 patronis Hs. — 2, 4 arta habitaculum Hs. — 5, 3 sublima Hs. — 4, 2 Regendi Hs. — 6, 2 fovendo Hs.

87.

De Sancta Caecilia hymnus.

1. Concentus omnis virginum
Exsultat atqne martyrum,
Cum virgo sacratissima
Coelum petit Caecilia.

2. Haec namque prudentissima,
Fundata Christi gratia,
Firmans secreta pectoris
Virtute sacri dogmatis.

3. Sexum relinquens feminae,
Praecincta militis fide,
Nupti viri consortia
Ad casta fert commercia.

4. Sponsique germanum sui
In foedus adnectit Dei,
Utrumque de mortis via
Vitae ferens ad pervium.

5. Plures dehinc adulteros
Sermone reddit liberos,
Dum sponsa commanens Dei
Adhaesit ejus corpori.

6. Junctis ministrans lumine
De caritatis lampade,
Ne lux eis defecta sit,
Dum nocte sponsus venerit.

7. Hinc palma fervens incitat,
Quam castitas devinxerat,
Subitque flammas balnei
Obitque caesa vertice.

8. Jam nunc, pia Caecilia,
Te poscimus, clarissima,
Orando Christum supplica,
Quod nostra solvat crimina.

9. Cui doxa semper cum patre,
Laus et salus cum flamine,
Qui vivit et regnat Deus
In saeculorum saecula.

Fol. 38 a. sq. — 3, 1 femineae Hs.— 4, 4 perviam Hs. Vgl. Du Cange s. v. pervium.

88.

Alius.

1. Audi, quae canimus, Christe re-
   demptor,
   Et quae te petimus supplices voto,
   Festum Caeciliae, virginis almae,
   Cantu multisono concelebrantes.

2. Afflatu placido poscimus omnes,
   Mundes criminibus viscera plebis,
   Quod verbis valeant promere
   castis
   Hujus praecipuum laude triumphum.

3. Haec sancta fidei fulta decore,
   Ad te confugiens arctius ambit
   Affectumque pii fudit amoris
   In te, dulcis ei sponsus ut esset.

4. Hic haerens tibimet foedere
   certo,
   Mundi delicias tempsit inanes,
   Vincens illecebras carnis iniquas,
   Sensus ecclesiae lacte fovendo.

5. Consistens thalamis corde pu-
   dico,
   Secretis animis tympana gestans,
   Psallebat solidos pectore laudes,
   Orans connubium semper hones-
   tum.

6. Rivi jamque tui semine verbi
   Decertans fidei gignere proles
   Sponsum pacificis instruit orsis,
   Cognatum pariter pluraque ca-
   stra.

7. Aeternum sonat hic virgineumque
   Succeditque decus martyriale,
   In quo nos petimus, Christe, foveri
   Istius meritis omne per aevum.

Fol. 39 a. — 5, 1 thalamus Hs. — 6, 2 horsis Hs. Vgl. „Lacrymans
mox utitur orsis," Hroswitha ap. Du Cange s. v. orsus.

89.

Hymnus de Sancto Saturnino.

1. Conditor alme summaque potestas,
   Celsa sanctorum gloria martyrum,
   Pro coeli regno quos pugnare
   jubes,
   Vincere facis.

2. E quibus almus fulsit Saturni-
   nus,
   Validus celsus gloriosus atque
   Populos docebat in fide recta
   Dogmate Petri.

3. Largitor largae dono sanctitatis,
   Tu praebuisti fidelibus cunc-
   tis
   Favente Petro dogmatis sta-
   tum
   In fide Christi.

4. Praesul insignis meritisque celse,
   Urbis praeclarae Tolosanae
   decus,
   Principes dives, populorum tur-
   mas
   Christo junxisti.

5. Nam Pampelona millenas qua-
   ternas
   Denas errore liberasti nigro,
   Civibus coeli domino juvante
   Quas sociasti.

6. Ad sacrum tui tumulum fre-
   quenter
   Morbis oppressi concurrunt ge-
   mentes,
   Omnes quos summo largiente
   Christo
   Sospes fecisti.

7. Sancte antistes Saturnine, tibi
   Debitas laudes, venerande mar-
   tyr,
   Canimus odis, tuorumque preces
   Servorum audi.

8. Nunc procul pelle tempestates,
   morbos
   A nobis pie hostes atque cunctos,
   PraestanteChristo novimus [haec]
   namque
   Te dare posse.

9. Christe   salvator,   dominator
   alme,
   Nostrorum   voces   clementer
   exaudi,
   Fundimus tibi meritis pro almis
   Quas Saturnini.

10. Gloria summo genitori celso,
    Prolique tibi sanctoque aequali
    Flamini sacro nunc sit et semper
    [per]
    Saecula cuncta.

Fol. 39 b. — 2, 2 Validum, celsum, gloriosum Hs. — 3, 3 dogmati statum
Hs. — 5, 2 errores Hs.

90.

Hymnus de Sancto Andrea.

1. Andreas pie, sanctorum mitis-
   sime,
   Obtine nostris erratibus veniam,
   Et qui gravamur sarcina peccaminum,
   Subleva tuis intercessionibus.

2. Annue, Christe, saeculorum domine,
   Nobis per horum tibi clara merita,
   Ut, quae te coram graviter deliquimus,
   Horum solvantur gloriosis meritis.

3. Salva redemptor plasma tuum
   nobile
   Signatum sancto vultus tui lumine,
   Ne lacerari sinas fraude daemonum
   Propter quod mortem exsol-
   visti pretium.

4. Solve captivos esse tuos servulos,
   Absolve reos, compeditos erige,
   Et quos cruore redemisti proprio,
   Rex bone, tecum fac gaudere
   perpetim.

5. Sit tibi, Christe, benedicte domine,
   Gloria, honor, virtus et imperium
   Una cum patre sanctoque paraclito,
   Cum quibus regnas Deus ante saecula.

Fol. 40 b. — Mone 666. — 1, 2 errantibus Hs. — 1, 4 Sublevatus
statt subleva tuis Hs. — 2, 1 Annua Hs. — 2, 2 Nobis per eum Hs. Die
Vorlage wird orum statt horum gehabt haben, woraus eum verschrieben. Der
Plural, der hier und 4., 4 zur Verwendung kommt, beweist, dafs das Lied
auf alle Apostel, wie Mone l. c. es bietet, wenn auch aus Handschriften, die
um ein halbes Jahrtausend jünger sind als diese, die ursprüngliche Form
des Hymnus ist.

91.

Item alius.

1. Decus sacrati nominis
   Nomenque vita exprimens,
   Sic te decorum praedicans
   Crucis beatae gloria.

2. Andreas, Christi apostole,
   Hoc ipse jam vocabulo
   Decorus idem mystice,
   Signaris isto nomine.

3. Quem crux ad alta provehit,
   Crux quem beata diligit,
   Cui crux amata praeparat
   Lucis futurae gaudia.

4. Jam nos foveto languidos
   Curamque nostri suscipe,
   Quo per crucis mysterium
   Coeli petamus patriam.

5. Deo patri sit gloria.

Fol. 41 a. — Dan. I. 8; Mone 689. — Das Lied wird dem heiligen Damasus zugeschrieben. — 1, 1 Deus sacrati Hs. — 3, 1 provehi ut Hs. — 3, 3 amat Hs.

92.

In dedicatione ecclesiae.

1. Christe, cunctorum dominator alme,
   Patris aeterni genitus ab ore,
   Supplicum vota pariterque hymnum
   Cerne benignus.

2. Cerne quod puro Deus in honore
   Plebs tua simplex resonat in aula,
   Annua cujus redolent colenda
   Tempore festo.

3. Haec domus rite tibi dedicata
   Noscitur, in qua populus sacratum
   Corpus assumit bibit et sacratum
   Sanguinis haustum.

4. Hic sacrosancti latices veternas
   Diluunt culpas peremuntque noxas,
   Chrismate vero genus ut creetur
   Christicolarum.

5. Hic salus aegris, medicina fessis,
   Lumen orbatis veniaque nostris
   Fertur offensis, timor atque moeror
   Pellitur omnis.

6. Daemonis saeva perit hic rapina,
   Pervicax monstrum paves et retenta
   Corpora linquens fugit in remotas
   Ocius umbras.

7. Hic locus nempe vocitatur aula
   Regis immensi niveaque coeli
   Porta, quae vitae patriam petentes
   Accipit omnes.

8. Turbo quam nullus quatit aut vagantes
   Diruunt venti penetrantque nimbi,
   Non taetris laedit piceus tenebris
   Tartarus horrens.

9. Quaesumus ergo, Deus, ut sereno
   Annuas vultu, famulos gubernes,
   Qui tui summo celebrant amore
   Gaudia templi.

10. Nulla nos vitae cruciet molestas,
    Sint dies laeti placidaeque noctes,
    Nullus ex nobis pereunte mundo
    Sentiat ignes.

11. Hic dies, in qua tibi consecratam
Conspicis aram, tribuat perenne
Gaudium nobis, vigeatque
longo
Temporis usu.

12. Gloria summum resonet parentem,
Gloria natum pariterque sanctum,
Spiritum dulci modulemur
hymno
Omne per aevum.

Fol. 41 b. — Dan. I. 1071. — 2, 2 resonet Hs. — 4, 3 crimate Hs. —
5, 2 veniamque Hs. — 6, 2 monstre Hs. — 11, 2 tribue Hs. — 12, 3 mo-
dulemus hymnum Hs.

93.

Alius hymnus.

1. Urbs beata Hierusalem,
dicta pacis visio,
Quae construitur in coelis
vivis ex lapidibus
Et angelis coornata
ut sponsata comite.

2. Nova veniens e coelo
nuptiali talamo,
Praeparata ut sponsata
copuletur domino,
Portae et murique ejus
ex auro purissimo.

3. Portae nitent margaritis
Aditis patentibus,
Et virtute meritorum
illuc introducitur
Omnis, qui per Christi nomen
hic in mundo premitur.

4. Tunsionibus, pressuris
expoliti lapides,
Suisque aptantur locis
per manum artificis,
Disponuntur per mansuris
sacris aedificiis.

5. Omnis illa Deo sacra
et dilecta civitas
Plena modulis in laude,
et canore jubilo
Trinum Deum unicumque
cum favore praedicat.

6. Angularis fundamentum
Christus lapis missus est,
Qui compage parietis
in utroque nectitur,
Quem Sion sancta suscepit,
in quo credens permanet.

7. Fundatores templi hujus,
Christe, tua dextera
Protege, conserva clemens
et in bonis amplia,
Et praemiis sempiternis
tua dita dextera.

8. Hoc in templo, summe Deus,
exoratus adveni
Et clementi bonitate
precum vota suscipe,
Largam benedictionem
hic infunde jugiter.

9. Hic promereantur omnes
petita adquirere
Et adepta possidere
cum sanctis perenniter,
Paradisum introire,
translati in requiem.

10. Quaesumus, tuam petentes
aeternam clementiam,
Annua recursione
per longinqua tempora
Ut hunc diem celebremus
cum summa laetitia.

11. Gloria et honor Deo,
laus et benedictio,
Genitoque Nazareno,
simul et paraclito,
Qui supernum tenet regnum
permanet in saecula.

Fol. 42 b. mit Mel. — Dan. I. 239; Mone 251. — Str. 7 und 10 sind,
wohl von späterer Hand, durchgestrichen. — 1, 1 Ihrusalem Hs. — 3, 5 pro
Christi nomen Hs. — 4, 5 permensuris. — 7, 5 Et praemia sempiterna Hs. —
9, 3 adeptam Hs. — 10, 3 recursiones Hs. — 10, 5 Et hunc. Hs.

94.

Hymnus ad vesperas.

1. Exsultet coelum laudibus,
Resultet terra gaudiis,
Apostolorum gloriam
Sacra canunt solemnia.

2. Vos saecli justi judices
Et vera mundi lumina,
Votis precamur cordium,
Audite preces supplicum.

3. Qui coelum verbo claudjtis
Serasque ejus solvitis,
Nos a peccatis omnibus
Solvite jussu, quaesumus.

4. Quorum praecepto subditur
Salus et languor omnium,
Sanate aegros moribus,
Nos reddentes virtutibus.

5. Ut cum judex advenerit
Christus in fine saeculi,
Nos sempiterni gaudii
Faciat esse compotes.

6. Deo patri sit gloria
Ejusque soli filio
Cum spiritu paraclito
Nunc et per omne saeculum.

Fol. 43 b. mit Mel. — Dan. I. 247; Mone 663. — Von der Doxologie
nur der Anfang Hs. — 5. 2 in finem saeculi Hs.

95.

In natali Apostolorum.

1. Aeterna Christi munera
Et apostolorum victorias,
Laudes canentes debitas,
Laetis canamus mentibus.

2. Ecclesiarum principes,
Belli triumphales duces,
Coelestis aulae milites
Et vera mundi lumina.

3. Terrore victo saeculi
Poenisque spretis corporis
Mortis sacrae compendio
Vitam beatam possident.

4. Traduntur igni martyres
Et bestiarum dentibus,
Armata saevit ungulis
Tortoris insani manus.

5. Nudata pendent viscera,
Sanguis sacratus funditur,
Sed permanent immobiles
Vitae perennis gratia.

6. Devota sanctorum fides,
Invicta spes credentium, .
Perfecta Christi caritas
Mundi triumphat principem.

7. In his paterna gloria,
   In his voluntas spiritus,
   Exsultat in his filius,
   Coelum repletur gaudio.

8. Te nunc, redemptor, quaesumus,
   Ut apostolorum consortio
   Jungas precantes servulos
   In sempiterna saecula.

Fol. 44 a. mit Mel. — Dan. I. 27; Mone 662. — 1, 2 verstöfst gegen das Versmafs, ursprünglich: Et martyrum victorias. — 1, 3 sonst ferentes. — 3, 3 compendia Hs. — 5, 1 pendunt Hs. — 5, 4 gloriae Hs. in leicht erklärlicher Verwechselung. — 8, 2 wie oben 1, 2.

96.

In natali plurimorum martyrum.

1. Rex gloriose praesulum,
   Corona confitentium,
   Qui respuentes terrena
   Perducis ad coelestia.

2. Aurem benignam protinus
   Appone nostris vocibus,
   Trophaea sacra pangimus,
   Ignosce quod deliquimus.

3. Tu vincis in martyribus
   Parcendo confessoribus,
   Tu vince nostra crimina
   Donando indulgentiam.

4. Praesta, pater piissime
   Patrique compar unice,
   Cum spiritu paraclito
   Nunc et per omne saeculum.

Fol. 44 b. mit Mel. — Dan. I. 248; Mone 732. — 1, 1 Ueber praesulum: martyrum Hs. — 1, 2 Coronas Hs. — Die Doxologie nur begonnen. Hs.

97.

Alius hymnus.

1. Sanctorum meritis inclita gaudia
   Pangamus, socii, gestaque fortia,
   Nam gliscit animus promere can-
   tibus
   Victorum genus optimum.

2. Hic sunt quos retinens mundus
   inhorruit,
   Ipsum nam sterili flore per-
   aridum
   Sprevere penitus teque secuti
   sunt,
   Rex Christe bone, coelitus.

3. Hi pro te furias atque ferocia
   Calcarunt hominum saevaque
   verbera,
   Cessit his lacerans fortiter un-
   gula
   Nec carpsit penetralia.

4. Caeduntur gladiis more biden-
   tium,
   Non murmur resonat, non quaeri-
   monia,
   Sed corde tacito mens bene
   conscia
   Conservat patientiam.

5. Quae vox, quae poterit lingua
   retexere,
   Quae tu martyribus munera prae-
   paras,
   Rubri nam fluido sanguine laurei
   Ditantur bene fulgidi.

6. Te, trina deitas unaque, poscimus,
   Ut culpas abluas, noxia subtrahas,
   Des pacem famulis, nos quoque
   gloriam
   Per cuncta tibi saecula.

Fol. 45 a. mit Mel. — Dan. I. 203. — 6, 3 gloria Hs.

98.

De uno martyre.

1. Martyr Dei, qui unicum
   Patris sequendo filium
   Victis triumphas hostibus,
   Victor fruens coelestibus.

2. Tui precatus munere
   Nostrum reatum delue,
   Arcens mali contagia,
   Vitae removens taedia.

3. Soluta sunt jam vincula
   Tui sacrati corporis,
   Nos solve vinclis saeculi
   Amore filii Dei.

4. Praesta, pater piissime
   Patrique compar unice,
   Cum spiritu paraclito·
   Nunc et per omne saeculum.

Fol. 45 b. mit Mel. — Dan. I. 247. — 2, 1 precatu Hs.

99.

Alius hymnus.

1. Deus tuorum militum
   Sors et corona, praemium,
   Laudes canentes martyris
   Absolve nexu criminis.

2. Hic nempe mundi gaudia
   Et blandimenta noxia
   Caduca rite deputans
   Pervenit ad coelestia.

3. Poenas cucurrit fortiter
   Et sustulit viriliter,
   Pro te effundens sanguinem
   Aeterna dona possidet.

4. Ob hoc precatu supplici
   Te poscimus, piissime,
   In hoc triumpho martyris
   Dimitte noxam servulis.

5. Laus et perennis gloria
   Deo patri et filio
   Una cum sancto spiritu
   In sempiterna saecula.

Fol. 46 a. mit Mel. — Dan. I. 109; Mone 740.

100.

De uno confessore.

1. Jesu, redemptor omnium,
   Perpes corona praesulum,
   In hac die clementius
   Nostris faveto vocibus.

2. Tui sacri qua nominis
   Confessor almus claruit,
   Cujus celebrat annua
   Devota plebs solemnia.

3. Qui rite mundi gaudia
   Hujus caduca respuens,
   Cum angelis coelestibus
   Laetus potitur praemiis.

4. Cujus benignus annue
   Nobis sequi vestigia,
   Hujus precatu servulis
   Dimitte noxam criminis.

5. Sit, Christe, rex piissime,
   Tibi patrique gloria
   Cum spiritu paraclito
   In sempiterna saecula.

Fol. 46 a. mit Mel. — Dan. I. 249. — Aufsch: De unius confessoris
(scl. festo) Hs. — 2, 1 que Hs. — 4, 1 annua Hs. — 4, 3 precatus Hs.

101.

Alius.

1. Iste confessor domini sacra-
tus,
Festa plebs cujus celebrat per
orbem,
Hodie laetus meruit secreta
Scandere coeli.

2. Qui pius, prudens, humilis, pu-
dicus,
Sobrius, castus fuit et quietus,
Vita dum praesens vegetavit
ejus
Corporis artus.

3. Ad sacrum cujus tumulum fre-
quenter
Membra languentum modo sani-
tati,
Quolibet modo fuerint gravati,
Restituuntur.

4. Unde nunc noster chorus in ho-
nore
Ipsius hymnum canit hunc li-
benter,
Ut piis ejus meritis juvemur
Omne per aevum.

5. Sit salus illi, decus atque virtus,
Qui supra coeli residet cacumen,
Totius mundi machinam gubernat,
Trinus et unus.

Fol. 46 b. mit Mel. — Dan. I. 248.

102.

Alius hymnus.

1. Summe confessor sacer et sacerdos,
Temporum metas rota torquet
anni,
Tempus est nobis, tibi consecratum
Pangere festum.

2. Praesul insignis meritisque clare,
Te sacra cleri populique turba
Corde prostrato pietate poscit
Vernula patrem.

3. Vota cunctorum relevans in aula
Regis aeterni foveas utrumque
Ordinem, cujus pius exstitisti
Pastor in urbe.

4. Quaestibus cunctis referunt gementes
Gesta culparum lacrymasque
pandunt
Pessimae mentis animaeque nigrae
Crimina dira.

5. Dignaque poena revocat in ora
Nostra, cum dira miseros
perurget
Pandere mundo variante facta
Coelitus ira.

6. Tu procul casus prohibe tonantes,
Pelle peccata, tenua furorem,
Pestis et morbus, petimus, re-
cedant
Sospite cive.

7. Moribus cunctis moderare vitam,
Confer et sudam placidamque
mentem,
Corda virtutum meditentur arma
Munere Christi.

8. Sancte, tu praebe quoties ro-
garis,
Profluos fructus pluviasque
largas,
Credimus cuncta Domino favente
Te dare posse.

9. Credimus Christum pretium la-
borum
Praemium justis studiis dedisse,
A quibus artus etiam solutus
Morte bearis.

10. Gloria Christo patulo canamus
Ore praestanti sive servienti,
Tanta qui pollet deitate sim-
plex
Trinus et unus.

Fol. 47 a. — Mone 961; — Missae Gothicae et Officii Muzarabici dilucida expositio. Toleti 1875. p. 145. sq.

103.

In natali virginum hymnus.

1. Virginis proles opifexque matris,
Virgo quem gessit peperitque
virgo,
Virginis festum canimus, tro-
phaeum,
Accipe votum.

2. Haec tua virgo duplici beata
Sorte dum gestit, fragilem do-
mare
Corporis sexum, domuit cruen-
tum
Corpore saeclum.

3. Unde nec mortem nec amica
mortis
Saeva poenarum genera pave-
scens,
Sanguine fuso meruit secreta
Scandere coeli.

4. Hujus obtentu, Deus alme,
nostris
Parce jam culpis vitia remittens,
Quo tibi purum resonemus al-
mum
Pectore hymnum.

5. Gloria patri genitoque próli
Et tibi, compar utriusque semper
Spiritus alme, Deus unus omni
Tempore saecli.

Fol. 48 a. — Dan. I. 250. — 2, 2 gessit Hs. — 2, 4 saecli Hs.

104.

Alius hymnus.

1. Jesu, corona virginum,
Quem mater illa concepit,
Quae sola virgo parturit,
Haec vota clemens accipe.

2. Qui pascis inter lilia
Septus choreis virginum,
Sponsas decoras gloria
Sponsisque reddis praemia.

3. Quocunque pergis, virgines
Sequuntur atque laudibus
Post te canentes cursitant
Hymnosque dulces personant.

4. Te deprecamur largius,
Nostris adauge sensibus
Nescire prorsus omnia
Corruptionis vulnera.

5. Praesta, pater piissime.

Fol. 48 b. — Dan. I. 112.

ZWEITE SERIE.

105.

De Epiphania Domini.

1. Jesus refulsit omnium
   Pius redemptor gentium,
   Totum genus fidelium
   Laudes celebrat dramatum.

2. Quem stella natum fulgida
   Monstrans micat in aethera
   Magosque duxit praevia
   Illius ad cunabula.

3. Illi cadentes parvulum
   Pannis adorant obsitum,
   Verum fatentur et Deum
   Munus ferendo mysticum.

4. Denis ter annorum cyclis
   Jam parte vivens corporis
   Lympham petit baptismatis
   Cunctis carens contagiis.

5. Felix Johannes mergere
   Illum tremiscit flumine,
   Potest suo qui sanguine
   Peccata cosmi tergere.

6. Vox ergo prolem de polis
   Testatur excelsi patris,
   Virtus adestque pneumatis,
   Sancti datrix charismatis.

7. Nos, Christe, supplici prece
   Precamur, omnes protege,
   Qui praecipis rubescere
   Potenter hydrias aquae.

8. Praesta benignum sedulo
   Solamen adjutorio
   Raptosque nos a tartaro
   Regnare fac tecum polo.

9. Laus trinitati debita,
   Honor, potestas, gloria
   Perenniter sit omnia
   Per saeculorum saecula.

Fol. 59 b. mit Mel. — Dan. I. 4; Mone 85. — 4, 1 Denum. — 6, 3 adestoque Hs. — 9, 1 trinitatis Hs.

106.

Alius hymnus.

1. Nuntium vobis fero de supernis,
   Natus est Christus dominator orbis
   In Bethlem Judae, sic enim propheta
   Dixerat ante.

2. Hunc canit laetus chorus angelorum,
   Stella declarat, venient eoi
   Principes dignum celebrare cultum,
   Mystica dona.

3. Thus Deum, myrrha trocletem humando,
   Brathea regis chrysea decenti,
   Dum colunt unum, meminere trinum
   Tres dare terna.

4. Gloriam trino monadi canamus,
   Cum Deo divo genitore proli,
   Flamini necnon abutroque [fuso]
   Corde fideli.

Fol. 60 a. — Migne PP. LL. CXLI. p. 350. — Hymnus des hl. Fulbert von Chartres. Vgl. Str. 1 bei Dan. I. 235.

107.
De nativitate Domini.

1. A patre unigenitus
Ad nos venit per virginem,
Baptisma cruce consecrans,
Cunctos fideles generans.

2. De coelo celsus prodiens
Excepit formam hominis,
Facturam morte redimens,
Gaudia vita rediens.

3. Hoc te, redemptor, quaesumus
Inlabere propitius
Clarumque nostris cordibus
Lumen praebe fidelibus.

4. Mane nobiscum, Domine,
Obscuram noctem removens,
Omne delictum ablue,
Piam medelam tribue.

5. Quem jam venisse novimus,
Redire item credimus,
Sceptrum tuumque inclitum,
Tuum defende clipeum.

6. Gloria tibi, domine,
Qui natus es de virgine,
Cum patre et almo spiritu
Per sempiterna saecula.

Fol. 60 b. — Dan. IV. 151; Mone 59. — 1, 3 crucem Hs. — 2, 3 Factura Hs. — 5, 1 Que Hs.

108.
Ad Tertiam.

1. Nunc tibi, Christe,
Carmina laeta,
Laudes canamus
Pectore toto
Menteque pura,
Perpete voto.

2. O Deus alme
Omnipotensque,
Mitis ubique,
Magnus in alta
Sede polorum,
Nostra petisti.

3. Gloria patri,
Gloria nato,
Gloria sancto
Spiritui, qui (es)
Summa potestas,
Sanctus in aevum.

Fol. 61 a. — 3, 4 hat eine Silbe zu viel, es sei denn, dafs Spiritui als dreisilbig gegolten hätte.

109.
In annuntiatione Sanctae Mariae.

1. Deus, qui mundum crimine jacentem
Filii tui carne relevasti,
Et veternosi perfidi serpentis
Noxa delesti;

2. Mortem, quam dudum Eva propinavit,
Ventre beato Virginis fugasti,
Ad preces nostras aures pietatis
Tuae reclina.

3. Coelo dimissus Gabriel salutem
In Galilaeam virgini detulit,
Gaudium certum nuntiare venit
Mundo venturum.

4. Dudum jam virgo desponsata erat,
Perquam famoso annulo pudoris
Joseph, qui nunquam copula jugali
Corpore gessit.

5. Haec casti degens pectoris
puella,
Quam sic ingressus angelus sa-
lutat:
Ave Maria, gratia plena,
Dominus tecum.

6. Festinus dehinc nuntius ad-
junxit:
Beata eris inter mulieres,
Et benedictus fructus ventris
tui,
Quae credidisti.

7. Gaudens in verbo sed turbata
virgo,
Cogitans, cur sit ita salutata:
Quomodo possunt fieri, quae
dicis,
Angele Dei?

8. Quam adsecutus Gabriel affatus:
Noli timere, gratia repleta,
Nominis altum filium gestabis
Ventre· beato.

9. Inquiens virgo nuntium per-
quirens:
Unde hoc mihi, virum non
cognovi
Quomodo possint fieri, quae
dicis,
Unde hoc sciam?

10. Cui repente angelus respondit:
Spiritus sanctus super te de-
scendet,
Ideo sanctum quod erit, vocatur
Filius Dei.

11. Mox sacra virgo angelo re-
spondit:
Ecce ancilla domini sum ego,
Contingat mihi juxta verbum
tuum
Sicut dixisti.

12. Statim discessit angelus ab ea.
Virgo festinans abiit montana;
Domum ingressa Zachariae vatis
Cum charitate.

13. Gloria summo referamus patri,
Cui congaudet filius dilectus
Sanctus simulque spiritus creator
In sempiternum.

Fol. 61 a. — 2, 3 aure Hs. — 3, 2 .In Galilaea virginis Hs. — 4, 2
Pro quo famoso Hs. — 5, 3 fehlt eine Silbe, vielleicht gratia tu plena; oder
wollte der Dichter lieber eine Silbe im Verse zu wenig als in den Worten
der Schrift zu viel sehen?

110.

De nativitate Domini.

1. Sol, astra, terra, aequora
Adventum Dei altissimi,
Prolem excelsi germinis
Dives et inops concrepent.

2. Olim promissum vatibus
Partum puellae inclitum,
Natum ante luciferum,
Dei potentis filium.

3. Venturum regem gloriae,
Deum regnare regibus,
Hostem calcare improbum,
Mundum sanare languidum.

4. Laetentur simul angeli,
Omnes exsultent populi,
Excelsus venit humilis,
Salvare quod perierat.

5. Deus et homo oritur
Sanctaque regnat trinitas,
Quo ejus patri filius
Terris descendit dominus.

6. Clament prophetae et prophetent:
Emmanuel jam prope est,
Mutorum linguae jam sonent,
Claudi in occursum pergite.

Dreves, Hymnarius Moissiacensis.

6

7. Agnus et fera bestia
Simul manducent paleas,
Agnoscat bos et asinus
Jacentem in praesepio.

8. Signum regale emicans
Sacrum praecedit verticem,
Regali nato nobili,
Reges, parate munera.

9. O quam beatum nuntium
Virgo Maria audivit,
Credendo mater exstitit
Et virgo virum nescivit.

10. Omnes gentes et insulae
Magnum triumphum plaudite,
Curtes cervorum currite,
Redemptor ecce jam venit.

11. Discant caecorum oculi
Claudum sedentem lineis
Noctis tenebras solvere,
Lumen verum percipere.

12. Gens Galilaea et Creta
Credat, Persa et India,
Dignando Deus homo·fit,
Et verbum cum patre manet.

Laus honor, virtus.

Fol. 62 a. — Den Anfang giebt Daniel I. 257 aus Cassander unter der Ueberschrift: Hymni ecclesiastici qui in breviariis saeculi 14 et 15 reperiuntur. — 10, 3 Curcer cervorum currite Hs., vielleicht curtes. „Cortis, curtis, pullus quia in corte nutritur. ‹Pulli masculi vocati cortes trium annorum.›" Du Cange. s. v. cortis. 5. l.

111.

De S. Johanne evangelista.

1. Iste electus Johannes
diligendi promptior,
Advocatus in perenne
veritatis gratiam
Ille mercedem assumens,
quidquid ambit, obtinet.

2. Insula Pathmos teneri
imperante promitur,
Conspicit illic refulsa
coelitus mysteria
Et profunda, quae notavit
mente, narrat ardua.

3. Accipit Dei parentem
in suis praecordiis,
Ut minister veritatis
administret virgini,
Quae deum enixa sola
virgo semper adstitit.

4. Iste supra pectus illud
sempiterni luminis
Corporis usu reclinis
hauriebat intima
Spiritus, quae indicabat
veritatis gutture.

5. Ad crucem tractus redemptor
esse matris filium
Dicit istum, rursus ipsam
esse matrem praecipit,
Carne unus, spiritu alter
ut manerent filii.

6. Ultimae praenotus horae
scindere tunc praecipit
Terream fossam ministris,
quam reclivis inruit,
Mortis et vicem quievit
omni vivens saeculo.

7. Te rogamus, te precamur,
sancte Christi apostole,
Tolle pestem, aufer ulcus
et foveto languidos,
Pelle morbum, caede hostem
et remove scandalum.

8. Non aduret terram ignis,
aerem non sauciet,
Non refundat ultionis,
triste(m) coelum turbines,
Non reclinet in ruinam
orbem ira funditus.

9. Decidat delictum omne,
subsequatur gratia,
Auferatur culpa tota,
sit salutis copia,
Sint remotae cunctae fraudes,
augeatur charitas.

Gloria sit Deo patri.

Fol. 63 a. — 1, 5 mercem Hs. — 3, 1 parente Hs. — 4, 3 usum Hs. —
5, 3 ipse esse matris Hs. — 6, 4 reclinis Hs. — 8, 6 infunditus Hs. —
9, 5 Sit remota cuncta laudes Hs. — Str. 1 bis 7 dieses unbekannten Hymnus
fand ich bereits in dem Brev. Coelestinorum. Neapoli 1488 dessen Varianten
hier folgen: 1, 5 mercedem sumens amoris. — 3, 6 exstitit — 4, 2 numinis. — 4, 5 Spirituque indagabat. — 6, 5 Morti et vitae quievit.

112.

Dominicis diebus in Quadragesima.

1. Ex more docti mystico
Servemus en jejunium
Deno dierum circulo
Ducto quater notissimo.

2. Lex et prophetae primitus
Hoc praetulerunt, postmodum
Christus sacravit, omnium
Rex atque factor temporum.

3. Utamur ergo parcius
Verbis cibis et potibus,
Somno, jocis et arctius
Perstemus in custodia.

4. Vitemus autem pessima,
Quae subruunt mentes vagas,
Nullumque demus callidi
Hostis locum tyrannidi.

5. Dicamus ergo cernui
Clamemus atque singuli,
Ploremus ante judicem,
Flectamus iram vindicem.

6. Nostris malis offendimus
Tuam, Deus, clementiam,
Effunde nobis desuper,
Remissor, indulgentiam.

7. Memento, quod sumus tui
Licet caduci plasmatis,
Ne des honorem nominis
Tui, precamur, alteri.

8. Laxa malum, quod fecimus,
Auge bonum, quod poscimus,
Placere quod tandem tibi
Possimus hic et perpetim.

9. Praesta, beata trinitas.

Fol. 63 b. — Dan. I. 96; Mone 73. — 1, 2 und 3 jejunio denum, die
Endungen verwechselt Hs.

113.

In matutinis laudibus.

1. Aures ad nostras deitatis preces,
Deus, inclina pietate sola
Supplicum vota suscipe, pre-
camur,
Famuli tui.

2. Respice clemens solio de
sancto
Vultu sereno, lampadas illustra
Lumine tuo, tenebras depelle
Pectore nostro.

6 *

3. Crimina laxa pietate multa,
   Ablue sordes, vincula disrumpe,
   Parce peccatis, releva jacentes
   Dextera tua.

4. Te sine tetro mergimur pro-
          fundo,
   Labimur alta sceleris sub unda, ·
   Brachio tuo trahimur ad clara
   · Sidera coeli.

5. Christe, lux vera, bonitas et vita,
   Gaudium mundi, pietas immensa,
   Qui nos a morte roseo salvasti
   · Sanguine tuo;

6. Insere tuum, petimus, amorem
   Mentibus nostris, fidei refunde
   Lumen aeternum, caritatis auge
   Dilectionem.

7. Tu nobis dona fontem lacry-
          marum,
   Jejuniorum fortia ministra,
   Vitia carnis milia retunde
   Framea tua.

8. Procul a nobis perfidus absistat
   Sathan, a tuis viribus confractus,
   Sanctus assistat spiritus, a tua
   Sede dimissus.

9. Gloria Deo sit aeterno patri,
   Sit tibi semper, genitoris nate,
   Cum quo aequalis spiritus per cuncta
   Saecula regnat.

Fol. 64 a. — Die erste Strophe bei Daniel I. 262 nach den Hymnensammlungen des 16. Jahrh. — 3, 1 Crimine Hs. — 6, 1 tuo... amore Hs. —
9, 4 regnas Hs. — Ich fand den Hymnus bereits in Diurn. Francisc. Cod.
Pragen. VII. H. 9. saec. 15 und Brev. Francisc. Cod. s. n. bibl. Rossianae
saec. 14. Varianten bieten sie keine.

114.

Ad Tertiam.

1. Jam ter quaternis trahitur
   Horis dies ad vesperum,
   Occasu sol praenuntiat
   Noctis redire tempora.

2. In actu quadragesimae
   Tu sis redemptor, domine,
   Guberna tuos famulos,
   Quos redemisti sanguine.

3. Da, ut nostra jejunia
   Sint tibi grata jugiter,
   Repelle somnolentiam,
   Ne pigritantes obruat.

4. Tu es in cruce positus
   De manu hostis callidi,
   Serpentis atrocissimi
   Atque draconis pessimi.

5. Nos ergo signo domini
   Tutemus claustra pectoris,
   Ne serpens ille callidus
   Intrandi temptet aditum.

6. Sed armis pudicitiae
   Mens fulta vigil liberae
   Sobrietate comite
   Hostem repellat improbum.

7. Sed nec ciborum crapula
   Tandem distendat corpora,
   Ne vi per somnum animam
   Ludificatam polluat.

8. Praesta, beata trinitas,
   Concede simplex unitas,
   Ut fructuosa sint tuis
   Jejuniorum munera.

Fol. 64 b. — Str. 1, 5 und 7 bei Dan. I. 81. — 1, 3 occasum Hs. —
2, 1 In hactum Hs. — 2, 2 tu scis Hs. — 2, 4 sanguinem Hs. — 3, 3 som-
nolentia Hs. — 4, 2 de manum Hs. — 8, 1 Die Doxologie nur angefangen Hs.

115.

Ad Sextam.

1. Qua Christus hora sitiit,
Crucem vel in qua subiit,
Quos praestat in hac psallere,
Ditet siti justitiae.

2. Quibus sit et esuries,
Quam ipse de se satiet,
Crimen sit ut fastidium
Virtusque desiderium.

3. Charisma sancti spiritus
Sic influat psallentibus,
Ut carnis aestus frigeat,
Et mentis ardor ferveat.

4. Gloria tibi, trinitas,
Aequalis una deitas,
Et ante omne saeculum
Et nunc et in perpetuum.

Fol. 65 a. — Dan. I. 169. — 1, 4 justitiam Hs. — 4, 1 Doxologie ergänzt.

116.

Ad Nonam.

1. Ternis ter horis numerus
Sacrae fidei panditur,
Nunc trinitatis nomine
Munus precemur veniae.

2. Latronis en confessio
Christi meretur gratiam,
Laus nostra vel devotio
Meretur indulgentiam.

3. Mors per crucem nunc interit
Et post tenebras lux redit
Horror dehiscat criminum
Splendor nitescat mentium.

4. Gloria tibi, trinitas,
Aequalis una deitas,
Et ante omne saeculum
Et nunc et in perpetuum.

Fol. 65 b. — Dan. I. 73. — 1, 4 veniam Hs.

117.

De Sancto Orientio.

1. Lux orbis, domine praesulum
inclyte,
Sanctorum recolis gesta vel or-
dinans,
Nobis pontificem dans Orientium,
Pastorem venerabilem.

2. Hic mundi provide noxia respuit
Virtutum meritis atque refloruit,
Sanctorum rutilans in sapientia,
Cunctorum beatissimus.

3. Qui plebem domini prospera
temnere,
Adversis docuit rite resistere,
Quo coeli valeat gaudia scandere
Victorum comitabilis.

4. Nam solis retinet jubar ut oriens,
Praestans occiduis lumina fini-
bus,
Perlustrando pios insuperabili
Splendore sacri luminis.

5. Nostras ergo preces ipse piissimus
Coelorum, petimus, inferat atria,
Pellens pectoribus quaeque no-
centia
Informando salubria.

6. Ut patrique Deo sit genito sacro,
Sancto spiritui sit honor, gloria,
Virtus continua, qui Deus unus
est,
Condens praevidet saecula.

Fol. 65 b. — 1, 1 dominus praesulum inclytum Hs. — 2, 3 sapientiae.

118.

De ascensione Domini.

1. Aeterne rex altissime,
Scandens tribunal dexterae
Patris, cui rerum machina
Flectit genu jam subdita.

2. Tu, Christe, nostrum gaudium
Manens Olympo praeditum,
Mundi regis qui fabricam,
Mundana vincens gaudia.

3. Hinc te precantes quaesumus,
Ignosce culpis omnibus
Et corda sursum subleva
Ad te superna gratia.

4. Ut cum rubente coeperis
Clarere nube judicis,
Poenas repellas debitas,
Reddas coronas perditas.

5. Gloria tibi, Domine,
Qui scandis super sidera,
Cum patre, sancto spiritu
In sempiterna saecula.

Fol. 66 a. — Dan. I. 196. — 2, 2 praeditum statt des üblichen praemium; die Interlinearglosse setzt als erläuterndes Synonymum firmatum.

119.

De sancta cruce.

1. Signum crucis mirabile
Olim per orbem renitens,
In qua pependit innocens
Christus, redemptor omnium.

2. Haec arbor est sublimior
Cedris, habet quas Libanus,
Quae poma nescit noxia
Sed ferre vitae praemia.

3. Tu, Christe, rex piissime,
Hujus crucis signaculo
Horis, momentis omnibus
Munire nos non abnuas.

4. Ut ore tibi consono
Et corde devotissimo
Possimus omni tempore
Laudes referre debitas.

Praesta, pater piissime.

Fol. 66 b. — Mone 77. — 1, 3 pependi Hs.

120.

De Sancto Sacerdote hymnus.

1. Benigna nobis hodie
Christi refulget gratia,
Solisque festa clarior
Laetificat nos jubare.

2. Die sub isto praesulis
Sacerdotis nam spiritus
Tetendit astra cuneis
Et mixtus est angelicis.

3. Hic intra hujus noxia
Saecli locatus gaudia
Dei valeret transgredi
Cum jussa, nempe noluit.

4. Sed mitis atque sobrius
Ejus sequens vertigia
Fuit et miris sedule
Resplenduit prodigiis.

5. Ob hoc supernae praemio
Est muneratus patriae
Gestatque summo lauream
Suo cruento vertice.

6. Nos, qui meremur denique
Ejus frui praesentia,
Fruamur una gaudio
Sollemnitatis indice.

7. Te deprecamur supplices,
O sancte Christi pontifex,
Tui precatus veniam
Nobismet affer coelitus.

8. Sit trinitati simplici
Et unitati triplici
Honor, potestas, gloria
Per infinita saecula.

Fol. 66 b. — 1, 2 Solusque festa clarior laetifica etc. Hs. Die Stelle lässt mehrere Emendationen zu; ich wähle diejenige, welche dem Wortlaut des Textes zunächst kommt.

121.

Petri et Pauli.

1. Pastor bonus, fons gratiae,
Gratis magna pastoribus,
Tuique plenitudine
Sumant et hii cum ovibus.

2. Pascantque nos summi duces
Amoris ut signo jubes,
Quos praestat haec dignatio,
Quod nos emisti pretio.

3. Tu quaeris ovem, quae perit,
Gaudensque fers in humeris,
Nos quaerat horum pietas
Oves licet erroneas.

4. Agnoscat alter creditas
Alterque verbo genitas,
Uterque per clementiam
Nos solvet apostolicam.

5. Tu, Petre, cujus pietas
Vult poenitere vel magum,
Qui solvis orbem aut ligas,
Nos solve vinclis criminum.

6. Tu, Paule, gentes integras
Qui parturis et reparas,
Fac nos renasci venia,
Quamvis aborsos crimine.

7. Dives misericordiae
Per quos Deus innotuit,
Per vos et ejus copia
Nostris fluat miseriis.

8. Per vos peregrinantibus
Tutum sit iter et salus,
Salvos simul quos ducite
Cunctos solutos crimine.

9. Deo patri sit gloria.

Fol. 67 a. — 5, 2 magnum Hs. — 6, 3 veniam Hs. — 8, 1 O vos peregrinantibus Hs. O statt P.

122.

De decollatione Sancti Johannis.

1. Hic Johannes, mire natus
de senili viscere,
Ante judicem prophetans
quam sit index editus,
Praeiit nascendo Christum,
praeiit et mortuus.

2. Tunc tori vino repletus
sanguinem jubet flui,
Quare stuprum caedit audax
conjugalis criminis,
Sed sacram sumit coronam
laureatus gloria.

3. Hic Dei praecessit unum
   matre natum filium,
   Temporeque subsequente
   praeco verax praeiit,
   Mortis et praecursor ipsa
   morte primus concidit.

4. Nuntiat, redemptionem
   esse Christum saeculi,
   Nuntiavit, tale munus
   esse Christum mortuis,
   Quare, Christum probra, dixit,
   posse mundi tollere.

5. Hunc rogemus, abditorum,
   corda moesta pectorum
   Ut solum nostrum repellat
   motus indulgentia,
   Conferat et dona vitae
   cum perenni gaudio.

6. Arceat iram superni,
   quam pavemus, judicis,
   Provocet patris benignam,
   quam sitimus, gratiam,
   Donet et cunctis beatam
   possidere patriam.

7. Gloria patri natoque
   semper ac paraclito,
   Laus, potestas atque virtus,
   gratiarum copia,
   Quem Deum cuncta fatentur
   per aeterna saecula.

Fol. 67 b. — 2, 2 sanguinem jubet fui Hs. entweder = flui, wobei an
die Bildung eines Deponens fluor zu denken wäre, oder zu lesen: sanguine
jubet lui, quare etc., wobei quare = quia und dieses = quod zu fassen. —
4, 3 talem Hs. — 5, 1 Tunc rogemus Hs.

123.

De omnibus sanctis.

1. Omnium, Christe, pariter tuorum
   Festa sanctorum colimus pre-
   cantes,
   Quos tibi qui jam meruere jungi,
   Nostra tueri.

2. Vincla nostrorum scelerum re-
   solvant,
   Luce virtutum populos adornent,
   Vindicent nobis pietate sola
   Regna superna.

3. Ut quibus vitae stadium ma-
   gistris
   Curritur, horum precibus beatis
   Fulgido coeli gremio locemur
   Perpete vita.

4. Gloriam sanctae piae trinitati
   Turba persultet, canat et resolvat,
   Quae manens regnat Deus unus
   omni
   Tempore saecli.

Fol. 68 a. — 2, 2 adornant Hs. — 3, 1 magistri Hs. — 3, 4 vitam
Hs. — 4, 1 Gloria . . trinitatis Hs.

124.

De Sancto Petro.

1. Beatus Christi famulus,
   Sanctus Petrus apostolus,
   Insignis hac praecipuus
   Christi amore agnitus.

2. In sede quoque optima
   Sedit post Antiochiam,
   Romae, ubi ditissimae
   Nobilitatis gratia.

3. Cui ponti juxta litora
Christi occurrit gratia,
Mox ebrius in spiritu
Corde reliquit saeculum.

4. Hujus sacrata gressibus
Umbra daretur temporis
Contactus quoque languidis
Mox faciebat pospera.

5. Elegit crucis tropheum
Ascendere post magistrum,
Cujus doctrina et gratia.
Refulget in ecclesia.

6. Gloria tibi, Domine,
Gloria, unigenite,
Una cum sancto spiritu
In sempiterna saecula.

Fol. 68 b. — 3, 1 Qui ponti juxta literam Hs.

125.

De Sancto Saturnino.

1. Lux mundi Dominus nubila
saeculi
Illustrare volens lumine splen-
dido
Bissenos proceres constituit sibi,
Mundi qui radii forent.

2. Ex quorum micuit stemmate
nobili
Saturninus ad hoc dignus opus
pium,
Quo semen fidei spargeret accolis
Tolosae residentibus.

3. Quae fecunda manens cespite
fertili,
Nullius sterilis frugis amabilis,
Scatebat populis perfidis ac feris,
Necdum fonte nitentibus.

4. Quos per signa Deo plurima
destinat,
A mutis retrahens sculptilibus
sacer,
Quo laetam segetem portet ad
aream
Christi semine centuplo.

5. Hunc plebs saeva neci tradere
praeparat
Tauro membra ligans funibus,
arduis,
Quem mox instimulant, prae-
cipitem dari
Arcem per capitolii.

6. Quo casu laceris decidit artubus
Excusso cerebro tramite con-
frago,
Christus tunc animam suscipiens
fovet
Condignam diademate.

7. Hujus nos precibus, rex pie,
protege
Peccatis vacuans. accumulans
bonis,
Quo justis socii coelica gaudia
Captemus sine limite.

8. Virtus ingenito sit jugiter patri
Nato cum proprio spiritui quoque,
Qui simplex deitas veraque tri-
nitas
Regnat saecla per omnia.

Fol. 69 a. — 3, 3 Scalebat populis perfidi a feris Hs.

126.

Alius hymnus.

1. Vocis auditae novitas refulsit
Regis adventum retinent su-
perni
De suis terris pariendo florem
Junge colonos.

2. Xinguidis septa spaciis Tolosa
Flagrat, accensa fidei calore,
Quem Saturninus roborante
Christo
Martyr accepit.

3. Dogmate cujus simulacra ce-
      dunt,
   Cujus accensum reticere discunt
   Daemonum vafra dominantis ora
      Voce sopita.

4. Hic Dei patris genitum colendum
   Praedicans voce simul et cruore,
   Vincitur tauri pedibus litandi,
      Victima Christo.

5. Hujus inlaesi cineres dicati
   Rite transferri tumulo merentnr,
   Quod fides cultu gemini honoris
      Aucta maneret.

6. Inde te, Christe, vcniens, ro-
      gamus,
   Mitis appare veniendo justis,
   Nosque victorum socians coruscis
      Junge coronis.

7. Gloriam psallat chorus et resultet
   Glorim canat, dicat et revolvat
   Nomini trino deitatis simul
      Sidera clament.

8. Gloria Deo throno sempiterno,
   Gloria Christo atque paraclito,
   Cujus adventum laus et potestas
      Resonat semper.

Fol. 69 b. — 2, 1 scepta Hs. — 3, 4 voces opita Hs. — 4, 2 voces simul
Hs. — 7, 1 Gloria . . . resultat Hs. — 7, 4 Sidere Hs. — 8, 3 fehlt eine
Silbe am Vers.

NACHTRÄGE.

127.

Ad Odonem regem.

1. Odo, princeps altissime
   Regumque potentissime,
   Regale sceptrum suscipe
   Longo regendo tempore.

2. Te crux divina muniat,
   Te virtus alma protegat,
   Te neuma sacrum repleat
   Et ad superna dirigat.

3. Sis Deo dignus ut Abel,
   Sis fidelis ut Samuel,
   Sic judices ut Daniel
   Et credas ut Nathanael.

4. Vivendo vivas ut Enoch,
   Pacificus uti Sadoch,
   Sis benedictus ut Jacob,
   Sanctissimus ut fuit Job.

5. Sis eloquens ut Abraham,
   Benedictus ut Balaam,
   Robustus ut Jeroboam,
   Aedificis ut Joatam.

6. Sis sapiens ut Salomon,
   Fortissimus sicut Samson,
   Pulcherrimus ut Absalon
   Et cautus sicut Gedeon.

7. Monarcha sis ut Julius,
   Sed Deo dignus melius,
   Ut David, rex mitissimus,
   Et Judas, victor optimus.

8. Ut Alexander maximus
   Pugnator sis aptissimus,
   Tibique sit contrarius
   Ceu fugiens Pompegius.

9. Qui mea laudant carmina
   Pigmenta bibant dulcia,
   Quibusque sunt contraria,
   Spumosa detur cicera.

10. Amen resultet Gallia,
    Amen cantent Burgundia,
    Bigorni regni spatia,
    Vasconia et Teutonia.

Fol. 75 a. ohne Ueberschrift mit Mel. — Zuschrift des 10. Jahrh. —
Str. 4—10 fehlen in der Hs. die Initialen der ersten Zeile. — 8, 4 Cau fugiens Hs. — 9, 2 dulcida Hs. — 10, 4 Vivasconia et Theutonica Hs.

128.

De Antichristo.

1. Quique cupitis audire
ex meo ore carmina,
De summo deo nunc audite
gloriosa famina
Et de adventu antichristi
in extremo tempore.

2. Antichristus est venturus
permittente Domino,
In Babilonia nascetur
conceptus de diabolo,
De tribu Dan erit ortus
ex Haebraeorum populo.

3. Triginta annos tunc latebit
incognitus a populo,
Duos annos tunc regnabit
et uno et dimidio,   •
Foras potestas ei datur
in praesenti saeculo.

4. Modo cuncta auscultate
praecepta apostolica,
Nemo ex vobis jam seducat
per suam epistolam,
Per sermonem nec per signa,
nec per vanam gloriam.

5. Henoch jamque missus Dei
cum Elia pariter
In illo tempore tunc veniet
mortem suscipere,
Antichristus hos occidet
permittente Domino.

6. Tribus diebus tunc jacebunt
eorum sancta corpora,
Die tertia resurgent
domini imperio,
Sicque gentes praedicabunt,
ne credant diabolo.

7. Et in coelum sic ascendent
reclamante domino,
Ut eorum fusus sanguis
divina fiat ultio
Et vindicta facta erit
de maligno spiritu.

8. Jesus Christus, Deus noster,
qui redemit sacculum,
Ipse mitet ex ore suo
gladium fortissimum,
Ipse occidet antichristum,
perditionis filium.

9. Tunc reddetur pax in terra
quadraginta diebus,
Tunc erit dominus venturus,
vident omnes oculi,
Tunc omnis gens, tribus, lingua
venit ad judicium.

10. Tunc apparebit crux in coelo,
signum admirabile,
Judaea nequam et pagana
et haeresia dogmata
Absque dubio peribunt
qui crucem et fidem ri-
dent.

11. Virtutes coeli [terraeque]
movebuntur pariter,
Cum Deus tunc judicabit
unumquemque secundum me-
rita,
Soli justi salvabuntur
propter sua opera.

12. Civitas siquidem illa
valde est mirabilis,
Portas habet quater ternas,
fundamenta totidem,
Non lumen solis nec lunae
nec de ullo sidere,
Sed claritas summi Dei
semper hanc illuminat.

13. Jerusalem, civitas Dei
et paradisi claritas,
Ubi regnat Christus Deus
cum sanctorum animis,
Sine fine tunc regnabunt
in aeterna requie.

14. Homicidae et criminosi
  intus non recipiunt,
Sed chaos magnum inter eos
  in atrocis tenebris
  Omni hora vae, vae clamant
  et mittunt voces lugubres.

15. Nec pavescant firma corda
  quae, cum haec audierit,
Sed virtutes imitentur,
  quae in coelis coronant,
Ut evadant poenas diras
  et amplectent supera.

16. Nam de poena reproborum
  — — — — — — —
Quos mors secunda gustaverit,
  non erit ultra requies,
Cum Sathan semper ardebunt
  in stagno ignis et sulphuris.

17. Omnipotentem deprecemur
  cuncti devotissime,
Ut a poena infernali
  dignetur nos eripere·
Et ad gaudia superna
  sinat introducere.

18. Gloriam Christo canamus,
  gloriam paraclito,
Una patri filioque
  simul individuo,
Cujus honor et potestas
  regnat ante tempora.

Fol. 76 a. mit Mel. Zuschrift des 10. Jahrh; nach Bethmann dieselbe Hand, die auch das Odolied geschrieben, wovon ich mich um so weniger überzeugen konnte, als mir einige Buchstaben, namentlich die minuskel g, einen anderen Zug zu verraten schienen. — 4, 1 abscultate Hs. — 7, 2 reclamant ante Dominum Hs. — 7, 3 fuso sangui Hs. — 9, 5 genus tribus, linguae Hs. — 10, 6 fidem deridunt Hs. — 12, 5 ueque lunae Hs. — 12, 6 nec de ulla sidera Hs. — 13, 4 animas Hs. — 7, 4 diguet Hs.

129.

Versus anepigraphi.

1. Indicis a summo capiens exordia primus
  In minimi flexu postrema reponit,
  Qua sede instat principium finisque secundi.
  Tertius a summo rursum capit indicis ortum
5. In summo fine distinguens auricularis,
  Qua sede instat principium finis quoque quarti.
  Indicis in medio quintus sumit et capit ortum
  Et medii finem modulaminis aptat in ungue,
  Qua sede instat principium finis quoque sexti.
10. Indicis hinc radix septeni continet ortum
  Et medii finem modulaminis aptat in ungue,
  Qua sede instat principium finisque octavi.

Fol. 80 a. — Zuschrift des 10. Jahrh. ohne Aufschrift. — V. 1 und 4 assumo Hs. — V. 2 fehlt ein Fuſs.

130.

Hymnus de Quadragesima ad vesperas.

1. Jesu, sacrator mentium,
Spes et salus credentium,
Nos hoc quadragenario
Purifica jejunio.

2. Dum decimamus annuam
Te duce parsimoniam,
Facultas abstinentiae
Sit fructus poenitentiae.

3. Et si reatus conscia
Mens tibi Deo supplicat,
Intende clemens perpeti
Quae vota reddit vesperi.

4. Monachorum collegio
Et clericorum jubilo
Nec non utrique sexui
Adsis ubique supplici.

5. Praesta, perennis deitas
Et trinitatis unitas,
Ut dignis paschae victima
Des sempiterna saecula.

Fol. 80 b. — 2, 3 Facultas ut abstinentiae Hs. — 5, 3 paschae victimas Hs.

131.

De Pascha.

1. Chorus novae Jerusalem
Novam meli dulcedinem
Promat, edens cum sobriis
Paschale festum gaudiis.

2. Quo Christus invictus leo
Dracone surgens obruto,
Dum voce viva personat,
Amore functos excitat.

3. Quam devorarat, improbus
Praedam refundit tartarus,
Captivitate libera
Jesum sequuntur agmina.

4. Triumphat ille splendide
Et dignus amplitudine,
Soli polique patriam
Una facit rem publicam.

5. Ipsum canendo supplices
Regem precemur milites,
Ut in suo clarissimo
Nos ordinet palatio.

6. Per saecla metae nescia
Patri supremo gloria,
Honorque sit cum filio
Et spiritu paraclito.

Fol. 80 b. — Dan. I. 222; Mone 162. Der Hymnus ist vom hl. Fulbert von Chartres. „Rarus in breviariis vetustis“, Dan. l. c. — 1, 2 Nova meli dulcedine Hs. — 6, 1 Per saecla mente Hs.

132.

De Spiritu Sancto.

1. Veni creator spiritus,
Mentes tuorum visita,
Imple superna gratia,
Quae tu creasti pectora.

2. Qui paraclitus diceris,
Donum Dei altissimi,
Fons vivus, ignis, charitas
Et spiritalis unctio.

3. Tu septiformis munere,
Dextrae Dei tu digitus,
Tu rite promisso patris
Sermone ditas ·guttura.

4. Accende lumen sensibus,
Infunde amorem cordibus,
Infirma nostri corporis
Virtute firma perpeti.

5. Hostem repelle longius
Pacemque redde protinus,
Ductore sic te praevio
Vitemus omne noxium.

6. Per te sciamus, da, patrem,
Noscamus atque filium,
Te utrorumque spiritum
Credamus omni tempore.

Fol. 81 a. ohne Aufschrift. — Dan. I. 213; Mone 184. — 3, 1 Ueber munere die Korrektur gratiae.

133.

De portis supernae Jerusalem.

1. Cives coelestis patriae,
Regi regum concinite,
Qui est supremus opifex
Civitatis uranicae
In cujus aedificio
Talis exstat fundatio.

2. Jaspis colore viridis
Praefert virorem fidei,
Quae in perfectis omnibus
Nunquam marcescit penitus,
Cujus forti praesidio
Resistitur diabolo.

3. Saphirus habet speciem
Coelestis throni similem,
Designat cor simplicium,
Spe certa praestolantium,
Quorum vita et moribus
Delectatur altissimus.

4. Chalcedonius pallentem
Ignis tenet effigiem,
Subrutilat in publico,
Fulgorem dat in nubilo,
Virtutem fert fidelium
Occulte famulantium.

5. Smaragdus virens nimium
Dat lumen oleaginum,
Est fides integerrima
Ad omne bonum patula,
Quae nunquam scit deficere
A pietatis opere.

6. Sardonyx constans tricolor
Homo fertur interior,
Quem denigrat humilitas,
In quo albescit castitas,
Ad honestatis cumulum
Rubet quoque martyrium.

7. Sardius est puniceus,
Cujus color sanguineus
Decus ostentat martyrum
Rite agonizantium,
Sextus est in catalogo,
Crucis habet mysterium.

8. Auricolor Chrysolithus
Scintillat velut clibanus,
Praetendit mores hominum
Perfecte sapientium,
Qui septiformis gratiae
Sacro splendescunt jubare.

9. Beryllus est lymphaticus
Ut sol in aqua limpidus,
Figurat votum mentium
Ingenio sagacium,
Quis magis libet mysticum
Summae quietis otium.

10. Topazius quo rarior
Eo est pretiosior,
Nitore rubet chryseo
Et aspectu aethereo,
Contemplativae solidum
Vitae nostrae officium.

11. Chrysoprassus purpureum
Imitatur concilium,
Est intertinctus dureis
Quodam muscillo jaculis
Hoc est perfecta caritas,
Quam nulla sternit feritas.

12. Jacinthus est caeruleus
Virore medioximus,
Cujus decora facies
Mutatur ut temperies,
Vitam signat angelicam
Discretione praeditam.

13. Ametystus praecipuus,
Decore violaceus,
Flammas emittit aureas
Nitelasque purpureas,
Praetendit cor humilium
Christo commorientium.

14. Hi pretiosi lapides
Carnales signant homines,
Colorum est varietas
Virtutum multiplicitas,
Quicunque his floruerit,
Concivis esse poterit.

15. Jerusalem pacifera,
Haec tibi sunt fundamina,
Felix et Deo proxima,
Quae te meretur, anima,
Custos tuarum turrium
Non dormit in perpetuum.

16. Concede nobis, hagie
Rex civitatis coelicae,
Post cursum vitae labilis
Consortium cum superis,
Inter tuos in aethera
Nova cantemus musica.

Fol. 81 b. mit Mel.; ohne Aufschrift. — Mone 637. — Das Lied steht
auch Cod. Gottwicensis 107 saec. 12 mit Neumen. — 11, 6 sternitur Hs. —
14, 1 Si pretiosi Hs. — 16, 6 cantamus Hs.

134.
Hymnus sancti Antonini Martyris.

1. Alme dictatis resonante gratis
Canentes audi Antonine martyr
Quo vox te cassis laudibus et
altis
Personet omnis.

2. Barginum carmen simulque
oramen
Tuum piamen notum per certamen
Prodit hinc famen fitque famu-
lamen
Hocque dictamen.

3. Celsi honoris tuique amoris
Ergo ut moris his annue horis
Cyclo de solis benedictionis
Jugiter nobis.

4. Donum quod lingua modulis
praecingat
Digito pingant et musa contingat
Rongique pangant varia peroma
Canore compta.

5. Exstant bis bini quibus quintus
init
Quinta quod fidis blaterando finit
Mesem nabli tinula dum clangit
Per diapasin.

6. Fac derenixi mecum promant
Christi
Jamque ministri magni et pusilli
Sono festivi cantant Antonini
Cantica ciclum

7. Generis decus et usiae genus
Protulit ejus prosapiae pectus
Temporis tempus quo gliscens
adeptus
Est polum laetus.

8. Hinc linquens formam diffe-
rendo normam
Ad pium dogma qualitatis
constans
Ruris fecundas dabas et aristas
Nubilis micas.

9. Id figuratas consecrande offas
Efficiebat genitrix ut foeta
Gnatis papua osque porrigebat
Lacte refertas.

10. Kalata fari prohibebat fani
Rictus vesani delubraque fagi
Ne profani cultus adpiari
Posset inanis.

11. Letale ulcus quod confert pe-
tulcus
Taxo hiulcus medebatque tultus
Virtutis nultu et ro[re] perfusus
Coelica multum.

12. Mirmida cohors in livore concors
Captatque et mox jugulat cruento
Ense profundo lympharis in
antro
Projiciendo.

13. Nex ovis sacra vita constat
ampla
Qua praestat altas martyribus
aulas
Quas diadema stipat celsa
adepta
Carnis emblema.

14. Oritur sane tyro quondam mane
Poli per axem ductus ad ti-
tanem
Cujus fervore magnum calet
mare
Ad vitae lares.

15. Potitur summis coelicis cum
trinus
Bona Olympi odas boans hymni
Aeterno regi tenens sceptrum
regni
Jure perenni.

16. Quaesumus cuncti famuli per-
culsi
Telo maligni loribus innexi
Corde compuncti corporeque
fessi
Visibus caeci.

17. Redde salutem et luminum
lucem
Habenas solve criminum et
hostes
Comprime fortes viribusque
omnes
Dilue sordes.

18. Sitim exstingue latices prorum-
pens
Sophiae fonte quo simus pru-
dentes ·
Qui olim dulcem protulisti
fontem
Imo ab arvo.

19. Tolle languores mentis et do-
lores
Aufer furores et corrige mores
Auge honores amovens timores
Ut te pastorem

20. Vasti per orbis sentiamus nobis
Spatia pacis habendo in annis
Tempora nostris procul pulsa
noctis
Umbraque mortis.

21. Xenia vitae canentibus praebe
Et calcem differ transeuntis
glebae
Ne chaos horrens veniens
repente
Perdat latentem.

22. Ymnum nunc sume felix An-
tonine
Quem ore tibi plebs devota
promit
Qui Deo soli semper placuisti
Respuens aevi.

23. Zelum ac factum labetis pia-
clum
Quibus et pactum gignitur
opacum
Posce beatum paradisi gratum
Tuique locum.

*   *
*

24. Haec dies festum tuum canat
celsum
Quo currunt ad te catervatim
omnes
Te flagitantes senes et infantes
Proceres atque.

25. Sanguine fuso Christi triumpho
Rutilas mundo coelitus emisso
Munere pio laureatus serto
Jam aethereo.

26. Ora pro nostris precando
[of]fensis
Ut emundati maculis peccati
Queamus vota resonare nostra
Voce sonora.

27. Te laudat Petrus rhythminizans laetus
Malis adfectus et dolore pressus
Languore fessus patriaque exsul
Omnino moestus.

28. Moerore datus honore privatus
Lamentis raucus fletibus et
auctus
Sat blasphematus et probris
vallatus
His corde tactus.

29. Rogo te sancte martyr Antonine
Meum intendens hodie cla-
morem
Confer honorem et episcopalem
Da mihi sedem.

30. Quamvis indignus sim et im-
peritus
Tamen confisus postulo asylum
Tuumque pium redde redivivum
Animo victum.

31. Exaudi namque ad te pro-
clamantes
Dando juvamen divinum per
omne
En et solamen ergo peto item
Martyr opime.

32. Fac ut aeternas evadere poenas
Queam pro tua prece gloriosa
Et nostris dona parentibus
vitam
Et cuncta bona.

33. Decus honorque sit domino
quoque
Qui Antonini meritis nos fove
Donando pacem et vigoris
arcem
Nunc atque semper.

34. Sit genitori gloria[que] proli
In arce poli quae olympus colit
Flamini quoque aliquid non
soli
Laus ore omni. Amen.

35. Sit benedicta Deitas benigna
Laude suprema omnia per
saecla
Quem benedicat quidquid vivit
vita (nostramque)
Petrique lingua.

Fol. 82 b. — Dieser Abecedarius spottet mit seinen Fehlern aller Ver-
besserungsversuche; es ist daher vorstehend genau der Text der Handschrift
wiedergegeben mit all ihren Fehlern; vielleicht dass es einem Glücklicheren
gelingt, die sieben Siegel zu lösen, die an sieben mal sieben Stellen das Ver-
ständniss verschliessen.

135.

De S. Maria Magdalena.

1. Fidelium devotio
Depromat hymnum domino,
Qui Mariae Magdalenae
Sedem dedit in aethere.

2. In qua, quid esset pietas,
Ejus ostendit bonitas,
Quid posset poenitentia
Patefecit clementia.

3. Quae prius enim scelera
Commiserat innumera,
Accepto passo veniae
Regno potitur gloriae.

4. Patri, nato cum flamine
Sit laus aeterno tempore,
Cui est summa deitas
In unitate trinitas.

Fol. 84 a. ohne Aufschrift von späterer Hand nachgetragen. — Von der
Doxologie steht an dieser Stelle nur der Anfang. — 3, 4 Accepto passe
veniae Hs.

136.

De eadem.

1. Maria fusis crinibus
Procumbens Christi pedibus,
Dum rigat eum lacrymis,
Se lavit sorde criminis.

2. Hinc consecuta plurimum
Amoris erga dominum,
In coelorum palatio
Perenni gaudet praemio.

3. Rogamus ergo, domina,
Nostra deleto crimina
Tuisque sanctis precibus
Nos junge coeli civibus.

4. Patri, nato cum flamine
Sit laus aeterno tempore,
Cui est summa deitas
In unitate trinitas.

Fol 84 a. ohne Aufschrift von späterer Hand zugeschrieben.

137.

De nativitate Domini.

1. Manus edocta variis
Nos agite sic digitis,
Cunctis promantur labiis
Laudes Deo cum angelis.

2. Natum qui misit e coelis,
Alvus quem fudit virginis,
Qui passus est et in terris,
Pius redemptor hominis.

3. Sed surrexit a mortuis,
Post ascendit et in coelis,
Tuentibus discipulis
Dicentibusque angelis:

4. O quid viri Galilaei
Admirando aspicitis
Sic veniet vir humilis
Quemadmodum jam vidistis
Euntem illum in coelis.

Fol. 84 b. — Zuschrift ohne Titel mit sequenzenartiger Mel., Hand des X.
Am ehesten dürfte diesen und den zwei folgenden Nummern unter dem dehn-
baren Begriffe der Tropen ein Platz anzuweisen sein.

138.

De Spiritu Sancto.

1. Ob adventum carissimi
Nunc spiritus paracliti
Laetemur simul, socii,
Et carmen cordis intimi
Promamus voce gracili
In conspectu altissimi.

2. Ut nostra tergat scelera,
Qui fidelium pectora
Sui replendo gratia
Sacra sibi fecit templa,
Et qui linguarum varia
Conscendit modulamina.

3. Coelitus missa gratia,
   Quae turris Babylonica
   Disperserat circum circa,
   Nos foveat per tempora,
   Cujus fides et gloria
   Per cuncta semper saecula.

Fol. 84 b. — Zuschrift ohne Titel mit Mel., Hand des X.

139.
In natali Domini.

1. Psallere quod docuit musica
   Egregia manus Davidica,
   Psallere condiscat ecclesia,
   A Christo de Libano vocata,
   Sanguine cujus exstat redempta.

2. Canite nova Deo cantica
   Concelebrando clara gaudia,
   Cujus instant festa praefulgida,
   Ornata nativitate sacrata
   Unde canamus adest praecelsa.

3. Concio praesens ferat fercula
   Summo nitore quae sunt parata
   Ac dapibus summis exornata,
   Quibus nostra laetetur caterva,
   Voce clara canens: Alleluja.

4. Soluta jam redeant pigmenta
   Specie melle vino conferta,
   Quis referta clericorum turba
   Potiora persolvat carmina,
   Canendo: nato canant omnia.

Fol. 84 b. — Zuschrift ohne Titel mit Mel., Hand des X. Wahrscheinlich ein Tischlied der Cleriker, wie solche allerdings aus späterer Zeit nachweislich sind. — Es folgen in der Hs. noch einige Bruchstücke einer fünften Strophe.

140.
Ad Musas cantilena.

1. O Musae cicilides,
   Seu praestat pierides,
   Nunc ad vota faciles
   Advenite celeres.

2. Si remissa displicet,
   Vox acuta concrepet,
   Quae ne vos exasperet,
   Ima rursus insonet.

3. Vos alternis congaudetis,
   Fidibus lyra canat
   Dulcisonis;
   Si mavultis et jubetis,
   Modis cithara strepat
   Hymnidicis.

4. Nutu vestro veniat,
   Se choreis
   barbiton interserat.

   Quisque claros excolat,
   Grave sonum
   tympanis objiciat.

5. Nunc sonorus cornicen
   Et inflatus tibicen,

6. Apparatis
   Armamentis

7. His sororibus jocosis
   Alludat nunc chorus omnis.

8. Assolescat
   modus rhythmulis
   Britannicis,
   Pedibusque
   vox harmonica
   dactylicis.

Fol. 85 a. ohne Titel mit Mel. — Zuschrift des 10. Jahrh. — Lied mit strenger Sequenzenform, die an der Hand der Melodie festgestellt, aber ohne die allein-stehende Anfangs- und Schlussstrophe. — Zu 3, 1: „Amant alterna camoenae.‟

141.

De S. Agatha.

1. Martyris ecce dies Agathae
Virginis emicat eximiae,
Qua sibi Christus eam sociat
Et diadema duplex decorat.

2. Stirpe decens, elegans specie,
Sed magis actibus atque fide,
Terrea prospera nil reputans,
Jussa Dei sibi corde ligans.

3. Fortiter haec trucibusque viris
Exposuit sua membra flagris,
Pectore quam fuerat valido,
Torta mamilla docet patulo.

4. Delicae cui carcer erat,
Pastor ovem Petrus hanc recreat,
Inde gavisa magisque flagrans
Cuncta flagella cucurrit ovans.

5. Jam renitens quasi sponsa polo
Pro miseris supplicet Domino,
Sic sua festa coli faciat,
Se celebrantibus ut faveat.

6. Ethnica turba rogum˙fugiens
Hujus et ipsa meretur opem,
Quos fidei titulus decorat,
His Venerem magis ergo premat.

7. Gloria cum patre sit genito
Spirituique proinde sacro

. . . .

Hanc . . . . faciat memorem.

Fol. 92 b. — Dan. I. 9; Zuschrift des 11.—12. Jahrh.; leider ist gerade
die Doxologie, deren Fassung bei Daniel offenbar mangelhaft ist, absolut un-
leserlich.

II.

Die Melodieen des Hymnars von Moissac.

Yτ puſ mundi ſator & redēptoʒ mentab̄ pulſa lum̄

ne puriſ rite dignetur: uenienſ ſacratoſ ponere

Laudib̄ cuer. Itē de ſc̄o iohe.

Almi prophete p̄ gente p̄cla

ruſ parente nobilior p̄tre quē matriſ alui

claudere neſciuſ houtur heriſ prodidit in

dicem

Ut tibi clarum reſonemuſ ymnū

menbuſ puriſ ſacerdoſ martir anno

nine nefaſ piato omē tuoʒ Merce qui mortiſ roſeū tiaram oſte deuicto

refferenſ inhaulam regiſ aeternu ſpeciale

munuſ p̄meruiſti

Prestet hoc nobis ditas hionny ad noc

TVRNOS

Tibi xpiste splendor patris uita

uirtus coiduum inconspectu angtoru uorus

uoce psallimus alternantes concrepando carendo

melos damus uocibus _____

DE SCO CORNE

Te xpiste patris LIO hionny ·

uerbum uirtus inclita sub missis lau

dum quesumus preconiis. huius diei

festa celeberrima supna semp fac nitere

grana quam frequentare nos dedisti

annua _____

I.

Fol. 12 a.

Pan-ge lin-gua glo-ri-o-si proe-li-um cer-ta-mi-nis

Et su-per cru-cis tro-phae-um dic tri-um-phum no-bi-lem

Qua-li-ter re-demptor or-bis Im-mo-la-tus vi-ce-rit.

II.

Fol. 12 b.

Lu-stra sex qui jam pe-ra-cta tem-pus im-plens cor-po-ris

Se vo-len-te na-tus ad hoc pas-si-o-ni de-di-tus

A-gnus in cru-ce le-va-tus im-mo-lan-dus sti-pi-te.

III.

Ad coe-nam ag-ni pro - vi - di   Et sto - lis al - bis can-di - di

Post tran-si-tum ma - ris ru - bri Christo ca - na - mus prin-ci - pi.

IV.

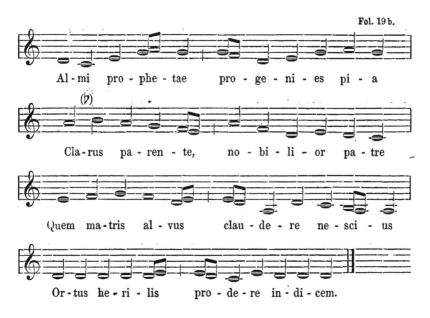

Al - mi pro - phe - tae   pro - ge - ni - es pi - a

(♭)

Cla - rus pa - ren - te,   no - bi - li - or pa - tre

Quem ma - tris al - vus   clau - de - re ne - sci - us

Or - tus he - ri - lis   pro - de - re in - di - cem.

V.

Fe - lix per .om - nes   . Fe-stum mun-di car - di - nes

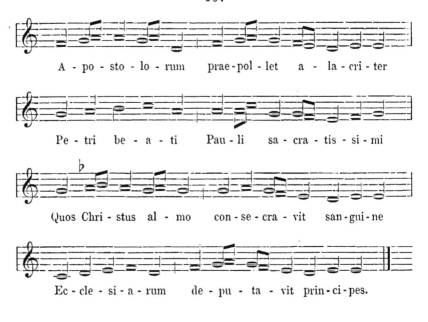

A - po - sto - lo - rum prae-pol - let a - la - cri - ter

Pe - tri be - a - ti Pau - li sa - cra - tis - si - mi

Quos Chri - stus al - mo con - se - cra - vit san-gui-ne

Ec - cle - si - a - rum de - pu - ta - vit prin - ci - pes.

Va.

Antiphon. Roman. Parisiis 1855, p. 442.

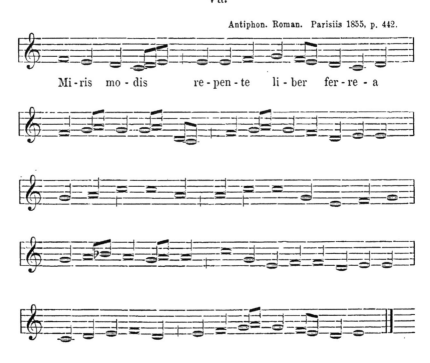

Mi - ris mo - dis re - pen - te li - ber fer - re - a

VI.

Fol. 28b und 46b.

A - thle - ta Chri - sti   An - to - ni - ne mar - tyr
I - ste con - fes - sor   Do - mi - ni sa - cra - tus

Sup - pli - ci vo - to   ve - ne - ran - da ge - sta
Fe - sta plebs cu - jus   ce - le - brat per or - bem

Cu - jus in - si - gni   ra - di - at ni - to - re
Ho - di - e lae - tus   me - ru - it se - cre - ta

Vi - ta per or - bem.
Scan - de - re coe - li.

VI a.

Hymnar. Claustroneoburg. Cod. 601. saec. 14.

Chri - ste coe - lo - rum ha - bi - ta - tor al - me.

VII.

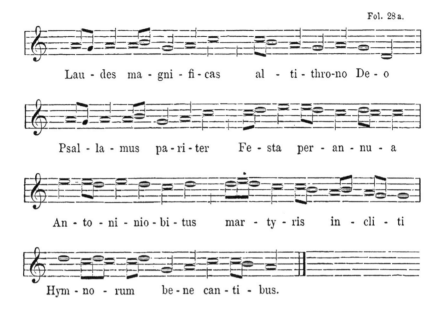

Lau - des ma - gni - fi - cas   al - ti - thro-no De - o

Psal - la - mus pa - ri - ter   Fe - sta per - an - nu - a

An - to - ni - nio - bi - tus   mar - ty - ris   in - cli - ti

Hym - no - rum   be - ne can - ti - bus.

VIIa.

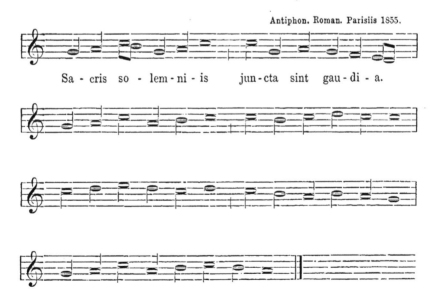

Sa - cris so - lem - ni - is   jun-cta sint gau - di - a.

VIII.

Fol. 29 a.

Ut ti - bi cla - rum   re - so - ne - mus hym - num

Men - ti - bus pu - ris   sa - cer o sa - cer - dos

Mar-tyr An - to - ni - ne ne - fas pi - a - to

Om-ne to - o - rum.

IX.

Fol. 30 a.

A - ve coe - li ja - nu - a   Stel-la ma - ris lu - ci - da

Vir-go sa-cra-tis-si-ma De - i ma-ter in - cly-ta Ma - ri - a.

X.

Fol. 30 b.

Te, Chri-ste, pa - tris   ver-bum, vir-tus in - cly - ta,

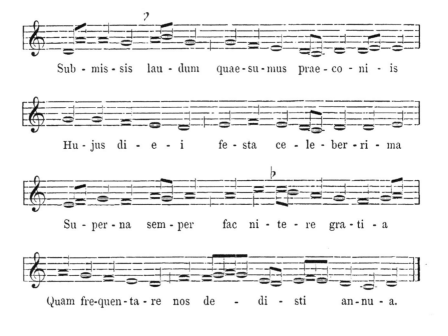

Sub - mis - sis lau - dum quae-su-mus prae - co - ni - is

Hu - jus di - e - i fe - sta ce - le - ber - ri - ma

Su - per - na sem - per fac ni - te - re gra - ti - a

Quam fre-quen-ta - re nos de - di - sti an - nu - a.

XI.

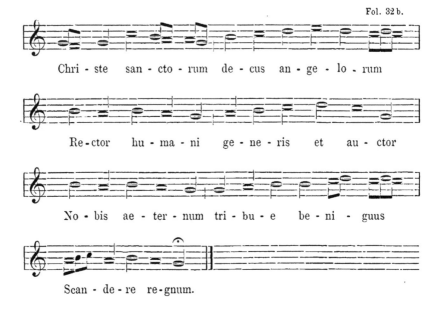

Chri - ste san - cto - rum de - cus an - ge - lo - rum

Re - ctor hu - ma - ni ge - ne - ris et au - ctor

No - bis ae - ter - num tri - bu - e be - ni - guus

Scan - de - re re-gnum.

XII.

Ti-bi Chri-ste splendor pa-tris vi-ta vir-tus cor-di-um

In con-spec-tu an-ge-lo-rum Vo-tis vo-ce psal-li-mus

Al-ter-nan-tes con-cre-pan-do Me-los da-mus vo-ci-bus.

XII a.

Antiph. Cremifanense Cod. 359 anni 1465.

Ti-bi Chri-ste splendor pa-tris.

XII b.

Antiphon. Rom. Parisiis 1855 p. 661.

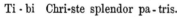

Ti-bi Chri-ste splendor pa-tris.

XIII.

Urbs be - a - ta Hie - ru - sa - lem Dicta pa - cis vi - si - o
Quae con-stru - e - ris in coe - lo Vi - vis ex la - pi - di - bus
Et an - ge-lis co - or-na - ta Ut spou-sa - ta co - mi - te.

XIV.

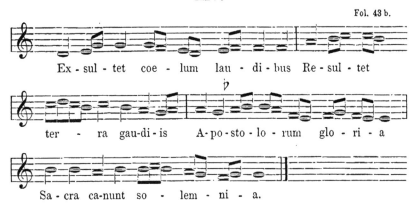

Ex - sul - tet coe - lum lau - di - bus Re - sul - tet
ter - ra gau-di - is A - po-sto - lo - rum glo - ri - a
Sa - cra ca-nunt so - lem - ni - a.

XV.

Ae-ter-na Christi mu-ne - ra Et mar-ty-rum vi-cto - ri - as
Je - su co - ro - na vir-gi-num Quem ma-ter il-la con - ci - pit
Lau-des ca-nentes de - bi-tas Lae - tis ca - na-mus men - ti - bus.
Quae so - la vir-go par-tu-rit Haec vo-ta cle-mens ac - ci - pe.

XVa.

Antiph. Cremiphanen. Cod. 359 anni 1465.

Mar-tyr De - i qui u - ni-cum.

XVb.

Hymn. Wellegraden. saec. 18. Cod. Pragen. XIV D. 4. i.

Ae - ter - na   Chri - sti mu - ne - ra.

XVI.

Fol. 44 b.

Rex glo - ri - o - se   prae - su - lum Co - ro - na

con - fi - ten - ti - um Qui re - spu - en - tes   ter - re - na

Per - du - cis   ad coe - le - sti - a.

XVII.

Fol. 48 a.

San - cto - rum me - ri - tis   in - cli - ta gau - di - a

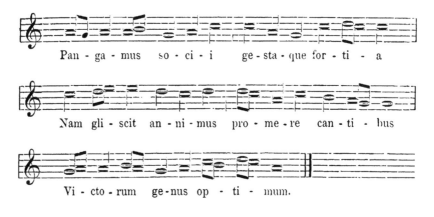

Pan - ga - mus so - ci - i ge - sta - que for - ti - a

Nam gli - scit an - ni - mus pro - me - re can - ti - bus

Vi - cto - rum ge - nus op - ti - mum.

XVII a.

Aus einem alten Vesperale Amstelod.
Abschrift des Herrn Thielen. Vgl. VII a.

Sa - cris so - lem - ni - is jun - cta sint gau - di - a.

XVIII.

Fol. 45 b

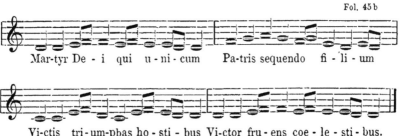

Mar-tyr De - i qui u - ni - cum Pa-tris sequendo fi - li - um

Vi-ctis tri - um-pbas ho - sti - bus Vi-ctor fru - ens coe - le - sti - bus.

8*

XIX.

De-us tu - o - rum mi - li-tum Sors et co - ro-na prae-mi - um

Lau-des ca-nen-tes marty-ris Ab-sol-ve ne - xu cri - mi - nis.

XX.

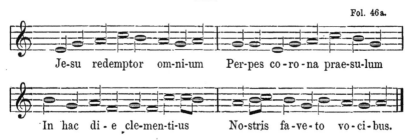

Je-su redemptor om-ni-um Per-pes co - ro - na prae-su-lum

In hac di - e cle-men-ti-us No-stris fa-ve-to vo - ci-bus.

XXI.

Je-sus re - ful - sit om - ni - um Pi - us redemptor gen - ti - um

To-tum ge - nus fi - de-li - um Laudes ce - le-brat dra-ma - tum.

XXI a.

Antiph. S. Crucis Cod. 20 saec. 12 exeunt.

Je-su co - ro - na cel-si-or.

XXII.

O - do prin-ceps al - tis - si - me re-gum-que po-ten - tis - si - me

Re - ga-le sceptrum sus-ci - pe Lon-go re-gen-do tem-po-re.

XXIII.

Qui-que cu-pi-tis au-di-re Ex meo o - re car-mi - na

De summo De - o nunc au-di - te Glo-ri-o-sa fa - mi - na

Et de ad-ven - tu An-ti-chri-sti In ex-tre-mo tem - po - re.

XXIV.

Ci-ves coe-le - stis pa-tri-ae Re-gi re-gum con-ci - ni-te

Qui est su-pre-mus o - pi - fex Ci - vi - ta - tis

u - ra - ni - cae In cu - jus ae - di - fi - ci - o

Ta-lis ex-stat fun-da-ti - o.

XXV.

Fol. 82 b.

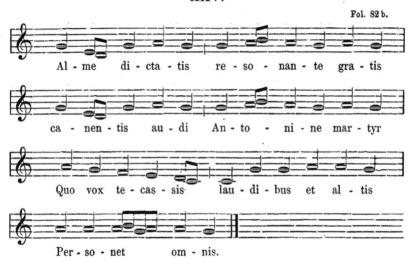

Al - me di - cta - tis re - so - nan - te gra - tis

ca - nen - tis au - di An - to - ni - ne mar - tyr

Quo vox te - cas - sis lau - di - bus et al - tis

Per - so - net om - nis.

Carmina scholarium
Campensia.

De assumptione B. M. V.

1. Honestatis mentis purae
Plaudant omnes creaturae
   Credentes fideliter,
Nam est modo Christi parens,
Virgo sancta labe carens,
   Assumpta feliciter.

2. Jam assumpsit matrem piam,
Postponentem mundi viam,
   Salvatoris pietas;
Nato mater est in caelis
Fideli juncta fidelis,
   O felix societas.

3. Est impleta prophetia,
Quam praedixit de Maria
   David voce lucida,
Qui dixit in psalmis suis,
Astitit a dextris tuis
   Regina praecandida.

4. De assumptione quaerit
Ista Salomon et serit
   Quaestionem sedulam:
Quae est ista, quae ascendit
Per desertum et ostendit
   Se fumantem virgulam?

5. Merito pro virga fumi
Sacra virgo potest sumi,
   Nam est ei similis,
Fumi virgam ascendentem
Sursum et summa petentem
   Ventus movet facilis.

6. Sic Maria, si tangatur
Pura voce, inclinatur
   Ad velle petentium;
Haec est mater pietatis,
Nostris orans pro peccatis
   Apud suum filium.

Fol. 88 a. — 1, 2 Plaudent Hs.

7. Coeli chorus est jucundus,
Gaudet aer, gaudet mundus
   Cum summa laetitia,
Coeli gaudet firmamentum.
Dum venit tale talentum
   . . . .

8. Aer gaudet, dum in eo
Obivat Maria Deo
   Et secum assumitur,
Gaudet terra, nam ab ea
Polo gracilis idea
   Incundanter redditur.

9. Animam Mariae tantum
Non assumptam crede, sanctum
   Corpus eam sequitur,
Corpus, in quo requievit,
Qui mundi scelus delevit,
   Vermibus non redditur.

10. Quod assumpsit coeli sinus
Corpus simul, Augustinus
   Vult doctor doctissimus,
Vult Bernardus idem clare,
Licet inde dubitare
   Videtur Jeronymus.

11. Credamus ergo benigne,
Quod illud corpus insigne
   Non est datum vermibus;
Vermis corpus non gustavit,
In quo Christus habitavit
   Plene novem mensibus.

12. Quia credimus hoc vere,
Fac Maria nos videre,
   Id quod modo credimus;
Videamus te cum nato
In regno juncta beato,
   Hoc devote poscimus.

2.

De Nativitate B. M. V.

1. Frondet radix regis Jesse,
Jesse regis radix frondet,
Spondetque fructum expresse,
Expresse fructumque spondet,
Mundo necessarium.
Orta jam est maris stella,
Stella maris jam est orta,
Porta coeli, pura cella,
Cella pura, coeli porta,
Domini sacrarium.

2. Hodierna gaudet die,
Die gaudet hodierna
Superna cohors jam pie,
Pie jam cohors superna,
Maria dum oritur.
Fructus dulces quae propinat,
Propinat quae dulces fructus,
Rictus Adaeque declinat,
Declinatque Adae luctus,
Et mors prima moritur.

3. Eva nos culpae subegit,
Subegit culpae nos Eva,
Primaeva dum jussa fregit,
Fregit jussa dum primaeva
Serpentique credidit.
Maria flos castitatis,
Castitatis flos Maria,
Via vitae, mitis satis,.
Satis mitis, vitae via,
Nos salvantem edidit.

4. Ortus sanctus iste quidem,
Quidem iste sanctus ortus,
Portus dat ammissos pridem,
Pridem amissos dat portus
Terminans exsilium.
Jure miratur natura,
Natura miratur jure,
Pure dum dat virgo pura,
Pura virgo dum dat pure
Sine viro filium.

5. Parens sancta bis decorum,
Decorum bis sancta parens.
Carens labe peccatorum,
Peccatorum labe carens,
Cunctis plena gratiis,
Tui fac nos, virgo, nati,
Nati, virgo, fac nos tui
Frui luce vultus grati,
Grati vultus luce frui
In coeli palatiis.

Fol. 88 a. — 1, 3 quod expresse Hs. — 2, 8 Adae quis Hs. 2, 9 giebt die Korrektur. — 3, 10 satiantem Hs. gegen den sonst so sorglich gehandhabten Vers.

3.

De nativitate B. M. V.

1. Adsit jubilatio
Removens moerorem,
Cor, mens, pectus, ratio
Festum promant morem
Summo cum solatio,
Nam nunc proniorem
Stirps Jesse virgam
produxit virgaque
florem.

2. Jure gaudet civitas
Sacrarum cohortum,
Nam ejus nativitas
Est, quae nescit scortum,
Qua nostra captivitas
Pertingebat portum,
Stella Maria maris
hodie processit ad
ortum.

3. Cognitam a nemine
  Scimus matrem piam,
  Quae de David semine
  Genealogiam
  Cepit et haec feminae
  Dedit ortus viam.
  Sicut spina rosam
    genuit Judaea Mari-
      am.

4. Merito debuerat
  Benedicta scribi,
  Qua deletus fuerat
  Morbus primi cibi,
  Deus hanc voluerat,
  Ut maneret ibi,
  Vas generale suis,
    vas speciale sibi.

5. Video miracula
  Facta novo more,
  Virginem abs macula
  Matrem scio fore,
  Daemonis quae jacula
  Fregit cum vigore,
  Gaudia matris habens
    cum virginitatis ho-
      nore.

6. Jure te prae ceteris
  Benedictam promo,
  Quae rectorem aetheris
  Ventris claudis domo,
  Qui peccato veteris
  Obiit pro pomo,
  In tua se clausit
    viscera factus homo.
  Fol. 88 b. — 5, 3 absque Hs.

7. Primum plenum gratia
  Scimus hanc fluentem,
  Ad coeli palatia
  Quae ducit egentem,
  Quae per mundi spatia
  Matrem existentem
  Non habuit similem
    nec est habitura se-
      quentem.

8. Haec est virgo stabilis,
  Dulcis, mitis. pura,
  Mater venerabilis,
  Nulli nocitura.
  A cunctis laudabilis
  Est haec creatura,
  Hic color, hic sexus,
    hic aetas ista figura.

9. Quae portasti filium,
  Virgo, sine poena,
  Da nobis auxilium
  Hostemque refraena.
  Tu rosa, tu lilium,
  Tu virtute plena,
  Cellula mellis | fundit
    odorem | virgoserena.

10. Quae cum sacro numine
  Gaudes in hac hora,
  Sursum in acumine
  Tu pro nobis ora.
  Ut fruamur lumine
  Tecum sine mora,
  Ad coeli decora
    nos erige, virgo de-
      cora.

4.

De purificatione B. M. V.

1. Ecce plena gaudio
  Dies est exorta,
  Qua de puerperio
  Venit coeli porta
  Ad templum cum filio,
  Per quem est absor(p)ta
  Acherontis ditio,
  Mors quoque contorta.

2. Ad templum progreditur
  Virgo mater Dei,
  Inter ulnas geritur
  Salus nostrae spei.
  Piis votis igitur
  Occurramus ei,
  Nunc cum festum colitur
  Sacratae diei.

3. Virgo, vas munditiae,
　　Nulli nota mari,
　Sicut matres aliae
　　Voluit purgari,
　Dans obedientiae
　　Signum, imitari
　Hanc debemus hodie
　Purgamento pari.

4. Currat ad ecclesiam
　　Modo gens fidelis,
　Tollat immunditiam
　　Peccati crudelis,
　Imploretque gratiam
　　Domini de caelis,
　Praebens reverentiam
　Matri cum candelis.

5. Apportent in manibus
　　Christianae gentes
　Praeclaris luminibus
　　Cerasque ardentes,
　Intus sint virtutibus
　　Illustratae mentes,
　Et sanctis operibus
　Ut lumen splendentes.

6. Istud festum dicitur
　　Festum candelarum,
　Quo scelus abluitur
　　Sordis et noxarum,
　Atque cor accenditur
　　Gentium piarum,
　Et illud ostenditur
　Juxta lumen clarum.

7. In candela bonitas
　　Triplex demonstratur,
　Fides, spes et caritas,
　　Nam per ceram datur
　Cognosci fidelitas,
　　Per filum signatur
　Spes et cara pietas
　Per lumen notatur.

8. His tribus virtutibus
　　Illustratus erit,
　Ceram cum luminibus
　　In manu qui gerit,

Aliter abs fructibus
　　Templi loca quaerit,
　Et a suis actibus
　Totus valor perit.

9. Per candelas etiam
　　Nosco trinitatem:
　Cera nosse propriam
　Dat paternitatem,
　Per filum eximiam
　　Verbi bonitatem,
　Spiritus clementiam
　Scis per claritatem.

10. Hi tres, debet firmiter
　　Credere mens pia,
　Quod essentialiter
　　Una sunt usia,
　Deus mirabiliter
　　Operatur quia,
　Tres sunt personaliter,
　Sed nequaquam tria.

11. Hunc Deum quae genuit
　　Natura devicta,
　Se mundare voluit,
　　Quae neque delicta
　Nec peccatum coluit,
　　Sed legis edicta
　Refutare noluit
　Virgo benedicta.

12. Miseri nos turpiter
　　Unde superbimus,
　Cum gravati graviter
　　Per peccata simus?
　Cur extollit taliter
　　Nos fastus sublimus,
　Quos defoedat viliter
　Peccatorum fimus?

13. Accedamus protinus
　　Ad Christum purgando
　Nostrae mentis facinus,
　　Inveniri quando
　Pius potest dominus,
　　Curramus plorando,
　Nullus dies crastinus
　Sit in exspectando.

14. O rectrix coelestium,
　　Salus et solamen
　Miserorum omnium,
　　Per tuum juvamen
　Nobis sit propitium
　　Judicis examen,
　Ejus ne judicium
　　Nos condemnet. Amen.

Fol. 89 b. — 4, 3 Tollant Hs. — 9, 3 nosce propria Hs. — 13, 4 Invenire Hs.

5.

Purificatio.

1. Toto cordis serio
　　Psallat melodia,
　Vacans ministerio
　　Gaudeat mens pia
　Magno desiderio,
　Cum de puerperio
　　Venit Christi dia
　　Genitrix Maria.

2. Dat purificatio
　　Nomen huic diei,
　Potior sed ratio
　　Fuit matris Dei
　Legis observatio,
　Nam contaminatio
　　Cujuscunque rei
　　Non adhaesit ei.

3. Virginis clementia
　　Moysis mandatis
　Cum obedientia
　　Facere vult satis,
　Ut in hac praesentia
　Vitae cum fruentia
　　Quivis a peccatis
　　Se purget patratis.

4. Solatorem mentium
　　Cum devotione
　Poenas patientium
　　Ad templum matronae
　Portant, hic pro gentium
　Advenit gementium
　　Revelatione
　　Teste Simeone.

5. Jesus Dei filius,
　　Modo praesentatus,
　Templo fit humilius
　　Ut humanus status
　Parere facilius
　Discat et sit vilius
　　Crimen et reatus
　　Tollere paratus.

6. Simeonis lectio
　　De Christo vult scribi,
　Quod est resurrectio
　　Refraenata sibi,
　Gladii trajectio
　Poenaeque connexio
　　Virgo fuit sibi
　　Sicut pater ibi.

7. Mater plena gratiae,
　　Coelica regina,
　Facias nos facie
　　Perfrui divina,
　Nec sua nos acie
　Gratia fallaciae
　　Cohors Sathanina
　　Mergat in sentina.

Fol. 90 a. — 2, 4 Fuit mater Dei Hs. — 3, 8 purgat Hs.

6.
Purificatio.

1. Castitatis cella
   Frondescensque palma,
   Ave, maris stella,
   Dei mater alma.

2. Tuae nos in pirgo
   Tutelae conforta,
   Atque semper virgo
   Felix coeli porta.

3. Concepisti suave
   Verbum cum honore,
   Sumens illud Ave
   Gabrielis ore.

4. Ab hoste fallace
   Ne vincamur saeve,
   Funda nos in pace
   Mutans nomen Evae.

5. Qui te colunt, eis
   In adventu necis
   Solve vincla reis,
   Profer lumen caecis.

6. Nobis bonum velle
   Da, pravis ignosce,
   Mala nostra pelle,
   Bona cuncta posce.

7. Apud summum patrem,
   Qui destruxit necem,
   Monstra te esse matrem,
   Sumat per te precem.

8. Mortem cruciatus
   Superavit suus,
   Qui pro nobis natus
   Tulit esse tuus.

9. Sine viro paris,
   O fecunda vitis,
   Virgo singularis,
   Inter omnes mitis.

10. Vitiis pollutos
    Sordisbusque vastos,
    Nos culpis solutos
    Mites fac et castos.

11. Mentem nunc obscuram
    Tergens pelle lutum,
    Vitam praesta puram,
    Iter para tutum.

12. Sana pectus laesum
    Sorde, qua torquemur,
    Ut videntes Jesum
    Semper collaetemur.

13. Qui destruxit atri
    Loci durum pecus,
    Sit laus deo patri,
    Summo Christo decus.

14. Honore pro tanto
    Detur laudum munus
    Spiritui sancto,
    Tribus honor unus.

Fol. 90 b. — 13, 2 pectus Hs. gegen den Reim.

7.
Omnium Sanctorum.

1. Omnium sanctorum
   Festa recolamus,
   Puritate morum
   Pie gaudeamus
   Atque gratulemur
   Per carmen canorum,
   Dulciter canamus
   Infra mentis chorum:
   Te Deum laudamus,
   Te dominum confi-
   temur.

2. Est nunc melodia
   Super coeli thronum,
   Ubi dat vox pia
   Novi cantus sonum,
   Beatorum gregi
   Christi parens dia
   Hujus psalmi tonum
   Praecinit Maria:
   Eructavit cor meum
   verbum bonum,
   Dico ego opera mea
   regi.

3. Angeli sequentes
Vocem Michaelis
Sunt inde canentes,
Cum ductor fidelis
Horum Michael sis;
Per voces clarentes
Piisque loquelis
Sunt ipsi dicentes:
Laudate Dominum de
coelis,
Laudate eum in ex-
celsis.

4. Hinc canunt prophetae
Magno jubileo,
Jesu Christe, laete
Qualiter ut leo
Certasti pro reis,
Qui nunc es quiete
Junctus patri Deo,
David ait de te:
Dixit-dominus domino
meo,
Sede a dextris meis.

5. Petrus et sodales
Sui praebent ei
Laudes speciales,
Qui cujusque rei
Est confortamentum,
Coelos vocat tales
Vox David Judaei,
Non vires carnales,
Coeli enarrant glori-
am Dei,
Et opera manuum
ejus annuntiat
firmamentum.

6. Martyres hinc Christi
Gaudent praecinentes,
Quos tormento tristi
Fecerat gementes
Principum vesania:
Sunt, o David, isti
Incliti splendentes,
De quibus dixisti:
Quare fremuerunt gen-
tes,
Et populi meditati
sunt inania?

7. Inde confessorum
Turba decantabit,
Voxque monachorum
Dulces laudes dabit
Creatori suo,
Quilibet eorum
Sic interrogabit
Regem angelorum:
Domine quis habita-
bit
In tabernaculo tuo?

8. Virginum sanctarum
Dulcis symphonia
Canticum praeclarum
Dat in hierarchia
Salvatoris nomini;
Vertitur earum
Vox in prophetia
More prophetarum:
Beati immaculati in
via,
Qui ambulant in lege
domini.

Fol. 91 a — 3, 1 dator Hs. — 8, 6 Utitur Hs. offenbar das Abkürzungszeichen über dem U vergessen.

8.
Omnium Sanctorum.

1. In hoc festo mente pura
Promens esto laudis jura.
Cleri congregatio,
Dies pius est sanctorum,
Non solius sed cunctorum
Cum sit celebratio.

2. Annus nescit sancto cuivis,
Qui quiescit et est civis
In coelesti patria,
Sparsim dare diem sanctum
Nec laudare, quamquam tantum,
Speciali latria.

3. Hinc videtur opportunum,
Ut donetur festum unum
  Cunctis generaliter,
Dies sola datur cunctis
Nunc in scola coeli junctis,
  Nam nescimus aliter.

4. Hinc imprimis collaudata
Nunc sublimis sit beata
  Sancta quoque trinitas,
Nobis dentur ut coronae,
Adorentur tres personae
  Sed una divinitas.

5. Hinc Maria, stella maris,
Mente pia tu colaris
  Cum turba virginea,
Hinc prophetae, patriarchae,
Qui quiete nunc in arce
  Gaudent Olympinea.

6. Veneretur post hoc pie,
Ut hoc decet in hoc die,
  Cohors apostolica,
Hinc honorem meruerunt
Et cruorem effuderunt
  Pro fide catholica.

7. Hymnus sanctus, vox jucunda,
Novus cantus mente munda
  Detur confessoribus,
Totus coetus adoretur,
Stygis metus ne donetur
  Nobis peccatoribus.

Fol. 91 b. — 4, 2 Non sublimis sic beata Hs. — 6, 2 Et hoc videtur in hoc die Hs.

9.

S. Martini.

1. Te, Martine, miles Christi,
Laudet sine nece tristi
  Praesens haec familia,
Qui divinae meruisti
Virtuti, ne neges isti,
  Qui petit auxilia
  Vota per humilia.

2. Omnes gentes tua festa
Recolentes per honesta
  Pectoris hospitia,
Fac gaudentes atque praesta
Puras mentes, tolle maesta
  Baratri supplicia,
  Purgans cordis vitia.

3. Non petivit quidquam a te
Nec abivit desolate
  Aliquis egentium,
Non audivit longe, late,
Neque scivit largitate
  Parem tibi gentium
  Ulla nunc viventium.

4. Dabas totum, dabas quaeque
Dona dotum et utraeque
  Manus largae fuerant,
Cor devotum humileque,
Pectus lotum, laudes aequae
  Te dignum praebuerant,
  Nam in te splenduerant.

5. Post et ante sub vita tis
Eras tantae probitatis
  Praemunitus gladio,
Quod Titan te claritatis
Et lux sanctae trinitatis
  Illustravit radio
  In hoc mundi stadio.

6. Turonensis praesul pie,
Cujus ensis ob Mariae
  Vestem scidit filium,
Tu lumen sis nostrae viae,
Et da mensas coenae diae
  Nobis post exsilium
  Poenarum flebilium.

Fol. 92 a. — 4, 3 larga Hs. — 6, 5 mensis Hs. — 6, 6 port hoc exsilium, überzählig Hs.

10.

Item de S. Martino.

1. Laete canat symphonia
Mundo corde, voce dia,
Sumpta peccatorum via
Lyra sonet mellica.
Novum cantum det mens pia
In hoc sacro festo, quia
Transvectus in hierarchia.
Martinus est coelica.

2. Hodie sanctus Martinus
Coelestis intravit sinus,
Ab hoc mundo mundo minus,
Sed immundo potius,
Caritatis quem caminus
Texit et amor divinus,
Factus est Deo vicinus
Et sanctorum socius.

3. Erat gemma sacerdotum,
Habens semper cor devotum,
Purum, mundum et remotum
A peccati sentibus;
Nihil mali sibi notum,
Dator largus, fusor dotum,
Quidquid habebat, hoc totum
Tribuit egentibus.

4. Clauso residenti pone
Portas pro petitione
Martini virtutis bonae
Largitas apparuit,
Pia miseratione
Condolens ille personae
Vestem scidit cum mucrone
· Quia nummis caruit.

Fol. 92 b. — 4, 3 Martine Hs.

5. Alter pauper dum intraret
Templum nudus et rogaret,
Ut sibi quidquam donaret
Martini benignitas,
Adhuc commotus apparet,
Quamvis omni veste caret,
In sola non tamen aret
Ejus dandi dignitas.

6. Quid agit praesul electus?
Hac veste, qua fuit tectus,
Denudavit suum pectus
Nudo dans hanc homini.
Laete pauper est profectus,
Et praesul plus quam perfectus,
Mansit nudus sed erectus
Ad praecepta domini.

7. Vestis ei fit portata
Brevis, nec apta nec lata,
Nimium abbreviata
In utraque manica,
Sed earum restaurata
Brevitas nec augmentata
In defectu reparata
Ope fit uranica.

8. Pie praesul et modeste,
Qui vestitus nunc honeste
Es jucunditatis veste
Nunquam transitoriae,
Nos scholares laudantes te
Conserves ab omni peste,
Sed perducas ad coeleste
Jubar verae gloriae.

11.

De S. Katharina.

1. Katharina virgo, vena
Virtutum, laude serena
Flosque caritatis diae,
Te cum nova cantilena
Sonus dulcis, vox amoena,
Laudet in hac sacra die.

Quae pro filio Mariae
Cruorem fudisti pie,
Cruciata gravi poena,
Nec te tormentorum viae
Terruerunt, nam sophiae
Divinae fuisti plena.

Dreves, Hymnarius Moissiacensis.　　9

2. Eras tam intus quam foris
   Grata venustate moris,
     Ad bonum semper intenta,
   Culpando causas erroris
   Errantis imperratoris,
     Non timens sua tormenta.
   Neque propter argumenta
   Eras confiteri lenta
     Nomen tui salvatoris,
   Arguebat vox ducenta
   Doctorum, sedes inventa
     Victrix omnibus in horis.

3. Rhetores effecti muti
   Cedunt, Caesar frendit uti
     Vox leonis rugientis,
   Promittit dotes tributi,
   Quas spernis ut sordes luti
     Vel undaminis ferventis.
   Nec promissis, nec tormentis
   Vertis statum tuae mentis,
     Dantur ictus tuae cuti,
   Quos propter omnipotentis
   Amorem benigne sentis
     Manens subjecta virtuti.

Fol. 92 b. — 3, 5 spernes Hs.

4. Uxor tyranni regina
   Suscepit a Katherina
     Fidem Christianitatis,
   Porphyrium a ruina
   Servabit ejus doctrina
     Simulacris refutatis;
   Pro cultrice castitatis
   A tortoribus iratis
     Praeparatur rota bina,
   Rotae cadunt cito satis
   Precibus fusis et datis
     A puella genuina.

5. Virgo mitis et faceta,
   Sancto spiritu repleta,
     Compeditur, flagellatur,
   Sed sicut ovis mansueta
   Omnes poenas suffert laeta,
     Tandem ensis poenae datur
   Gladioque decollatur,
   Sanguis in lac commutatur
     Naturali lege spreta;
   Angelorum tumulatur
   Manibus, nunc tribuatur
     Per hanc ut pace quieta
   Quilibet nostrum fruatur.

12.
Item de S. Katharina.

1. Novae laudis studio
   Psallat haec societas
     Remota tristitia,
   Vacare tripudio
   Velit cleri pietas
   Cum cordis munditia.

2. Hac die, qua gloriam
   Summam adipiscitur
     Katharina nobilis,
   Cujusque memoriam
   Nunquam obliviscitur
   Cursu mundi mobilis.

3. Haec est virgo regia,
   Quae praeclaro genere
     Costi regis oritur,
   Moribus egregia
   Sub aetatis tenerae
   Flore martyr moritur.

4. Iniens martyrium
   Fidei pro nomine,
     Sprevit deos viliter,
   Juxta posse virium
   Certans pro te, Domine,
   Devicit viriliter.

5. Vicit in palatio
   Caesarem Maxentium,
     Saeva plenum furia,
   Magistrorum ratio
   Perit arguentium
   In regali curia.

6. Regina, Porphyrius
   Credunt cum modestia
     Virginis sermonibus,
   Imperator durius
   Frendit omni bestia,
   Ursis et leonibus.

7. Caesar cepit varia
  Virgini praetendere
  Munerum pollicita,
  Sed Christi vicaria
  Nolens ea prendere
  Culpavit illicita.

8. Hinc membra virginea
  Caeduntur verberibus,
  Quia verbum praedicat,
  Guttaque sanguinea
  Manans e vulneribus
  Sacrum corpus dedicat.

9. Post plura pericula,
  Quae virgo pacifice
  Passa fore dicitur,
  Detruncat ensicula
  Collum, et mirifice
  Sanguis lac effunditur.

10. Sepulturae creditur
  Hinc manus angelica
  Fecisse negotia,
  Spiritus ingreditur
  Polum, turba coelica
  Tali gaudet socia.

11. Sed jam adjutoria
  Virginis amabilis,
  Pro qua carmen facio,
  Impetrent, ut gloria
  Fruamur durabilis
  In coeli palatio.

Fol. 93 a. — 6, 2 Tendunt Hs. lies wie oben oder cedunt.

13.

De S. Andrea.

1. Andreae, Petri germano,
  Excellenti piscatori,
  Digno laude pulchriori,
  Laudes stylo rudi cano,
  Cujus nomen nunquam mori
  Debet, et actus decori
  Florebunt in coeli plano
  Peracto cursu mundano
  Factus fit coelestis chori
  . Civis, junctus salvatori.

2. Juxta mare Galilaeae
  Dum salvator ambulavit,
  Andream navis servavit,
  Et Petrum, fratrem Andreae,
  Quos dum Jesus advocavit,
  Venite post me, clamavit,
  Faciam vos gentis meae
  Piscatores, ad plateae
  Vias uterque saltavit
  Et se Christo sociavit.

3. Ab Andrea fit abjectus
  Remus et dimissa ratis
  Sequiturque veri vatis
  Vocem tamquam vir perfectus;
  Hinc a Domino fit satis
  Odore suavitatis
  Specialiter electus
  Ut vir simplex, justus, rectus
  Et obediens mandatis,
  Christi monitisque gratis.

4. Seminavit verbum Dei
  Tamquam amicus fidelis
  Dicens, Dominum de caelis
  Advenisse, quem Judaei
  Adhuc apertis loquelis
  Negant, voce Gabrielis
  Fore conceptum, sed ei
  Joseph dant patrem, hinc rei
  Dirae mortis et crudelis
  Erunt in inferno prelis.

5. Non credentes ab errore
  Revocare nitebatur,
  Sicut fecit, ut testatur,
 Ejus vita plena rore
  Sanctitatis, revocatur
  Multa gens et baptizatur;
 Hinc Aegeas ursi more
 Insanit, plenus furore,
  Crux amara praeparatur,
  Ut Andreas suspendatur.

6. Visa cruce jam gavisus
  Fit Andreas laeta mente,
  Et cum animo fervente
 Sponte velle mori visus,
  Salve crux, ait repente,
  In qua Christo moriente
 Est apertus paradisus,
 Et datus pro luctu risus;
  Ad crucem non currit lente
  Vultu laeto, non timente.

7. Funibus simul contortis
  Alligatur cruci dirae,
  Et dum gentes impedire
 Vellent poenam suae mortis,
  Tendens praedicavit mire,
  Praecepit eas abire,
 Deum ut athleta fortis,
 Et clarum a coeli portis
  Lumen visum est venire,
  Dum vitam coepit fiuire.

8. Sic intravit portas poli,
  Ubi modo requiescit,
  Nec non timet nec pavescit
 Ullas poenas hujus soli,
  Magis contristari nescit,
  Sed cum claritate crescit
 Conjunctus Mariae proli
 Radianti compar soli,
  Quando lucet et splendescit,
  Ut in aestate consuescit.

Fol. 94 a. — 5, 1 Nunc credentes Hs. — 8, 8 Radiante Hs.

14.

S. Nicolai.

1. De piis miraculis
  Et vita beata
 Nicolai praesulis,
 Qualiter in saeculis
  Fuit illustrata,
 Mens mis est conata
 Scribere clericulis.

2. Gestus nimis ardui,
  Nimis quoque miri,
 Non merentur respui
 Praesulis tam strenui
  Tam sanctique viri;
  Haec, ut possint sciri,
 Pandere proposui.

3. Excolis jejunia?
  Mirum dico tibi:
 Dum ligatur fascia,
  Non est coena fibi
 Qualibet in feria,
 Voluntate propria
  Bis correpta sibi.

4. Crescens eget opera
  Semper bonae rei,
 Hujus mundi prospera
  Displicebant ei,
 Legit scripta vetera,
 Colens inter cetera
  Doctrinale Dei.

5. Auri cum muneribus
  Juvat aegrum, qui de
 Suis fuit partibus,
  Qualiterque fide
 Liberata vilibus
 Nympha stupri sordibus,
  Post praedicta vide.

6. Vixit cum munditia
  Sine culpa labis,
 Meditans coelestia
  Removens cor ab his,
 Quae sunt mundi gaudia,
 Ipsius magnalia
  Haec tibi signabis.

7. Navita naufragium
Timens dirae mortis,
. . . .
. . . .
Fracturaeque navium
Jam confert remedium
Dextra viri fortis.

8. Clericos occiderat
Hospes armis duris,
Hisque, quos necaverat
Perfida securis,
Praesul vitam dederat,
Nomen, in qua fuerat,
Nescio telluris.

9. In suis sermonibus
Nullus erat dolus,
Sed prae rebus omnibus
Ei placet polus,
Si sit cum magnatibus
Junctus seu praesulibus,
Infimus est solus.

10. Bonitas, scientia,
Virtus, cor pium, mos
Fecerunt hunc gratia
Dignum, non per nummos
Neque cum pecunia
Scandit cum ecclesia,
Credo, gradus summos.

11. Qui rector in aetheris
Summa sede sedet,
Nicolae, miseris
Mediante te det
Gaudere cum superis,
Quos in mundo sceleris
Poenitet et haedet.

Fol. 94 a.

15.

Item de sancto Nicolao.

1. Nicolae, clericorum
Praesul et patrone,
Vas electum, vas decorum,
A nobis depone
Grave pondus vitiorum,
Fruens cum sancta sanctorum
Coeli regione,
Euge serve bone.

2. Laudet ipsum vox communis
Cantico non tristi,
Qui quando puer in cunis
Videbatur sisti,
Jacet faucibus jejunis.
Haec caro manet in prunis,
Et jam placet isti
Vita Jesu Christi.

3. Subdit se Christi mandatis
Sed mundano non omini
Cultibus humilitatis
Servit divino nomini;

Precibus sibi collatis,
Statim nutu pietatis
Cuncto succurrit homini
Iste confessor domini.

4. Inter sanctos numeratus
Iste merito sit,
Qui dum esset invocatus
Ab eo, quem rosit
Dolor atque durus status,
Cito fit ei paratus,
Qui manus complosit,
Ut juvet et prosit.

5. Virgines ne deturpare
Possit stupri turpitudo,
Impedivit clare
Auri magnitudo,
Pater inops collaudare
Sanctum posset et clamare,
Auro viso nudo,
Pauper ego ludo.

6. Motum tempestatis dirae
    Dum ventus sufflaret,
  Navigantes clamant mire,
    Ut quis opem daret,
  Non cessant ventorum irae,
  Sed navis cepit perire,
    Ut eis apparet,
    Et rectore caret.

7. In hac turba sic timente
    Vir unus devotus
  Nicolaum pia mente
    Invocat, ut notus
  Cedat, cessatque repente
  . . . .
    Tumor fit remotus
    Iste fere totus.

8. A nautis pavor recedit,
    Navis fit secura,
  Sancto tempestas obedit
    Plus non nocitura,
  Nullus turbo navem laedit,
  Timor fugit, salus redit,
    Sic in sorte dura
    Est pater hic cura.

9. Clericos hospes necabat
    Tres trudens ad imum,
  Quibus Nicolaus dabat
    Solamen opimum,
  Nam a morte suscitabat,
  Hoc miraculum laudabat
    Et valde sublimum
    Omnis homo primum.

10. Christianus infra lignum
    Clausit aes Judaei,
  Per juramentum malignum
    Opes sumens ei,
  Injustitiaeque signum
  Fecit ipsum morte dignum
    Causa talis rei
    Virtus vera Dei.

11. Opem tuae terrae tradis
    Removens tormenta
  Famis atque durae cladis,
    Propter alimenta
  Ad naves, o praesul, vadis,
  Augmentatis mire bladis
    Plura sunt inventa
    Ordea frumenta.

12. Sic cessavit clades fere
    Famis atque pestis,
  Omnes, illud qui videre,
    Cordibus non maestis
  Gaudent admirantes de re
  Tanta, vir cum muliere,
    Pro tam magnis gestis
    Est hic et haec testis.

Fol. 95 a.

16.

Item de S. Nicolao.

1. Nicolaum mitia
    Cordis laudent cleri
  Magna cum laetitia
    Menteque sinceri,
    Sibi cantus meri
    Debent exhiberi,
  Cognita servitia
  Postponendo vitia
  Donet pueritia
    Clericique veri.

2. Hunc dum in cunabalis
    Contigit jacere,
  A mamillae pabulis
    Coepit abstinere,
    Nec se gulae fere
    Voluit praebere
  Ut pecus in stabulis,
  Nec cum mentis tabulis
  Falsi mundi fabulis
    Voluit haerere.

3. Hinc opem sororibus
   Reddidit paratis
   Sordium foetoribus
   Et stupri peccatis
   Donis auri datis,
   Sicque habent satis,
   Relictis erroribus,
   Manent in honoribus,
   Manent et in floribus
   Suae castitatis.

4. Tempestate varia
   Turbo, ventus, flamen
   Agitant per maria
   Nautas, ejus tamen
   Mortis ad examen
   Praesul dat juvamen
   Ope multifaria,
   Sic quod jam primaria
   Vertitur angaria
   In laetum solamen.

Fol. 95 b.

5. Vir per doli jaculum
   Retinet trophaeum
   Ante tabernaculum
   Sancti, dum per eum
   Jurat et per Deum,
   Ne fallat Judaeum,
   Ecce per miraculum,
   Cunctorum spectaculum,
   Fractum videt baculum
   Jurantemque reum.

6. Daemonis fallacia
   Ne nos donet poenae,
   Rogent cum audacia
   Nicolaum plene
   Iuvenes cum sene
   Corde mundo bene,
   Ex ipsius gratia
   Post haec vitae spatia
   Ducat ad palatia
   Nos portae amoenae.

17.

De nativitate Domini.

1. Vera salus languentium,
   Spes novi medicaminis,
   Consolator dolentium,
   Ver aeterni solaminis,
   Ut subleves cor flentium
   Ope tui juvaminis,
   Veni redemptor gen-
      tium,
   Ostende partum vir-
      ginis.

2. Propter peccata veterum
   Parentum non parentium
   Mundum intrasti miserum
   Miserendo gementium,
   Quos a dolore vulnerum
   Tu salvasti nocentium,
   Conditor alme siderum,
   Aeterna lux creden-
      tium.

3. Primi patris pro crimine
   Crucis adibas stipitem
   Miro vincens certamine
   Baratrorum satellitem,
   Hinc purae mentis carmine
   Talem laudemus militem
   A solis ortus cardine
   Ad usque terrae limi-
      tem.

4. Novum ecce miraculum
   Mens obstupescat omnium,
   Parvum cepit corpusculum
   Summum regem coelestium
   Deitatisque speculum,
   Nam in Mariae gremium
   Agnoscat omne saecu-
      lum,
   Venisse vitae prae-
      mium.

5. Filius omnipotentis
   Ablutorque sordium
   Formam induit clientis,
   Vitae via, lux cordium,
   Inter puellae degentis
   Requievit praecordium,
   Corde natus ex paren-
   tis
   Ante mundi exor-
   dium.

6. O benedicta femina,
   Cujus portabant viscera,
   Quem coeli laudant agmina,
   Quem contremiscunt infera,
   Per quem virtutum semina
   Dantur et vitae prospera,
   O gloriosa domina,
   Excelsa super sidera.

7. Tu virgo, tu puerpera,
   Tu regis hos, qui claudicant,
   Contra serpentis vulnera
   Tuae virtutes dimicant,
   Tua lactabant ubera,
   Quem Cherubim magnificant,
   Quem terra, pontus,
   aethera,
   Colunt, adorant, prae-
   dicant.

8. A coelorum culminibus
   Venit rex, ut a vitiis
   Nos tergeret et sordibus,
   Idcirco cum laetitiis
   In his festivitatibus
   Et his sacris solemniis
   Exultet coelum laudibus,
   Resultet terra gaudiis.

9. Universorum conditor,
   Qui regnas in coelestibus,
   Hostis antiqui domitor,
   Nos conserves a pestibus,
   Ne nos crudelis proditor
   Adjungat suis coetibus,
   Audi benigne conditor
   Nostras preces cum fletibus. —

Fol. 96 a. — 4, 2 Mentes obstupescant gegen das Versmass. — Die
Schlussverse der Strophen Anfänge bekannter Hymnen.

18.

Item de nativitate Domini.

1. Hodie solatio
   Vario
   Sint vacare proni
   Gaudentes cum gaudio
   Nimio
   Christiani boni,
   Misso Dei filio
   Solio
   De supremi throni,
   Iste dies debet
   laeto pro tempore
   poni.

2. Descendit ab aethere
   Superae
   Lucis rex virtutum,
   Quem amor induere
   Miserae
   Carnis vile lutum,
   Coegit et solvere
   Vetere
   Pro culpa tributum,
   Quidquid amor jussit,
   non est contemnere
   tutum.

3. Hinc misertus hominis
  Criminis
    Oppressi languore
  Redimens a sarcinis
    Torminis
      Ipsum et dolore,
  Utero de virginis,
    Ordinis
      Dum venerunt horae,
  Processit splendore
  novo roseoque decore.

4. Adae pro nocentibus
  Morsibus
    Homo fit egenus,
  Multis cruciatibus
    Gravibus,
      Poenis quoque plenus,
  Venit a coelestibus
    Sedibus
      Hinc Dei serenus
  Filius, humanum
  vivificare genus.

5. Tu qui rector diceris
    Aetheris,
    Atque coelum regis
  . . . .
    . . . .
    Valle sponte degis,
  Prae cunctisque ceteris
    Veteris
      Tibi placet legis
  Virgo decora nimis,
    David de semine re-
        gis.

6. Venter tuus ipsius
  Radius
    Bene potest scribi.
  Dei nam eximius
    Filius
      Requievit ibi,
  Gabriel, egregius
    Nuntius,
      Vocem jussam sibi
  Affert mellifluam,
  virgo Maria, tibi.

7. O virgo laudabilis,
    Sepilis
      Sathanae vigorem,
  Rosae comparabilis,
    Gracilis
      Aurorae in morem,
  Atque soli similis,
    Stabilis
      Gratiae da rorem,
  Te deus elegit,
  vas nobile, vas in ho-
        norem.

8. Virgo mater inclita,
    Rogita,
      Quod a sorde luti
  Purgemur illicita,
    Genita
      Pro prole nunc et uti
  Possimus, postposita
    Semita
      Daemonis hursuti,
  Cum nihil utilius
  humanae credo saluti.

Fol. 96 b. — 3, 4 sarcina Hs. gegen den Reim.

19.

De Carnisprivio.

1. Cunctis mundi parasitis,
  Quos fames torquet et sitis,
    Ego carnisprivium
  Salutem in vase vitis,
  Appropinquat, sicut scitis,
    Solemne convivium.

2. Vos omnes ad hoc invito,
  Levi pede, non invito,
    Festinetis propere,
  Tempus adest, ite cito,
  Quovis alio sopito
    Ad vos tenet opere.

3. Paratus eduliorum
   Cibus vobis diversorum
      Est et multiplicium,
   Ponere nunc ori lorum
   Atque gulae, leccatorum
      Aestimatur vitium.

4. Incipit nam vitulina,
   Prunis assata ferina
      Seu bullita sapere,
   Spirat massa cuardina,
   Nam celeritas veltrina
      Decem solet rapere.

5. Inde lamiger agnellus
   Innocentis perdens vellus
      Non balatu loquitur,
   Hoedus hinnulus novellus,
   Yae foetusque tenellus
      In lebete coquitur.

6. Aceto te post hoc ponis,
   Adsunt hinc praeda furonis
      Cunorum cuniculi,
   Hinc duritia pavonis
   Demolitur vi carbonis
      In flammis igniculi.

7. Hinc salsutia cum hyllis
   Escis data de suillis
      Cremiis conjungitur,
   Passeres sunt in pastillis,
   Furor salatis ab illis
      Nunc calcari pungitur.

8. Ardea falconis hostis,
   In odore compar costis,
      Et aquas de flumine,
   Succulis junguntur costis
   Qui saginatis hostis
      Manant lardi sumine.

9. Postea supplebunt vices
   Merges, grues et perdices,
      Retia quas capiunt,
   Ex verucis post ornices,
   Nemorum habitatrices,
      Salivatc sapiunt.

10. Escis omnibus paratis,
    Coctis, bullitis, assatis,
       Parasiti veniunt,
    Antris ventris vacuatis
    Succurrentes, famem satis
       Vilem cibis leniunt.

11. Hinc cohors agagularum,
    Item concio scurrarum,
       Hinc abundat patera,
    Leno vilis ac lenarum,
    Ganeoque ganearum
       Simul jungunt latera.

12. Cibi tales, escae tantae,
    Quales nominantur ante,
       Vix eis sufficiunt,
    Fine sed approximante
    Coenae gula cum hiante
       Plures cibos sitiunt.

13. Crematur arvina bovis,
    Molle quoque cerum ovis,
       In ipsa sartagine,
    Ut gustent de cibo quovis
    Lagana fiunt ex ovis
       Et ex simulagine.   —

14. Hinc artocreae paratae
    Sunt colluridaeque latae
       Coctae sub carbonibus,
    Graphae quoque succaratae
    Placent, post attenuatae
       Nebulae buconibus.

15. Veniunt meri metretae,
    Gaudent, cantant, bibunt laete,
       Cunctis plaudant manibus,
    Gulae non ponuntur metae,
    Vorant magis indiscrete
       Lupis, ursis, canibus.

16. Bibit senex, sorbet Baucis,
    Ungunt fremen suae faucis
       Ex Falerni copia,
    Crastina die cum aucis
    Potant fruentesque paucis
       Vivunt et inopia.

17. Hinc ponamus gulae frenum,
    Ventremque domet obscoenum
      Congrua sobrietas,
    Ut post hunc mundum egenum
    Nos perducat ad serenum
      Regnum Dei pietas.

Fol. 97 a — 4, 4 Hs. wie oben. — 8, 5 fehlt eine Silbe. — 10, 5
ames Hs.

20.

De passione Domini.

1. Plange, Sion filia,
    Leva supercilia,
      Vide Christum Jesum
    Per pectus et ilia,
    Per membra gracilia,
      Vulneratum, laesum
      Graviterque caesum.

2. Patitur justitia
    Ponas et supplicia
      Falsis a Judaeis,
    Qui tot beneficia
    Totque verba mitia
      Conferebat eis,
      Durae mortis reis.

3. Comparationibus,
    Verbis et sermonibus
      Clare radiavit,
    Tamen est latronibus
    Par in passionibus
      Crucemque portavit,
      Qua nos liberavit.

4. Triginta denariis
    A viris nefariis
      Emitur rex caeli,
    Subest poenis variis,
    Mundo necessariis,
      In morte crudeli
      Bis clamavit Heli.

5. Quando sol clementiam
    Vidit pestilentiam
      Mortis pati ferae,
    Jam lucis praesentiam
    Clausit, violentiam
      Nequiens videre,
      Quam Jesu fecere.

6. Tellus horribiliter
    Tremit, mirabiliter
      Lapides secantur,
    Rumpitur similiter
    Velum visibiliter,
      Tumbae reserantur,
      Mortui surgantur.

7. Condolent flagitiis
    Et Dei supplitiis
      Omnes creaturae,
    Sed manet in vitiis,
    Subdita duritiis,
      Gens cervicis durae,
      Non est sibi curae.

8. Dolet maternaliter
    Et dolet aequaliter
      Virgo benedicta,
    Dum universaliter
    Membra prolis taliter
      Aspicit afflicta
      Et flagellis icta.

9. Hinc intactum lilium
Pati videns filium
  Flet ut mater solet,
Hinc adest consilium
Judeorum vilium,
  Hinc Johannes dolet.
  Quis gaudere volet?

10. Cuspis arundinea
Cum corona spinea
  Sacra membra forat,
Fundatori vinea
Vina dat sanguinea,
  Naturaque plorat,
  Dum Jesus laborat.

11. Cujus efficacia
Vicit cum audacia
  Baratri clientes,
Suae mortis gratia
Ducat ad palatia
  Coeli cunctas gentes
  In eum credentes.

Fol. 98 a. — Vgl. Mone 81, wo das Lied aus einer Darmstädter Hs.
des 15. Jahrh. mitgeteilt.

21.

Item de passione Domini.

1. Contristare mens fidelis
  Christiani populi,
Plange, ne gaudere velis,
  Guttis fluant oculi,
Aspice duris in prelis
  Suspensum patibuli
Clavorumque fixum telis
  Salvatorem saeculi,
    Jesum Christum,
Qui terrae praeest et caelis,
  A sui discipuli
Judae, latronis crudelis,
  Signo fuit osculi
Venditus atque tutelis
  Datus diri vinculi,
Damnantque falsis loquelis
  Falsitatis servuli
    Pium istum.

2. Corpus magis purum stellis
  Tormentatur aspere,
Sic afflicta sacra pellis
  Flagellorum verbere,
Fremit Judaea rebellis
  Dirae compar viperae
Datque Jesu potum fellis
  Cum aceto bibere
    Gens severa.

Sanguis cujus favo mellis
  Dulcior a latere
Fluit, et membris tenellis
  Nescit clavis parcere,
Guttae manant ab ocellis,
  Partes dolent cereae,
Hostis latrat par catellis
  Et ut solet furere
    Tigris fera.

3. Flet Johannes, mater plorat,
  Agnus Dei moritur,
Dare lumen sol ignorat,
  Velum templi scinditur,
Terra tremit et laborat,
  Motu quoque patitur,
Quam Christi cruor colorat,
  Compati vult igitur
    Morienti.
Latro pendens Jesum orat,
  Veniaque redditur,
Multa spina caput forat,
  Innocens deluditur,
Nemo pendentem honorat,
  Sed a cunctis spernitur
Sic vita, et cuncta vorat
  Mors, dum Christus moritur
    Vi tormenti.

4. Fit Christi vestimentorum
   Per sortem divisio,
   Plurimumque mortuorum
   Placet resurrectio,
   Christus infernalem chorum
   Frangit cum daemonio,
   Ipse memor amicorum
   Tollit a supplicio
   Caros sibi.
   Sepultum corpus decorum
   Pio fit officio,
   Haec mater, quae nescit thorum,
   Adest suo filio,
   Dum vas illud praefulgorum
   Ligatur sudario,
   Mulieresque, moerorum
   Plenae luctu nimio,
   Flebant ibi.

5. Sepulchrum firmant Judaei
   Cum forti custodia,
   Filius resurgit Dei
   Mane die tertia,
   Luget expers omnis spei
   Magdalena Maria,
   Sed Jesus apparet ei,
   Quem dum noscit, gaudia
   Serit mente.

Novitatis hujus rei
It Maria nuntia,
Surrexit, o fratres mei,
Jesus cum potentia,
Quem scribae, quem pharisaei
Et turba nefaria
Necabant, mira trophaei
Tenet cum decentia
Vehemente.

6. Liberantur captivati,
   Fit lux orta miseris,
   Ante tristes sunt laetati,
   Gaudentes cum superis;
   Jam non possunt plura pati
   De duris vel asperis,
   Sunt ad requiem translati
   A tormento carceris
   Nimis duri.
   Supplicamus pietati
   Tuae, rector aetheris,
   Ut simus nos computati
   In sanctorum numeris,
   Ubi laetantur beati,
   Quibus portas aperis
   Regni decenter ornati,
   Huc quos introduxeris,
   Sunt securi.

Fol. 98 b. — 2, 10 Sanguis cum favo Hs. — 2, 13 Nescit clamis Hs. —
5, 6 Maria Magdalei Hs. — 5, 8 noscit, gaudet Hs.

22.

De festo paschae.

1. O paschale gaudium,
   Clarum sine naevo,
   Hos a jugo liberans
   Pharaonis saevo,
   Qui captivi fuerant
   Tempore longaevo,
   Salve festa dies:
   toto venerabilis aevo.

2. Se mentis a jubilo
   Nullus alienet,
   Sed carnales stimulos
   Quilibet refraenet,

Et cordis hospitium
Hac die serenet,
Qua Deus infernum
vicit et astra tenet.

3. Hodie redempti sunt
   Hi, qui gemebundi
   Fuerant in vinculis
   Baratri profundi,
   Ad venisse gaudia
   Temporis jucundi,
   Ecce renascentis
   testatur gratia mundi.

4. Coelum ait, roribus
   Modo novis fluo,
Dum resurgis Domine,
   De sopore tuo,
Elementa liquide
   Sentiunt bis duo,
Omnia cum Domino
   dona redisse suo.

5. Non es, homo, subditus
   Satanae plus iris,
Ideo revertere
   Viis a deliris,
Cor intus virtutibus
   Exornando miris,
Paschales quicunque
   dapes
   conviva requiris.

6. Qui prius habuerant
   Poenas atque metum,
Hodie translati sunt
   Ad locum quietum,
Nam contrivit Dominus
   Sathaninum coetum,
Laudent rite Deum
   lux, polus, arva, fre-
   tum.

7. Hodie completum est,
   quod praedixit David,
Phrophetizans: Dominus
   a ligno regnavit,
Cujus resurrectio
   captos liberavit,
Nobis surrexit
   qui nobis cuncta cre-
   avit.

8. Ablutum percipimus
   peccatorum faecem,
Bis sex idiomata
   septiesque decem
Illum laudent pugilem,
   qui devicit necem,
Dentque creatori
   cuncta creata precem.

Fol. 99 a. — 4, 5 und 6 Elementa se liquide ciunt bis duo Hs

23.

De Spiritu Sancto.

1. Veni, salvator egentis
   Gentis, sancte spiritus,
Tu qui spes es in tormentis,
   Mentis et paraclitus.

2. Corpus ablue pollutum
   Lutum per odibile,
Quia dator es virtutum,
   Tutum tu fac debile.

3. Es solamen in moerore,
   Rore madefaciens
Mentes, et dans in amore
   More dulci vinciens.

4. Nobis labore quassatis,
   Satis in hoc saeculo
Vitiorum sordidatis,
   Da tis opem, postulo.

5. Velis nos mundificare,
   Care pater pauperum.
Fac nos tecum habitare
   Mare tollens miserum.

6. Des auxilium fidele,
   Dele mentis vitium,
Sis rector nostrae loquelae,
   Quae cor laedit nimium.

7. Digneris nos refovere
   Verae lucis gratia
   Atque mentem dissuadere
   De re transitoria.

8. Caritatis es fundator
   Dator quoque munerum,
   Tu sordis es propulsator,
   Sator laudis operum.

9. Ab infernali carbone,
   Bone, nos salvifica,
   Spiritus et tecum pone
   Pone regna coelica.

Fol. 100 a ohne Aufschrift. — 2, 4 Tutum fac debile Hs. — 3, 3 Menses Hs. — 3, 4 dulce Hs. — 5, 2 pauper pauperum Hs. — Mit diesem Liede endigt die Series der Scholarenlieder. Hinter dem Liede die Bemerkung: „Deficiunt adhuc multa." — Ich füge noch die folgenden drei Lieder derselben Hs. bei, die den vorstehenden verwandt scheinen.

24.

In nativitate Domini.

1. Beant laude varia
   Coelum, terra, maria
   Deum indefesse,
   Verum nos prae ceteris
   Ut laudemus aetheris
   Regem est necesse.

2. Qui nos sapientia
   Fecit et clementia
   Conservat in esse,
   Deus potens, sapiens,
   Bonus, vi nil rapiens,
   Dignatus adesse.

3. Dum felices fuimus,
   Per parentes ruimus,
   Sic habebat res se,
   Verbi quod carnatio
   Sola reparatio
   Genti foret esse.

4. Mater virgo placuit,
   Cujus alvo jacuit,
   Qui venit prodesse,
   Ex qua nasci voluit
   Christus, qui condoluit
   Naturae transgressae.

5. Natus hosti nocuit,
   Nam et cultum docuit
   Fidei professae,
   Quo meremur bravium
   Fructuum suavium
   In salutis messe.

6. Cujus nato canimus
   Proli, vacet animus
   Virgini progressae,
   Fides sic erigitur,
   Benedictus igitur
   Sit flos stirpis Jesse.

7. Tibi servientibus
   Et nato psallentibus,
   O virgo favesce.

Fol. 62 a. — Str. 7 trägt die Bezeichnung Repetitio, hier soviel als Refrain — 3, 6 foret per esse Hs. — 4, 2 alvus Hs. — 6, 3 Virginem Hs.

25.

De corpore Christi.

1. Gaude, Sion, et laetare,
Corde, mente jucundare,
Nam hic panis vivus arae
Coelique servatur, quare
Huc caput inclinabis.

2. Hic est panis angelorum,
Spes et vita beatorum,
Factus cibus viatorum,
Medicina populorum,
Quem digne adorabis.

3. Edentique damnatio
Fit, ni praesit mundatio,
Ut legis docet ratio,
Ac tibi, ut salvatio
Sit, isthac conclinabis.

4. Rudis, doctus firma mente,
Herus credat cum cliente,
Forma prima remanente
Panis caro quod 'repente
Fit, quod hic adorabis.

5. Atque sensu, mi dilecte,
Si non capis hoc perfecte,
Adsit fides, vis ne sectae
Falsae te seducat, recte
Huc caput inclinabis.

6. Et ut exemplificari
Plusque possint informari
Ad credendum in hoc cari,
Quaedam dement enarrari,
Hunc panem adorabis.

7. Rivus quidam, ut narratur,
Istud mirum operatur,
Qui, si lignum imponatur,
Jam in saxum transmutatur,
Huc digne reclinabis.

8. Dicit etiam scriptura,
Vini lymphae quod natura
Fuit data, quod statura
Conjux Loth mutata dura,
Hunc panem adorabis.

9. Vacillare nec in pane
Ergo debes, qui tam mane
Erit caro sicut sane
Verba dixerit nec vane
Sacerdos, inclinabis.

10. Sibi Christus cum donare
Pius voluit, quod arae
Panem potest transmutare
Sic in Dei carnem, quare
. Hunc summe adorabis.

11. O prae digna Dei caro,
Panis vive, fac ne pharo
Nos seducat cum avaro,
Sed jungamur coetu caro,
Hunc digne reclinabis.

12. Quo dulcissimum solamen
Habeamus nec gravamen
Quod concedat Deus. Amen;
Ergo reclinando flamen
Hunc plene adorabis.

Fol. 125 a. — 3, 2 Sit ni praesit Hs.

26.

De S. Johanne Evangelista.

1. In Johannis solemnio
Fidelis psallat concio
Exsultans cordis jubilo,
Quem sibi rex altissimus
Adscivit specialius
Suo cubantem gremio.

2. Hic est ille discipulus,
Cujus cor, mens et oculus
In amatum traducitur,
Et secretis coelestibus
Prae ceteris mortalibus
Perfectius imbuitur.

3. Thesaurum sapientiae
Sparsit natis ecclesiae
Dispensator mellifluus,
Quem mira plenitudine
Hausit in lucis lumine
Contemplator praecipuus.

4. Cibi coelestis dapifer,
Archani Christi signifer
Deliciatur plenius,
Trinitatis triclinium
Et unitatis solium
Pandit prae cunctis altius.

5. Vires transcendit hominis
Loquens de verbo luminis,
Quod erat in principio,
Si tonuisset altius,
Non haberet ulterius
Locum vagandi ratio.

Fol. 158 a.

6. Coaequari quis audeat
Huic, quem sic, donec venerat,
Christus manere voluit,
Qui, dum matrem assumeret,
Discipulum relinquere
Hic in terris non debuit.

7. Fervens exivit oleum,
Virus degustat horridum
Fultus auctore fidei,
Hoc exstinctus condoluit
Quos mox vitae restituit
Nomen invocando Dei.

8. O Johannis amabilis,
Qui conregnas coelicolis,
Trahe nos de miseria,
Nostras voces harmoniae
Jungas coelestis patriae,
Ubi laus · est et gloria.

27.

De sanctis Virginibus.

1. Mater regis omnium,
Regina coelorum,
Quae summum auxilium
Es Christianorum,
Placa, rosa primula,
Cum dilecta Ursula
Pinnosaque et Cordula
Coelestem sophiam.

2. Adsit cum Constantia
Sancta Florentina,
Verena, Concordia,
Babila, Walbina,
Sigilindis, Theumata,
Sechia et Cleumata
Praestent per sua merita
Coeli melodiam.

3. Praesto sint Scholastica,
Agnes, Katharina,
Margaretha, Barbara,
Agatha, Christina,
Gertrudis, Caecilia,
Sanctaque Odilia
Demonstrent prece sedula
Summae pacis viam.

4. Lucia, Eufemia,
Tecla, Petronilla,
Adsint cum Eugenia,
Prisca, Domitilla,
Juliana, Daria,
Dorothea, Brigida,
Virginumque millia
Et sternant Goliam.

5. Sint cum Theodosia
   Praesens Euphrosyna,
Agape, Chionia,
   Irene, Martina,
Walburgis, Eulalia,
Columba, Euphrasia,
Quarum det Deus gratia
   Summam theoriam.

6. Dum Christus advenerit,
   Virginum amator,
Et cum judex sederit
   Agnus speculator,
Mariam cum omnibus
Justis et virginibus
Nobis esse deposcimus
   Advocatam piam.

7. R. Gaudeamus pariter,
   Cantemus solemniter,
   Collaudemus jugiter
   Virginem Mariam.

Fol. 163 b. — 2, 3 Constantia. — R. nach jeder Strophe als Rundreim wiederholt. — Das Lied gehört inhaltlich zu den vorhergehenden.

Cantiones Vissegradenses.

—————

De S. Anna.

1. Felix Sion filia
   De stirpe Judaea,
   Anna, mater Mariae,
   Prodiit ad gaudia
   Coelestis militiae.

2. Joachim copulata
   Matrona beata
   Profert mundo filiam,
   Ante nec port aliam,
   Christi matrem Mariam.

3. Juncta viris aliis
   Deicae sobolis
   Exstitit mater pia,
   Nobis ferens gaudia
   De tanta prosapia.

4. Cleopham cum Salome
   Sumis pro conjuge,
   Binas gignis Marias,
   Sorores eximias,
   Creatori caras.

5. Primaeva sed posteras
   Praecessit haec duas
   Ut rosa inter spinas
   Fructu nobilissimo
   Mundoque inaudito.

6. Altera profert prolem
   Jacobum minorem
   Joseph justum patiens,
   Simonem Judam jungens
   Grates deo ferens.

7. Trina producit prolem
   Jacobum majorem
   Et Johannem aquilam,
   Cognoscens matrem illam
   Amicam summe caram.

8. De quarum progenie
   Laetemur hodie
   Laudes dantes Domino,
   Ut nos de exilio
   Societ regno suo.

9. Servulos exiguos
   Rogat innocuos
   Prolem ut agnoscamus,
   Fructum vitae sumamus
   In aeternum vivamus.

W. — Mel. offenbar Ave hierarchia.

2.

De S. Dorothea.

1. Ave virgo gratiosa,
   Super omnes speciosa,
   Virgoque tenerrima,
   Dorothea gloriosa,
   Es de stirpe generosa
   Sed fide pulcherrima.

2. Dominus te ad amavit,
   Ideo et praedotavit
   Benedicto nomine,
   Dum te sanctam dedicavit
   Dorotheamque vocavit
   In baptismi flumine.

3. Ut in scriba ostendisti
   Theophilo, dum misisti
     Poma tu cum rosulis,
   Dum per portam deduceris,
   Capite ut plectereris,
     De sponsi tunc hortulis.

4. Dum ad locum tu venisti
   Passionis, petiisti
     Tuis pro fidelibus,
   Ut hi omnes salvarentur,
   A poenis eruerentur
     Tantisque criminibus.

5. In fine contritionem
   Culparum remissionem,
     Haec, o beatissima,
   Nobis tu in fine dona,
   Dorothea virgo bona,
     Nostra dilectissima.

6. Eja virgo gloriosa,
   Dorothea, vernans rosa,
     Praecordialissima,
   Nostri cordis tu electa,
   Ac prae multis praeelecta
     Atque amantissima.

7. Nostram vitam nunc mundare
   Tua virtute dignare
     Cunctis a piaculis
   Atque cunctis a peccatis,
   Die noctu perpetratis
     Et enormis maculis.

8. Ut post finem hujus vitae
   Psallentes laudemus rite
     Christum, sponsum virginum,
   Sequentes El genitricem,
   Peccatorum adjutricem,
     Matrem regis omnium.

W mit Mel. Str. 1 ist die Ordnung der Verse verkehrt, indem die Hs
die erste und zweite Zeile an die 4. und 5. Stelle setzt; doch hat Ave virgo
die Initiale. — 2, 1 amavit Hs. — 3, 2 Theophilum Hs. — 5, 4 tuae st.
tu Hs. — 7, 6 enormis [sic!]

3.

Cantio de Domina.

1. Mundi lux volubilis
   Sed inexstinguibilis,
     Abigail, placatrix,
   Adonai filia,
   Sunanitis regia,
     Tu plebis, Ruth, amatrix.

2. Fortis Judith diceris,
   Hester pulchra nosceris,
     Coelestis paradisus,

Vere tu dulcoris mel,
Nesciens peccati fel,
  Tu mons es non incisus.

3. Cella es vinaria,
   Vincens pigmentaria,
     Tu thronus Salomonis,
   Virga Jesse fiorida,
   Rore coeli madida,
     Tu vellus Gedeonis.

4. R⁰ Suavitatis balsamus,
   Castitatis thalamus,
   Botrus Cypri, calamus.

W mit Mel. — 2, 6 Tu mons es non incisus wohl aus Missverstand des
„Libanusque non incisus", wo die Libanstaude gemeint ist.

4.

De corpore Christi.

1. Vere cerno dominum,
   Salvatorem omnium,
     Fide complectendo.

2. Natus Dei unicus,
   Passusque, crucifixus,
     [Natus] ex Maria.

3. Ejusdemque usiae
   Cum flato, deo patre,
   Non divisum a se.

4. Sola fide creditur,
   Esse nam variatur,
   Tegitur epitheto.

5. Laudes cano domino,
   Qui nec pane nec vino
   Satiat fideles.

6. Qui sola dulcedine,
   Panis imo munere
   Certificat nos Jesus.

7. Hoc corpus cum dicitur,
   Vere tunc efficitur
   Suo in esse Christus.

8. Veni amantissime,
   O Jesu dulcissime,
   Da te digne praelibare.

9. Sacrum corpus et sanguinem
   Theos hic te hominem
   Credo venerari.

10. Cor contritum humile
    Flecto tibi poplice,
    Miserere mei.

11. En gemens ingemisco
    Zeloque zelotisco,
    Te digne manducare.

12. Rabbi o sanctissime,
    Precor te, me non sine
    Post esum dominari.

13. Vates heri comites,
    Apostoli, matyres,
    Succurrite misero.

W mit Mel. — Als R⁰ sind bezeichnet Str. 2, 4, 8, 13.

5.
De S. Dorothea.

1. Dorotheae festo
   Congaudete,
   Corde namque praesto
   Christo psallite.

2. Virginem Mariam
   Collaudate,
   Eique laudes
   Decantate.

3. Theodoro patre
   Nata virgo tenella,
   Atque Thea matre
   Procreata.

4. A quodam episcopo
   Baptizata,
   Sponsoque suo
   Sociata.

5. Fabricius, praeses
   Regni illius,
   Est amore virginis
   Stimulatus.

6. Eique pro dote
   Spondens clare
   Divitias regni
   Adamare.

7. Fabricius sedens
   In palatio,
   Theophilus scribens
   Privilegio.

8. Sportulam cum rosis
   Tibi dabo,
   Filio Mariae
   Sociabo.

W. — 5, 3 a morte virginis Hs.

6.
De B. V. Maria.

1. Salve mundi gloria,
   Regina coelorum,
   Sanctorum laetitia,
   Vita beatorum.

2. Dulcedo munditiae,
   Decus angelorum,
   Reparatrix gratiae,
   Spes desperatorum.

3. Ad te clamant filii
   Evae matris flentes,
   Mater veri lilii,
   Respice gementes.

4. Suspiramus, genitrix,
   Ad te, salvatoris,
   Nobis ut sis adjutrix
   In valle laboris.

5. Pietatis oculos
   Super nos inclina,
   Peccatorum loculos
   Solvere festina.

6. Nostrum monstra praemium,
   Fructum ventris tui,
   Benedictum filium,
   Quo possimus frui.

7. Cum aeterno Domino,
   O clemens, o pia,
   Absque ullo termino,
   O dulcis Maria.

W. — Poetische Umschreibung des Salve regina.

7.

De S. Jacobo.

1. Jam cuncti psallite,
   Mentes attollite
     Cordis cum jubilo,
   A malis pergite,
   Ad Christum venite,
     Omnes pro clamate:

2. Care apostole
   Fraterque Domini,
     Nos per tua merita,
   O sancte Jacobe,
   Da tecum vivere
     In summo aethere.

3. Omnes in visere
   Te poscentes vere
     Velis, diligere,
   Bonarges diceris
   Nate Zebedei
     Dona nos Domine.

4. Visita propere
   In gemitus valle
     Nos tuo foedere,
   Sancte Christophore,
   Fac nos in opere
     In Christo vivere.

W. — Str. 2 ist als R⁰ bezeichnet und steht zwischen 1, 3 u. 1, 4. —
Christoph und Jacob treffen auf einen Tag. Daher ihre häufige Verbindung
in einem Liede.

8.

De corpore Christi.

1. Mundo Deus nunc illustra
     Robur fidei
   Comminuent quod non frustra
     Hoc Philistaei
   Hostes tui gregis,
   Damnatores legis
     Per te traditae:
   Quotiens feceritis
   Et manducaveritis
     Fit mis in memoria.

2. Auscultetur Jesu Christi
     Haec traditio,
   Subdita sit verbo isti
     Omnis natio:
   Qui manducat panem,
   Legem implet, tamen
     Recto tramite
   Qui et bibit merum,
   Cernet Deum verum
     In coelestibus.

3. In figuris hoc praecessit,
    Dum a patribus
Manna Dei non discessit
    Sed et matribus
Panem Deus dedit,
Homo tunc comedit
    Panem angelorum,
Vi sua Hebraeis
Terra dedit eis
    Post maris transitum.

W. Leich, wenn man will, mit doppeltem Abgesang. — 1. 8—10 steht in der Hs. nach 3, 10, wo es sowohl die Ordnung des Versmasses als den Sinn stört. An seiner jetzigen Stelle füllt es eine sonst unbegreifliche Lücke aus.

9.
De B. V. Maria.

1. Imperatrix egregia,
    Salus humanitatis,
Pauperum suffragia,
    Secretum deitatis,
Splendor aeternae majestatis
Atque divinitatis,
    Plena vere deliciis.

2. Tu sceptrum regis gloriae,
    Potestas summi Dei,
O virgo sapientiae
    Et miserorum spei,
Spes infirmorum cum beatis,
Dulcedo pietatis,
    Agonizantes respice.

3. Memento nostri, quaesumus,
    Praeelecta satiata,
Ut tuus unigenitus
    Dimittat nunc peccata,
Ut in extremis nostris jugiter
Collocet in solatio
    Coelesti aeternaliter.

W. Regelmässiger Leich.

10.
Item de B. V. M.

1. En positive collaudo te for,
    Quod sis tota pulchra, dia,
    Dulcis, mitis, rutilans, pia.

2. Comparative collaudo te for,
    Quod sis sole splendidior,
    Astris coeli perspicatior.

3. Superlative nunc laudo te for,
    Quod sis matrum uberrima,
    Puellarumque pulcherrima.

4. O sancta, sanctior, sanctissima,
    Sub tuo gradu dignissima,
    Juva mundum perfectissima.

W. N. — Dies Gedicht befindet sich auch in der Wittingauer Hs. A 4 (N), war mir aber bei der schrecklichen Schrift des Crux von Telcz nicht entzifferbar; jetzt da zwei Handschriften fast wörtlich übereinstimmen, kann ich nicht länger zweifeln. — Str. 4 als R⁰ bezeichnet in W, als V. in N. — Nach Str. 1 O, virgo Maria W N, vielleicht war dies der Refrain. — 2, 1 Commendabo te for N. — 3, 1 nunc laudabo te for N. — 4, 3 persanctissima W. — 4, 2 ist sub, 4, 3 per überzählig, da aber beide Hs. sie haben, belasse ich sie.

11.

De Annuntiatione. B. V. M.

1. Jam praestolantes gloriam,
   Victoriam,
   Surgite,
   Clara dies illuxit,
   Atram noctem obstruxit,
   Et nebula propellitur,
   Et umbra terrestris.

2. Nam mystice quem ceperit,
   Hunc peperit
   Maria,
   Coelorum verum lumen,
   En pneumatis per numen,
   Cui dixit Gabriel,
   Angelus coelestis:

3. O, virgo venerabilis,
   Laudabilis
   Regina,
   De stirpe David orta,
   Tu vera coeli porta,
   Cunctis te laudantibus
   Precibus praecelsis.

4. Trinitatis triclinium,
   Tu filium
   Vestisti
   Carne, patri obediens,
   Paraclito consentiens
   Per aeterna saecula.

5. R. Ave, ave, gratia plena,
   Dominus tecum,
   Concipies et paries
   Verbum patris altissimi;
   Et verbum caro factum est,
   Nobisum est,
   Et manet in aeternum.

W. — Str. 5 steht als R⁰ (Refrain) an zweiter Stelle.

12.

Ad Christum.

1. Modulizemus omnes
   Corde, voce, ore,
   Concrepantes in laudem
   Discanto et tenore
   In laudem salvatoris,
   Nostri redemptoris,
   Jubilose dicentes
   Cuncti Alleluja.

2. Qui sanctis suis dedit
   Regna debellare,
   Sui corporis flammas
   Mire suffocare,
   Acherontem superbum
   Dedit conculcare,
   Ex hinc sit illi laus
   Virtus et gloria.

3. Jam ergo imploremus
   Ejus clementiam,
   Nobis ut concedat
   Talem victoriam,
   Mundique furibundi
   Spernamus gloriam,
   Hostemque devastemus,
   Laudes Christo demus.

W. — Str. 2 vgl. man in Band I., Nr. 93. d. 117.

13.
De Assumptione B. M. V.

1. Virgo prudens graditur
Sidereos thronos,
In omnes extollitur
Angelicos choros.
2. Omni plena gratia,
Scatens fons dulcoris,
Et coeli militia
Praedulci canore.
3. Te praelatam sedibus
Coelicis resultat,
Haec unde plebs laudibus
In terris exsultat.

4. Maria nos precibus
Tuis exauditos
Deus purget faecibus
Pellens pravos ritus.
5. Natus matrem praetuli
Omnibus electis,
Regnum ei contulit
Paratum dilectis.
6. Praebens ei thalamum
Coeli aeviternum,
Unde cepit hominem
Deus sempiternum.

W mit Mel. — 4, 3 pulset Hs. — 5, 1 pertulit Hs.

14.
De adventu D. N.

1. In hoc festo Domino
Omnes cum tripudio
Odas resonemus,
Quem non sinit canere,
Miro cantu colere
Ordo supernorum.
2. Quem non cessat dicere
Et ore praedicere
Cetus logicorum,
Ens supremum entium,
Rerum atque gentium,
Creator coelorum.
3. Puerum artificio.
Quod non capit ratio,
Mire ordinavit,

Ex patris consilio,
Mystico officio
Verbum incarnavit.
4. Tremens virgo percipit,
Paranymphi suscipit
Cum pudore sonum,
Regem regum concipit,
Mox gravari incipit
Regina coelorum.
5. Verna cohors coelica
Laudat, dos angelica
Infantulum natum,
Stupet ars jam physica
Cernens tam mirifica,
Deum humanatum.

6. R⁰ Qui de suo solio
Pro nostro subsidio
Luxitque in saeculo.

W. mit Mel. — Str. 6 als R⁰ (Rundreim) nach 1, 3 Hs.

15.
De corpore Christi.

1. Ut igitur plenitudo
Venit temporis,
Virginis mansionem
Accepit corporis
Dei unigenitus,
Legi plene subditus,
Ut hanc redimeret.

Virtus patris flaminisque
Rosae jungitur,
Lilium ex rosa miro
Modo gignitur,
Dominus Emanuel,
Quem praedixit Gabriel,
Matris in utero

Latet, ut sub herba,
Sanguis dum per verba
  Formatur rite.
Eja jubilantes,
Matrem venerantes,
  Nato concinite.

2. Liquor rubens Christi fusus
  Fit ex latere,
Haereticusque praecisus
  Nequit accedere,
Nam Christus in coena
Turba duodena
  Dum conquiesceret,

Ex hoc divo pane vino
  Sumpto munere,
Apostolis vere solis
  Tunc porrigere
Voluit, pane fracto,
Calice benedicto
  Dicens his: Sumite.
Grex quibus committitur,
Caro sanguis traditur
  Sub bina specie,
Res bene exprimitur,
Corpus panis dicitur,
  Vinum in sanguine.

3. Ait Jesus: corpus meum
  Hoc commedite,
Sanguis meus hic, ex eo
  Omnes bibite.
In memoriam, retulit,
Quorum unum repulit,
  Judam nomine.
Discessurus facta coena
  Ab apostolis,
Quo ordine sit sumendus
  A discipulis,
Jesus non instituit,
Ecclesiam voluit,
  Haec discernere.
Vis audi attentuis,
Haec refert Augustinus
  In suo opere
Sic sumat communitas
Sanctorum auctoritas
  Sub una specie.

W. N. — Dieser äusserst künstliche Leich — denn auch die einzelnen Stollen sind nach dem Gesetze der Dreiteiligkeit aufgebaut — befindet sich auch in der Wittingauer Handschrift A 4 (N), an deren Hand allein mir die Entwirrung des Knäuls nicht gelingen wollte; jetzt ist sie gelungen durch Umstellung von nur 3 Zeilen: 1, 18—20 stehen hinter 1, 7 WN. — 2, 20 sanguinem W. — 3, 1 Et distribuas N. — 3, 1½ Haec distinguere N. — 3, 20 Sub bina specie W, ganz gegen den Sinn. W ist also ein husitisches Kantional. — Die Mel. des Liedes in N.

16.
De B. V. Maria.

1. Hymnizemus Christo regi,
  Venerantes matrem Dei
  Omnes cum jubilo,
  Canamus Jesu domino.

2. Annunciantes gaudium,
  Quod est sibi datum per angelum,
  Castae matri Dei,
  Omnium nostrum spei.

3. Concrepemus ergo dulciter,
' Quae nos juvat misericorditer,
Pia virgo Christi
Genitrix filii Dei.

4. Omnibus nobis ora dominum
Jesum Christum, filium tuum,
Ut nobis indulgeat,
Crimen nostrum deleat.

5. Bonum finem dignetur praestare,
In futuro nos praemiare,
Ducens ad patriam,
Angelorum curiam.

6. Ubi sempiterna laetitia
Absque omni tristitia,
Ibi nos collocet,
Ubi ipse manet.

7. Sit laus trinitati aeternae,
Gloriosae virgini Mariae,
Cunctis apostolis,
Omnibus coelorum turmis.

W. — Verwildertes Versmass.

17.

De Sancto Spiritu.

1. Donum patris et filii,
Spiritus, dux consilii,

2. Discipulis apparuit,
Lignis igneis claruit.

3. Corda fecit flammantia
Paraclitum amantia.

4. Haec paterno solamine
Solatur sacro flamine.

5. Foris atque interius
Expiat nostrum facinus.

6. Ergo nos cum tripudio
Benedicamus Domino.

W. — Ruf.

18.

De S. Elisabeth.

1. Elisabeth beatae
Vocis amoenitate
 Festum celebremus,
A primaeva aetate
Morum varietate
 Eam collaudemus.

2. Sub veste pretiosa
Matrona speciosa
 Tulit cibaria,
Es fidei zelatix,
Pauperum consolatrix,
 Mater fidelium.

3. De ramis regum nata,
Juste vere vocata
 Dei saturitas,
Vere sidus praeclarum,
A sole differs parum,
 Luna lucidius.

W an zwei Stellen A und B. — 1, 1 praegrata[e] A. — 1, 3 Eam collaudemus A. — 1, 6 Festa celebremus A. — 1, 4—6 hinter Str. 2 B.

19.
De S. Dorothea.

1. Gratulemur in hoc festo Do-
    mino
   Corde laetabundo,
   Voce resonemus,
   Eja concinendo.

2. Salve, virgo virtuosa, nobilis,
   Christo desponsabilis,
   Rosa Dorothea
   Vernans, laudabilis.

3. Christi felix virgula, Dorothea
   Nostra modulamina
   Audi atque cuncta
   Terge peccamicia.

4. Procedens ex nobili prosapia
   Theodori filia
   Vicit Fabricium
   Atque daemonia.

5. Margarita inventa egregia,
   Intrans viridaria
   Rosas paradisi
   Legat terrestria.

6. Veni, veni, veni, electa mea
   Columba, Dorothea,
   Veni, dilecta mea,
   De mundi morphea.

7. Mox mucrone plectebatur ca-
    pite,
   Adsunt turbae coelicae
   Simul resonantes
   Ingenti neumate.

8. Cum sporta Theophilo notario
   De ·coeli sacrario
   Missus indumento
   Multifario.

9. Tandemque rogavit flexis geni-
    bus
   Pro famulis omnibus
   Ejus memoriam
   Digne recolentibus.

10. Detulerunt dulcem Christi fa-
     mulam
    Ad coelestem gloriam,
    Gaudet in amoenis
    Coeli coronata.

11. Inclita in Rama vox exauditur
    Et promittitur,
    Atque statim sonus
    De coelo auditur.

12. Uni trino sempiterno Domino
    Patri atque filio,
    Spiritui sancto
    Benedicanus Domino.

13. R. Dulcis florum flos
    Exaudi nos.

W. — 13 steht als R (Rundreim) hinter Str. 2. Hs.

20.
De SS. Trinitate.

1. Dies est laetitiae
    Infesto regali,
   Hinc laudemus hodie
    Laude speciali,
   Cui canunt omnia,
   In coelesti curia
    Angeli dicentes:
   In excelsis gloria
   Deo, pax et in terra,
    Simul congaudentes.

2. Te laudamus Domine
    Nunc benedicentes,
   Et oramus hodie
    Te glorificantes,
   Qui creasti omnia,
   Coelum, terram, sidera
    Hisque dominaris,
   Et sunt tibi subdita
   Omnia viventia
    Et potestas maris.

3. Deus rex altissime,
   Pater nominatus,
   Fili unigenite,
   Sacer atque flatus,
   Tria habens nomina,
   Unus in substantia,
   Trinus in personis,
   Eras ante saecula,
   Tibi canunt omnia
   Laudes novis sonis.

4. Agnus Dei diceris,
   Tollens mundi scelus
   Succurre nunc miseris,
   Ut tibi cantemus,
   Trino, uni Domino,
   Semper sine termino
   Tecum gloriantes,
   Laudes cum tripudio
   Novas, et cum gaudio
   Sanctum te dicentes.

W. — Offenbar auf die Mel. des Weihnachtsliedes gleichen Anfangs. —
1, 10 congaudemus Hs.

21.

De nativitate Christi.

1. Vile tangit praesepium
   Veniens ab aethere Deus omnium.

2. Summus fecit se infimum
   Pro salute certe hominum.

3. Nata patrem jam genuit,
   Hominem ecce Deus induit.

4. Haec inviolata peperit
   Et post partum virgo permansit.

5. Ergo nostra concio,
   Omni semper plena gaudio,

6. Simul psallens cum tripudio
   Benedicat nato filio.

W. — Ein Ruf von höchst verwildertem Versmasse.

22.

In prima missa neomystae.

1. Solemnizemus hodie,
   Dies venit laetitiae,
   Jubilemus pariter,
   Cantantes suaviter
   Vocibus jucundis.

   Sacerdotes, plaudite,
   In missa hujus athletae,
   Qui creatus hodie
   Creat regem gloriae
   Ex figura panis.

   Jesum tractat et mactat
   Agnum, ut nostrae tergat
   Facinora plebis.

2. Clamat cum tripudio,
   Alludens Dei filio,
   Praecatur suppliciter,
   Postulat hilariter,
   Reatum deleri.

   Hic est cui dictum est:
   Vas mihi electum est,
   Nomen ut portet meum,
   Praeferam ego eum
   Omni creaturae.

   Novum hunc ecclesiae
   Militem, prophetiae
   Dominus formavit.

3. Iste Dei famulus,
Regali veste indutus,
Rapiens justitiam
Contra eglon Goliam
Exit pugnaturus.

Coeli auctor graditur,
Per quem hostis rapitur,
Ne praesumat fallere,
Sed post eum abire
Studeat confusus.

O genitrix plasmatis,
Laetare cum beatis,
Quae hunc genuisti.

4. Lux oritur populis
Stantibus in tenebris,
Gloria in excelsis,
Angeli tuis mammis
Cantant incessanter.

Ave germen gratiae,
Tu decus ecclesiae,
Hanc catervam protege
Coram coelesti rege,
Petimus gratanter.

Omni genti solamen,
Clero det relevamen,
Jam dicamus Amen.

W. — Mel. Salve regina gloriae. — 3, 4 galeam Hs.

23.
De S. Dorothea.

1. Puellulae amabilis,
Dorotheae laudabilis,
Coetus laetus personet
Odas dulciter.

2. Equulei gravamina
Coram gente Jebuzea,
Flamnarum uramina
Victit fortiter.

3. Theophilo notario
De coeli sacrario
Mense Februario
Mittit coelitus

4. Rosarum flores cum pomis,
Veri sponsa Salomonis
His compos rationis
Clamat divinitus:

5. Venustus dei genitus
Gentilium funditus
Contrivit daemonia
Sua gratia.

6. Suam necem colentibus
Piis orat fletibus,
Supernorum dominus
Ut det gratiam.

7. Ovans ovem in aethere
Nos jungat coeli curiae
Pio oramine.

W. — Str. 7 steht als R. (Rundreim) hinter Str. 2.

24.
Item de S. Dorothea.

1. Deum coeli collaudemus
Virginum cum agmine,
Omnes simul decantemus
Laeto modulamine.

Regina decora,
Puella nobilis,
Dorothea cara
Et amabilis,
Regum orta genere.

2. O dulcedo pietatis,
Rex coelorum domine,
Temporibus qui mutatis
Reples terram germine.

Hoc invisum facto,
Februario
Rosae dum mittuntur
A te notario
Datae pro praemio.

3. Eja virgo, martyr Dei,
   Ora Christum Dominum,

Adinventrix sanctae spei,
Lactum optans terminum.

Adsis in extremis
Jesu per juvamen,
Amovendo fortiter
Hostium examen
Tecumque laetemur. Amen.

W. — Leich, dessen Abgesänge sehr nachlässig skandiert erscheinen.
1, 5 Regulam te chorum puella nobili Hs. — 2, 9 Puellae datae etc. Hs. —
3, 3 Adinventrix sis Hs.

25.

De S. Nicolao.

1. Novus praesul prodiit,
   In quo virtus claruit,
     Immensae largitatis,
   Gaudium patri intulit,
   Dum stuprum prohibuit
     Truim puellarum.

2. Mira res navi agitur,
   Tamen aurum projicitur
     In aedem paupertatis,
   Licet tener infantia
   Tamen digna prudentia
     Se in hoc occultavit.

W. — Mit der Bemerkung „Canitur sicut novus annus."

26.

De nativitate D. N.

1. Instat tempus gratiae,
   Ut nos pia facie
     Respexit ab alto.

Summipotens solio
Misso suo filio
  Terrarum ab alto,
Hostis ut terret jacula.

2. At magis sol claruit,
   Trinus nam apparuit
     Orto novo sole,

Numen Romae corruit
Falsum, dum refloruit
  Deus sua prole,
Nulla linquens oracula.

3. Et Romae fons manavit,
   Lac mel ex se donavit
     Novum in hac die;

Sumus quidem fragiles
Et ad malum agiles,
  Te precamur, rex pie,
Ut nos purges a macula.

W. mit Mel. — Leich mit einzeiligen Abgesängen; sie sind ausdrücklich
mit R⁰ bezeichnet. — 1, 4 Summipotentes Hs. — 1, 5 Missus sui filio Hs.

27.

De incarnatione D. N.

1. Jam virtus almi numinis
   Aurem subintrans virginis
   Formam suscepit hominis,
   Carnis ferens vilia;
   Quam stupenda genitura,
   Contra morem in natura,
   Creatorem creatura,
   Patrem gignit filia.

2. Hostis serva vis tabescit,
   Mundus arens revirescit,
   Dum in alvo requirescit
   Verbi incarnatio.

Arcum promissi foederis
Ponit in nubes aetheris
Irae oblita veteris
Dei miseratio.

3. Abba, patris verbum missum,
   Reduc Petri rete scissum,
   Ne mergamur in abyssum
   Errantes per devià;
   Salva servos, stella maris,
   Verbo gignens, et cum paris,
   Persistis quae singularis
   Virgo plena gratia.

4. R. Praesta, pater, verbigene,
   Natus ex virgine,
   Solutos a crimine.

W. — Mit der Bemerkung: Canitur sicut „Patrata". — Str. 4 als R.
(Rundreim) hinter Str. 1 Hs. — 2, 1 vis calescit Hs. — 2, 3 Dum fehlt
Hs. — 2, 6 Ponitur Hs. Ibid. in nube sederis Hs. — 3, 1 Ebbi patris Hs.,
entweder wie oben zu korrigieren oder Aevi patris zu setzen.

28.

De nativitate D. N.

1. Jam caligo noctis
   In lucem vertitur,
   Nivibus defluxis
   Aestas egreditur.

2. Jam gignit sol solem
   Virgo beatissima,
   Mater electissima
   Divinam prolem.

3. Pavit virginali
   Lacte hunc dulciter,
   Cujus gubernamur
   Hic manu feliciter.

4. Hominibus miranda
   Vernalis conditio,
   Coeli gubernatio
   Depulit molem.

5. Dies nuntiavit
   Haec novaque gaudia,
   Christus emanavit
   Haec ab aula regia.

W. — Mit der Bemerkung: Canitur sicut „Ezechielis porta." — Str. 2
und 4 als R. bezeichnet. Am Schlusse Str. 2 zu wiederholen Hs.

29.

Item de Nativitate D. N.

1. Nobis est natus hodie
   De pura virgine
   Rex victoriae,

2. Ideo nos terrigenae
   Laudemus hodie
   Regem potentiae.

3. Cui sol et aethera
Luna et sidera
Vernant per tempora.

4. Ob hoc nunc pangamus
Ei omnes et singuli
Cum voce chorali.

5. Laudantes nostrum Dominum,
Mariae filium,
Regem humilium.

6. Ut dentur nobis praemia
Magnaque gaudia
In coeli curia.

7. Cui laus et gloria,
Honor, victoria,
Per cuncta saecula.

W.

30.

De novo episcopo.

1. Jam consurgunt pueri,
Surgunt et majores,
Qui nostri episcopi
Diligunt honores.

2. Quis est iste pontifex
Cujus honor crescit,
Et decoris quantitas
Detrimentum nescit?

3. Mater ejus merito
Debet congaudere,
Quod tam probum filium
Meruit habere.

W.

4. Noster est episcopus
Omni laude dignus,
Cum sua progenie
Largus et benignus.

5. Praesul venit, cedite,
Locum sibi date,
Et ejus vestigia
Pedum adorate.

6. R. Gaudeamus et psallamus
Novo praesuli,
Ad honorem et decorem
Nostri episcopi.

31.

De Nativitate D. N.

1. Nascitur de virgine
Sini viri semine,

2. Partus sine crimine
Verus sol justitiae.

3. Omnes mei socii
Gaudeant semper laeti.

W. — Ein Ruf.

4. Supplices puellulae,
Regi nostro psallite.

5. Ergo nostra concio,
Omni plena gaudio

6. De virgine genito,
Benedicat Domino.

32.

Item de Nativitate.

1. Nativitas pueruli,
Magni regis et parvuli
Nec non regis humilimi.

2. Illuxit gloriosior
Cunctisque gratiosior
Et semper amabilior.

11*

3. Quem mater virgo genuit,
Praesepi arcto condidit,
Manusque pedes ligavit,

4. In volutum panniculis
Ut lilium sub violis,
Nati tam pulcherrimi.

W. — Ein Ruf.

5. Qua vita mundi patuit,
Divinitus sic latuit
Et hominibus patuit.

6. Maria unigenito
Praesente isto parvulo
Benedicamus Domino.

33.

De corpore Christi.

1. Odas demus Christo regi,
Et omnes adhaerentes legi
Laetanter exsultent,
Christum Deum laudent,
Qui nos redemit.

2. Satiando sacro sanguine
Dignos locat in culmine,
Qui digni sunt coena
Ibunt ad amoena
Coeli curiae.

3. Qui manducat hoc mysterium,
Ne manducet hoc judicium
Mysterii tanti,
Christoque sic donanti
Utraque specie.

4. Mandatum est laico rustico
Sub praemio non modico:
Qui manducat panem
Et bibit sanguinem
Vivet in aeternum.

5. Approbatur sic traditio,
Exsultent in tanto gaudio,
Quod Christus instituit,
Solus se praebuit
Suis discipulis.

6. Miserere populo tuo Bohemico,
Ut gregem refove in gremio tuo,
Tu nos hic tuere,
Vitam possidere
Da coelesti patriae.

W. — Ein husitisches Lied (3, 5); da darf man kein allzufeines Versmass verlangen. — Nach Str. 4 „Auscultetur haec traditio, Subdita sit omnis natio," Hs.; überzählig und bereits Nr. 8, Str. 2.

34.

De nativitate D. N.

1. Ad honorem infantuli
Clangemus omnes singuli.

2. Stella solem protulit,
Sol salutem contulit.

3. Sine viri copula
Florem dedit virgula.

4. In praesepe ponitur
Et a brutis noscitur.

5. Ab angelis concinitur,
Gloria, pax dicitur.

6. Puer circumciditur,
Sanguis ejus funditur.

7. A pastoribus quaeritur,
Velo matris tegitur.

8. Hic vagit, plorat, regitur,
Nomen sibi imponitur.

9. In cujus natalitio,
Benedicanus Domino.

W. — Ein Ruf, der bereits Band I. Nr. 149 S. 153; hier aber in völlig abweichender Fassung.

35.
De nativitate Domini.

1. Pangat cohors jubilum
Almae virginis laudans filium
Ejus natalitium
Perstrependo cordi fidelium.
Tonantem in aethere,
O virgo Maria,
Clementem filium
Pro nobis implora.

2. Roga tu tis supplici,
Tibi concinunt tui servuli,
Ut possint beati
Regnum ingredi nati puelluli;
Summoque Domino
Sit laus cum filio
Sancto paraclito
Nunc et in saecula.

3. Chaos tunc propellitur,
Dum per virginem El gignitur,
O mira haec natio,
Angelica profert affatio.
Beata in filio,
Precare pro clero
Cunctoque populo
Orando pro eo.

4. In salutem gentium
Virgo peperit patrem filium,
Laudemus hunc hodie
Gratum natum ergo pro homine.
Clangentes symphonice
Sonemus lyrice,
Adventum mysticum
Colentes mystice.

Alma o Maria,
Pro nobis implora
Ut noster Dominus
Sanus revertatur.

W. — Regelrechter Leich, in der letzten Zeile mit doppeltem Abgesang. —
Wer dieser Dominus, der gesund heimkehren soll, ist, wird wohl aus der
Parallelstelle Band I. S. 19 klar sein.

36.
De B. V. Maria.

1. Perstrepet concentu
Gens fidelium,
Almae genitricis
Venerans filium.

2. Cujus genitura
Carnis frangit jura,
Praecellendo cunctos
Nostra in natura.

3. Virgo mater Christi,
Pro nobis implora,
Ut a nece tristi
Nos liberet ora.

4. Isaiae dictu
Nobis praecinuit
Johannes baptista,
Haec idem annuit.

5. Dum visitando
Matrem gravida
Salutat, quae ad eam inquit
Unde mihi hoc exstat,

6. Ut veniat mater
Domini haec ad me,
Nam exsultat infans
In utero meo.

7. Vale, inquit, mater
Exultative,
Nam vaticinaris
Angeli famine.

8. Christum gratum fatum,
Natum pro homine,
In mundum datum
Mystico spiramine.

W. — 2, 4 innata. Hs. — Str. 3 und 6 als R⁰. bezeichnet Hs.

37.

De resurrectione D. N.

1. Vita Christi resurgente
Humano generi
Laudes salvatori demus
Cum voce supplici,
Coelesti Messiae,
Christo jubilose.

Se ipsum exinanivit,
Ut nos liberaret
Relaxando, transgressorem
Sua morte stravit,
A nece perditis
Salutem paravit.

Panem et vinum obtulit,
Esse assignavit
Corpus proprium, divinum
In hoc demonstravit.
         Tropus.
Benedixit quoque fregit
Dedit et cibavit
Missos duodecim
Se Judas damnavit.

2. Discipulis pedes lavans
Summus Deus homo
Ultimatim discubuit
Volens vitam dare
Cunctis Christicolis,
Divina sacrare.

Vestivit caecos lumine,
Lepram tactu fugat,
Aquam vinei saporis
Nuptiis figurat,
Fluxum constrinxit,
Quina milia pavit.

Primo Mariae amanti,
Dehinc apostolis
Docens eos in scripturis
Clausis reseratis.
         Tropus.
Favent igitur Domino
Cuncta congaudere,
Flores et segetes
Fructu vernant suo.

3. Post haec mira miracula
Taliaque facta
Crucifigi non despexit
Sponte sua bona,
Mortem devastando
Et vitam parando.

Lucet clarius sol luna
Morte jam turbida,
Tellus, volucres nunc plaudent
Christo resurgenti,
Quae tremula ejus
Morte sunt casura.

Ergo die nunc jam isto
Omnes concinamus,
Quo nobis viam resurgens
Patefecit Jesus.
         Tropus.
Astra, sol, luna jucundentur,
Et cuncti laetentur
Chori spiritales
Deo decantantes.

W. — Künstlicher Leich, mit Stollen, Abgesang und Tropus.

38.

De scandalis.

1. Jesu Christe pie,
   Restaurator die.
   Nos pusillum gregem
   Doce tuam legem.
   Alleluja.

2. Morte surgis victa,
   Nostra tu delicta
   Veram dona vitam,
   Et hanc stabilitam.
   Alleluja.

3. Gens dira surrexit,
   Scandala contexit,
   Sacrilega tota
   In praeceps ut rota
   Volutatur.

4. Ad nefas ah prona
   Tartarea zona,
   Immemor salutis,
   Proditrix virtutis,
   Baratratur.

5. Res est inaudita
   Nunc, post atque retro,
   Prava nec finita
   Hoc tempore tetro
   Glomeratur.

6. Ursis tantis dolis
   Hujus nequam orbis,
   Et sub globo solis
   Tam nefandis morbis
   Dum rotatur.

7. Laus patri creanti,
   Nato restauranti,
   Amborum spiranti,
   Per saecula regnanti.
   Alleluja.

W mit Mel., welche die des Liedes Deus omnipotens (Buoh vsemohouci) ist.

39.

De Nativitate D. N.

1. Vile tangit praesepium
   Veniens aethere rex omnium.

2. In salutem jam gentium
   Peperit virgo filium.

3. Nata patrem sic genuit.
   Hominem ecce Deus induit.

4. Vis naturae obstupuit,
   Ratio certans occubuit.

5. Tectus armis Deus talibus
   Spiculis obstat hostilibus.

6. Propugnando nobis omnibus
   Nece necta reviviscentibus.

7. Hinc senes atque parvuli,
   In unum omnes populi,

8. Laudes matris infantuli
   Resonent in saeculum saeculi.

9. Plaudentes cum tripudio
   Jubilo mentis amoenissimo.

10. Hoc salutis in exordio
    Benedicamus Domino.

W. — Eine zweite, durchaus verschiedene Lesart des schon oben mitgeteilten Rufes.

40.

Oratio dominica.

1. Pater. creator
   divinissime.
   Noster amater
   zelantissime,

2. Qui es in coelis
   In omni gloria,
   Miserere filiis
   In hac miseria.

3. Sanctificetur
   In nostris cordibus
   Nomen Jesu Christi
   Cum charismatibus.

4. Et regnet in nobis
   Deus optimus,
   Non caro, non mundus
   Non diabolus.

5. Fiat voluntas
   Tua regia
   Semper in nobis
   Abs renitentia.

6. Sicut est in coelis
   In omni gloria,
   Sic fiat in terris
   Pro tua gratia.

7. Panem divinum
   Semper nobis da,
   Christum benedictum
   Cum affluentia.

8. Et dimitte debita
   Licet maxima,
   Supra modum gravia
   Licet et plurima.

9. Sicut nos dimittimus
   debitoribus
   Condonando omnibus
   Culpas ex cordibus.

10. Et ne nos inducas
    In hostis laqueum,
    Sed demonstra quodlibit
    sathanae conatum. .

11. Libera, salvator
    Clementissime,
    Nos a malis omnibus
    In tuo nomine.

12. Amen dicamus
    Omnes pariter,
    Ut nobis relaxet
    Culpas benigniter.

W. — Poetische Umschreibung des Pater noster. — 5, 2 Tua regere Hs.

41.

De B. V. Maria.

1. In laudem matris piae,
   Genitricis Mariae,
   Decantet virginum
   Chorus et angelorum,
   Agmina beatorum
   Coetusque hominum.
   Vates praenuntiavit
   Sacro spiramine,
   Rubus ardens monstravit,
   Virga frondens formavit
   Flore cum germine.
   Puellam fecundavit
   Non viri semine,
   Sanctus sed obumbravit
   Spiritus, impregnavit
   Divino flamine.

2. Rex per portam transivit,
   Ezechiel ut vidit,
   Clausaque permansit.
   Post partum nato prole
   Virginitatis fiore
   Manente pertransit.
   Puella generavit
   Castis visceribus
   Regem, solum creavit,
   Polum qui adornavit
   Claris sideribus.
   Angelus nuntiavit
   Palam pastoribus,
   Exercitus laudavit
   Dominumque donavit
   Pacem hominibus.

3. Stella ducatum praestat,
   Filium virgo gestat
   Domus in stabulo,

Magus munera defert,
Aurum, thus, myrrham offert
  Regi infantulo.

Praesepi reclinatur,
  Qui coeli solio
Residet, dominatur,
A cunctis adoratur,
  Potens dominio.

Virginem salutemus
  In puerperio,
Natum regem laudemus,
Ut b e n e conregnemus
  D i c a m u s Domino.

Den Liedern der Wišehrader Handschrift füge ich noch diesen Leich
mit doppeltem Abgesange bei; er befindet sich in der Prager Hs. XIII. E
11, einem Brevier der Franciskanerinnen in Krumau vom Jahre 1366. Dort
hat ihn eine Hand des 14. Jahrh. auf eine leere Seite eingetragen.

Inhalts-Verzeichnis.*)

*) Mit liegender Schrift sind die Anfänge jener Lieder gegeben, die hier nicht zum ersten Male zum Abdrucke gelangen; der Asteriskus bezeichnet diejenigen, deren Melodie entziffert wurde.

Nachträge und Berichtigungen.

1. Ein höchst unliebsamer Druckfehler, den ich an Ort und Stelle zu verbessern bitte, ist S. 110 während der Korrekturen eingeschlichen und leider erst entdeckt worden, als Abhülfe nicht mehr möglich. Die letzte Note des letzten Systems darf nämlich nicht f, sondern muss d sein; also:

2. Die vier S. 103 u. f. faksimilierten Melodien sind von A n g e r e r und G ö s c h l in Wien phototypisch vom Originale selbst hergestellt. Diese Methode, welche eine genauere Wiedergabe namentlich der Schrift ermöglicht, hat aber rücksichtlich der Noten den Nachteil, das kleine Unsauberkeiten des Pergaments oder der Schrift, die am Originale Niemand für Notenzeichen zu halten versucht ist, sich so verstärken, wie z. B. S. 104 zu sehen. Der Kenner wird auch hier die Neumenpunkte von jenen andern leicht unterscheiden; für Ungeübtere schien es mir rätlich, durch Vorstehendes einer Verwechslung vorzubeugen.

3. Die Melodien der drei vorletzten S. 15 aufgeführten Lieder sind unentzifferbar, da der Raum zwischen den Zeilen für den Neumator zu enge bemessen war. Die Melodie des letzten Liedes schien mir ohne Interesse zu sein.

4. Von dem Cantionale Vissegradense befinden sich zwei Faksimilien in F. X. Haberls Kirchenmusikal. Jahrbuch für 1888 S. 30 und 31.

5. In letzter Stunde stofse ich in Notenhandschriften des 15. Jahrhunderts auf die Melodie Nr. XIV des Hymnars von Moissac. Dieselbe gehört nicht dem Ton. VIII an, wie ich angenommen, sondern ist hypophrygisch und lautet:

XIV.

XIVa.

Atiph. Underdorfen. saec. 15. Clm. Monacen. 7609.

Ex = sul = tet   coe = lum   lau - di - bus.

O. A. M. D. G.

Pierer'sche Hofbuchdruckerei. Stephan Geibel & Co. in Altenburg.

ANALECTA HYMNICA

MEDII AEVI.

III.

CONRADUS GEMNICENSIS.

Konrads von Haimburg

und seiner Nachahmer

Reimgebete

herausgegeben

von

Guido Maria Dreves,

S. J.

Leipzig.

Fues's Verlag (R. Reisland).

1888.

CONRADUS GEMNICENSIS.

Konrads von Haimburg

und seiner Nachahmer,

Alberts von Prag

und

Ulrichs von Wessobrunn,

Reimgebete und Leselieder

herausgegeben

von

Guido Maria Dreves,

S. J.

Leipzig.

Fues's Verlag (R. Reisland).

1888.

Einleitung.

Das vierzehnte und teilweise noch das fünfzehnte Jahrhundert, das manche ältere Orden von ihrer einstigen Größe und Bedeutung herabsinken sah, war für den damals jüngsten Ableger der großen Wurzel abendländischen Mönchtums, für den Orden der Karthäuser, die Zeit der höchsten Blüte, die sich mehr noch als durch rasches Wachstum, durch die rege Beteiligung am geistigen Leben der Zeit bekundete. Vor allem der Ascese und Mystik war der Genius des Ordens zugekehrt (man braucht nur an Namen wie Philipp Landsperg und Dionysius Carthusianus zu erinnern), und nicht an letzter Stelle war es die religiöse Dichtung, der die stille Beschaulichkeit der Karthause sich förderlich erwies. Denn während die liturgischen Bücher des Ordens die größte und nüchternste Strenge atmen und dem Hymnologen kein einziges Proprium, kein einziges Novum bieten[1]), weisen die außerliturgischen Gebetbücher, Devotionalien und Kollektaneen der Karthäuser — wenigstens der deutschen — eine ganz neue Litteratur von den verschiedensten der Privatandacht dienenden Leseliedern und Reimgebeten auf, die sich zum Teile durch große Abrundung und Glätte der Form auszeichnen.

I.

Unter den Karthäuserdichtern sticht vor allem eine Figur ins Auge, die des Gaminger Priors Konrad von Haimburg; denn er war nicht nur einer der formvollendetsten und gelesensten Reimdichter des späteren Mittelalters, sondern er hat auch Nach-

---

[1]) Es gilt vom Gesamtofficium der Karthäuser, was Lambillotte speciell von der musikalischen Seite desselben bemerkt: „Les Pères Chartreux ont conservé la substance de la phrase Grégorienne plus longtemps et plus fidèlement que tous les autres religieux; une règle en effet leur interdisait d'introduire dans le chant ecclésiastique la moindre innovation." Antiphonaire de S. Grégoire p. 229.

ahmer gefunden und ist von ersichtlichem Einflusse auf manche
dichtende Zeitgenossen gewesen.

Von dem Leben Konrads ist leider wenig bekannt[1]), nicht
einmal das Jahr seiner Geburt läfst sich bestimmen, während
seine Heimat, das niederösterreichische Städtchen Haimburg oder
Hainburg a. d. Donau unfern von Prefsburg, nur aus seinem
Eponymon nachweisbar ist. Was wir weiteres über ihn erfahren,
ist, dafs er zeitweilig Vikar der Karthause Mauerbach in Nieder-
Österreich und von 1342 an während dreier Jahre · Prior zu
Seitz im nördlichen Steiermark war. Als Prior Nikolaus von
Gaming im Jahre 1350 nach Prag berufen wurde, kam Konrad
zum erstenmal als Prior nach Gaming[2]), ein Amt, das er bis
1354 verwaltete und in welchem ihm Johannes I. von Mähren
nachfolgte[3]). Nach dieses Abgang 1358 ward Konrad zum
zweitenmal zum Prior in Gaming ernannt und blieb in dieser
Würde bis zu seinem Todestage, dem 17. August 1360[4]). Dieses
die Lebensdaten, die aus Wiedenmann und Steyerer zu eruieren sind.

---

[1]) Litteratur: Leopoldi Wiedenmann, Gemnicensia, Cod. cartac. in 4⁰
ohne Sign. Bibl. des Stiftes Melk. — A. Steyerer S. J., Commentarii pro
historia Alberti II. ducis Austriae. Lipsiae 1725. — B. Pez, Thesauri anec-
dotorum novissimi Tom. I. dissert. isagog. p. XIV. — M. Denis, Catal.
Codd. Vindob. II. sub no. DCCCXCI. — H. R. von Zeisberg, Zur Gesch. d.
Karthause Gaming. Archiv f. österr. Gesch. Bd. 60, S. 565 ff. — K. Hasel-
bach, Die Karthause zu Gaming. Bll. d. Vereins f. Landeskunde v. Nieder-
österr. 1878, S. 224. — Gabler, Konrad von Gaming. Hippolytus, Jahrg.
1860, S. 204—207. (Wenige wertlose Notizen, fast sämtlich aus Mone.)

[2]) Corrigenda in Catalogo priorum Carthusiae Gemnicensis R. P. Phili-
berto [Hueber, einem Melker] olim communicato. In Conrado, priore quarto
initium ita scribatur: Conradus de Haymburg, Marbacensium ad tempus vicarius et ab anno 1342 per triennium Prior · Carthusiae in Seitz, Nicolao
Gemnico Pragam circa annum 1350 evocato, Gemnicum vocatur, ut praesit
(Wiedenmann, Gemnicensia).

[3]) Nicolaus I., creatus 1345 officio decessit 1350. Obiit Pragae, annus
nescitur, 12 Junii. Rexit dein Seizensem ac Pragensem domum annis viginti
et ultra. — Conradus de Haimburga, creatus 1354, officio decessit 1354. —
Johannes I. de Moravia, creatus 1354, officio decessit 1358, obiit 1379. —
Conradus de Haimburga, iterum creatus 1358, obiit 1360 17 Augusti. —
Steyerer l. c.

[4]) Als Todesjahr ist in der Series priorum, die der Gaminger Karthäuser
Wilhelm Höffer (1330—1483) angelegt, 1362 genannt. Zur Sache bemerkt
Wiedenmann a. a. O.: „Sic et Tylonis obitum ad annum 1346 et Conradi
ad annum 1362 collocaverat praedictus Wilhelmus errore tracto ex chartis,

Nun ist aber aufserdem sicher, dafs Konrad vom Haimburg
zeitweilig der Prager Karthause angehörte. Unter den Marienliedern Konrads befinden sich zwei, deren Akrostichen auf Namen
von Karthausen anspielen; das eine Akrostichon lautet:

Sit thronus iste, pia, tibi gratus, virgo Maria;

„Thronus beatae Mariae" war der Titel der Gaminger Karthause. Das andere Akrostichon bildet den Vers:

Hortulus iste, pia, placeat tibi, virgo Maria;

„Hortus beatae Mariae" war der Name der Karthause in Smichov
vor Prag. Schon dieser Umstand läfst einen Aufenthalt Konrads
auch in letzterem Kloster vermuten. Die Vermutung wird zur
Sicherheit durch eine Handschrift des böhmischen Museums in
Prag, das sog. Orationale Arnesti, einen auf das sauberste illumi-
nierten Pergamentcodex in fol. min., eine Gebetssammlung, geschrieben für den ersten Prager Erzbischof, den Kanzler und
vertrauten Freund Karls IV., Arnest von Pardubitz. Diese Handschrift enthält fol. 149 a bis 150 b das sog. sertum oder crinale
Konrads und am Schlusse die Bemerkung: Explicit sertum B.
M. V. compositum de quinquaginta flosculis editum per religiosum virum fratrem Conradum, vicarium in Praga in monasterio Carthusiensium. Ebenso bemerkt der später zu besprechende
Codex XIII E 3 der Prager Universitätsbibliothek zu dem Liede
Ave trinus in personis, dasselbe sei von einem Prager Karthäuser verfafst[1]). Es handelt sich also nur noch darum, die
Zeit seines Prager Aufenthaltes zu ermitteln. Nur zwei Zeiten
sind im Leben Konrads, wo wir einen solchen ansetzen können,
nämlich zwischen 1345 und 1350, oder zwischen 1354 und 1358.
Dafs ersteres das allein Richtige, beweist die Vorrede des sog.
Mariale oder Laus Mariae. Und damit kämen wir denn zu-
gleich zur Besprechung der Werke Konrads.

Arnest von Pardubitz hatte am Veitsdome ein Kollegium
von Mansionaren gestiftet, die gehalten sein sollten, täglich das
Votiv-officium de beata im Dome abzusingen. Hierzu verfafste
er im Auftrage Karls IV. und des Erzbischofes Konrad (oder er

dum tamen constat utrumque biennio citius obiisse. Usum autem fuisse
chartis dicti saeculi 14. patrem Wilhelmum, ipse testatur."

[1]) Auch Denis l. c.: „Incoluerit is Carthusiam horti B. M. V. ad Pragam
a rege Johanne fundatam et postea vastatam ab Husitis; sed in bibliotheca
Petreii nulla ejus mentio neque in Balbini Bohemia docta."

sammelte vielmehr aus den Schriften der Väter) die nötigen Lektionen ad nocturnos, neun für jeden Tag des Jahres. Später machte er über Auftrag Meinhards von Neuhaus, erwählten Bischofes von Trient, aus jenem gröſseren Werke einen Auszug, indem er nur für die Marienfeste 9 Lektionen beliefs, für die gewöhnlichen Tage aber deren nur drei beibehielt. Dieses letztere Werk nun, das in zahlreichen, um nicht zu sagen zahllosen Handschriften auf uns gekómmen ist und den Titel Laus Mariae trägt, hat Konrad von Gaming, wie er selbst in der Vorrede angiebt, 1356 verfaſst, während dasselbe Vorwort bemerkt, er habe jenes gröſsere Werk für Erzbischof Ernst „jam pridem" zusammengestellt[1]). So würde er schwerlich geschrieben haben, wenn dies erst vor zwei Jahren (1354) geschehen wäre.

Auſser der „Laus Mariae" verfaſste Konrad noch einen tractatus super Alleluja. Die von dem Karthäuser Wilhelm Höffer († 1483) besorgte Series priorum sagt darüber: „Hic composuit tractatum super Alleluja sed non complevit", und in einer Note: „Composuit tractatum super Alleluja quantum ad initium et finem, sed in medio hinc inde quaedam desunt cum nota, esse in schedula quaerenda, quae desunt."

Wichtiger als beide genannten sind Konrads poetische Werke. Eine Anzahl seiner Gedichte, die zu dem Formvollendetsten gehören, was das spätere Mittelalter an lateinischer Reimdichtung aufzuweisen hat, sind schon von Mone publiziert, allein in einer Weise, die nur Verwirrung hervorzurufen imstande ist, indem

---

[1]) Ad laudem matris virginis sanctissimae ejusque prolis, ad satisfaciendum quoque desiderio venerabilis in Christo patris, Domini Meinhardi de Nova domo, electi Tridentini hoc devotius requirentis, ille Carthusiensis, qui jam pridem ad jussum Imperatoris et Archiepiscopi Pragensis legendam de sex lectionibus cum homiliis de S. Maria virgine pro mansionariis comportaverat, in isto rursus volumine, ut virgo amplius veneretur, elegantiora dicta de lectionibus illis excerpta pro singulis anni diebus . . . . distinguens, anno Domini 1356 studiose collegit. Cod. ms. Gracens. 257 saec. 14. (In anderen Handschriften findet sich eine andere Einleitung, die mit den Worten beginnt: „Ad laudem . . . . ego frater Chonradus, vita peccator, habitu religiosus minimus ordinis Carthusiensis" etc. (Cod. Seitenstettens. CLII. saec. 15); dazu die Bemerkung der citierten Grazer Handschrift: „Exstat etiam prologus sub eodem principio positus, qui tamen non est compilatoris istius."

.derselbe bei Liedern, die gleich zweifellos von Konrad verfalst sind, bald bemerkt: „Von dem Prior Konrad von Gaming", bald: „Vielleicht" oder „Wahrscheinlich von Konrad von Gaming", oder „Unter den Liedern Konrads von Gaming" (Nr. 463, 489, 901, 945, 1185), oder aber indem er dieselben ohne jede Bemerkung schlechthin als adespota abdruckt (Nr. 399, 498, 711, 866 etc.). Und doch ist es nicht allzuschwer, die echten Lieder von den zweifelhaften zu sondern.

Wir haben zwei Klassen von Liedern Konrads zu unterscheiden, seine Marienlieder, elf an der Zahl, und seine Heiligenlieder, ein reichhaltiger, nach der Allerheiligenlitanei geordneter Cyklus auf die Apostel sowie die beliebtesten Märtyrer, Bekenner, Jungfrauen. Die beiden Serien kommen beide zusammen nicht gerade in vielen Handschriften vor. Erst spät scheint Konrad seine sämtlichen Lieder zu einem Gebetbuche vereinigt zu haben. Zwei Handschriften der K. b. Hof- und Staatsbibliothek München Clm. 3012 und 19354, von denen die eine früher nach Andex, die andere nach Tegernsee gehörte, überliefern uns dies Devonationale zugleich mit einem Vorwort des Verfassers (Incipit prologus operis subsequentis, orationes scilicet Domini Chunradi ordinis Carthusiensis), in der es u. a. heifst: „Plures vero non tam orationes quam oratiunculas, imo adulatiunculas per modum letaniae de Deo, de beata virgine, de angelis, de sanctis, sicut in tabula infra invenies, composui." In diese Sammlung hat aber Konrad auch einige ältere Lieder aufgenommen, wie schon Mone I, S. 17 richtig bemerkt, und zwar zum Teil unverändert, zum Teil aber auch, nachdem er sie einer Überarbeitung unterzogen. Diese Lieder, die sich in anderen bisweilen älteren Handschriften mit bedeutenden Abweichungen vorfinden, während Konrads eigene Lieder fast keine Varianten von Bedeutung aufweisen, sind die folgenden:

1. Alpha et O magne Deus.
2. Verbum patri coaequale.
3. Paraclitus increatus.
4. Salve mea o patrona.
5. Eja virgo generosa.
6. Salve resurrectio.
7. Ave vivens hostia.
8. Te veneranda caro.
9. Salve sancta caro.
10. Sanguis tuus Domine.

11. Salve saluberrima.
12. Eja dulcis anima.
13. Saturatus ferculis.
14. O colenda deitas.
15. Ave corpus Christi natum.
16. Quod in ara cernitur.
17. Ave quem desidero.
18. Summe summi tu patris unice.

Werden diese 18 Nummern aus den beiden Codices entfernt, so stellt der Rest dasjenige dar, was sich als poetisches Eigentum Konrads nachweisen läſst. Daſs die vorstehenden Lieder nicht von ihm sind, ist leicht darzuthun. Nr. 1—3 finden sich, wenn auch abweichend, inter opp. Hildeberti Caenomannen. (ed. Par. 1708, p. 1337; Trench, Sacred Latin Poetry, ed. 3. London 1874 p. 329); Nr. 7 obschon wahrscheinlich von Johannes Pechamus, Erzbischof von Canterbury herrührend[1]), inter opera S. Bonaventurae; Morel, Lat. Hymnen d. M. A. Nr. 86; Nr. 18 inter opera S. Bernhardi; Nr. 8, 9 und 15 kommen in Handschriften vor, die älter sind als Konrad; Nr. 11, 12, 13, 14, 16, 17 kommen in anderen Handschriften, z. B. Cod. Augiens. 36 mit so starken Abweichungen vor, daſs sich die Überarbeitung dieser Lieder durch Konrad bis zur Evidenz nachweisen läſst. Man braucht nur den Text der Reichenauer oder Prager Handschrift mit dem Andexer Codex zu vergleichen, und man wird finden, daſs Konrad, gewohnt seine Metra mit gröſstmöglicher Strenge zu handhaben, diese Lieder aus einem freieren, jambische und trochäische Zeilen willkürlich mischenden Versmaſse in ein genaueres umgegossen; z. B.

Prager Handschr.	Andexer Handschr.
Adoranda deitas,	O colenda deitas,
Te invoco in fide,	Te invoco in fide,
Admiranda bonitas,	O amanda bonitas,
Audi me et vide.	Nunc audi me et vide.
Tuae celsitudinis	Tuae celsitudinis
Coelum hic patescat,	Nunc coelum hic patescat,
Et lumen tui luminis	Lumen tui luminis
Super me splendescat.	Jam super nos splendescat.

---

[1]) In interessanter Weise vermischt Richtiges mit Unrichtigem Cod. Lambacens. 463, geschrieben unter Abt Thomas von Retz (1439—1474), wenn er zu diesem Hymnus bemerkt: „Et qui hanc praescriptam orationem devote dixerit ac pro Conrado Contuariensi [oraverit], 40 dies triennalium obtinebit."

Wie man sieht, folgt in dem Metrum, welches Konrads Bearbeitung strenge einhält, stets auf eine trochäische eine jambische Zeile:

```
‾ ᴗ ‾ ᴗ ‾ ᴗ ‾
  ᴗ ‾ ᴗ ‾ ᴗ ‾ ᴗ
‾ ᴗ ‾ ᴗ ‾ ᴗ ‾
  ᴗ ‾ ᴗ ‾ ᴗ ‾ ᴗ
```

während im Original beide Arten ganz beliebig miteinander wechseln; der Bearbeiter unterdrückt daher überzählige Vorschläge in den ungeraden Zeilen und bringt solche an in den geraden.

Nr 10. Sanguis tuus Domine sind ausgewählte Strophen aus dem Granum passionis, einem sog. Psalterium über das Leiden Christi, das sich in sehr vielen Handschriften findet (gedruckt bei Milchsack, Hymni et Sequentiae S. 65 ff. — Str. 1 bei Konrad = Str. 58 des Psalteriums; Str. 2 = 59, 3 = 60, 4 = 111, 5 = 69, 6 = 70, 7 = 51, 8 = 52, 9 = 55). Nr. 4, Salve mea o patrona, ist die Überarbeitung eines Liedes, das sonst mit den Versen zu beginnen pflegt:

Omnibus consideratis
Paradisus voluptatis
Es, Jesu piissime.

Es bleiben also nur Nr. 5 und 6, von denen ich zwar ein anderweitiges Vorkommen für den Augenblick aufser stande bin nachzuweisen, die aber aus inneren Gründen Konrads Eigentum nicht sein können.

Unser Karthäuser hat nämlich Eigentümlichkeiten der Form, die es leicht machen, seine Werke von denen anderer zu unterscheiden. So bindet er sich, wie erwähnt, äufserst genau an sein Versschema, Silben zu viel oder zu wenig, Verstöfse gegen die Betonungsgesetze kommen bei ihm nicht vor, Taktwechsel verschwindend selten. Nicht blofs sein schwacher, sondern auch sein starker Reim (natürlich mit Ausnahme des stumpfen einsilbiger Wörter in dem Lied Ave maris stella) erstreckt sich ausnahmslos über zwei Silben: in seinen zweifellos echten Liedern kommt auch nicht ein Beispiel des Gegenteils vor. Endlich gilt ihm — vollständigkeitshalber sei es gleich hier bemerkt — das doppelte i als nur eine Silbe, also dii (die Götter) zu messen wie dî[1]). Prüfen wir an der Hand dieser Regeln z. B. Nr. 4, so finden wir Verse mit überzähligen Silben, wie:

> Ut leo suum catulum
> Jesu suscitasti,
> Sicut phoenix parvulum
> cibo reparasti.

oder:

> Mulieres humiles
> Simon obedientes,

oder:

> Quinquies diebus aliis
> Plura invenientes;

Wir finden Nachlässigkeiten im Reime. Bei Konrad kommen überhaupt keine Lieder vor, die aus reimenden und reimlosen Zeilen sich aufbauen; noch weniger Reime wie humiles und pauperes, aliis und discipulis. Ebensowenig Fehler der Betonung wie:

> Suscitatus appares
> bis ter prima die.

Dieselben Regeln führen uns noch auf die Spur eines weiteren Eindringlings. Die beiden erstgenannten Handschriften bringen in der Serie der Heiligenlieder eines, das in den meisten übrigen Codices fehlt. Es ist begreiflich, daſs die bayerischen Mönche ein Lied auf den Landesapostel Rupertus einschoben, aber sie hätten die Form besser handhaben müssen, sollte anders der Intrusus unverraten bleiben. Da reimt sich z. B. formula und accola, jejuniis und viduis, audiunt und deserunt, Theodo und episcopo. Damit ist die Unechtheit des Ruperti-Liedes auſser Zweifel.

Es erübrigt, in Kürze die hauptsächlichsten Handschriften aufzuführen, die bei Herausgabe dieser Lieder benutzt wurden. Daſs es noch eine oder die andere Handschrift mit Gedichten Konrads geben wird, daran ist wohl kaum zu zweifeln. Die Vergleichung derselben könnte aber, in Anbetracht der sorgfältigen Überlieferung des Textes irgend einen weiteren Vorteil nicht gewähren. Handschriften, die nur das eine oder andere Lied enthalten, sind an betreffender Stelle erwähnt.

---

[1]) Cod. Lambacens. 437 saec. 15 stellt unter den regulae de accentibus auch diese auf: Hi proferri debet sicut di, tamen ubique scribi debet per dupla sicut hij, hijs, dij, dijs.

1. Codex Gemnicensis. Ich beginne mit der einzigen aus Gaming stammenden Handschrift. Sie gehört der K. K. Hofbibliothek in Wien und trägt die Nr. 1997; betreffs Beschreibung verweise ich auf die Tabulae codd. mss. in bibl. Palat. Vindob. asservat. Vol. I. p. 306 sq. Die Hsch. gehört noch dem 14. Jahrh. an und ist in memb. sauber und sehr korrekt geschrieben. Fol. 38 b: Iste liber est throni S. M. in Gemnich. Fol. 139 a beginnen die Heiligenlieder Konrads und laufen ununterbrochen bis fol. 176 b. Hier finden sich zwei Sequenzen (Kehrein Nr. 841 und 796) eingeschaltet, worauf die Lieder von den HH. Dorothea, Sebastian, Florian, Basilius, Alexius und endlich nach einer neuen Unterbrechung fol. 186 b das Lied Summo Deo agmina nachgetragen sind. Fol. 139 b unten heißt es: Orationes editae per Dominum Chunradum de Haymburga, olim priorem Throni, scriptae per Dominum Fridericum. Bei Aufhebung der Karthause Gaming wurden die Bücher auf Leiterwagen fortgeführt; was unterwegs herunterfiel, blieb liegen. Da ist es kein Wunder, daß wir nur eine Gaminger Handschrift mit Liedern Konrads haben!

2. Cod. Andecensis saec. 15. K. b. Hof- und Staatsbibliothek München. Clm. 3012. Enthält das von Konrad zusammengestellte Gebetbuch von fol. 1 b bis 84 a; seine Marienlieder fol. 17 a bis 41 b; seine Heiligenlieder fol. 43 b bis 84 a.

3. Cod. Tegrinsensis I saec. 15. K. b. Hof- und Staatsbibliothek München, Clm. 19 354. Enthält das Gebetbuch wie Cod. Andecens. mit demselben Vorwort und denselben Liedern. Vgl. Pez, Thesaur. anecd. Tom. I, p. XIV.

4. Cod. Tegrinsensis II anni 1490. K. b. Hof- und Staatsbibliothek München, Clm. 19824. Fol. 85 b: „Incipiunt orationes sive carmina edita per Dominum Conradum priorem domus throni S. Mariae in Gemnico." Nach dem Liede Ave trinus in personis folgen die Marienlieder fol. 85 b bis 98 a. Fol. 282 a „Oratio magistri Conradi de Gemnico domo throni B. M. Ord. Carth. Anno Domini 1490", worauf die Heiligenlieder.

5. Cod. Tegrinsensis III anni 1476. K. b. Hof- und Staatsbibliothek München, Clm. 20 001; fol. 181 a: „Incipiunt orationes sive carmina edita per Dominum Conradum priorem domus throni S. Mariae in Gemnico. Enthält bis fol. 205 a die Marienlieder, von da bis fol. 259 b die Heiligenlieder.

6. Cod. Underdorfensis saec. 15. K. b. Hof- und Staatsbibliothek München, Clm. 7815. Enthält von fol. 61 a bis 131 b einzelne der Heiligenlieder Konrads ohne dessen Namen.

7. Cod. Augiensis 36 saec. ¹⁴/₁₅. Papierhandschrift in fol. der Hof- und Landesbibliothek zu Karlsruhe. Fol. 180 beginnen die Heiligenlieder ohne Namen des Autors und laufen bis fol. 198 b, wo es heifst: „Incipit registrum de sanctis sec. ordinem." Fol. 117 b das Lied Ave, salve., gaude vale, ·O beata Barbara zum zweitenmal und 8 Marienlieder. Fol. 114 a heifst es: „Sequitur thronus gloriosissimae virginis Mariae genitricisque Dei"; das Lied folgt aber nicht.

8. Cod. Scotorum Vindobonensium saec. 15. Cod. 50 g 9. Papierhandschrift in 4⁰ foll. 79. Enthält fol. 4 a bis 12 b neun Marienlieder Konrads ohne dessen Namen, fol. 48 a bis 75 a die Heiligenlieder. Fol. 48 a beginnt eine alte Paginierung mit fol. 1 und endet mit dem letzten der Heiligenlieder, die so als ein Ganzes erscheinen.

9. Cod. Sancti Blasii memb. 45. saec. 15. Stiftsarchiv von St. Paul in Kärnten, von Mone als Hsch. von St. Paul Nr. 44 aufgeführt, enthält von den Marienliedern Konrads das Crinale fol. 22 b, Amictus fol. 29 a, Thronus fol. 29 b und Annulus fol. 30 b. Fol. 27 die Bemerkung „Incipit aparatus gloriosissimae virginis Mariae continens rosarium, sertum, amictum et annulum ipsius. Incipit hortus rosarum ·etc." Dieser Hortus (vgl. Mone 601) ist nicht von Konrad.

10. Cod. Pragensis XIII E 3 saec. 14. K. K. Universitätsbibliothek. Siehe unter II.

II.

Die K. K. Universitätsbibliothek zu Prag besitzt eine Pergamenthandschrift in 4⁰ foll. 257. Sie trägt die ⸜Signatur XIII E 3, gehört dem Ende des 14. Jahrhunderts an und enthält eine Sammlung von Reimgebeten und Liedern. Auf dem ersten Blatte steht von späterer Hand geschrieben: Alberti Carthusiensis scala coeli est titulus hujus libri; patet ex fine libri. Am Schlusse der Handschrift heifst es denn auch: „Explicit libellus, qui.dicitur scala coeli. Et merito scala coeli nuncupatur. Nam sicut scala, in qua homo ad eminentiorem locum scandit, ex diversis componitur lignis, sic libellus iste ex diversis — hier bricht

die Handschrift ab: denn leider ist, wie in so manchen anderen
Prager Handschriften, das letzte Blatt, das uns wohl den Namen
des Verfassers so gut überliefert hätte als den Titel seines Buches,
ausgerissen. Der Schreiber jener Worte auf fol. 1 war jedenfalls noch in der Lage, den Inhalt dieses letzten Blattes zu lesen
und scheint das Wesentlichste desselben a. a. O. wiederholt zu
haben. Eine andere Bemerkung findet sich fol. 38 a: „Oro et
ego, recollector hujus libelli, ut quicunque in eo oraverit vel ex
eo aliquid reportaverit, ut Deum pro salute animae meae exo-
rare dignetur, quia cum magnis hunc laboribus sine dubio
compilavi."

Dieser recollector libelli ist nicht der Schreiber, sondern
der Sammler, wie wir sagen würden, der Herausgeber desselben.
War er nur dies? Die Scala coeli enthält unter dem reichen
Schatze von Liedern eine Reihe von Reimgebeten, die 1) nur
in dieser Handschrift und sonst nirgends vorkommen; die 2) sich
evident als Produkte ein und desselben Verfassers nachweisen
lassen, und zwar 3) als Produkte eben des recollector der Scala
coeli. Das erste glaube ich nach den mehr denn 2000 Handschriften, die ich seitdem durchsucht, und in denen ich nicht
einem Verse dieser Lieder wieder begegnet bin, mit mehr denn
moralischer Gewißheit behaupten zu können. Das zweite wird
niemand bestreiten, der sich die Mühe nimmt, diese Gedichte
beobachtend durchzugehen und deren formellen Eigentümlichkeiten einige Aufmerksamkeit zu schenken. Ich will nur einige
im Vorbeigehen streifen: Der Autor dieser Gedichte schreibt ein
geradezu böhmisches Latein, weniger, weil sich fehlerhafte Formen
bei ihm finden, Deponentien als Aktiva wie sequere, fruere (Nr. 2,
19, 6; Nr. 2, 21, 6), der Conj. praes. suscitas statt suscites (Nr. 4,
7, 9 u. 7, 12); Formen wie rumpheus statt romphea (Nr. 4, 8,
u. 6), wie poposcebat statt poscebat, excelleris statt excellis, furire etc.; sondern mehr noch wegen der verschobenen Konstruktion,
die allüberall sich geltend macht und nicht selten das Verständnis erschwert. So wenn die hl. Ursula angeredet wird:

> Rex tuae cum percepisset
> Angliae et audivisset
> Famam pulchritudinis,

oder wenn sich der Dichter an Maria und Johannes wendet mit
den Worten:

Christus vos coadunavit
Ista hora, quando lavit
Passione saeculum.
Mater tuus cruce pendens
Natus ecce tua dicens
Mater ad discipulum.

Auffallend ist neben dem unreinen Reime besonders die Vorliebe des Dichters für die Partikel quippe, mit der er einen wahren Mifsbrauch treibt und die er in seinen 30 Liedern 25mal stets in der unschicklichsten Weise verwendet.

Dafs nun der Autor dieser Gedichte kein anderer ist als gerade der Compilator der Scala coeli, würde allein der Umstand höchst wahrscheinlich machen, dafs eben diese Lieder einzig in dem von ihm zusammengestellten Gebetbuche vorkommen; es wird noch wahrscheinlicher dadurch, dafs er diese Sammlung, wie wir oben aus seinem Munde vernahmen, nur cum magnis laboribus zustande gebracht, was vom blofsen Abschreiben gewifs weniger zutreffen würde, als vom Anfertigen dieser Lieder, denen man fast in jeder Zeile die Mühe ansieht, die sie ihren Autor gekostet haben. Zur Sicherheit wird die Wahrscheinlichkeit durch einen anscheinend ganz unbedeutenden Umstand. Wie die Partikel quippe, so braucht unser Albertus auch mit Vorliebe und Ungeschick zugleich den Ausdruck sine dubio. So wird z. B. Johannnes der Täufer apostrophiert:

Ardens lucerna vocaris,
Quod et ipse tu probaris
Esse procul dubio.

und der Apostel Paulus:

Ubi pater preces audit
Tuas, certe et exaudit
Eas absque dubio.

Die Lieblingsphrase kommt aber auch gerade in dem oben citierten Sätzchen des recollector vor: quia cum magnis hunc laboribus sine dubio compilavi.

Dafs Albert ein Nachahmer Konrads von Gaming war, dessen Lieder er kannte und von denen er viele seiner Scala coeli einverleibte, beweist die ganze Anlage seiner Heiligenlieder, vor allem der Umstand, dafs er, den betreffenden Heiligen fortwährend anredend, ihm dessen eigene Lebens- und Leidensgeschichte vorerzählt. Was seinen Poesieen an Rundheit der Form abgeht,

ersetzt einigermaſsen der Umstand, daſs dieselben für Kenntnis
der Legendenbildung einen nicht zu verachtenden Beitrag liefern.

Wer war aber der Karthäuser Albert? Daſs er einer
böhmischen oder mährischen Karthause angehörte, unterliegt
keinem Zweifel. Neben seinem barbarischen Latein beweist es
der Umstand, daſs sein Gebetbuch die specifisch böhmischen
Heiligen, Wenzel, Prokop u. a. enthält. Nur drei Karthausen
können aber alsdann in Betracht kommen, die Prager, hortus
beatae Mariae in Smichov, die Olmützer, Vallis Josaphat in
Dolan, und die Brünner zur hl. Dreifaltigkeit. Denn die von
Albert von Sternberg 1378 gestiftete Karthause Rubus beatae
Mariae in Trčka bei Leitomischl wurde, nachdem sie nie ganz
zustande gekommen und nur wenige Brüder beherbergt hatte,
schon 1389 nach Dolan verlegt. Wahrscheinlich befand sich
unser Albertus bei Abfassung seiner Scala in einer der mährischen
Karthausen. Denn er begleitet das Lied Konrads von Gaming
Ave trinus in personis fol. 225b mit der Bemerkung: Istam
orationem fecit unus Carthusiensis in horto beatae virginis juxta
Pragam. So wird aber schwerlich Jemand schreiben, der selbst
in der Prager Karthause sich befindet. Die Nekrologieen der
Olmützer und Brünner Karthausen, soweit dieselben auf dem
mährischen Landesarchive in Brünn vorhanden, weisen indes,
wie ich mich persönlich überzeugt habe, den Namen Albert für
das 14. Jahrh. nicht auf. Überhaupt scheint der Name damals
im Orden nicht häufig gewesen zu sein. Bedenkt man nun, daſs
die Karthäuser nicht immer in demselben Kloster verblieben,
sondern versetzbar waren, ferner daſs man es zu vermeiden
suchte, innerhalb derselben Provinz mehreren Mönchen denselben
Klosternamen beizulegen, so wird man kaum umhin können an-
zunehmen, der Sammler der Scala coeli und der Autor der 30
im folgenden mitgeteilten Lieder sei jener Albertus, der 1386
als Prior der Karthause in Prag vorkommt. Vgl. B. Pez. Thesauri anecdott. noviss. Tom. VI. Codex diplomatico-historico-
epistolaris. Pars III p. 75. Mehr ist leider von diesem Albertus
nicht bekannt. Die fanatische Barbarei der Husiten hat die
prachtvolle Prager Karthause mit allen ihren Erinnerungen so
radikal vom Erdboden vertilgt, daſs nicht mehr als die bloſsen
Namen von ca. 10 Mitgliedern dieses Klosters auf uns gekommen
sind.

III.

An die Legenden des Albert von Prag reihe ich einen Lieder-cyklus des Ulrich Stöckl oder Stöcklin von Rottach, der nach-mals als Ulrich VI. dem Stifte Wessobrunn vorstand.

Dieser Ulrich Stöckl ist einer der fruchtbarsten Reimdichter, die es je gegeben. In diesen Band sind jedoch von ihm nur die-jenigen Lieder aufgenommen, durch die er unter die Nachahmer Konrads von Gaming gehört, nämlich ein Cyklus von Heiligen-liedern. Leider ist derselbe nicht ganz vollständig. Das beweist der Umstand, daſs in der Reihe der Bekenner wohl Gregor und Augustin, nicht aber Ambrosius und Leo, die zwei anderen groſsen Lehrer des Westens, vorhanden sind. Allein es ist wenig Aussicht, anderswo Liedern unseres Dichters zu begegnen, weil sich dieselben augenscheinlich über die südwestliche Ecke Deutsch-lands hinaus nicht verbreitet haben.

Da einer der folgenden Bände die übrigen Gedichte Stöcklins enthalten wird, werde ich über denselben in der Einleitung zu jenen des weiteren zu berichten und seine Autorschaft nachzu-weisen haben.

Ich schlieſse mit dem Ausdrucke des Dankes gegen alle jene, die mich in der vorliegenden Arbeit gefördert haben. Aus der Übersicht der benutzten Handschrift ist ersichtlich, wohin sich derselbe richtet. In besonderer Weise fühle ich mich durch die ebenso liebenswürdige als ausgiebige Unterstützung der K. b. Hof- und Staatsbibliothek in München verpflichtet, und drängt es mich daher, diesem Gefühle auch in besonderer Weise Aus-druck zu geben.

Feldkirch, den 15. Februar 1888.

Guido Maria Dreves.

Conradus Gemnicensis.

A. MARIEN-LIEDER.

1. Ave sole purior,
   Luna plena pulchrior,
   Splendida Maria;
   Mundi luce clarior,
   Cunctis astris gratior,
   Digna laude pia.

2. In te, solem gratiae,
   Christus, sol justitiae,
   Mire radiavit,
   Cujus lux laetitiae
   Mortis et moestitiae
   Tenebras fugavit.

3. Tu sol super omnia
   Lucens, noctis inscia,
   Sole es amicta,
   Verae lucis gaudia
   Fiant nobis pervia
   Per te, benedicta.

4. Solis per officia
   Confer beneficia,
   Lustra latebrosa,
   Carens immunditia,
   Nostra purga vitia,
   Firma ruinosa.

5. Liquefac et arida,
   Mollia consolida,
   Corda molli dura,
   Ac exsicca fluida,
   Calefac et frigida,
   Salva peritura.

6. Reduc, rege devia,
   Robora debilia,
   Fove nascitura,
   Incita viridia,
   Trahe vaporantia,
   Proba permansura.

7. Sicut sol spectabilis,
   Visu delectabilis,
   Tibi dat amictum,
   Sic luna mutabilis
   Mundus et instabilis,
   Quem calcas devictum.

8. In quo sine macula,
   Munda Dei famula,
   Mundum respuisti,
   Mundi spernens singula,
   Mundo corde sedula
   Christo adhaesisti.

9. Effice, ut vanitas
   Mundique cupiditas
   Per nos refutetur,
   Voluptatum pronitas
   Omnisque iniquitas
   Penitus vitetur.

10. In te, virgo regia,
    Stella maris praevia,
    Stellea corona
    Refert singularia
    Bis sex privilegia,
    Gratiarum dona.

11. Grata inchoatio
    Est sanctificatio
    In ventre materno,
    Insons conversatio,
    Gratiae repletio
    Pneumate superno.

12. Non virili semine
    Sed sacro spiramine
    Superveniente,
    In te obumbramine
    Patris atque numine
    Concipis agente.

13. Sic concepto filio
  Gravida cum gaudio
  Parturis, jucunda
  Mater nato proprio
  Cum pudoris lilio
  Et virgo fecunda.

14. Absque pari femina,
  Angelorum agmina
  Praemio praecellis,
  Regnans coeli domina,
  Gyras mundi lumina
  Duodenis stellis.

15. In coeli cacumine
  Tu sol solis lumine
  Digne trabearis,
  Et bisseno ordine
  Beatorum culmine
  Pulchre coronaris.

16. Ambiunt hierarchici
  Ordines angelici
  Novem te mirantes,
  Martyres hymnidici,
  Confessores coelici,
  Virgines laudantes.

17. Eja, splendor patriae,
  Sis lucerna veniae
  Luridis in via,
  Nos per lumen gratiae
  Duc ad lumen gloriae,
  Fulgida Maria.

Cod. Andecens. fol. 17 a. A. — Cod. Augiens. fol. 168 b. B. — Cod. Tegurin. I fol. 31 a. C. — Cod. Tegurin. II fol. 92 a. D. — Cod. Tegurin. III fol. 190 b. H. — Cod. Pragens. fol. 112 b. E. — Cod: S. Blasii fol. 29 a. F. — Cod. Scotorum. fol. 4 a. G. — Steht ebenfalls in Clm Monacens. 19 991 anni 1466 fol. 294; Cod. Graecens. 1588 fol. 126 a; Cod. S. Galli 482 anni 1475 fol. 138 a.
Oratio super illo verbo Apocalypsis 12: Apparuit in coelo mulier amicta sole et luna sub pedibus ejus et in capite ejus corona stellarum duodecim. In exordio versuum invenies titulum: Amictus beatae virginis Mariae. AE. — 4, 4 Clarens in munditia A. — 5, 3 Corde AC. — 7, 5 Mundus est D; Est mundus G. — 9, 4 Voluptas, impuritas. F. — 10, 3 Stellata A. — 12, 2 Mystico spiramine A; Sed mystico B. — 15, 3 Digne tu bearis F. — 16, 5 coelici fehlt A.

2. Crinale B. M. V.

1. Ave, salve, gaude, vale,
  O Maria, non vernale,
  Sed his rosis spiritale
  Tibi plecto nunc crinale
  Figurarum flosculis.

  Ave virgo, sponsa, nata,
  Mater Christi sublimata,
  Ab aeterno ordinata,
  Ab antiquo prophetata,
  Dei placens oculis.

2. Ave rosa delicata,
  Quae, de regum ramis nata,
  Es trans coelos exaltata,
  Et per mundum dilatata
  Sis nobis umbraculum.

  Ave coelum deitatis,
  Paradisus voluptatis,
  Aula summae majestatis,
  Templum sanctae trinitatis,
  Christi tabernaculum.

3. Ave sponsa dedicata,
  Paranympho salutata,
  Deo patre obumbrata,
  Pneumateque impraegnata,
  Genitrix verbigenae

  Ave virgo gravidata,
  Rubo Moysi signata,
  Igne sacro inflammata,
  Per te simus, advocata,
  Coelici indigenae.

4. Ave mater Salomonis,
Digna sceptris et coronis,
Digna summis nati donis,
Quae in coeli regnas thronis,
    O regina gloriae.
Ave vivus fons hortorum,
Quem mens sitit contritorum,
Lava labem peccatorum,
Nectar praebe supernorum,
    O pincerna veniae.

5. Ave clara stella maris,
Qua processit lux solaris,
Quae per montem designaris,
Unde lapis angularis
    Venit sine manibus.
Ave fulgens arca Dei,
Cujus nitor speciei
Lucem superat diei,
Tota virtus meae spei,
    His intende precibus.

6. Salve campi flos. qui miris
Signis fulges, dum oriris.
Mox a tuis dum sentiris,
Favum mellis elargiris,
    Dos divini muneris.
Salve arcus aerinus,
Colorosus non supinus,
Clare lucens, vespertinus
Quem illustrat. sol divinus,
    Stans in signum foederis.

7. Salve o columna ignis,
Nec non nubes miris signis
Nos educens a malignis
Per desertum, junge dignis
    In promissa patria.
Salve virga Jesse, florem
Fers, qui coelis dat odorem,
Tibi, virgo, fert decorem,
Suavem terrae dat dulcorem,
    Profugantem vitia.

8. Salve mater benedicta,
In qua nulla sunt delicta.
Evae jugo non adstricta
Nec in partu es afflicta,
    Sed enixa jubilans.

Salve humilis ancilla
Dei veri, quem pusilla
Tua lactas ex mamilla.
Luce frui fac nos illa.
    In qua fulges rutilans.

9. Salve virgo singularis,
Mater tamen miri maris,
Unde sola expers paris
Digne cunctis dominaris
    In supremo solio.
Salve Saba generosa
O regina gloriosa,
Dona regis pretiosa
Impertire gratiosa
    Nobis in exsilio.

10. Salve, cui dulce fari,
De qua pium meditari.
In qua suave jucundari,
Quam beatum amplexari
    Est amoris brachiis.
Salve speculum virtutum,
Sis certanti mihi scutum.
Hostem reprimens versutum,
Mole carnis me exutum
    Coeli junge gaudiis.

11. Gaude, cujus ob dulcorem
Cor liquescit per amorem,
Hinc affectus ad candorem
Mens discurrit post odorem
    Tuum, vernans lilium.
Gaude thronus, quem dum
        stravit,
Ebur candens adaptavit,
Auro fulvo decoravit
Deus, in quo collocavit
    Regem suum filium.

12. Gaude lampas, quam exstruxit
Deus orbi, quae dum luxit,
Nova nobis tunc illuxit.
Quae ad lucem nos reduxit
    Lux inexstinguibilis.
Gaude summa creatura,
Mater vera, virgo pura,
Quae naturae frangis jura,
Quando in te fit factura
    Factor admirabilis.

13. Gaude fructuosa tellus,
Madens Gedeonis vellus,
Quod perfudit ros novellus,
Quo vestitur et agnellus,
  Dei patris unicus.
Gaude gaudium sanctorum,
In qua gaudet rex coelorum,
Quam honorat plebs justorum,
Quam in aevum angelorum
  Cantus canit melicus.

14. Gaude stellis coronata,
Solis luce trabeata,
Sub qua luna est locata,
Semper manens illibata,
  Cingens virum femina.
Gaude schola disciplinae,
Glossa legis, fons doctrinae,
Vas coelestis medicinae,
His, quos culpae pungunt spinae,
  Funde medicamina.

15. Gaude, virgo, laetans plaude,
Et sic vitam nostram claude,
Ut, qui dicunt tibi gaude,
Semper tecum sint in laude
  In coelorum culmine.
Gaude, quia semper tecum
Deus manet et tu secum,
Per quem precor, ut sis mecum
Et cor meum lustres tecum
  Vultus tui lumine.

16. Vale florens et amoena,
Ante ortum luce plena,
Sed in ortu plus serena,
Quam non stringit gelu poena,
  Puritatis viola.
Vale virga aridosa
Aaron prodigiosa,
Fronde, flore germinosa,
Fructu valde speciosa,
  Proferens amygdala.

17. Vale urna, manna merum,
Panem coeli portans verum,
Qui conservat cor sincerum
Et in fine est dierum
  Omnibus sufficiens.

Vale vitis, quam plantavit
Pater, verbum fecundavit,
Lenis auster dum perflavit
Botrus Cypri pullulavit
  Mero nos reficiens.

18. Vale rubens et decora,
Veri solis tu aurora,
Clare fulges omni hora,
Visitando nos irrora,
  Suavitatis balsamus.
Vale thorus delicatus,
Manu Dei fabricatus,
Dei digito tornatus,
Christo sponso praeparatus,
  Castitatis thalamus.

19. Vale prudens advocatrix,
O Abigail placatrix,
Sola mundi reparatrix,
Moabitis Ruth oratrix,
  Sunamitis regia.
Vale pulchra Judith fortis,
Neca ducem trucem mortis,
Hester nos de mortis portis
Duc, ut simus tuae sortis
  In coelesti curia.

20. Vale semper et laetare,
Et quod digne collaudare
Te nequimus, hoc dignare
Tu pro laude acceptare,
  Laus humani generis.
Vale, virgo, tibi clamo,
O Maria, nam te amo,
Pietatis tuae ramo
Solve me de mortis hamo
  Collocans in dexteris.

21. O Maria, dulcor florum,
Virtus myrti, arx cedrorum,
Vis malorum punicorum,
Cella fragrans unguentorum,
  Cellaque vinaria.
O Maria, flos rosarum,
Cinnamomi, olivarum,
Nardi Cypri ac palmarum,
Myrrhae, thuris, fistularum
  Vincis pigmentaria.

22. O Maria, clausa porta,
Clausus hortus, nos conforta,
Tu de stirpe regum orta,
Paradiso nos reporta,
Virginum primitiae.
O Maria, mellis crater,
Te elegit Deus pater,
Ejus nato ut sis mater,
Qui per te est nobis frater,
O inventrix gratiae.

23. O Maria, regis veri
Virga aurea Assveri,
Iram judicis severi
Scis lenire, ut mederi
Malit quam percutere.
O Maria insignita,
Turris David praemunita,
In supremo coeli sita,
Per te cohors sit contrita,
Quae nos cupit laedere.

24. O Maria, tu sublimis
Scala coeli, pressos nimis
Duc in altum nos ab imis,
Copulando nos opimis
Supernorum civium.
O Maria, sponsa dia,
Quam coelestis hierarchia
Jugi laudat symphonia,
Audi preces, mater pia,
Tibi supplicantium.

25. O Maria, semper ave,
Sertum hoc ne ducas grave,
Summum Christi tu conclave,
Te ut laudem, mihi fave
Perpeti memoria.
O Maria, recreamen.
Placa patrem, natum, flamen,
Ut finale post examen
Sanctis nos conjungat, amen,
In superna patria.

Cod. Andecens. fol. 22 b. A. — Cod. Augiens. fol. 167 b. B. — Cod.
Fragens. fol. 114 a C. — Cod. Tegurin. I fol. 42 a D. — Cod. Tegurin. II
fol. 86 a E. — Cod. Tegurin. III fol. 152 a L. — Cod. S. Blasii fol. 22 b
F. — Cod. Scotor. Vindob. fol. 6 a G. — Orationale Arnesti saec. 14. Cod.
Musaei Bohem. fol. 149 a H. — Steht ebenfalls im Cod. Pragens. I E 25 fol.
181 I. — Cod. Pragens. VII G 9 saec. 15. Cod. Lambacens. 452 saec. 15.
fol. 31 b. — Cod. S. Petri Salisburgens. b. VI. 3 saec. 15. — Cod. Pollingens.
saec. 15 Clm. Monacens. 11 922. fol. 70 a. — Cod. Raigradens. $\frac{D}{K}$ I N 3. saec. 15.
fol. 215 a. — Orat. ms. Montis Aprini saec. 15. Clm. Monacens. 6053. fol. 187 a. —
Cod. Graecens. 1588 saec. 15. fol. 128 b. — Cod. S. Galli 482 fol. 141 b. —
„Explicit sertum B. M. V. compositum de quinquaginta flosculis editum
per religiosum virum fratrem Conradum, vicarium in Praga in monasterio
Carthusiensium." H. — „Explicit sertum rosaceum M. V. compilatum per
dominum papam Urbanum IV." I. — „Incipit sertum S. Bernhardi ad bea-
tissimam V. M. KF. —
1, 7 Mater virgo sublimata H. — 2, 9 figurata HF. — 3, 1 sponsa
delicata E. — 3, 10 Coeli indigenae A. — 4, 8 Purga labem delictorum A. —
5, 2 Quam processit E. — 5, 7 Tuae nitor F. — 5, 9 nostrae spei F. —
6, 1 flos campi FG. — 6, 1 quae miris A. — 6, 2 Fulges signis C. — 6, 6
iris aerinus A. — 6, 7 Speciositate trinus H. — 6, 10 Dans in signum A. —
7, 2 Nec non miris fulgens signis FG. — 7, 5 In superna patria F; in promissa patris A. — 7, 6 Salve virgo F. — 7, 7 dat saporem AEG. — 7, 8
dat decorem BEF. — 7, 9 Suavem terris AFH. — 7, 9 fert odorem B: dat
odorem AFHG. — 7, 10 Profugando vitia CH. — 8, 3 Jugo Evae F. —
8, 7 Dei verique F. — 8, 8 Tua lactans A; Tua lactasti mamilla E. —
9, 3 Naevo sola expers faris E. — 9, 4 Digne sanctis F. — 9, 7 O Maria
gloriosa F. — 9, 8 Dona Christi H. — 10, 5 Cum amoris B. — 11, 7 Arbor
candens F. — 11, 8 fulvo adornavit AH. — 12, 2 quem dum luxit A. —
12, 3 tunc refulsit H. — 12, 4 fehlt F. — 12, 7 Mater pia F. — 13, 3 Quem
perfudit H. — 13, 10 mellicus BF; Cantus laudat coelicus H. — 14, 2 tu
beata F. — 14, 5 Das weitere fehlt A. — 15, 1 virgo laeta BG. — 15, 10

Vultus sui F. — 16, 3 Sed post órtum H. — 17, 1 manna verum H. —
17, 3 Qui confirmat BHG. — 17, 10 Mire nos reficiens AB. — 18, 6 thronus
illibatus H. — 18, 8 ornatus A; coronatus B — 19, 6 Judith pulchra F. —
19, 7 trucem ducem BHGF; Neca cruce E. — 19, 8 portis mortis HF. —
20, 2 Ut qui F; Et qui E. — 21, 5 Colloque B. — 21, 7 Cynamomum
F. — 22, 3 regum stirpe E. — 23, 3 Tu lenire et B; Sic lenire et F. —
24, 4 Te plorando nos B. — 25, 3 Summi Christi F. — 25, 5 In aeterna
gloria F. — 25, 10 In coelesti patria H.

3. Annulus B. V. M.

1. Ave virgo nobilis,
Desponsari habilis
Summo regi, annulum,
Arrhabonis titulum,
    Suscipe, Maria.
Novum florem virgula,
Paranympho credula,
Concipis, quam jaspidis
Color monstrat viridis
    Plenam fide pia.

2. Virtus spei stabilis
Nunquam in te.labilis
Fuit neque veritas,
Signat ut serenitas
    Coelica sapphiri.
Lucens chalcedonius.
Sed sub divo pulchrius,
Pandit te eximio
Caritatis radio
    Fervide igniri.

3. Ut smaragdi claritas
Monstrat et viriditas,
Mente cunctis purior
Es et elegantior
    Actu virtuali.
Sardonyx inturbidus
Ruber, niger, candidus,
Te designat limpide
Conversatam placide
    Gestu virginali.

4. Bene rubens sardius
Indicat apertius,
Mortis Christi gladium
Sauciasse nimium
    Spiritum Mariae.

Exprimit chrysolithus,
Prae fulgore inclytus
Flammeis scintillulis,
Claram te miraculis
    Ac dono sophiae.

5. A beryllo pallido
Seu nitenti fulgido
Humilis in animo
Et benigna proximo
    Rite comprobaris.
Tandem pretiosior,
Cunctis gemmis gratior,
Asserit topasius,
Cunctis quod limpidius
    Deum contemplaris.

6. Ecce nunc qui rubeas
Guttas jacit aureas,
Chrysòprasus nimii
Aestu desiderii
    Refert te fervere.
Vt jacinthus celeri
Se conformat aetheri,
Sic fers opem anxiis,
Tuis quos auxiliis
    Cernis indigere.

7. Insuper te omnibus,
Deo et hominibus
Praedilectam roseus
Color et purpureus
    Probat amethysti.
Recte evangelica
Margarita coelica
Es mercantum omnium;
Felix, qui commercium
    Consequitur Christi.

8. Grandis niger dicitur.
Venis albis cingitur.
Qui te vere humilem.
Hinc et acceptabilem
  Reserat achates.
Illico onychius
Mixtus fert, quod Dominus
Piis te virtutibus
Adornavit omnibus,
  Quam optarunt vates.
9. Nunc te prodit largiter
Adamas, qui firmiter
Cunctis obstat ictibus.
In adversis omnibus
  Fortem patientem.
Indicat perlucida
Te crystallus frigida
Mente, carne virginem
Nostraeque originem
  Spei exsistentem.

10. Sic te temperantia
Ac timoris gratia
Ornant, ut egregius
Aperit Ligurius
  Similis electro.
Magnes ferrum propius
Attrahit celerius.
Virgo poenitentium
Chordas tangit mentium
  Pietatis plectro.
11. Approbat carbunculus,
Lucens noctis oculus,
Longe, late, largiter.
Laudis tuae jugiter
  Famam dilatari.
Regnans in coelestibus
Ornata virtutibus,
Munda nos a vitiis
Et de tuis nuptiis
  Facias laetari.

12. Insuper in copia
Ephilat, Arabia,
Ophir, Saba pariter,
Tharsis dat similiter
  Aurum affluenter.
Ex quo praesens parvulus
Fit gemmatus annulus,
Quem oblatum hodie
Per me, sponsa gloriae.
  Suscipe clementer.

Cod. Andecens. fol. 27 a A. — Cod. Augiens. fol. 170 a B. — Cod. S. Blasii fol. 30 b C. — Cod. Pragens. fol. 115 a D. — Cod. Scotorum Vindobon. fol. 8 a E. — Cod. Tegurin. I fol. 48 a F. — Cod. Tegurin. II fol. 94 b G. — Cod. Tegurin. III fol. 193 b H. — Steht auch im Cod. Graecens. 158 fol. 126 b H. — Clm. Monacens. 19991 anni 1466 fol. 296 a. — „Incipit ipsius annulus ex 20 gemmis pretiosissimis et auro virtutum ejus mundissimo fabricatus." B. „In versuum capitibus reperitur titulus: Annulus beatae virginis Mariae." BD. — „Editus a Conrado de Haimburga priore Carthusiae Seicensis." H. —
Str. 1—5 fehlen A. — 3, 7 Rubet niger candidus C; Rubens nigris G. — 3, 10 Gustu virginali DB. — 5, 2 Seu urenti fulgido A; Seu virenti DE. — 5, 9 quod fehlt A. — 7, 9 Felix fehlt A. — 11, 7 Ornata his virtutibus A. — 12, 2 Euilach B, Evilath G, Evilat E, Eiulat CD, woraus Mone „exsultat" gemacht. „Ephilat est regio sc. indeanlant in terra Indica." Diffenbach.

4. Thronus Beatae Mariae.

1. Salve coeli Domina.
Cui pangunt carmina
Angelorum agmina
  Summo coram bono.

Intonantes pariter,
Hymnizantes dulciter.
Modulantes jugiter
  Harmoniae sono.

2. Tibi parent omnia,
Polus, tellus, maria,
Dominatrix regia,
   In coelesti throno.
Thronum Christus edidit
Hunc, qui cuncta subdidit
Seque tibi indidit
   Pro insigni dono.

3. Hic in thronum gloriae
Suae tam eximiae
Te virtutis numine
   Mire praeparavit,
Regis ut authenticus
Salomonis typicus
Olim thronus mysticus
   Pulchre figuravit.

4. Opus grande solidum,
Ebur forte candidum,
Ex natura algidum,
   Hoc materiavit,
Nempe quod efficiens,
Redimire gestiens,
Auro fulvo vestiens,
   Nimis venustavit.

5. Uirgo praefert corpore
Designatum ebore,
Cuncto pulchrum tempore,
   Florem castitatis,
Sic Mariae spiritus
Praefulget divinitus
Auro fulvo praeditus
   Summae caritatis.

6. In hunc thronum talibus
Sex virtutum gradibus
Christus scandens passibus
   Motu singulari.
Sic hic gradus infimus
Non virtutis minimus,
Quod ad Ave legimus
   Virginem turbari.

7. Turbat pudicitia,
Cogitat prudentia,
Fidei constantia
   Modum inquisivit.

Ecce, inquit, flamini,
Sum ancilla Domini,
Dicens „fiat“ numini
   Felix obedivit.

8. Per hos gradus Dominus
Thronum intrat cominus,
In quo nihilominus
   Mensibus novenis
In sedili aureo
Sedit rex purpureo
In vestitu carneo
   Nutibus serenis.

9. Adstant et leunculi,
Bis sex quibus graduli
Substant, quorum oculi
   Thronum contemplantur.
Totidem discipuli,
Conversores saeculi,
Christi matrem singuli
   Digne venerantur.

10. Inde thronus habuit
Binas, prout decuit,
Manus, quibus tenuit
   Regium sedile.
Bina harum actio
Fomitis exstinctio,
Gratiae repletio
   Reddunt hoc subtile.

11. Insunt bina brachia,
Acta vitae fortia
Virginis signantia,
   Nam contemplativam
Gratam affectantibus,
Suavem degustantibus,
Optimam servantibus
   Signat et activam.

12. Riteque spectabiles,
Fortes et terribiles
Adstant bini stabiles
   Brachiis leones,
Accipit per virginem „
Homo fortitudinem,
Sumunt sed formidinem
   Barathri dracones.

13. Throni pars posterior
Pinnaque superior.
Ut sit elegantior.
Exstitit rotunda
Vitam clausit virginis
Vita carens criminis,
Quo in throno luminis
Regnat laetabunda.

14. Salomonis stabile
Solium mirabile.
Opus delectabile
Id materiale.
Sic paret cernentibus
Ut in regnis omnibus
Cunctis in operibus
Non sit coaequale.

15. Attamen magnifici
Nobisque pacifici
Thronus regis coelici,
Veri Salomonis,
Nusquam sibi similem
Nunquam sic amabilem
Tamque venerabilem
Habuit in thronis.

16. Certe in virginibus,
Angelis, martyribus.
Sanctisque doctoribus
Modo spiritali
Tamquam in sapphireo
Ac solari flammeo
Deus sedet nubeo
Throno speciali.

17. At venter virgineus
Thronus est eburneus.
In quo rex aethereus
Factus homo Deus
Mansit corporaliter
Supernaturaliter.
Ut spiritualiter
Vivat homo reus.

18. Abiit in coelicum
Thronum per mirificum
Thronum transangelicum
Thronus virginalis.
Resides in solio
Proximata filio
Cum ingenti gaudio.
Pacis aeternalis

19. Inde dextram omnibus
Porrige precantibus
Et a malis actibus
Retrahe, Maria.
Ad te revertentibus
Opem fer petentibus.
Ut virtutum gradibus
Te sequamur pia

20. **Thronus** divae regiae
Per te, thronum gratiae,
Nos in thronum gloriae
Congerat sanctorum.
Mariae ut canticis
Jubilemus melicis
Tibi cum hymnidicis
Choris angelorum.

Cod. Andecens. fol. 20 b. A. — Cod. Augiens. fol. 169 a. B. — Cod. S. Blasii fol. 29 b. C. — Cod. Pragens. fol. 113 a. D — Cod. Scotorum Vindobon. fol. 5 a. E. — Cod. Tegrinsens. I. fol. 30 a. F. — Cod. Tegrinsens. II. fol. 88 b. G. — Cod. Tegurin. III. fol. 185 b. H. — Steht ebenfalls Clm. Monacens. 19991 anni 1466 fol. 291 b. — Cod. S. Galli 482 fol. 180 a.
„Super illo verbo 3 Reg.: Fecit rex Salomon thronum de ebore grandem et vestivit eum auro fulvo nimis, qui habebat sex gradus. Et summitas throni rotunda erat in parte posteriori. Et duae manus hinc atque inde tenentes sedile. Et duo leones stabant juxta manus singulas et duodecim leunculi stantes super sex gradus hinc atque inde. Non enim factum corpus tale in universis regnis In secundo quoque Paralipomenon ponuntur duo brachia et quod ibi scabellum aureum dicitur hic sedile vocatur." DB.
„Est titulus talis, probat ut series capitalis:
Sit thronus iste pia tibi gratus virgo Maria." BDG.
2, 2—11, 4 fehlen A. — 3, 1 in throno B. — 6, 3 scandit CE. — 6, 4 Quod Mariam legimus BE: Quam ad Ave EF. — 6, 5 Clausam salutari

BE. — 7, 1—3 Tamen prudens cogitat | Quaerens modum quaeritat | Virginale recitat | Votum quod subivit. GEF. — 7, 7 Dicens sacro B. — 7, 8 obaudivit G. — 8, 8 Tutibus serenis C. — 11, 4 Vitam contemplativam C; contemplaturam B. — 11, 8 acturam B; Signant CF; Signavit E. — 12, 7 Terroris formidinem AB. — 13, 2 primaque superior D. — 15, 7 Atque venerabilem B; Tamquam venerabilem A. — 16, 6 flamineo B. — 17, 4 Sanctus homo B. — 17, 7 Ut misericorditer DCF; Et misericorditer E. — 19, 2 peccantibus CE. — 20, 1 domnae regiae B; de me regiae G.

5. Hortulus B. V. M.

1. O Maria, paradisus,
   Voluptatis hortulus,
     Plenus cunctis bonis,
   Rigat te fons indivisus.
   Quadruplexque rivulus
     Gratiarum donis.

2. Tigris velox succurrendo,
   Euphrates es frugifer,
     Phison os mutatum
   Uerbum anguis auferendo,
   Geon, quo se mortifer
     Scit praerupto datum.

3. Lignum vitae paradisi
   Ens in tui medio
     Vitae dedit fructus
   Uberes, qui non sunt visi,
   Cosmo sunt remedio
     Contra Stygis luctus.

4. Summus orbis architectus
   Quem plantavit floridum,
     Hortus es conclusus.
   Iste tuus praedilectus
     Caput habens roridum
     Nusquam est exclusus.

5. Stat, pulsat vociferando:
   Surge, curre, resera
     Ostium, conclave,
   Tua mihi grata dando
   Poma nova, vetera,
     Osculum suave.

6. Est votum virginitatis
   Novum sed fecunditas
     Pomum vetustatum,
   Per complexum Deitatis
   Capiet humanitas
     Osculum beatum.

7. Intrans ad te, dedicata
   Mihi virgo, filia,
     Soror mea, sponsa,
   Austro flante delicata
   Horti tui lilia
     Colligam absconsa.

8. Pneumatis austro perflatus
   Hortus tui pectoris
     Floribus vernabit,
   Latens Deus et velatus
   Velo tui corporis
     In te germinabit.

9. Adsum, sponsus nunc jucundus
   His pulsatus vocibus,
     Veniat dilectus
   Candidus et rubicundus,-
   Electus ex millibus
     In hortum allectus.

10. Ecce asto, summe mitis,
    Omne fugans noxium
      Tenebris relucens.
    Ad haec illa Sunamitis
    Horti pandit ostium
      Sponsum introducens.

11. Tunc rex regum in decore
    Sponsae dat charismata,
      Dona gratiarum.
    Tentus ejus est amore,
    Ut sensit aromata
      Rerum diversarum.

12. Ibi ergo exsultabat
    Unicus cum unica ,
      In credentis fide,
    Bonus sapor hinc manabat,
    Hoc per mala punica
      Vel granata vide. -

13. Illic Cedrus et Cypressus
    Virginis sublimitas
    Contemplationis,
    Vitis Cypri botrus pressus
    Cordis est jucunditas
    Et affectionis.

14. Inest palma triumphatrix,
    Contra hostes hominis
    Balsamus salutis.
    Rorat ficus dulcoratrix,
    Favor in cor virginis
    Mella dat virtutis.

15. Gignit Setim firmitatis
    Rubumque Mosaicum
    Carne virginali,
    Oleumque pietatis,
    Medicamen mysticum
    Morbo spiritali.

16. Mire praegnans et impune
    Alvus et Mandragora
    Hortuli Mariae,
    Arbores solis et lunae
    Poma dant per tempora
    Coelicae sophiae.

17. Ramos suos therebinthus
    Hinc expandit gratiae,
    Hinc ramos honoris.
    Jugiter succrescit intus
    Bdellium clementiae,
    Spes buxus viroris.

18. Affert laurus veritatem,
    Foliis constantiam
    Arbor ebenina,
    Ob imputrebilitatem
    Dant perseverantiam
    Ligna quoque thina.

19. Rubens morus maturescit
    Malusque florigerus
    Conversationis,
    Tunc amygdalus florescit,
    Viretque juniperus
    Vi compassionis.

20. Ut nardus humilitatis,
    Myrthus temperantiae,
    Cynnamomi vapor,

Large crocus caritatis
Crescit, patientiae
Zuccarique sapor.

21. Ungula sobrietatem,
    Myrrha continentiam,
    Thus devotionem,
    Signat gutta puritatem,
    Storax confidentiam
    Et orationem.

22. Bene zelus, disciplina,
    Pax, obedientia
    Cum discretione
    Et prudentia, doctrina,
    Mititas, justitia
    Cum perfectione

23. Aloe, stacte signantur
    Calamo et cassia,
    Galbano, resina.
    Tuta, hysopo notantur
    Acta, desideria
    Cappare divina.

24. Ecce rosa, flos amoris,
    Rubet, fioret lilium,
    Candor virginalis;
    Viola vernat pudoris,
    Flos campi convallium
    Famae virtualis.

25. Insuper arbusta culta
    Et vireta germina,
    Frutices donorum,
    Radix, stipes et virgulta,
    Plantae, herbae, semina
    Omnium bonorum.

26. Gratiarum diversarum
    Frondes, flores, folia
    Fructusque virtutum
    In horto deliciarum
    Virent, vigent omnia
    Ad divinum nutum.

27. Nunc dilatant se ramorum
    Florida cum platano
    Sponsam obumbrando,
    Influit et fons hortorum
    Impetu de Libano
    Hortum irrigando.

28. Sonant ibi coeli aves,
    Spiritus angelici
    Sponsae jubilantes,
    Melodias dant suaves
    Carminisque coelici
    Laudes resonantes.

29. Ave, virgo, cujus hortum
    Dum descendens Dominus
    Per se visitavit,
    Reperit pudoris portum
    Clausum, nihilominus
    Ut sol penetravit.

30. Inde tollens, quam plasmavit
    Vestem carnis fragilem,
    Clausum dereliquit,
    Et ab horto revocavit
    Gladium versatilem.
    Quo Adam deliquit.

31. Aperi hunc hortum rite,
    Quem clausit temeritas
    Transgressoris Adae,
    Manu duc ad lignum vitae
    Nos, clamat posteritas,
    Tunc prostrata clade.

32. Et nunc mihi horti tui
    De virtutum floribus
    Praebe praegustamen,
    Nec non fac ut horti sui
    Christus pascat fructibus
    Me in aevum. Amen.

Cod. Andecens. fol. 16 a. A. — Cod. Tegurin. I. fol. 37 a. B. — Cod. Tegurin. II. fol. 90 a. C. — Cod. Tegurin. III. fol. 188 a. E. — Orationale ms. Tegurin. anni 1476. Clm. Monacens. 20002. D. — Steht auch Clm. Monacens. (olim Tegrinsens.) 19636 saec. 15 fol. 296 b; Clm. Monacens. (ol. Tegrinsens) 19991 anni 1466 fol. 292 b.
    „Rhythmorum capita per singulos (sic) colligis ista
        Ortulus iste pia placeat tibi virgo Maria.“
Ortulus beatae Virginis Mariae. Amen. A. —
    2, 6 Datum scit praerupto A; — 4, 6 es exclusus C. — 6, 2 Novum fehlt A. — 6, 3 vetustum A. — 8, 3 vernabat A. — 8, 6 germinabat A. — 25, 1 infirmitatis A; firmitas C. — 23, 4 Ruta A gegen das Akrostichon. — 19, 1 hortum fehlt. A. — 31, 6 prostrata claude. A.

6. Convivium dulcissimae Virginis Mariae.

1. Maria, sponsa Domini,
   Quae in salutem homini
       Divinitus es data,
   Una cum tuo filio,
   Ut rosa juncta lilio,
       Ad nuptias vocata.

2. Quo dum inter convivia
   Fit sponso verecundia
       Deficiente vino,
   Te pietas inolita,
   Compassio insolita
       Movit nutu divino.

3. Expostulas auxilium
   Interpellando filium:
       Fili, non habent vinum;

   Qui mox in vini poculum
   Aquam vertit, miraculum
       Sic exhibens divinum.

6. Hic pedes Christo fletibus
   Lavit, abstersit crinibus
       Et unxit Magdalena
   Et caput nardo pistico,
   Cujus odore mystico
       Ecclesia fit plena.

7. Accedit huc triclinium
   Et celebre convivium.
       Quo verus rex Asuerus
   Reginam Vasti repulit,
   Reginam Esther extulit
       Judicio sincerus.

'6. Nam Synagogam deserens
Ecclesiamque praeferens
In sponsam te elegit
Prae cunctis, quos ad nuptias
Coelestesque divitias
A saeculo collegit

7. Praecipuumque haustulum,
Deliciosum ferculum
Asverus noster ponit,
Quando corpus cum sanguine,
Ex te assumptum virgine,
Fidelibus apponit.

8. Et Manna verum praebuit
Et panem coeli tribuit,
Eliminans legalem
Agnum cum caeremoniis,
Se Dei agnum filiis
Dans victimam paschalem.

9. Post cum duobus fratribus
In Emaus ambulantibus
Coactus remanere,
Dum panem fregit protinus,
Quod surrexisset Dominus,
Recognoverunt vere.

10. Hinc mellis favum offerunt
Et piscem assum afferunt
A morte resurgenti,
In melle Christi Deitas,
In pisceque humanitas
Signata sunt credenti.

11. Stetit Jesus in littore
Post opportuno tempore,
Dum fratres piscarentur,
Jubens, ut rete mitterent
In dextram et sic prenderent,
Ne frustra conarentur.

12. Tunc multis magnis piscibus
Jam captis a piscantibus
Christus eos vocavit,
Afferrent partem piscium
Ad panis, piscis prandium,
Quod eis praeparavit.

13. Gregatis tandem omnibus,
Undenis recumbentibus
Tamquam valefacturus

Convescebatur pariter
Ad mensam corporaliter
Ab ipsis recessurus.

14. O quantum istis dapibus
Referta spiritalibus
Es mente saginata,
Internis plena gaudiis
Et jugibus conviviis
Es facta delicata,

15. Dilectum super milia
Dum pascis inter lilia
Sacrarum mamillarum
Liquore lactis niveo
De corpore virgineo,
Tu frontis et genarum.

16. Ut apis mel ex floribus
Sic carpis flores osculis
Ex labiis sacratis;
Se ipso superdulciter
Te replet nunc perenniter
Deliciis beatis.

17. Quis unquam vidit oculus
Audivit nec auriculus,
Nec in cor ascenderunt,
Quamvis beati spiritus
Referti sunt divinitus,
Nec tantas receperunt.

18. Nunc transis in triclinio
Praecincta in convivio
Tu Christo ministrando,
Quo spiritus angelici
Et cuncti cives coelici
Discumbunt gratulando.

19. Et edunt, quo esuriunt,
Quod pleni non fastidiunt
Semper esurientes,
Quo debriari cupiunt,
Hoc bibunt, adhuc sitiunt,
Sunt pleni sitientes.

20. Saturitas esuriem,
Dat appetitus requiem,
Fames saturitatem,
Jucunda sic societas
Internaque satietas
Stant per aeternitatem.

21. O sponsa regis gloriae,
    Da mihi micas hodie
    De mensa dominorum,
    In via ne deficiam,
    Donec permittas, veniam
    Ad pacem filiorum.

22. Tu aquas poenitentium
    Infunde vasis cordium
    Et hydrias impleto,
    Ut vinum jubilantium
    Factum ex aqua flentium
    Bibamus corde laeto.

23. Da manna verum coelicum,
    Da panem et angelicum,
    Da novi testamenti
    Agnum, corpus dominicum,
    Et sanguinem salvificum
    Vitalis sacramenti.

24. Accipere fideliter
    Nos digne et salubriter
    Ad vitam spiritalem,
    De petra Christo sugere
    Mel, oleum emungere
    Per spiritum vitalem.

25. In hujus mundi aestibus
    Et procellosis fluctibus
    Nans velut piscis assus,
    Per te, virtutum anchora,
    Prendar ad coeli littora,
    Me trahat Christus passus.

26. Ut ejus mensae copulex
    Et cum beatis epulex
    Saturque dape dia,
    Mens mea laudes Domino
    Persolvat sine termino
    Tecum, dulcis Maria.

Cod. Andecens. fol. 28 a. A. — Cod. Tegrinsens. I. fol. 50 b. B. — Cod. Tegrinsens. II fol. 93 a. C. — Cod. Tegurin. III fol. 191 b. D. — Steht auch in Clm. Monacens. (olim Tegurin.) 19991 anni 1466 fol. 294 b. — Clm. Monac. (ol. Tegurin.) 20021 anni 1470 fol. 370 a.
1, 3 est data A. — 3, 1 Expostulans A. — 11, 4 Cum panem C. — 13, 5 In dexteram et prenderent C. — 17, 6 frondis A. — 18, 1 At apis mel C. — 18, 3 Ex labiisque A; ex labrisque C. — 19, 2 auditulus AC. — 21, 4 Quo inebriari A. — 26, 2 Et nos digne A. — 27, 1 aestibus fehlt A. — 27, 2 fructibus A. — 27, 3 assis A. — 28, 3 dape pia C.

7. Gaudia beatae virginis Mariae.

1. Gaude, virgo, dico gaudens,
   De favore tuo audens,
   Laeto corde tua plaudens
   Replico nunc gaudia.

2. Gaude, virgo, mater Christi,
   Verbum verbo concepisti,
   Dum ab angelo audisti:
   Ave plena gratia.

3. Gaude, sine partu tristi
   Virgo partum edidisti,
   Immo gaudens protulisti
   Prolem mater filia.

4. Gaude, magi procidentes,
   Tuum natum agnoscentes,
   Deum regem profitentes
   Tria ferunt munia.

5. Gaude, natum, quem lactasti,
   Hunc in templum praesentasti,
   Et te, virgo, expiasti
   Parientum hostia.

6. Gaude, quia tuus natus
   In mortem pro nobis datus,
   Te vidente tumulatus,
   Surgit cum victoria.

7. Gaude, limbum destruentem,
   Inde justos eruentem
   Christum vides transcedentem
   Coelos ex vi propria.

8. Gaude, cum in igne misit
   Pneuma sacrum, ut promisit
   Christus suis, tunc immisit
   Tibi hoc in copia.

· 9. Gaude, Christus cum levavit
Te in carne et locavit
Supra astra, obviavit
Tota coeli curia.
10. Gaude, virgo singularis,
Ut prae cunctis sublimaris,
Sic et digne plus laudaris
In coelesti gloria.
11. Gaude, virgo, quae decore
Ornas coelum lucis more,
Velut cuncta sol splendore
Superat lucentia.
12. Gaude, cui angelorum
Chori parent et sanctorum
Ut reginae ac votorum
Exhibent obsequia.
13. Gaude, quod vis esse ratum,
Tuo nato exstat gratum
Et omnem tuum precatum
Explet cum clementia.
14. Gaude, qui te venerantur,
Tua laude delectantur,
Hi per Christum munerantur
In superna patria.

15. Gaude, summe coronata
Carnis dotibus ornata,
Christi dextris sociata
Regnas super omnia.
16. Gaude, semper perfrueris
His deliciis sinceris,
Ut in aevum jucunderis
Summa cum laetitia.
17. A me mundi jam evelle
Gaudia permixta felle,
Immo me tuorum melle
Gaudiorum satia.
18. Veni, virgo, da lactari
Me in te, nunc consolari,
Et in fine gratulari
Tui de praesentia.
19. Dona mihi te videre,
Semper tibi congaudere,
Tecum plene possidere
Beatorum praemia.
20. Ecce tibi congaudemus,
O Maria, ut amemus
Te in aevum et laudemus,
Duc nos ad coelestia.

Cod. Andecens. fol. 30 b. A. — Cod. Scotorum Vindob. fol. 12 b. B. —
Cod. Tegurin. I. fol. 54 a. C. — Cod. Tegurin. III. fol. 200 a. D. — Steht
auch Clm. Monacens. (ol. Tegurin.) 20021 anni 1470 fol. 373 a.
4, 4 munera ABC. — 5, 4 Parentum A. — 7, 4 Coelos fehlt A. —
8, 3 cum immisit AC. — 20, 3 ut laudemus A.

8. Oratio super Ave Maria.

1. Ave virgo, virgula
Flosculi regalis,
Quam in matris clausula
Virtus divinalis
Eximit a macula
Culpae generalis,
Ut illustres saecula,
Decor virginalis.
2. Maria tu sideris
Instar luminosa,
Stella maris diceris
Vere radiosa,
Nondum nata crederis
Tota gratiosa,
Carens spina veteris
Culpae coeli rosa.

3. Gratia progenitam
Te Deus ignivit,
Ut lucernam inclytam
Lumine vestivit,
Cujus luce perditam
Drachmam requisivit,
Et ad vitae semitam
Ducens insignivit.
4. Plena luce gratiae
Rutilans decora,
Solem tu justitiae
Praevenis aurora,
Tota pulchra specie
Fulgens omni hora,
Noctem delinquentiae
Fugas sine mora.

3*

5. D o m i n u s cum hominem
   Voluit creari,
Omnium tu Dominum
   Gaudes humanari
In te, virgo virginum,
   Quo nos scis beari,
Angelorum agminum
   Turmas reparari.

6. T e c u m Dei filius,
   Qui te dedicavit
Et ut vitrum radius
   Solis subintravit,
Carne sumpta proprius
   Te inhabitavit
Et nos sibi propius
   Per te copulavit.

7. B e n e d i c t a filia,
   Quae paris parentem,
Lactis alimonia
   Nutris te pascentem,
Stringis inter brachia
   Cuncta continentem,
Cunis cingis fascia
   Omnia regentem.

8. T u in m u l i e r i b u s
   Virgo concepisti
Et sine doloribus
   Virgo peperisti,
Post partum in omnibus
   Virgo permansisti,
Sola sic hominibus
   Vitam contulisti.

9. E t sic semper speculo
   Purior manebas,
Nec legali vinculo
   Matrum subjacebas,
Tamen cum infantulo
   Virgo procedebas,
Hostiam pro parvulo
   Templo offerebas.

10. B e n e d i c t u s filius,
    Per te nobis datus
Et in templo gratius
   Patri praesentatus,

Sed in cruce plenius
   Per se immolatus,
In altari crebrius
   A nobis oblatus.

11. F r u c t u s tuae coelicae
    Conversationis,
Speculum angelicae
    Imitationis,
Formam dat mirificae
    Contemplationis,
Exemplum magnificae.
    Operationis.

12. V e n t r i s tui castitas
    Coelum decoravit,
Corporis fecunditas
    Mundum reparavit
Cordisque humilitas
    Deum inclinavit,
Virtutum nobilitas
    Mores reformavit.

13. T u i ventris filio
    Nunc associata,
In regali solio
    A dextris locata,
Excellenti praemio
    Regnas sublimata,
Summo privilegio
    Omnibus praelata.

14. J e s u s carnis schemate
    Jam te praedotavit,
Sceptro regni themate
    Te praehonoravit,
Regni diademate
    Pulchre coronavit,
Angelorum neumate
    Mire collaudavit.

15. C h r i s t u s, patris dextera,
    Per te nos emundet,
Pietatis viscera
    In nobis fecundet,
Caritatis opera
    Largius secundet,
Ut per nova foedera
    Cordis pax abundet.

16. A m e n dicant omnia,
    Ut nunc per te, pia,
    Recreemur gratia,
    Virgo, mater dia,
    Da gustare gaudia
    Coeli nos in via,
    Tandem tecum gloria
    Perfrui Maria.

Cod. Andecens. fol. 36a. A. — Cod. Augiens. fol. 118b. B. — Cod. Pragens. fol. 117a. C. — Cod. Scotorum Vindob. fol. 11b. D. — Cod. Tegurin. I fol. 61b. E. — Cod. Tegurin. II fol. 95b. F. — Cod. Tegurin. III fol. 195b. G. — Steht auch in Clm. Monacens. (ol. Tegurin.) 20123 saec. 15. fol. 213b. — Clm. Monacens. (ol. Tegurin.) 20021 anni 1470 fol. 374a. — Clm. Monacens. (ol. Tegurin) 19636 saec. 15. fol. 276a.

    1, 3 in nostris clausula A. — 5, 2 Voluit incarnari B. — 5, 5 Vitae virgo F. — 7, 7 Atque cingis fascia B; Cingis fascigia A. — 11, 1 Fructus tui A. — 11, 4 Invitationis A. — 13, 8 placata A. — 14, 1 carnis stemate A. — 14, 2 perdotavit ABF. — 14, 7 pneumate A.

9. Oratio super Magnificat.

1. Gaude, quam magnificat
    Praeelectione
  Deus et sanctificat
    In plasmatione,
  Cujus nos laetificat
    Generatione,
  Quam verbi deificat
    Incarnatione.

2. Tua felix anima
    Tunc magnificavit
  Dominum et intima
    Virtus adoravit,
  Fide mens gratissima
    Plaudens jubilavit,
  Laudeque dignissima
    Cor tripudiavit.

3. Exsultavit spiritus
    Tunc in salutari,
  Illapso divinitus
    Modo singulari,
  Quem non valet penitus
    Ullus perscrutari,
  Attamen medullitus
    Debet venerari.

4. Te ancillam humilem
    Dominus respexit,
  Filiam te nobilem
    Genitor provexit,

  Matrem virginabilem
    Filius dilexit,
  Sponsam, fide stabilem,
    Spiritus allexit.

5. Ecce ex hoc deferunt
    Tibi nationes
  Et beatam referunt
    Generationes,
  Te coelestes efferunt
    Congregationes
  Et terrestes praeferunt
    Te cognationes.

6. Quia potens Dominus
    Tibi magna fecit,
  Magna nihilominus
    Et in te perfecit,
  Quos ab ipso facinus
    Separans infecit,
  Per te trahens cominus
    Pulchrius refecit.

7. Nomen ergo Domini
    Hoc sanctificetur
  Et in laudem numini
    Sanctum praedicetur,
  Huic sancto nomini
    Semper supplicetur,
  Quo salutem hominum
    Deus pollicetur.

8. Et misericordia
   Ejus in timentes
   Pacisque remedia
   Super poenitentes,
   Gratiae praesidia
   Super exquirentes
   Et virtutum gaudia
   Super diligentes.

9. Potens hic in proelio
   Superbos dispersit,
   In virtutis brachio
   Daemones eversit,
   Inferni succendio
   Cunctos sic immersit,
   Ut in coeli solio
   Nec unus supersit.

10. Dominus deposuit
    De sede potentes
    Et in alto posuit
    Humiles egentes,
    Bonis implens aluit
    Nos esurientes
    Et inanes statuit
    Divites tumentes.

11. Et misericordiae
    Suae recordatus
    Nostraeque miseriae
    Hujus incolatus,
    Nos suscepit gloriae
    Deus incarnatus,
    Velut multifarie
    Patres est affatus.

12. Abraham et semini
    Ejus in aeternum
    In salutem homini
    Puerum supernum
    Deus misit, virgini
    Filium dans vernum,
    Honor cujus nomini
    Sit in sempiternum.

13. Hunc Deum puerulum,
    Ex te, virgo, natum,
    Et immensum parvulum,
    Summum inclinatum,
    Et verbum infantulum,
    Primum ultimatum,
    Dominum veraculum
    Nobis fac placatum.

14. Gaude, mater gratiae,
    Cujus ventris fructus
    Gustum dans laetitiae
    Nostros tulit luctus,
    Per quem a pernicie
    Homo est eductus
    Et ad portam gloriae
    Exsul est reductus.

15. Eja digna vernula,
    Quae Deo deorum
    Ministrasti sedula,
    Tu sancta sanctorum,
    Fac ut sine macula
    In coelo coelorum
    Laudem te per saecula,
    Saecla saeculorum.

Cod. Andecens. fol. 38a A. — Cod. Augiens. fol. 119a B. — Cod. Pragens. fol. 116a. C. — Cod. Scotorum Vindobon. fol. 10a. D. — Cod. Tegurin. I fol. 64a. E. — Cod. Tegurin. II fol. 96b. F. — Cod Tegurin. III fol. 197a. G. — Steht ebenfalls in Clm. Monacens. (ol. Tegurin.) 19636 saec. 15. fol. 290b. — Clm. Monacens. (ol. Tegurin.) 20021 anni 1470 fol. 375a.
4, 5 virginalem B. — 7, 2 Hic sanctificetur B. — 8, 2 Super metuentes B. — 9, 5 Inferi succendio BD. — 11, 7 multiformie C. — 13, 5 Verbumque B. — 15, 7 per singula A. — 15, 8 Saeculorum. Amen. B.

10. Oratio super Salve regina.

1. Salve nobilis regina,
   Fons misericordiae,
   Aegris vitae medicina,
   Lapsis vena veniae,
   Sitibundis nunc propina
   Nectar indulgentiae, .
   Et quos culpae pungit spina,
   Medicamen gratiae.

2. Vere vitae tu dulcedo,
  Cujus sapor proficit,
Favus mellis, suavis medo,
  Cujus dulcor afficit,
Gratiae me tuae dedo,
  Cujus odor reficit,
Nam te matrem Dei credo,
  Cujus amor perficit.

3. Et spes nostra specialis,
  Salve, decus virginum,
Cujus alvus virginalis
  Fert salutem hominum,
Imperatrix aeternalis
  Supernorum agminum,
Ut nos eruat a malis,
  Deprecare dominum.

4. Ad te matrem en clama-
    mus
  Exules et filii
Evae, ad te suspiramus,
  Accolae exsilii,
Te symmistam flagitamus
  Divini consilii,
Per te fructum sentiamus
  Coelestis auxilii.

5. In hac valle lacrimarum
  Nos gementes dirige,
In abyssum offensarum
  Lapsos flentes erige
A reatuque poenarum
  Nos clementer corrige
Et a lacu tenebrarum
  Trahens manum porrige.

6. Eja ergo, advocata
  Nostra, mitis omnibus,
Iram Dei prece grata
  Placa poenitentibus,
Dominatrix sublimata,
  Praepotens virtutibus.
In patronam nobis data,
  Salva nos ab hostibus.

7. Tuos tam misericordes
  Ad nos verte oculos
Et peccati tolle sordes,
  Animorum stimulos,
Tu conserva mundicordes,
  Puritatis aemulos,
Vera pace fac concordes
  Cunctos Christi populos.

8. Christum Jesum, bene-
    dictum
  Fructum tui uteri,
Animarum dulcem victum,
  Quo pascuntur superi,
Cruce tulit qui delictum
  Microcosmi miseri,
Triumphando maledictum
  Principatum inferi;

9. Tu benigna hunc ostende
  Nobis post exsilium,
Audi preces et intende
  Gemitus humilium,
Diligentes te defende,
  Firma spes fidelium,
Ne diei nos tremendae
  Feriat judicium.

10. Vere clemens, vere pia,
  Vere virgo regia,
Cui laudis harmonia
  Personat in patria,
Nos gubernans in hac via
  Tua per praesidia,
Transfer, dulcis o Maria,
  In aeterna gaudia.

Cod. Andecens. fol. 40 a. A. — Cod. Augiens. fol. 119 b. B. — Cod. Pragens. fol. 116 b. C. — Cod. Scotorum Vindob. fol. 11 a. D. — Cod. Tegurin. I fol. 66 a. E. — Cod. Tegurin II fol. 97 b. F. — Cod. Tegurin. III fol. 199 a. G. — Steht ebenfalls in Clm. Monac. (ol. Tegurin.) 20021 anni 1470 fol. 376 a.
2, 5 tuae me B. — 4, 5 Summi sancta flagitamus A. — 7, 2 Ad nos converte A. — 7, 8 Cunctosque A.

11. Oratio super Ave maris stella.

1. Ave maris stella,
Verbi Dei cella,
Gratiarum mella
_ Dans, coelestis ros.
Maris felix portus,
Voluptatis hortus,
In quo est exortus
Deitatis flos.
Stella tu serena,
Solis luce plena,
Dulcis et amoena,
Tu sanctorum dos.

2. Dei mater alma,
Tu virtutum palma,
Coeli ad agalma
Esto nobis dux.
Mater orphanorum,
Salus miserorum,
Fac ne nos rectorum
Hostis laedat trux.
Alma virgo parens,
Pari semper carens,
Care semper clarens,
Angelorum lux.

3. Atque semper virgo,
Mater sine viro,
Virum modo miro
Paris, qui est rex.
Semper in scripturis
Cunctis creaturis
Praefert in figuris
Te divina lex.
Virgo, virga floris,
Cujus haustu roris
Gustuque dulcoris
Vivit coeli grex.

4. Felix coeli porta,
In qua pax est orta,
Illuc nos reporta,
Ubi semper es.
Coeli sidus carum,
Instar solis clarum,
Splendor animarum,
Peccatorum spes.

Porta supernorum,
In qua sibi thorum,
Fecit rex coelorum,
Electorum pres.

5. Sumens illud Ave,
Verbum tam suave,
Tu Christi conclave
Electorum pars.
Illud verbum datum
Et a patre natum,
A te generatum
O sublimis ars!
Ave virgo parens,
Omni naevo carens,
Cujus inflet aréns
Gehennalis mars.

6. Gabrielis ore
Audis cum tremore,
Matrem Christi fore
Te, quod datur tunc.
Ore benedicto
Solvas a delicto,
Nos reddens invicto
Regi regum nunc.
Ore Gabrielis
Credens tu fidelis,
Filium de caelis
Ex hoc gignis hunc.

7. Funda nos in pace
Nec pro nobis tace,
Sed accensa face
Roget tua mens.
Nos duc dulcis, dia,
Ubi tecum, pia,
In aevum, Maria,
Gaudet tua gens.
In pace cum rege
Gaudes nova lege,
Sta pro tuo grege,
Sic te rogo flens.

8. Mutans nomen Evae,
Confer onus leve,
Ne culpae primaevae
Nos corrumpat fel.

Nomen amorosum
Habes et famosum,
Spiritum favosum,
  Tu coeleste mel.
Evae transfer fletum
In arrisum laetum,
Sic intremus coetum,
  Ubi manet El.

9. Solve vincla reis,
  Pacem donans eis,
  Et a culpis meis,
    Virgo, munda me.
  Vincla peccatorum,
  Nexus delictorum
  Rumpe, ne malorum
    Nos involvat vae.
  Reis spem solutis
  Et opem virtutis
  Confer destitutis,
    Obsecramus te.

10. Profer lumen caecis,
  Umbram fuga necis,
  Sume virgo precis
    Devotorum thus.
  Lumen spiritale,
  Supernaturale
  Praebe, ne lethale
    Nos corrumpat pus.
  Caecis et orbatis
  Visu veritatis
  Redde cum beatis
    Verae lucis jus.

11. Mala nostra pelle,
  Posce nosse, velle,
  A peccati felle
    Serva Christi lar.
  Nostra gubernatrix
  Sis et defensatrix,
  Coeli dominatrix,
    Cui nemo par.
  Pelle voluptatem
  Et inanitatem,
  Veram ubertatem
    Da coeleste far.

12. Bona cuncta posce,
  Nobis et ignosce
  Nosque recognosce
    Cum pro tuis stas.
  Cunctaque profana
  Vulnera mundana
  Mentis nostrae sana,
    Medicinae vas.
  Posce quod amamus,
  Dona quod speramus,
  Age, quod agamus
    Nihil extra fas.

13. Monstra te esse matrem,
  Placa Deum patrem,
  Qui se nobis fratrem
    Ex te fecit hic.
  Te esse Mariam,
  Summam coeli diam
  Credimusque piam
    In aeternum sic.
  Matrem Christi Dei,
  Te rogamus rei,
  Da salutem spei,
    Da spem nobis, dic.

14. Sumat per te precem,
  Qui pro nobis necem
  Tulit, tunc in faecem
    Ruit hostis fraus.
  Per te renovemur,
  In te gloriemur,
  A te coronemur,
    Angelorum laus.
  Precem nostram tibi
  Damus atque sibi,
  Qui dat panem ibi
    Suis in Emaus.

15. Qui pro nobis natus,
  Mundo conversatus,
  Patri immolatus,
    Bellans sicut vir.
  Pro nobis resurgens,
  Morte mortem urgens,
  Quare Satan turgens
    Fert poenarum pyr.

Natus ex te, dia,
O dulcis Maria,
Te in hierarchia
  Dextro locat ir.

16. Tulit mortem crucis
Auctor verae lucis,
Flos in virga nucis
  Dedit nobis spem.
Esse Deum, Amen,
Patrem, natum, flamen,
Unum reor·tamen,
  Sancti laudant quem.
Tuus natus Deus
Omnium et meus,
Jesus Nazaraeus
  Cunctam fecit rem.

17. Virgo singularis,
Stella predicaris
Fluctuantis maris,
  Candens plus quam nix.
Singularis vita
Nobis in te sitá,
In coelo nos dita,
  Ne nos premat Styx.
Singularis virgo,
Parens sine viro,
Loca nos in pyrgo,
  Quo it justus vix.

18. Inter omnes mitis,
Tu vinosa vitis,
Pota nos mellitis
  Botris, nostra ars.
Omnes reges caeli,
Qui stant coram Eli,
Reples laude zeli,
  Quorum tu es pars.
Mitis et benigna,
Cruce nos consigna,
Ut nos non maligna
  Laedat Stygis Mars.

19. Nos culpis solutos
Semper fac et tutos,
Fide, spe imbutos,
  Caritatem da.

Culpis non fraudata,
Summi regis nata,
Mater illibata,
  Tu pro nobis sta.
Solutos peccatis
Fac nos, pulchra satis
Aula trinitatis,
  Nulla major qua.

20. Mites te videbunt,
Qui non plus dolebunt,
Tibi adhaerebunt,
  O aestatis ver!
Fac et nos astare
Sanctis, et laudare
Te cum Christo, quare
  Sanctus cano ter.
Castos duc in chorum
Regis angelorum,
Mater orphanorum,
  Opem nobis fer.

21. Vitam praesta puram,
Nostri gere curam,
Viam per securam
  Duc nos, coeli pons.
Praesta, quod optamus,
Tecum ut vivamus,
Ad te. conscendamus,
  O virtutum mons.
Puram et profundam
Gratiarum undam,
Cordibus fecundam,
  Funde vitae fons.

22. Iter para tutum,
Scutum da virtutum,
Nam contra versutum
  Grandis instat lis.
Para defensamen,
Confer adjuvamen,
Hostis ne fraudamen
  Vincat nos aut vis.
Tutum et beatum
Ut captemus statum
Post hunc incolatum,
  Tu pro nobis sis.

Vivit sic ut pecus,
  Quorum ipse spes.
Christo vero credo
Et sic hostem laedo,
Cum peccatis cedo,
  O quam sancta res.
Decus supernorum,
Terror infernorum,
Salus mundanorum
  Christe semper es.

27. Spiritui almo
Laeto cano psalmo
Cum extenso palmo,
  Ubicumque sto.
Sancto Deo soli
Ac Mariae proli,
Qui est rector poli,
  Me totalem do.

28. Tribus honor unus,
Triplex Deo munus
Demus, ne nos funus
  Laedat valle hac.
Honor trinitati,
Salus unitati,
Laus sit Deitati,
  On, quae peto, fac.
Unus exstat Deus
Omnium et meus,
Jesus Nazaraeus,
  Matris sugens lac.

29. Amen dicant flentes,
Gratiam quaerentes,
Gloriam canentes,
  Regi Kyrion.
Amen dicant gentes,
Culpam confitentes,
Deum profitentes,
  Qui est in Sion.
Amen dicant cuncti,
Vivi et defuncti,
Qui sunt deo juncti,
  Cui nomen on.

d. Augiens. fol. 119a. B. — Cod. Pragens.
indob. fol. 9a. D. — Cod. Tegurin. I
98a F. — Cod. Tegurin. III fol. 201a.
(ol. Togurin.) 19646 sacc. 15. fol. 144a.

1, 2 Veri Dei cella A. — 1, 4 Dans fehlt A. — 2, 7 reorum A. —
2, 11 Clare semper A. — 2, 12 Angelorum dux A. — Str. 5 bis 9 fehlen
BCD. — 11, 2 Nosse posse velle AF. — 11, 6 Sis et divinatrix A. —
12, 3 Et nos recognosce AC. — 12, 6 Vulneraque B. — Str. 13 bis 21
fehlen BD. — 16, 11 Nazarenus A. — 21, 3 Vitam ad futuram A. —
21, 4 Fer nos coeli ACDF; Fac nos B. — 24, 12 Omne canat os D. —
Str. 25 bis Schluß fehlen BCD. Wahrscheinlich sind diese Strophen später
hinzugedichtet; sie stechen auch, formell wie inhaltlich, sehr vom Vorhergehenden ab. — 26, 3 sicque A; sic quam F. — 29, 3 = Κυρίων. —
29, 12 = ὧν.

B. HEILIGEN-LIEDER.

12. De omnibus sanctis.

1. Ave trinus in personis,
   Unus in essentia,
Indivisus tu in donis,
   Cuncta creans entia,
Jam virtutum diter donis
Ex tua praesentia.

2. Ave, Christe, reparator
   Protoplasti generis,
Jesu Dei mediator
   Et humani foederis,
Quaeso, mihi sis salvator
Ut electis ceteris.

3. Ave, virgo singularis,
   Felix tu puerpera,
Universis dominaris,
   O regina, impera,
Ne me morsibus amaris
Stygis laedat vipera.

4. Ave, chori angelorum,
   Deitatis facie
Illustrati electorum
   Omnium in acie,
Mihi, precor, supernorum
Ferte lumen gratiae.

5. Ave tu, baptista Christi,
   Major natis hominum,
Verbi Dei vox, praeisti
   Nuntiare Dominum,
Fac, ne claudam nece tristi
Hujus vitae terminum.

6. Ave, felix duodena
   Clanga apostolica,
Quorum vita non terrena
Nec potestas modica,
Per vos mihi salus plena
Detur, virtus coelica.

7. Ave, cohors prophetarum,
   Signis miris inclyta,
Concio patriarcharum,
   Sacra stirpe praedita,
Dona ferte gratiarum
Hostis fraude domita.

8. Ave, coetus novae legis,
   Scribens evangelia
Ac discipulorum regis
   Nova dans praeconia,
Ad superni per vos gregis
Transferar ovilia.

9. Ave phalanx purpurata
   In cruoris fiumine,
Innocenter candidata
   Turba rubens sanguine,
Vita sumat me beata
Vestro deprecamine.

10. Ave, sacer grex doctorum,
    Veritatis speculum,
Rector quoque populorum,
    Felix chorus praesulum,
Per vos Christus, rex coelorum,
Salvet me in saeculum.

11. Ave, agmen confessorum,
    Lux fidelis populi,
    O caterva monachorum,
    Cuncta spernens saeculi,
    Vestra prece peccatorum
    Nexus ruant singuli.

12. Ave. turma virginalis,
    Agni tecta vellere,
    Continentum, conjugalis
    Claro casta foedere,
    Per vos vestis nuptialis
    Mihi detur munere.

13. Ave, omnium sanctorum
    Jucunda societas,
    Ad superna me poloi um
    Vestra ducat pietas,
    Ut vestrorum me bonorum
    Repleat satietas.

Cod. Andecens. fol. 83 b. A. — Cod. Augiens. fol. 180 b. B. — Cod. Gemnicens. fol. 139 a. C. — Cod. Pragens. fol. 125 b. D. — Cod. Tegurin. I fol. 158 a E. — Cod. Tegurin. II fol. 85 b F. — Cod. Tegurin. III fol. 181 a. G. — Cod. Underdorfens. fol. 131 b. H. — Steht ebenfalls im Cod. Gracens. 1588 fol. 125 a.
1, 6 Tua ex ABF. — Str. 2 fehlt D. — 4, 1 Ave coetus F; Avete chori B. — 6, 4 Nec pietas B. — 6, 6 Detur vi deifica F. — 7, 1 Ave chorus A. — 9, 1 fallax D. — 9, 2 cruorum A. — 9, 3 Innocentum AD. — 12, 1 turma singularis. F.

13. De novem ordinibus angelorum.

1. Summo Deo agmina
   Trinae hierarchiae,
   Modulantis carmina
   Dulcis symphoniae,
   Mea nunc precamina
   Exaudite pie,
   Cunctaque discrimina
   Propulsate viae.

2. Seraphim limpidius
   Deum contemplantes,
   Ceteris ardentius
   Ipsum peramantes.
   Cor meum sincerius
   Sitis radiantes
   Ac amoris fortius
   Igne reflammantes.

3. Dei ex praesentia
   Estis illustrata,
   Plenaque scientia
   Cherubim beata
   Per vos conscientia
   Fiat serenata,
   Deique notitia
   Mihi detur grata.

4. Chorum datis tertium,
   Throni sedis Dei,
   Unde fit judicium
   Justi atque rei,
   Animi hospitium
   Condecenter mei
   Dignum in triclinium
   Praeparetis ei.

5. Subditis spiritibus
   Dominationes
   Praesunt, dant minoribus
   Ministrationes,
   Animae virtutibus
   Hae subjectiones
   Debitas et viribus
   Donent actiones.

6. Justisque hominibus
   Praesunt principatus
   Et eorum actibus
   Tribuunt conatus,
   Per hos bonis moribus
   Semper ordinatus,
   Sanctis et operibus
   Tandem sim beatus.

7. Potestates viribus
Daemones arcere
Solent, ne hominibus
Queant praevalere,
Hae me malis motibus
Faciant carere
Semper et affectibus
Puris inhaerere.

8. Hinc virtutes varia
Signa operantur,
Per quas et prodigia
Mira perpetrantur,
Per has in me vitia
Cuncta subruantur,
Virtutum insignia
Grata tribuantur.

9. Sacer praeest pluribus
Grex archangelorum,
Qui sunt in majoribus
Nuntii coelorum,
Per hos intellectibus
Fungar divinorum
Et post bonis omnibus
Fruar supernorum.

10. Angelorum spiritus
Multum nobis grati,
Singulis divinitus ·
Estis deputati,
Per vos semper penitus
Simus gubernati,
Post hanc vitam coelitus
Vobis sociati.

Cod. Andecens. fol. 43 b. A. — Cod. Augiens. fol. 180 a. B. — Cod. Gemnicens. fol. 186 b. C. — Cod. Pragens. fol. 171 a. D. — Cod. Scotorum Vindobon. fol. 48 a. E. — Cod. Tegurin. I fol. 71 b. F. — Cod. Underdorfens. fol. 61 a. G.

2, 5 devotius B. — 3, 5 Per vos summa scientia B. — 3, 6 Fiat reserata B. — 3, 8 Detur mihi grata B; Mihi donetur D. — 7, 1 Junctisque D. — 8, 3 Per quae D. — 9, 7 Et cum bonis B; Expost bonis D. — 10, 7 coelicus B.

14. De proprio angelo.

1. Salve mi angelice
Spiritus beate,
Tu lucis uranicae
Plenus claritate,
Qui jucunda frueris
Dei visione
Et perfecta pasceris
Delectatione.

2. Dum superbos spiritus
Abstulit ruina,
Te servavit coelitus
Gratia divina,
Et virtute stabili
Mire jam beavit,
Et custodem fragili
Mihi deputavit.

3. Flexis ergo genibus
Cernuus honoro,
Elevatis manibus
Supplex te imploro,

Ut hac die jugiter
Mihi sis defensor,
Ne malignus nequiter
Noceat offensor.

4. Corpus a periculis
Per te tueatur,
A peccati maculis
Mens custodiatur,
Omni loco, tempore
Me ab hoste tege,
Corde, ore, opere
Et in actu rege.

5. Preces pro me porrige,
Excita torpentem,
Oberrantem corrige,
Erige labentem,
Pristina, praesentia
Et futura pelle,
Mentis, carnis vitia
Penitus evelle.

6. Consolare, respice,
  Refove gementem,
Purga, lustra, perfice
Et inflamma mentem,
Juva, doce, incita
  Ad actus virtutis,
Fer in vitae semita
  Prospera salutis.

7. Gratiam obtineas
  Veniam petenti,
Semper et congaudeas
Mihi poenitenti,
Sic hanc vitam peragam
  Semper placens Deo,
Mea desideria
  Cuncta sint in eo.

8. Hora mortis propera
  Me consolaturus
Et ab hoste libera
  Tecum perducturus
Ad coeli palatia,
Ubi sine fine
Vera sunt solatia
  Laudesque divinae.

Cod. Andecens. fol. 44b. A. — Cod. Augiens. fol. 180a. B. — Cod.
Pragens. fol. 137b. C. — Cod. Scotorum Vindobon. fol. 48a. — Cod. Tegrinsens. I fol. 73a. E. — Cod. Tegurin. III fol. 144a F. — Cod. Underdorfens. fol. 61b. H. — Steht ebenfalls im Cod. Gottwicens. 444 saec. 15. —
Cod. S. Petri Salisburg. b. VI. 3 saec. 15. fol. 208b. und fol. 225b. G.

1, 3 Qui lucis uranicae G. — 3, 2 Tremulus honoro B. — 4, 3 Et peccati B. — 4, 7 ore, corpore D. — 6, 1 refove G. — 6, 3 praevide B. —
6, 5 et incita B. — 7, 1 Veniam obtineas B. — 7, 2 Gratiam petenti B. —
7, 3 ut congaudeas A. — 7, 5—8 fehlen BDG. — Nach Str. 8: Ut illic cum
angelis | Habeam solamen | Cumque sanctis omnibus | Te collaudem. Amen. G.

15. De sancto Johanne Baptista.

1. Salve, Johannes, hodie,
Quem rex perennis gloriae
  Prae ceteris respexit,
Johannes, Dei gratia
Per orbis terrae spatia
  Te major non surrexit.

2. Nam Gabriel, qui Domini
  Conceptum sacrum virgini
  Denuntiat Mariae,
Hic templi in oraculo
Foris astante-populo
  Promisit Zachariae.

3. Licet aetate debili,
Elisabeth ex sterili
  Te fore nasciturum.
Nomen, vivendi studium,
Officii praeconium,
  Te magnum fert futurum,

4. Replendum sancto spiritu
Adhuc in ventris ambitu
  Sine culpae sequela;
Sed Zacharias tremulus,
Verbis ejus incredulus,
  Privatur mox loquela.

5. Inclusus ventris gremio
Tu exsultabas gaudio
  Ad vocem salutantis
Mariae, cum auriculae
Insonuit aniculae
  Elisabeth pregnantis.

6. Occurrere tripudio
Tu gestis Dei filio
  In virgine latente,
Subtrahitur moestitia,
Quam pluribus laetitia
  Confertur te nascente.

7. Dum tua circumciditur
   Caro, a patre scribitur:
     Johannes nominatur,
   Vox illi statim redditur,
   Qua Deus benedicitur,
     Plebs omnis admiratur.

8. Tu in desertis latitas,
   Puer seorsim habitas
     Virtutis ob augmentum,
   Locustae, mella epulum,
   Fluenta praestant poculum,
     Cameli tegumentum.

9. Diversis dissimilia
   Salutis dans consilia
     Viam Christo parabas,
   Baptisma das notitiae
   Christi, sed poenitentiae
     Baptismum praedicabas.

10. Cum in Jordanis flumine
    Deus natus ex virgine
      A te baptizabatur,
    Voce pater ingenitus
    Et in columba spiritus
      Tibi revelabatur.

11. Agnum Dei exsistere,
    Peccata mundi tollere,
      Jesum tu indicabas,
    Ei ob excellentiam
    Te solvere corrigiam
      Indignum judicabas.

12. Et cum Herodis impias
    Redarguebas nuptias,
      Scelus detestabaris,
    Ob hoc conclusus carcere
    Pro saltatricis munere
      Tu capite truncaris.

13. Amice sponsi, judicis
    Praeco, Helia vindicis
      In fine judicantis,
    Me Christi amicitiae
    Concilia, sententiae
      Ne tradar vindicantis.

14. Vox in deserto legeris,
    Plus quam propheta diceris,
      Tu luminis lucerna,
    Vox tua Christo praeparet
    Cor meum, ut me reparet
      Sua luce superna.

15. Virgo candore niveus,
    Martyr cruore roseus,
      Praecelsus eremita,
    Baptista tu eximius,
    Me ablue perfectius
      In hac mortali vita.

16. Homo missus a Domino
    In vitae mihi termino
      Adsis, athleta bone,
    O angele, ad gaudia
    Deduc me tunc coelestia,
      Johannes mi patrone.

Cod. Andecens. fol. 45 b. A. — Cod. Augiens. fol. 180 b. B. — Cod. Gemnicens. fol. 139 b. C. — Cod. Scotorum Vindob. fol. 48 b. D. — Cod. Tegurin. I fol. 74 a. E. — Cod. Tegurin. II fol. 282 a. F. — Cod. Tegurin. III fol. 205 a. G. — Cod. Underdorfens. fol. 62 b. H.

2, 4 templum A. — 4, 3 Sine tirpla B. — 6, 3 latenti F. — 7, 1 Cum tua BCD. — 8, 5 Flumenta B. — 10, 3 baptizatur A. — 10, 4 Mox pater A. — 11, 4 Et ob excellentiam B. — 12, 3 detestaris BD. — 13, 6 judicantis AF. — 16, 3 ad lacta A.

16. De sanctis Petro et Paulo.

1. O Petre, apostolice
     Pastor divini gregis,
   O Paule, evangelicae
     Doctor supernae legis.

2. In terra Christus advocat
     Te a piscatione,
   Te coeli luce revocat
     A persecutione.

3. Te principem constituit
   Ecclesiae justorum,
   Te gentibus instituit
   Doctorem credendorum.

4. In monte claram perspicis
   Christi humanitatem,
   In raptu clare aspicis
   Ejus divinitatem.

5. Tu Christum Dei filium
   Vivi Jesum confessus,
   Tu populis gentilium
   Hunc clamans indefessus.

6. Tu super mare graderis.
   Tu naufragus es maris,
   Tu fers squalores carceris,
   Tu vero lapidaris.

7. Per signa, per miracula
   In mundo coruscastis,
   Per mortisque pericula
   Christum clarificastis.

8. Te crux, te mucro abstulit
   Certantes in agone,
   Eadem urbs, lux obtulit
   Vos Christo sub Nerone.

9. Vos duo luminaria
   Magna, pulchra, divina,
   Virtutum exemplaria,
   Candelabra vos bina.

10. Supernae lucis radiis
    Lustrate intellectum,
    Virtutum donis variis
    Imbuite affectum.

11. Binae tubae argenteae
    Verbo Dei clangentes,
    Duae columnae aereae
    Fideles fulcientes.

12. Formate Dei legibus
    Et morum disciplina,
    Stipate me virtutibus
    Et gratia divina.

13. Sanctus, sanctus vos Seraphim
    Alterutrum clamentes,
    Duo in templo Cherubim
    Vos alas dilantantes.

14. Ad diligendum fervide
    Incendium praebete,
    Me ad noscendum limpide
    Scientia replete.

15. Duae olivae gratiae
    Vos filii splendoris,
    Ostiola vos patriae
    Bina miri decoris.

16. Per vos culparum veniam
    Et gratiam nanciscar.
    Per vos coelestem gloriam
    Cum sanctis adipiscar.

Cod. Andecens. fol. 46b A. — Cod. Augiens. fol. 181a B. — Cod.
Gemnicens. fol. 140b. C. — Cod. Scotor. Vindob. fol. 49a. D. — Cod. Te-
gurinus I fol. 76a. E. — Cod. Tegurin. II fol. 283a. F. — Cod. Tegurin. II
fol. 206a. G. — Cod. Underdorfens. fol. 63b. H.
1, 1 Petrus B. — 5, 4 Hunc fehlt. F. — 7, 3 Per mortisque spicula
A. — 7, 4 In mundo Christum B. — 8, 3 lux, urbs Bl..— 8, 4 Vos fehlt
F. — 9, 1 magna luminaria B. — 12, 2 et mox disciplina A. — 13, 1 Spiritus sanctus vos Seraphim B. — 13, 2 Alternatis clamantes B. — 13, 4 alas
fehlt B.

17. De sancto Petro apostolo.

1. Salve, sancte Petre, mitis
   Ovium ecclesiae
   Pastor, palmes verae vitis,
   Fructum fers justitiae.

2. Claudis, aperis coelorum
   Regnum regni clavibus,
   O princeps apostolorum,
   Qui relictis omnibus

3. Christum petram imitaris,
   A quo Petrus diceris,
   In tributo compararis
   Domino prae ceteris.

4. Qui, dum se transfiguravit
   Et ut sol resplenduit,
   Dum puellam suscitavit
   Et vitae restituit,

5. Et cum patrem exorabat
   Mortis prae angustia,
   Te seorsum advocabat
   Speciali gratia.

6. Jesum es Christum confessus
   Vivi Dei filium,
   Cujus amor indefessus
   Te ad prunas ignium

7. Abnegantem mox respexit,
   Recognosti Dominum,
   Qui post fletum te direxit
   In piscamen hominum.

8. Te procella non involvit,
   Dum per mare graderis,
   Angelus te mire solvit
   A clausura carceris.

9. Aegris praestas medicinam
   Corporis umbraculo,
   Et virtutem per divinam
   Suscitas a tumulo.

10. In despectum fit rasura
    Tibi Antiochiae,
    Quae nunc clero permansura
    Est corona gloriae.

11. Septem annis cathedratum
    Tenes ibi firmiter
    Et ter denis praesulatum
    Romae laudabiliter.

12. Simon magus dat ruinam
    Per te sui corporis,
    Nero crucem per supinam
    Finem tui temporis.

13. O piscator peccatorum,
    Hamo indulgentiae,
    Me de mari vitiorum
    Duc ad litus gratiae.

14. Pastum praebe spiritalem,
    Quo in via nutriar,
    Fuga lupum infernalem
    Ne morsu inficiar.

15. Tu post mortem me repone
    Mox cum Christi ovibus,
    ⋅ Ubi pascar, pastor bone,
    Pascuis coelestibus.

Cod. Andecens. fol. 47 a. A. — Cod. Augiens. fol. 181 b. B. — Cod. Gemnicens. fol. 141 b. C. — Cod. Scotor. Vindobon. fol. 49 b. D. — Cod. Tegrinsens. I fol. 77 a. E. — Cod. Tegrinsens. II fol. 283 b. F. — Cod. Tegrinsens. III fol. 207 a. G. — Cod. Underdorfens. fol. 64 a. H.
1, 4 fers egregie D. — 7, 2 Recognoscis CF; Recognoscens D.

18. De sancto Paulo apostolo.

1. Salve, sancte Paule, legis
   Veteris armarium,
   Legis novae Christi regis
   Coelicum sacrarium;

2. Christus luce te caecavit,
   Perperam dum graderis,
   Voce clamans te prostravit:
   Ut quid me persequeris.

3. Sed caecatum et prostratum
   Erigit, illuminat, ⋅
   Ananiam nam probatum
   ⋅ Virum tibi destinat,

4. Qui precantem, jejunantem
   Te caecatum triduo
   Baptizavit et cibavit,
   Videsque continuo.

5. Raptus es in paradisum
   Et in coelum tertium,
   Trinum vides indivisum,
   Creatorem entium,

6. Audis, cernis tunc arcana
   In divino lumine,
   Quae non capit mens humana
   Nec enarrat famine.

7. Hinc doctrina vitae morum
  Totum mundum instruis,
  Et culturam idolorum
  Signis miris destruis.

8. Nam aegrotos liberasti
  Variis languoribus,
  Vita functos revocasti,
  Imperas daemonibus.

9. Quis enarret, quanta passus
  Sis pro Christi nomine?
  Fame, siti, cursu lassus
  Aestu, gelu, fiumine;

10. Pauper, nudus, plagis caesus,
  Crebro in carceribus,
  Captus, trusus, virgis caesus,
  Obrutus lapidibus.

11. Fatigaris in labore,
  Diris tortus vinculis,
  Fers haec Christi pro amore
  Multis cum periculis;

12. Romae morti deputatus
  Mortis in certamine
  Fundis, capite truncatus,
  Lac pro colli sanguine.

13. Sic crudeli sub Nerone
  Claudis vitam gladio,
  Sic triumphas in agone
  Regnas nunc in gaudio.

14. Eja, vas electionis,
  Paule, doctor gentium,
  Christus, fons dilectionis,
  Salus se colentium,

15. Per te mihi fidem rectam
  Et spem firmam conferat
  Caritatemque perfectam,
  Finem bonum inferat,

16. Ut devictis hoste, mundo,
  Carne mortis stadio,
  Tecum fruar mox jucundo
  Sempiterno bravio.

Cod. Andecens. fol. 48 a. A. — Cod. Augiens. fol. 181 b. B. — Cod. Gemnicens. fol. 142 a. C. — Cod. Scotor. Vindob. fol. 50 a. D. — Cod. Tegurin. I fol. 78 b. E. — Cod. Tegurin. II fol. 284 b. F. — Cod. Tegurin III fol. 208 a. G. — Cod. Underdorfens. fol. 65 a. H.
  3, 3 jam probatum B. — 4, 4 Fidesque BD. — 5, 3 Primum vides A. — 7, 3 Et cultores B. — 13, 4 nunc fefllt A. — 14, 4 Salus es colentium A; te colentium F.

19. De sancto Andrea apostolo.

1. Salve, sancte o Andrea,
  Primus sequens Dominum
  Inter omnes, ex Judaea
  Christus, salus hominum,

2. Quos elegit, fide plenos,
  Sibi in discipulos,
  Et ex quibus duodenos
  Statuit apostolos.

3. Ad Messiam non in vanum
  Sed inventum prospere
  Simonem, tuum germanum,
  Adduxisti propere.

4. Qui vos a piscatione
  Revocat mechanica
  Et dignos electione
  Facit apostolica.

5. Post ascensum Jesu Christi
  Transis in Achaiam,
  Hinc pertransis tractu tristi
  Urbem Myrmidoniam.

6. Quam ad fidem convertisti
  Tuis sacris precibus.
  Ac Niceam eruisti
  Septem a daemonibus.

7. Prece senem liberasti
  Grandi a libidine
  Juvenemque praeservasti
  Matre tacta fulmine.

8. Caecos, aegros multos curas,
  Ejicis daemonia,
  Nam per tuas preces puras
  Obtinebas omnia.

4*

9. Maris undas quietasti
   Tecum navigantibus,
   Quater denos suscitasti
   Mersos maris fluctibus.

10. Hinc post multa perpetrata
    Virtutum insignia
    Et in fide jam fundata
    Plebe in Achaia,

11. Te Aegeas, praeses urbis
    Patras, clausit carcere,
    Sed tu tanto magis turbis
    Praedicabas libere,

12. Crucifixum esse Deum
    Et crucis mysterium,
    Praeses damnat te ut reum
    Ad crucis supplicium.

13. Flagris caesus. alligatus
    Cruci pendes biduo.
    Orans luceque velatus
    Evolas continuo.

14. Eja sancte nunc Andrea,
    Precor te suppliciter,
    Tu peccata dele mea
    Tua prece pleniter.

15. Aufer animae languores,
    Confer continentiam,
    Ac honestos fove mores,
    Da virtutis gratiam,

16. Ut beata visione
    Unum trinum videam
    Ejusque fruitione
    Semper tecum gaudeam.

Cod. Andecens. fol. 48 b. A. — Cod. Augiens. fol. 182 a. B. — Cod. Gemnicens. fol. 143 a. C. — Cod. Scotor. Vindob. fol. 50 a. D. — Cod. Tegurin. I fol. 80 a. E. — Cod. Tegurin. II fol. 285 a. F. — Cod. Tegurin. III fol. 208 b. G. — Cod. Underdorfens. fol. 66 a. H.
  6, 1 Quos ad fidem A. — 7, 4 Marino tactum fiumine B. — 11, 1 praeses orbis B. — 11, 3 tantum magis B.

20. De sancto Jacobo majore.

1. Salve, Christi benedictus
   Jacobus discipulus,
   Jacobus es major dictus,
   Mente vero parvulus.

2. Zebedaeum, tuum patrem,
   Navem linquis protinus,
   Cum Johannem, tuum fratrem,
   Teque vocat Dominus.

3. In transfiguratione,
   Cum puellam suscitat,
   Ades, cum pro passione
   Mortis patrem flagitat.

4. Post ascensum in Judaea
   Simul et Samaria
   Christum praedicas et ea,
   Quae fecit magnalia.

5. Tunc Hermogenes conversus,
   Magus magnus credidit,
   Per quos fuerat perversus;
   Libros igni tradidit.

6. Carceraris, tamen Christi
   Reserans mysterium,
   Judaeorum convertisti
   Dura corda plurium.

7. Tunc te suasus a Judaeis
   Rex Agrippa tenuit,
   Et placere volens eis
   Decollari statuit.

8. Per te languidus curatur,
   Cum ad mortem duceris,
   Ducens lictor immutatur
   Dono divi muneris.

9. Qui, dum a te baptizatus
   Jam in fide graditur,
   Tecum simul decollatus
   Ad superna vehitur.

10. Absque remige translatus
    Dum es in Hispaniam,
    Lapis corpori substratus
    Mitigat duritiam.

11. Biga boum dum te vexit
   In reginae regiam,
   Ipsa credens mox erexit
   Aulam in ecclesiam.

12. Eja, sancte, gloriosis
   Rutilans miraculis,
   Salva me a vitiosis
   Animae periculis.

13. Fac secundum nomen tuum
   Ut supplantem vitia,
   Ut me propter nomen suum
   Christus ungat gratia.

14. Preme hostem gehennalem,
   Ne per hunc dejiciar,
   Sed ut vitam immortalem
   Libere ingrediar.

Cod. Andecens fol. 49b. A. — Cod. Augiens fol. 182a. B. — Cod. Gemnicens. fol. 143b. C. — Cod. Scotorum fol. 51a. D. — Cod. Tegurin I fol. 81b. E. — Cod. Tegurin. II fol. 285b. F. — Cod. Tegurin. III fol. 209b. G. — Cod. Underdorfens. fol. 67a. H.

1, 2 Jacobe apostolus B. — 1, 4 Mente vere A. — 2, 2 Et navem D. — 5, 2 Magnus magus C; Magus Christo F; Magus magno D. — 9, 3 decollatus simul B. — 10, 1 Atque remige D. — 10, 2 Ductus es in B. — 11, 1 Juga boum A. — 11, 3 direxit B. — 14, 1 infernalem F. — 14, 2 per hunc vindemiar D.

21. De sancto Johanne evangelista.

1. Salve nunc evangelista,
   O Johannes, gloriae,
   Jesu Christi tu symmista,
   Nomen habens gratiae.

2. Te post annos pubertatis
   Vocat a piscapio,
   Tuae florem castitatis
   Servat a connubio.

3. Te apostolum electum
   Clamat evangelium,
   Te prae ceteris dilectum
   Probat privilegium.

4. Nam quis sic familiaris
   Domino complacuit?
   Qui cum velut lux solaris
   In vultu resplenduit,

5. Cum puellam suscitavit,
   Cum patrem oraverat,
   Te cum paucis advocavit,
   Quos ad hoc elegerat.

6. Solus supra pectus Christi
   Tu recumbis propius,
   Ex quo nectar, quod hausisti,
   Fundis post uberius.

7. Tibi Christus commendavit
   Curam matris virginis,
   Cum in cruce laboravit
   Pro salute hominis.

8. Ipsam tibi dedit matrem
   Et te illi filium,
   Sic cum tibi se dat fratrem,
   Rosa profert lilium.

9. Tu illaesus evasisti
   Vas ferventis olei,
   Et in Pathmos depinxisti
   Tu secreta fidei.

10. Morbidosos tu curasti,
   Tu gemmarum fragmina
   Et virgulta commutasti
   In natura gemina.

11. Tu defunctos suscitabas,
   Quos venenum perculit,
   Tibi vero cum potabas
   Nihil mali intulit.

12. Aquiline intendisti
   Veri solis radio,
   Quando Christum descripsisti
   Verbum in principio.

13. Hinc in fine senectutis,
   Jam conversa Asia,
   Te vocavit rex virtutis
   Ad coeli convivia.

14. Vivus intras monumentum,
   Sed cum splendor nimius
   Te abscondit, est inventum
   Manna scatens largius.

15. Flos virgineae cohortis,
Confer castimoniam,
Tutam mihi hora mortis
Adhibe custodiam.

16. Tua prece me gustare,
Fac nunc coeli gaudia
Tibique conjubilare
In perenni gloria.

Cod. Andecens. fol. 50 a. A. — Cod. Augiens. fol. 182 b. B. — Cod. Gemnicens. fol. 144 a. C. — Cod. Scotorum Vindob. fol. 51 a. D. — Cod. Tegurin. I. fol. 83 b. E. — Cod. Tegurin. II. fol. 286 b. F. — Cod. Tegurin. III. fol. 210 b. G. — Cod. Underdorfens. fol. 67 b. H.

1, 1 Salve mi evangelista H. — 1, 2 O Johannes gloriose A. — 3, 1 apostolis AD. — 5, 1 Dum puellam A. — 5, 4 Quos adhuc B. — 6, 2 praecumbis B. — 14, 2 Sed splendor eximius B. — 14, 3 est frumentum B. — 15, 1 O flos A; Mihi virgineae B.

22. De sancto Thoma.

1. Salve, pulchrum sidus coeli,
Te saluto nunc fideli
Mente, flexo poplite,
O apostole dilecte,
Sancte Thoma, praeelecte,
Coeli princeps inclyte.

2. Te elegit ex hoc mundo
Deus homo, ut eundo
Fructum ferres fertilem,
Verae vitis palmes munde,
Divo rore nunc abunde
Mentem riga sterilem.

3. Tu sal terrae, tu lux mundi,
Tu lucerna vagabundi,
Tu montana civitas,
Cor hoc condi, ne vilescat
Et illustra, quod fulgescat
In me vera sanctitas.

4. Postquam pedes suis lavit
Nec non sacra ministravit
Suae carnis fercula,
Christus te affatur ita:
Via, veritas et vita
Ego sum in saecula.

5. Cicatrices ad videndum,
Latus praebet ad tangendum,
Fidem in te reparans,
Pacem dedit et ascendit,
Pneuma sacrum hinc descendit
Te perfecte praeparans.

6. Cum sol verus duodenos
Sparsit radios serenos
Orbis per confinia,
Luce verbi radiasti,
Plebem Christo adunasti,
Quam tenebat India.

7. Nam defunctos suscitabas,
Multis clarus rutilabas
Signis et virtutibus,
Solis idolum confregit
Daemon, tua quem coegit
Virtus coram omnibus.

8. Ob hoc tunc tu lanceatus,
Nunc in coelo laureatus
Cum palma martyrii,
Sine fine regnaturus,
Judicanti assessurus
In die judicii.

9. Per te culpa diluatur,
Per te virtus tribuatur,
Mihi, precor intime,
Adsis mortis in agone,
Quem elegi, mi patrone,
Sancte Thoma Didyme.

10. Hostem tetrum propulsando,
Pro me Christo supplicando
Plene reconcilia,
Et secutum hinc educas,
Et me tecum introducas
In aeterna gaudia.

Cod. Andecens. fol. 50 b. A. — Cod. Augiens. fol. 183 a. B. — Cod. Gemnicens. fol. 145 a. C. — Cod. Pragens. fol. 193 a. D. — Cod. Scotor. Vindob. fol. 51 b. E. — Cod. Tegurin. I. fol. 85 b. F. — Cod. Tegurin.

II. fol. 287 a. G. — Cod. Tegurin. III. fol. 211 b. H. — Cod. Underdorfens. fol. 68 a. I. —

2, 5 Dive CE. — 5, 6 Te persancte D; perfecte imperans E. — 6, 4 illustrasti EG. — Str. 7 fehlt D. — 8, 1 Ubi tandem D. — 8, 6 Es die judicii BE; Es in die G. — 9, 1 profugando B. — 9, 4 Et secutum A; Ut securum G; Uti sacrum hinc educas E. — Str. 9 fehlt D. —

23. De sanctis Philippo et Jacobo.

1. Salve, sancte o Philippe,
Tu Jesu discipulus,
Salve, Jacobe, tu quippe
Christi es apostolus.

2. Tu, Philippe, annis multis
Praedicans in Scythia,
Qui dum cogeris a stultis
Colere sculptitia,

3. Surgens draco interfecit
Tres de plebe validos,
Flatu reliquos infecit,
Cunctos reddens morbidos.

4. Tunc draconem effugasti
Et defunctos suscitasti,
Cunctos languidos sanasti,
Credidit communitas.

5. In Hierapolim transisti,
Sectam Ebionicam
Destruis, quae carnem Christi
Asserit phantasticam.

6. Convocatis commendabas
Populum presbyteris,
Et in fide confortabas,
Post hoc crucifigeris.

7. Tuae natae tumulatae
Tecum duae virgines,
Tecum gaudent jam translatae
In coelorum cardines.

8. Sancte Jacobe, fuisti
Praesul Jerosolimis,
Fidem Christi docuisti
Signis, verbis plurimis.

9. Gloriam ob sanctitatem
Habuisti hominum,
Intra sancta potestatem
Adorare dominum.

10. Jam majores in procinctu
Erant Christum credere,
Quos maligno ex instinctu
Studuit pervertere

11. Quidam, qui seditione
Plebem in te concitat
Et te stantem in ambone
Deorsum praecipitat.

12. Christo dabas in paschali
Festo testimonium,
Palam reclamantes mali
Te post praecipitium

13. Lapidarunt, excusserunt
Cerebrum cum pertica,
Martyrem sic transmiserunt
Te ad regna coelica.

14. Tu os lampadis vocaris,
Concors tuo nomini,
Sed tu minor appellaris,
Justus frater Domini.

15. Cum exemplo verbum bonum,
Opera justitiae,
Et humilitatis donum
Cum dulcore gratiae.

16. Per vos mihi praestet Deus,
Ut in vitae termino
Sim nullius mali reus,
Sed vivam cum domino.

Cod. Andecens. fol. 51 a. A. — Cod. Augiens. fol. 183 a. B. — Cod. Gemnicens. fol. 145 b. C. — Cod. Scotorum Vindob. fol. 52 a. D. — Cod. Tegurin. I. fol. 86 b. E. — Cod. Tegurin. II. fol. 287 b. F. — Cod. Tegurin. III. fol. 212 a. G. — Cod. Underdorfens. fol. 69 a. H.

1, 3 tu Christi B; tu nempe F. — 1, 4 Es dignus apostolus B. — 2, 2 in Phrygia D. — 2, 3 dum fehlt B. — 4, 1 Hunc draconem A. — 5, 2 Ebionicam alle Handsch. nicht Ebioniticam wie Mone. — 5, 3 Destruens B. — 5, 4 Asserunt ACDF. — 7, 4 nicht ordines wie Mone. — 13, 3 se transmiserunt B. — 14, 1 Os lapidis B. — 16, 1 praestat A.

24. De sancto Bartholomaeo.

1. Salve, o Bartholomaee,
   Christi princeps. inclyte,
   Te saluto, spei meae
   Robur, flexo poplite.

2. Post Christi ascensionem
   Praedicas in India,
   Et per verbi jussionem
   Ejicis daemonia.

3. Centies in die Deum,
   Totiens in noctibus
   Supplex precabaris eum,
   Orans flexis genibus.

4. Dii templorum conticebant
   Ad tuam praesentiam.
   Quam obsessam affligebant,
   Sanas regis filiam.

5. Regi quoque reserasti
   Fidei mysteria,
   Et inesse declarasti
   Idolis daemonia.

6. Nam daemon clamans ligatus
   Coli se prohibuit,
   In quo fuit adoratus,
   Idolum comminuit.

7. Per te vulgus est sanatum
   Variis doloribus,
   Templum Deo consecratum
   Elimatis sordibus.

8. Daemon ille dum monstratur
   Ut horrendus maurio,
   Tunc plebs omnis baptizatur
   Cum rege Pollinio.

9. Hinc templorum convenerunt
   Invicem pontifices,
   Fratrem regis adierunt
   Nec non idolifices;

10. Qui te sibi accusatum
    Increpans apostolum,
    Mox audivit minutatum
    Baldach suum idolum.

11. Hinc caesus, excoriatus,
    Crucifixus legeris,
    Ab eodem decollatus
    Astriage diceris.

12. Eja lux, Bartholomaee,
    Fidei catholicae,
    Nunc assenti preci meae
    Ac benigne respice.

13. Me tuere, ne malignum
    Perhorrescam spiritum,
    Me devotum fac et dignum,
    Colere paraclitum.

14. Ora, carnis cum mortalis
    Spoliabor scoria,
    Deus vitae immortalis
    Vestiat me gloria.

Cod. Andecens. fol. 52 a. A. — Cod. Augiens. fol. 183 a. B. — Cod. Gemnicens.· fol. 146 a. C. — Cod. Scotor. Vindob. fol. 52 b. D. — Cod. Tegurin. I. fol. 88 a. E. — Cod. Tegurin. II. fol. 288 b. F. — Cod. Tegurin. III. fol. 213 a. G. — Cod. Underdorfens. fol. 70 a. H.
1, 3 o spei meae B. — 3, 1 Deum fehlt A. — 3, 3 deprecabaris B. — 4, 1 continebant A. — 7, 3 Templum Dei D. — 8, 4 Polimio BCDF. — 11, 4 Astrage diceris A; Astrage tu diceris B. — 12, 4 Me benigne D; Benigne et B. — 14, 2 coria A.

25. De sancto Matthaeo evangelista.

1. Salve, sancte o Matthaee,
   Scriptor evangelii,
   Tu virtus salutis meae
   Et robur auxilii.

2. Cum a statu saeculari
   Te vocavit Dominus,
   Tactus visu salutari
   Sequebaris protinus.

3. Sibi, suis cum ciborum
   Exhibes convivium,
   Adest turba peccatorum
   Secum discumbentium.

4. Post ascensionem Christi
   Tu in Aethiopia
   Perversorum detexisti
   Magorum praestigia.

5. Nam quos male dementabat
 Ars illorum magica,
 Hos ad usum revocabat
 Virtus apostolica.

6. Cum defunctus suscitatur
 Per te regis filius,
 Rex, plebs omnis baptizatur
 Et de auro citius,

7. Quod sprevisti, ut jussisti,
 Fabricant ecclesiam,
 Cui diu praesedisti
 Totam regens patriam.

8. Rex successor regis natam
 Sanctam Epigeniam,
 Virginem jam consecratam,
 Sponsam Christi regiam,

9. Gestit sibi copulari,
 Sed vetabas facinus,
 Tunc rex ira inflammari
 Cepit, nihilominus

10. Benedicens confortabas
 Illam cum virginibus.
 Sacris aris cum adstabas
 In divinis laudibus,

11. Missus regis spiculator,
 Te transfixit gladio,
 Christus, vitae reparator,
 Consecrat martyrio.

12. O Christi evangelista,
 Inclyte apostole,
 Rege me in vita ista,
 Ne seducar subdole;

13. Ab hoc mundo ne iniquo,
 A carnis illecebris,
 Hoste tetro ab antiquo
 Ne involvar tenebris,

14. Sed contemptu terrenorum
 Tua per vestigia,
 Christum sequens, beatorum
 Adipiscar praemia.

Cod. Andecens. fol. 52 b. A. — Cod. Augiens. fol. 183 b. B. — Cod. Gemmicens. fol. 147 a. C. — Cod. Scotor. Vindob. fol. 52 b. D. — Cod. Tegurin. I. fol. 89 a. E. — Cod. Tegurin. II. fol. 289 a. F. — Cod. Tegurin. III. fol. 214 a. G. — Cod. Underdorfens. fol. 70 b. H.
3, 1 Sibi sanctus A. — 4, 1 Post passionem F. — 4, 3 detersisti F. — 4, 4 vestigia B. — 9, 3 u. 4 Ex quo coepit inflammari | Rex furore protinus A. — Nach 11, 4 Et laborum remunerator | Te locat coeli solio A; zu viel. — 14, 4 gloria F.

26. De sanctis Simone et Juda.

1. Salve, Simon Cananaee,
 Quem elegit Dominus,
 Salve, Juda vel Thaddaee,
 Christus nihilominus

2. Vocat ad apostolatum
 Te misericorditer,
 Vobis exhibens cognatum
 Se familiariter.

3. Ad Abagarum venisti,
 Coelibem Christicolam,
 Ut promissum sibi Christi
 Erat per epistolam.

4. Cum qua ejus confricasti,
 Sancte Juda, faciem,
 Et a lepra mox curasti,
 Claram reddens speciem.

5. Per diversas terras istis
 Praedicandi gratia,
 Simul Persidem venistis
 Dei providentia.

6. Ubi Magos illudentes
 Noxie hominibus,
 Et serpentes producentes
 Contra vos carminibus

7. Effugastis, quos serpentes
 Jussu vestro laeserant,
 Tigridesque saevientes,
 Qui plures necaverant,

8. Repulistis et morantes
 Ibi multos populos
 Convertistis, baptizantes
 Et docentes credulos.

9. Magi vero instigabant
   In Sanir pontifices,
   Qui post hoc vos captivabant,
   Ac eorum complices,

10. Vos ad idola trahentes
    Immolare incitant,
    Per vos daemones frementes
    Se torqueri clamitant.

11. Daemonesque, dii templorum,
    Nigri ut fuligines
    Apparebant, idolorum
    Frangentes imagines.

12. Ob hoc plebs vos trucidavit,
    Martyres constituit,
    Fulgur templum devastavit
    Magosque comminuit.

13. Sancte Simon, obedire
    Fac me Christo jugiter,
    Ac devote deservire
    Semper et humiliter.

14. Sancte Juda, confiteri
    Corde, ore, operè
    Fac me Christum et tueri
    Me ab omni scelere.

15. Custodite me a fraude
    Hostis et victoria,
    Ut vobiscum sim in laude
    In coelesti gloria.

Cod. Andecens. fol. 53 a. A. — Cod. Augiens. fol. 184 a. B. — Cod. Gemnicens. fol. 147 b. C. — Cod. Scotor. Vindob. fol. 53 a. D. — Cod. Tegurin. I. fol. 91 a. E. — Cod. Tegurin. II. fol. 289 b. F. -- Cod. Tegurin. III. fol. 214 b. G. — Cod. Uuderdorfens. fol. 71 a. H.

2, 2 Te misericorditer alle Hss. nicht vos, wie Mone verbessert; erst 2, 3 wendet sich an beide Heiligen. — 3, 1 Abagarum alle Hss., nicht Abgarum. — 8, 1 Depulistis A. — 8, 4 edulos BCF; plurimos D. — 9, 2 Insani et pontifices A; Et insani pontifices B. — 12, 1 cruciavit B.

27. De sancto Matthia apostolo.

1. Salve, sancte o Matthia,
   Sacrum complens numerum,
   Nam electus sorte pia
   Divinorum munerum

2. Es inter ascensum Christi
   Et descensum spiritus
   Et appostolis fuisti
   Duodenus additus.

3. Velut rosa tu pro spina
   Es pro Juda positus,
   Joseph justo ex divina
   Gratia praepositus.

4. In Judaea doces fidem
   Et in Macedonia,
   Tibi toxicum ibidem
   Datur ex perfidia.

5. Sed nil laesit, cum hausisti,
   Imo quorum oculos
   Excaecarat, reddidisti
   Visum tangens singulos.

6. Per tres dies te praesentem
   Mali non inveniunt,
   Sed te illis ostendentem
   Manus mox injiciunt.

7. Et ligatum, strangulatum
   Te includunt carcere,
   Christus vero consolatum
   Te eduxit libere.

8. Item fidem docuisti,
   Sed gentem, quae duruit,
   Sicut ei praedixisti,
   Terra mox absorbuit.

9. Cum Judaeam remeasti,
   Ejicis daemonia,
   Mortuos resuscitasti,
   Aegris fers remedia.

10. Tunc Judaei captivantes,
    Tradunt te concilio,
    Reum mortis judicantes
    Falso testimonio.

11. Per hos tandem lapidatus
Et percussus ascia.
Christo martyr consecratus,
Evolas ad gaudia.

12. Eja sancte nunc Matthia,
Adjuva me precibus,
Crescam ut in fide pia
Sanctis et operibus.

13. Me a morte reproborum
Serva et facinore,
Ut in sorte beatorum
Stem extremo tempore,

14. Cum iisdem transiturus
Ad coeli palatia.
Sine fine gavisurus
Ex Dei praesentia.

Cod. Andecens. fol. 53 b. A. — Cod. Augiens. fol. 184 a. B. — Cod.
Gemnicens. fol. 148 a. C. — Cod. Scotor. Vindob. fol. 53 b. D. — Cod.
Tegurin. I. fol. 91 b. E. — Cod. Tegurin. II. fol. 290 a. F. — Cod. Tegurin.
III. fol. 215 a. G. — Cod. Underdorfens. fol. 72 a. H.
    1, 4 numerum A. — 3, 3 u. 4 gleich nach 1, 4. A; hinter 2, 4 C. —
5, 3 Excaecavit B. — 7, 3 Omnipotens vero A. — 13, 4 in extremo B.

28. De sancto Barnaba.

1. Salve, Barnaba benigne,
Pauli condiscipulus,
Cum apostolis te digne
Veneratur populus.

2. Offers more ceterorum
Totum agri pretium
Ad pedes apostolorum
In usum fidelium.

3. Fide plenus et vir bonus
Missus Antiochiam,
Ab apostolis is pronus
Videns tantam gratiam.

4. Congaudendo refovebas
Animos credentium,
Sed et Paulum adducebas
Pro salute gentium.

5. Per vos valde augebantur
Tunc fideles populi,
Christiani dicebantur
Tunc primum discipuli.

6. Vos signanter nominati
Tunc per almum spiritum,
Praedicatum destinati
Magnum per circuitum.

7. Multos filios gregastis
Ex diversis gentibus,
Nam doctrinam confirmastis
Signis et virtutibus.

8. Contigit, ut eveniret
Inter vos divisio,
Ut ad plures pertransiret
Vestra praedicatio.

9. Cyprum pergens tu Matthaei
Defers evangelium,
Quod aegris virtute Dei
Tactu fert remedium.

10. Cum in Papho nuda vadens
Festa plebs perageret,
Per te fit, ut templum cadens
Plurimos opprimeret.

11. Salaminam cum venisti,
Te Judaei rapiunt,
Jugulando regni Christi
Principem te faciunt.

12. Sancte Dei, mundum istum
Fac me plene spernere
Nec non carnem propter Chris-
tum
Debite atterere.

13. Et cum suis pompis fortem
Inimicum vincere,
Et pro Christo pati mortem
Paratum existere.

14. Tua prece fac, beate,
Hac me vita vivere,
Vitae sanctis praeparatae
Praemia percipere.

Cod. Andecens. fol. 54 a. A. — Cod. Augiens. fol. 184 b. B. — Cod. Gemnicens. fol. 149 a. C. — Cod. Scotorum Vindobon. fol. 54 a. D. — Cod. Tegurin. I. fol. 92 b. E. — Cod. Tegurin. II. fol. 290 b. F. — Cod. Tegurin. III. fol. 216 b. G. — Cod. Underdorfens. fol. 72 b. H.

1, 2 Pauli discipulus A; Pauli et discipulus D. — 3, 3 tu pronus B. — 4, 3 conducebas B. — 11, 1 Salominam ALCDFH.

29. De sancto Luca evangelista.

1. Salve, sancte Luca, Dei
   Scribens evangelium,
   Firma semper fide ei
   Exhibes obsequium.

2. Olim dabas medicamen
   Morbidis corporibus,
   Spiritale nunc sanamen
   Das infirmis cordibus.

3. Scripta tua medicina
   Sunt languentis animae,
   Per quae gratia divina
   Mentem sanat intime.

4. Ut Johannes increatum
   Aquilae sub nomine,
   Ut Matthaeus incarnatum
   Describit in homine,

5. Velut Marcus resurgentem
   Sub leonis titulo,
   Sic tu Christum morientem
   Designas in vitulo.

6. Sicut enim bos maturus
   Est divisus ungula,
   Ad laborem omnem durus,
   Ruminans per singula;

7. Sic discretus in agendis,
   Fortis in laboribus,
   Studiosus in scribendis
   Es, maturus moribus.

8. Virgo semper permansisti
   Totus corde, corpore,
   Paulo quoque adhaesisti
   Omni loco, tempore,

9. Qui beatus occupatur
   Verbi exercitio;
   Ergo tua praedicatur
   Laus in evangelio.

10. Pneumate obisti plenus
    Almo in Bithynia,
    Locus tenet te amoenus
    In coelesti patria.

11. Sancte Luca, per medelam
    Tuam sana vulnera
    Mentis meae, da cautelam,
    Ne rumpantur vetera.

12. Cesset per te fastus, tumor
    Et livor invidiae,
    Irae furor, carnis humor,
    Languor castrimargiae;

13. Mentis torpor, tenax rigor,
    Amor cenodoxiae,
    Adsit spiritalis vigor,
    Cum fervore gratiae.

14. A me hostem fuga trucem,
    Pacem da continuam,
    Juxta nomen tuum lucem
    Consequar perpetuam.

Cod. Andecens. fol. 54 b. A. — Cod. Augiens. fol. 184 b. B. — Cod. Gemnicens. fol. 149 b. C. — Cod. Scotor. Vindob. fol. 54 b. D. — Cod. Tegurin. I. fol. 93 b. E. — Cod. Tegurin. II. fol. 290 a. F. — Cod. Tegurin. III. fol. 217 a. G. — Cod. Underdorfens. fol. 73 a. H.

3, 4 sanat animae F. — 9, 1 Quamlibet CDF. — 13, 4 Cum fluore! gratiae Korrektur von Mone 730.

30. De sancto Marco.

1. Salve, pie sancte Marce,
   Tu Petri discipulus,
   Stantem fidei in arce
   Te fidelis populus

2. Romae scribere precatur
   Sacrum evangelium,
   Quod a Petro approbatur
   Coetuque fidelium.

3. Missus primum praedicasti
  Verbum Aquilegiae,
  Multum ibi congregasti
  Populum ecclesiae.

4. Tu causa humilitatis
  Truncas membrum pollicis,
  Ne attingas dignitatis
  Gradum vel pontificis.

5. Sed a Petro destinatus
  Venis Alexandriam, ·
  Et in statu praesulatus
  Tantam per te gratiam

6. Deus dedit illi genti,
  Ut non solum crederet,
  Sed amore mox ferventi
  Ad profectum tenderet.

7. Dum intras calceamentum,
  Ibi tibi rumpitur,
  Et qui fecit supplementum,
  Subula dum pungitur,

8. Unum Deum confitentem,
  Credulum artificem,
  Super populum credentem
  Efficis pontificem.

9. Hinc Pentapolim pergebas,
  Ubi per biennium
  Verbum fidei spargebas
  Pro salute gentium.

10. Post revertens a templorum
  Tentus sacerdotibus,
  Es ad loca buculorum
  Fractus collo funibus.

11. Christus post hoc carceratum
  Te dignatur visere,
  Dicta poena strangulatum
  Ad superna ducere.

12. Eja, sancte Dei Marce,
  In me fidem robora.
  Hostem a me atrum arce
  Christoque concorpora.

13. Omnem a me pravitatem
  Per te Christus auferat,
  Boni actus pronitatem
  Et virtutes conferat.

14. Tu me juva, ut mandata
  Servem evangelica,
  Et promissa Christi grata
  Adipiscar coelica.

Cod. Andecens. fol. 55 b A. — Cod. Augiens. fol. 185 a. B. — Cod. Gemnicens. fol. 150 a. C. — Cod. Scotorum. Vindob. fol. 54 b. D. — Cod. Tegurin. I. fol. 94 b. E. — Cod. Tegurin. II. fol. 292 a. F. — Cod. Tegurin. III. fol. 218 a. G. — Cod. Underdorfens. fol. 74 a. H.
  3, 2 Aquileiae CF, aber fünfsilbig. — 4, 1 casa A. — 6, 4 Ad perfectum BD. — 11, 3 plena B. — 13, 3 Doni B. — 13, 3 promptitatem B.

31. De sancto Stephano.

1. Salve, sancte domine,
  Stephane levita,
  Primus rubens sanguine
  Pro coelesti vita.

2. Miles primicerius
  Sub vexillo Christi,
  Propter quem celerius
  Proelium inisti.

3. Levitarum ordine
  Major exstitisti.
  Plenus fortitudine
  Fideque fuisti.

4. Plenus Dei gratia
  Spiritu vigebas.
  Signaque prodigia
  Multa faciebas.

5. Zelo plebs Judaica
  Frustra emulatur,
  De lege Mosaica
  Vincere conatur.

6. Sed dum nequit vincere
  Verbis disputando,
  Quaerit te dejicere
  Falso criminando.

7. Sed de falso crimine
Vincis accusantes,
Vultus tui lumine
Terres judicantes.

8. Necem illis objicis
Christi, prophetarum,
Et in coelis adspicis
Vultum Dei clarum.

9. Jesum, inquis, video
A dextris virtutis
Dei stantem, gaudeo
Nunc in spe salutis.

10. Tunc te unanimiter
Foras ejecerunt,
Impetu atrociter
Saxis obruerunt.

11. Sed pro lapidantibus,
Quos et tunc amabas,
Deflexis poplitibus
Deum exorabas.

12. Et sic tui nominis
Percipis coronam,
Tantique certaminis
Palmam praefers bonam.

13. Magnis et innummeris
Miris claruisti,
Consolamen miseris
Multis praestitisti.

14. Eja, nunc me respice,
Martyr Christi câre,
Et in fide perfice,
Pro me deprecare.

15. Ut perfecte diligam
Cunctos adversantes,
Bonum semper eligam,
Revocem errantes.

16. Tandem clare videam
Deum majestatis,
Tecumque possideam
Regnum claritatis.

Cod. Andecens. fol. 56 a. A. — Cod. Augiens. fol. 185 a. B. — Cod. Gemnicens. fol. 150 b. C. — Cod. Scotor. Vindob. fol. 54 a. D. — Cod. Tegurin. I. fol. 96 a. E. — Cod. Tegurin. II. fol. 292 b. F. — Cod. Tegurin. III. fol. 218 b. G. — Cod. Underdorfens. fol. 83 b. H.
1, 1 sancte Domini H. — 4, 2 figebas A. — 8, 4 Vultum Christi D: faciem ejus laetum B.

32. De sancto Clemente.

1. Salve, sancte praesul Clemens,
Dictus a clementia,
Tu coeleste regnum emens
Pia patientia.

2. Nam quinquennis es orbatus
Fratribus, parentibus,
Studiose implicatus
Scholastriae artibus.

3. Satagebas, an sit, nosse,
Immortalis anima,
Ad quod clare scire posse,
Fides via optima.

4. Qua te Romae imbuebat
Barnabas fideliter,
Et ad Petrum dirigebat,
Te docentem pleniter.

5. Per quem mire repperisti
Parentes cum fratribus,
Quos perisse credidisti
Pelagi fluminibus.

6. Sancto Petro succedebas
In pontificalibus,
Quos ad Christum convertebas,
Victum das inopibus.

7. Trahi jussit et vinciri
Te potens Sisinnius,
Sed columnas saxa viri
Trahunt, ligant durius.

8. Cum ob spretum es deorum
Missus in exilium,
Te sequuntur clericorum
Multique fidelium.

9. Quos ibidem reperisti,
  Dum aqua deficeret,
  Hanc de petra produxisti,
  Ut in flumen cresceret.

10. Ex hoc multi crediderunt
  Illo in confinio,
  Qui ecclesias struxerunt
  Multas anni spatio.

11. Hinc es collo colligata
  Mari mersus anchora,
  Fratrum turba perturbata
  Ponti petit littora.

12. Semileucos tres ierunt
  Dante iter aequore,
  . Velut templum repererunt
  De polito marmore.

13. In quo arca continebat
  Anchoram cum corpore,
  Fretum viam sic praebebat
  Annuali tempore.

14. Puerum ibi relictum
  Salvas bis sex mensibus,
  Sic me tutum et invictum
  A marinis fluctibus.

15. Hujus vitae fac, ne taetra
  Mergant me discrimina,
  Et de cordis mei petra
  Educ luctus fiumina.

16. Fac a morte infernali
  Per te, Clemens, eruar,
  Et in aevum immortali
  Vita tecum pérfruar.

Cod. Andecens. fol. 56 b. A. — Cod. Augiens. fol. 185 b. B. — Cod. Gemmicens. fol. 151 b. C. — Cod. Scotor. Vindob. fol. 55 b. D. — Cod. Tegurin. I. fol. 97 a. E. — Cod. Tegurin. II. fol. 293 a. F. — Cod. Tegurin. III. fol. 219 b. G. — Cod. Underdorfens. fol. 86 a. H.
2, 1 fis orbatus B; es exorbatus D. — 12, 1 Semileucam ierunt B; Remi leucas A. — 12, 3 reperierunt B. — 13, 1 In qua A. — 16, 1 Fac ut a B.

33. De sancto Laurentio.

1. Salve, sancte o Laurenti,
  Generose Domine,
  Tibi laurea vincenti
  Competit ex nomine.

2. Qui ad jussum papae Sixti
  Thesauros ecclesiae
  Dispensando porrexisti
  Pauperum inopiae.

3. Decius cum requirebat,
  Ut thesauros proderes,
  Et torqueri te jubebat,
  Nisi Deos coleres,

4. Carceratum tu Lucillum
  Corporali lumine
  Illustrasti, mundans illum
  Baptismali flumine.

5. Multos tunc illuminasti,
  Quod videns Hyppolytus
  Credidit, quem baptizasti;
  Praesentaris concitus

6. Decio, qui te plagari
  Jussit scorpionibus
  Cepitque tibi minari
  Sub tormentis omnibus

7. Praesentareque poenarum
  Machinas tunc varias,
  Quas optatas epularum
  Asseris delicias.

8. Furens Decius te jussit,
  Dire caedi fustibus,
  Latera quoque adussit
  Laminis ardentibus.

9. Consolantem te audisti
  Vocem post oramina,
  Plura tibi restant Christi
  Pro fide certamina.

10. Decius, ira repletus,
  Caedit te verberibus,
  Deo grates agis laetus
  Orans pro astantibus.

11. Credidit Romanus miles,
Dicens: ego video
Juvenem, qui tibi viles
Plagas tergit linteo.

12. Tandem multos post agones
Super cratem ignium
Tibi usto dant carbones
Mentis refrigerium.

13. Nam et inter flammas truces
Insultabas Decio:
Assa, versa, ut manduces
Me pro carnis prandio.

14. Favus mellis, assus piscis,
Christi jam convivio
Saturari semper gliscis
Satur desiderio.

15. Tu virtutum es patrator
Et signorum plurium,
Esto mihi defensator
Ab insultu hostium.

16. Me ab igne vitiorum
Et gehennae libera,
Vita fruar ut sanctorum
Tecum super aethera.

Cod. Andecens. fol. 57 a. A. — Cod. Augiens. fol. 185 b. B. — Cod.
Gemmicens. fol. 152 b. C. — Cod. Scotor. Vindob. fol. 56 a. D. — Cod.
Tegurin. I. fol. 98 a. E. — Cod. Tegurin. II. fol. 293 b. F. — Cod. Tegurin.
III. fol. 220 b. G. — Cod. Underdorfens. fol. 84 b. H.
1, 2 Gratiose C; gloriose D. — 1, 3 Sic laurea B. — 4, 1 Carceratus
DF. — 8, 4 Laminibus A. — 12, 2 Superantem A.

34. De sancto Sebastiano.

1. Salve, athleta optime,
Sancte Sebastiane,
Vallatus fide intime,
Sic dictus es non vane.

2. Nam deferebas chlamydem
Ob hoc tu militarem,
Ut martyres tyrannidem
Constanter saecularem

3. Sufferrent per te moniti
Ac fide roborati,
In carne poenis subditi,
Sed mente consolati.

4. Cum decollandi fuerant
Marcus, Marcellianus,
Uxores, nati aderant,
Mater paterque canus,

5. Conantes hos reflectere
Blanditiis verborum,
Coeperuntque mollescere
Per haec corda virorum.

6. Erumpens tunc in medium
Et illos stabilisti,
Divinum per alloquium
Parentes convertisti.

7. Zoë uxori tribuis
Nicostrati loquelam,
Ambos ad vitam imbuis
Per fidei medelam,

8. Praefectusque Chromatius
A morbo liberatur,
Dum idolorum plenius
Congeries vastatur.

9. Cum patre mox Tiburtius
Et multis baptizatur,
Per prunas it alacrius,
Post capite privatur.

10. Affixus stipes tenuit
Marcum, Marcellianum,
Quos martyres exhibuit
Per Diocletianum.

11. Qui jussit a militibus
In campo te ligari,
Ac telis multiplicibus
Ad mortem sagittari.

12. Telosus tunc hericio
Consimilis parebas,
Sed hunc post in palatio
De malis arguebas.

13. Tunc fustibus interfici
    Jubebat te Augustus
    Et in cloacam projici,
    Ne colereris justus.

14. Luciae tunc per somnia
    Jubes, ut ad sanctorum
    Corpus tuum vestigia
    Condat apostolorum.

15. Te quaeso, me corrobora
    In fide et virtute,
    Ut cuncta mea tempora
    Consumam cum salute.

16. Ab inimici jaculis
    Me jugiter praeserva
    A cunctisque periculis,
    In bono me conserva.

17. A nocte mortis transeam
    Ad verae lucis mane
    Et velut sol refulgeam
    Tecum, Sebastiane.

Cod. Andecens. fol. 60 a. A. — Cod. Augiens. fol. 189 a. B. — Cod. Gemnicens. fol. 179 a. C. — Cod. Scotor. Vindob. fol. 60 b. D. — Cod. Tegurin. I. fol. 105 a. E. — Cod. Tegurin. II. fol. 294 b. F. — Cod. Tegurin. III. fol. 221 b. G. — Cod. Underdorfens. fol. 88 b. H.

1, 3 Vas latum fidei B. — 7, 1 Soe F. — 7, 3 Ambo A. — 8, 1 Praefectus quoque A. — 9, 4 truncatur F. — 11, 3 Ac cedis B. — 11, 4 Ad mortem fatigari A. — 12, 1 verschrieben F; telosus tunc similis B. — 15, 1 me te robora A. — 16, 4 In bonoque DF. — 16, 4 me fehlt B.

35. De sancto Floriano.

1. Ave, sancte Floriane,
   Tu princeps militiae,
   Es a flore dictus sane,
   Florens flore gratiae.

2. Quater deni crediderunt
   Tuis ex militibus,
   Ob hoc tecumque fuerunt
   Destinati gentibus.

3. A praefecto Aquilino
   Urbis pulsi vergitis,
   Flante spiritu divino
   Lauriacum pergitis.

4. Tunc pro fide praesentatus
   Cum commilitonibus
   Eisque concruciatus,
   Traditus carceribus,

5. Es confessus fidem Christi
   Nec ductus blanditiis,
   Sed bis caesus perstitisti
   Laetus in suppliciis.

6. Tunc tyrannus te transfigi
   Praeacutis fustibus
   Jubet, caedi et affligi
   Et submergi fluctibus.

7. Ei, qui praecipitavit
   Te, mox visus crepuit.
   Unda corpus deportavit
   Saxo et imposuit.

8. Aquila mox supervenit,
   Custos tibi dedita,
   Donec vidua advenit,
   Per te ipsum monita.

9. Quae virgultis involvebat
   Corpus, ut clam fugeret,
   Nam tyrannidem pavebat,
   Sed cum iter faceret,

10. Aestus, situs interrupit
    Vires animalium,
    Orat illa, fons erupit
    Bruta potant fluvium.

11. Cum ad locum pervenerunt
    Sepulturae debitum,
    Mox immota perstiterunt
    Funusque depositum

12. Tumulatur, et crebrescunt
    Signa Dei opere,
    Quadraginta requiescunt
    Milites in carcere.

13. Lauream pro Lauriaco,
    Florem tui nominis,
    Loco gestans non opaco
    Palmamque certaminis,

14. Fac, ne unquam exarescam
    A virtutum floribus,
    Sed ut jugiter florescam
    Fructuosis actibus.

15. Non corrumpant me secunda
    Terreant nec aspera,
    Gratia detur fecunda,
    Sanctitatis munera,

16. Ut supercoelesti pane,
    Fontis vitae copia,
    Tecum, sancte Floriane,
    Perfruar in patria.

Cod. Andecens. fol. 60 b. A. — Cod. Augiens. fol. 190 a. B. — Cod. Gemnicens. fol. 179 b. C. — Cod. Scotor. Vindob. fol. 61 a. D. — Cod. Tegurin. I. fol. 106 b. E. — Cod. Tegurin. II. fol. 295 a. F. — Cod. Tegurin. III. fol. 222 b. G.

2, 3 que fehlt B. — 3, 4 Laureacum F. — 4, 3 Eis quoque B. — 7, 1 Et qui B. — 7, 4 Saxo superposuit BD. — 10, 4 portant B. — 13, 1 laureato A, Laureaco F. — 15, 3 dentur B.

36. De sancto Vincentio.

1. Salve, sancte o Vincenti,
   Levitarum gloria,
   Mundum tibi devincenti
   Nomen dat victoria.

2. Professorem te veracem
   Orthodoxae fidei
   Iussit velut contumacem
   Machina equlei

3. Dissipari Dacianus,
   Et cum tortus pateris,
   Insultabat mox profanus,
   Sed subridens asseris:

4. Hoc est, semper quod optavi
   Et quo plus irasceris,
   Eo minus nunc expavi,
   Nam plus miserebe008.

4. Hoc est, semper quod optavi
   Et quo plus irasceris,
   Eo minus nunc expavi,
   Nam plus misereberis.

5. Ergo, miser, debacchare,
   Et virtute gratiae
   Me videbis superare
   Teque victum hodie.

6. Hinc ferrata infiguntur
   Ad costarum intima,
   Sauciata jam panduntur
   Intestina plurima.

7. Post ad flammas praeparatas
   Properas alacriter,
   Sale sparso incitatas,
   Ut vastent atrociter.

8. Hinc juncturae resolvuntur
   Per inflicta vulnera,
   Jam interna elabuntur
   Pia torta viscera.

9. Testae durae substernuntur
   In obscuro carcere,
   Ligno pedes adstringuntur,
   Ut sic degas misere.

10. Sed suavitate florum
    Luceque perfunderis,
    Et solutus angelorum
    Visione frueris,

11. Super flores incedendo
    Dum psallis cum ceteris,
    Crediderunt haec videndo
    Mox custodes carceris.

12. Tunc in lecto molliore
    Te reponunt inclytum,
    Christi plenum sic amore
    Tradidisti spiritum.

13. Sed nec corpus sepelitur,
    Bestiis exponitur,
    Ac per corvum custoditur,
    Quod a nullo laeditur.

14. Tunc molari alligatur
    Et in mare mergitur,
    Litus petens revelatur
    Cum honore conditur.

15. Quaeso mihi, martyr Christi,
    Per te detur vincere
    Mundum, hostes, quos vicisti,
    Carnemque subjicere.

16. Fac me semper evitare
    Hujus vitae devia
    Tecumque participare
    Summae vitae gaudia.

Cod. Andecens. fol. 57 b. A. — Cod. Augiens. fol. 1855 b. B. — Cod. Gemnicens. fol. 152 b. C. — Cod. Scotorum Vindobon. fol. 56 b. D. — Cod. Tegurin. I. fol. 99 b. E. — Cod. Tegurin. II. fol. 295 b. F. — Cod. Tegurin. III. fol. 223 b. G. — Cod. Underdorfens. fol. 85 a. H.
2, 4 echulei D. — 8, 3 Nam interna A. — 9, 1 subsperguntur BDF.

37. De sancto Thoma Cantuariensi.

1. Salve, antistes Anglice,
    Tu Cantuariensis,
    Sancte Thoma, angelicae
    Vitae sine offensis.

2. Nam a primaevo tempore
    Semper in omni statu
    Pudicus mente, corpore
    Pollebas coelibatu.

3. Tu tibi singulariter
    Elegeras Mariam
    Amicam spiritaliter
    Et advocatam piam.

4. De cujus excellentia
    Dum pie gloriaris.
    Es tactus conscientia,
    Prostratus lacrymaris,

5. Ejus coram imagine
    Clementiam petendo,
    Temeritatis crimine
    Te noxium fatendo.

6. Sed ejus mox affamine
    Es pie consolatus,
    De tua, inquit, virgine
    Es bene gloriatus.

7. In pyxide eburnea
    Dans praesulis ornatum
    Cum pecia purpurea.
    Tuum designat statum.

8. Ebur corpus virgineum,
    Ornatus praesulatum,
    Te purpura dat rubeum,
    Martyrio sacratum.

9. Jam pontifex pauperibus
    Quotidie lavabas
    Pedes curvatis genibus
    Et munus erogabas.

10. Vigiliis, jejuniis
    Te maceras intenso,
    Corpus tegis cilicio
    Ad poplites protenso.

11. Virgo tibi cilicium
    Refecit derelictum,
    Presbytero officium
    Ut laxes interdictum.

12. Constanter jus ecclesiae
    Defendis contra regem,
    Qui jussit te, justissime,
    Occidi contra legem.

13. Dum defunctorum clerici
    Suffragia solvebant,
    Cantum coetus angelici
    Tunc martyrum canebant:

14. Laetabitur in Domino
    Justus, in quo speravit,
    Cui laus sine termino,
    Quod sic te coronavit.

15. Nunc quaeso reconcilia
    Me virgini Mariae,
    Salutis ut remedia
    Impendat mihi pie.

16. A culpis me custodiat.
    In bonis det juvamen,
    In morteque subveniat
    Et conferat solamen.

17. Ereptum ab exsilio
    Perducat ad superna,
In ejus tecum filio
    Pace fruar aeterna.

Cod. Andecens. fol. 58 a. A. — Cod. Augiens. fol. 186 a. B. — Cod.
Gemnicens. fol. 153 b. C. — Cod. Scotorum Vindobon. fol. 57 a. D. — Cod.
Tegurin. I. fol. 100 b. E. — Cod. Tegurin. II. fol 296 a. F. — Cod. Tegurin.
III. fol. 224 b. G.
    1, 3 Angliae A. — 1, 4 Vitae fehlt A. — 3, 2 Eligens B. — 7, 2 Dans
fehlt B. — 9, 1 Nam pontifex A. — 13, 1 Cum D.

38. De sancto Georgio.

1. Salve, fortis miles Christi,
    O Georgi nobilis,
Cui fide adhaesisti
    Firma mente, stabilis.

2. Transiens, athleta bone,
    Libyae provinciam
Pugnam geris cum dracone,
    A quo regis filiam

3. Populumque eruisti,
    Quam flatu infecerat,
Et ad fidem convertisti,
    Qua male corruerat.

4. Cum fideles per tormenta
    Cerneres deficere
Idolorumque portenta
    Prae timore colere,

5. Cunctos deos paganorum
    Asseris daemonia,
Libens dura tormentorum
    Sustines supplicia.

6. Nam membratim laniatus
    Es et ustus facibus,
Sed per Christum consolatus
    Luce, verbis dulcibus.

7. Quidam tibi dum praeberet
    Toxicum maleficus,
Vidensque, quod nil noceret
    Tibi, fit catholicus.

8. Te tyrannus super rotam
    Gladiosam statuit,
Quam divina virtus totam
    Mox rumpendo destruit.

9. Tunc te jussit volutari
    In liquore plumbeo,
Quo te sentis delectari
    Velut dulci balneo.

10. Tunc promissis te hortari
    Studet et blanditiis,
Spondes, velle venerari
    Deos sacrificiis.

11. Plebe ergo praestolante,
    Quae gaudenter adfuit,
Et te Christum exorante
    Ignis vorax irruit

12. Et consumpsit deos vanos
    Templumque comminuit,
Sacerdotes ac profanos
    Terra sic absorbuit.

13. Tunc per civitatem tractus
    Capite mox plecteris,
Martyr Christi, regnum nactus
    Ad superna veheris.

14. Eja, martyr gloriose,
    Me in fide robora,
Per te Deus gratiose
    Mea regat tempora.

15. A dracone infernali
    Salvet me finaliter,
Ne me morsu gehennali
    Cruciet perenniter.

16. Sed ab omnibus ereptus
    Malis tibi socier,
Coeli gloriam adeptus
    Summis bonis satier.

Cod. Andecens. fol. 59 a. A. — Cod. Augiens. fol. 186 b. B. — Cod. Gemnicens. fol. 154 b. C. — Cod. Scotor. Vindob. fol. 58 a. D. — Cod. Tegurin. I. fol. 102 a. E. — Cod. Tegurin II. fol. 297 a. F. — Cod. Tegurin. III. fol. 225 b. G. — Cod. Underdorfens. fol. 59 b. H.

1, 3 Qui fide A. — 4, 1 Dum fideles BDF. 11, 4 Ignis rotorum B. — 12, 1 Sed consumpsit D. — 12, 1 sito vanos B. — 12, 3 Sacerdotesque D. — 12, 4 Terraque absorbuit CD; terra tunc absorbuit F.

39. De sancto Christophoro.

1. Salve, quem tam mire Deus
Traxit, o Christophore,
Chananaeus giganteus
Es procerus corpore.

2. Voluisse te servire
Regi magno legeris,
Invenisse, qui praeire
Videbatur ceteris.

3. Qui cum Sathanam expavit
Signo crucis edito,
Et cum Sathan deviavit
Signo crucis cognito,

4. Hunc et illum reliquisti,
Regem Christum quaeritas,
Cui per hoc deservisti,
Quod trans fiumen portitas

5. Omnem illuc venientem,
Qui transire voluit,
Donec puerum ingentem
Transfers, qui te studuit

6. Sic gravare, ut transire
Vix valeres fluvium;
Me pressisti, inquis, mire
Velut pondus montium.

7. Ait: sum quem regem dignum
Credis cunctis praeferens,
Virga tua sit in signum
Flores, fructus proferens.

8. Samum venis, linguam nescis,
Oras, ut intelligas,
Idolatriam horrescis,
Ut fideles erigas,

9. Ad certamen defigebas
Virgam, quae mox floruit,
Et cum vinctus comparebas
Coram rege corruit.

10. Qui te mandat carcerari,
Et, qui te adduxerant,
Milites mox decollari,
Qui per te crediderant.

11. Aquilina et Niceta,
Missae te allicere,
Convertuntur, mente laeta
Perimuntur propere.

12. Ferreis es virgis caesus,
Superjectus ferreo
Et ignito scamno, laesus
Tamen non es ideo.

13. Hinc sagittae jaciuntur
Contra te innumerae,
Sed in vanum transmittuntur,
Resident in aere.

14. Cum rex tibi insultavit,
Una retro rediens
Ejus oculum caecavit
Mox sagitta feriens.

15. Ense te rex Christo dedit,
Et de tuo sanguine
Visum unxit, vidit, credit
Mox in Christo nomine.

16. Quaeso per te nunc a Deo,
Ut sic sibi serviam
Semper toto posse meo,
Ut in fine audiam:

17. Serve bone et fidelis,
Intra nunc in gaudium
Domini tui in caelis,
Dantis regni praemium.

18. Vultu tuo me consigna
Omni loco, tempore,
Ne attingant me maligna,
O sancte Christophore.

Cod. Andecens. fol. 59 b. A. — Cod. Augiens. fol. 187 a. B. — Cod.
Gemnicens. fol. 155 b. C. — Cod. Scotor. Vindob. fol. 58 b. D. — Cod.
Tegurin. I. fol. 103 b. E. — Cod. Tegurin. II. fol. 297 b. F. — Cod. Tegurin.
III. fol. 226 a. G. — Cod. Underdorfens. fol. 90 b. H.

3, 1 Sathan B. — 3, 4 condito A. — 4, 1 Tunc et istum F. — 4, 2
Christi A. — 6, 1 vix transire A. — 7, 1 regem fehlt D; Ait qui regem B. —
8, 1 Samon AC. Samam D. — 12, 3 Et superjectus F. — 12, 4 es fehlt B.
— 14, 1 Dum rex DF. — 15, 3 vidit et credit A. — 13, 3 attingat A.

40. De sancto Colomanno.

1. Salve, sancte Colomanne,
   Monomartyr Austriae,
   Quem perfudit rivus cannae
   Inundantis gratiae.

2. Scotiam te deserente
   Velut massa nubium
   Tu divino Austro flante
   Transis ad Danubium.

3. Cumque sic peregrinaris,
   Tu felix deicola,
   Adversantis videbaris
   Gentis esse incola.

4. Caesum tamquam explorantem
   Te clauserunt carcere,
   Sed cum te peregrinantem
   Solum refers libere

5. Silices, ignita ova,
   Flagra tibi vulnera
   Imprimebant nec von nova
   Tormentorum genera.

6. Carnes tuas vellicabant
   Forcipe ferrarii,
   Ossa tua lacerabant
   Serra carpentarii.

7. Tandem quoque cum duobus
   Pensus es in arbore,
   Putrefactisque ambobus
   Adhuc flores corpore.

8. Ungues, barba, pili crescunt
   Membris perdurantibus,
   Arbor restisque frondescunt
   Cunctis admirantibus.

9. Quidam languit confractus
   Ex morbo podagrico,
   Qui de tua carne tactus
   Sanabatur illico.

10. Mirum, carnis tunc sublatae
    Vulnus non apparuit,
    Cruor vero fusus late
    Rubens, calens claruit.

11. Post a quodam venatore
    Non credente figitur
    Latus tuum, qui cruore
    Calido perfunditur.

12. Tunc plebs, clerus convenerunt,
    Te in quadam insula
    Juxta fanum humaverunt,
    Nec desunt miracula.

13. Nam cum fluctus transcendebat
    Medium basilicae,
    Siccus tuus permanebat
    Tumulus mirifice.

14. Mire fragrans indestructus
    Permanens biennio,
    In Mellicum es transductus
    Cum signorum gaudio.

15. Nunc te flagito per Deum,
    Semper a piaculis
    Spiritum et corpus meum
    Serves, a periculis.

16. Et me quasi peregrinum
    Cura tua collige,
    Et ad portum me divinum,
    Ne oberrem, dirige.

17. Fac, ne gliscam insinceres
    Hujus res exsilii,
Verum regni sim cohaeres
    Christi Dei filii.

Cod. Andecens. fol. 61 b. A. — Cod. Augiens. fol. 188 a. B. — Cod.
Gemnicens. fol. 158 a. C. — Cod. Scotorum Vindob. fol. 60 a. D. — Cod.
Tegurin. I. fol. 108 a. E. — Cod. Tegurin. II. fol. 298 a. F. — Cod. Tegurin.
III. fol. 227 a. G. — Cod. Underdorfens. fol. 91 a. H.
    1, 3 profudit A. — 3, 2 coelicola F. — 10, 4 Caudens B. — 14, 1 instruc-
tus F. — 14, 2 triennio D; triclivio B. — 14, 3 In Medlico D: In Medlicum
A. — 16, 4 aberrem B. — 17, 1 insinceres nach Reim und Hss. von insin-
ceris, vgl. Du Cange s. v. sinceris. — 17, 3 Tecum regni G.

41. De sancto Mauritio et sociis ejus.

1. Salve, sancta beatorum
    Thebaeorum legio,
Cui nomen inclytorum
    Dat Thebaea regio.

2. Quando Diocletianus
    Vos a terrae finibus
Advocat, licet profanus,
    Sumptis exercitibus

3. Pergitis obtemperantes
    Ut subjecti Caesari,
Et sub illo militantes,
    Quamvis cultu dispari.

4. Sed ut armis fidem Dei
    Conabatur persequi,
Vos virtute firmae spei
    Recusastis exsequi.

5. Tunc secundo decimavit
    Vos tyrannus gladio,
Tandem cunctos trucidavit
    Consecrans martyrio.

6. In Agauno estis morti
    Propter Christum traditi,
Beatorum vero sorti
    Nunc per Christum dediti.

7. Ibi Maurus ut sol claret
    Inclytus Mauritius,
Superatus non apparet
    Ibi Exsuperius.

8. Ibi nimio decore
    Fulget niger Candidus,
Ibi viret in vigore
    Victus Victor floridus.

9. Ibi vitam nunc Vitali
    Dat vitalis gratia,
Innocentium vi tali
    Beat innocentia.

10. O vos sexies milleni,
    Qui perfecto numero
Sexcenteni sexageni
    Sex in statu prospero

11. Jam regnatis cum beatis
    Summis in deliciis,
Me sex alis protegatis
    Ut seraph a vitiis.

12. Sex diebus hujus vitae
    Per vos me in optimo
Sic exercitem, ut rite
    Requiescam septimo.

13. Largitatis corporalis
    Piis sex operibus,
Pietatis spiritalis
    Totidem in actibus

14. Sic exhibeam me gratis,
    Ne sex improperia
Audiam cum reprobatis
    Judicis sententia,

15. Sed propinquem coeli throno
    Sex virtutum gradibus,
    Ad fruendum summo bono
    Tunc cum vobis omnibus.

Cod. Andecens. fol. 63 b. A. — Cod. Augiens. fol. 186 b. B. — Cod. Gemnicens. fol. 154 a. C. — Cod. Scotor. Vindob. fol. 57 b. D. — Cod. Tegurin. I. fol. 112 a. E. — Cod. Tegurin. II. fol. 298 b. F. — Cod. Tegurin. III. fol. 228 a. G. — Cod. Underdorfens. fol. 87 a. H.
1, 4 Thebes B. — 7, 1 Ubi DF. — 8, 3 viget A. — 9, 1 vitam fehlt B. — 9, 3 vitali A. — 9, 4 in nocentiam D. — Str. 12 fehlt B. — 12, 4 Requiescam solio A. — 15, 4 Tunc fehlt B.

42. De sancto Dionysio.

1. Salve, Areopagita,
    Dionysi nobilis,
    A virtute dictus ita,
    Doctor admirabilis.

2. Tu philosophus, amator
    Verae sapientiae,
    Veritatis indagator,
    Rerum et justitiae.

3. Quando sol eclipsabatur
    Hora mortis Domini,
    Verus sol obscurabatur,
    Lucem ferens homini,

4. Fatebaris: Aut naturae
    Deus modo patitur,
    Aut totius creaturae
    Machina dissolvitur.

5. Haec nox, inquis, quam miramur,
    Veram lucem populis
    Indicat, quam praestolamur,
    Jam adesse saeculis.

6. Quem ignorans tu colebas
    Deum, Paulus praedicat,
    Signum fidei petebas,
    Caecus videns indicat.

7. Tunc cum tuis baptizatus
    Es familiaribus
    Et antistes ordinatus
    Es Atheniensibus.

8. Eruditus hinc a Paulo
    Sic describis mystica,
    Quasi raptus sis cum Saulo
    Ad arcana coelica.

9. Nec non eras prophetiae
    Sancto clarus spiritu,
    Virginis matris Mariae
    Fueras in transitu.

10. Fidei cum verbum sanum
    Praedicas Parisius,
    Missus per Domitianum
    Cepit te Sisinius.

11. Tunc consputus, alapatus,
    Es derisus viliter,
    Vinculatus, flagellatus,
    Cathenatus graviter.

12. Carcerique mancipatus,
    Super cratem ferream
    Et ignitam tu prostratus,
    Laudem das aetheream.

13. Inde bestiis projectus,
    Nec ab his offenderis,
    Hinc in clibanum dejectus,
    Nec ab igne laederis.

14. Post hoc cruci es affixus,
    Hinc te clausum carcere
    Consolatur crucifixus
    Cum altaris munere.

15. Caput tibi detruncatur,
    Quod mox gestas manibus,
    Angelus, lux comitatur
    Cunctis obstupentibus.

16. Memor esto, quaeso, mei
    Meque tuis precibus
    Juva in conspectu Dei,
    Ut in bonis actibus

17. Fide speque confirmatus,
    Caritate fervidus,
    A terrenis elevatus,
    Supernorum avidus,

18. Nunc gustando, Dionysi,
    Coeli fruar gaudiis,
    Tandem tecum paradisi
    Satier deliciis.

Cod. Andecens. fol. 62 a. A. — Cod. Augiens. fol. 187 b. B. — Cod. Gemnicens. fol. 156 a. C. — Cod. Scotor. Vindob. 59 a. D. — Cod. Tegurin. I. fol. 109 b. E. — Cod. Tegurin. II. fol. 299 b. F. — Cod. Tegurin. III. fol. 229 a. G. — Cod. Underdorfens. fol. 86 b. H.
4, 1 Fatebantur A. — 6, 3 petebat F. — 15, 3 Lux superna B.

43. De sanctis Johanne et Paulo.

1. Salvete, pleni gratia,
   Johannes atque Paule,
   Quos Constantini filia,
   Imperialis aulae

2. Regina, primicerios
   Praepositos habebat,
   Suosque vos vicarios
   Ut natos diligebat.

3. Quae dum per Agnem virginem
   Cum corporis salute
   Suae mentis imaginem
   Ex fidei virtute

4. Plene recuperaverat,
   Ipsamque Gallicanus
   In conjugem petierat,
   Licet adhuc paganus,

5. Ipsa vos sibi tradidit
   Ad bellum cum transiret,
   Qui per vos Christum credidit,
   Victorque cum rediret,

6. Thorum fugit conjugii
   Vivens in castitate
   Coronamque martyrii
   Adeptus est beate.

7. Accersit, ut alliciat,
   Vos Caesar Julianus,
   Deterret, ut subjiciat,
   Apostata profanus.

8. Sed blandimenta spernitis
   Nec minas formidatis,
   Inducias non quaeritis,
   Indultas recusatis.

9. Interea substantiam
   Mendicis erogastis,
   Per quod mentis constantiam
   In Christo solidastis.

10. Caesar vero tirunculum
    Misit Terrentianum,
    Qui aureum statunculum
    Fert vobis sed in vanum.

11. Nam nec incensum promitis
    Nec genua curvatis,
    Ob quod per hunc occumbitis
    Capitibus truncatis.

12. Sic vos in domo propria
    Noctu clam tumulavit,
    Fatens, quod in exsilium
    Ut reos relegavit.

13. Sed clamans ejus filius
    A daemone torquetur,
    Terrentianus anxius
    Mox scelus confitetur.

14. Creditque doctus coelitus,
    Et puer liberatur,
    Per eum vester obitus
    Et vita exaratur.

15. Nunc rogo vos suppliciter,
    Ut per vos augeatur
    In me fides, quae jugiter
    Amore operatur.

16. Ne me adversa terreant
    Nec elevent secunda,
    Sed acta mea placeant
    Deo mensque fecunda

17. Ut cum defossus fuero,
In pace requiescam,
Vobiscum, dum surrexero,
In Christo permanescam.

God. Andecens. fol. 62 b. A. — Cod. Augiens. fol. 187 b. B. — Cod.
Gemnicens. fol. 157 a. C. — Cod. Scotor. Vindob. fol. 59 b. D. — Cod. Tegurin. I. fol. 111 a. E. — Cod. Tegurin. II. fol. 300 a. F. — Cod. Tegurin.
III. fol. 230 a. G. — Cod. Underdorfens. fol. 88 a. H.
1, 1 pleni gloria D. — 5, 2 cum transierat B. — 10, 1 misit mox
tyrunculum B. — 10, 2 u. 3 fehlen D. — 12, 1 u. 2 Vos intra domicilium
| In fossa tumulavit BCF. — 13, 4 Tunc scelus F.; celos B. — 14, 1 Credi-
ditque A. — 16, 4 Deo mens fecunda A.

44. De sancto Achatio et sociis ejus.

1. Salvete, decem milia,
O martyres beati,
Quibus per cuncta proelia
Fuisti dux, Achati.

2. In novem primo millibus
Eratis congregati,
In vestris certaminibus
Frequenter superati.

3. Tunc mentis pro audacia
Vos deos coluistis
Bellorumque victoria,
Sed nihil profecistis.

4. Sed angeli per monitum
In Christum credidistis,
Et hostium exercitum
Fugando devicistis.

5. Vobis convenientibus
Cum angelo praeduce,
Coelis vobis cernentibus
Apertis fusa luce,

6. Descendunt turmae coelicae
Vos territos solantes,
Et vos passuros publice
Narrabant confortantes.

7. Per Adrianum Caesarem
Post triduum vocati,
Pro Christo mortem hilarem
Excipere parati,

8. Cum idola nefaria
Nolletis venerari,
Vos poena multifaria
Caesar jussit vexari.

9. Saxa vos lapidantium
In ora silierunt,
Manus vos flagellantium
Confestim aruerunt.

10. Magister mille militum
Haec videns mox credebat
Cum illis, coetum inclitum
Sic vestrum adimplebat.

11. Mox pedibus, lateribus
Cum clavis perforati,
Spinosisque capitibus
Cruore baptizati,

12. Ut Christus passi singula,
Stipitibus affixi,
Fulseruntque miracula,
Quae morte crucifixi.

13. Mihi, quaeso, memoria
Nunc vestrae passionis
Prosit et meritoria
Virtus orationis;

14. Ut corporis et animae
Potitus sospitate
Sacrorumque potissime
Bonorum ubertate;

15. Triumphum resistentiae
De hostibus nanciscar,
Fructumque poenitentiae
In fine adipiscar;

16. Et sacra eucharistia
In morte procuratus,
Coelorum fungar gloria
Vobis consociatus.

Cod. Andecens. fol. 64 a. A. — Cod Augiens. fol. 187 b. B. — Cod. Gemnicens. fol. 157 b. C. — Cod. Scotor. Vindob. fol. 60 a. D. — Cod. Tegurin. I. fol. 113 b. E. — Cod. Tegurin. II. fol. 300 b. F. — Cod. Tegurin. III. fol. 231 a. G.

6, 2 consolantes B. — 10, 3 numerum inclitum B. — 11, 3 Spinosique AD. — 12, 1 Christum B. — 12, 1 afflixi B. 16, 4 Vobis sociatus A.

45. De sancto Gregorio.

1. Salve, Gregori maxime,
   Antistes Romanorum,
   Secundum nomen optime
   Vigil catholicorum.

2. Sex struis in Sicilia
   Et septimum in urbe
   Accepta monasteria,
   Hinc subtrahis te turbae,

3. Ut vaces Deo libere;
   Terrena contempsisti,
   Ut posses vix subsistere,
   Sic corpus afflixisti.

4. Argenteam parapsidem
   Egeno erogabas,
   Ad mensam venit itidem
   Post pauper et notabas,

5. Quod vultum mutat crebrius
   Sed refert adjuratus,
   Quod angelus sit proprius
   A Deo tibi datus.

6. Cum papam inguinaria
   Decedere coëgit,
   Omnis Romana curia
   In papam te elegit.

7. Sed cum haec pestilentia
   Plebem adhuc vastaret,
   Et plebs precum instantia
   Ferventius oraret,

8. Cum litaniis instruis
   Cleri processionem,
   Sic precibus assiduis
   Hanc sedas passionem.

9. Deo vacare inhians
   Latere conabaris,
   Columna lucis radians
   Te prodit, revocaris.

10. Tu Anglicanis gentibus
    Doctores transmisisti,
    Quas meritis et precibus
    Ad fidem convertisti.

11. Flendo Trajanum revocas
    A poena gehennali,
    Matronae fidem advocas
    Carne sacramentali.

12. Tu plenus es virtutibus,
    Magnus humilitate,
    Tu largus es pauperibus,
    Perfectus sanctitate.

13. Columba doctus disseris
    Secreta scripturarum,
    Juges languores pateris
    Doloresque poenarum.

14. Sed versis jam moeroribus
    Et fletibus in risum,
    Jam pausas a doloribus
    In Deum tendens visum.

15. Te quaeso, mihi veniam
    Et fugam vitiorum
    Exposce, Dei gratiam
    Et copiam donorum.

16. Te flagito attentius,
    Sanctissime Gregori,
    Adsis mihi propitius,
    Dum me contingit mori.

17. Et ab aeterna libera
    Me poena reproborum,
    Et tecum duc trans aethera
    In gaudia sanctorum.

Cod. Andecens. fol. 64 b. A. — Cod. Augiens. fol. 190 a. B. — Cod.
Gemnicens. fol. 159 a. C. — Cod. Scotor. Vindob. fol. 61 b. D. — Cod.
Tegurin. I. fol. 114 b. E. — Cod. Tegurin. II. fol. 301 b. F. — Cod. Tegurin. III. fol. 232 a. G.
2, 1 Silicia A. — 3, 1 Ut vives B. — 7, 1 cum pestilentia B. — 8, 2 u.
3 Fore processionem | Per quam sanctam devotius C. — 11, 1 tyrannum B.
— 14, 3 u. 4 Coelestem cum virtutibus | Intrasti paradisum D. — 15, 1 Me
quaeso A.

46. De sancto Ambrosio.

1. Salve, doctor eximie,
O inclyte Ambrosi,
Tu ambra redolentiae,
Flos mellis dulcorosi.

2. Examen apum vultui
Incumbens te ostendit
Divino aptum cultui,
In altum dum conscendit.

3. Cum Mediolanensibus
Fit lis pro eligendo
Antistite, fit omnibus
Hic finis te volendo.

4. Eligite Ambrosium,
Vox sonuit infantis,
Consensus adest omnium
Et plebis acclamantis.

5. Torqueri jubes populos,
Adduci mulieres,
Ut sic a suo singulos
Conatu removeres.

6. Sed omnes tuum clamitant
Sit super nos peccatum,
Sic sumere te incitant
Praefatum praesulatum.

7. Te noctu putas fugere
In urbem Ticinensem,
Ad portam mane prospere
Stas Mediolanensem.

8. Sed post hoc nihilominus
Latere conabaris,
Adhuc tu catechumenus
Inventus baptizaris.

9. Octavo die praesulis
In sedem sublimatus,
Ab Arianis populis
Es multum molestatus.

10. Quadrigam in exitium
Tuum quidam aptavit,
Quae ipsum in exsilium
Ipso die portavit.

11. Dum angelum haereticus
Ad tuam aurem cernit
Loquentem, fit catholicus
Nec ultra fidem spernit.

12. Dum spatam dextra tolleret
In te quidam profanus,
Ut feriens occideret,
Exaruit mox manus.

13. Tu virgo, pius, humilis,
Tu carnis afflictivus,
Zelotes, largus, stabilis,
Tu lapsis compassivus.

14. Opponis te injuriis
Per arma lacrymarum,
Tu sagax in sententiis
Disertor scripturarum.

15. Caput tuum operiens
Ignis, qui non flammabat,
Paulatim os ingrediens
Vultum tuum albabat.

16. Defunctum te infantuli,
Hi vident ascendentem,
Hi cathedratum parvuli,
Hi stellam effulgentem.

17. Da mihi, quaeso, fugere
Honorem hujus mundi
Da spiritus evadere
Temptamina immundi.

18. Perfecte da respuere
Carnis oblectamenta,
Transacta mala plangere
Per gravia lamenta;

19. Ut bonis plenus actibus
   Sim capax gloriosi
   Regni cum sanctis omnibus,
   Praesta, sancte Ambrosi.

Cod. Andecens. fol. 65 b. A. — Cod. Augiens. fol. 191 a. B. — Cod.
Gemnicens. fol. 159 b. C. — Cod. Scotor. Vindob. fol. 62 a. D. — Cod.
Tegurin. I. fol. 116 b E. — Cod. Tegurin. II. fol. 302 a. F. — Cod. Tegurin. III. fol. 233 a. G.
   1, 3 Tu umbra A. — 3, 4 te nolendo ACDF. — 4, 1 Elegi te B. —
6, 3 Sic fugere te viciant B. — 10, 3 Tui quidam C. — 11, 1 Cum A. — 17, 3
spiritus A. — 19, 4 Pater sancte F.

47. De sancto Augustino.

1. Salve, beate Domine,
   Antistes Augustinus,
   Actus claret ex nomine,
   Nam auctor es divinus.

2. Doctrinae licet fueris
   Erroneus gentilis,
   Eras tamen prae ceteris,
   Ingenio subtilis.

3. Sed pia mater Monica
   Te plurimum deflebat,
   Imbuere catholica
   Te fide satagebat.

4. Pro scholastriae artibus
   Venis Mediolanum,
   Ubi te ab erratibus
   Verbum Ambrosianum

5. Cito retraxit penitus,
   Et ex tunc hortabaris
   Diversim, donec coelitus
   Perfecte mutabaris.

6. Baptismate te abluit
   Et „Te Deum laudamus"
   Ambrosius concinuit
   Tecum, quod hymnizamus

7. Hinc mundi pompam despicis,
   Dei plenus amore,
   In psalmis, hymnis, canticis
   Tu flebas prae dulcore.

8. Ad Africam hinc rediens
   Deo, tibi vacabas,
   Discipulos erudiens
   Tu plurima dictabas.

9. Tu volas ad sublimia
   Unius Dei trini,
   Tu scriptitas subtilia,
   Auctor cultus divini.

10. Tu regulam instituis,
    Sacerdos ordinatus,
    Canonicos instituis
    Ejusdem coenobatus.

11. Pontifice Valerio
    Cedente es creatus
    In praesulem Hypponio;
    Virtute solidatus

12. Ut malleus haereticos
    Tu feriens fugabas,
    Tu fidei catholicos
    Ut murus defensabas.

13. Tibi frugalis, singulis
    Pius, Deo devotus,
    Actis, scriptis, miraculis
    Es orbi toto notus.

14. Precor, precare hodie
    Trinum et unum Deum,
    Ut pie, juste, sobrie
    Vivam collaudans eum.

15. Ut appetam coelestia,
    Despiciam terrena,
    Cuncta detester vitia,
    Ne vexet ultrix poena.

16. Pro posse tua exsequar
    Exempla, documenta,
    Et, quibus gaudes, consequar
    Coeli jucundamenta.

Cod. Andecens. fol. 66 a. A. — Cod. Augiens. fol. 192 a. B. — Cod. Gemnicens. fol. 160 b. C. — Cod. Scotor. Vindobon. fol. 62 b. D. -- Cod. Tegurin. I. fol. 118 a. E. — Cod. Tegurin. II. fol. 302 b. F. — Cod. Tegurin. III. fol. 234 a. G.
1, 1 sancte Domine B. — 1, 2 Augustine A. — 2, 2 ingenio prae ceteris A. — 4, 1 actibus D. — 4, 2 Tendis D. — 4, 3 u. 4 fehlen B. — 5, 3 Diversum BCF. — 6, 4 hymnizemus A. — 11, 3 praesularcem A. — 12, 2 Tu fehlt A. — 13, 1 Cibi frugalis A.

48. De sancto Hieronymo.

1. Salve, sancte Hieronyme,
   O doctor veritatis,
   Qui es languentis animae
   Medela sanitatis.

2. Tu Romae liberalibus
   Es artibus imbutus,
   Tu actibus moralibus
   Virtutum institutus.

3. Cum codices gentilium
   Legis tam affectanter,
   Es raptus ad judicium
   Et, quis sis, indignanter

4. Interrogatus; libere:
   Sum, inquis, Christianus,
   Sed es correctus verbere
   Ut Ciceronianus.

5. Latinis, Graecis litteris,
   Hebraicis, divina
   Instructus es prae ceteris
   Scientia, doctrina.

6. Jam Cardinalis presbyter,
   Zelator Christi legis,
   Es habitus communiter,
   Dignus rectura gregis.

7. Sed aemuli feminea
   Veste te illuserunt,
   Qua te pollutum carnea
   Labe diffamaverunt.

8. Tunc cedis et Gregorio
   Adhaeres Nazanzeno,
   Scripturae desiderio
   De Jesu Nazareno

9. Ad eremum tunc properas
   Et magno cum rigore
   Fame, fletu exasperas
   Te Christi pro amore.

10. Quis novit, quanta corporis
    Sis passus incentiva,
    Quis pugnam tui pectoris,
    Quis carnis afflictiva.

11. In Bethlehem praesepio
    Te Christi applicabas
    Et scripturarum studio
    Assidue vacabas.

12. Multos ibi discipulos
    Sub Christo adunasti,
    Multos perpessus aemulos,
    Multa mira patrasti.

13. O mira res, e tumulo
    Transferri dum debebas,
    Spectante clero, populo
    Nec terrae cohaerebas.

14. In tumbam tuam positos
    Defunctos duos vitae
    Reddis, diversis deditos
    Morbis curabas rite.

15. Sepulchro es solemniter
    Marmoreo insertus,
    Quod linquis mirabiliter
    In pristino repertus.

16. Eja, doctor ecclesiae,
    Dans formulam psallendi,
    Exemplar poenitentiae,
    Tu normula vivendi.

17. Dignare, quaeso, premere
    Maligni hostis fraudem,
    Ut corde, ore, opere
    Semper Deum collaudem.

18. Mea dele facinora,
    Fer prece spem salutis,
    Mea dispone tempora
    Per opera virtutis.

19. Ut tecum, pater optime,
    Qui jam coelesti sede
Gaudes, Sancte Hieronyme.
    Post perfruar mercede.

Cod. Andecens. fol. 66 b. A. — Cod. Augiens. fol. 192 a. B. — Cod.
Gemnicens. fol. 161 a. C. — Cod. Scotor. Vindob. fol. 63 a. D. — Cod. Te-
gurin. I. fol. 119 b. E. — Cod. Tegurin. II. fol. 303 b. F. — Cod. Tegurin.
III. fol. 235 a. G.
    2, 2 nubatus D: es fehlt B. — 4, 3 correptus F. — 6, 1 Nam cardinalis.
A. — 11, 4 Et assidue C. — Str. 13, 14 u. 15 fehlen A: dafür:

13. Quando leonis saucii
    Pedis curas laesuram,
Domesticatus socii
    Aselli gerit curam.

14. Quem perdens in laboribus
    Fit portitor lignorum,
Inventum hunc cum mercibus
    Reducit camelorum.

In C stehen Nr. 13—15 über einer radierten Stelle, so dafs vielleicht eine
Korrektur Konrads vorliegt: A böte dann die ursprüngliche Lesart, C und
die übrigen Hss. die verbesserte. — 19, 2 Qua jam A.

49. De sancto Martino.

1. Salve, praesul praecipue,
    Clarissime Martine,
Christique miles strenue,
    Dos gratiae divinae.

2. Dum adhuc catechumenus
    Eras, vestis mendicum,
Qua se vestitum Dominus
    Testatur ut amicum.

3. Militiae renuntians
    Latrones incidisti,
Quorum unum non devians
    Ad fidem convertisti.

4. Matrem convertens acriter
    Resistis Arianis,
Per quos caesus atrociter
    Repulsus es inanis.

5. Monasticam instituis
    Vitam ducens austeram,
Defunctos tres restituis
    Vitae per precem meram.

6. Rex, qui audire noluit
    Te nec petenda dare,
Tunc usta sella docuit,
    Assurgere, donare.

7. Tu objicis te ignibus,
    Ne transeant urentes,
Licet ventorum flatibus
    Pulsentur saevientes.

8. Dum arborem excidere
    Dicatam vis Dianae,
Cadentem hanc excipere
    Te spondes genti vanae.

9. Sed signum crucis objicis
    Et arborem avertis,
Per quod Dianam dejicis
    Et populum convertis.

10. Das pristinae munditiae
    Leprosum osculando,
Das lecti te duritiae
    Stramenta propulsando.

11. Hinc palea succenditur
    Et uri jam cepisti,
Sed cruce, prece pellitur,
    Sic ignem evasisti.

12. Dum nudo vestem tribuis,
    Rursus te vestiendo
Amictum vilem induis
    Ad missam procedendo.

13. Super te globus igneus
    Aperte tunc videtur,
Et brachiis tunc aureus
    Ornatus adhibetur.

14. Apostolis par diceris,
    Ob hoc nam inviserunt
Te crebrius cum ceteris
    Sanctisque paruerunt.

15. Obsessis ab hominibus
Daemonia repellis,
Suis noscens nominibus
Ludibria refellis.

16. Tu oculis ac manibus
Coelo semper intentus,
Assiduus in precibus
Morte non es praeventus.

17. Te, pater, precor intime,
Mortem atque mortalem
Aufer languorem animae
Dans vitam spiritalem.

18. Malignis a spiritibus
Me jugiter tuere,
Tu vesti me virtutibus,
Da scelera cavere.

19. Ora, flammis ultricibus
Ne tradar sine fine,
Sed tecum in coelestibus
Laeter, sancte Martine.

Cod. Andecens. fol. 67 a. A. — Cod. Augiens. fol. 192 b. B. — Cod. Gemnicens. fol. 162 a. C. — Cod. Scotor. Vindob. fol. 63 b. D. — Cod. Tegurin. I. fol. 121 a. E. — Cod. Tegurin. II. fol. 304 a. F. — Cod. Tegurin. III. fol. 236 a. G. — Cod. Underdorfens. fol. 102 b. H.
1, 4 gratia A. — 4, 1 convertis F. — 4, 2 u. 3 fehlt D. — 5, 4 precem per B. — 6, 3 Hunc usta BD. — 11, 2 non cepisti B. — 12, 1 Cum A. — 13, 1 te fehlt F. — 13, 3 brachius B. — 16, 2 In coelo B. — 18, 1 de spiritibus B.

50. De sancto Nicolao.

1. Salve, mirae sanctitatis
Nicolae pontifex,
Vasculum te pietatis
Summus fecit opifex,

2. In aquali erigebas
Te die primaria,
Semel tantum lac sugebas
Quarta, sexta feria.

3. Puerorum non lasciva
Quaeris puer gaudia,
Verbum Dei rediviva
Retinens memoria.

4. Auri massas erogasti
Patrique virginibus,
Quos a fame liberasti
Carnisque criminibus.

5. Nomen prodit et probatum
Vox elapsa coelitus,
Sicque digne praesulatum
Nactus es divinitus.

6. Tempestate conquassatis
Jamque naufragantibus,
Absens opem desperatis
Praebes implorantibus.

7. Populum a famis nece
Eruis famelicum,
Datum et servatum prece
Dum adauges triticum.

8. Humilis, justus, benignus
Es in cunctis actibus,
Omni quoque laude dignus,
Plenus tu virtutibus.

9. Tu quam plures praeservasti
Necis a periculo,
Angelis te inclinasti
Mortis in articulo.

10. Cum defunctus sepeliris
Tumulo marmoreo,
Multis salus modis miris
Es manante oleo.

11. Sed repulso successore
Sistunt olicidia,
Quo reverso cum liquore
Redeunt remedia.

12. Tres defunctos suscitasti
Jam exstinctus corpore,
Signis miris coruscasti
A primaevo tempore.

13. Nicolae, sancte Dei,
    Precor te suppliciter,
    Miserere pie mei,
    Subveni celeriter

14. Mihi cunctis in adversis
    Corporis et animae,
    Ne subvertant me perversis
    Factis, hostes reprime.

15. Dele culpas cum reatu
    Et exposce gratiam,
    Tuta me in mortis statu
    Tuam per praesentiam.

16. Tunc me, Deus Adonai,
    Eripe ab hostibus,
    Prece sancti Nicolai
    Coeli junge civibus.

Cod. Andecens. fol. 68 a. A. — Cod. Augiens. fol. 192 b. B. — Cod. Gemnicens. fol. 163 a C. — Cod. Scotor. Vindob. fol. 64 b. D. — Cod. Tegurin. I. fol. 122 b. E. — Cod. Tegurin. II. fol. 304 b. F. — Cod. Tegurin. III. fol. 237 b. G.
1. 2 In cunabulis B. — 8, 3 Omnique laude A. — 11, 3 cum honore B.

51. De sancto Benedicto.

1. Salve, sancte Benedicte,
   Gratia et nomine,
   Prodis, vernans flos depicte,
   De virtutum germine.

2. Puer eremum petisti,
   Linquens Romae studium,
   Prece sancta compegisti
   Fractum capisterium.

3. Per trimatum habitabas
   In specu penuriae,
   Spinis vepribus fugabas
   Merulam luxuriae.

4. A subjectis praeparatum
   Venenatum poculum
   Rumpis tibi praesentatum
   Crucis per signaculum.

5. Duodena construxisti
   Deo monasteria,
   Tribus prece produxisti
   Laticem in copia.

6. Ferrum cadens in profundas
   Aquas per te remeat,
   Maurus currit super undas,
   Placidus ne pereat.

7. Multum populum avertis
   A cultu Apollinis,
   Lucum, idolum subvertis,
   Aram tanti criminis.

8. Missum tibi toxicosum
   Panem corvus projicit,
   Florentinum malignosum
   Domus ruens dejicit.

9. Saxum grande leviasti
   Quod Satan gravaverat,
   Et sophisticum monstrasti,
   Ignem, quem succenderat.

10. Monachellum suscitabas,
    Paries quem triverat,
    Rusticellum revocabas,
    Qui defunctus fuerat.

11. Tu farinam adauxisti
    Prece ac pecuniam
    Oleumque coauxisti
    Ad superfluentiam.

12. Alapam dans expellebas
    Hostem a daemonico.
    Solo visu resolvebas
    Loramenta rustico.

13. Miros actus perfecisti
    Ex virtutum habitu,
    Mira multa cognovisti
    Prophetiae spiritu.

14. Praedixisti diem mortis,
    Fodi jubes tumulum,
    Paradisi nunc in hortis
    Jubilas in saeculum.

15. Nam lampadibus resplendens
Via, strata palliis,
A cella in coelum tendens,
Te dat coeli gaudiis.

16. Tu divinis benedictus
Benedictionibus,
Tu maligni nunquam victus
Es suggestionibus.

17. Tibi supplico constrictus
Peccatorum funibus,
Me absolve, ne addictus
Morti, tradar ignibus.

18. Benedictus a re dictus,
Quaeso, me uberius
Benedic, ne maledictus
Hostis vincat amplius.

19. Sed luctando stem invictus
Ab ejus versutiis.
Ne a Deo derelictus
Superer a vitiis.

20. Me, tu dictus Benedictus,
Salva a suppliciis,
Ut superni tecum victus
Perfruar deliciis.

Cod. Andecens. fol. 71 a. A. — Cod. Augiens. fol. 193 b. B. — Cod.
Gemnicens. fol. 163 b. C. — Cod. Scotor. Vindob. fol. 66 a D. — Cod.
Tegurin. I. fol. 128 b. E. — Cod. Tegurin. II fol. 305 b F. — Cod. Tegurin.
III. fol. 238 a. G. — Cod. Underdorfens. fol. 104 a. H. — Steht ebenfalls
in Clm. Monac. (ol. Augustan.) 4423 saec. 15 fol. 132 a. I. —
2, 3 u. 4 fehlen B. — 3, 1 Petrimatum A; per bimatum BD. — 5. 4
Laticem copia A. - 10, 1 suscitasti B. — 10, 3 revocasti B. — 12, 1 Expellebas alapam dans I. — 12, 2 a daemonio C; a daemoniaco ABD; a
daemonico F, diese ungewöhnliche Form fordert Konrads Reim. — 17, 3
convictus B. — 17, 4 Mortis B.

52. De sancto Antonio abbate.

1. Salve, sancte eremita,
O Antoni celebris,
Ut pro sempiterna vità
Careas illecebris,

2. Cum vicenos annos geris,
Audis in ecclesia:
Si perfectus esse quaeris,
Vade, vende omnia.

3. Bona tua mox vendebas
Erogans pauperibus,
In desertum secedebas
Longe ab hominibus.

4. Vigilando, jejunando
Multisque molestiis
Menti carnem subjugando
Repugnabas vitiis.

5. Velut Aethiops despectus
Spiritus luxuriae
Tibi visus, sum dejectus,
Inquit, per te hodie.

6. Laceratus, vulneratus
Pravis a spiritibus,
Semivivus es delatus
Et a circumstantibus

7. Vita functus aestimaris,
Illisque pausantibus
Ad certamen reportaris,
Ut insultes hostibus.

8. Scissa domo tunc frementes
Irruunt ferociter,
Per obtutus, vultus, dentes
Saeviunt minaciter.

9. O quot, inquis, modo estis
In hoc pugnae stadio,
Si pugnare quid potestis,
Praesto sum, non fugio.

10. Si quas vires haberetis,
Non tot gregaremini,
Si nocere nil valetis,
Cur frustra nitimini?

11. Illa turba sic confusa
    Daemonum evanuit,
    Desuper luce refusa
    Mox salvator adfuit.

12. Implorando hunc dicebas:
    Cur non a principio,
    Bone Jesu, assistebas
    In hoc mihi proelio?

13. Praesens eram, cum certasti,
    Et quia viriliter
    Hostes palam triumphasti,
    Et ego celebriter

14. Te per orbem nominari
    Faciam, cum ceteris
    Sanctis meis collaudari;
    Sanus mox efficeris.

15. Inter crebros sic conflictus
    Multaque certamina
    Semper persistis invictus
    Superans daemonia

16. O quot sancta documenta
    Tradidisti fratribus,
    Quibus daemonum figmenta
    Conculcarent pedibus.

17. Sed et sanctum prophetiae
    Spiritum habueras,
    Per quem mones, moves, pie
    Terres, mulces, reseras.

18. Qui obsessos et morbosos
    Reformasti crebrius,
    A me morbos vitiosos
    Ejice celerius.

19. Fac, ne hostis, caro, mundus
    Contra me praevaleat,
    Ne in morte me profundus
    Tartarus absorbeat.

20. Per te mihi summi boni
    Dona dentur largiter,
    Tecum sancte ut Antoni
    Gaudeam perenniter.

Cod. Andecens. fol. 73 a. A. — Cod. Augiens. fol. 194 a. B. — Cod. Gemnicens. fol. 164 b. C. — Cod. Scotor. Vindob. fol. 67 a. D. — Cod. Tegurin. I. fol. 133 b. E. — Cod. Tegurin II. fol. 30 a. F. — Cod. Tegurin. III. fol. 239 b G.
2, 1 Dum vicenos BD. — 5, 2 Es spernens B. — 6, 1 Maceratus A. — 13, 4 celeriter B — 14, 1 Ne per orbem A. — 15, 3 perstitis BCD.

53. De sancto Paulo, primo eremita.

1. Salve, sancte Paule, Christi
   Primus eremicola,
   In Thebaide fuisti,
   Nunc felix coelicola.

2. Annum decasextum agis
   Sub tyranno Decio,
   Qui credentes duris plagis
   Mortisque supplicio

3. Cum necaret, tibi montis
   Specus dat latibulum,
   Palma vestem, cibum, fontis
   Latex praebet poculum.

4. Postque multos annos cibi
   Deus auxit pabulum,
   Semitortam panis tibi
   Destinans per corvulum.

5. Sic per centum ferme annos
   In deserto latitas,
   Carnem, Sathanam, tyrannos
   Sic ad pugnam incitas.

6. Et quis posset horum nosse
   Contra te certamina,
   Christus dedit tibi posse
   Vincere tentamina.

7. Inter haec produxit florem
   Eremus Antonium,
   Qui deserti se cultorem
   Gaudens primicerium,

8. Ut audivit de supernis,
   Quod sit alter melior,
   Mox in silvis, in cavernis
   Senem quaerit junior.

6*

9. Lupa cellam indicavit,
   Ille clam insequitur,
   Pro ingressu supplicavit,
   Qui dum introgreditur,

10. Mutuo vos salutastis
    Propriis nominibus,
    Oscula ingeminastis
    Crebris cum amplexibus.

11. Tunc post consolamen gratum
    Mutui colloquii
    Corvus panem duplicatum
    Affert hora prandii.

12. Grates Deo referendo
    Tanta post convivia
    Te Antonius deflendo
    Remeat ad propria.

13. Qui dum cernit decedentem
    Sursum te conscendere,
    Mox reversus procumbentem
    Te credebat vivere.

14. Sed defunctum ut videbat,
    Exclamavit propere:
    Quod in vita hic agebat,
    Exhibet in funere.

15. Hinc leones accesserunt
    Duo, qui celeriter
    Tibi tumbam paraverunt
    Abeuntes pariter.

16. Veste, qua eras velatus,
    De palmarum foliis
    Est Antonius ornatus
    Sacris in solemniis.

17. Per te, quaeso, temptamenta
    Superem hostilia
    Carnisque oblectamenta,
    Vana mundi gaudia.

18. Per te malum declinare,
    Crescere virtutibus
    Detur et perseverare
    Bonis in operibus.

19. Per te mihi, sancte Paule,
    Detur vitae spatium
    Tecumque coelestis aulae
    Permanens solatium.

Cod. Andecens. fol. 72 b. A. — Cod. Augiens. fol. 193 b. B. — Cod. Gemnicens. fol. 165 b. C. — Cod. Scotor. Vindob. fol. 65 b. D. — Cod. Tegurin. I. fol. 131 b. E. — Cod. Tegurin. II. fol. 307 a. F. — Cod. Tegurin. III. fol. 240 b. G. — Cod. Underdorfens. fol. 105 a. H.
3, 1 Dum BF. — 3, 2 Specum A. — 4, 1 tibi B. — 6, 3 tibi dedit BCF. — 10, 4 Crebro F. — 10, 4 in amplexibus B. — 15, 3 effecerunt A. — 16, 1 Vestes quas A.

54. De sancto Basilio.

1. Salve, qui magnus diceris,
   Basili, Deo carus,
   Doctrinis, signis legeris,
   Virtutibus praeclarus.

2. Columna ignis paruit
   Effrem praefiguralis,
   Vox de coelo intonuit:
   Basilius est talis.

3. Ornatu, clero, populo
   Stipatum te despexit,
   In oris tui patulo
   Donec ignem conspexit.

4. Tunc laudes tuas protulit
   Deusque tua prece
   Eidem donum contulit,
   Quod loquebatur graece.

5. Quidam cupiscens virginem
   Ardore voluptatis,
   Expleret ut libidinem
   Perversae voluntatis,

6. Se hosti totum subdidit,
   Damnandum obligavit,
   Chirographumque tradidit
   Et Christum abnegavit.

7. Hunc meritis et precibus
   Reducis creatori,
   Instructum bonis moribus
   Restituis uxori.

8. Cum Ariani quaererent,
   Fideles ut privarent
   Ecclesia, et clauderent
   Hanc ambo et signarent,

9. Haec tridui oraculo
   Horum non reseratur,
   Cum pastorali baculo
   Hanc tangis, mox intratur.

10. Cum Caesar te exsilio
    Perimere delegit,
    Ter fracto cartae graphio
    Iratus cartam fregit.

11. Cum medicus assisteret
    Judaeus hora mortis,
    Tibi tuisque diceret,
    Jam esse te in portis,

12. Sed te ad nonam vivere
    Alterius diei
    Videns, fatetur libere
    Virtutem Christi Dei.

13. Resumpto ergo robore
    Mox illum baptizabas,
    Et resoluto corpore
    Ad gaudia migrabas.

14. Qui mulieris facinus
    Defunctus delevisti
    Signatum carta, protinus
    Ut tactus hac fuisti,

15. Ut munder a flagitiis
    Nec faciant me reum,
    Ne laber linguae vitiis,
    Te quaeso, roga Deum.

16. Da fluxum mundi spernere
    Nec delectari laude,
    Da luxum carnis stringere
    Nec captum hostis fraude.

17. Transacto vitae stadio
    Rejecta carne vili,
    Coelesti fruar bravio,
    Fac, pontifex Basili.

Cod. Andecens. fol. 70 b. A. — Cod. Augiens. fol. 193 a. B. — Cod. Gemnicens. fol. 180 b. C. — Cod. Scotor. Vindob. fol. 65 a. D. — Cod. Tegurin. I. fol. 127 b. E. — Cod. Tegurin. II. fol. 307 b F. — Cod. Tegurin. III. fol. 241 b. G.
1, 2 Deo gratus BDF. — 7, 3 bonis omnibus B. — 8, 1 Dum Ariani BCF. — 8, 4 Haec B. — 9, 3 Dum F. — 10, 2 Deprimere collegit B. — 12, 1 ad horam B. — 12, 3 Judaeus fatetur B. — 13, 4 gaudia tu B. — 15, 1 Ut emender A.

55. De sancto Alexio.

1. Salve, sancte o Alexi.
   O vir nobilissime.
   Te saluto, quem dilexi
   Diligoque intime.

2. Exstitit Euphemianus
   Tibi pater inclytus,
   Aulae Caesaris Romanus
   Et virtute praeditus.

3. Adolescens, decoratus
   Literarum studio,
   Es puellae copulatus
   Celebri connubio.

4. Sed tu virginem hortatus
   Noctis sub silentio
   Ad amorem coelibatus,
   Clam te das exsilio.

5. In Edessa civitate
   Tua das pauperibus,
   Stipem petis egestate
   Junctus mendicantibus.

6. Ubi tui, dum te quaerunt
   Sed non norunt famuli,
   Grates agens, quod dederunt
   Tibi stipem servuli.

7. Sic ecclesiae Mariae
   Resides in atrio
   Decaseptem annis pie
   Pro coelesti praemio.

8. Tunc jubente illa ductus
   Es tu in ecclesiam,
   Sed ne perdas vitae fructus,
   Mundi pavens gloriam,

9. Inde temptas navigare
   In Tharsum Ciliciae,
   Vento flante dedit mare
   Te Romanae patriae.

10. Te ad tuam pater precem
    Romae domo tenuit
    Septem annis atque decem
    Et ignotum aluit.

11. Multa tibi tunc offensa
    Fit a servientibus,
    Donec tua est ostensa
    Vita de coelestibus.

12. Cum defunctus es inventus,
    Claram praefers faciem,
    Codex tua manu tentus
    Vitae refert seriem.

13. Quem dum papa legi jussit,
    Cuncti stupent gravius,
    Patrem, matrem tunc concussit,
    Sponsam dolor nimius.

14. Omnis aeger curabatur
    Tactu tui corporis,
    Sicque, sancte, claudebatur
    Cursus tui temporis.

15. Ora Deum, ut abstersis
    Culpis mihi gratiam
    Donet, cunctis in adversis
    Firmam patientiam.

16. Det perfectum mundi spretum,
    Carnis castimoniam,
    Exsuli post finem laetum
    Det coelestem patriam.

Cod. Andecens. fol. 72 a. A. — Cod. Augiens. fol. 193 b. B. — Cod. Gemnicens. fol. 181 a. C. — Cod. Scotorum Vindob. fol. 66 a. D. — Cod. Tegurin. I. fol. 130 b. E. — Cod. Tegurin. II. fol. 308 a. F. — Cod. Tegurin. III. fol. 242 b. G. ⤙ Cod. Underdorfens. fol. 104 b. H.
    1, 1 mi Alexi AH. — 1, 2 Vir nobilissime B. — 7, 1 resides Mariae A. — 8, 1 Tu jubente B. — 9, 4 Te Romae A. — 13, 1 Quem cum A. — 15, 4 Summam patientiam A.

56. De sancta Katharina.

I.

1. A v e candens lilium
   Per Mariae filium,
     Vernans Katherina,
   Katherina inclyta,
   Quae in urbe genita
     Es Alexandrina.

2. Adstas Christo regia
   Costi regis filia,
     Casta Katherina,
   Tamquam inter milia
   Castitatis lilia
     Rosa sine spina.

3. Haec felix Christicola,
   Virtutum areola,
     Virgo Katherina,

   Ecce tua subdola,
   O Maxenti, idola
     Spernit sathanina.

4. Rethores, grammaticos,
   Vicit et catholicos
     Fecit Katherina,
   Ignibus quos impius
   Tradidit Maxentius
     Mente belluina.

5. Nervis dire caeditur,
   Carcere recluditur
     Tetro Katherina,
   Ac fame conficitur,
   Sic flos campi laeditur
     Poenarum pruina.

6. Salve, florens viola,
    Sed per flagra frivola
        Livens Katherina,
    Katherina, ungeris
    Desuper et pasceris
        Esca coelestina.
7. Ac de coeli culmine
    Te revisit lumine
        Christus, Katherina,
    Te confortat: Gaudeas,
    Tecum sum, nil paveas
        Mortis a ruina.
8. Hinc tu, gemma virginum,
    Praedicabas Dominum
        Christum, Katherina,

II.

        Et per te in filium
        Dei mox gentilium
            Credidit regina;
9. Rubens jam martyrio
    Una cum Porphyrio
        Per te, Katherina.
    Inde tortor impius
    In te saevit acrius
        Rabie lupina.
10. Nam bis binas praeparat
    Rotas, ut te conterat,
        Sancta Katherina,
    Attamen haec vilia
    Paganorum milia
        Perimunt bis bina.

III.

11. Gaude, rubens rosula,
    Delicata vernula
        Christi, Katherina,
    Katherina, precibus
    Fusis pro supplicibus
        Sonat vox divina:
12. Ad coeli palatia
    Christique solatia
        Veni, Katherina,
    Tu coeleste balsamum,
    Sponsi intra thalamum,
        Sponsa columbina.
13. Hinc cervice plecteris,
    Ad superna veheris,
        Martyr Katherina,

        Et quidem pro sanguine
        Lactis manas fiumine
            Morte peregrina.
14. Renuis mortalibus
    Sepeliri manibus,
        Diva Katherina,
    Imo te mirifice
    Tumulant angelicae
        Manus monte Sina.
15. Nunc tuum virgineum
    Corpus sacrum oleum
        Stillat, Katherina,
    Admiranda omnibus
    Quod aegris fidelibus
        Exstat medicina.

IV.

16. Vale, pulcher flosculus
    Florumque fasciculus,
        Suavis Katherina,
    Katherina, clarior
    Sole, luna pulchrior,
        Stella ·matutina.
17. Aurem piam intime
    Suspirantis animae
        Precibus inclina,
    Tua me virtutibus
    Et virtutum actibus
        Imbue doctrina.

18. Hujus mundi devia
    Ne sequar vestigia,
        Tu me sursum mina;
    Eja, virgo nobilis,
    Fac, ne carnis fragilis
        Mergat me sentina.
19. Rumpe vincla sceleris,
    Ut non fiam inferis
        Hostibus rapina,
    In procinctu transitus
    A me nequam spiritus
        Pellere festina.

20. Nectaris convivium
Nunc et tunc coelestium
Largius propina,

Ad coelorum gaudia
Duc me tunc cum gloria,
Dulcis Katherina.

Cod. Andecens. fol. 74 a. A. — Cod. Augiens. fol. 194 b. B. — Cod. Gemnicens. fol. 166 a. C. — Cod. Pragens. fol. 206 b. D. — Cod. Scotor. Vindob. fol. 68 a. E. — Cod. Tegurin. I. fol. 135 a. F. — Cod. Tegurin. II. fol. 309 a. G. — Cod. Tegurin. III. fol. 243 b. H.

1, 2 Mariae per filium B. — 2, 3 Casta fehlt A. — 3, 6 Sprevit D. — 4, 1 Rhethores et B. — 6, 3 Corda Katherina B. — 7, 1 de coeli lumine A. — 7, 2 In columbae specie B. — 9, 4 Unde tortor A gegen das Acrostichon. — 10, 1 binas sperat B. — 13, 4 Equidem D. — 16, 3 Suavum C. — 17, 4 Tuta me B. — 20, 6 O dulcis B.

57. De sancta Agnete.

1. Ave, virgo felix Agnes,
Quam cum Dei filius
Ad se traxit, velut magnes
Ferrum trahit propius,
Orthodoxae subarravit
Fidei te annulo,
Atque sibi copulavit
Caritatis vinculo;
Decoravit gemmis morum,
Virtutum monilibus
Ex quo viri spernis thorum
Cum terrenis omnibus.

2. Salve, Agnes speciosa,
Sponsa sponsi virginum,
Fulgens vultu velut rosa,
Christum colens Dominum.
Dum ad cultum deae Vestae
Cogi te non pateris,
Tua spoliata veste
Lupanari traderis;
Sed nimirum te protexit
Mox divina bonitas,
Nam te pulchre circumtexit
Capillorum densitas.

3. Gaude, Agnes, te intrante
Locum turpitudinis
Consolaris coruscante
Vi superni luminis;
Angeli per manus vestis
Candida porrigitur,

Fitque tuae vitae testis
Omnis, qui ingreditur;
Introgressus praefocatur
Mox praefecti genitus
Impudens, sed suscitatur
Per te vitae redditus.

4. Vale, Agnes, quam flammarum
Non laesit incendium,
Sed consumpsit vi poenarum
Turbas infidelium;
Hinc per collum gladiaris
Fuso rubens sanguine,
Christo martyr consecraris,
Cujus amplexamine
Jam laetaris, sociata
Virginum agminibus,
Triumphali coronata
Serto cum martyribus.

5. Agnes, agna agni dei,
Qui tollit peccamina,
Memor esto, precor, mei
Malaque temptamina
Procul pelle, da solamen,
Posce culpis veniam,
Da virtutum moderamen,
Auge prece gratiam;
Me dignare liberare
Mortis in articulo,
Tecum queam ut regnare
In supremo saeculo.

Cod. Andecens. fol. 75 a. A. — Cod. Augiens. fol. 194 b. B. — Cod. Gemnicens. fol. 167 a. C. — Cod. Pragens. fol. 114 b. D. — Cod. Scotor. Vindob. fol. 69 a. E. — Cod. Tegurin. I. fol. 137 b. F. — Cod. Tegurin. II. fol. 310 a. G. — Cod. Tegurin. III. fol. 245 b. H. — Cod. Underdorfens. fol. 120 b. I.

1, 1 felix fehlt A; virgo fehlt Bl. — 1, 7 subarrhavit D. — 2, 5 Vastae B. — 4, 12 cum virginibus D. — 5, 12 supremo circulo D. — Str. 5 lautet in ABCF:

Agnes, agna agni Dei,
Qui tollit peccamina,
Supplica instanter ei,
Carnis ut temptamina
Vincam ut qui superavit
Presbyter tentiginem,
Mox ad tuam subarravit
Annulo imaginem.
Hostem pelle da solamen etc.

58. De sancta Margaretha.

1. Ave, virgo Margaretha,
   Sponsi summi quae secreta
      Penetras cubicula,
   Ubi per amoris nexus
   Fideique per amplexus
      Celebratur copula.
   Eja corpore formosa,
   Fide magis speciosa,
      Tu praeclara genere,
   Margaretha, Deo grata,
   Gratiarum decorata
      Et virtutum munere.

2. Salve, sancta Margaretha,
   Voluptate mundi spreta
      Omnique ludibrio,
   Hostem superas, antiquum
   Castitatis inimicum,
      Una cum Olybrio.
   Quae dum Christum confiteris,
   Carcerari mox juberis,
      Post hoc in equuleo
   Laniata vi tortoris,
   Rubens manat fons cruoris
      Corpore virgineo.

3. Gaude, felix Margaretha,
   Tu virtute Christi freta,
      Triumphatrix inclyta,
   Infernalem tu draconem
   Et ingentem passionem
      Vincis Christo dedita.

   Quae dum cultum detestaris
   Idolorum, cruciaris
      Diris poenis ignium,
   Aqua frigens dum succedit
   Sed non laedens, Christo credit
      Turba quinque milium.

4. Vale, dulcis Margaretha,
   Vere gratia repleta,
      Nam in vitae termino
   Pro his, quibus veneraris,
   Et a quibus tormentaris,
      Preces fundis Domino.
   Post hoc capite truncata,
   Nunc a Christo coronata
      Passionis laurea,
   Ut praefulgens margarita
   Es in sponsi serto sita,
      Sponsa tu virginea.

5. O beata Margaretha,
   Quae cum Christo regnas laeta
      In coelesti requie,
   Tu delictis et peccatis
   Meis male perpetratis
      Posce dona veniae;
   Da contemptum mundanorum
   Et amorem supernorum
      Cum augmento gratiae,
   Fac, evadam inferorum
   Portas, portum beatorum
      Adipiscar gloriae.

Cod. Andecens. fol. 75 b. A. — Cod. Augiens. fol. 195 a. B. — Cod. Gemnicens. fol. 176 C. — Cod. Pragens. fol. 209 b. D. — Cod. Scotor. Vindob. fol. 69 b. E. — Cod. St. Petri Salisburgen. a. VI. 35 fol. 211 b. F. —

Cod. Tegurin. I. fol. 139 a. G. — Cod. Tegurin. II. fol. 318 a. H. — Cod.
Tegurin. III. fol. 257 b. I.

1, 2 Sponsi tui quae BF. — 1, 9 germine D. — 3, 7 verstellt A. —
4, 10 Ubi praefulgens B. — 4, 12 Cum turba virginea B.

59. De sancta Dorothea.

1. A v e, virgo Dorothea,
   Castitatis lilium.
   Foeditatis nunquam rea,
   Christum, dei filium,
   Tibi sponsum elegisti,
   Cujus patrocinio
   Cuncta mundi respuisti
   Una cum Fabricio;
   Qui te torsit in catasta
   Et reclusit carcere,
   Ubi coeli cibo pasta,
   Christi gaudes munere.

2. S a l v e, sancta Dorothea,
   Tu felix Christicola,
   Prece cujus ruunt ea,
   Quae sprevisti, idola.
   Tunc ad Christum convertuntur
   Paganorum milia,
   Qui mox coeli sortiuntur
   Regnum per martyria.
   Inde flagris cruciaris
   Pendens in equuleo,
   In utroque conflagraris
   Ubere virgineo.

3. G a u d e, felix Dorothea,
   Quae poenarum genera
   Dum vicisti per trophaea,
   Tua Christus vulnera
   Mox sanavit, quem petisti
   Pro te invocantibus;

   Invitantem te audisti
   Vocem de coelestibus.
   Hinc per poenam capitalem
   Evolas ad gaudia,
   Palmam geris triumphalem
   In perenni gloria.

4. V a l e, dulcis Dorothea,
   Tuis cum sodalibus
   In coelesti jam chorea
   Sponsi sub amplexibus
   Carmen canis nuptiale
   Jubilans tripudio,
   Sertum ferens virginale
   Rosa juncta lilio.
   Paradisi pomis, rosis
   Me velut scholasticum
   Trahe, ut cum gaudiosis
   Fructum gustem coelicum.

5. O b e a t a D o r o t h e a,
   Sponsa regis gloriae,
   Tu peccata dele mea,
   Posce dona gratiae,
   Me dignare visitare
   In finali termino
   Et ab hoste defensare,
   Praesentare Domino,
   Ut in regno claritatis
   Vitae post curricula
   Christo fruar cum beatis
   Per aeterna saecula.

Cod. Andecens. fol. 76 a. A. — Cod. Augiens. fol. 195 a. B. — Cod.
Gemnicens. fol. 17 b. C. — Cod. Fragens. fol. 211 a. D. — Cod. Scotor.
Vindob. fol. 70 a. E. — Cod. Tegurin. 1. fol. 140 a. F. — Cod. Teguriu.
II. fol. 318 b. G. — Cod. Tegurin. III. fol. 258 b. H.

2, 3 Prece tua D. — 2, 9 Unde flagris A.

60. De sancta Barbara.

1. Ave, salve, gaude, vale,
   O beata Barbara,
   Pectus tuum virginale
   Thorum Christo praepara,
   Quem dum fide trinitatis
   Ad amplexus allicis,
   Amatores voluptatis
   Signis clara despicis.
   Castitatis germen seris
   In corda fidelium,
   Quae virtutum semen geris,
   Castum candens lilium.

2. Salve, lux catholicorum,
   Fide, sancta Barbara,
   Quae dum cultum idolorum
   Spernis, gens te barbara
   Flagris, testis cruciavit
   Et reclusit carcere,
   Christus luce visitavit
   Et sanavit propere.
   Sic frementis est delusa
   Fraus tortoris subdola,
   Christi rore tu perfusa,
   Flores vernans viola.

3. Gaude, fortis agonista
   Christi, felix Barbara,
   Per tormenta vincis ista
   Mundum, mortem, tartara;
   Corpus habens vulneratum,
   Inflammata latera,
   Caput ferro malleatum
   Et evulsa ubera;
   Et dum veste spoliaris
   Per manus gentilium,
   Mox ab angelo velaris,
   Flos campi convallium.

4. Vale, sursum invitata,
   Digna Deo Barbara,
   Ut pro tuis es precata,
   Nos a morte separa;
   Dum pro Christo decollaris
   A parente proprio,
   Laureata copularis
   Martyrum collegio.
   Cum decore virginali
   In coelesti lumine
   Serto gaudes triumphali,
   Rosa rubens sanguine.

5. O beata martyr Dei,
   Virgo dulcis Barbara,
   Memor esto precor mei
   Et illisum repara;
   Rumpe peccatorum frena
   Et propelle vitia,
   Claustra cordis fac serena
   Et dulcora gratia.
   Ubi regem in decore
   Conspicis salvificum,
   Tuo trahe me odore,
   Unguen nardi pisticum.

6. Barbara, te quaeso gemens,
   Spes lapsorum Barbara,
   Prece tua mihi clemens
   Regna coeli compara,
   Per te nunc virtutum donis
   Fulciar feliciter,
   Ut supernis tecum bonis
   Perfruar perenniter,
   Ubi canis cum puellis
   Singulare canticum,
   Quae dulcore favum mellis
   Vincis, pigmen coelicum.

Cod. Andecens. fol. 77 a. A. — Cod. Augiens. fol. 117 b. und 195 b.
B. — Cod. Gemnicens. fol. 167 b. C. — Cod. Pragens. fol. 213 b. D. —
Cod. Scotorum. Vindob. fol. 71 a. E. — Cod. Teguriu. I. fol. 141 b. F. —
Cod. Teguriu. III. fol 246 b. G. — Cod. Underdorfens. fol. 110 a. H. —
Steht gleichfalls in Clm. Monac. (ol. SS. Udalrici et Afrae) 4423 anni 1481
fol. 132. — Oration Sigismundi Span von Bernstein anni 1477 Cod. Pragens.
XIII H 3 b. — Cod. S. Petri Salisburgens. a VI 35 saec. 15.
   1, 1 vale gaude B 2⁰. — 1, 5 Quae B 1⁰. — 1, 8 Signis claris B 1⁰
u. D. — 1, 9 u. 10 hinter 1, 11 u. 12 A. — 2, 5 fiagris caedens B 1⁰. —
2, 11 rore Christi D. — 2, 12 Florens AB 1⁰. — 3, 4 Mundum carcerem

B. 1⁰. — 5, 7 Caput ferens B 2⁰. — 3, 9 Et cum D. — 4, 3 Et pro A. —
4, 10 culmine B 2⁰ DE. — 4, 11 gaudens C. — 5, 4 illusum B 2⁰; illaesum B 1⁰ D. — 5, 12 Fraglans nardi B 1⁰; Unguentum D. — 6, 4 Regnum A.

61. Item de eadem.

1. Ave, virgo Barbara,
    Speculum honoris,
    Temetipsam praepara
    Thalamum pudoris
    Christo, dum recluderis
    Vultum ob decoris,
    Sponso sponsa jungeris
    Nexibus amoris.

2. Quae per fidem illico
    Flore castitatis
    Amatores despicis
    Mundi vanitatis,
    Facis in aquaria
    Tres fenestras satis
    Congrue pro gloria
    Summae trinitåtis.

3. Marmori cum digito
    Crucem impressisti,
    Signo pedis edito
    Ubi processisti,
    Multa beneficia
    Languidis liquisti
    Baptismali gratia
    Tinctaque fuisti.

4. Salve, sancta Barbara,
    Petra quam precantem
    Clausit, ne te barbara
    Manus formidantem
    Trucidaret ocius,
    Sicque latitantem
    Monti dat secretius,
    Deum exorantem.

5. Sed cum pastor cominus
    Ducit insectantes,
    In locustas protinus
    Versae sunt balantes,

Quae nunc usque tumulo
Tuo sunt astantes,
Acsi suo nidulo
Circumvolitantes.

6. Quae, cum idolatriae
    Cultum detestaris,
    Flagris, testis varie
    Dire cruciaris,
    Hinc reclusa carcere
    Luce consolaris,
    A plagarum vulnere
    Per Christum sanaris.

7. Gaude, fortis Barbara,
    Agonista Christi,
    Mundum, mortem, tartara,
    Satanam vicisti,
    Nam dum consolamina
    Sponsi persensisti,
    Cuncta cruciamina
    Praesidis sprevisti.

8. Qui mox de lateribus
    Tuis laniari
    Carnes et lampadibus
    Vulnera flammari,
    Caput tuum malleo
    Jussit verberari,
    Pectusque virgineo
    Ubere truncari.

9. Nuda circumduceris
    Sed miraculose
    Candida mox tegeris
    Stola gloriose,
    Mortis ad supplicia
    Te spectaculose
    Patris manus propria
    Trahit furiose.

10. Vale, mitis Barbara,
Firma spes tuorum,
Prece nobis compara
Praemia coelorum,
Quae in vitae termino
Tibi devotorum
Impetres a Domino
Veniam malorum.

11. Veni, mi pulcherrima,
Audis invitata
Patris ad laetissima
Tibi praeparata,
Mecum in cubilibus,
Sponsa mihi grata,
Requiesce mercibus
Coelitus dotata.

12. Post hoc patris proprii
Manu decollaris,
Laureo martyrii
Serto coronaris,
In superna gloria
Christo collaetaris,
Et nunc ab ecclesia
Digne veneraris.

13. O beata Barbara,
O mea patrona
Me peccantem repara
Supplicando prona
Christo pro me paupere,
Ut per sua dona
Mihi donet prospere
Consumare bona.

14. Tua, virgo, merita
Mihi suffragentur,
Ut culparum debita
Cuncta relaxentur,
Tempora deperdita
Jam recuperentur,
Dataque gratuita
Semper cumulentur.

15. Tuum mihi jugiter
Adsit consolamen,
Et in morte firmiter
Prosit adjuvamen,
Stygis ne supplicio
Tradar post examen,
Sed coelesti gaudio
Tecum fruar. Amen.

Cod. Andecens. fol. 77 b. A. — Cod. Augiens. fol. 196 a. B. — Cod. Gemnicens. fol. 168 b. C. — Cod. Fragens. fol. 212 a. D. — Cod. Scotor. Vindob. fol. 71 b. E — Cod. Tegurin. I. fol. 143 a. F. — Cod. Tegurin. II. fol. 311 a. G. — Cod. Tegurin. III. fol. 247 b. H. — Cod. S. Petri Salisburgens. a VI 35 saec. 15. fol. 227 a. I.
   3, 5 Ubi beneficia. G. — 3, 8 Cinctaque D. — 4, 2 Pater quam D. — 5, 5 Quae cum nunc A. — 6, 7 A fehlt B. — 7, 1 felix B. — 8, 3 Carens D. — 9, 3 Candida velaris B. — 10, 7 Impetras ABC. — 12, 1 manu propria B. — 12, 2 Patris decollaris B. — 12, 5 suprema BD.

62. De sancta Lucia.

1. Ave, lucis speculum,
Lucida Lucia,
Illustrando saeculum
Caecis lucis via,
Verae lucis lumine
Sic illuminata,
Ut a lucis nomine
Juste sis vocata;
Veri solis radiis
Fidei lucebas
Et amoris bracchiis
Sponso cohaerebas.

2. Salve, pulchrum lilium,
Inclyta Lucia,
Christum Dei filium
Colens mente pia,
Matri tuae precibus
Confers sospitatem.
Et opum inopibus
Praebes largitatem;
Illico Paschasio
Ob hoc praesentaris,
Miro quem eloquio
Vincens aspernaris.

3. Gaude, vernans viola,
  Nobilis Lucia,
Quae dum spernis idola
  Ex virtute dia,
Judex ad prostibulum
  Trahi te jubebat,
Sed divinum vinculum
  Minime sinebat;
Ignis, pix et oleum
  Virtute divina
Non laesit virgineum
  Corpus nec resina.

4. Vale, rubens sanguine
  Rosula, Lucia,
Quae virtutum germine
  Flores et sophia,
Collo licet gladii
  Ictum excepisti,

Non tamen eloquii
  Usum perdidisti.
Sacram eucharistiam
  Sumis reverenter,
Et ad coeli gloriam
  Evolas gaudenter.

5. O felix virguncula,
  Celebris Lucia,
Culpae rumpe vincula
  Diligo te quia.
Hostes a me fortius
  Per te propulsentur,
Et virtutum largius
  Munia donentur.
Ubi cum laetitia
  Clangit hymnodia,
Virginum ad gaudia
  Perduc me, Lucia.

Cod. Andecens. fol. 78 b. A. — Cod. Augiens. fol. 196 a. B. — Cod. Gemnicens. fol. 175 b. C. — Cod. Pragens. fol. 218 b. D. — Cod. Scotor. Vindob. fol. 72 a. E. — Cod. Tegurin. I. fol. 145 b. F. — Cod. Tegurin. II. fol. 317 b. G. — Cod. Tegurin III. fol. 257 a. H. — Cod. Underdorfens. fol. 120 a. I.

3, 4 virtutum A. — 5, 4 te pia D. — 5, 7 munera largius A. — 5, 10 Clangam B.

63. De sancta Caecilia.

1. Ave virgo, sanctitatis
  Speculum, Caecilia,
Tu exemplum pietatis,
  Vere coeli lilia.
Castitatis Christo florem
  Commendabas precibus,
Ei juncta per amorem
  Castis cum amplexibus.
Cuncta quippe contempsisti
  Vana mundi gaudia,
Nam coelestem dilexisti
  Sponsum super omnia.

2. Salve, pulchra tu puella,
  Nobilis Caecilia,
Velut rosula tenella
  Inter florum milia
Sponso cum Valeriano
  Contrahis innoxie,

Quem convertis a profano
  Cultu idolatriae.
Angelus vos decoravit
  Paradisi rosulis,
Christus vero coronavit
  Coelicis coronulis.

3. Gaude, robur infirmorum,
  Fidelis Caecilia,
Quae constanter idolorum
  Respuis sculptilia;
Hinc tortores illustrantur
  Fidei mox lumine,
Quadringenti renovantur
  In baptismi fiumine.
Die, noctu bullienti
  Cruciaris balneo,
Sed non nocet innocenti
  Corpori virgineo.

4. Vale, fortis debellatrix.
  Hostium, Caecilia,
Christo regi conregnatrix,
  Summi regis filia.
Dum pro Christo excepisti
  Ternos ictus gladii,
Sponsi thorum introisti
  Sempiterni gaudii,
Ubi caritatis nexu
  Stringis regem Dominum,
Martyr sponsi sub amplexu
  Carmen carnis virginum.

5. Eja, dulcis et beata,
  Inclyta Caecilia,
Prece tua Deo grata
  Me nunc reconcilia;
Tu ab hoste me defende
  Semper et a crimine,
Quam benigna sis, ostende
  Mortis in examine.
Tu perire me non sine
  Sed post haec exilia,
Fac ut tecum sine fine
  Gaudeam Caecilia.

Cod. Audecens. fol. 79 a. A. — Cod. Augiens. fol. 196 b. B. — Cod. Gemmicens. fol. 169 b. C. — Cod. Pragens. fol. 117 b. D. — Cod. Scotor. Vindob. fol. 72 b. E. — Cod. Tegurin. I. fol. 14 b. F. — Cod. Tegurin III. fol. 248 a. G. — Cod. Underdorfens. fol. 119 a. H.
2, 3 rosa B. — 3, 2 Fidei Caecilia ABC. — 3, 3 Cum constanter BC.

64. De sancta Agatha.

1. Ave, virgo generosa,
  Sponsa Christi Agatha,
Cujus fragrant velut rosa
  Virtutum aromata,
Cujus mens sic solidatur
  Fidei fundamine,
Ut nequaquam moveatur
  Metu vel blandimine.
Aspernaris Quintianum;
  Exsecraris idola,
Omne despicis mundanum,
  Tu felix Christicola.

2. Salve, mitis et benigna,
  Mente fervens Agatha,
Nobis linquens, fide digna,
  Exemplorum dogmata.
Christi fida tu ancilla,
  Quam tyrannus impius
Dire torsit in mamilla
  Quam praescidit acrius,
Carcerique mancipavit,
  Sed in Christi nomine
Te divino mox sanavit
  Petrus medicamine.

3. Gaude, fortis et honesta,
  Triumphatrix Agatha,
Quae pro Christo fers molesta
  Passionum stigmata;
Volutaris super testas
  Et carbones ignium,
Terrae motus tunc infestas
  Turbas necat gentium.
Inde carcerem subisti,
  Unde post victoriam,
Pretiosa martyr Christi.
  Veheris ad gloriam.

4. Vale, decus, forma morum,
  Lux virtutum Agatha,
Tumulanda angelorum
  Turmis es circumdata;
Dant ad caput continentem
  Tabulam marmoream,
Quod honorem Deo, mentem
  Sanctam et spontaneam.
Ignis vorans tui velo
  Tumuli restringitur,
Virginum te nunc in coelo
  Sponsus circumplectitur.

5. Eja, clemens et beata,
   Pia, dulcis Agatha,
   Prece confer mihi grata
   Pneumatis charismata;
   Per te culpae deleantur,
   Augeantur gratiae,

Et in morte propellantur
Potestates noxiae.
Me de mundo transfer isto
Coeli ad agalmata,
Ut in aevum fruar Christo
Tecum gaudens, Agatha.

Cod. Andecens. fol. 79 b. A. — Cod. Augiens. fol. 196 b. B. — Cod. Gemnicens. fol. 170 b. C. — Cod. Fragens. fol. 216 b. D. — Cod. Scotor. Vindob. fol. 73 a. E. — Cod. Tegurin. I. fol. 147 b. F. — Cod. Tegurin. II. fol. 313 a. G. — Cod. Tegurin. III. fol. 250 a. H. — Cod. Underdorfens. fol. 121 b. I.

1, 8 blandamine BG. — 2, 5 fide G. — 3, 8 necas D. — 5, 11 perfruar G.

65. De sancta Ursula.

1. Ave, felix Ursula,
   Dulcis et amoena,
   Delicata rosula,
   Venustate plena,
   Cujus pulchritudinem
   Omnes admirantur,
   Te famosam virginem
   Digne venerantur;
   Etsi multis pulchrior
   Corpore fuisti,
   Sed fide praeclarior
   Christo placuisti.

2. Salve, decens Ursula,
   Lilium candoris,
   Cui nulla macula
   Tulit vim pudoris,
   Quae, dum regis filio
   Sponsa postularis,
   Ejus ut connubio
   Illico tradaris,
   Tu trimatus terminum
   De instinctu Christi
   Et undena virginum
   Millia petisti.

3. Gaude, mitis Ursula,
   Flos campi regalis,
   Fida Christi famula,
   Doctrix spiritalis,
   Per quam turma virginum
   Deserit errorem,

Fide colens Dominum,
Cujus ob amorem
Spreta mundi gloria
Poenam ferunt mortis,
Jam cum sponso lilia
Coeli legunt hortis.

4. Vale, sancta Ursula,
   Viola tunc livens,
   Per tyranni spicula
   Nunc in aevum vivens;
   Summis in deliciis
   Sponsi singularis,
   Cui castis nuptiis,
   Virgo, copularis,
   Fers in choro virginum
   Sertum virginale
   Palmamque certaminum
   Signum triumphale.

5. O beata Ursula,
   Inclyta puella,
   Prece Deum sedula
   Pro me interpella,
   Tuis cum sodalibus,
   Culpis ut solutum
   Me de carne, hostibus,
   Mundo reddat tutum;
   Per te mihi copia
   Detur meritorum
   Et in coeli gloria
   Praemium sanctorum.

Cod. Andecens. fol. 80 a. A. — Cod. Augiens. fol. 197 a. B. — Cod. Gemnicens. fol. 171 a. C. — Cod. Pragens. fol. 205 a. D. — Cod. Scotor.

Vindob. fol. 73 b. E. — Cod. Tegurin. I. fol. 149 a. F. — Cod. Tegurin. II.
fol. 313 b. G. — Cod. Tegurin. III. fol. 251 a. H.
  3, 12 Colligunt in hortis B.

66. De sancta Christina.

1. A v e, virgo celebris,
     A Christo Christina,
   Quam de mundi tenebris
     Gratia divina
   Vocat mirabiliter
     Christi ad amorem
   Illustrando taliter.
     Vultus ob decorem
   Apta eras nuptui,
     Sed nulli virorum
   Te vult pater, cultui
     Ut vaces deorum.
   Nam et in sublimibus
     Turris te locavit
   Tuis cum sodalibus,
     Quas diis dedicavit.

2. S a l v e, sacrificium
     Cum diis abhorrebas,
   Deum, patrem, filium,
     Spiritum colebas,
   Verba blandientia
     Patris respuisti,
   Aurea sculptilia
     Tu comminuisti;
   Multa te post verbera
     Pater carceravit,
   Membra tua tenera
     Radens dissipavit,
   Super rotam posuit
     Ignemque subjecit, •
   Sed tibi non nocuit,
     Multos interfecit.

3. G a u d e, quae cum eminus
     Mergeris in mare,
   Tunc te Christus Dominus
     Venit baptizare,
   Angelo praecipiens
     Ut te relocaret,
   Quod et pater audiens,
     Ut te decollaret

Manc tradit carceri,
  Sed nece praeventus
Te reliquit alteri.
  Qui et malolentus
Pice jussit ferream
  Cunam inflammari,
Carnemque virgineam
  In hac agitari.

4. V a l e, nam te virginem
     Duci cum jubebat
   Nudam ad Apollinem,
     Idolum ruebat,
   Quod judex percipiens
     Tremuit, expavit,
   Reprobam accipiens
     Mortem exspiravit.
   Cui cum succederet
     Judex Julianus,
   Et fornacis traderet
     Igni te profanus,
   Adsunt coeli spiritus
     Tecum hymnizantes,
   Quinque dies penitus
     Illaesam servantes.

5. F e l i x, quam nec viperae
     Laedere quiverunt,
   Incantantem propere
     Sed interemerunt.
   Suscitas hunc hominem
     Cunctis improvise.
   Fundunt lac, non sanguinem
     Mamillae praecisae.
   Lingua dum praeciditur,
     Famen non truncatur,
   Qua dum judex jacitur,
     Mox monoculatur;
   Tunc plus in te saeviens
     Tres sagittas jecit,
   Cor et latus fodiens
     Martyrem te fecit.

Dreves, Conradus Gemnicensis.   7

6. Eja, rosa moribus
Vernans sine spina,
Aurem meis precibus
Supplico inclina,
Fac ne carnis polluat
Foeda me sentina,
Nec me mundus subruat
Fraude serpentina.

Ne fiam spiritibus
Tartari rapina,
Sis meis defectibus
Mentis medicina,
Ne in morte peream,
Tu ad me festina
Sed ut tecum gaudeam,
Inclyta Christina.

Cod. Andecens. fol. 80 b. A. — Cod. Augiens. fol. 197b. B. — Cod. Gemnicens. fol. 172 a. C. — Cod. Scotor. Vindob. fol. 73 b. D. — Cod. Tegurin. I. fol. 150 a. E. — Cod. Tegurin. II. fol. 314 a. F. — Cod. Tegurin. III. fol. 252 a. G. — Cod. Underdorfens. fol. 122 a. H.
1, 12 Ut vaces idolorum A; Vaces idolorum B. — 3, 9 tradet AD. — 3, 14 Urnam A. — 4, 3 Ad Appolline idolum B. — 4, 4 Mox quid ruebat B. — 4, 9 Qui cum B. — 4, 10 Et judex B.

67. De sancta Anna.

1. Ave, salve, sancta Anna,
Nomen habes gratia,
Cujus verum coeli manna
Nobis profert filia.

2. Sancta vita meruisti,
Esse radix germinis,
Quo prodivit carnis Christi
Flos de flore virginis.

3. Anna, mater Samuelis,
Flebat gliscens filium,
Avia Emmanuelis
Flebas improperium

4. Legis, tibi quod objectum
Est a contribulibus,
Flesque Joachim abjectum
Templi a cultoribus.

5. Legis namque maledictum
Patitur sterilitas,
Joachimque sic afflictum
Fecit infecunditas.

6. Vale Anna, semper gaude,
Tibi namque Dominus
Angelum transmisit, plaude,
Quia nihilominus

7. Joachim est destinatus,
Ambos vos laetificans,
De futuraque affatus
Sobole certificans.

8. Viro tuo occurristi,
Angelus ut monuit,
Gravidata peperisti
Filiam, quae genuit

9. Virgo virum sine viro,
Verum Dei filium,
Sine spina more miro
Rosa ferens lilium.

10. Nulla fuit nec est talis,
Sed nec erit similis
Ei, quam tu fecundalis
Peperisti sterilis.

11. O beata Anna, clara
Orta ex prosapia,
Sed praeclarior et gnara
Es ex prole regia.

12. Et quis digne quit efferre,
Quanta tibi gloria,
Quod factoris coeli terrae
Digna exstas avia.

13. Ergo pia nunc matrona,
Pro me quaeso filiam
Et nepotem ora prona
Impetrando gratiam;

14. Ut fecundum per affectum
Parvulum concipiam,
Jesum gignam per effectum
Et profectum nutriam.

15. Ut, si carne non cognatus,
Sim propinquus spiritu,
Christo canam praesentatus
Coeli cum excercitu:

16. „Venienti sit Hosanna
In excelsis domino,“
Et sic tecum, sancta Anna,
Laeter sine termino.

Cod. Andecens. fol 82 a. A. — Cod. Augiens. fol. 198 a. B. — Cod. Gemnicens. fol. 173 b. C. — Cod. Scotorum Vindob. fol 74 b. D. — Cod. Tegurin I. fol. 154 a. E. — Cod. Tegurin. II. fol. 316 a. F. — Cod. Tegurin. III. fol. 254 b. G.
1, 1 salve fehlt A. — 1, 2 gratiae A. — 6, 1 Salve B. — 9, 3 miro fehlt B. — 10, 3 fecundaris A. — 12, 3 coeli et terrae F. — 13, 1 Eja C. — 14, 2 Fructumque concipiam B; Per lumen Korrektur Mones? — 14, 4 Et perfecte B — 15, 1 Et si carne A.

68. De sancta Elisabeth.

1. Ave, matrona nobilis,
Elisabeth regina,
Ad bonum opus mobilis
Ex gratia divina.

2. Aetatem morum studio
Imprimis transcendebas,
Infantium praeludio
Te Deo prosternebas.

3. Pauperculis tu decimas
De lucris erogabas
Sic ad orandum plurimas
Frequenter instigabas.

4. Lascivos usus vestium
Choreasque sprevisti,
Divinumque officium
Devotius audisti.

5. Jam conjux fles in precibus
Et gaudes in dolore,
Te in despectis actibus
Humilias labore.

6. Verberibus, jejuniis
Tu corpus macerabas,
Nocturnisque vigiliis
Tu Deum exorabas.

7. Quae bona conscientia
Nequibas manducare,
Cum gravi abstinentia
Malebas recusare.

8. Tu exhibes pauperibus
Te matrem pietatis
Bis ternis in operibus
Humanae largitatis.

9. Famentem pascis populum,
Das nudis tegumentum,
Auxisti prece poculum
Pro pastu sitientum.

10. Tu languidos officio
Materno focillabas,
Tu colligis hospitio,
Tu mortuos humabas.

11. Orbata viro propriis
Privata rebus, spreta,
Affecta contumeliis,
Perseverabas laeta

12. In Dei laude jugiter,
Grates ei reddendo,
Et paupertatis dulciter
Defectus sustinendo.

13. Hinc et obedientiam
Cum habitus despectu,
Perennem continentiam
Amplecteris affectu.

14. Tu impetrabas precibus
Contemptum mundanorum,
Subserviebas omnibus
Humilitate morum.

15. Quis cordis tui jubilum
Novit, quo jam ridebas,
Et alternatim nubilum,
Quo lacrymas fundebas.

16. Consolabaris crebrius
Coelesti visione,
Tu alios ardentius
Flammas oratione.

17. Infantum immunditias
Aegrorumque foetorem
Tu aestimas delicias,
Aromatis odorem.

18. Dum Christus tui meminit,
Ut sursum invitaret,
Avicula mox cecinit,
Quae laeta nuntiaret.

19. Finem habens mirificum
Tu Sathanam fugabas,
Defuncta aromaticum
Odorem exhalabas.

20. Auditur volatilium
Vox dulcis melodiae,
Auditur vox coelestium
Suavis symphoniae.

21. Ob pietatis opera
Tu oleo manasti
Post mortem et innumera
Miracula patrasti.

22. Dignare intercedere
Pro me, pia matrona,
Ut Christus mihi vivere
Det juxta sua dona;

23. Carnem discrete premere,
Cor sursum elevare,
Me pietatis opere
Semper exercitare.

24. Per ardens desiderium,
Per spretum terrenorum,
Elisabeth, ad gaudium
Perduc me beatorum.

Cod. Andecens. fol. 81 b. A. — Cod. Augiens. fol. 197 b. B. — Cod. Gemnicens. fol. 174 b. C. — Cod. Scotor. Vindob. fol. 75 a. D. — Cod. Tegurin. I. fol. 152 a. E. — Cod. Tegurin. II. fol. 316 b. F. — Cod. Tegurin. III. fol. 256 b. G. — Cod. Underdorfens. fol. 118 b. H.

3, 3 frequenter plurimas A. — 6, 4 Tu Dominum B. — 10, 1 languidorum B. — 12, 2 Grates ei B. — 15, 3 alternatimque B. — 17, 2 Horumque B. — 18, 3 Ancilla mox B. — 19, 1 Superne habens B. — Nach Str. 21 schaltet B ein:

Pia mater et matrona.
Tuis almis precibus
Interventrix et patrona
Sis pro nobis omnibus.

69. De sancta Maria Magdalena.

1. Ave plena gratia,
Felix Magdalena,
Cujus poenitentia
Vere fuit plena,
Velut indulgentia
Comprobat amoena.

2. Maria, cum fluvio
Venis lacrymarum,
Rigas in convivio
Fontem gratiarum,
Te ut a diluvio
Diluat culparum.

3. Gratia perabluit
Te Jesus, fons vivus,
Ejus in te refluit
Ros amoris divus,
Mox ut ipsum compluit
Fletus tui rivus.

4. Plena penitudine.
Pedes, quos conspergis
Lacrymarum flumine,
Crinibus detergis,
Oris osculamine
Crebo circumpergis.

5. Dominus cum typicum
Gessit convivamen,
Praebes nardi pisticum
Medico liquamen
Aegra, per quem mysticum
Capis medicamen.

6. Tecum est, quem quaeritas,
Quare lamentaris?
Ejus tumbam visitas,
Per quem visitaris,
Sed vivum non cogitas,
Donec nominaris.

7. Benedicta Domina,
    Cujus hortus mentis
Hortulani semina
Capit resurgentis,
Vitae gignit germina
Rigua lamentis.

8. Tu in mulieribus
    Primitus peccatrix,
Sed mundata fletibus
Christi post amatrix,
Resurgentis testibus
Tandem nuntiatrix.

9. Et quia prae ceteris
    Multum dilexisti,
Multum noxae veteris
Tolli meruisti,
Poenitendi posteris
Formam reliquisti.

10. Benedictus Dominus,
    Qui te revocavit,
Omne donans facinus
Te justificavit,
Donis nihilominus
Te magnificavit.

11. Fructus vitae coelicae
    Claruit Mariae,
Cum manus angelicae
Septies in die
Tollunt hanc mirifice
Sono melodiae.

12. Ventris fructus virginis
    Tui ob amorem
Sui mihi numinis
Imprimat saporem,
Rorem sancti flaminis,
Gratiae dulcorem.

13. Mariae praeconia,
    Amor et lamenta
Culpae sint remedia,
Gratiae fomenta
Cordisque solatia,
Vitae fulcimenta.

14. Jesu Christe, gloria
    Patris et sophia,
Mihi per te praemia
Largiantur dia,
Tecum ut in patria
Gaudeam, Maria.

Cod. Andecens. fol. 82 b. A. — Cod. Augiens. fol. 194 a. B. — Cod.
Gemnicens. fol. 173 a. C. — Cod. Pragens. fol. 154 b. D. — Cod. Scotor.
Vindob. fol. 67 b. E. — Cod. Tegurin. I. fol. 155 b. F. -- Cod. Tegurin II.
fol. 315 a. G — Cod. Tegurin. III. fol. 253 H. — Steht auch vereinzelt im
Cod. Gottwicens. 444 saec. 15.
    3, 1 praeabluit D. — 4, 1 poenitentiae D; plenitudine BEG. — 4, 6
Dulci BEG. — 6, 4 quem tu B. — 8, 5 Surgentis B. — 9, 3 Osculum noxae
B. — 9, 4 Tollere B. — 9, 6 ostendisti D. — 14, 1 Jesus Christus BG.

70. Alia oratio de eadem.

1. Ave, plena Magdalena,
    Quae Maria diceris,
Caritate, sanctitate
Sublimata legeris;
Nam orando, osculando
Tu rigasti fletibus
Pedes Christi, quos unxisti
Ac tersisti crinibus
Hic te lavit, cum donavit
Cuncta tibi scelera
Et admissa, sic dimissa
Es in pace libera.

2. Salve, Christi quae fudisti
    Caput aromatibus,
Qui dum fortem crucis mortem
Fert pro peccatoribus,
Lacrimaris nec moraris,
Ut sepultum condias,
Sed revixit et, quod dixit
Tibi, quaeso, audias:
„O Maria!“ Quem tu pia
Aestimas horticolam,
Qui prostratam te beatam
Statuit apostolam.

3. Gaude, pia o Maria,
   Quia pro solatio
Angelorum supernorum
   Frueris consortio
In desertis horis certis.
   Ubi piis mentibus
Vitae normam praebes, formam
   Et spem poenitentibus.
Sic deflendo, sic fervendo
   Es adepta gratiam,
O dilecta et electa
   In coelestem gloriam.

4. Vale, rosa speciosa,
   Adamatrix inclyta
Jesu Christi, me in tristi
   Statu mentis visita;
Fac me vere tecum flere
   Et Christum diligere,
Ut meorum peccatorum
   Vincla velit solvere.
Mortis hora sine mora
   Submove pericula
Et me Deo junge meo,
   Qui regnat per saecula.

Cod. Andecens. fol. 83 a. A. — Cod. Tegurin. I. fol. 157 a. B. — Cod.
Underdorfens. fol. 117 b. C. — Cod. Palat. Vindob. 4087 saec 15 fol. 207 a. D.
   1, 11 Et dimissa et sic remissa D. — 2, 12 Statuit in D. — 3, 1 Gaude
pia fehlen D.

II.

Albertus Pragensis.

1. De sancto Johanne Baptista.

1. Creator creaturarum
Te prophetam prophetarum
In multis prae omnibus
Prophetis praehonoravit,
Cum ornando decoravit
Signis et virtutibus;

2. Patri tuo, dum libavit
Hostiam, qui destinavit
Gabrielem nuntium,
Nasciturum nuntiavit
Illi te; qui dubitavit,
Ob hoc fandi modulum

3. Perdidit, sed reformasti
Nascendo, dum relaxasti
Vocis suae organum.
Qui loquendo hymnizabat,
Hymnizando collaudabat,
Benedicens dominum.

4. O propheta nunc praeclare
Meam mutam reserare
Dignare, te postulo,
Linguam, ut te collaudare
Possim, de te hymnizare,
Mihi tuo famulo.

5. Jesus Christus decoravit,
Johannes, dum collaudavit
Te prae cunctis patribus,
Quando genti praedicavit
Et te solus nominavit
Multis tum nominibus,

6. Qui et magnae dignitatis
Certe sunt et honestatis,
Nobilis prae ceteris
Patrum, qui te praecedebant,
Hunc venturum praedicabant,
Testamenti veteris.

7. Prophetam, sponsi amicum,
Lucernam atque pudicum
Apellabat angelum,
Nuncupabat et Eliam,
Vocem vero et baptistam
Et praeconem omnium.

8. Judicis et praecursorem
Regis quippe et majorem
Mulierum masculis,
Qui nascuntur in hoc mundo,
Nimis vili et immundo,
Et in cunctis saeculis.

9. O quam citus tu fuisti
Propheta, dum praedixisti
Parentis in utero,
Christum Deum advenisse
In aula castaque esse,
Utero virgineo.

10. Ubi contra hunc movebas,
Quem praesentem sentiebas,
Te ut regem omnium,
Tuum atque creatorem
Et in mundo salvatorem
Omnium viventium.

11. Hinc amicus eras Christi,
Quod in hoc innotuisti,
Quod eum dilexeras,
Amore hunc ostendisti,
Dum desertum quaesivisti
Et illic latueras.

12. Maculare ne tu vitam
Labe posses redimitam
Saltem levi faminis,
Ut vel unquam mundum istum
Sequar, mi Johannes, Christum
Dona vi oraminis.

13. Ardens lucerna vocaris,
Quod et ipse tu probaris
Esse procul dubio,
Velut ardens lux luxisti,
Populo dum praedixisti
Mundi in exsilio,

14. Semitam quod praepararet
Domino, nam propinquaret
Regnum coeli concitus.
Huic quod appropinquare
Possim, juvare dignare
Donis datis coelitus.

15. Nam te digne appellabat
Jesus Christus, qui amabat
Certe suum angelum,
Dum praeires nuntiando,
Indice hunc ostendendo:
Videte agniculum,

16. Dicens, qui peccata mundi
Tollit hujus furibundi,
Atque dei filium;
Non totum tollit peccatum,
Sed donat omnem reatum
Et dat coeli'gaudium.

17. Nomen quidem habuisti
Vocis, missis dum dixisti
In desertum nuntiis,
Qui dicebant: manifesta
Nobis, si tu sis propheta,
Ut narremus dominis.

18. Eja, Elias, dilecte,
Nominaris, o electe,
Qui ignitus pectore
Totus eras, tu amore
Christi quippe et fervore
Plenus omni tempore.

19. Ob hoc jure appellaris
Seraphim et similaris
Ei per officium,
Velut iste inardebas,
Mundum quando fugiebas,
Subiens exsilium.

20. Sextum nomen, quod post ista
Tibi datur est baptista,
Magnae quod indicium

Dignitatis et honoris,
Angelorum quod est choris
Potestatum fortium.

21. Potestas horum arcere
Daemones est, ne nocere
Possint hic hominibus;
Hanc virtutem habuisti,
Peccatum dum abluisti
Aqua in fluminibus.

22. Baptista aut praeco Christi
Praedicando tu fuisti
Turbae, ut insisterent
Bonis factis, cum dixisti
Milites et docuisti,
Ne quidquam concuterent,

23. Forentque suis contenti,
Publicanis, ne reventi
Gazae cor apponerent,
Demum multos baptizasti,
Illos quippe informasti,
Ut coelum appeterent.

24. Ad limbum dum descendisti,
Praecursor quidem fuisti
Et dixisti patribus:
Noster venit liberator,
Cito inferni vastator
Cum donis coelestibus,

25. Qui nos certe liberabit
Abrahaeque dona dabit
Quae promisit semini;
Coelum ipse reserabit,
Quod lacte, melle manabit,
Et tunc satiemini.

26. Praecursor Christi praeclare,
Peccatorem me mundare
Dignare a vitiis,
Multitudinis quae tantae,
Pelagi sunt guttae quantae,
Cuncta quae astutiis

27. Inimici, carnis, mundi,
Hujus vero tam immundi,
Congregavi misere,
Ut ab istis nunc mundatus,
Cum abhinc ero citatus,
Tecum possim vivere.

28. Teste vero salvatore,
, Benedicto qui et ore
Suo te laudaverat,
Inter natos mulierum
Non surrexit major, verum
Quod est, dum docuerat.

29. Qui a rege exaltatur,
Collaudando veneratur
Merito a populo,
Es laudandus digne certe
Hinc, quod coeli rex aperte
Te laudabat saeculo.

30. In ventre sanctificatus
Ante certe es quam natus,
Sed natus mox saeculum
Fugiendo detestasti,
Ferarum inhabitasti
Densum habitaculum;

31. Quorum cibum et sumpsisti
Mel, locustas contrivisti,
Sumens hoc quotidie,
Aquae sitim exstinguebant,
Pili duri te tegebant,
Nec cedens duritiae,

32. Statum sanctum deducebas,
Populumque edocebas,
Mundum istum spernere,
At Herodem arguebas
Pro delicto, cum dicebas:
Hoc non licet sumere,

33. Hanc fratris tui uxorem
Raptam; mox qui in furorem
Nimium illabitur.

Qui convivium paravit
Magnum, in quo et saltavit
Meretrix, ut legitur.

34. Talis ludus et placebat
Cunctis, caput, quae petebat
Tui beatissimum,
Qui mox jussit amputari
Et in disco praesentari
Saltatrici praemium.

35. Corpus tuum receperunt
Subditi et humaverunt
Tui tunc solemniter,
Angelique susceperunt
Animam et deduxerunt,
Ut regnet perenniter.

36. Ac coronis prophetarum
Ornaverunt populorum
Sanctorum et principum,
Martyrum et confessorum,
Eremitarum, doctorum
Et sanctarum virginum.

37. Benedicte o baptista,
Christi verus et symnista,
Nunc in hac miseria
Subvenire tu dignare
Ut queam vitam ornare
Mihi Christi gratia

38. Meam, et sic expiare
Delictum et conregnare
In Mariae filio,
Patrem ejus et videre,
Matri suae congaudere
In supremo solio.

Scala coeli fol. 159 b. — Acrostichon von Str. 5 an: „Johannes Baptista." — 31, 4 Aqua Hs. — Nach Str. 36: Cum his omnibus nunc gaudes | Novas decantantes laudes | Agno sine macula. Hs.

2. De sancto Petro.

1. Salve, o apostolorum
Princeps, claviger coelorum
Regnique aetherei,
Cui Christus claves certe
Prae apostolis aperte
Dedit et siderei,

Cum ad vocem jussionis
Unius hujus rabonis
Cuncta quae habueras,
Advocantis te de mari,
Dum et misit te piscari
Homines, reliqueras.

2. Petre, hujus dedit regni
Claves Christus, Dei magni
    Sui. praeclarissimi
Patris, quod lacte et melle
Fluit et est sine felle
    Atque amantissimi.
Ut tu vinctos religares
Absolutosque ligares
    In virtute clavium,
In coena quando coenavit
Cum suis, ubi te lavit
    Et totum collegium.

3. Eundo et praedicavit,
Ubi et interrogavit:
    Filium quem hominis
Homines appellant esse,
Alii filium Jesse,
    De prophetis ceteris
Vel alium discipulis;
Tunc dixit et apostolis:
    Quem me arbitramini?
Sancte Petre, respondebas
Confestim atque dicebas:
    Verbum es altissimi.

4. Tibi non manifestavit
Caro hoc, sed revelavit
    Pater de coelestibus;
Ob hoc vere tibi dico:
Praevalebis inimico,
    Claustris infernalibus.
Diceris a petra Petrus,
Quod est lapis induratus,
    Super quem ecclesiam
Meam quippe collocabo
Firmiter et solidabo
    Infundendo gratiam.

5. Respondisti mundo Christo
Nos relinquimus in isto
    Cuncta temporalia,
Quid ergo tu dabis nobis?
Centuplum qui ait vobis
    Atque aeternalia
Dabo vobis et regnare
Mecum sed et judicare
    In ter quaternis sedibus;

Possidebitis aeternam
Vitam atque sempiternam
    Regnis in coelestibus.

6. Unde Christus multa tibi,
Ut honorem per te sibi
    In mundo acquireret,
Secreta manifestavit
Nec non virtutes donavit,
    Tunc cum hic exsisteret.
Suscitare cum puellam
Vellet ipse et tenellam,
    Secum quidem fueras,
Super mare cum vidisti
Ambulantem, te cinxisti,
    In mare te miseras.

7. Staterem, quem invenisti
In ore piscis, dedisti
    Pro te et dei filio,
Pascendas ac suscepisti
Et regendas oves Christi
    Mundi in exsilio.
Malcho aurem amputasti
In horto, dum praedicasti
    Die tria hominum
. Millia virtute Christi
Pentecostes contulisti,
    Ducens hos ad Dominum.

8. Coelum nempe tu clausisti,
Mortem quando praedixisti
    Propter avaritiam
Ananiae et Saphirae,
Domini committens irae;
    Donasti et gratiam
Cornelio, quem baptizasti,
Thabitae, quam suscitasti,
    Dehinc umbra corporis
Tui infirmos sanavit,
Pro quo te incarceravit
    Herodes tunc temporis.

9. Libertati sed donavit
Te sanctus, qui liberavit,
    Regis coeli angelus;
Hoc Herodes mirabatur
Totusque gratulabatur
    Christianus populus.

Pannum in sinu portasti,
Fluentes, cum lacrimasti.
  Quo tergebas guttulas,
Quando dulcis vocis Christi
Memor esses, quem negasti
  Ignis ad scintillulas.

10. Ad annuntiandum Christi
Fidem in mundum misisti
  Duos de discipulis,
Mortem ejus nuntiare,
Suscitatum propalare
  Omnibus in populis;
Qui viginti tum transissent
Dietas et incepissent
  Opus, unus moritur,
Alter istum mox humavit,
Defunctum hunc nuntiavit
  Ejulans revertitur.

11. Unde baculum donasti
Ei dicens et mandasti:
  Ponas super tumulum,
Dicas: de sepulchro isti
Surge in virtute Christi
  Et per Petri baculum.
Qui pergendo collocavit
Super bustum et vocavit,
  Tuum quippe baculum;
Multos dies qui jacebat,
Mortuus se erigebat
  Transiens per saeculum.

12. Jerusalem quidam magus
Nimium et corde vagus
  Erat his temporibus,
Qui dicebat: Adorabor
Ut Deus et condonabor
  Divinis honoribus.
Qui de multis se jactare
Cepit, volens disputare
  Tecum et ostendere,
Quod sit Deus, qui volare
Possit nube, innovare
  Cuncta atque facere.

13. Gratulanter disputasti
Cum illo et superasti
  Ejus maleficia,

Cuncta quippe detegebas,
Ipsum inde repellebas
  Jesu Christi gratia.
Qui mersit libros in mare.
Romam cepit remeare.
  Ut divinum sumeret
Cultum sibi a Romanis
Coleretur et profanis,
  Ut Deo competeret.

14. Ejus viam comperisti,
Sancte Petre, et in Christi
  Virtute hunc sequeris
Romam, ubi praedicasti
Multos atque baptizasti,
  Ab his benediceris.
Unum Simon impugnabat
Te, quo victo, qui dicebat
  Neroni ac populo,
Civitatem hanc relinquam.
Ascendens Deo propinquam
  Recedens a saeculo.

15. Refert Leo papa videns,
Turrim altam quod conscendens,
  Inde se ejiciens
Coronatus, et volare
Cepit, tu quidem orare
  Sic dicens et vinciens
Daemones: Ne hunc feratis
Mando vobis, sed mittatis
  Misere hunc cadere;
Quod Neronem conturbavit,
Cadens fractis expiravit
  Cervicibus misere.

16. Conturbatus Nero misit
Nuntios, quibus commisit,
  Sub obtentu gratiae
Ut te caperent et darent
Carceri, quem assignarent
  Paulini militiae.
Processo, Martiniano:
Ambo qui a Deo vano
  Ad Christum ambierant,
Carcerem aperuerunt.
Qui abire te jusserunt,
  Pro quo interierant.

17. Eja princeps praeamande,
   Sancte Petre, venerande
     Cunctis prae apostolis,
   In me vince tu peccatum,
   Quod est nimis augmentatum;
     Ob hoc detestabilis
   Deo factus atque mundo,
   Cordis mei de profundo
     Ore, voce clamito.
   Virtutes in me augmenta
   Gratiarum, hoc intenta
     Mente, corde flagito.

18. Leo papa ut narravit,
   Te cedente obviavit
     Tibi Christus Dominus:
   Vado Romam, figi cruci,
   Tibi dixit, de te dici
     Quod notasti protinus.
   Rediendo reintrasti
   Romam, factum nuntiasti
     Hoc tuis confratribus;
   Nero vero tunc te cepit,
   Crucifigi et praecepit
     Et dedit tortoribus.

19. O pastor agnorum Christi,
   Ipsam crucem dum vidisti,
     Aiebas: Vertite
   Crucem atque pedes sursum,
   Caput ad terram deorsum,
     Viam et dirigite
   Meam ad coelum; fecerunt
   Hoc et cruci affixerunt,
     Ubi pendens populum
   Docuisti, qui et flebat,
   Sertum de rosis videbat
     Tenentem per angelum.

20. Regem regum tuum stantem
   Agonem et exspectantem,
     Tunc de cruce dicere

Cepisti: Non usurpavi
Mori rectus sed optavi
  In cruce te sequere [sic].
Post hoc sibi commendasti
Spiritum et supplicasti
  Tuis pro fidelibus,
Quem suscipiens portavit
Secum et magnificavit
  Regnis in coelestibus.

21. Ubi munus, quod hic tibi
   Permisit, donavit, ibi
     Sedere in sedibus
   Duodenis, judicare
   Tribus atque condemnare
     Pravos cum scelestibus;
   Beatos et approbare,
   Cum Christo semper regnare,
     Sanctis cum spiritibus,
   In coelesti quidem vita,
   Multis bonis redimita
     Supremis in aedibus.

22. Mi o Petre venerande,
   Sancte atque collaudande,
     Mihi dona noscere
   Christum, ei adhaerere,
   Centuplum et possidere,
     Ipso semper fruere [sic]
   Me converte a peccatis,
   Ne condemner cum damnatis,
     Da peccata plangere,
   Surgere me fac cum Christo
   Mundo misero in isto
     A delictis propere,
   Ut in morte me certantem
   Secum judicet regnantem,
     Agnum sine macula
   Et ut videam cum patre
   Sua benedicta matre,
     Maria in saecula.

Scala coeli fol. 186 b. — Acrostichon von Str. 2 beginnend: „Petrus claviger coelorum." — 1, 4 Cujus Hs. — 2, 8 relegares Hs. — 4, 5 prae-valebas Hs. — 6, 11 hunc cinxisti Hs.

3. De sancto Paulo.

1. Paule, Christus cum prostravit
   Te in via commutavit
     Tunc in virum alium,

Nam de lupo fecit agnum
De raptore vero magnum,
  Per quem evangelium

Doctorem enuntiavit
Suum mundo, quem lustravit,
　Atque cunctis saeculis;
Et nomen tibi mutavit,
Ac in multis honoravit
　Prae cunctis apostolis.

．Antequam conversus Saulus,
Post hoc vero dictus Paulus,
　Ut a magno parvulus,
Hoc est, quod ipse dicebas,
Dum Corinthis praedicabas:
　Jam quippe apostolus
Non sum dignus appellari,
Minimus sed nec vocari,
　Nam Dei ecclesiam
Persequebar, cruciando
Christum atque blasphemando
　Meam ob malitiam.

．Uas electum reparavit
Ex te, qui te segregavit
　Ex materno utero,
Intus atque deauravit,
Extra vero induravit
　Tantum, ut de cetero
Jussa non timeres regum,
Principum nec jura legum
　Nec et cunctum populum.
Ab Illyrico cepisti,
Ad Jerusalem praedicasti
　Jesum Christum Dominum.

Lystris vero lapidaris,
In Philippis carceraris
　Virgis ac percuteris,
Ephesi feris donaris
Vinculis atque ligaris,
　Criminaris, caederis.
In Damasco es in sporta
Submissus, nam clausa porta,
　Per murum a fratribus;
In Caesarea probaris,
Navigans periclitaris
　In marinis fluctibus.

Uipera dextrae inhaesit
Tuae, vero nec te laesit,
　Quam in ignem ocius

Excussisti, tribuisti
Hospiti virtute Christi
　Gratiam hanc protinus,
Ut ab ipsis non laedantur
Omnes illi, qui nascantur
　De ejus progenie.
Infernali a serpente
Me tuere tu repente,
　Sancte pater veniae.

6. Supra modum et fuisti
In plagis, quas pertulisti
　Tu pro Christi nomine,
In aerumna et labore,
Virgis caesus cum furore,
　Ter in solitudine,
In laboribus frequenter,
A Judaeis patienter
　Una minus quinquies
Quadragenas suscepisti,
Nec in istis defecisti,
　Nec dabatur requies.

7. Demum in profundo maris
Turbulenter fluctuaris,
　Turbaris a gentibus,
In periculis latronum
Eras et vespilionum
　Et in falsis fratribus.
Ista tu virtute Christi
Gratanter sustinuisti
　Et cum patientia;
Post haec vero nos, dixisti,
Quis a caritate Christi
　Separet et gratia?

8. O lumen ecclesiarum,
Sancte Paule, orbatarum
　Et solamen mentium,
Lucis hujus, quod portasti
Per mundum et praedicasti,
　Pie doctor gentium,
Mihi tu scintillam dona,
Per quam mea mens sit prona,
　Atque Christi gratiam,
Pati cuncta mundi hujus,
Mala infinita cujus
　Sunt, et patientiam.

9. Cuncta ista superasti
Dono Christi et intrasti
  Romam, urbem gentium,
Locum tuae passionis,
Gentis pravae nationis,
  Idola colentium;
Ubi Christum praedicasti,
Mortuum resuscitasti,
  Neronis carissimum;
Sic me tuum suscitare
A peccatis tu dignare
  Servum fidelissimum.

10. Tunc Nero nimis expavit,
Ingredi hunc recusavit
  Ad se ante mortuum,
Victus prece sed vocavit
Illum et interrogavit
  In conspectu omnium:
Patrocle, dicas pro vero
Si vivis, qui ait: Nero,
  Vivo jam certissime.
Dicas, quis te suscitavit?
Paulus, qui pro me oravit
  Christum sincerissime,

11. Omnium qui saeculorum
Rex est et vastator horum,
  Quae et sunt in saeculo.
Ob hoc hunc incarceravit
Nero, per suos mandavit
  Et in omni populo,
Christianos tunc inquiri
Acriter atque puniri,
  Inter quos apostolum
Te, Paulum sanctum, ceperunt
Vinctum et ei duxerunt
  Suum ad palatium.

12. Regis, ait, magni ille
Servus es, qui Romae mille
  Conturbavit nobiles,
Quorum pervertis uxores,
In novos ducendo mores,
  Facis his odibiles.
Cui, sancte, respondisti:
Servus ego Jesu Christi
  Sum creantis saeculum,

Illi non de tuo regno
Tuum lego, sed de magno
  Mundo cunctum populum.

13. Gentes mox qui advocavit
Illis atque imperavit,
  Ut vinctos comburerent
Omnes milites ligari
Christi et igne cremari
  Et ut te perimerent
Gladio, quod et fecerunt,
Ubi multi perierunt
  Te necantes gladio,
Ubi collum extendisti
Spiritum et commisisti
  Jesu Dei filio.

14. Eja omnes nunc audite,
Magnitudinem sentite
  Sancti hujus martyris,
Quantum Christus honoravit
Ipsum ac magnificavit
  Electis prae ceteris.
Jesus Christus et clamavit
. . . .
  Interim dum viveret,
Quem quingentis nominavit
Vicibus dum praedicavit
  Epistolas et scriberet.

15. Nomen istud, Sancte Paule,
Tu inscribe cordis aulae
  Mei, dilectissime,
Christi roseo cruore,
Ut illud corde et ore
  Amem perfectissime;
Mel quod et mihi in ore
Sit atque melos in aure
  Et in corde jubilus,
Quaerulose corde quaeram
Id, non oculo, si perdam,
  Bonum est habentibus.

16. Caput quando amputavit
Tuum miles, emanavit
  Lac statim de corpore
Pro cruore, qui saltavit
Ad vestem, qui decollavit,
  Militis; te propere

Lux immensa coruscavit
Ac de corpore fraglavit
Odor amoenissimus,
Illico qui recreavit
Debiles atque sanavit,
Qui et suavissimus.

17. Jesus Christus, sancte Paule,
Patris sui coeli aulae
Tuam lexit animam,
Ubi ipsam praedotavit
Magnis donis et laudavit
Prae cunctis sanctissimam
Patri suo, qui donavit
Tibi sedem, quem locavit
Inter bis senis sedibus,
Ubi sedens judicabis
Justos salvans et damnabis
Malos cum judicibus.

18. Ubi pater preces audit
Tuas certe et exaudit
Eas absque dubio,

Famulis implora dona,
Donat infinita bona
His, qui pro auxilio
Tuo pie te implorant
Corde puro et exorant
Hic te devotissime;
Nihil nempe his negatur
Totum vero sed donatur
Effectuosissime.

19. Mi dilecte Paule sancte,
Cum sis dignitatis tantae
In coelesti curia,
Apud Christum, cujus pater
Deus est et virgo mater,
Mihi, rogo, gratia
Per te nunc coelestis detur,
Qua mea hic emendetur
Vita in virtutibus,
Ut post istam vitam vere
Possim tecum possidere
Vitam in coelestibus.

Scala coeli fol. 188 a. — Acrostichon: Paulus doctor gencium. — 5, 4
Excusasti Hs. — 19, 1 sancte Paule Hs.

4. De sancto Johanne evangelista.

1. Te, dilecte consobrine
Regis regum et reginae
Coeli, terrae, marium,
Amicus vero electus,
Qui et ipsi es adeptus
Post natum in filium;

2. Praeelecte mi, te noto
Johannes corde devoto
Postulans subsidium
A te, ut cures ditare
Meum cor, ut te laudare
Queam, stillicidium

3. Roris coeli infundendo,
Ubertatem ac largiendo
Gratiam spiraminis,
Quae illustret ut cor meum,
Et tu me non spernas reum,
Sed da vim oraminis.

4. Jesus Christus cum venisset
In hunc mundum et transisset
Illustrando saeculum,
Te cum patre tunc piscante
Vidit, ipso te vocante
Sumpsit in discipulum

5. Jacobo cum tuo fratre,
Qui statim relicto patre
Sequentes celerius
Hunc, licet ambos vocavit
Vos, multo tamen amavit
Te prae illo dulcius;

6. Tibi nomenque donavit,
Dum Johannes te vocavit,
Quod est Dei gratia,
Qua te certe condotavit
Prae multis ac adornavit
Sua amicitia.

Dreves, Conradus Gemnicensis. 8

7. Omni tu virtute plenus
Castitateque serenus,
    Ob hoc te de nuptiis,
Nubere temet volente,
Retrahebat hic repente,
    Aeternis divitiis

8. Faceret ut te consortem,
Mulierem tibi fortem,
    Quam nimis amaverat,
. Suam sanctam genitricem,
Suae crucis assistricem,
    Dum hanc commendaverat.

9. O amice regis coeli,
Me trado tibi fideli
    Meo in custodiam,
Amice, ex toto corde
Munda me ab omni sorde
    Ducendo ad gloriam.

10. Hujus amicus dilectus
Quod sis, pandit, super pectus
    Quod coenans pausaveras,
Ubi pausans quievisti,
Quiescendo et hausisti,
    Quod post eructaveras.

11. Ibi cubans propalavit
Tibi Christus et signavit
    Judam perfidissimum,
Virum plenum pravitate
Omnique iniquitate,
    Traditorem pessimum.

12. Traditorem meum pande
Mihi atque hunc ostende,
    Amice carissime,
Qui me quaerit accusare
Coram Deo et damuare,
    Sed infidelissime.

13. Aquila Ezechielis
Sponsae missus tu de caelis,
    Referre mysterium,
Hoc in corde quod videbas
Dei patris, ut dicebas
    Coaeternum filium;

14. Quia patri coaequalis
Filius nec erit talis
    Nec fuit a principio.

In principio hoc verbum
Erat datum, qnod inventum
    Virginis est gremio;

15. Hoc vidisti, hoc tractasti,
Hoc de coelo reserasti
    Johannes hominibus,
Judaeis atque paganis,
Sic juvenibus et canis
    Illud ignorantibus.

16. Nefandus Domitianus,
Vir iniquus et profanus,
    In ferventis olei
Doliumque misit plenum
Corpus tuum peramoenum
    Ob amorem fidei,

17. Sed illaesum illud mansit;
Post haec te in Pathmos misit
    Vastum in exsilium,
Ubi raptus tu vidisti
Mira, quae tandem scripsisti
    Librum in coelestium

18. Secretorum, quae tu pande,
Mi Johannes venerande,
    Mihi tuo famulo,
Ut intelligam legendo
Ipsa, vivam et sequendo
    Beate in saeculo.

19. Necato Domitiano,
Viro vano et insano, —
    Revocaris Ephesum;
Civitatem te intrante
In occursum tu repente
    Habuisti populum

20. Multum, Drusianam flentem
Mortuam, te flagitantem
    Ut a morte suscitas [sic].
Quam in Christi suscitasti
Nomine et imperasti
    Dicens: Os reficias.

21. O Johannes delicate,
Rogo te, in caritate
    Tua ut me servulum
Tuum meis in peccatis
A me male perpetratis
    Suscitas [sic] emortuum.

22. Ebibistique letale
Venenum, sed virginale
Virtus certae fidei
Corpus tuum conservavit,
Te vidente quod necavit
Condemnatos rumphei [sic]

23. Poenis, duos vires fortes,
Suscitando quos consortes
Tu coelestis patriae
Fecisti, Aristodemum
Ac omnisque genus demum
Principis provinciae.

24. Johannes, resuscitare,
O dilecte, me dignare
Meis a sceleribus
Veniamque impetrare
Atque de coelis ditare
Sanctis cum virtutibus.

25. Saxa vero sunt allata
De manuque immutata
In decus gemmularum,
Et in aurum te orante
Fulvum Christo annuente
Virgulae filiarum.

26. A Carthone qui diruti
Lapides et imminuti
Nimis multum nobiles,
Hos tractando integrasti
Manibus, et dum orasti;
Ob hoc, qui odibiles

27. Christo erant, convertuntur
Confestimque te sequuntur,
Gemmas et pauperibus
Omnes statim erogabant,
Carthon in Christum credebat
Duobus cum juvenibus.

28. Episcopo commendasti
Juvenem, quem baptizasti
Nomine depositi,
Hunc hic laute nutriebat,
Curam ejus et gerebat
Filii ut inclyti.

29. Vanitas quidem seduxit
Hunc, diabolus induxit,
Ut in latrocinio

Princeps fieret latronum
Omnium vespilionum
Et multos cum gladio

30. Vulnerando interfecit
Nec in omnibus defecit,
Pejor factus omnibus,
Secum qui cohabitabant
In silva et spoliabant,
Convespilionibus.

31. Ad episcopum venisti
Post paucos dies, petisti
Ab eo depositum;
Qui pecuniam credebat
Hinc multum et contremebat,
Nesciens repositum.

32. Nihil, aiebas, quaero,
Nisi hunc, quem corde mero
Tibi commendaveram,
Juvenem, qui ait, certe
Hunc occulte e aperte
Ut natum nutriveram.

33. Gloria vana seduxit
Istum vero et induxit
Satan in exsilium
Vasti luci, ubi latro
Velut alter factus Clatro
Agens homicidium.

34. Eja, lamentans dixisti,
Vestem tuam et scidisti,
Quod amisi filium,
Equum parare jussisti,
Agitare et cepisti
Post hunc in exsilium

35. Luci; illum dum vidisti,
Mox clamando tu dixisti:
Noli, fili, fugere
Patrem tuum sed ausculta,
Cuncta tibi sunt indulta,
Noli jam diffidere.

36. Ipse ego reddam pro te
Rationem Deo certe,
Qui compunctus rediit,
Quem benigne suscepisti,
Osculari et cepisti,
Qui jam vere periit.

8*

37. Suscipe vespilionem
Me, Johannes, et latronem,
  Qui ut latro impius
Animam privo frequenter
Meam clam atque latenter
  Omnibus virtutibus.

38. Tempus dum apropinquaret,
Christus ut te invitaret
  Suum ad convivium,
Omnibus quod praeparavit
His, in coelis quos beavit,
  Et post hoc exsilium,

39. Ad te solus veniebat,
Secum vero et ducebat
  Ceteros apostolos,
Quorum eras tu sodalis
Et in coena commensalis,
  Multos et discipulos.

40. O amice mi dilecte,
Veni, intra et electe
  Coeli tabernacula,
Benedicte mei patris
Atque Jesu tui fratris,
  Ubi tu in saecula

41. Regnabis et epuleris
Cum germanis et laeteris
  Tuis coapostolis,
Vultum patris intueris,
Per quod ita satieris
  Ut lautis in ferculis.

42. Ad haec verba surrexisti,
Post hunc ire et cepisti,
  Qui ait: dominica
Die prima visitabo
Ipsemet te et locabo
  Turba cum angelica.

43. Populus conveniebat
Hac die et sustinebat
  Finem tuum laetior,
Cui fidem praedicasti
Tota nocte et mandasti,
  Ut esset ferventior

44. Regis coeli in mandatis,
Portionem cum beatis
  Ut post hoc exsilium

Jam in regno collocatis
Sumeret et adoptatis
  In terra viventium.

45. Obitus hora instabat,
Populo, qui tunc adstabat,
  Mandasti, ut foveam
Faceret juxta altare,
Totam terram exportare
  Et extra ecclesiam.

46. Mente sanus descendisti
In sepulchrum, extendisti
  Manusque ad Dominum,
Dicens: A te invitatus,
Ago laudes, quod dignatus
  Tuum ad convivium

47. Es me, Christe, invitare,
Sciens me desiderare
  Te ex meis viribus,
Tecum semper et manere,
Laete vere et gaudere
  Meis et sodalibus.

48. Dum oramen finivisses,
Extentas et habuisses
  Manus, lux fulgescere
Cepit, ut te nullus horum
Circumstantium virorum
  Ultra posset cernere.

49. Ea luce recedente
Populo tunc ab astante
  Scaturire cernitur
Manna de sepulchro certe,
Cunctis hodie aperte
  Quod et pie creditur.

50. Uitam vero et aeternam
Es ingressus ac supernam
  Et tum sine macula
Agno, cui cantas laudes,
Virginum, cum quibus gaudes,
  Tu nunc et in saecula.

51. Mi sancte evangelista,
Christi verus et symmista,
  Carmen a me famulo
Tuo sume hoc grafanter
Et tuere me frequenter
  In hoc malo saeculo.

52. Vota pie sume mea,
    Da, ut mea nimis rea
    Anima piaculis
  Hic in terris emundetur
    Tota, non ibi purgetur
    Cunctis et a maculis,

53. Ut post istam sine poena
    Tecum merear in ceona
    Edere tunc dulciter
  Jesu Christi, Dei patris
    Et electae suae matris
    In aevum alacriter.

Scala coeli fol. 189 b. — Acrostichon, Str. 4 beginnend: „Johannes evangelista ora pro me Deum." — 5, 2 relictis Hs. — 26, 1 dirutae Hs; am Rande: Craton. — 26, 2 imminutae Hs. — 38, 1 tum Hs. —

5. De B. M. V. et S. Johanne ev.

1. Salve, mater salvatoris,
   Vas electum, vas honoris,
     Vas coelestis gratiae,
   Ab aeterno vas provisum,
   Vas insigne, vas excisum
     Manu sapientiae.
   Salve, mater benedicta,
   Nostra dele nunc delicta
     Atque munda labia
   Cum propheta Jeremia,
   O Maria, mater dia,
     Vanaque praecordia

2. Cum Johanne sine mora
   Melle large, praedulcora
     Deitatis gratia,
   Ut de te et hoc amico
   Christi caro et pudico
     Cordis excellentia,
   De Johanne hymnizare
   Queam digne et laudare
     Vos in isto carmine;
   Hinc ex alto subvenite
   Et me confortate mite
     Sacro cum spiramine.

3. Vos saluto toto corde,
   Licet maculatus sorde,
     Sed cessare nequeo
   Salutando collaudare,
   Sed laudando salutare
     Glisco quantum valeo.
   Cristus cunctis vos providit,
   Quos ferus hostis praescidit
     Sua cum malitia,

   Et praeire fecit illos
   Magnos vero ac pusillos
     Vestra pia gratia.

4. Unde vos columnae certae,
   Per desertum quae aperte
     Praeierunt patribus,
   De Aegypto qui venerunt
   Et se terris miscuerunt
     Mel et lac habentibus.
   Quae lucebant sine mora
   Eis quippe omni hora,
     Diebus ac noctibus
   Omnibus et illustrabant,
   Lucem bonis ministrabant
     Atque murmurantibus.

5. Sic columnae praelucentes
   Estis atque emicantes,
     Lucem dantes omnibus,
   Nulli certe denegatis
   Lucem vestrae pietatis
     Sed datis petentibus.
   Nunc me vestrum servitorem
   Attendatis ad amorem
     Mei, dilectissimi
   Tui, sancta mater, nati
   Tuumque et adoptati
     In cruce carissimi.

6. O columnae delicatae,
   Praefulgentes, consternatae
     Super bases aureas,
   Quae politae, exquisitae
   Redimitae, praefulcitae,
     Mentesque virgineas

Christus vos coadunavit
Ista hora, quando lavit
　Passione saeculum,
Mater tuus, cruce pendens,
Natus; ecce, tua, dicens,
　Mater, ad discipulum.

7. Me vobis coadunate,
Pia mater, adamate,
　Tu et iste filius,
Nec a vobis separate,
Sed me cito copulate
　Vobis in coelestibus.
Architector collocavit
Super vos, qui fabricavit
　Solo verbo saeculum,
Magnae suae bonitatis
Cunctis malis maculatis
　Pium habitaculum.

8. Ut salvetur in hac domo
Et servetur omnis homo,
　Qui ad hanc confugerit,
Quali morte moriendus,
Quali poena puniendus,
　Ni ab hac recesserit.
Auro fulvo hanc vestivit
Ab aeterno, quam nutrivit
　In paterno gremio,
In verbo, quod similavit
Sibique coaeternavit,
　Incarnato filio.

9. Tandem, virgo, destinavit
Tibi hunc, qui deauravit
　Sua te praesentia,
Qui Johannem et vocavit,
Quem et tibi commendavit
　Crucis sub adstantia.
Per hanc dulcem vocem nati,
Qua fuistis adunati
　Pii alter altero,
Me commendo vobis laete,
In custodia habete
　Me, posco, de cetero.

10. Eja, mater, virgo pia,
Cum Johanne in hac via
　Ambo me defendite

Scala coeli fol. 162 b.

Ab omni hoste molesto,
Occulto et manifesto,
　Et mihi concedite
Pium vestrum consolamen
Atque forte adjuvamen
　In necessitatibus.
In eis nam me semper laedunt
Hostes tres, qui se succedunt
　Omnibus temporibus.

11. Nam me furens Satan laedit,
Quem caro mea succedit,
　Mundus cum blanditiis,
Mala mihi suggerentes
Atque denuo privantes
　Aeternis divitiis.
Quorum ars est infinita,
Mea mens et immunita,
　Subvenite propere,
Ne me mergat in peccatis
In profundum cum damnatis
　Et me damnet misere.

12. O regina pia coeli,
Tu Johanne cum fideli
　Digneris succurrere,
Ternos istos nimis fortes
Atque meos saevos hostes
　Nunc a me repellere
Scelus meum atque grave;
Ad te clamo exsul Evae —
　Cordeque vociferans
De hac valle lacrymarum
Plenaque miseriarum
　Et frequenter ejulans.

13. Et a me vultum non verte
Sed pie ad me converte,
　Ut post hoc exsilium
Possideam Dei regnum,
Tecum videam benignum
　Jesum, tuum filium.
Tua bracchia extende,
In extremis apprehende
　Pia meam animam,
Ipsam sola conducendo
Super omnes jubilando
　Coelestem ad patriam.

6. De sancto Jacobo.

1. Jacobe amice Dei,
Johannis et, cari mei,
Frater amantissime
Atque nate Zebedaei,
Carmen peccatoris mei
Ne spernas, carissime,

2. Quod ex corde tibi cano,
Licet heu, heu nimis vano;
Ob hoc a te postalo
Gratiam, quam impetrare
Digneris ac postulare
Mihi tuo famulo.

3. Preelegit te de mundo
Cum vocavit de profundo
Jesus Christus fluminis,
Patrem, navem reliquisti,
Ipsum sequi et cepisti,
Qui capacem luminis

4. Te fecit, quo illustravit
Sui ut hos, quos vocavit
Suum in collegium;
Quibus ait, properate,
Nomen meum praedicate
Nec timete regium

5. Edictum, nec omnem gentem,
In vos fere saevientem,
Nec crudelem populum,
Baptizate sed credentes,
Trinitatem invocantes
Et per cunctum saeculum.

6. Jerusalem praedicasti
Christum, scriptis confirmasti,
Esse Dei filium,
Ubi magus destinavit
Contra te, qui disputavit
Suum mox discipulum,

7. Philetum, quem superasti,
Et hunc Christo adunasti;
Propter quod Hermogenes
Provocatus convocavit
Contra te et conjuravit
Arte sua daemones,

8. Ut te, sancte, alligarent
Atque sibi praesentarent,
Ut vindictam sumerent
De te atque de Phileto,
Qui pergentes corde laeto
Ut illud perficerent.

9. Tibi misit in juvamen
Christus, illis in gravamen,
Angelos, qui propere
Cathenis illos ligabant,
Qui in aere clamabant:
O ardemus misere,

10. Nostri miserere, sancte
Jacobe, nam tu es tantae
Apud Christum dominum
Potestatis, nos absolvat
Jesus Christus, qui ligabat
Nos per suum angelum.

11. Eja, o amice Dei,
Rogo, miserere mei
Et absolve vinculum
Delictorum ac cohortem
Pravam liga, nimis fortem,
Tuum per auxilium.

12. Religatis his dixisti:
In virtute Jesu Christi
Mando vobis propere,
Alligatum apportetis
Magum istum nec laedatis,
Quem vinxerunt misere.

13. Ad te ipsum qui portabant,
Voce magna et clamabant:
Digneris concedere
Super istum potestatem,
Ut possimus pravitatem
Sibi reimpendere.

14. Hunc Philetum teneatis,
Tu dixisti, hoc est gratis,
Nec formicam minimam
Aiebant, in cubili
Tuo quae est, et nil vili
Nec hanc sanctam animam.

15. Jacobe, o mi dilecte;
Et apostole electe
Me in tuum famulum
Suscipe atque tuere
[A] daemonibus, quod vere
Potes, ut discipulum.

16. Tunc Hermogeni dixisti:
Inimice male Christi,
Ubi nunc est magica
Tua ars, qua delusisti
Populum et seduxisti,
Nec non diabolica.

17. O amice relegare
Domini tu me dignare
Et ab his daemonibus,
Qui vinxerunt, defensare,
Vadam tibi praesentare
Coram istis omnibus

18. Meam quippe totam artem
Magicam, per quam hanc gentem
Seduxi malefice.
Christo volo et parere,
Tibi quippe adhaerere
Vivendo deifice.

19. Tunc Phileto tu dixisti:
Religa hunc in Jesu Christi,
Qui te vinxit, nomine.
Quem absolvit; qui meavit,
Libros omnes et portavit,
Quos in aqua flumine

20. Submersisti. Qui suscepit
Fidem Christi atque fecit
Mira Dei gratia,
Quod Judaei cum videbant
Tibi, sancte, invidebant
Accensi malitia.

21. Vinctum fune te ducebant
Ac Herodi praesentabant,
Qui mandavit propere,
Caput tibi amputare,
Qui ceperunt agitare
Te trahentes misere.

22. Amice Christi praeclare,
Christum doce me amare
Mente omni tempore

Suaviter atque benigne,
Ipsum et laudare digne
Corde, ore, opere.

23. In via quidam jacebat
Paraliticus, petebat
Sanitatem corporis,
Cui pie tu dixisti:
In virtute Jesu Christi
Surge sanus! Operis

24. Scriba, fune qui trahebat,
Mirabatur cum videbat
Qui, Josias nomine,
Mox ad pedes se prostravit
Tuos atque postulavit,
Baptizari flumine.

25. Qui cum esset baptizatus
Tecum fuit decollatus
Et sic per martyrium
Astra coeli scandit tecum
Videns tecum et tu secum
Jesum, Dei filium.

26. Corpus tui rapuerunt
Subditi et posuerunt
Illud in naviculam,
Sepulturam commiserunt
Deo, navem conscenderunt
Pergentes Hispaniam.

27. Angelo de coelo duce,
Praeeunte Christo duce —
De navi sanctissimum
Corpus tuum exceperunt,
Super saxum posuerunt
Illud amantissimum.

28. Quod ut cera liquescebat
Quippe et suscipiebat
Velut in sarcophagum.
Quod regina Lupa videns
Mirum credidit mox stupens
Deditque palatium

29. Suum, facta Christiana
Est, cuncta relinquens vana,
Ipsum in ecclesiam
Atque tibi consecravit
Et magnifice dotavit,
Ubi magnam gratiam

30. Cunctis facis, qui precantur,
Magna largiter donantur
Munera fidelibus,
Jesu Christo annuente,
Tua prece praecedente,
Pie de coelestibus.

31. O amice praeelecte
Jesu Christi, me directe
Coeli via ducere

Tu dignare, ut finita
Ista in aeterna vita
Tecum possim cernere

32. Laete natum castae matris
Mariae et summi patris,
Jesum, Dei filium,
Gaudium qui angelorum
Est et omnium sanctorum
Secum convivantium.

Scala coeli fol. 192 a. — 6, 5 disputavit Hs. — 17, 2 Deum tu Hs. —
26, 2 Subditis Hs.

7. De sancto Erasmo.

1. Sancte pater afflictorum,
Pauperum, desolatorum,
Tuos pie respice,
Erasme, te diligentes
Et te corde venerantes,
Ipsos et ne despice.

2. Mihi tibi adhaerenti
Tota mente, meae menti
Dona nunc audaciam,
Pie pater, te laudandi
Toto corde et amandi
Et infunde gratiam

3. De excelsis effluentem,
Meum sensum irrigantem,
Ut sic fiat habilis,
De te carmen modulare
Hoc et digne collaudare,
Nam tu es laudabilis.

4. Septem annis a tumultu
Hominum fugiebas vultu,
Latens in latibulis
Deserti montis Libani,
Ubi mandato Domini
Corvus missus ferculis

5. Angelicis nutriebat
Te et saepe visitabat;
Quippe de coelestibus
Angelus, qui mittebatur,
Te confortans loquebatur
Tuis de operibus,

6. Ubi multa faciebat
Christus, qui te diligebat,
Propter te prodigia.

Tuam cellam visitabant
Ferae et se prosternebant
Tua ad vestigia;

7. Me de coelis tu cibare
Dignare et visitare,
Sancte, in exsilio
Mundi hujus condemnati,
Omnis boni et orbati,
Jungens Dei filio.

8. Audivisti te monentem:
Noctem intra et dicentem
Civitatem propere
Tuam, mox qui surrexisti
Nihil morans, sed cepisti
Concitus descendere.

9. Descendente te currebant
Obviam, salvi fiebant
Vexati daemonibus,
Manus quibus imponebas,
Ipsos omnes eruebas
Malis mox ab omnibus.

10. Erue me, pater pie,
Reddens filio Mariae,
Sibi reconcilians,
Mea ut donet peccata,
Ab origine innata,
Ipsum pro me deprecans.

11. Ira Diocletianus
Furit ob hoc ut insanus,
Fustibus te caedere
Jubet, concis verberare,
Tortores et ter mutare,
Ei acquiescere,

12. Deos suos ut adores.
Tu dixisti: Hi pejores
Omnibus sunt bestiis.
Qui te dure verberabant,
Corpus tuum laniabant
Plurimis suppliciis,

13. Plumbum, picem, ceram solvunt,
Igne totum et perfundunt
Corpus tuum nobile.
Angeli Dei adstabant,
Qui tormentum mitigabant,
Illud tam horribile.

14. Per te mihi adstet, peto,
Angelus et vultu laeto
Qui et me custodiat,
Ut ad noxa non declinem,
Sed ad virtutes inclinem,
Auxilio subveniat.

15. Passus pene nil fuisti,
Caesarem his perfudisti.
Qui clamabat misere,
Uror, sancte miserere
Erasme, et mihi mere
Dignare succurrere.

16. Fulmina tunc coruscabant,
Quae ardore et necabant
Vulgi partem tertiam,
Ac motus invalescebat
Terrae, Caesar tremiscebat
Perdensque sollertiam

17. Furens te incarceravit,
Ipse solus consignavit
Anulo mox proprio,
Jurans, ut qui te cibaret
Potu, esca, amputaret
Caput ejus gladio.

18. Ubi sedens exclamasti,
Dominum et invocasti,
Dicens: nunc accelera,
Salva me, ne glorietur
Caesar hic et roboretur
Ejus virtus misera.

19. Tibi et ne maledicat,
Contra tuos atque dicat
Suis infidelibus:

Ubi Deus est eorum?
Adest nuntius coelorum
Mox cum luminaribus

20. Ter quaternis, illustravit
Carcerem, qui et fraglavit
Ut plenus aromatibus.
Tibi, frater, surge, dixit,
Tua mens statim revixit
Magnis cum virtutibus

21. Mecum ultra ambulabis,
Ubi Christo praeparabis
Viam in Italiam.
Mox ut cera liquefactum
Ferrum est atque redactum
Cineris in materiam.

22. Gaudens, sancte, surrexisti
Et cum Christo perrexisti
Praedictam in patriam,
Et Lucredo praedicasti
Defunctumque suscitasti
Domini ad gloriam.

23. Pie pater, in peccatis
Me defunctum bonitatis
Tuae nunc auxilio
Dignare resuscitare
Et virtutibus ditare
Mundi in exsilio.

24. Ubi multos baptizasti,
Caecos et illuminasti
Tu virtute Domini;
Audiens Maximianus,
Caesar vilis et profanus,
Tamquam malo homini

25. Tibi, sancte, insurrexit,
Servis suis et indixit
Suo sub imperio,
Ut te praesentarent sibi,
Qui a te quaesivit ibi,
Tua quae religio?

26. Jesum recognosco Deum.
Caesar dixit: Hunc ut reum
Judaei necaverant;
Tu: Sub hujus curro alis,
Hic: Tu talis sis, hic qualis
Et ei qui adhaereant.

27. Nostris Diis sed tu libare,
 Jubeam vel bajulare
  Te propter audaciam.
 Si videbo tuos Deos
 Fortiores plus quam meos
  Esse, forte faciam.

28. Manu ducens te ad templum
 Caesar gaudens, in exemplum
  Aliis Christicolis,
 Ut credente te hi tecum
 Crederent tecum et secum
  Et libarent idolis.

29. Statuam dum adspexisti
 Dixisti virtute Christi:
  Te conjuro exeas,
 Daemon, qui hunc seduxisti
 Populum et confudisti,
  Statuam comminuas.

30. Draco ingens mox exivit,
 Qui et statuam contrivit
  Et ternam partem gentium.
 Caesar videns se delusum
 A te sancto et confusum.
  Currens ad palatium.

31. Vulgus vero conclamabat
 Voce magna et dicebat:
  Ora pro nobis Dominum.
 Cui statim praedicasti
 Christum, illi imperasti
  Quemquam ne mortalium

32. Laederet et baptizasti
 Milia, quos superasti,
  Quadraginta hominum;
 Quos et omnes coronasti
 Per poenam et sociasti
  Conventu fidelium.

33. Pie pater, me converte,
 Mentem meam et averte
  Ab omni malitia,
 Et virtutibus me dita,
 Ne me laedat in hac vita
  Daemonis saevitia.

34. Pastor pie, tunc ignita
 Tu indutus polymita
  Eras, sed angelica
 Refrigeria sensisti,
 Mox orandoque dixisti:
  Gentem hanc sanctifica;

35. Omnes mihi servientes
 Et te patrem deprecantes
  Horum non abjicias
 Preces, sed exaudi pie,
 Christo, filio Mariae,
  Multo plus adjicias.

36. Vox de coelo est audita:
 Ut petisti fiat ita
  Tuum ob martyrium,
 Veni mundo a poenoso,
 Circumquaque vitioso,
  Tuum sumens praemium.

37. Visum sursum erexisti
 In occursum et audisti
  Tibi choros martyrum
 Pergentes et angelorum,
 Apostolorum, confessorum,
  Et sanctorum omnium.

38. Caput tuum inclinasti,
 Spiritum et commendasti,
  Christo tradens animam,
 Ab eo, pro quo pugnasti,
 Quem in praemium amasti,
  Et sumens aureolam.

39. Sancte pater, o Erasme,
 Rogo te, [ut] eruas me
  Malis nunc ab omnibus,
 Corpus semper quae infestant,
 Animam atque molestant
  Peccatorum nexibus.

40. Vitam meam et emenda,
 Christo semper me commenda,
  Ut per ipsum scelera
 Mea in hac expientur
 Vita atque deleantur
  Prava atque opera;

41. Ut post istam in aeterna .
    Vivam nec non sempiterna
      Vita tunc perenniter,

Vultum suum atque patris
Videam et suae matris
  In aevum feliciter.

Scala coeli fol. 197 b. — 4, 2 fugebas Hs. — 14, 1 astat Hs. — 16, 1 Flumina Hs.

8. De sancto Leonhardo.

1. **S a l v e**, pater venerande,
  Salve nimis praeamande,
    Pater illustrissime,
  Leonarde, bonitate
  Plenus, omni suavitate,
    Pater benignissime.
  Miseramen tecum crevit
  Atque tibi inolevit
    Nimis ab infantia,.
  Quod tu semper praebes cunctis,
  Omnibus tibi adjunctis
    Servitutis gratia.
  Miserere pie mei,
  Annue, electe Dei,
    Meum cor inebria,
  Ut te laudem puro corde,
  Illud munda nunc a sorde
    Cum coelesti gratia.

2. Leonarde disciplinis
  Tu instructus es divinis
    Sancto a Remigio,
  Qui te totum illustravit,
  Foris, intus ac mundavit
    Divino auxilio;
  Esses totus ut mundatus,
  A Deo sanctificatus,
    Ut propter miracula
  Esses quippe notus multis,
  Pueris atque adultis,
    Et per adjuvacula.
  Nam vinctos, quos visitasti,
  Omnes certe liberasti
    Dei cum potentia.
  Vinctum me nunc visitare
  Et dignare liberare
    Mea a malitia.

3. Eruisti nempe multos,
  Juvenes atque adultos,
    Quos tu visitaveras,

Illos omnes liberasti
Atque ipsos confortasti
  Pie et docueras.
Franciae rex te manere
Jussit secum, pro videre
  Donec de dominio
Tibi posset competenti,
Tibi vero renitenti
  Domini consilio
Eremum statim subisti
Pro amore Jesu Christi,
  Ubi mirabilia
Magna certe tu fecisti,
Cunctis sancta tribuisti
  Tua nam auxilia.

4. Omnes ad te concurrentes
  Et juvamen postulantes
    · Tuum, hos audieras,
  .Vinctos acriter solvebas,
  Grandes carceres volvebas,
    Ligatos erueras.
  Est peccatum ut structura,
  In quo jacet ut clausura
    Multa per peccamina,
  Taedens vitae nec secura,
  Ut resugat nunc procura,
    Mea foetens anina.
  Solve, pater, jam structuram,
  Volve vitam perituram,
    In qua perit anima,
  Volve vitam vitiosam
  Meam, nimis maculosam,
    Tua per precamina.

5. Nemus hoc tam venerandi
  Rex atque solatiandi
    Cum regina propria
  Est ingressus, et in partu
  Regina perit cum fructu
    Morte et nefaria,

Ubi luctus augmentatur,
Rex et tota gens turbatur
   Lamentantes misere.
Lamentantes cum audisti,
Mox ad illos transivisti
   Et te coepit quaerere
Rex, quis esses et transires
Unde, et tu responderes:
   Ego sum Remigii
Servus; qui te dum rogaret
Orando et acceptaret
   Virtutem auxilii,

6. Abortivum suscitasti,
Reginam vivificasti,
   Simul qui perierant,
Regemque laetificasti,
Illi vivos dum signasti,
   Vitam cum assumpserant.
Pro quo rex glorificavit
Deum, partem et donavit
   Tibi silvae maximam,
Ubi claustrum mox fundasti,
In quo semper et laudasti
   Divinam potentiam.
Ubi ad te confluxerunt
Multi, tecum et vixerunt
   Vita eremitica.
Me ad te confugientem
Sume tibi servientem,
   Vita et sanctifica.

7. Regi regum dum placeret,
Ut te sancte invitaret
   Suum ad convivium,
Corpus tuum condotavit
Signis multis, cum migravit
   Spiritus ad Dominum.
Ad hunc locum aegri currunt,
Surdi, muti et recurrunt
   Sani atque omnium
Dominum pie laudantes,
Toto corde venerantes
   Sed et te piissimum.
Ad te patrem accurentem
Mutum, surdum ac gementem
   Me clementer suscipe,

Mihi donans sanitatem,
Corporis integritatem,
   Vota mea perfice.

8. Donum tibi et donavit
Magnum, quando ampliavit
   Locum tunc ecclesiae
Tuae, quia locus artus
Et nec tibi certe aptus,
   Ut patet cunctis hodie.
Sed ut tibi fabricaret
Latam et ad hanc portaret
   Ob hominum frequentiam,
Orantes quippe adspexit
Triduanos, nive texit
   Totam hanc provinciam,
Solam tuae requiei
Misit nudam auctor spei,
   Ut ibi ecclesiam
Tibi novam praepararent
Et te illuc transportarent
   Ob tuam reverentiam

9. Eja lucens lux virtutum,
Pauperum solamen tutum,
   Leonharde nobilis,
Consolare me lugentem,
In peccatis jam foetentem
   Propter quae odibilis
Meo creatori factus,
Quibus certe nimis tactus,
   Surge, pater, propere;
Me dignare visitare,
Atque semper consolare,
   Peream ne misere,
Pro me Christum pie ora
Sedulo sed non [im]mora,
   Nam, si tu oraveris,
Nequicquam in hoc diffido,
Toto corde sed confido,
   Quod tu me salvaberis [sic].

10. Leonarde, pater sancte,
Postulo pie rem hanc te
   Cordis mei viribus,
Vitam .meam cum finire
Corpus debet et transire
   Abhinc meus spiritus,

Non hunc sinas solum ire,
Sed tu cura subvenire,
  Pater sancte concitus.
Tecum sume tu Mariam,
Virginem et matrem piam,
  Sanctis cum spiritibus,
Sed et choros angelorum
Tecum et apostolorum
  Sanctis cum martyribus,
Patriarchas et prophetas,
Confessores, eremitas,
  Sanctis cum virginibus.

11. In occursu ut illorum
Taeter chorus tartarorum
  Non hunc turbet furia;
Sed hunc ducant et conducant
Tunc ab istis et inducant
  In aeterna gaudia;
Ubi coetum tunc constanter
Ac cum ipsis et laetanter
  Fontem sine macula
Atque vultum deitatis
Videam et trinitatis
  Piae tunc per saecula.

Scala coeli fol. 201 a — Acrostichon von Str. 2 bis 10. „Leonarde". —
3, 12 Domino Hs. — 9, 8 minis Hs. — 9, 18 salvaberis, passive Form statt
salvabis. — 11, 1 In occursum Hs. — 11, 3 turbat Hs.

9. De decem millibus Martyrum.

1. Aeterne pontifex
    Et pastor benedicte,
  Tu virtutum opifex,
    Pater Hermolae,

2. Qui decem milia militum
    Ad solium vocasti
  Regis regum omnium
    Et pie sublimasti;

3. Qui in mundo nobilem
    Vitam tenuere,
  Adriani furiam
    Nihil timuere.

4. O electi milites,
    Large me replete
  De alto virtutibus
    Semper et tuete.

5. Deos cum compulsi sunt
    Vanos adorare,
  Deum vivum invocant,
    Vanos profanare

6. Ceperunt unanimiter,
    Dicere et quare,
  Ac cunctis adstantibus
    Palam propalare:

7. Quia vani, surdi sunt
    Atque vere muti,
  Fallaces in effectu sunt,
    Mendaces, non tuti.

8. Quos, o Christe, spernere
    Fac me, praeamande,
  Horum amicitiam
    In hoc mihi pande.

9. O vernantes rosulae
    Delicatae coeli,
  Charitatis aemuli
    Divinique zeli,

10. Sequentes Dei filium
    Corde cum fideli,
  Mariae piae unicum,
    Creatorem coeli,

11. Rogate pro me dominum
    Pie et constanter,
  Ut det sequi dulciter
    Me se nunc et semper.

12. Vos estis generatio
    Veri Salomonis,
  Salutem a Domino
    Quae coeli capit thronis.

13. Hanc et mihi misero
    Nunc conferte mite
  Et meis in omnibus
    Inediis subvenite.

14. Propter hoc martyrium,
    Quod vos estis passi
  Propter Dei filium,
    Nec estis facti lassi;

15. Nam omne martyrium,
Quod pro nobis passus
Jesus est sanctissimus,
Pendens cruce lassus,

16. Propter ipsum libere
Passi vos fuistis,
Dum deos vanos maxime
Colere sprevistis.

17. O vos sancti milites,
Me Christum adorare
Edocete firmiter
Et hunc adamare

18. Omnibus virtutibus
In hoc vili mundo,
Qui semper sitit varia
Nec dicit: abundo.

19. Hi, o Christe, milites
Pro te passi dura
Multaque supplicia,
Nec eorum pura

20. Corda tunc mutata sunt
Ad Adriani thura,
Ut aeternam sumerent
Vitam in futura.

21. Fac me, Christe Domine,
Servem jura legis,
Tuam erucem tollere,
Ut moriar cum eis,

22. Qui proni tecum vivere,
Mori voluerunt,
Passioni singuli
Crucis se dederunt.

23. Passionis tempore
Quorum innovasti,
Mortis tuae tempore
Signa quae patrasti.

24. Terra tunc commota est,
Scissae sunt et petrae,
Sepulchra aperta sunt,
Tenebrae factae tetrae.

25. Sol, quod obscuratus est,
Ut in hora Christi,
Quam pro hujus passus est
Gente saecli tristi.

26. Innova cor rigidum
Horum ob amorem
Meum et tu coelicum
Nunc infunde rorem,

27. Ut liquescat illico
Ejus in adventu,
Laudes promat sedulo
Fideli cum conventu.

28. Cum hi sancti martyres
Sanguinem fuderunt,
Una voce pariter
Omnes clamaverunt:

29. Exaudi nos, Domine,
In hac nostra prece,
Munda nostros aemulos
A peccati faece

30. Ac a subitanea
Et improvisa morte
Atque dira rabie
Custodi, Deus, forte.

31. Et qui diem celebrant
Nostrae passionis,
Corpus quoque macerant,
Da in coeli thronis,

32. Patrem tuum cernere,
Te cum patre semper,
Et cum sanctis psallere
Laudes sic constanter.

33. Fac me, Christe Domine,
Laudes decantare,
Tibi in his reddere
Grates et amare,

34. Ut per ipsos valeam
Tecum agnizare [sic],
Incepero te fervido
Corde advocare.

35. Et da praecognoscere
Diem me extremum,
Et hi ad me veniant,
Ut sic vitem poenam.

36. Sancti isti milites
Meam sumant animam
Et eam custodiant
Ducendo ad patriam,

37. Ubi te tunc cernere
Possim cum militibus
Istis sanctis, Domine,
Semper in coelestibus.

Scala coeli fol. 195 a. — 2, 1 milites Hs. — 34, 2 agnizare Hs. ob für agonizare?

10. De sancto Wenzeslao.

1. Salve, princeps Bohemorum,
Sancte pater egenorum,
  Plenus miseramine,
Wenceslae o praeclare,
Tu dignare, me ditare
  Divino spiramine,

2. Ut te possim adamare,
Toto corde et laudare
  Cunctis in virtutibus,
Tua vero praedicare
Signa atque propalere
  Monstra; quod cum omnibus

3. Tuas laudes explicare
Nequeo nec enodare,
  Mihi ni subvenias.
Veni ergo, princeps, veni,
Cordis mei et egeni
  Sensum nunc aperias,

4. Meam vero mutam linguam
Reserando fac condignam,
  Ut te laudem carmine
Isto, nam du dignus laude,
Ob hoc, sancte princeps, gaude
  Me reple sancto flamine.

5. Cum volebat illustrare
Christus ac illuminare
  Patriam Bohemicae
Gentis, de alto prospexit,
Te in esse mox provexit
  Verus sol justitiae.

6. Tuum vero illustravit
Cor et illud praedotavit
  Magnis cum virtutibus
Et post mortem exaltavit
Patris cum te sublimavit
  Magnis cum honoribus.

7. Hoc initium virtutum,
Noxae dum sprevisti lutum,
  Sed ea licentia
Parentum catholicarum
Sanctarum ecclesiarum
  Visitasti limina.

8. Ubi lecta obfirmasti,
Ea quippe 'ruminasti
  Prudens ut ovicula,
Conferendo reserasti
Multis, prius quae servasti
  Tui cordis cellula.

9. Mihi, quaeso, nunc revela,
Princeps sancte, et non cela
  Mentis salutifera,
Quibus merear salutem,
Omnem vero et virtutem,
  Veni et accelera.

10. Qui crevisti in salute,
Semper vadens de virtute
  In virtutem, domine,
Excellendo bonitate,
Parendo simplicitate
  Divino hoc numine.

11. Fidus eras, justus, prudens
Deo sedulus adhaerens,
  Comes eras mitium,
Et praeclarus honestate,
Praefulgens et sanctitate,
  Socius humilium,

12. Deo, quae Dei, reddebas,
Augusto restituebas
  Et, quae erant Caesaris.
Contra superbos erectus,
In adversis semper rectus,
  Reparatus prosperis,

13. Caritate conflagrabas
Toto corde rutilabas
Compassionis gratia.
Vinctos vero exsolvebas
Damnatosque eruebas
Ductos ad sententiam,

14. Ac cathenas dirupisti,
Carceres et destruxisti
Tuas per provincias,
Multos atque redemisti
Occidendos vel petisti
Dierum indutias.

15. Quis haec posset enarrare,
Quae fecisti, enodare,
Vivens tu miracula
Et post mortem ostendisti,
Dum petentium audisti
Vota et oracula.

16. Audi meum jam precatum,
Wenceslae, et beatum
Me fac, pie Domine,
Munda me ab omni sorde
Extra, intus et in corde
Tuo cum oramine.

17. Ut Jezabel tua mater
Et ut Cain tuus frater
Tuis his operibus
Invidebant, te arcebant
Ab istis, prout valebant,
Omnibus cum viribus.

18. Varia quippe (tu) fecisti
Ob amorem Jesu Christi
Omnibus in actibus,
Quos in multis ostendisti,
Ut in hoc quod surrexisti
Pluribus in noctibus,

19. Ligna vero colligasti
In silva atque portasti
Humeris pauperibus
Et domesticis egenis
Ac miseriis tunc plenis
Multis et egentibus.

20. Affer mihi nunc egenti,
Pie tibi supplicanti
Lignum jam vivificum,

Pravae meae vanae menti,
Omni virtute carenti,
Et flamen deificum.

21. Ad agellum properabas,
Fodiendo seminabas
Noctis in silentio,
Hora messis et metebas,
In farinam redigebas,
Divino officio

22. Dans oblatas faciebas,
Vase solus colligebas
Maturas in vineis
Manibusque exprimebas
Et post hoc distribuebas
Omnibus ecclesiis.

23. Propter hoc tu Deo gratus
Eras cunctis et amatus
Et pro vita simplici,
Omnibus quam exhibebas,
In qua Christo serviebas
Et non corde duplici.

24. Fac me, sancte princeps, gratum
Christo et meum reatum
Deleas coelestibus
Tuis donis, ut in thronis
Cunctis fruar tecum bonis,
Sedibus regalibus.

25. Wenceslae, tibi latum
Christus ob hoc atque gratum
Mox dedit stipendium,
Ut prae multis diligebas,
Sic prae cunctis tu sumebas
Tuae testimonium

26. A ministris sanctitatis
Desuper de coelo datis,
Cunctis quod prodigium
Quia duo te minabant
Inter se, tecum intrabant
Caesaris palatium.

27. Vultum tuum splenduisse,
Qui dicebat et vidisse
Se suis principibus.

— — — — — —
— — — — — —

28. Wenceslae praeamande,
Signum crucis venerandae,
    Princeps clementissime,
Ut per hoc sim insignitus
Contra hostes et munitus,
    Cordi meo imprime.

29. Satan tuum incitavit
Fratrem, qui te invitavit
    Suum ad convivium,
Manu sua qui foedavit
Hoc, dum solus te necavit
Gladium per proprium

30. Martyremque consecravit,
Te ad coelum destinavit
    Sanctum per martyrium.
Dum te dira nece stravit,
Ac per hoc se adaequavit
Cain per officium,

31. Sanguis tuus, qui adspersus,
Est ablutus nec detersus
    Ter in parietibus.
Hoc in signum sanctitatis
Tuae atque bonitatis
    Cunctis et videntibus,

32. Ut quasi Abel clamare
Videretur; tu dignare
    Sanctis cum cruoribus
Vindicare hunc cruorem
Cunctis atque in terrorem
    Tuis occisoribus.

33. Fac me hunc cruorem ita
Venerari in hac vita
    Tuum et martyrium,

Ut post hanc videre tecum
Omnes mei possint mecum
    Christum Dei filium.

34. Post tres annos elevatum
Corpus tuum et translatum
    Viti ad ecclesiam
Civitatis tunc Pragensis,
Ubi velut fortis ensis
    Gubernas Bohemiam.

35. Ibi requiescis vero
Et a plebe et a clero
    Laudaris cottidie,
Per te ibi fiunt multa
Manifesta et occulta
    Signa quippe hodie,

36. Ibi dantur nec negantur
Omnia, quae postulantur,
    Omnibus fidelibus,
In quantaque gravitate
Ac vera necessitate
    Pie te quaerentibus.

37. Sancte princeps Wenceslae,
Audi preces et me trahe
    Cito de miseria
Hujus mundi tam immundi,
Cujus fluctus furibundi,
    Qui plenus malitia.

38. Ad te trahe ad supernam —
Vitam memet et aeternam,
    Ut tecum per saecula
Vivam vita aeternali,
Ubi nil est omnis mali
    In aeterna gloria.

Scala coeli fol. 196 b. — 2, 6 Monstris Hs. — 22, 2 Vas Hs. — 37, 3 ad miseria Hs.

11. De sancta Agatha.

1. Salve, gemma claritatis,
Mirae nempe bonitatis,
    Corpore pulcherrima,
Virgo felix et beata,
Deo eras quippe grata,
    Agatha tenerrima.

2. Quintianus concupivit
Tuam formam, sed sitivit
    Tuas et divitias

Tamquam luxus et avarus
Et ad ista nimis gnarus
    Suas per malitias.

3. Ad se duci qui te fecit
Inter multa haec adjecit:
    Diis libare concitus.
Cujus deos respuisti,
Ipsum vero et sprevisti,
    Edocta divinitus.

4. Qui te dedit meretrici
Cordis vero impudici,
  Quae et Euphradisia
Dicta est, ut immutaret
Cor tuum et incitaret,
  Ut ejus amasia

5. Fieres, et promittendo
Laeta, aspera terrendo,
  Ut te sic perverteret.
Cui cum eras allata
Eam mox sic es affata,
  Postquam haec desineret:

6. Mea mens est solidata
Atque in Christo fundata,
  Ex hoc multum stabilis,
Verba tua velut ventum
Curo, firmum fundamentum
  Meum; sum immobilis.

7. Meam nimis vacillantem
Firma mentem sed amantem,
  Virgo benignissima,
Te, ne cadat in peccatum
Et relinquat tutum statum,
  Mea amantissima.

8. Laena dixit Quintiano:
Verbo laboravi vano,
  Virgo est immobilis,
Potius possent liquari
Lapides quam immutari
  Pectus hujus nobilis

9. Virginis a fide Christi.
Qui et mox te jussit sisti
  Suo tunc praetorio
Et te deos adorare
Suos, tuum profanare,
  Suo oratorio.

10. Cui dicens respondisti:
Dii tui, tu sis ut isti
  Et ut deus Juppiter,
Exstat dea Venus qualis,
Tua nempe sit et talis
  Delicata mulier.

11. Qui: Diis sic odiosa
Nostris, superstitiosa
  Verba loqui desine,

Alioquin suspenderis
Equuleo et punieris
  Tu pro Christi nomine.

12. Si poenas, inquis, minaris,
Et me punis, ut tu faris,
  Hae mansuescunt protinus,
Corpus si non conculcetur
Fortiter et attrectetur
  Hic a carnificibus,

13. Non intrabo paradisum,
Unde tibi quod nunc visum
  Fuerit, mox compleas;
Angeli qui ministrabunt
Adsunt atque mitigabunt
  Ignem, si adhibeas.

14. Agatha o gloriosa,
Da ut mea maculosa
  Caro hic fideliter
Emundetur a peccatis,
Paradisum cum beatis
  Possideam feliciter.

15. Tunc iratus Quintianus,
Ira furens ut insanus,
  Jussit diutissime
Contorqueri tuas mammas
Dehinc et abscindi ambas:
  O vir impiissime,

16. Non confusus es, dixisti,
Amputare, quod suxisti
  Solus tu in femina.
Me habere mammas gratas,
Integras, scias, sacratas
  Domino in anima.

17. Qui in carcerem mandavit
Poni te, ubi sanavit
  Sanctus mox apostolus
Petrus verbo Jesu Christi.
Quintianus jubet sisti
  Suis te tunc sedibus.

18. Agatha, adhuc adora,
Dicens, deam et implora,
  Ut vites supplicia.
Tua dea est profana,
Verba tua quippe vana,
  Ventum maculantia;

9*

19. Christum volo adorare.
    Praeses: noli nominare,
      Dixit, tibi consulo,
    Tu hunc. Corde adorabo,
    Me vivente nuntiabo
      Ipsum omni populo.

20. Nunc videbis, si curabit
    Christus atque liberabit
      Te de meis manibus.
    Qui mox jussit spargi testas,
    In partes minutas fractas,
      Misceri carbonibus

21. Ignitis et te nudari,
    Desuper et volutari,
      Ut te sic perimeret.
    Terra ibi contremebat
    Per quod murus mox cadebat
      Sic, ut pars opprimeret

22. Muri duos Quintiani
    Viros vani et profani
      Tunc consiliarios.
    Ad quem populus currebat
    Conclamando et dicebat
      Haec propter nefarios

23. Tuos actus, Quintiane,
    Quos exerces, vir inane,
      In hac sancta virgine,

Patimur. Qui te deponi
Et in carcerem reponi
  Custodum munimine

24. Jussit, ubi mox orasti:
    Jesu, dicens, qui creasti
      Me et ab infantia
    Corpus meum custodisti,
    Vincere et me fecisti
      Summa patientia.

25. Accipe spiritum meum,
    Deducendo peduc eum
      Per miram [potentiam]
    Tuam, qui tu consolaris
    Tuos atque coronaris,
      Ad aeternam gloriam.

26. Spiritumque tradidisti
    Illico et suscepisti
      Sertum tunc virgineum,
    Et cum sponso subintrasti,
    Christo, quem hic adamasti
      Coelum mox aethereum.

27. Eja virgo gratiosa,
    Virtutumque gloriosa
      Signis, sancta Agatha,
    Fac me tecum conregnare
    In aevum atque pausare
      · In aeterna sabbata.

Scala coeli fol. 116 b. — 5, 5 Ei mox Hs. — 9, 3 Tuo tunc Hs.

12. De sancta Agnete.

1. Salve, virgo singularis,
   Tu quae Agnes nominaris,
     Cultrix pudicitiae,
   Tamquam magnes comprobaris,
   Ob quod multum adamaris,
     Tu virtus justitiae.

2. Nimis vultu speciosa,
   Nitens tamquam rubens rosa,
     Pulchrior sed anima,
   Velut magnes tu devotos
   Ad te trahis tibi notos
     Tuo adminiculo.

3. Tu me servum trahe maestem,
   Circumdans virtutum vestem
     Mihi tuo famulo.

Ob hanc, virgo, paupertatem
Quam passa et nuditatem
  Tu es in prostibulo,

4. Ubi corpus delicatum
   Tuum fuit denudatum
     Viro a spurcissimo,
   Et per vicos nudum tractum,
   Fuit autem tunc contectum
     Ab angelo santissimo

5. Densitate capillorum,
   Ut adstantes tunc per forum
     Nuditatem cernere
   Nullam in te possent; sancta,
   Mea tege tu peccata
     Et da mundum vincere.

6. Domum scortae dum includi
   Jussa es et tunc deludi
   A praefecti filio,
   Sed adjuta, confortata,
   Nec spernata, sed solata
   Angeli colloquio.

7. Cum in loco clausa taetro
   Nec ab hoc tu adstas retro
   Confortata numine.
   Nam te confortavit Deus,
   Sponsus tuus atque meus,
   Coelesti, virgo, lumine.

8. Ut finires vitam tuam,
   Te reliquit totam nudam
   Brumali vero tempore;
   Sed qui ignis est amoris,
   Angelorum hic decoris
   Vestem cepit mittere,

9. Cum qua tuam nuditatem
   Et algoris feritatem
   Posses tu defendere.
   Qua tu veste nuditatem
   Cordis atque puritatem
   Digneris mei tegere,

10. Et nitoris angelorum
    Fac cum Deo meum forum,
    Ut in hac miseria
    Nunc relinquam totum mundum,
    Qui me trahit in profundum,
    Vera regis filia.

11. Cum tu jussa praesentari
    Es in domum lupanari
    A pessimo consilio,
    Omnes, qui te accesserunt,
    Mala morte perierunt
    Zabuli auxilio.

    Scala coeli fol. 216 a.

12. Meos fac, ut ad te gressus
    Faciam nec sim depressus
    Bonis in operibus,
    Da, ut hoc constanter ago,
    Generosa tu propago,
    Hoc praestet Dei filius,

13. Tuus amor, tua vita,
    Et ut ista fiant ita
    Per te, virgo nobilis,
    Ut mea incepta vita
    Sic virtute sit polita,
    Ut Christo sit amabilis.

14. Tandem virgo tu projecta
    Es in ignem ut despecta,
    Ubi, sancta, propere
    Tuam vitam ut finires,
    Sed ut poenam non sentires,
    Fecit Christus munere.

15. Fac me, virgo, non sentire
    Poenas mundi nec perire
    In maris hujus flumine,
    Sed post te me fac transire
    Atque tecum et haurire
    De vena potum veniae.

16. Ad hoc mihi det juvamen
    Suum per te et levamen
    Mater omnis gratiae,
    Post quam is in coeli thronis,
    Gemmeis fulta coronis,
    Sequens regem gloriae.

17. Fac me, virgo, tuum vernum
    Scandere post te supernum
    Thronum tu eburneum,
    Ut tecum post eum eam
    Et eum videre queam,
    Regem regum omnium.

13. De sancta Agnete.

1. Salve, mitis et benigna,
   Omni quippe laude digna,
   Agnes beatissima,
   Mei cordis tu fiscella,
   Quae praefulges velut stella,
   Virgo amantissima.

2. Clare rubes sicut rosa
   Super modum speciosa,
   Pulchrior sed anima.
   Fide, quae in te immensa,
   Sapientia impensa,
   Quae et fuit maxima.

3. Quae a scholis dum reversa
   Esses mox tu [es] immersa
      Menti urbis filio
   Praefecti, qui concupivit
   Te, multa tibi promisit,
      Consensum conjugio

4. Sibi tu si non negares,
   Quem dum, sancta, detestares,
      Mox cepisti dicere:
   Tu discede a me mortis
   Pabulum, sponsum qui fortis
      Habeo est genere,

5. Qui nobilior et multum
   Te, cujus et semper vultum
      Angeli desiderant
   Contemplare, cujus pater
   Deus est et virgo mater,
      Divitiis exuberant;

6. Annulo qui subarravit
   Me, dextram meam dotavit
      Cinxitque lapidibus
   Et in facie signavit,
   Sanguis ejus me ornavit,
      Strinxitque amplexibus.
   Post hanc vitam in aeterna
   Fiam dignus ac superna
      Tuis sanctis precibus.

7. His auditis in languorem
   Incidit propter amorem
      Tuum, lecto sternitur,
   Quod amore aegrotatur,
   Hoc amicis nuntiatur,
      A medicis discernitur.

8. Praefectus, dum perscrutaret,
   Quis sponsus, de quo jactaret
      Ista se virguncula,
   Dictum ei est, quod Christus,
   Tibi dixit mox praefectus:
      Nostra tu jam idola

9. Coram cunctis hic adora,
   Aut te duci sine mora
      Mando ad prostibulum,
   Ubi tota pollueris
   Et ut scorta forniceris.
      Tu dixisti: Angelum

10. Habeo custodem Dei
    Corporis, hoc crede, mei,
       Ideo et sordibus
    Pollui nequaquam possum,
    Fac quod facere vis, assum,
       Pati totis viribus.

11. Ubi corpus delicatum
    Tuum fuit denudatum
       A viro spurcissimo,
    Et per vicos nudum tractum,
    Fuit tamen mox contectum
       Ab angelo sanctissimo

12. Densitate capillorum,
    Ut nullus certe virorum
       Nuditatem cernere
    Tuae carnis posset. Sancta,
    Mea tege jam peccata
       Et da ultra spernere.

13. Angelus te adornavit,
    Tibi vestem qui portavit
       De coelo mundissimam,
    Cum qua te solus vestivit,
    Quam et tibi Christus misit
       Quippe et albissimam.

14. Demum vero illustravit
    Atque ita conservavit,
       Ut omnis ingrediens
    Propter scelus immutaret
    Sensum, Deum et laudaret
       Atque salvus exiens.

15. Agnes vero delicata,
    Christo sponso tuo grata,
       Cor meum prae omnibus
    Innova virtute multa
    Et noxa laxa adulta
       Tuis dilectoribus.

16. Tunc praefecti venit natus
    Cum juvenibus iratus
       Solus ad prostibulum,

17. Illos vero repromisit
    Atque ipsis sic commisit,
       Ut tecum concumberent;
    Qui ingressi redierunt,
    Te intactam reliquerunt
       Ex miro, quem viderànt,

18. Invisae lucis spendore.
Natus praefecti furore
Accensus hos increpat,
Miseros et hos appellans
Propter scelus solus intrans,
Quem mox daemon suffocat.

19. Eja, virgo, inimicum
Meum nimis impudicum
Sola tu interfice,
Qui me premit et me laedit
Et nunquam a me recedit,
Et me pie refice.

20. Quod praefectus cum audisset,
Plorans causam inquisisset
Mortis diligentius,   .
Cui causam respondisti,
Veritatem et dixisti,
Daemonis quod nuntius

21. Strangulando in hac vice
Tuo nato, impudice
Cum me vellet tangere,
Voluntatem adimplendo
Suam, hic me defendendo
Cepit collum frangere.

22. Qui ait, si est, ut dicis,
Mihi meis et amicis
Hodie fac gaudium,
Jesum Christum deprecare,
Ut dignetur suscitare
Mihi meum filium.

23. Sic videbo veritatem
Tuamque immunitatem,
Ejus maleficiis
Meus natus delicatus
Ut non sit nece prostratus
His in aedificiis.

24. Licet dignus hujus rei
Non sis, sed ut virtus Dei
Reveletur, filium
Tuum mox resuscitabo,
Jesu Christi implorabo
De coelis auxilium.

25. Quae tunc Christum invocasti,
Mortuum resuscitasti,
Qui incepit illico

Jesum Christum praedicare,
Idola et detestare
Cuncta et in publico,

26. Qui convertit praedicando
Et ad Christum deducendo
Mox ducentos homines.
Ob hoc omnes clamaverunt
Vulgumque concitaverunt
Deorum pontifices:

27. Hanc maleficam levare
Atque in ignem jactare,
Nam pervertit mentium
Devotarum voluntatem
Ac ducit in pravitatem
Per hoc maleficium.

·28. Cum praefectus hoc audiret,
Liberare te nequiret,
Ipse tristis abiit
Atque solam te reliquit,
In quo multum et deliquit,
Sed tamen non rediit.

29. Ignem praecepit incendi   .
Judex et te apprehendi
Et in illum projici,
Quem in duas diviserunt
Partes [et] te absolverunt
Spiritus angelici;

30. Et se flamma diffundebat,
Furiosum exurebat
Circumstantem populum.

31. Tu exstingue in me ignem,
Agnes, et flammam urentem
Meis in praecordiis,
Sensum non illuminantem,
Animam sed obfuscantem
Plurimis heu vitiis.

32. Cum Aspasius vidisset,
Multum et extimuisset
De tali excidio
Populi, cepit bacchare
Et praecepit penetrare
Collum tuum gladio.

33. Sic in igne gladiata
Es per collum et necata,
Sancta Dei famula,

Christo spiritum commendans,
Laureata secum regnans
Per aeterna saecula.

34. Quod promisit, hoc donavit,
Nam te mire decoravit
Gemmulis nobilibus,
Patri suo praesentavit,
Te matri coadunavit
Sanctis et virginibus;

35. Cum quibus is jubilando,
Deum semper et laudando
Laudibus angelicis,
Hymnizando speciale
Neuma Deo, non est quale
In hymnis et musicis.

36. Eja, Agnes delicata,
Summi regis vere nata,
Fac me tuum famulum

Ad hoc gaudium venire
Canticum et hoc audire
Vobiscum in saeculum.

Scala coeli fol. 215 a.

14. De sancta Apollonia.

1. Ave, felix, o beata,
Ave Christo Deo grata,
Sancta Apollonia,
Quod a Christo adamaris
Et ab ipso collaudaris,
Est ob tuam, domina,

2. Castam atque sanctam vitam,
Quam tenebas redimitam
Multis cum virtutibus.
Vitam tuam decorasti,
Decoratam adornasti
Virtutum coloribus,

3. Paupertate tua vita
Redimita et polita
Fuit et iudustria,
Spe, fide et caritate
Atque morum gravitate
Et cum patientia.

4. Linguam tuam refraenasti
Et hanc vere coartasti,
Mala ne produceret.
Ob quod princeps te artavit,
Duram, tibi et minavit,
Poenam quod adduceret,

5. Nisi mala loquereris,
A fide revertereris,
Virgo sacratissima.
Quem tu sancta respuisti
Ob amorem Jesu Christi
Eligens saevissima.

6. Da nunc mihi, virgo clara,
Cara Christo et praeclara,
Peccata mundi spernere,
Verba mala devitare
Et profana detestare,
Ne videar succumbere.

7. Meam, pia, pravam mentem,
In peccatis jam foetentem,
Dignare corrigere,
Scaenis jam sum totus plenus,
Totus factus et egenus,
Ignoro quid agere.

8. Ignis in me ardet mundi,
Mei cordis furibundi
Zabuli et pessimi;
Quem in me tu sic exstingue,
Ut incendar illo igne,
Flammis sacratissimi.

9. Propter ignem, quem fuisti
Passa ob amorem Christi
Tui amantissimi,
Qui de coelo te invisit
Et cum angelo remisit
Subsidium altissimi;

10. Quo te virgo confortavit.
Et te sanctam exhortavit
Suo sancto munere,
Ut tu poenam non timeres
Nec honorem diis praeberes
Sed se Deum coleres,

11. Quod fecisti tu constanter,
  Passa es et tunc lactanter
    Multiplex martyrium,
  Tandem vero tu post multa
  Pertulisti tunc tormenta
    Excussionem dentium.

12. Per hanc, virgo, passionem,
  Quam subisti ob amorem
    Tui cari domini,
  Virgo sancta, me conforta
  Et juvamen mihi porta
    Tu infirmo homini;

13. Et conforta corpus meum,
  Et ne spernas me nunc reum,
    Soliditate dentium,
  Mihi da per largitatem,
  In hac re et voluntatem
    Exaudi petentium.

14. Virgo mei audi vota,
  Jacentis in mundi rota
    Mata et turpissima,
  Et, quod peto, non recusa,
  Mea mens cum sit obtusa
    Vere et densissima,

15. Obcaecata, tenebrata
  Denudata, denigrata
    Peccata per nefaria.
  Quod ignoro neque queo
  Cogitare, quae nunc meo
    Cordi sunt contraria,

16. Da peccata nunc deflere,
  Quod sic possit redolere
    Bene mea anima
  In conspectu summi Dei,
  Ubi esto precor mei
    Memor, o dulcissima,

Ut post istam vitam mere
Tecum possim possidere
Vera coeli lumina.

Scala coeli fol. 220 b. — 10, 6 colere Hs.

15. De sancta Barbara.

1. Salve, virtus cordis mei,
  Peccatoris atque rei,
    Virgo venerabilis,
  Mei cordis specialis,
  Barbara, nec coaequalis
    Tibi est laudabilis.

2. Propter tuam eminentem
  Formam atque elegantem
    Excelsâm construxerat
  Turrim pater, firmam nimis
  Ad summum usque ab imis,
    In qua te recluserat,

3. Hominum ut sequestrata
  A tumultu et privata
    Esses sic intuitu.
  In qua fidem didicisti,
  Intus docta dum fuisti
    Tu a sancto spiritu,

4. Et baptisma suscepisti
  Sanctum in virtute Christi
    Patris tunc in lavacro.

In quo ternas tu fenestras
Locari praecipiebas,
  Patris at simulacro

5. Vim, quod coluit, fecisti,
  Ejus vultum conspuisti
    Ipsumque comminuens
  Locum secretum subisti,
  Colere Deum cepisti
    Ipsum pure deprecans,

6. Ut in vita conservaret
  Munda te atque ditaret
    Sanctis cum virtutibus.
  Patre tuo revertente
  Tres fenestras et vidente
    Dixit artificibus:

7. Tres ad quid instituistis
  Fenestras et contempsistis
    Mea vos imperia?
  Lapicidae dicunt ei,
  In hoc nos non sumus rei,
    Tua vero filia,

8. Ipsa nobis hoc mandavit;
   Te pater interrogavit
   Dicens cum complicibus:
   Quare Deos confregisti,
   Tres fenestras praecepisti
   Nostris artificibus

9. In hoc opus collocari?
   Et cepisti virgo fari:
   Dii hi erant daemones;
   Tres fenestrae trinitatem,
   Spiritum, natum et patrem,
   Illustrantem homines.

10. Quo audito pater fremit,
    Ut necaret te exemit
    De vagina gladium.
    Virgo sancta mox orasti
    Et orando perforasti
    Tibi in subsidium

11. Lapidem, qui te suscepit,
    Et in montem te ejecit,
    In quo latitaveras.
    Pater te in monte quaerens,
    Pastor quidam te tunc pandens,
    Hujus mox mutaveras

12. Omnes oves in locustas.
    Pater tibi tunc injustas
    Poenas solus intulit.
    Qui de monte te pertrusit
    Atque in cella reclusit,
    Custodes constituit.

13. Eja, virgo gloriosa,
    Muta mea criminosa
    Probra atque crimina,
    Vitam meam ac mundanam,
    Criminosam atque vanam
    A me nunc elimina.

14. Jeronico te praesentavit,
    Praesidi, quem adjuravit
    Suorum per potentiam
    Deorum, ut trucidaret
    Te et contra excitaret
    Totam suam furiam.

15. Qui te Deos adorare
    Jussit, quos tu detestare
    Coepisti et dicere:

Visum habent et non vident
Dii tui atque derident,
Qui se volunt colere.

16. Aures habent, non utuntur
    His, et ora, non loquuntur,
    Dii tui sunt daemones
    Pares his, qui eos sculpunt,
    Sunt, et qui in hos confidunt,
    Tu et omnes homines.

17. Ira tunc repletur praeses,
    Sed ad poenas et non deses,
    Corpus tuum cerpere
    Jussit nervis tunc taurinis
    Et fricare cilicinis
    Et in cellam ponere.

18. De coelo circumfulsit lux
    Te coelorum, in qua dux
    Et salvator omnium,
    Sponsus tuus, confortavit
    Te tuorum et sanavit,
    Sancta, plagas vulnerum.

19. Mane praesidi allata
    Fuisti, et dum illata
    A se tua vulnera
    In te cerneret sanata,
    Ad te dixit, o beata:
    Dii te amant, Barbara;

20. Ob hoc illis nunc libare
    Respondisti: Dii sanare
    Tui me non poterant,
    Nam sunt surdi atque muti
    Nec se ipsos sunt adjuti
    Nec et se curaverant.

21. Jesus Christus me curavit,
    Tuum cor qui induravit,
    Ut furore ardeas,
    Poenam tibi qui paravit
    Et te, miser, excaecavit,
    Ut eum non videas.

22. Virgo sancta, tu per Jesum
    Christum cor meum jam laesum
    Sana multis vitiis,
    Sanando virtutes dona,
    Conforta, mea matrona,
    Virtutum deliciis.

23. Caput tuum verberavit
Malleo, quem applicavit,
Post hoc tua latera
Jussit igne concremari.
Hinc mamillas amputari
Tuas, sancta Barbara.

24. Duci atque jubet nudam
Flagellando te per totam
Civitatem misere.
Angelus de coelo venit,
Veste nova circumdedit
Te ex miro opere.

25. Me vestire, virgo grata,
Veste Christi deaurata,
Caritate sedula,
Ut te amem atque ipsum,
Mundum vincam et sic istum,
Felix Christi famula.

26. Pater versus in furorem
Tuus duxit te in montem,
Ut truncaret gladio
Caput tuum; tunc orasti
Patri Deo ac clamasti
Dicens atque filio:

27. Domine qui extendisti
Coelos terram ac fecisti,
Mihi da, quod postulo.
Dona tibi supplicanti,
Passionem honoranti
Meam, omni populo

28. Scelus omne, et affectum
Suum comple per effectum
Semper de coelestibus;
Ut cognoscat bonitatem
Tuam atque pietatem
Meam in effectibus.

29. Vox de coelo est audita:
Ut petisti, fiat ita
Multo vero amplius.
Veni, pulchra, juvenesce,
Mecum semper requiesce
Patris in cubilibus.

30. Collum pia extendisti,
Patris ensem suscepisti,
Manu qui horribili
Caput tuum amputavit,
Julianam sociavit
Tibi morte parili.

31. Et sic ambae praesentatae
Estis Christo, coronatae
Coronis aureolis
Matrem Christi consequentes,
Christo laete decantantes
Laudem cum coelicolis.

32. Cujus vultum jam videtis
Atque sibi commanetis
Laete et in saeculum;
Me post istam vitam mere
Faciatis hunc videre
Vestrum me pium famulum.

Scala coeli fol. 213 b. — 5, 1 quem coluit Hs.

16. De sancta Caecilia.

1. Salve, virgo delicata,
Nobili ex stirpe nata,
Moribus nobilior,
Facie nempe decora
Velut rutilans aurora,
Fide vero pulchrior,

2. Qua in cunis es imbuta
Atque tota delibuta,
Ut in evangelio
Jesu Christo ostendebas,
Diu noctu quod gerebas
Cordis armariolo.

3. Tuo, cui desponsata
Sponso eras, sic affata
Noctis in silentio:
Ne me tangas impudice,
Rogo, care te amice,
Custodem nam sentio

4. Angelum virginitatis
Meae atque castitatis,
Qui, si me tetigeris
Impudice, te necabit
Sed te vere reamabit,
Caste si amaveris.

5. Me. Qui dixit: Si quod faris
   Approbaris, quod hortaris,
    Veritatem faciam;
   Sed si virum alienum
   Amas plus quam me, et eum
   Et te ense feriam.

6. Quem Urbano destinasti
   Et per signa, quae donasti,
    Sanctum hunc invenerat;
   Cui fidem praedicavit,
   Viam regni demonstravit,
    Post hoc baptizaverat.

7. Qui reversus tecum stantem
   Angelum vidit, loquentem,
    Tenentem de liliis
   Coronas rosis stipatas
   Duas velut deauratas,
    Quas ut Dei filiis

8. Vobis pradiso tulit,
   Unam tuo sponso dedit,
    Tibi vero aliam
   Dicens: Hae coronae decent
   Castis, quae nunquam marce-
        scent;
   Semper castimoniam

9. Toto corde adamate
   Et in fide semper state
    Domini ob gratiam.
   Mox Tiburtius ingressus
   Odore miro refectus
    Ait: Hanc fraglantiam

10. Liliorum ac rosarum
    Miror, odor unde harum
     Hiemali tempore?
    Cui frater: nos habemus
    Coronas, quas et videmus
     Quas tu, frater, cernere

11. Jam non potes sed sensisti
    Odoramen nutu Christi,
     Nam si tu credideris,
    Oculis tuis videbis,
    Talem vero et habebis.
     Est verum, quod loqueris,

12. Ait mox Valerianus;
    Ergo omnes maneamus
     Christiani, pariter.

Qui fuerunt decollati
Ac ab angelis translati
 In coelum hilariter.

13. Eja, virgo gloriosa,
    Super modum gratiosa,
     Fac me caste vivere
    In hac vita, ut coronam
    In coelestibus reponam,
     Et post hanc recipere.

14. Tunc Almachius praefectus,
    Avaritia illectus,
     Facultates quaerere
    Coepit horum et te sanctam
    Sic Valeriani tamquam
     Conjugem arripere.

15. Qui te jussit immolare
    Diis et eos adorare
     Aut feriri gladio.
    Dum adstantes nimis flebant
    Tuam mortem et dolebant:
     Hoc est, quod nunc cupio,

16. Mei cari, aiebas,
    Dicens hoc, quod sentiebas;
     Non est florem perdere
    Juventutis sed mutare
    In melius, lutum dare
     Et aurum accipere.

17. Hic qui nunc reliquit simplum,
    Christus ei reddit duplum
     In aeterna gloria.
    Credimus haec, quae dixisti,
    O electa Jesu-Christi
     Famula Caecilia.

18. Ubi nempe baptizavit
    Quadringentos et mutavit
     Urbanus episcopus,
    Quos Christus ad se vocavit
    Laureisque coronavit
     Omnes in coelestibus.

19. Unde Praeses te vocavit
    Ad se et interrogavit
     Tua de prosapia
    Atque de religione,
    Quae jam certans in agone
     Dixisti, Caecilia:

20. Nobilis sum Christiana,
Tua quaestio est vana,
Sultum et initium
Est a viro sapienti
Rationem et habenti,
Magnum quod est vitium.

21. An nescis, quod vivificandi
Te atque mortificandi
Potestatem habeo?
Desine, loqui probrose,
Dixit, atque criminose
Tibi pie suadeo.

22. In hoc esse te mentitum
Probabo ut impudicum,
Nam in hoc tu falleris;
Tu quidem mortificare
Corpus potes sed non dare
Vitam certe mortuis.

23. Nos qui nomen Dei scimus,
Tu ut putas, non perimus,
Non negare possumus.
Tunc te jussit adorare
Deos suos et libare,
Vir impudicissimus.

24. Miror te jam excaecatum,
Praeses, visu et orbatum
Ac ubi amiseris
Oculos, ut dicas eos
Lapides constare deos,
Quae probare poteris,

25. Si tangendo mittas manum;
Tuum deum esse vanum,
Mox ipse reperies,
Saxeum ac deauratum
Mihi esse suum statum,
Quod non visum praevales.

26. Caecilia, o visum meum
Aperi, ut cernam eum
Qui me vult seducere,
In peccatum deducendo
Viribusque resistendo,
Ut hunc possim vincere.

27. Tunc iratus praeses mente
Totam jussit bulliente
Te cremare balneo,

Nulla poena sed premebat
Te, ipse praecipiebat
Decollari rumpheo [sic].

28. Spiculator maledictus
Collo tuo dedit ictus
Tres nec caput abstulit,
Semivivam te beatam
Et reliquit, Deo gratam,
Qui hoc tibi contulit.

29. Nam tres dies postulasti
Ab eo, quos impetrasti,
Quibus distribueras
Tua cuncta, quae habebas,
Egenis haec tribuebas
Et hos commendaveras

30. Urbano, quos convertisti,
Post hoc sanctam emisisti
Tradens Christo animam.
Corpus tuum qui humavit,
Ut petisti, consecravit
Domum in ecclesiam.

31. Eja, virgo veneranda,
Omnibus atque amanda,
Beata Caecilia,
Christus ob hoc te amavit
Et in regno complantavit
Inter coeli lilia,

32. Et martyribus adepta,
Et choreis es insepta
Electarum virginum.
Cum his cantas incessanter
Laudans sedulo gaudenter
Jesum, Dei filium.

33. Sancta virgo curialis,
Mea tota specialis,
Beata Caecilia,
Aerumnali in hac vita
Da, ut semper vivam ita,
Ut spernam odibilia.

34. Ut post hanc in coeli regno
Tecum et a Dei agno
Summam tunc virgineam
Coronam, quae non marcescit,
Sed ut splendens lux fulgescit,
Regnum et possideam.

Scala coeli fol. 218 a. — 4, 5 remeabit Hs. — 20, 3 Thörichtes Beginnen.

17. De sancta Clara.

1. Ave prudens et divina,
Mente tota columbina,
Clara venerabilis,
Agni Dei magni clara,
Sponsi summi sponsa cara,
Omnibus laudabilis.
Virtutum praefulgens gemma,
Decorata quippe stemma,
Pulchra magis specie,
Emicasti plus sophia,
Magis fide, virgo pia,
Excelleris gratia.

2. Que cum rege regum gaudes,
Has devotas sume laudes,
Virgo beatissima,
Memor esto, precor, mei
In conspectu summi Dei,
Sponsa Christi optima.
Ad me aurem et inclina,
Virgo, tuam nec declina
A me tuo famulo,
Sed de coelis jam dignare,
Mihi gratiam donare
Omni atque populo.

3. Castitatis vas electum,
Fac me Deo vas perfectum,
Mundans me a sordibus,
Ut det mihi castitatem
Nec non mentis puritatem,
Tuis ora precibus.
In procella piscis more
Tu vixisti in labore,
Pulchra Sion filia,
Declaratum sidus mundi,
Victrix freti tam profundi,
Christo me concilia.

4. Ebur candens cum saphiro
Radians in mundi gyro,
Ora pro me Dominum
Vitam meam fac tranquillam,
Ut rapacem vitem Scyllam,
Voratorem hominum.
O columba speciosa,
Clara, virgo gratiosa,
Digna stirps et domina,

Caritate me egenum
Dita, munda sorde plenum
Tua per precamina.

5. Coeli vernans margarita,
Virgo labe non attrita
In hoc vili saeculo,
Virgo felix, praeelecta,
Nato virginis dilecta,
Ora pro me sedulo;
Qui te fecit thronum suum,
Concupivit vultum tuum
Prae multis virginibus;
Gratiosum mihi Deum
Fac et dona, ut per eum
Concordem fidelibus.

6. Decus mundi, virgo pura,
Hostis rumpe lora dura,
O laudanda Domina;
Norma morum honestorum,
Spes et salus peccatorum,
Nobis da solamina.
Ora Deum pro peccatis
Omnis Christianitatis,
Ut donentur singula;
Me commendo Deo caeli,
Tua prece cum fideli
Solvens mea vincula.

7. Corpore vere putresco,
Anima atque sordesco
Scaenis in veteribus,
Ergo in me dele notam
Scaeni, meam vitam totam
Purga a sceleribus,
Quae in me nimis creverunt,
Quae et certe privaverunt
Donis me coelestibus;
Ob hoc meam purga vitam,
Animam et fac politam
Multis cum virtutibus

8. Clara, virgo veneranda,
Mihi adsis in horrenda
Hora et saevissima
Meae mortis ad solamen
Animaeque ad tutamen
Prece suavissima.

Praevia te mihi, peto,
Ut sis, virgo, vultu laeto
  Ante thronum Domini,
Judicis districti, veri,
Irati atque severi
  Misero tunc homini.

9. Claustrali poena consumpta
Requiei es assumpta
  Mox beatitudinis,
Aeternae, ubi nunc gaudes
Infinitas audis laudes
  Omnis multitudinis
Sanctorum archangelorum,
Angelorum et thronorum
  Ac sanctarum virginum,

Principumque confessorum,
Martyrum atque doctorum
  Ac sanctorum omnium.

10. Ubi sponsum tuum vides,
Cum quo semper vere rides
  Semper et intueris,
Ejusque cum Deo patre
Sua benedicta matre
  Pace bona frueris.
Hunc, Clara, me fac videre
Atque secum congaudere
  Et Maria virgine,
Regnum suum possidere,
Sibi semper commanere
  In coelesti culmine

Scala coeli fol. 122 a. — 1, S stemma als Acc. graec. zu fassen? —
7, 1 vero Hs.

18. De sancta Dorothea.

1. S a l v e, virgo gratiosa,
Super omnes speciosa,
  Sed fide pulcherrima,
Dorothea gloriosa,
Et ex stirpe generosa
  Virgoque tenerrima.

2. Dominus te adamavit,
Ideo et praeditavit
  Benedicto nomine,
Dum te sanctam dedicavit
Dorotheamque vocavit
  In baptismi flumine.

3. Doros virtus appellatur,
Et thea dea vocatur,
  Hinc Dorothea diceris,
Quia dea virtuosa,
Fulgens velut rubens rosa
  ·Hominum prae filiis.

4. Quod tu digne sis vocata
Dorothea, virgo grata,
  Hoc patet in literis,
Ex quibus est adunatum
Vocabulum et comportatum
  Tui sancti nominis.

5. Ex hoc omni laude digna,
Virgo sancta et benigna,
  Nec laudari sufficis

Propter multa, quae fecisti,
Bona tuis et dedisti
  Famulis et efficis

6. Omni quippe te petenti.
Mihi sincere roganti
  Dona, quod desidero
Ex affectu cordis mei,
Et ne spernas preces rei,
  Sed da, quod petiero.

7. Dorothea, roris plena
Coeli, .cor meum serena
  Deitatis gratia,
Quod est sorde obvolutum,
Multis malis et imbutum,
  Absque sapientia.

8. Munda hoc et lumen caeli
Tuo servo tam fideli
  Infunde suaviter,
Sancti spiritus virtutem,
Carmine te hoc ut laudem
  Tota mente dulciter.   '

9. Dominus per D signatur.
A quo mundus recreatur
  Suis donis coelicis,
Omnia se postulanti
Tribuens perseveranti,
  Escam dans famelicis.

10. Hic prae multis praedotavit
Parentes tuos, ditavit
Romanis divitiis.
Tempore vero illorum
Crevit cultus idolorum
Magnis cum malitiis.

11. Ob hoc Dorotheus pater
Tuus, Dorothea mater,
Conspernentes idola
Romam, argros reliquerunt,
Vineas, castra spreverunt
Fugientes subdola

12. Hominum corda malorum,
Perfidorum, barbarorum,
Euntes Cappadociam,
Ubi Deus te creavit
Lavacro ac totam lavit
Infundendo gratiam.

13. O omnium artificem,
Effecit qui participem
Fidei te luminis,
Quo te sanctam illustravit
Intus, extra et ornavit,
Mirae pulchritudinis

14. Prae puellis regionis
Hujus esses, multis donis
Super hoc ditaverat,
Castitate falleravit,
Bonitate decoravit,
Quibus te vestierat.

15. Quod dierum tunc antiquus
Castitatis inimicus,
Sathanas non sufferens.
Qui praefectum in amorem
Terrae tuum et ardorem
Fabricium exaestuans,

16. Multa tibi, qui promisit,
Tua virtus nec admisit,
Quaerens te in sociam.
Quasi lutum haec sprevisti,
Sponsam Christi te dixisti
Assumens audaciam.

17. R rex regum, ob hoc ita
Te dilexit in hac vita
Tuis prae comparibus,

In cathasta dum praefectus,
Contra te ira erectus,
Supliciis mortalibus

18. Corpus tuum peramoenum
Ac jucunditate plenum
Ferventi perfunderet
Oleo, ut tecum staret
Refrigeriumque daret,
Ut si quis id ungeret

19. Balsamo. Tu me, beata
Dorothea, Christo grata,
Nunc perunge coelitus,
Corpus meum emundando
Intus, extra et purgando
Dono sancti spiritus.

20. Multi vero hoc videntes
Paganorum, admirantes
Stupendum miraculum
Inter se et compungentes,
Tota mente conquaerentes
Unanimes ad Dominum.

21. Omnipotens O dicitur,
Quod in hoc ostenditur,
Tu quod in ergastulo
Dies novem macerata
Nec fame attenuata
Sed pasta ab angelo

22. Esses, quem tunc tibi misit.
Te praefectus suo jussit
Tribunali sistere.
Pulchrior apparuisti,
Ante visa quam fuisti,
Qui te fecit credere

23. Diis suis et adorare
Illos, quos tu detestare
Cepisti ut odibiles.
Deos nostros ni adores,
Crucis poenas non evades.
Dii tui sunt daemones,

24. Virgo sancta, tu dixisti,
Sponsum tuum et petisti,
Ut vastaret idolum,
Quod convertit in instanti;
Sunt et multi baptizati
Suum per archangelum.

25. T demirat te benignam,
Prae multis fore condignam
Dei amicitia,
Propter ea, quae tu passa
Es martyria nec lassa
Facta per supplicia.

26. Nam suspensa laceraris
Uncis atque flagellaris
Flagellis asperrimis,
Ad mamillas virginales
Faculae junctae ardentes
Sunt, dehinc recluderis

27. Carceri, reducta mane
A Deo sanata plane
Vulnera sunt corporis,
Quae cremando sunt illata
Tibi, virgo illibata,
Atque tui pectoris.

28. Virgo sancta, cordis mei
Peccatoris atque rei
Sana nunc foramina,
Pupugerunt quae peccata
Ampla, longa atque lata,
Tua per precamina.

29. H te designat humilem,
Sponso tuo amabilem
Fore, Dei filio,
Omnia, quae postulasti,
In agone, impetrasti,
Cujus tu auxilio;

30. Ut in scriba ostendisti,
Theophilo, dum promisisti
Poma tu cum rosulis,
Dum per portam ducereris,
Capite ut plectereris,
De sponsi tunc oraculis.

31. Dum ad locum tu venisti
Passionis, petivisti
Tuis pro fidelibus,
Ut hi omnes salvarentur,
A poenis eruerentur
A falsisque criminibus;

32. In fine contritionem,
Culparum remissionem,
Haec, o beatissima,

Mihi tu in fine dona,
Dorothea, virgo bona,
Mea dilectissima.

33. E designat, quod elegit
Christus te, qui et vocavit,
Dicens: veni propera,
Omnia quae postulasti,
Et majora impetrasti,
Ad me jam accelera.

34. Inclinasti, virgo, caput,
Stetit puer mox te apud
Veste sparsa aureis
Stellis et discalceatus,
Purpura, veste ornatus
Crispatis cincinniis.

35. Afferens poma cum rosis
Nimium deliciosis
Ac de viridario
Tui sponsi delicato
Et ab ipso complantato
Mundi a principio.

36. Obsecro, dixisti, feras
Theophilo, mi frater, eas
Scribae ad palatium.
Dictis his es decollata,
Anima Christo allata,
Regi regum omnium.

37. A ancillam Jesu matris
Te signat et Dei patris,
Quam sequendo concinis
Carmen novum, speciale,
Quo non invenitur tale
In hymnis et canticis,

38. In hoc laudes referendo
Deo, semper hymnizando,
Quod de hac miseria
Elevavit te ad coelos,
Ubi angelorum melos
Audis cum laetitia.

39. Eja, virgo gloriosa,
Dorothea, vernans rosa,
Praecordialissima
Mei cordis tu electa,
Ac prae multis praeelecta
Atque amantissima,

40. Meam vitam nunc mundare
    Tua virtute dignare
      Cunctis a piaculis,
    Cunctis atque a peccatis,
    Die, noctu praeparatis
      Et enormis [!] maculis,

41. Ut post finem hujus vitae
    Tecum psallans laudem rite
      Christum, sponsum virginum,

Sequens digne genitricem,
Peccatorum adjutricem,
  Matrem regis omnium

42. Regum atque populorum,
    In supremo qui coelorum
      Servientes praemiat
    Sibi bono sempiterno,
    Quod jam est et ab aeterno
      Fuit et non finiat.

Scala coeli fol. 211 b. — Acrostichon von Str. 8 an: „Dorothea". —
1, 3 pulcherior Hs. — 2, 4 deitavit Hs. — 8, 5 laudare Hs. — 23, 6 daemonia
Hs. — 25, 1 demirant Hs. — 33, 3 propere Hs. — 41, 2 laudare Hs.

19. De sancta Juliana.

1. Salve, candens margarita,
   Multis dignis quae polita
     Es virtutum floribus,
   Tua, sancta virgo, vita
   Naturali redimita
     Decore, plus moribus.

2. Tibi laudem decantare,
   Toto corde hympizare
     Gliscit meus spiritus;
   Hinc de coelis distillare,
   Ipsum virgo irrorare
     Rore coeli coelitus.

3. Quo perfusus inardescat
   Te laudando, nec tepescat
     Laudem tibi canere,
   Vis amoris sibi crescat,
   Te laudando invalescat,
     Veni, virgo, propere.

4. Virgo sancta, Juliana,
   Christo cara, nam mundana
     Quaeque detestaveras,
   Et sic omnia profana,
   Ac quae videbantur vana,
     Nihil reputaveras.

5. Mea virgo o dilecta,
   Super omnes praeelecta,
     Fac me mundum spernere,
   Ut a me quae sunt neglecta
   Immundi mundi secta,
     Valeam refundere.

6. Sponsum tuum convicisti,
   Dum paganum hunc sprevisti,
     Virtute martyrii
   Et amore Jesu Christi,
   Cujus ope elisisti,
     Summi patris filii.

7. Tu me fac, ut spernam mundum,
   Ne me mergat in profundum
     Tenebrosi barathri,
   Purga meum cor immundum
   Et purgando fac rotundum,
     Sponsa Dei filii.

8. Sponsum tuum dum carnalem
   Sprevisti, mox paternalem
     Iram. concitaveras
   Contra temet bestialem,
   Poenam tunc tulisti talem,
     Prius quam non noveras.

9. Qui te sponso praesentavit,
   Qui mox furens verberavit
     Corpus tuum nobile,
   Dehinc totum laceravit
   In rotali quam paravit
     Poena miser misere.

10. Post in carcerem te trusit,
    Ubi Sathan tibi misit
      Crudelem suum aemulum,
    Cum vidisti hunc renidit [sic]
    Tua virtus, quae elidit
      Conturbans diabolum.

11. Qui accedens dixit tibi:
Christus, sponsus tuus, tibi
Misit suum nuntium
Me, ut scias, quod non viri
Hujus sufferas plus diri
Martyrii supplicium,

12. Sed ei consentias
Et voluntatem facias
Ejus in conjugio,
Ut misere non pereas
Nec poenas tu sustineas
Crucis in supplicio.

13. Dominum tu mox petisti,
Ut amore Jesu Christi
Tibi hunc notesceret;
Supplicans obtinuisti,
Paranymphus dixit Christi,
Daemon quod exsisteret.

14. Quem ligasti cum cathena,
Vincta qua eras, amoena,
Quaerens hunc de genere;
Qui respondit sum egena
Creatura. igne plena.
Urens semper misere,

15. Ad te missa ut pervertam
Tuum virgo et avertam
Cor a castimonio [sic].
Reddam, dixisti, apertam
Hanc malitiam, repertam
Christi adjutorio.

16. Quem ad terram collisisti,
Juliana, sponso Christi,
Cathena percuticns,
Post quam ipsum sic vicisti,
Verberando confudisti,
In lacum projiciens.

17. Tentatorem sic me meum
Superare fac et eum
In cisternam jacere

Confusionis tamquam reum,
Me ne ipse et cor meum
Ultra possit vincere.

18. Ob hoc Christus visitavit
Sponsus tuus, qui amavit,
Te de coelis propere,
Tua virgo et sanavit
Vulnera te atque lavit
Tuo sacro sanguine.

19. Mea, sancta virgo, sana
Vulnera atque deplana
Mortalia foramina,
Pupugerunt quae peccata,
Quae profunda sunt et lata,
Tua per precamina.

20. Tandem capite truncaris,
Ubi Deum precabaris
Pro tuis servientibus,
Ubi lapis angularis,
Tuus sponsus salutaris,
Tuae de colestibus

21. Annuens preccationi,
Addens: Quidquid a me boni
Tuus postulaverit
Famulus fidelis doni,
Continent quod coeli throni,
Illud obtinuerit.

22. Pro me ergo pete, pia,
Sancta matre cum Maria
Et cum sanctis omnibus,
Ut pandatur mihi via,
Vera coeli galaxia,
Meis et fidelibus,

23. Ut post istam vitam mere
Ipsum possimus videre
Claris cum obtutibus,
Regnum suum possidere
Atque sibi commanere
Semper in coelestibus.

Scala coeli fol. 221 a. — 10, 5 quem Hs. — 10, 12 martyrii Hs. — 22, 4 pandetur Hs.

20. De sancta Katharina.

1. Salve, virgo gloriosa,
Vernans velut rubens rosa,
Katherina nobilis,

Tu in vultu speciosa,
Super multas gratiosa
Multumque laudabilis.

Costi regis sola nata,
Alexandrinaque nata,
  Matris nata unica,
Clare rubent tuae genae
Et jucunditatis plenae
  Velut mala punica.

2. Licet tua pulchra forma,
Eras tamen vera norma
  Incitatis, Domina,
Ob hoc Christus te amavit,
Intus, extra decoravit
  Virtutibus per omnia.
Quibus tu jam me vestire
Atque plene amicire
  Extra et in anima;
Tuam laudem certe quaero,
Sine dolo, corde mero,
  Cor meum illumina.

3. Sapientem fac me, pia,
Ut te laudem, virgo dia,
  Diva sapientia.
In hac mundi mali vita
Me non vita sed me dita
  Pneumatis nunc gratia,
Qua et fari possim de te
Carmine in isto laete
  Tuis ac operibus,
Mirabilia quae vere
Omnia satis fuere,
  Exalto virtutibus.

4. Katherina, praeelecta
Christo es atque dilecta
  Prae multis virginibus;
Ob hoc te illuminavit,
Septem artibus dotavit
  Plene liberalibus;
Quibus sancta tu fecisti
Horrenda, dum arguisti
  Caesarem Maxentium,
Quando populum artavit,
Deo qui sacrificavit,
  Ad simulacra gentium.

5. Quae tunc aiebas: Vana,
Muta sunt atque profana
  Omnia daemonia,

Fallunt omnes audientes
Se atque in se credentes,
  Dicentes fallacia.
Ex hoc Caesar convocavit
Rhetores, quos provocavit,
  Ut te Christi famulam
A catholica moverent
Fide, quoque amoverent
  Eorum per prudentiam.

6. Quos tu, virgo, superasti,
Christi virtute aequasti
  Sanctis mox martyribus,
Ipsis dans coronam vitae,
Ignem qui tulere, mite
  Regnant in coelestibus.
Meam belluinam mentem
Convertas ac saevientem
  Tuis cum virtutibus
Tuis atque sanctis donis,
Fac ut fruar cunctis bonis
  Tecum in coelestibus.

7. Quapropter hic tortoribus
Praecepit et lictoribus,
  Corpus tuum nobile
Caederent cum nervis diris,
Plagis multis atque miris,
  Omnibus amabile.
Qui hoc virgis ceciderunt,
Semivivum reliquerunt
  Cunctis in spectaculum;
Postremo, sancta, retrusa
Es ab ipso et reclusa
  Tetrum in ergastulum.

8. Ubi te tunc visitavit
Christus, cruenta sanavit
  Dira tua vulnera,
Et te piam confortavit
Atque sibi adunavit
  Per persancta foedera.
Qui columbam destinavit,
Quae te esca coeli pavit,
  Missa de coelestibus,
Qua pascuntur sancti Dei
Omnes, qui cohaerent ei,
  Sanctis cum spiritibus.

9. Dehinc mira tu fecisti
Praedicando, cum vicisti
   Reginam, Porphyrium,
Pariter qui crediderunt,
Sanguinem et effuderunt
   Propter Dei filium.
Fac cum his ut credam semper
Corde sincero constanter
   Dei patris filio,
Ut reficiar coelesti
Carne ac cruore Christi
   Migrans de exsilio.

10. Demum multiplex paratur
Poena et horrens minatur
   Saeva ac terribilis,
Bis binae parantur rotae
Ferreis et circumseptae
   Cultris acutissimis.
Angelus tunc molam illam
Mox redegit in favillam
   Magnum necans populum,
Qui profanos coluerunt
Deos ac adoraverunt
   Paganorum gentium.

11. Caesar furit velut fremens,
Corde moesto, nimis gemens
   Reginam, Porphyrium
Populumque interemptum,
Sese cernens et contemptum,
   Applicuit tunc gladium,
Dicens: Licet me confusum
Cernam regem et delusum
   Arte tua magica,
Quae seducis totum mundum
Et demergis in profundum,
   Atque diabolica;

12. Meis tamen diis liberare [sic],
Quibus cupis rebellare,
   Demam caput gladio. .
Quae, parata, tu dixisti,
Sum, amore mori Christi
   In hoc brevi stadio.
O beata Catharina,
Te de coelis vox divina
   Hinc confortat: Gaudeas,

Dicens, nata, constans esto,
Mea sponsa, tibi asto,
   Tecum sum, nil paveas.

13. Caesari tu respondisti:
Comple, oro, quod cepisti,
   Parata sum ad omnia
Tormenta, quae praeparabis
Nec me unquam declinabis
   A Deo per supplicia.
Qui te jussit decollare,
Quae cepisti tunc orare
   Pro tibi servientibus,
Dicens: Jesu Christe bone,
Me exaudi in agone
   Meis pro fidelibus.

14. Ut omne, quod a te petunt
Et hoc obtinere credunt,
   Ipsis large tribue,
Ut cognoscant deitatem,
In hoc tuam bonitatem,
   Rex regum et Domine.
Vox de coelo est audita:
Ut petisti, fiat ita,
   Cara mea famula,
Veni mecum conregnando,
Sanctis meis congaudendo
   Per aeterna saecula.

15. Katherina decollata
Tunc fuisti et dotata
   Multis magnis dotibus,
Quibus sancti sunt dotati,
Qui cum Deo coronati
   Regnant in coelestibus.
Dotem Pauli suscepisti,
Decollata cum fuisti,
   Fundens lac pro sanguine,
Agnae confortationem,
Margarethae optionem
   Pastumque Magdalenae.

16. Katherina, hinc citata
Cum Johanne et vocata
   Eras ad coelestia,
Cum Clemente sepulturam,
Cum Nicolao per tumbam
   Liquoris stillicidia.

Angelorum es deducta
Coetibus ad montem Sina
  Ipsis alternantibus,
Ab his vero in sepulchro
Es sepulta praeparato
  Ab ipsorum manibus.

17. O beata Katherina,
    Aures tuas nunc inclina
      Pie mihi misero,
    Mihi praebe tunc conductum,
    Cum post mundi hujus luctum
      Solus hinc abiero.
    Mea sancta sis tutatrix,
    Peccatorum expugnatrix
      Meorum mitissima,
    Cum pro tuis exorando
    Ipsis atque defendendo
      Mater sis fortissima.

18. Non te tamen solam cito,
    Tecum certe sed unito
      Matrem omnis gratiae,

Beatorum angelorum
Chorum et archangelorum
  Ducesque militiae
Martyrum atque sanctorum,
Chorum vero confessorum,
  Eremitarum omnium,
Postremo quippe sanctarum
Virginum et electarum
  Mihi in subsidium.

19. Dorotheam, Margaretam,
    Magdalenam et Agnetam [sic],
      Martham, Christi hospitam,
    Appolloniam, Luciam, &c
    Scholasticam, Julianam,
      Cum his sanctam Ursulam;
    Ut post hanc vitam egenam
    Ad aeternam ducant coenam
      Tecum ad coelestia,
    Ut vobiscum fruar bonis,
    Coelicis aeternis donis
      In aeterna gloria.

Scala coeli fol. 207 a. — 2, 4 Ab hoc Hs. — 12, 1 ob für: Meis tamen diis (dis) libare?

21. De sancta Lucia.

1. Salve, virgo, sponsa agni,
   Nati patris Dei magni
     Et Mariae virginis,
   Virgo luci comparata,
   Tu Lucia nominata,
     Nobilis originis.

2. Ut lux tua, sic lucebat
   Vita sancta et fulgebat
     Castitate nobili,
   Vitam ut aurora ducens,
   Fide vero ut sol lucens
     Fulgore mirabili.

3. Nam coelestem hic duxisti
   Vitam, caste dum vixisti,
     Ideo beatior
   Ob hoc tua, Dei nata,
   Cunctis erat vita grata,
     Deo tamen gratior.

4. Dum audires dilatatam
   Agathae famam beatam
     Totam per Siciliam,
   Ut haec signis corruscaret
   Et, qui illic properaret,
     Inveniret gratiam,

5. Quae cum matre properasti
   Illuc atque hanc sanasti
     Mox a fluxu sanguinis,
   Ad sepulchrum dum jacentes
   Ambae jacuistis flentes
     Gratia oraminis.

6. Ubi jacens obdormisti,
   Agatham sanctam vidisti
     Inter turmas virginum,
   Christum cum his collaudantem,
   Hymnum novum decantantem
     Regi regum omnium.

7. Tu a fluxu meam mentem
   Sana, in peccatis nantem
      Carnalis malitiae,
   Virtutum tu lux et forma,
   Mihi, peto, quod sis norma
      Verae pudicitiae.

8. Quae de coelo dixit: Pia
   Soror mea, o Lucia,
      Quid a me tu postulas,
   Quod matri potes praestare,
   Nam te Christus sociare
      Cupit inter famulas

9. Suas, inter quas tu talis
   Eris, ego jam sum qualis
      Per palmam certaminis.
   Quae dum esses excitata,
   Matri tuae sic affata
      Es: A fluxu sanguinis,

10. Mea mater, quod sanata
    Es, Deo sis rogo grata,
       Amplius non nomina
    Mihi sponsum, sed nunc dona
    Facultates atque bona,
       Quae mea sunt omnia.

11. Claude prius mihi visum,
    Dixit, et, quod tibi visum,
       Sit de facultatibus,
    Manu tu fac largiendo
    Pauperum et consumendo
       In necessitatibus. —

12. Hoc, quod tu das moriendo,
    Ob hoc das, quod non sumendo
       Tecum ferre poteris,
    Sed largire hos dum vivis,
    Habere post mortem si vis
       Gloriam cum superis.

13. O mea cara Lucia,
    Virgo sancta atque pia,
       Fac me jam relinquere
    Res fallaces ante mortem,
    Ut Deum vivum et fortem
       Possim tecum cernere.

14. Mox dum mater haec audisset,
    Sensum tuum et sensisset,
       Fit rerum distractio,

Pauperum dantur ad usus,
Sponsus mox ira perfusus
   Tradidit Paschasio

15. Te et velut Christianam
    Accusavit ac profanam;
       Qui ad sacrificia
    Invitabat idolorum:
    Deo libabo deorum
       Corpus, nam substantia

16. Mihi deest, tu dixisti.
    Qui respondit: Consumpsisti
       Hanc cum corruptoribus,
    Ideo ut scorta faris,
    Quod et esse tu probaris
       In responsionibus.

17. Corruptores nunquam scivi,
    Quod nec mente concupivi,
       Tu corruptor hominum
    Es, qui Christianis suades,
    Ut relinquant, ob hoc torques,
       Creatorem omnium. —

18. Verba tua tunc cessabunt,
    Dum tortores applicabunt
       Verbera durissima. —
    Non cessabunt Dei verba,
    Licet poena sit acerba
       Atque immanissima.

19. Tu es ergo, dixit, Deus?
    Non, sed hic est sponsus meus,
       Mihi qui dat gratiam,
    Spiritum sic respondendi.
    Qui te fecit apprehendi
       Dicens: Jamjam faciam

20. Te ut scortum violari
    Publice in lupanari
       Et sic tu privaberis
    Spiritu eloquente. —
    Et tu sine mea mente
       Hoc tamen si feceris,

21. Gratia hac non privabis,
    Me, sed certe duplicabis
       Coronam in praemium.
    Unde nunquam meum sensum
    Dabo tuum ad consensum,
       Sed jam ad supplicium

22. Corpus meum. Quid moraris?
Fac in cito, quod minaris,
Fili o diaboli,
Hoc quod dicis; tu non mora,
Comple totum in hac hora
In conspectu populi.

23. Eja, virgo, fac constantem
Meam mentem vacillantem
Nimis in virtutibus,
Ut declinem a peccatis
Et post hanc vitam beatis
Coeli fruar sedibus.

24. Qui nimis cepit furire,
Jussit lenones venire,
Ut tibi illuderent.
Per se illis hoc indixit,
Spiritus sanctus te fixit,
Quod hi tunc non poterant

25. De hoc loco te movere,
Qui mox mille adhibere
Viros, plura paria
Boum jussit, nec moverunt
Unde omnes clamaverunt:
Quae haec maleficia!

26. Tu, Paschasi, quae haec vides,
Operatur in me fides,
Nam si decem milia
Adhuc illis adhibereres,
Nec me certe sic moveres
Per Dei beneficia.

27. Copiosum qui accendi
Jussit ignem et perfundi
Te ferventi oleo,
Qui cum te nec sic necavit,
Alta voce mox clamavit:
Vide o quod doleo.

28. Amici, qui audierunt
Hoc, ipsius immerserunt
Gutturi mox gladium;
Quae nec vocem amisisti
Sic sed omnibus dixisti:
Dico vobis gaudium,

29. Mortuo Maximiano,
Viro pravo et profano
In peccatis hodie
Atque Diocletiano
Expulso de regno vano,
Data pax ecclesiae.

30. His dictis es procurata
Sacramentis, o beata,
Christo tradens animam.
In quo loco es humata
Et ecclesia fundata
Tibi tunc ad gloriam.

31. Et ad coelos es translata,
Ubi regnas coronata
Aurea coronula
Martyrum et praemiata
Praemio atque dotata
Et gaudes in saecula.

32. Eja, virgo benedicta,
Dele mea nunc delicta
In hoc vili saeculo
Omnia atque me dita
Cunctis bonis in hac vita,
Hoc te pie postulo;

33. Ut post istam coronari
Merear atque locari
Inter turmas virginum,
Cum ipsis [et] decantare
Laudes atque jubilare
Regi regum omnium.

Scala coeli fol. 219 a. — 20, 4 fehlt eine Sylbe. — 24, 4 leones Hs.

22. De sancta Margaretha.

1. Delicata o puella,
Salve, nimium tenella,
Multum delectabilis,

Margaretha, Deo grata,
Antiochiaque nata,
Omnibus amabilis.

2. Quae nutrici eras data
Et ab ea informata
  Fide et in flumine
Tandem vero baptizata,
A peccatis ac mundata
  Trinitatis nomine.

3. Patri tu eras exosa
Propter fidem, gloriosa,
  Cara vero Domino,
Qui te sanctam adamabat
Et dilectam faciebat
  Omni pio populo.

4. Humilis sed et formosa
Eras multum gloriosa
  Cunctis te cernentibus.
Tu nutricis tunc pascebas
Oves atque nutriebas
  Tuis cum comparibus.

5. Contigit ut te videret
Transiens et affectaret
  Praefectus Olybrius,
Qui legatos mox mittebat,
In amore nam tremebat
  Tuo velut ebrius.

6. Cum fuisses praesentata
Sibi et interrogata
  De genere et nomine,
Respondisti, o beata,
Margaretha sum vocata,
  Nobilis ex sanguine.

7. Tertium vero adjecit,
Propter quod te interfecit,
  Quod erat religio.
Ad quod: Credo, tu dixisti,
Inquisita dum fuisti,
  Jesu, Dei filio.

8. Qui respondit: Tibi certe
Duo licent, ut aperte
  In tua patet specie,
Margaretha quod vocaris,
Nobilis et habearis,
  Liquent haec in facie.

9. Nam ut candens margarita
Tua forma splendet ita,
  In quo bene nobilis

Esse certe approbaris,
Ut tu ipsa de te faris,
  Nimis es amabilis.

10. Tertium, quod colas Deum,
Quem Judaei tamquam reum
  Occiderunt misere,
Pulchra tibi, o puella,
Non videtur et tenella
  Prae istis competere.

11. Cum pro nobis affirmasti
Passum, statim concitasti
  Contra te Olybrium,
Qui in carcerem te trusit,
Signis solus et reclusit
  Fortiter teterrimum.

12. Altera die vocata
Fuistique praesentata
  Ejus tu praesentia.
Cum adstares tribunali,
Ut nil patiaris mali,
  Hic cum vehementia

13. Dixit: vana miserere
Puella tui vere, vere
  Laniari faciam
Corpus tuum in tortura,
Diis nostris libare thura,
  Qui dant cunctis gratiam.

14. Illum, quem tremiscit mare,
Solum, volo adorare,
  Venti et obediunt;
Dii tui sunt dolo pleni,
Ut sic dicam, sunt obscoeni
  Et bonos impediunt.

15. Qui te jussit verberare,
Corpus tuum laniare
  Baculis et fustibus,
Quod et fuit laceratum
Atque plagis vulneratum
  Malis a tortoribus,

16. Tuus sanguis ut manaret,
Totam terram et rigaret,
  Cunctis ut adstantibus
Esset horor intuere,
Solus atque saevus vere
  Praefectus Olybrius

17. Faciem cooperiret,
Sanguinem ne hunc videret,
    Vir impudicissimus.
Post hoc te incarceravit
Ubi, tecum qui pugnavit
    Draco immanissimus,

18. Tibi sese praesentavit,
Glutiendo consumavit
    Totam te amabilem.
Quem, signando cruce Christi
Te, per medium scidisti
    Daemonem horribilem.

19. Qui in speciem mutavit
Hominis se et tentavit,
    Ut te sic deciperet.
Quem orando mox vicisti
In amore Jesu Christi,
    Ut ad te tunc diceret:

20. Cessa mea de persona,
Margaretha, virgo bona,
    Tibi nunc sufficiat,
Ne de mea dignitate
Me tua et potestate,
    Oratio dejiciat.

21. Potestate inimicum
Superare impudicum
    Fac me, dilectissima,
Meum, nimis qui est fortis,
Aperit qui portas mortis
    Probra per spurcissima.

22. Cui mox dedisti vicem
Ejus calcando cervicem,
    Interrogans de genere,
Cur et bonos infestaret,
Tibi ut manifestaret;
    Ille cepit dicere:

23. Tolle, virgo cara Deo,
Pedem hunc de collo meo,
    Dicam, quod volueris.
Causa veni seducendi
Te, qui bonos et offendi
    Malis in innummeris,

24. Naturale contra tales
Bonos at[que] speciales
    Habeo nam odium.

Meum quia possidebunt,
Me tristante et gaudebunt,
    Quod amisi, gaudium.

25. Tunc pedem tuum levasti
Collo et alleviasti
    Ejus, qui disparuit,
Te relinquens, pia, solam,
Omnium virtutum scholam,
    Nec ultra comparuit.

26. Inimicum fuga meum
Jamjam, virgo, ne me reum
    Ipse tunc inveniat,
Cum abscedam in peccatis,
Malis meis perpetratis,
    Quae tua mater deleat.

27. Dehinc judex dicit ibi:
Margaretha, suade tibi,
    Nostris diis sanctifica.
Virgo sancta, quos sprevisti;
Facibus usta fuisti
    Tu velut malefica;

28. Aqua fervens tunc succedit
Sed non laedens, simul credit
    Turba quinque milium
Electorum, qui fuerunt
Decollati et sumpserunt
    Coronam per martyrium.

29. Eja, virgo gloriosa,
Super omnes speciosa,
    Istis cum martyribus
Fac me mea nunc dolere
Peccata, ut commanere
    Queam in coelestibus.

30. Tandem capite truncata
Fuisti et deprecata
    Tuis pro fidelibus.
Vox de coelo est audita:
Es in tuis exaudita
    Cunctis oraminibus.

31. Collum ensi praebuisti,
Decollata et fuisti
    Ictu mox levissimo
Et a Christo coronata,
Laurea et sublimata,
    Conregnas altissimo.

32. O beata Margaretha,
Facie nunc sume laeta
Carmen hoc exiguum
A me tamquam dignum munus
Et me fac, ut trinus unus
Sumat, tuum famulum,

33. Ab hac vita tam poenali,
Et a poena infernali
Pie me custodiat,

Scala coeli fol. 209 b.

Sanctis vero, qui cum eo
Vivunt jam in jubilaeo,
Suis me associat,

34. Ut possim cum his videre
Jesum Christum et gaudere
Ejus in aspectibus,
Atque regnum possidere
Ac perpetuo habere
Summum in coelestibus.

23. De sancta Margareta.

1. Ave virgo, Christo grata,
Margaretha quae vocata
Parentum eulogio,
Ave rosa sine spina,
Vulnerato medicina
Semoto ambigio.
Ave virgo generosa,
Margaretha, speciosa
Deitatis gratia,
Ave, cuncto te quaerenti
Et sincere diligenti
Multa fers solatia.

2. Ave dulcis advocata,
Coeli serto coronata
Ad instar carbunculi,
Ave, digna, tu videre
Salvatorem tuum mere
Da sub forma parvuli.
Ave moestorum solamen,
Miserorumque levamen
Mortis et naufragii,
Meruisti, virgo pura,
Subvenire tu procura,
Ne damnemur impii.

3. Area cum sis virtutum,
Fer nobis salutis scutum,
Cum decus sis humilium,
Castitate adornata,
Stirpe namque procreata
Parentum sublimium.
O quam virgo cruda multa
Pertulisti, sic suffulta
Sacro sub umbraculo,

Unde decus magnae laudis
Datur tibi, honor grandis
Sponsi adminiculo.

4. Tunc et multa impetrasti,
Ictum mortis dum spectasti
Olybrii imperio.
Mulieres parientes
Nomen sanctum invocantes
Tuum in exitio,
Atque omnes infamati
Paupertateque gravati
Saecli et periculo,
Sciant cuncti assistricem
Dignamque te adjutricem
Quovis in articulo.

5. Cunctis das in fine vitae,
Rogo, ejus hoc audite
Colentes memoriam,
Peccatorum tersionem,
Veram cordis punctionem,
Post das coeli gloriam.
Observanti tuum nomen
Per te virgo datur omen,
Mala cuncta fugere,
Et concedis fidem rectam
Caritatemque perfectam
Spemque firmam tenere [sic].

6. Eucharistiae ducamen,
Contra hostis oblectamen
Largaque conductio,
Hoc condonet, qui est trinus,
Cum hoc vere est et unus,
Evastantis cautio.

Sancta virgo Margaretha,
Sponsa Christi et athleta,
  Ora pro me Dominum,
Precor tuam pietatem
Et immensam bonitatem,
  Salvatorem omnium,

7. Ut in mea paupertate,
Corporis necessitate
  Digneris succurrere,
Quae me premunt et me laedunt,
Mala multaque succedunt;
  Surge virgo propere,
Et non sinas me perire,
Cum hinc grave sit transire
  A mundi exsilio,
Omni vero scelerato
Nequiorem approbato,
  Junge Dei filio.

8. Et lucis noctisque hora
Pro me Christum tu exora,
  Cum fidelis Domina

Sis devotis tibi notis
Et applaudis his in votis;
  Tu me Christo nomina,
Tuo sponso benedicto,
Ut me mundet a delicto,
  Quod me premit graviter.
Ipsum ora et implora,
Virgo sancta, sine mora,
  Hunc placa suaviter.

9. Ut sic ipsi appropinquam,
Omne quoque malum vincam
  In hoc vili saeculo,
Et a scaenis mundus totus
Sim contritus et devotus
  Cum fideli populo,
Ut post miserum hunc statum
Tecum summi patris natum
  In supremo solio
Tunc contempler et beatis
In conspectu deitatis
  Summo cum tripudio.

Scala coeli fol. 210 b. — 6, 12 Salutorem Hs.

24. De sancta Martha.

1. Ave, virgo venerabilis
Christoque praeamabilis,
  Martha speciosa,
Te virtutibus ditavit,
Qui ventis, mari mandavit.
  Largitate gloriosa
Hospitalis tu fuisti,
Doctorem tu suscepisti
  Omnis verae gratiae,
Saepe ipsum nutrivisti,
Toto corde dilexisti,
  Qui dux pudicitiae.

2. Suscepisti verum regem,
Qui his novam dedit legem,
  Qui coelum volunt capere;
Hanc legem, quam mundo dedit,
Omnis ei qui obedit,
  Potest bene vivere.
Circa hujus occupata
Eras, sancta, nec gravata
  Frequens ministerium,

Cui famulabantur chori
Et honores regit poli
  Regis regum omnium.

3. Propter hoc te reamavit
Nec tibi quid denegavit,
  Quod tu postulaveras;
Fratrem tuum suscitavit,
Quem mors ense dira stravit
  Et tu sepelieras.
In peccatis me adultum,
Induratum et sepultum,
  Virgo, tu vivifica,
Nec me sinas tunc perire,
Et cum dies venit irae,
  Pro me Christo supplica.

4. Foetentem quatriduanum
Omnique virtute vanum
  Christo reconcilia,
Ut resurgam a peccatis,
Totus mundus cum mundatis,
  Summi patris filia.

Magdalenam convocasti
Voce viva, dum clamasti:
  Rabbi adest, propera;
Quae vocata celeravit,
Christum quaerens, quem cla-
        mavit,
  Qui ejus lavit scelera.

5. Quem tu mihi, virgo, placa
Sine mora et non vaca
  Tua per precamina,
Mea comple supplex vota
Tu, nec speculare nota,
  Sed dele peccamina,
Quae me premunt et me laedunt,
Virgo sancta, vi recedunt
  Tua per suffragia.
Nunc exora, nunc implora
Cum Maria in hac hora,
  Ut purgentur omnia.

6. Christus tibi reimpendit
Vicem, cum de mundo scandit,
  Sedem dans in gloria,
In paterna sua domo,
In stellato vero throno
  Vocans de miseria.
Hospita mea dilecta,
Dicens, veni, praeelecta,
  Te tentat, virgo regia,
Hospita cujus fuisti,
Dulcis mater Jesu Christi
  Gaudenter in patria

7. Veni, sponsa, sertum tibi
Fecit ipsa velut sibi
  Castitatis lilio,
Quod ornavit, decoravit
His rosis, quos exstirpavit
  Paradisi gremio.
Veni, sponsa praeelecta,
Et non tarda in electa
  Mea tabernacula,

Ubi potu tu potaris
Hujus fontis salutaris
  Veri et in saecula.

8. Hujus fundum contemplare,
Tibi qui vult famulare
  Ad mensam nunc propera,
Qui propinat potum vitae,
De dulci qui fluxit vite
  Mariae per viscera.
Quam parata tu fuisti,
Cum audisti vocem Christi
  Et vocantem Dominum;
Tunc dixisti nec tardasti,
E contra vero clamasti:
  Tibi trado spiritum.

9. O quam digne subintrasti
Cum sponso, quem amplexasti,
  Gaudens coelum propere,
Ubi sancta tu nunc gaudes
Et praeclaras multas laudes
  Ibi audis promere,
Cujus vultum contemplaris,
In quo multum delectaris
  Ut ordines coelestium,
Gaudium qui prophetarum
Virginum et est sanctarum,
  Sic sanctarum omnium.

10. Archangeli cum hunc vident
Et angeli semper rident,
  Gaudium virtutibus
Est et thronis, seraphinis,
Sic et vere cherubinis
  Atque potestatibus.
Quem me, sancta, fac videre,
Sine fine et gaudere
  Secum in coelestibus,
Et hunc semper contemplari,
Suis semper delectari
  Amoenis obtutibus.

Scala coeli fol. 221 b — 9, 2 Quem sponso. Hs.

25. De sancta Scholastica.

1. Salve, virgo salutaris,
Salve, salve, puellaris
  Forma, velut lilium

Pulchra, candens sicut rosa,
Salve, virgo speciosa,
  Christi domicilium.

2. Sancta tu virtute multa
Intus, extra, es suffulta,
  Ut in tuo nomine
Mox apparet intuenti,
Cuilibet hic sanae menti
  Cum videntur litterae.

3. Scholastica tu appellaris,
Et virtutum approbaris
  Vere felix aemula,
Tu virtutes tam immensas,
Tibi datas ac impensas,
  In me semper cumula.

4. S salutem monstrat vere,
Quam salutem me habere
  Fac, o virgo, propere;
Nam salutem potes dare
Omni, qui te vult amare,
  Corporis et animae.

5. C constantiam signat in te,
Da constanter hoc, ut sim te
  Paratus nunc diligere,
Tu beata mente tota
Sume mea, sume vota,
  Da vitam hic corrigere.

6. O offerre hoc demonstrat,
Offer mihi, quod reportat
  Vitam nunc peccantibus.
Virgo sancta, tu non mora,
Offer mihi in hac hora
  Dona sancti spiritus.

7. L lugentem signat totum,
Me lugentem fac devotum
  Tuo sancto nomini,
Tibi quod fideli corde
Et ab omni mundus sorde
  Serviam laudabili.

8. A designat te amantem
Tuum sponsum ac laudantem
  Per cuncta pie saecula;
Me amantem te non sperne,
Sed amantem te jam cerne
  Tua sancta gratia.

9. S importat sanctum pneuma,
Quo tu, sancta, eras plena
  Vili in hoc saeculo;

De supernis hujus funde,
Felix virgo, et abunde
  Mihi tuo famulo.

10. Tutrix tu per T vocaris,
Ut lux tua lux solaris,
  Tuere me, sanctissima,
Et me luce Christi dita,
Ut virtute sit polita
  Mea foeda anima.

11. J juvamen notat vere,
Me juvamen fac habere
  Tuum de coelestibus,
Ubi fons est mentis vitae,
Ex hoc meus da ut mite
  Madidetur spiritus.

12. C importat castitatem,
Castam fac tu meam mentem
  Totam sic, sic animam,
Ut sim castus, mundus totus,
Sponso tuo et devotus
  Per te Christi famulam.

13. A te, virgo, adjutricem
Sanctam vere ac nutricem
  Amanti tui nominis,
Me adjuva nec refuta,
Da, ut lingua mea muta
  Christo sit amabilis.

14. Me petentem rogo, cara
Sponsa Christi o praeclara,
  Ut me tuum foveas
Servum fidum ac devotum,
Et hoc comple meum votum,
  Nec me nunc removeas.

15. Virgo, plena cum sis roris,
Coelici quoque saporis
  Sponsi, Dei filii,
Tu de stillis hujus roris
Stilla stillam in his horis
  Angeli consilii.

16. Qua sillante et replente,
Stilla stillam succedente,
  Plenus sim de gratia
Ad legendum et orandum,
Intelligendum et docendum,
  Virgo sancta propera.

17. Et quod peto, hoc non priver,
Rogo, sed hoc da, ut diter,
　　Mihi tuo famulo,

Ut cum istis tuis donis
Merear supremis bonis
　　Frui futuro saeculo.

Scala coeli fol. 220 b. — Acrostichon von Str. 4 bis 14 „Scolastica". —
15, 2 Coelicique Hs.

26. De sancta Ursula.

1. O candentes coeli rosae,
Super omnes speciosae
　　Vos a me salvemini,
Licet indignus saluto,
In hoc tamen nihil muto,
　　Quin me consolemini
Sensum meum illustrando,
De excelsis infundendo
　　Gratiam spiraminis,
Copiose tribuendo,
Ut sic gnarus salutando
　　Vos fiam in intimis.

2. Vos saluto venerantes,
Stellas coeli emicantes
　　Mira pulchritudine,
Rogoque, nunc edocete
Et ex alto me replete
　　Diva plenitudine,
Prae cunctis quam conductricem
Christus vobis et ductricem
　　Donavit virginibus;
Te formosam velut rosam
Ursulamque gloriosam
　　Dignam multis laudibus.

3. Rex tuae cum percepisset
Angliae et audivisset
　　Famam pulchritudinis,
Legatos qui destinavit
Et te sanctam postulavit
　　Mox in suis litteris
A tuo patre Deo nato,
Christiano et devoto,
　　Ut te daret filio
Suo sponsam in electam,
Post reginam praeelectam
　　Ejus in imperio.

4. Quae trimatum petivisti
Spatium instinctu Christi
　　Et undena virginum

Millia et electarum,
Ut consortio earum
　　Haberes solatium.
Quae fuere congregatae
Omnes atque delicatae
　　Prout postulaveras,
His solamen tribuisti
Multiplex et fidem Christi,
　　Cum hoc has docueras.

5. Naves vero coaptastis
Omnes simul navigastis
　　Romam ad- matrem gratiae,
Ubi papa cum honore
Cyriacus et amore
　　Suscepit laeta facie;
Qui reliquit mox papatum,
Prout sibi revelatum
　　Fuit tunc divinitus,
Baptizandos baptizavit,
Illic quos coadunavit
　　Christus Dei filius.

6. Ad vos quippe veniebant
Circumquaque confluebant
　　Mundi hujus nobiles,
Grande hoc cernentes monstrum
Admiratione dignum
　　Primates ac proceres;
Tuus sponsus admonetur
Interim, ut baptizetur
　　Aethereus per angelum,
Qui cum matre baptizatus
Sua est et coronatus
　　Cum hac turma virginum.

7. Post hoc omnes perrexistis
Coloniam et suscepistis
　　Illic tunc martyrium
Pro amore Jesu Christi,
Ut edocta tu fuisti
　　Sanctum tunc per angelum.

O sorores delicatae,
Pro me Christum exorate,
　Ut me vestrum famulum
Pie semper consoletur,
Qui ad bona exhortetur,
　Visitet per angelum.

8. Ubi austerus Hunnorum
Princeps atque barbarorum
　Julius Coloniae
Congregavit mox cohortem
Atque turbam nimis fortem,
　Quae plena vesaniae
Et ut lupi saevientes,
Cum clamore irruentes
　In hanc turbam virginum,
Totam istam occiderunt
Et eam coronaverunt
　Sanctum per martyrium.

9. Princeps vero cernens tuam
Elegantem esse formam
　Prae istis virginibus,
Tota gens quam mirabatur,
Princepsque delectabatur
　Tuis in aspectibus,
Stupescendo mirabatur,
Mirando consolabatur
　Te de nece virginum.
Multa quippe promittebat
Et te sanctam poposcebat
　Sibi in conjugium.

10. Tamquam brutum quem sprevisti
Atque gaudens elegisti
　Potius martyrium,
Qui a te cernens contemptum
Se suum tetendit arcum
　Per te jecit jaculum,
Et sic sancta finivisti
Vitam pro amore Christi
　Committens spiraculum

Tuo sponso Jesu Christo,
Migrans mundo mox de isto,
　Regi regum omnium.

11. Qua turba tunc divisa
Una quippe est elisa,
　Virgo sancta Ursula,
Ferventis ob terrorem
Populi atque furorem,
　Cujus nomen Cordula.
Quae cum die insequenti
Animo dedit libenti
　Sancto se martyrio,
Et se solam praesentavit
Judici, qui amputavit
　Ejus caput gladio.

12. Sic puellae congregatae
Estis atque coronatae
　Ab agno innocentiae,
Quem gaudendo jam videtis,
Qui vos ulnis stringit laetis
　Pulchram videns faciem;
Cum quo modo jubilatis,
Laudem sibi decantatis,
　Psallentes cum tripudio
Deo nostro salvatori,
Pro quo fuit dulce mori,
　Laus sit sine termino.

13. O dilectae consodales,
Meae sponsae speciales,
　Sumite praeconium
Istud, rosae delicatae,
Et me, posco, complantate
　Vestrum in collegium.
Et dum mortis venit hora,
Subvenite sine mora
　Mihi prece sedula,
Pro me Deum implorate
Et me sibi praesentate,
　Ut vivam per saecula.

Scala coeli fol. 205 a. — 6, 9 Aethereus, verunglückte Analogie von
coelitus. — 11, 1 und 5 fehlt je eine Silbe. — 11. 7 die sequenti Hs.

27. De sancta Anna.

1. Salve, salve, praeelecta,
Trinitati et electa,
　Regis summi filia,

Anna, benedicta mater,
Summi regis nostri mater,
　Stirpe nata regia.

2. Ante te nunc non est nata
In Judaea certe uata
    Major et felicior,
De te tamen mundo data
Nata, creatori grata,
    Multo te beatior.

3. Cujus fructus fructus suavis,
Cunctis levis nec est gravis
    Ipsum degustantibus,
Cujus fructu mundus plenus,
Ipsum gustat omne genus,
    Se praebet egentibus.

4. Unde vernans   paradisus,
In qua noster viret visus,
    Diceris, sanctissima,
In quo arbor crevit laeta,
De qua Daniel propheta,
    Lata et altissima;

5. Sub qua vere habitabant,
Peccatores quae signabant,
    Aves in ramusculis,
Per quas boni figurantur,
Qui ab ea satiantur
    Virtutibus ut esculis.

6. Ad hanc omnes quidem currunt
Degustantes et recurrunt
    Multis cum virtutibus,
De hac, cara, me gustare
Fac, ut possim adamare
    Eam suis nutibus.

7. Ex te surgit flos decoris,
Ex te fluit fons dulcoris,
    Omne, quod est optimum;
Tu es, Anna, terra grata,
Ex qua est aroma nata,
    Quod patrum antidotum.

8. Tu es Jeremiae rota,
In qua trinitas hunc tota
    Pie reformaverat,
Casum factum paradiso
Protoplasti ex eliso,
    Quem post se creaverat.

9. Ex te vas illud refecit,
Nec in illo quid defecit
    Intus et exterius,

Totum illud deauravit,
Nam in illo laboravit
    Trinitas virtutibus.

10. Da ex vase libam isto
Virtutes, per quas cum Christo
    Regnem in coelestibus,
Ubi sanctus nunc sanctorum
Regit supremo coelorum
    Sanctis cum spiritibus.

11. Arca tu es, sacra Anna,
Testamenti, in qua manna
    Virgamque recluserat
Moyses, propheta Dei,
Dum ad terram Amorhaei
    Populum deduxerat.

12. In te virga reservata
Fuit, quippe tua nata,
    Virgo sacratissima,
In qua manna latitavit,
Quod egressum recreavit
    Corpora lassissima.

13. Hujus mannatis me, pia,
Particeps me fac in via,
    Cum abhinc abiero,
Ut tunc meum sit conductum
Auferatque a me luctum
    Et det, quod desidero.

14. Sidus tu es, quod lucernas
Saeculo donavit, ternas
    Natas dum genueras,
Dignior vero duabus
Est Maria filiabus,
    Quam amavit trinitas.

15. Per quam Dei verbum, pater
Ejus pius, noster frater
    Factus amantissimus,
Quam tu nunc ad me inclina,
Ejus de gustu propina,
    Qui est suavissimus.

16. Felix hic, qui hunc degustat,
Mundus istum non onustat
    Sed hunc semper sapere
Fac me, ipsum degustare,
Ut hunc queam adamare
    Ore, corde, opere.

Dreves, Conradus Gemnicensis.   11

17. Eja, benedicta ava
Christi, mentem tu nunc lava
Cum hac sancta filia
A peccatis, et me laete
Adjuvate et docete,
Ut spernam odibilia.

18. Anna, sancta Christi ava,
In extremis me a clava
Daemonis tu libera

Scala coeli fol. 155 a.

Ut cum tuae natae nato
Gaudens coelo in stellato
Regnem super sidera;

19. Ejus vultum et contempler,
Secum regnans nunc et semper,
Qui est amoenissimus,
Et ibidem me coronet
Et cum suis dona donet,
Jesu benignissimus.

28. De sancta Elisabeth.

1. Salve venerabilis,
Mitis et benigna,
Omnibus laudabilis,
Omni laude digna,

2. Multis cum virtutibus
Christus te dotavit,
Nomen tuum hodie
Mire dilatavit.

3. Est effusum saeculis
Tuum sanctum nomen,
Ipsum invocantibus
Pure quod est omen,

4. Ut id semper invocem,
Mihi da, beata,
Et te semper diligam,
Summi regis nata.

5. Per te ut experiar
Omen pietatis
Tuae atque filii
Summi Dei patris.

6. Elisabeth sanctissima,
Felix et beata,
Tua propter opera
Eras Deo grata.

7. Ipsa mirabilia
Satis nam fuerunt,
Quae nec mentes hominum
Nec oculi viderunt.

8. Nam in matrionio
Balneo mundasti
Leprosum immundissimum
Et lecto locasti,

9. Quem in signum Domina
Tuae sanctitatis,
Mox mutavit Dominus
In locum voluptatis.

10. Rosae sunt pulcherrimae
Inventae in lecto,
Coelitus quae datae sunt
Tuo a dilecto.

11. Lectulum cubiculi
Pravi cordis mei,
Sterne cum virtutibus
Peccatoris rei.

12. Viri tui post obitum
Totum reliquisti,
Quidquid dotis nomine,
Sancta, possedisti.

13. Christum sequens pauperem
Sed non corde tristi,
Ejus evangelio
Obediens fuisti.

14. Vitam voluntarie
Pauperem portasti,
Per domos quotidie
Victum mendicasti.

15. Me fac mundum, Domina,
Corde devitare
Et sic vitam pauperem
Summe adamare,

16. Mater felicissima,
Scrinium dulcoris,
Quippe tu plenissima
Coelicique roris.

17. Irroravit coelitus
    gratia divina
    Pectus tuum numinis,
    Servans a ruina,

18. Quo irroras aemulos
    Tibi servientes,
    Implens ex hoc vacuos,
    Pie te petentes.

19. Hujus, sancta Domina,
    Coelici tu roris
    Digneris infundere
    Mihi in his horis,

20. Et de hac dulcedine,
    Sancta, tu propina,
    Quae me hic inebriet,
    Ne mergat sentina.

21. Te collaudant pauperes
    Matrem paupertatis,
    Amatricem nobilem
    Hospitalitis,

22. Sed ut ipsos pascere
    Posses, hospitale,
    Sancta, tu construxeras
    In quo maternale

23. Ipsis exhibueras
    Pie ministrando
    Subsidium languentibus,
    Cibum, potum dando,

24. Vagos atque debiles
    Semper hospitando,
    Caecos, claudos, pauperes,
    Nudos vestiendo,

25. Cicatrices, capita,
    Scabiem lavando,
    In his ut nobilibus
    Gemmis delectando.

26. Sancta, mea vulnera
    Sana peccatorum
    Atque munda scabiem
    Meorum delictorum.

27. Per te evangelicum
    Christus innovavit
    Proprium miraculum,
    Nunquam quod donavit

28. Patribus sanctissimis,
    Mira quae fecerunt,
    Testamenti veteris,
    novi qui fuerunt.

29. Ex materno utero
    Tu illuminasti
    Caecum, quo miraculum
    Christi innovasti.

30. Sic me caecum, Domina,
    Tu illuminare,
    Sanctis et virtutibus
    Ditare dignare.

31. Ut in coeli semitis
    Non queam errare,
    Deviantes semitas
    Omnes devitare.

32. Tempus tui obitus
    Cum appropinquaret,
    Ut de coelo Dominus
    Christus te vocaret

33. Escas ad lautissimas,
    Quas ipse paravit
    Omnibus coenantibus,
    Ad se quos vocavit,

34. Te vocavit nomine
    Dicens: Praedilecta
    Elisabeth, mi famula,
    Veni in electa

35. Coeli tabernacula
    Mecum congaudendo,
    Patris mei faciem
    Meamque videndo,

36. Et per cuncta saecula
    Nobiscum regendo,
    Quia me in saeculo
    Amabas sequendo.

37. Ubi regnas Domina
    Tuo cum dilecto,
    Jesu Christo Domino,
    Sponso et electo,

38. Coeli quoque Domino,
    Patre sancto ejus,
    Gaudens sine termino
    Unitate spiritus.

39. O dilecta domina,
  Fac me post hanc vitam
  Inire tecum coelicam
  Multis redimitam,

40. Ubi sunt deliciae
  Copiosae vere,
  Maxime sed omnium
  Videtur esse merum

41. Speculari Dominum
  Nostra in natura,
  Quem ut possim cernere
  Vita da futura.

Scala coeli fol. 223 a. — Nach 15, 4 Inque toto tempore | Dominum laudare Hs.

29. De sancta Hedwige.

1. Salve decus Silesiae
  Perenneque, Trebniciae
    Nobilis colona,
  Hedwigis, mater gratiae,
  Coelestis facta patriae
    Civis et patrona.
  Gratia coelesti dita
  Vili memet in hac vita,
    Pneumatis virtutibus,
  Ut te possit adamare,
  Teque semper et laudare
    Exsultans meus spiritus.

2. Mundi quaeque tu calcasti
  Propter Christum, quem amasti
    Praeponens divitiis,
  Ut esses mater pauperum
  Formam subisti humilium
    Spretisque deliciis;
  Quas ut spernam fac, beata,
  Regis coeli pia nata,
    Et hoc vile saeculum,
  Quod heu multos condemnavit,
  Quos et Christus liberavit
    Crucis per patibulum.

3. A lege thori libera
  Egisti bona opera
    Cordis cum consensu,
  Dictis Christi attendebas,
  Plures missas audiebas
    Cordis in ascensu;
  Fac me Christum auscultare,
  Dictis suis et amare
    Corde, ore, opere;
  Ejus amor praestat vitam
  Coelibem ac redimitam,
    Ferventem omni tempore.

4. Tu in corde, generosa,
  Mortis Christi pretiosa
    Stigmata portasti,
  Nunquam eras otiosa,
  Semper quippe studiosa
    Legisti vel orasti.
  Mihi praebe hanc virtutem,
  Per quam merear salutem
    Corporis et animae,
  Ut et feram Christi signa
  Mente fida atque digna
    Pio medicamine.

5. Tu omnibus spectabilis,
  Corde mitis, humilis,
    Omni virtutum genere
  Et omnibus amabilis,
  Ad bonum eras habilis
    Et praeventa munere
  Dei. Me fac humilem
  Ac Deo amabilem
    Tuis sanctis precibus,
  Inardescat ut cor meum
  Ad amandum ipsum Deum,
    Imple hoc virtutibus.

6. Consurgens nocte media
  Orationum studia
    Deo impendisti,
  Intransque domicilia,
  Infirmis dans auxilia
    Potum tribuisti.
  Infirmo mihi famulo
  Tuo in hoc saeculo
    Potum ministrare
  Virtutum, per quem animam
  Recreare valeam,
    Semper tu dignare.

7. Tu nivis in algoribus
Nudis pergens gressibus
   Christum sic sequendo,
Leprosis et debilibus
Ac infirmis omnibus
   Subsidium donando.
Quod tu mihi conferas,
O pium largitatis vas,
   Egeno te petenti.
Quod nunquam denegaveras,
Huic, a quo amaveras [sic],
   Da mihi te amanti.

8. Perambul[ab]as sedula
Conspiceres ut aemula
   Cellas dominarum,
Quod servires inclyta
Humilis et famula
   Defectibus earum.
Mihi quod tu servias,
Rogo, nec abjicias
   Preces has profundas,
Cordis mei sed dignare,
Cellam, sancta, visitare
   Virtutes et infundas.

9. Hedwigis, mater humilis,
In omnibus laudabilis,
   Tu mater orphanorum;
Gemitum oranṭium
Audis et gementium,
   Solamenque eorum.
Audi vocem meam, pia,
Mater felix atque dia,
   Solve vincla omnium
Peccatorum nunc meorum,
Delictorum pessimorum,
   Orans pro me Dominum.

10. Quae dum orares sedulo
Cordis tui cubiculo
   Te saepe visitabant,
Magdalena, Katherina,
Margaretha et divina,
   Quae finem intimabant;
Mihi, sancta, sic tu pande
Finem meum et ostende
   In hoc mihi gratiam,
Et emenda vitam meam,
Obtinere hic ut queam
   Dei amicitiam.

11. Abhinc, sancta, tu transires
Vitam tuam et finires
   Morte, Dei famula,
Gemma lucens et electa,
Carnis nube jam detecta
   Fulgens per miracula,
Es a Christo sublimata,
Multis bonis et ditata
   In coelesti curia,
Matri Christi sociata
Gemmeaque coronata
   Corona in gloria.

12. Hedwigis, mater benigna,
Omni laude vere digna,
   Fac post hoc exsilium
Dei patris me videre
Natum, semper et habere
   Matris piae filium.
Hanc tu piam pete matrem,
Ut ostendat mihi fratrem,
   Angelorum Dominum,
Ut cum eo vivam laete,
Ipso perfruar quiete
   Nunc et in perpetuum.

Scala coeli fol. 224 a. — 1, 2 Trebinciae Hs. — 7, 1 nimis in Hs.

30. De sancta Maria Magdalena.

1. Ave omni laude plena,
O beata Magdalena,
   Maria quae diceris,
Tu virtutum claritate
Praeluces et caritate
   Referta conniteris.

2. Luces vero ut electum
Sidus nubis cum detectum
   Fuerit umbramine;
Nube eras tu gravata
Peccatorum sed nudata
   Sancto a spiramine.

3. Unde fulges velut sidus,
Nam amicus tuus fidus
  Solvit nubem scelerum
Tuorum, cum liquefecit
Cor tuum et sic refecit
  Largitate munerum.

4. Te, cor tuum resolvendo,
Lacrimas ut effundendo
  Mox rigores Domini
Pedes atque extergendo
Crinibus et osculando
  Ut Deo et homini.

5. Haec, beata, tu fecisti
Convivas nec timuisti
  Simonis in aedibus,
Ubi jacens audivisti
Lacrimando vocem Christi
  Provoluta pedibus,

6. Te aperte excusantem
A peccatis et mundantem
  Dicens: Vade mulier
In pace. Hoc age mecum,
Ut post istam vitam tecum
  In futuro glorier.

7. Excusavit te felicem,
Pharisaeus peccatricem
  Cum te judicaverat,
Apud Martham excusavit,
Apud hunc qui invitavit,
  Quem[que] increpaverat,

8. Pedes ejus ut lavando,
Osculando et uuguendo
  Se non honoraverat;
Quae fecisti, sponsa Christi,
Dum ad pedes elisisti,
  Ob hoc te mundaverat,

9. Extra, intus et in corde
Mundans te ab omni sorde;
  Post hoc ejus gressibus
Insecuta es constanter,
Audiens verbum ardenter
  Coram ejus pedibus.

10. Sic me verbum fac audire
Ejus atque custodire,
  Ut munder a vitiis,

A me male perpetratis,
Ut tandem jungar beatis
  In coeli deliciis.

11. Quod te vere adamavit
Christus, in hoc demonstravit,
  Quando super tumulum
Fratris spiritu fremebat,
Dehinc atque tecum flebat
  Excitando Lazarum.

12. Rogo, me quatriduanum
In peccatis atque vanum
  Tua prece suscita,
Et a culpis suscitatum,
Pia, tu me fac beatum
  Et ad bona incita.

13. Hujus vero tu dilecti
Oculis tamquam despecti
  Vidisti quam pertulit,
Stans sub cruce, diram mortem,
Passionem atque fortem,
  Qua nos culpis diluit.

14. Sabbati sepultum prima
Adisque ferens aroma,
  Quaerens nec reperiens
Corpus pertransfixum dire,
Volens illud perlinire,
  Gemens sed non abiens.

15. Angelus in alba veste
Tibi, mulieri maestae,
  Dixit, illum vivere,
Et ut Petrum visitares
Atque illi nuntiares,
  Hunc si vellet cernere,

16. Ut in Gallilaeam iret,
Nam illuc Christus transiret
  Resurgens e tumulo.
Veni, inquit, cerne bustum
Vacuum, non esse Christum
  Hic, hoc narra populo.

17. Per virtutem sed ardoris
Atque vim tui amoris
  Facta sic gratuita,
Ut a morte hunc revictum
Post certamen et conflictum
  Prima es intuita,

18. Jesum Christum, nostrum du-
cem,
Mundi hujus veram lucem,
Aestimans horticolam,
Qui a vitiis mundatam
Praeelegit te beatam
Sibi in apostolam.

19. Cujus nutu tu per mare
Cum sorore navigare
Cepisti Marsiliam,
Maximino et beato,
Lazaro et caeco nato,
Deserentes patriam;

20. Ubi Christum praedicasti,
Multos et illuminasti,
Laeta loquens facie,
Ac conversos baptizasti,
Ipsos Christo adunasti,
Ejus reddens gratiae.

21. Duci natum impetrasti
Regi, nam resuscitasti,
Qui cum hoc infantulo
Abiit pergens per mare,
Sanctum Petrum visitare
Maris in periculo.

22. O beata Magdalena,
Gratiarum vere plena,
Me in maris fluctibus
Hujus mundi jam natantem,
Intime te postulantem,
Erue ex omnibus.

23. Vastum, sancta, divinum quaeris
Locum, vitam ubi geris
Artam poenitentium,
Annis ibi manens casta
Ter denis, a Christo pasta,
Speculum labentium;

24. Qui te pavit victu caeli
Et audisti neuma meli
Septem vero vicibus
Diei et praelaetaris,
Cum angelicis levaris
Super coelos manibus.

25. Per eosdem reportaris
Ac deserti collocaris
Antri, pia, rupibus,

Ubi tota contemplaris
Die et sic non cibaris
Escis corporalibus

26. Ad superna elevare
Meam mentem, refutare
Ut queat terrestia
Atque semper contemplare
Et ardenter anhelare
Valeat coelestia.

27. Gratia quendam replevit
Sacerdotem, quod decrevit
Vita solitaria
Vivere, vastum intravit
Locum et cellam locavit
Duodecim stadia

28. A tua et habitavit
Ibi, cui Christus donavit,
Ut videret oculis
Angelos, qui sublimabant
Te sanctam et reportabant
Horis septem singulis.

29. Visum volens experiri,
Sed nequivit accersiri
Pedum prae gravamine,
Alta voce qui clamavit,
Ter clamando conjuravit,
Jesu Christi nomine:

30. Creatura tu sis qualis,
Vel si sis orominalis,
Mihi ut edisseras.
Christi nomen cum audisti,
Respondendo tu dixisti
Si vis, quod desideras,

31. Experire veritatem,
Accede medietatem
Stadii, qui protinus
Verbo tuo confortatus
Et in plantis solidatus,
Et accessit propius.

32. Cui blande tu dixisti,
Meministi, quod legisti
Lucae evangelio
Peccatrice de formosa,
Magdalena criminosa,
Quae et Dei filio

33. Osculando et ungendo
Lacrimando, extergendo
Jacens pedes abluit.
Cujus ob hoc ipse statum
Mutans patri fecit gratum,
Cum reatum diluit?

34. Memini, inquam, triginta
Anni sunt, ut facta ista,
Ut patet Christicolis. —
Ista sum, quam elevatam
Vidisti et reportatam
Nuntiis coelicolis.

35. Sic ter denis elevata
Annis sum et recreata
Septenis et vicibus
Diei praedulci cantu
Angelorum et concentu,
Quam audivi auribus.

36. Migratura est relatum
Mihi, quod sum, hinc beatum
Maximinum adeas,
Quae audisti et vidisti
Illi nutu Jesu Christi
Intimare studeas,

37. Ut meae resolutionis
Die et his ipsis horis
Ut consuevit surgere,
Et in loco, quo orare,
Me inveniet tunc stare
Atque horas dicere.

38. Angeli ut audiebat
Vocem, verbis et credebat,
Sed videbat neminem,
Concitus qui properavit,
Maximino et narravit
Omnia per ordinem.

39. Gaudio qui mox repletus
Nimio est, solus laetus
Ivit oratorium,
Te a terris elevatam
Vidit, angelis vallatam,
Et ut solis radium

40. Tuum vultum emicantem
Dominumque deprecantem
Elevatis manibus;

Tua facies flagrabat ·
Atque tota rutilabat
Miris et obtutibus.

41. Qui percussus est timore,
Quem vocasti cum amore,
Dicens, ad me propius,
Pater sancte, huc accedas,
Tuam natam nec formidas;
Qui accessit protinus.

42. Totum clerum convocavit
Et te solus procuravit
Corpore et sanguine
Domini tunc Jesu Christi,
Lacrimarum suscipisti
Quem cum multitudine.

43. Actis his mox corruisti
Ad terram et tradidisti
Christo sanctam animam,
Qui de terra te levavit,
Super coelos exaltavit,
Gloriam dans maximam,

44. Ubi cum regina caeli
Tuo sponso et fideli,
Christo, gaudes dulciter,
Cujus vultum contemplaris
Delicatum et laetaris
Cum Christo perenniter.

45. O Maria Magdalena,
Audi vota, laude plena,
Carmen hoc exignum
A me suscipe gratanter,
Et tuere me constanter
Corpus atque vacuum

46. Meum omni bonitate
Dei reple caritate
Sanctis et virtutibus;
Quibus valeam ornare
Vitam meam et regnare
Tecum in coelestibus.

47. Virtus flaminis abducat
Me divini et reducat
Coeli ad palatia,
Magdalena, grata Deo,
Ista mihi, nimis reo,
Praestet tua gratia.

Scala coeli fol. 153 a. — 28, 4 Angeli Hs. — 31, 1 Experire Hs. —
31, 2 Accende Hs. — 37, 1 resurrectionis Hs.

III.

Udalricus Wessofontanus.

1. De sanctissima trinitate.

1. Ave, pater, omnium
   Rerum creatarum,
   Fontale principium
   Et finis earum,
   Tu mearum sordium
   Et miseriarum
   Mundator, da dulcium
   Fontem lacrymarum.

2. Ave, plenum gratia
   Verbum increatum,
   In mea memoria
   Jugiter sis gratum,
   A me fuga vitia
   Et omne peccatum,
   Meque post in gloria
   Facito beatum.

3. Ave, sancte spiritus,
   Omnis boni dator,
   Imploro medullitus
   Te ego peccator,

Ne me incompositus
   Voret mortis lator,
   Veni mihi coelitus
   Pius consolator.

4. Ave, felix unitas
   Tribus in personis,
   Desit mihi foeditas
   Per te Babylonis,
   Abscedat severitas
   Dira aquilonis,
   Me jucundet bonitas
   Tuae visionis.

5. Ave, sancta trinitas,
   Unus tamen Deus,
   Tu mea jucunditas
   Es et amor meus,
   En me premit pravitas
   Sive Jebusaeus,
   Quam pellat benignitas
   Tua, ne sim reus.

Cod. Tegurin. (Clm. Monacen. 19 824) saec. 15 fol. 207 b. A. — Cod. SS. Udalrici et Afrae (Clm. Monacen. 4423) anni 1481 fol. 133 b. B. — 1, 2 causatarum B. — 1, 4 ipsarum B. — 1, 7 da riguum A; Deletor, da dulcium | fontem gratiarum B — 2, 2 incarnatum A. — 2, 5 fuga otia B. — 2, 7 Me tecum in gloria | Gaudeam locatum B. — 4, 2 In tribus B. — 4, 3 desit perte B. — 4, 4 Mihi Babylonis B. — 4, 8 Veri Salomonis B. — 5, 3 Fugiat me pravitas | Tu sis amor meus | Assit omnis puritas | Ne sim ultra reus | Sim semper, o trinitas, | In te jubilaeus B.

2. Oratio de benedicto Jesu.

1. Ave, Jesu, lux exorta,
   Dele mala jam suborta,
   In me plana, quae sunt torta,
   Mortis procul absit porta.

2. Ave, Jesu, robur meum,
   Protectorem solum Deum
   Te adoro, salva reum,
   Ne devincat hostis eum.

3. Ave, Jesu, flos honoris,
   Decor omnis tu decoris,
   Quem circumdat vis doloris,
   Me foveto cunctis horis.

4. Ave, salus, quam tenemus,
   Aufer mala, quae timemus,
   Ut te, Jesu, fac amemus
   In aeternum et laudemus.

5. Ave, Jesu, ac dignare
Me bellantem adjuvare,
Hostem possim ut fugare,
Ejus gressus supplantare.

Orat. ms. Tegrinsen. (Clm. Monac. 20020) saec 15. fol. 55 f. A. — Cod.·
S. Petri Salisburgen. b. VII. 10. saec. 15. fol. 67 b. B. — 1, 2 mala nostra
jam A. — 4, 3 fac ut amemus A. —·

3. Ad dulcem Jesum.

1. Jesu, ave, fax amoris,
Dulcis recordatio,
Melos auris, favus oris,
Cordis jubilatio,
Solamen mei doloris,
Mea exsultatio,
Humani merces laboris
Tu, ad te eonfugio.

2. Eja, Jesu, nomen gratum,
Finis et principium,
Nomen sanctum et beatum,
Complens desiderium,
Medicamen delicatum,
Dans salutis gaudium,
Finem bonum et optatum,
Palmae praesta bravium.

3. Salus mundi, praedo mortis,
Via, vita, veritas,
Princeps pacis, Deus fortis,
Jesu, mentis sanitas,
Inferni ne claudar portis,
Mihi desit foeditas,
Tui consors ut sim sortis,
Omnis adsit puritas.

4. Uita mea, amor meus
Dulcis et dulcissime,
Jesu, fili Dei, Deus,
Frater amantissime,
Ad te clamo ego reus,
Subveni citissime,
Ne me vincat Jebusaeus,
Impugnans nequissime.

5. Salvans amor, Jesu care,
Dei sapientia,
Non permittas degustare
Mortis me supplicia,
Veni et noli tardare,
Mea spes et gloria,
Deduc me trans mundi mare
Ad coeli palatia.

Cod. Tegurin. (Clm. Monac. 19824) saec. 15. fol. 221 b. A. — Ibid. fol.
270 a. B. — Cod. SS. Udalrici et Afrae (Clm. Monac. 4423) fol. 133 b. C.
„Est sancti Anselmi dulcissimi nominis Jesu." A. — „De nomine Jesu
per litteras." C. — 3, 6 Mihi desit vanitas. C.

4. De Spiritu Sancto.

1. Ave, sancte spiritus,
Omnium creator,
Mundo missus coelitus,
Boni inspirator,
Mihi sis paraclitus,
Hoc est consolator,
Ne causam interitus
Mihi det temptator.

2. Ave qui visibili
Datus es figura,
Virtute mirabili
Dona praestans plura,
A me miserabili
Fuga nocitura,
Culpas insolubili
Ne solvam usura.

3. Ave qui apostolis
   In lingua donaris,
   Nam benignos incolis
   Hisque delectaris,
   Angelis ne subdolis
   Jungar et avaris,
   Me junge coelicolis,
   Quibus conversaris.

4. Ave, nubis lucidae
   Qui geris figuram,
   Aestuantem cupidae
   Mentis fuga curam,

Caritatis fervidae
Mihi da culturam,
Et in tali opere
Da ut perseveram.

5. Ave qui discipulis
   Appares ut ignis,
   Sedendo in singulis
   Eorum, te dignis,
   Ne me liget vinculis
   Sathanas malignis,
   Me coelorum populis
   Admisce benignis.

Cod. SS. Udalrici et Afrae (Clm. Monac. 4423) fol. 141 b. — 4, 7 u. 8
sind zwar von derselben Hand, aber ersichtlich erst nachgetragen, als sie bemerkte, dafs 2 Verse ausgelassen u. das Orginal nicht mehr zur Hand war;
daher der schlechte Reim. Die Handschrift ist namlich von deren Schreiber
1481 bei einem Aufenthalte in Mousee angefertigt worden. — 4, 6 das Hs.

5. De passione Domini.

1. Ave, Jesu, fili Dei
   Te quaero, quem pharisaei
   Morti tradunt causa mei
   Et blasphemantes Judaei.
       Et morti turpissimae.
   Oculis non carnis quaero,
   Da corde quaeram sincero,
   Te invento Deo vero
   Mihi fiat hoc, quod spero,
       O spes flentis animae.
   O Jesu virtutis mirae,
   Ne contingat me perire,
   Gratanter mihi largire,
   Ut te possim invenire,
       Obstans omne reprime.
   O inconstans cor et stultum,
   Incultum et inconsultum,
   Te nunc apta ad singultum
   Et pro Jesu plangens multum
       Nullam moram exime.

2. Ave, Jesu, te praesentem
   Scio, sed mihi absentem,
   Punge ergo impudentem
   Meam tua cruce mentem,
       Ut sic ad te redeat.

Manuum pedum fixura
Laterisque apertura,
Capitis tui punctura
Frangatur mens mea dura,
    Ne jam ultra torpeat.
O cor durum, jam non sterte,
Ad Jesu crucem te verte;
Jesu, te ad me converte,
Ut cor meum velox certe
    Totum in te transeat;
Sanguine me tuo lava,
Cuncta mea delens prava,
Cruci tuae me conclava,
Ut non sathanina clava
    Tuus labor pereat.

3. Ave, Jesu, mi dilecte,
   Qui in crucis pendes vecte,
   Cordi meo sic te necte,
   Ut jungatur tibi recte
       Per aeterna saecula.
   Eja, Jesu, alme Deus,
   Dolor tuus dolor meus,
   Cur te sic mactat Judaeus,
   Non tu sed ego sum reus,
       Omni plenus macula.

En dolor te totum angit,
Cuncta membra tua frangit,
Sed adhuc, heu, me non tangit,
Hinc nec te mens mea plangit,
  Carnis ardens facula.
O cor saevum, jam nunc plora,
Lacrimas ut imbres rora,
Curre ad doloris fora,
Plange lugens omni hora,
  Nulla pausans morula.

4. Ave, Jesu, mea vita,
O majestas infinita,
Quare pro me peris ita
Per tormenta inaudita
  Nec tolerabilia.
Ecce in cruce exspiras,
Poenas mortis luens diras,
Virtutes demonstras miras,
Nam non moveris ad iras,
  Quando suffers talia.
O dolor et o dolores,
Vere tui vultus flores,
Rosis rubicundiores,
Heu mutantur in pallores
  Mortis vehementia.

O mors, cur in Christum fremis,
Christi vitam quare demis,
Cur me potius non premis,
Cum me minus quam hunc tremis
  Mutata sententia.

5. Ave, Jesu, fons vitalis,
Non sis mihi partialis,
Sed sis mea spes totalis,
A cunctis solvas me malis
  In mente et corpore.
Praesta ut vilescat iste
Mihi mundus, Jesu Christe,
Mihi in morte assiste,
Ut nihil me laedat triste,
  Tuo fretus robore.
Tunc, o Jesu, lux vivorum,
Spes et salus mortuorum,
Me ad gaudia coelorum
Duc ornatu meritorum
  Numeroso foenore.
O cor meum, obstupesce,
Motus iniquos compesce,
Nec jam ultra insolesce,
In plagis Jesu quiesce
  Nunc et omni tempore.

Cod. SS. Udalrici et Afrae (Clm. Monac. 4423) fol. 142 a.

6. De sancta cruce.

1. Ave admirabilis,
  O crux benedicta,
Tua vis est nobilis
  Semper et invicta,
Per te turba fragilis
  Daemonum est victa,
Palma mihi stabilis
  Sis contra delicta.

2. Ave semper florida,
  O crux pretiosa,
Tua virtus vivida
  Atque gratiosa
Mea sanet morbida
  Membra et virosa,
Ne sint ultra foetida
  Deo nec exosa.

3. Ave restitutio,
  O crux, sanitatis
Quae evacuatio
  Es infirmitatis,
A me sit remotio
  Per te vanitatis
Atque restauratio
  Omnis sanctitatis.

4. Ave, meum gaudium,
  O crux, dulce lignum,
Ornata per filium
  Virginis benignum,
Sis contra daemonium
  Mihi juge signum,
Ne pariter devium
  Imiter malignum.

5. Ave, mea gloria,
   O crux, laus cunctorum,
   Ad se traxit omnia
   Per te rex coelorum,

A me fuga noxia
Cuncta vitiorum,
Et me sic ad gaudia
Conduc gaudiorum.

Cod. SS. Udalrici et Afrae (Clm. Monac. 4423) fol. 133 b.

7. De sanctissimo sacramento.

1. Ave, manna angelorum,
   Jesu, vivens hostia,
   Fons et arrha gaudiorum,
   Cuncta delens tristia,
   Morum confer honestorum
   Mihi exercitia,
   Universa vitiorum
   Fugans a me noxia.

2. Ave, panis mulcens gustum,
   Qui cibus es grandium,
   Tibi me grandem et justum
   Per pium fac studium,
   Meum cor totum exustum
   Per culpae incendium,
   Virtutum flore venustum
   Fac, o cordis gaudium.

3. Ave, corpus Christi natum
   Ex Maria virgine,
   Dirae cruci conclavatum
   Meo pro peccamine,

Misero mihi collatum
Empto tuo sanguine,
Munda quaeso me fuscatum
Peccati fuligine.

4. Ave, animae dulcedo,
   Salutaris victima,
   In te devota, ut credo,
   Vegetatur anima,
   Tibi, Jesu, totum me do,
   O mea pars optima,
   A me longe sit sulsedo
   Culpae amarissima.

5. Ave, virtus infinita,
   Jesu, mea gloria,
   In te spes, salus et vita,
   Omnis boni copia,
   Per te me ad te invita
   Singulari gratia,
   Sempiterna pace dita
   In coeli me patria.

Cod. SS. Udalrici et Afrae (Clm. Monac. 4423) fol. 141 b.

8. De omnibus sanctis.

1. Ave, summa trinitas,
   Omnis per te sanctitas
   Mihi largiatur,
   Ave, virgo virginum,
   A me per te criminum
   Culpa deleatur;
   Virtus mihi, Michael,
   Gabriel et Raphael,
   Per vos dirigatur,
   Per vos cunctos spiritus
   Dives mihi coelitus
   Semper augeatur.

2. Ave, apostolica
   Cohors et prophetica
   Et patriarcharum,

Adsit quoque medicus
Chorus et theoricus
Evangelistarum;
Adsint et discipuli,
Contemptores saeculi
Et rerum cunctarum,
Omnes pro me fundite
Preces et me cingite
Donis gratiarum.

3. Ave innocentium
   Turba morientium
   Pro Christo beata,
   Turba, ave, niveo
   Candore et rubeo
   Martyrum ornata;

Per vestra màrtyria
Mater est ecclesia
  Pulchre purpurata,
Pro vestra victoria
Nobis dentur gaudia
  In coelis parata.

4. Ave, o pontificum
Cohors et mirificum
  Agmen monachorum,
Adsint eremicolae
Et omnes deicolae,
  Legis confessorum,
Occurrant et virgines,
Viduarum ordines
  Et conjugatorum,

Omnes me attendite,
Pro me preces fundite
  Principi coelorum.

5. Ave, turba omnium
Civium coelestium,
  Qui regnant cum Deo,
Propter mea vitia
Ad vestra suffragia
  Supplex ego fleo,
Pro me intercedite
Placatumque reddite
  Deum mihi reo,
Sim in coeli solio
Vobiscum in gaudio
  Et cum Jesu meo.

Cod. SS. Udalrici et Afrae (Clm. Monac. 4423) fol. 142 b. — 3, 10 Per
vestra Hs. — 4, 6 Leges Hs.

9. De Beata Virgine Maria.

1. Mater pia, mater dia,
  Rei via, o Maria,
    Ave plena gratia,
  O tenella Dei cella,
  Interpella pro me, mella
    Da de coeli curia;
  Vitae porta mundo orta,
  Me conforta, ne distorta
    Me collidant otia,
  Decus morum, vas honorum,
  Fons hortorum, lux polorum,
    Mihi sis propitia.

2. Ara Dei, salus rei,
  Robur spei, cordis mei
    O dulce praesidium,
  Expers maris, stella maris
  Praedicaris, stella paris
    Solem, regem omnium;
  Omni laude digna, plaude,
  Semper gaude meque claude
    Tuum intra gremium,
  Mihi maesto nunc adesto,
  Nam cor presto semper gesto
    Tuum in obsequium.

3. Reparatrix, imperatrix,
  Mediatrix, consolatrix,
    Ave, virgo regia,

Generose, gratiose,
Gaudiose, virtuose,
  Confer beneficia.
Urbs regalis, flos vernalis,
Fons vitalis, me a malis
  Solve et miseria,
O optata advocata,
Mihi nata, mihi data,
  Per te vincam omnia.

4. Imple bonis meum donis,
Quae in thronis Salomonis
  Regnas, desiderium,
Rupta mora partem rora
Solve lora firmiora,
  Quae trahunt ad vitium;
Culpae faecem, mentis necem
Ut per precem tuam secem,
  Da mihi auxilium,
Virgo clara, Deo cara,
Mihi para nunc in ara
  Coeli aevum gaudium.

5. Ave rosa speciosa,
Veterosa et exosa
  A me fuga odia,
Spes reorum, pes claudorum,
Lux caecorum, os mutorum,
  Da, ut spernam noxia.

Honor regis, amor legis,
Si me regis, vivi gregis
Me duc ad convivia,

Pio ductu sine luctu,
Tuo fructu, me jam duc tu,
Ut fruar in patria.

Cod. SS. Udalrici et Afrae (Clm. Monac. 4423) fol. 134 a. — 1, 6 de
culi Hs. — 1, 8 me distorta Hs. — 4, 3 Regnans Hs. — 4, 5 Solve rora Hs.

10. De eadem super Ave Maria.

1. Ave, o puerpera,
   Flos virginitatis,
   Praedulcis Christifera,
   Fons jucunditatis,
   In succursum propera
   Nobis tribulatis,
   Pacis affer munera,
   Solve a peccatis.

2. Maria, quae domina
   Es universorum,
   Placa per precamina
   Regem supernorum,
   Dele, terge crimina
   Tuorum servorum,
   Scribe nostra nomina
   In coelo coelorum.

3. Gratia sufficiens,
   Coeli hierarchia,
   Miseros reficiens,
   Dulcis, lenis, pia,
   Te vocat deficiens,
   Dum cadit in via,
   Ad te clamat sitiens,
   O dulcis Maria.

4. Plena donis gloriae,
   Gratiae, naturae
   Es, ut dicunt varie
   Leges et scripturae,
   Fer humanae sauciae
   Opem creaturae,
   Ut sit haeres patriae
   Nunquam transiturae.

5. Dominus te vestibus
   Induit decoris
   Et varietatibus
   Vitae purioris,

Da, ut ipsum passibus
Sequamur amoris,
Salva a laboribus
Aeterni doloris.

6. Tecum regum Dominus,
   O felix puella,
   Cur nos fugis eminus,
   Quos collidunt bella,
   Veni, veni cominus,
   Stilla pacis mella,
   Salva nihilominus
   Mortis a procella.

7. Benedicta, lilium
   Quae es castitatis,
   Veni in auxilium
   Nobis tuis natis,
   Vince tuum filium
   Prece pietatis,
   Ut post hoc exsilium
   Simus cum beatis.

8. Tu in mulieribus
   Sola expers paris,
   Clarior sideribus
   Stella solem paris,
   Quae prae sanctis omnibus
   Plus auxiliaris,
   Junge coeli civibus
   Nos, o stella maris.

9. Benedictus filius
   Tuus, o sacrata,
   Nostra ob te mitius
   Detergat peccata,
   Conculcetur fortius
   Passio innata,
   Dentur nobis ocius
   Gaudia beata.

Dreves, Conradus Gemnicensis.   12

10. **Fructus** tuus, regia
 Virgo et decora,
 Veniat de regia
 Poli absque mora,
 Dona det cum venia
 Nobis gratiosa
 Tua per suffragia,
 Rutilans aurora.

11. **Ventris** tui solium
 Christus cum subivit,
 Reis in refugium
 Se carni univit,

Contra nos daemonium
Saeviens contrivit
Et contra exitium
Nos per te munivit.

12. **Tui** nati gratia,
 Stella matutina,
 Nos victos per omnia
 Fraude sathanina
 Fulci, tolle vitia,
 Virtutes propina,
 Tibi laus et gloria,
 O coeli regina.

Cod. Tegurin (Clm. Monacen. 19824) saec. 15 fol. 80 a. A. — Ibid. fol.
170 a. B. — Cod. SS. Udalrici et Afrae (Clm. Monacen.) fol. 134 a. C. —
Corner, Magnum promptuarium, ed. 1645, p. 214 D. — 1, 2 u. 4 verstellt
D. — 1, 6 Nobis tuis natis D. — 2, 3 Nostra fer D. — 3, 4 Regi D. —
5, 3 u. 4 Fulgida virtutibus | Vitae sanctioris D. — 5, 8 Aeterni laboris A.
— 6, 6 Veni maris stella D. — 7, 5 Flecte tuum D. — 8, 2 Sola causa
pacis D. — 9, 3 Per te sit propitius D. — 9, 4 Dimittat D. — 11, 4 Carni
se D. — 12, 7 Tibi sit laus C.

11. De gaudiis B. M. V.

1. Gaude, virgo, laus cunctorum,
 Super decus angelorum
 Tua fulget gloria;
Gaude, dies ut ornatur
Sole, ita jucundatur
 Coeli in te curia.

2. Gaude, te adorant caeli
 Cives affectu fideli
 Et obedientia;
Gaude, tuae voluntati
Affectus est trinitati
 Favere per omnia.

3. Gaude, tibi obsequentes
 Terrae et coeli gaudentes
 Sumunt per te praemia;
Gaude, regalis praelata,
Trinitati proximata
 Singulari gratia.

4. Gaude, honor tuus crescit
 Semper, quia finem nescit
 Nec hic nec in patria;
Gaude, virgo, mater Dei,
Nos duc reformatos ei
 Ad festa coelestia.

Cod. SS. Udalrici et Afrae (Clm. Monac. 4423) fol. 134 b.

12. De sancto Michaele.

1. Ave, Michael beate,
 Qui es Dei nuntius,
 Mihi cum benignitate
 Subveni propitius,
 Labem mentis inquinatae
 Meae dele mitius,
 Formam vitae, Deo gratae,
 Da mihi velocius.

2. Ave. Dei fortitudo,
 Gabriel sanctissime,
 Omnis per te turpitudo
 Sit a me longissime,
 Et sit mihi claritudo
 Famae decentissimae,
 Atque boni plenitudo
 Sufficientissime.

3. Ave, Dei medicina,
   Raphael amabilis,
Eleva me de sentina
   Mundi miserabilis,
Ne [me] torqueat coquina
   Inferni horribilis
In loco [pacis] reclina
   Me interminabilis.

4. Ave, angele, [qui] datus
   Mihi singulariter,
Vivam per te confortatus
   In bono feliciter,

A nefandis separatus
   Omnibus finaliter,
In coelisque meus status
   Sit felix perenniter.

5. Ave, omnis beatorum
   O turba spirituum,
Favete mihi vestrorum
   Subventu precatuum,
Particeps vitiosorum
   Ne fiam reatuum,
Sed vobiscum supernorum
   Sim conviva fructuum.

Cod. SS. Udalrici et Afrae (Clm. Monac. 4423) fol. 135 a.

13. De sancto Johanne baptista.

1. Ave, Johannes praeclare,
   Qui baptizas dominum,
Orare pro me dignare
   Deum patrem omnium,
Sordes meorum mundare
   Ut dignetur criminum
Et electis sociare
   Me post vitae terminum.

2. Ave, qui virginitate
   Angelis es similis,
Nulla carnis foeditate
   Maculatus fragilis,
Da, ut sim in castitate
   Vitae semper stabilis
Et in omni sanctitate
   Deo acceptabilis.

3. Ave, ardens sanctitatis
   Lucerna et lucida,
Preco merae veritatis
   Et doctrina fulgida,

Da ut meae vilitatis
   Plangam mala foetida,
Et per viam caritatis
   Curram mente avida.

4. Ave, o plus quam propheta,
   Domine sanctissime,
Mihi assiste, athleta
   Christi invictissime,
Ne me pungat ardor, veta,
   Culpae iniquissimae,
Sed sit mens ad bonum laeta
   Mea frequentissime.

5. Ave, qui vicisti mortem
   Sub Herode impio,
Cum ad saltatricis sortem
   Finitus es gladio;
Tyrannum inferni fortem
   Tuo vincam brachio,
Sanctorumque me consortem
   Fac in coeli gaudio.

Cod. Tegurin. (Clm. Monac. 19824) fol. 271 a. A. — Cod. SS. Udalrici et Afrae (Clm. Monac. 4423) fol. 137 a. B. — 1, 7 Et sanctis coadunare B.

14. De sancto Petro.

1. Ave, Petre o beate,
   Princeps apostolice,
Columna inviolatae
   Fidei catholicae,

Dulcis praedicator datae
   Legis evangelicae,
Fac participem me gratae
   Gratiae dominicae.

12*

2. Ave, qui centurionem
    Convertis Cornelium,
Stultam a me passionem
    Pelle, fer auxilium
Mihi per orationem
    Tuam, Dei filium
Placans, coeli mansionem
    Da post hoc exsilium.

3. Ave, qui aegrotos sanas
    Umbra tui corporis,
Cogitationes vanas
    Mei fuga pectoris
Actionesque insanas
    Virosi facinoris,
Virtutes mihi da sanas
    Dono tui roboris.

4. Ave, qui Thabitam mortis
    Suscitas de carcere,
Contra nefas ut sim fortis,
    Pio confer munere,
Mortis festina de portis
    Me cito eripere,
Da in paradisi hortis
    Deo laudes promere.

5. Ave, qui mortis mucronem
    Vicisti praepropere,
Spernens Caesarem Neronem
    Sermone et opere,
Da, vim inferni draconem
    Ut possim devincere,
Me tribus Judae leonem
    Fac in coelis cernere.

Cod. Tegurin. (Clm. Monac. 19824) fol. 271 b. A. — Cod. SS. Udalrici et Afrae (Clm. Monac. 4423) fol. 135 a. B. — 2, 4 Pellere, fer B. — 3, 8 Dono tuo B.

15. De Sancto Paulo.

1. Ave, vas electionis,
    Paule, doctor gentium,
Propelle abusionis
    Omnis a me vitium,
Nullius confusionis
    Turbet me flagitium,
Sed in me devotionis
    Vivat desiderium.

2. Ave, qui pro Christo plura
    Tulisti martyria,
Auferri a me procura
    Sathanae incendia
Nefandaque carnis jura
    Atque desideria,
In vita per te futura
    Sim sine miseria.

3. Ave, qui mori cupisti,
    Ut vivas feliciter,
Mortem pro vita dedisti,
    Nam vivis perenniter,

Moriar ut mundo isti
    Largire velociter,
Non ultra peccato tristi
    Vivam ignobiliter.

4. Ave, meae robur spei,
    O tutum refugium,
Ecce sic, ut timent rei,
    Timeo supplicium,
Hostis ergo per te mei
    Evadam opprobrium,
Mihi tuo, serve Dei,
    Dulce sis praesidium.

5. Ave, possedisti thronum
    Qui jam duodecimum,
Ad verum me deduc bonum,
    Bonum felicissimum,
Da coeleste mihi donum,
    Datum doni optimum,
Ut in coelis psallam tonum
    Cum sanctis dulcissimum.

Cod. Tegurin. (Clm. Monac. 19824) fol. 272 a. A. — Cod. SS. Udalrici et Afrae (Clm. Monac. 4423) fol. 135 a. B. — 3, 7 Non fehlt B. — 5, 6 Dator doni B.

16. Ad sanctum Andream.

1. Ave, o sancte Andrea,
   Mea tu fiducia,
   Crucifixum ab Aegea
   Te laudat Achaia,
   Assiste mihi, letea
   Ut evadam otia,
   Et flagret semper mens mea
   Ad devota studia.

2. Ave, qui ex corde crucis
   Optasti suspendium,
   Filius ut fiam lucis,
   Praebe adjutorium,
   Vincam tua prece ducis
   Tenebrarum gladium,
   Tutus ero, si conducis
   Me ad palmae bravium.

3. Ave, qui vadis festine
   Crucis ad supplicia,
   Para gratiae divinae
   Mihi beneficia,

Stem valenter sine fine
In Christi militia,
Nulla fraudis sathaninae
Me laedat malitia.

4. Ave, crucis sine mora
   Qui scandis patibulum,
   In quo biduana hora
   Docuisti populum,
   Me duc ad salutis fora
   Per myrrhae fasciculum,
   Ut detur a Deo hora
   Vitae mihi epulum.

5. Ave, qui crucis trophaeo
   Jungeris coelestibus,
   Peccatori mihi reo
   Tuis adsis precibus,
   Asta praesto fini meo
   Cum supernis civibus,
   Post mortem regnem cum Deo
   Aeternis temporibus.

Cod. Tegurin. (Clm. Monac. 19824) fol. 272 a. A. — Cod. SS. Udalrici et Afrae (Clm. Monac. 4423) fol. 135 a. B. — 1, 5 Assiste mihi athleta B.

17. Ad sanctum Jacobum majorem.

1. Ave, qui major vocaris,
   Jacobe apostole,
   Te terrarum orbis, maris
   Venerantur incolae,
   Ut mihi miserearis,
   Servo tuo, recole
   Virtutisque salutaris
   In me fructus excole.

2. Ave, sator verbi Dei
   Per terras Hispaniae,
   Te honorant jubilaei
   Incolae Galatiae,
   Tibi justi atque rei
   Laudes dant laetitiae,
   Miserere ergo mei,
   O lampas ecclesiae.

3. Ave, salus animarum,
   Flos divini germinis,
   Vere sidus tu praeclarum
   Inexhausti luminis,

Mearum velox culparum
Dele labem criminis,
Fluat mihi gratiarum
Per te vena fluminis.

4. Ave, gemma claritatis,
   O fili tonitrui,
   In te meae sanitatis
   Spem totam deposui,
   Me ex lacu vanitatis
   Duc, in quo evanui,
   Pro meis ora peccatis,
   Quibus miser tabui.

5. Ave, speculum virtutum,
   Mea spes et gloria,
   Iter para mihi tutum
   In Dei militia,
   Te pro me in morte scutum
   Da contra daemonia,
   Virtute loca indutum
   Me in coeli curia.

Cod. Tegurin. (Clm. Monac. 19824) fol. 272 b. A. — Cod. SS. Udalrici et Afrae (Clm. Monac. 4423) fol. 135 b. B. — 5, 7 Virtutum B.

18. Ad sanctum Johannem evangelistam.

1. Ave, sidus coelicum,
Johannes sacrate,
Lumen evangelicum
Morum gravitate,
Cor geris angelicum
In virginitate,
Spiritum paraclitum
Da, nec spernar a te.

2. Ave, generatio
Laudat redemptoris
Te, mihi protectio
Omnibus in horis
Sis et relevatio
A peccati loris,
Mihi consolatio
Sis intus et foris.

3. Ave, qui restituis
Vitam Drusianae,
Juvenemque imbuis,
Mentis ut sit sanae;

Factis frui strenuis
Da nec vivam vane,
Ne damner cum nocuis
Poenis inhumane.

4. Ave, ad convivium
Qui vocaris caeli,
Meum prece vitium
Deterge fideli,
Largire initium
Boni mihi zeli,
Ne sim per flagitium
Pejor infideli.

5. Ave, pudicitiae
Gemma singularis,
Qui a dono gratiae
Gratia vocaris,
Pro me regi gloriae,
Precor, ut loquaris,
Ut coelestis curiae
Collocer in aris.

Cod. Tegurin. (Clm. Monac. 19824) fol. 273 a. A. — Cod. SS. Udalrici et Afrae (Clm. Monac. 4423) fol. 135 b. B. — 1, 8 Da, ne spernar B. — 2, 4 Sis omnibus B.

19. Ad sanctum Thomam.

1. Ave, Thoma Didyme,
Lucerna Indorum,
Conformans aptissime
Christo mores horum,
Eripe, dulcissime,
Me reum reorum,
Ne submergar pessime
Lacu vitiorum.

2. Ave, cum incredulo
Corde substitisti,
Cordis mei oculo
Visum reddidisti,
Ora, ne jam poculo
Mundi fruar tristi,
Qui amoris osculo
Perfrui novisti.

3. Ave, cedis dubio,
Quando tangis Deum,
Rogatu propitio
Mihi placa eum,
Pro vili flagitio
Ne me prodat reum,
Sed in coeli gaudio
Locet jubilaeum.

4. Ave, vincens libere
Accensam fornacem,
Da in fiamma miserae
Carnis mihi pacem,
Poenam praesta fugere
Inferni minacem,
Salutemque capere
In coelis vivacem.

5. Ave, quia lancea
   Saeva perforatus,
   Corona nunc rosea
   Gaudes coronatus,

Gaudeam siderea
In sede locatus,
Veste cultus nivea,
Christo sociatus.

Cod. Tegurin. (Clm. Monac. 19824) fol. 273 a. A. — Cod. SS. Udalrici et Afrae (Clm. Monac. 4423) fol. 136 a. B.

20. Ad sanctum Jacobum minorem.

1. Ave, Hierosolymae
   Digne praesularis,
   Jacobe sanctissime,
   Qui minor vocaris,
   Te collaudant animae,
   Quas Deo lucraris,
   Mihi, precor intime,
   Ut miserearis.

2. Ave, mundi omnia
   Conspernis gaudenter,
   Precis tuae gratia
   Adesto volenter
   Mihi contra vitia,
   Ut surgam recenter,
   Nulla me ludibria
   Laedant violenter.

3. Ave, fugans Zabulum
   Factis caritatis,
   Solve prece vinculum
   Meae pravitatis,

Nequaquam sim stabulum
Ultra vanitatis,
Sed sim receptaculum
Omnis sanctitatis.

4. Ave, carnis gloriam
   Frangens abstinenter,
   Da ut abstinentiam
   Prosequar frequenter,
   Ne per castrimargiam
   Consumar fallenter,
   Ut non ignominiam
   Sufferam nocenter.

5. Ave, qui martyrio
   Te tulisti pronum,
   Da sine fastidio
   Vitae sanctae donum
   Et sine supplicio
   Omne mihi bonum,
   Spreto mundi gaudio
   Coeli scandam thronum.

Cod. Tegurin. (Clm. Monac. 19824) fol. 273 a. A. — Cod. SS. Udalrici et Afrae (Clm. Monac. 4423) fol. 136 B.

21. De sancto Philippo.

1. Ave, verbum praedicas,
   Philippe, qui Dei,
   Corpus tuum dedicas
   Vitae sanctae spei,
   Lucrum tibi vendicas
   Dulcis requiei,
   Dum cum Christo judicas,
   Esto memor mei.

2. Ave, qui os diceris
   Recte lampadarum,
   Mei faeces sceleris
   Et miseriarum

Terge, lumen ceteris
Dei dans viarum,
Vae mihi, si praeteris
Me, lux animarum.

3. Ave, qui melliflua
   Voce doces gentem,
   Collustras luciflua
   Face quarum mentem,
   Appetam ne fatua,
   Adjuva me flentem,
   Sed sequar ad ardua
   Poli te scandentem.

4. Ave, qui in Syria
   Es affixus cruci,
   Tua per suffragia
   Supernorum luci
   Jungar, non per vitia
   Inferorum duci
   . . . .
   . . . . .

5. Ave, qui lapidibus
   Exsultas necatus,
   Jungeris coelestibus
   Digne laureatus,
   Tuis fiat precibus
   Felix meus status,
   Ut cum sanctis omnibus
   Gratuler salvatus.

Cod. SS. Udalrici et Afrae (Clm. Monac. 4423) fol. 136 a. — 4, 1 in Stiria Hs.

22. Ad sanctum Bartholomaeum.

1. Ave, o Bartholomaee,
   Felix lumen Indiae,
   Aures praebe voci meae,
   O doctor egregie,
   Opem confer menti meae
   Reae et nefariae,
   Ne derideant leteae
   Me inferni bestiae.

2. Ave, qui humilitate
   Et sub veste nitida
   Flores et exilitate,
   Mente gaudes vivida,
   Praesta, mens ne vilitate
   Fiat mea livida;
   Sed sit sub frugilitate
   Et virens et florida.

3. Ave, cruci conclavatus
   A viris malitiae,
   Tua prece liberatus
   A culpis nequitiae,

   Christo jungar connodatus
   Clavo poenitentiae,
   Jam non laedat incolatus
   Me mundi miseriae.

4. Ave, cum nudaris pelle,
   Fulges patientia,
   A me vetera propelle
   Longius flagitia,
   Et festine me compelle
   Ad cuncta felicia,
   De coelestis petrae melle
   Me cibando satia.

5. Ave, capite truncatus,
   Qui coelos ingrederis,
   Stola vitae decoratus
   Da, nam dare poteris,
   Ut a pelle renovatus
   Per te vitae veteris,
   Tibi vivam sociatus
   In pace, qua frueris.

Cod. Tegurin. (Clm. Monac. 19824) fol. 274 a. A. — Cod. SS. Udalrici et Afrae (Clm. Monac. 4423) fol. 136 b. B. — 2, 5 Praesta ne mens B. — 3, 4 A culpa B. — 3, 7 laedar B. — 4, 7 De coelesti petra B.

23. Ad sanctum Matthaeum.

1. Ave, beate Matthaee,
   Lucerna fidelium,
   Qui genti primum Judaeae
   Scribis evangelium,
   Audi vocem precis meae,
   Mihi sis praesidium,
   Turbae jungens jubileae
   Me post hoc exsilium.

2. Ave, qui ex publicano
   Vas es factus gratiae,
   Me a cogitatu vano
   Solve omnifarie,
   Et ab actu me mundano
   Trahe et lasciviae,
   Serviam ut Christiano
   More regi gloriae.

3. Ave, spargis verbum Dei
   Qui in Aethiopia,
   Cum sis virtus meae spei,
   Corona et gloria,
   Quaeso, memor esto mei
   In mea miseria,
   Ut vincam jure trophaei
   Cuncta mundi noxia.

4. Ave, patent orci portae
   Tuum ad imperium,
   Quando suscitas a morte
   Saeva regis filium,

Ut sim bona, da, sub sorte,
   Ferens opis brachium
Et tuere me, ne forte
   Trahar ad supplicia.

5. Ave, digne laurearis
   Qui cruore proprio,
   Et tibi vitam mercaris
   Percussoris gladio,
   A flammis salva amaris
   Tuo me subsidio,
   Ut vivam cum Dei caris
   In coelesti solio.

Cod. Tegurin. (Clm. Monac. 19824) fol. 274 b. A. — Cod. SS. Udalrici et Afrae (Clm. Monac. 4423) fol. 136 b. B. — 5, 5 solvat amaris B.

24. Ad sanctum Simonem.

1. Ave, Simon venerande,
   Flos obedientiae,
   Qui viam vitae amandae
   Doces verbo gratiae,
   Super me sinum expande
   Divinae clementiae,
   Ne subsannent me nefandae
   Infernales furiae.

2. Ave, qui ad nationes
   Es profectus efferas,
   Ut his consolationes
   Verae vitae conferas,
   Precor, ut confusiones
   Mei cordis auferas,
   Et ad coeli mansiones
   Me post mortem deferas.

3. Ave, verbum salutare
   Proponens Aegyptiis,
   Multos abrenuntiare
   Multis doces vitiis;

Cor meum jam fac cessare
   A concupiscentiis,
   Ut se possit-adaptare
   Divinis solatiis.

4. Ave, pangens duci pacem
   Regis Babyloniae,
   Auram averte fugacem
   Mundanae laetitiae,
   Hostem vincam contumacem,
   Da, zelo justitiae,
   Et in veritate vacem
   Dei sapientiae.

5. Ave, quia absolutus
   Carnis ab ergastulo
   Ad coelos festinas tutus
   Sine offendiculo,
   Per te, precor, ut adjutus
   Cum coelesti populo
   Vivam virtute indutus
   In futuro saeculo.

Cod. Tegurin. (Clm. Monac. 19824) fol. 275 a. A. — Cod. SS. Udalrici et Afrae (Clm. Monac. 4423) fol. 136 b. B. — 4, 3 sq. A me averte fugacem | Mundanae laetitiae | Spem et hostem pervicacem | divinae militiae | Hunc ut vincam contumacem | Da zelum justitiae. B.

25. Ad sanctum Thadaeum.

1. Ave, hujus saeculi,
   Thadaee, lucerna,
   Qui cor duri populi
   Mollis ad serena,

Memor tui famuli
   Mente sis paterna,
Mei cernant oculi
   Gaudia aeterna.

2. Ave, vitam mortuo
   Qui reddis decenter,
   Precatu continuo
   Me juva volenter,
   Ut ab actu fatuo
   Resurgam recenter,
   Et non cadam denuo
   Ad malum nocenter.

3. Ave, qui operibus
   Te piis das gratum,
   Tuis sanans precibus
   Lepra vulneratum,
   Sana facinoribus
   Dire me gravatum,
   Et a culpis omnibus
   Redde liberatum.

4. Ave, qui praepropere
   Ad astra festinas,
   Mentis meae miserae
   Repara ruinas,
   Coeli mihi mittere
   Stude medicinas,
   Digne queam promere
   Laudes ut divinas.

5. Ave, qui martyrium
   Sustines prudenter,
   Hinc coeli palatium
   Subintras potenter,
   Tuum mihi brachium
   Succurrat valenter,
   Ut ascendam solium
   Coelorum gaudenter.

Cod. Tegurin. (Clm. Monac. 19824) fol. 275 a. A. — Cod. SS. Udalrici et Afrae (Clm. Monac. 4423) fol. 137 a. B. — 4, 8 Laudes et divinas B.

26. Ad sanctum Matthiam.

1. Ave, stirpis nobilis
   Sancte o Matthia,
   Pro Juda laudabilis
   Surgis sorte pia,
   Prece da ut stabilis
   Sim in vitae via,
   Et mihi placabilis
   Vera sit sophia.

2. Ave, sacra semina
   Spargens in Judaea,
   Deterge peccamina
   Apud Deum mea,
   Fugiant temptamina
   Per Christi trophaea,
   Mea mens ad carmina
   Surgat jubilaea.

3. Ave, qui gratifica
   Caecos sospitate
   Curans a tabifica
   Sanas caecitate,

Succurrens mirifica
   Tua pietate
   Ab omni salvifica
   Me iniquitate.

4. Ave, vitam mortuis
   Ter denis modesta
   Qui virtute tribuis,
   Me duc ad honesta,
   Non mala cum fatuis
   Subeam funesta,
   Cum sanctis praecipuis
   Dei agam festa.

5. Ave, morti subderis
   Quando transiturae,
   Christo statim jungeris
   Conregnans secure,
   Tibi sic ut poteris
   Jungere sit curae
   Me vitae, qua frueris,
   Semper permansurae.

Cod. Tegurin. (Clm. Monac. 19824) fol. 275 b. A. — Cod. SS. Udalrici et Afrae (Clm. Monac. 4423) fol. 137 a. B. — 3, 1 gratificas B. — 3, 4 Sanans B. — 4, 2 Pluribus B. — 5, 5 sic poteris A.

27. Ad sanctum Stephanum.

1. Ave, qui verbo et vita
Flores, Stephane levita,
Martyr primus legis novae,
Pia me virtute fove.

2. Ave, qui vincis Judaeos,
Hostes per te vincam meos,
Carnem saevam, stultum mun-
dum
Atque Sathanam immundum.

3. Ave, qui Christum vidisti,
Cum ad coelum respexisti;
Christum in coelis videre
Da mihi et congaudere.

4. Ave, qui oras pro hoste,
Ad tale me trahe post te,
Dulci semper fruar pace
Cum stulto et contumace.

5. Ave, saxis qui finiris,
A culpae me solve diris
Et deduc post vitae mortem
Tecum ad coelestem sortem.

Cod. Tegurin. (Clm. Monac. 19824) fol. 276 b. A. — Cod. SS. Udalrici et Afrae (Clm. Monac. 4423) fol. 137 b. B. — 1, 4 Pia fehlt B.

28. Ad sanctum Laurentium.

1. Ave, Laurenti beate,
Assabaris dum in crate
Tyranno sic insultasti,
Dicens: Ede, quod assasti.

2. Ave, qui assatus gaudes,
Dignas agens Deo laudes,
Pro me funde preces ei,
Ut misereatur mei.

3. Ave, qui pro poenis ignis
Praemiis ditaris dignis,
A me peccati habenas
Infernique fuga poenas.

4. Ave, qui turbae egenae
Das Christi thesauros plene,
Peccatorem me egenum
Gratia Dei fac plenum.

5. Ave, qui vincis in igne,
Sequi te da mihi digne
Ad sanctorum claritatem
In coelestem civitatem.

Cod. Tegurin. (Clm. Monac. 19824) fol. 276 b. A. — Cod. SS. Udalrici et Afrae (Clm. Monac. 4423) fol. 137 b. B. — Cod. Lunaelac. (Palat. Vindob. 4087) saec. 15. C.
2, 3 fundas B. — 3, 3 A peccati me C. — 5, 3 Ad sanctam claritatem C.

29. Ad sanctum Achatium.

1. Ave, miles Christi fortis,
Achati sanctissime,
Pugil venerandae sortis
Stirpisque clarissimae;
Decem milium cohortis
O dux invictissime,
Qui vicerunt tecum mortis
Poenam jucundissime.

2. Ave, o virtus invicta
Et spes mea vivida,
Tuis precibus delicta
Mea dele livida,
Mea mens Deo non ficta
Recta sit et pavida,
Et libido a me victa
Jam abscedat lurida.

3. Ave, martyr pretiose,
  Forma patientiae,
Triumphavit gloriose
  In te princeps gloriae,
Da, ut obstem nebulosae
  Demonum nequitiae,
Jesu Christi gaudiosae
  Conjungar militiae.

4. Ave, tot candidatorum
  Martyrum vexillifer,
Qui virtutum atque morum
  Cunctis es odorifer,

Tu meorum peccatorum
  Veniae sis signifer,
Et procul mihi malorum
  Sit exactor letifer.

5. Ave, qui cum delicato
  Tuo contubernio
Gaudens in coelesti prato
  Frueris convivio,
Interventu junge grato
  Tali me solatio,
Ut conviva cum beato
  Regnem Dei filio.

Cod. Tegurin. (Clm. Monac. 19824) fol. 276 a. A. — Cod. Tegurin. (Clm. Monac. 20124) saec. 15 B. — Cod. SS. Udalrici et Afrae (Clm. Monac. 4423) fol. 138 b. C.

30. Ad sanctum Gregorium.

1. Ave, gemma praesulum,
  Gregori beate,
Exemplar et speculum
  Vitae illibatae,
Cordis mei vasculum
  Reple castitate,
Ne per carnis vinculum
  Liger voluptate.

2. Ave, coeli fistula,
  O doctor Anglorum,
Caritatis facula,
  Decens norma morum,
Ne me necet macula
  Criminum meorum,
Placa per oracula
  Principem polorum.

3. Ave, sancti spiritus
  Organum jucundum,
Verbo tibi coelitus
  Dato ditas mundum,

Rogo te medullitus,
  Ut me infecundum
Deo reddas penitus
  A peccatis mundum.

4. Ave, summe pontifex,
  Qui Dei servorum
Servus es et opifex
  Operum piorum,
Non me mille-artifex
  Fraudet, dux malorum,
Sed ut sim virtutifex
  In coetu justorum.

5. Ave, fulgens saeculo
  Stella matutina,
Omni datus populo
  Hora vespertina,
Levans me de stabulo
  Et culpae sentina,
Coeli habitaculo
  Angelis conbina.

Cod. Tegurin. (Clm. Monac. 19824) fol. 325 a. A. — Cod. Tegurin. (Clm. Monac. 20001) anni 1476 fol. 262 a. B.

31. Ad sanctum Augustinum.

1. Ave apostolice,
  O vir Augustine,
Succurrens catholicae
  Fidei ruinae,

Fraudi diabolicae
  Non me subdi sine,
Sed jungar angelicae
  Vitae sine fine.

2. Ave, evangelicam
  Praedicans doctrinam,
 Per ipsam angelicam
  Restaurans ruinam,
 Ergo mihi coelicam
  Confer medicinam,
 Intrem diabolicam
  Ne quando doctrinam.

3. Ave, Hipponensium
  Qui antistes factus,
 Es pontificalium
  Jura digne nactus,
 Ad nihil per vitium,
  Qui sum heu redactus,
 Duc ad vitae bravium
  Me per pios actus.

4. Ave, fulgens lilium
  Vitae sanctitate,
 Exemplar humilium
  Dulci paupertate,
 Praebe patrocinium
  Ne disjungar a te,
 Sed te sequar praevium
  Morum gravitate.

5. Ave, qui feliciter
  Volas ad superna,
 Me colat memoriter
  Tua mens paterna,
 Tuere perenniter,
  Ne petam inferna,
 Consequar sed dulciter
  Gaudia aeterna.

Cod. Tegurin. (Clm. Monac. 19 824) fol. 325 b. A. — Cod. Tegurin. (Clm. Monac. 20001) anni 1476 fol. 262 b. B.

32. Ad sanctum Martinum.

1. Ave, Dei pontifex
  Et virtutum artifex,
   Martine beate,
 Genitrix Pannonia
 Tua te, Italia
   Nutrix laudant grate.
 Manus tuas commoda
 Ad meae incommoda
   Mentis sceleratae,
 Sana me interius,
 Exorna exterius
   Morum gravitate.

2. Ave, qui cooperis
  Nuditatem pauperis
   Chlamide partita,
 Tua per suffragia
 Nulla per contraria
   Vincar in hac vita;
 Mea mens per misera
 Non laedatur, prospera,
   Virtute vestita,
 Tuis sic auxiliis
 Atque beneficiis
   Spe fruar cupita.

3. Ave, spernens saeculum,
  Militumque cingulum,
   Gaudia stultorum,
 Ad baptismi lavacra
 Volas et simulacra
   Dejicis deorum;
 Da mihi, ut omnia
 Mundi spernam gaudia
   Cum melle eorum,
 Et me fac proficere
 In virtutum munere
   More beatorum.

4. Ave, qui restituis
  Tribus vitam mortuis
   Tua prece pura,
 Animae restitue
 Meae sensum mortuae
   Medela secura;
 Post odorem currere
 Tuum fac et capere
   Me regna mansura,
 Nullum me illicitum
 Trahat vel prohibitum
   Ad mala futura.

5. Ave, cuncta saecula
   Per multa miracula
      Qui illustras late,
   Et sic intras gaudia
   Jucunde coelestia,
      Plenus sanctitate;

Me sequi velociter
Te fac et feliciter,
   Non dijungar a te
Junctus sanctis omnibus
Vivam in coelestibus
   Cum jucunditate.

Cod. Tegurin. (Clm. Monac. 19824) fol. 277 b. A. — Cod. SS. Udalrici et Afrae (Clm. Monac. 4423) fol. 137 b. B. — Cod. Lunaelac. (Palat. Vindob. 4057) saec. 15. fol. 250 a. C. — 4, 8 Tuum fac me A. — 4, 9 Regna permansura A. — 4, 12 malam futuram A. — 5, 7 feliciter B. — 5, 8 velociter B.

33. Ad sanctum Benedictum.

1. Ave, pastor et patrone,
      Monachorum gloria,
   Benedicte, pater bone,
      Omni florens gratia,
   Clipeum te pro me pone
      Cuncta contra vitia,
   Mihi adstans in agone,
      Per te vincam omnia.

2. Ave, qui fallentis mundi
      Conculcasti dulcia,
   Non me mundi furibundi
      Superet malitia,
   Nec permittas me confundi
      Sathanae versutia,
   Sed ut fiam cordis mundi,
      Precum da instantia.

3. Ave, carnis blandimenta
      Qui vicisti noxia,
   Hostis praesta temptamenta
      Vincere me spurcia,

   Tuae jam mihi praesenta
      Virtutis auxilia,
   Ut per tua fulcimenta
      Vigeam in latria.

4. Ave, quia boni moris
      In te ridet copia,
   Vitae mihi purioris
      Offer beneficia,
   Fugere da cunctis horis
      Omnis culpae devia,
   Praesta vas ut sim honoris
      In coelesti patria.

5. Ave, quia vanitatis
      Contempsisti otia,
   Per te virtus pietatis
      Mihi fiat socia,
   Duc de faece foeditatis
      Ad vitae negotia,
   Tua prece cum beatis
      Me Christo consocia.

Cod. Tegurin. (Clm. Monac. 19824) fol. 276 b. A. — Cod. SS. Udalrici et Afrae (Clm. Monac. 4423) fol. 138 a. B. — Cod. Lunaelac. (Palat. Vindob. 4087) saec. 15 C. — 1, 4 floris C. — 3, 3 Carnis viva temptamenta C. — 3, 4 spuria B. — 3, 8 in latera C. — 4, 1 bono moris C.

34. Ad sanctum Bernhardum.

1. Ave, pater monachorum,
      Speculum et regula,
   Virtutum vas et honorum,
      Omni carens macula,
   O Bernharde, decus morum
      Qui ardes ut facula,
   Te juvante peccatorum
      Non me stringant vincula.

2. Ave, o pater beate,
      Mea spes et brachium,
   Dulcis et desiderate,
      Corona et gaudium,
   Passionis in me natae
      Exstinguens incendium,
   Benedictionis gratae
      Stilla stillicidium.

3. Ave, qui illecebrosa
   Horruisti crimina,
   Ergo coeli gaudiosa
   Conscendisti culmina,
   Fac, ut carnis vitiosa
   Superem certamina,
   Mea mens sit virtuosa
   Tua per precamina.
4. Ave, sidus ut solare
   Qui fulges prae ceteris,
   Meum veni expugnare
   Cor a sorde sceleris,

Et in bonum commutare
Mores vitae veteris,
Vitaeque participare
Concede qua frueris.
5. Ave, qui jam jucundaris
   Cum sanctorum millibus,
   Subveni, ne mundi maris
   Obruar in fluctibus,
   Et ne conculcar amaris
   Inferni doloribus,
   Sed conjunge me praeclaris
   Angelorum coetibus.

Cod. Tegurin. (Clm. Monac. 19824) fol. 277 a. A. — Cod. SS. Udalrici
et Afrae (Clm. Monac. 4423) fol. 138 b. B. — 5, 5 concludar B.

35. Ad sanctum Nicolaum.

1. Ave, admirabilis
   Myraeae o humilis
     Praesul civitatis,
   Nicolae, Patera
   Genuit te libera
     Multae honestatis;
   Dejecta infantia
   Proficis in gratia
     Magnae sanctitatis,
   Ergo sanctis meritis
   Tuis de praeteritis
     Me solve peccatis.
2. Ave, qui puellulis
   Tribus, ne prostibulis
     Dentur, subvenisti;
   Tres solvis de carcere,
   Ducens studes solvere
     Tres de morte tristi;
   Hinc me duc de crimine
   Et de consuetudine
     Mala dono Christi,
   Ut mea possessio
   Christus sit et portio,
     Da, quem possedisti.
3. Ave, te vocantibus
   Et periclitantibus
     Qui ades volenter,
   Tua ne provincia
   Pereat inedia
     Panem das prudenter;

A peccati vinculis
Cunctisque periculis
  Salva me recenter,
Non Sathan me terreat,
Neque malum sorbeat
  Ultra violenter.
4. Ave, tu qui fatuas
   Zelo Dei statuas
     Frangis idolorum,
   Mortuum resuscitas
   Et in fundo visitas
     Mersum fluviorum;
   Cordis mei frivola
   Tuorum vi idola
     Frange meritorum,
   Me in bono robora,
   Et a fraude libera
     Adversariorum.
5. Ave, nam de tumulo
   Tuo fluunt sedulo
     Olei liquores,
   Sanantes hydropicos
   Atque epilepticos
     Cunctosque dolores;
   Sana ergo omnia
   Mentis meae vitia
     Et carnis languores,
   Vana mundi spernere
   Da et coeli carpere
     Fructus gratiores.

Cod. Tegurin. (Clm. Monac. 19824) fol. 278 a. A. — Cod. SS. Udalrici et Afrae (Clm. Monac. 4423) fol. 138 a. B. — 2, 12 Da quem jam vicisti B. — 4, 8 Vi tuorum B. — 4, 10 sqq. Me de culpa suscita | Et in lacu visita | Malorum meorum B. — 5, 9 carnis liquores B.

36. De sancta Agatha.

1. Agatha, Siciliae
   Ave o patrona,
   Multiformis gratiae
   Rident in te bona,
   Accurris miseriae
   Paganorum prona,
   Qui misericordiae
   Tuae laudant dona.

2. Ave, o egregia
   Virgo sponsa Christi,
   Tu pro cujus gloria
   Sanguinem fudisti,
   Cum mundi fallacia
   Sathanam vicisti,
   Ingredi coelestia
   Regna meruisti.

3. Ave, vallis lilium,
   Siculorum stella,
   Virtutis hospitium
   Et honoris cella,

Pro me Dei filium,
Precor, interpella,
Elonget ut vitium
A me et flagella.

4. Ave, pro peccamine
   Meo, precor, ora
   Tuoque precamine
   Veniam implora,
   Mecum in examine
   Sis in necis hora,
   Pio sub velamine
   Mortis rumpe lora.

5. Ave, surge, filia
   Sion generosa,
   Non ad desideria
   Mea sis morosa,
   Sed ab hac miseria
   Mundi turbinosa
   Me ad coeli gaudia
   Duc, o gloriosa.

Cod. Tegurin. (Clm. Monac. 19824) fol. 281 a. A. — Cod. SS. Udalrici et Afrae (Clm. Monac. 4423) fol. 139 b. B. — 1, 5 Occurris B. — 4, 3 Tuorumque B. — 5, 8 o gaudios a. B.

37. Ad sanctam Agnetem.

1. Ave, Agnes, natu clara,
   Vultu decens, actu gnara,
   Audi me ad te clamantem
   Et exaudi suspirantem.

2. Ave felix et beata
   Agnes, Christo consecrata,
   Aurem ad me huc inclina,
   Tolle moras et festina.

3. Ave, Agnes, tota munda,
   Me totum immundum munda,
   Vulnus mentis meae sana,
   Fuga cuncta a me vana.

4. Ave, sponsa Deo digna,
   Martyr dulcis et benigna,
   Solve ad finalem punctum,
   Regnans in me, malum cunctum.

5. Ave, Agnes, flos vernalis,
   Lava me a cunctis malis,
   Transfer impolluto calle
   Me ex mundi hujus valle.

6. Ave, innocens columba,
   Me duc ex peccati tumba,
   Mihi confer cor contritum,
   Omni bono redimitum.

7. Ave, o bellatrix fortis,
Salva me de portis mortis,
Aufer a me pravos motus,
Per te mundus fiam totus.

8. Ave, Agnes, lux novella,
Fulgens cordis mei stella,
Me reforma plene Deo,
Dulci redemptori meo.

9. Ave, Agnes, tua dextra
Sana me intus et extra,
Tua me tutela fove,
Et sic ad virtutes move.

10. Ave, Agnes, virgo casta,
Hora mortis mihi asta,
Ne quidquam mihi molesti
Irrogent hostes funesti.

11. Ave, Agnes, vas virtutum,
Contra Sathan te da scutum,
Tuta me ab orci valva,
A secunda morte salva.

12. Ave, Agnes, meum lumen,
Duc ad coeli me cacumen,
Ubi per tuum precamen
Deum semper laudem. Amen.

Cod. Tegurin. (Clm. Monac. 19824) fol. 278 b. — Obschon die Form dieses Liedes von den übrigen abweicht, verrät sich der Auctor doch hinreichend, namentlich 11, 2 te da scutum.

38. Ad eandem.

1. Gaude, sponsa Christi, Agna,
Quae mundi transisti stagna
Dulci cum constantia;
Gaude, quod cum nudabaris,
Crine magis tegebaris
Quam amictus gloria.

2. Gaude, quod in lupanari
Te non permisit foedari
Angeli custodia;
Gaude, per te suscitatur
Tuus sponsus, qui necatur,
Sathanae nequitia.

3. Gaude, quod flammam urentem
Vicisti, te non nocentem,
Salvatoris gratia;
Gaude, quod transgutturata
Et cruore laureata,
Mercaris coelestia.

4. Gaude, quod perdendo mortem,
Invenisti vitae sortem
Felici victoria;
Gaude Christo sociata,
Duc nostra delens peccata
Nos ad coeli gaudia.

Cod. Tegurin. (Clm. Monac. 19824) fol. 278 b. A. — Cod. SS. Udalrici et Afrae (Clm. Monac. 4423) fol. 139 b. B. — Cod. Lunaelac. (Palat. Vindob. 4087) fol. 260 b. C.

39. Ad sanctam Caeciliam.

1. Ave, o Caecilia,
Tota speciosa,
Candens ut si lilia
Juncta sint cum rosa,
Contemnis sublimia
Et imperiosa,
Eligis humilia
Magis gratiosa.

2. Ave, quae ab impiis
Nimis aversaris,
Nam obscoenis nuptiis
Tu non delectaris,
Sed in piis studiis
Tota conversaris,
Hinc coeli deliciis
Digne satiaris.

Dreves, Conradus Gemnicensis.   13

3. Ave, decens. viola,
     Flos humilitatis,
   In me nunquam viola
   Fidem caritatis,
   Dele facta frivola
     Meae pravitatis,
   Ne damnatae incola
   Fiam civitatis.

4. Ave, sponsa sedula
     Christi redemptoris,
   Tua prece jacula
   Vincam temptatoris,

Non me fuscet màcula
  Ultra pravi moris,
Succende me facula
Divini amoris.

5. Ave, in hoc saeculo,
     Rosa sine spina,
   In mortis articulo
   Accurre festina,
   Mihi tuo famulo
     Assistens vicina,
   Et in Jesu lectulo
   Me tecum inclina.

Cod. Tegurin. (Clm. Monac. 19824) fol. 280 b. A. — Cod. SS. Udalrici
et Afrae (Clm. Monac. 4423) fol. 141 a. B. — 4, 2 Almi redemptoris.

40. Ad sanctam Christinam.

1. Ave, Sion filia,
     Sacra o Christina,
   Orta de Barbaria
   Ut rosa de spina,
   Spreta idolatria
     De mundi sentina
   Surgis, horres omnia,
     Volas ad divina.

2. Ave, me fac viñcere,
     Quae tu superasti,
   Fluxum carnis temerae,
   Quem tu exsiccasti,
   Mundum da contemnere,
     Quem tu conculcasti,
   Sathanam confundere,
     Da, quem exsufflasti.

3. Ave, meos corrige
     Sensus, o sacrata,
   Ad Deum me dirige,
     O desiderata,

Ad virtutes erige
  Tua prece grata,
Cum salute porrige
  Gaudia beata.

4. Ave virgo, propere
     Veni, o decora,
   Veni, veni prospere,
     Veni sine mora,
   Veni, et a scelere
     Ut absolvar, ora,
   Custodi summopere
     Me in mortis hora.

5. Ave, infernalia
     Mala me vitare
   Et tormenta alia
     Juva declinare,
   Ad coelorum gaudia
     Statim evolare
   Me fac et in gloria
     Cum Christo regnare.

Cod. Tegurin. (Clm. Monac. 19824) fol. 280 a.

41. Ad sanctam Cunigundem.

1. Ave, virgo regia,
     Dulcis sponsa Christi,
   Cunigundis, vitia
   Quae gaudens vicisti,

Tu delectabilia
  Mundi abjecisti,
Cum dulci fiducia
  Christum induisti.

2. Ave, Sion filia,
   Te Christus salvavit
   Carnis ab infamia,
   Qua te maculavit
   Daemonis nequitia,
   Sed eum prostravit
   Tua innocentia
   Atque superavit.

3. Ave, candens lilium,
   O dulcis regina,
   Honoris triclinium,
   Rosa sine spina,
   Mihi in subsidium
   Gaudenter festina,
   Et a malignantium
   Custodi ruina.

4. Ave, virgo, dulcior
   Quae es favo mellis
   Cordi meo, clarior
   Universis stellis,
   Tu mihi es gratior
   Prae sanctis puellis,
   Salva me, nam morior
   Mundi in procellis.

5. Ave, gaudes titulo
   Quae virginitatis,
   Intuere oculo
   Me nunc pietatis,
   Solvar adminiculo
   Tuo a peccatis,
   Victo mortis vinculo
   Conregnem beatis.

Cod. Tegurin. (Clm. Monac. 19824) fol. 281 b.

42. Ad sanctam Katharinam.

1. Ave, o eximia
   Virgo Katharina,
   Exorta de Graecia,
   Martyr et regina,
   De tua praesentia
   Mons exsultat Sina,
   In omni angustia
   Mihi sis vicina.

2. Ave, quae Maxentium
   Caesarem sprevisti,
   Et ad Christum gentium
   Rhetores duxisti,
   Rotarum supplicium
   Prece confregisti,
   Jucunda per gladium
   Coelos introisti.

3. Ave, quae in gloria
   Locum tenes gratum,
   Vide in miseria
   Me et culpa natum,

   Currentem per devia
   Adhuc per peccatum
   Spernentem felicia,
   Fac fine beatum.

4. Ave, virgo propera
   Mihi in solamen,
   Exsurgam ad prospera
   Tuum per levamen,
   Da, ut spernam scelera,
   Mihi respiramen,
   Scandam super sidera
   Tuum per ducamen.

5. Ave, mea gloria,
   Ave, vas virtutum,
   In mortis angustia
   Te fer mihi scutum,
   Me fac a fallacia
   Sathanae solutum,
   Praebe ad coelestia
   Iter mihi tutum.

Cod. Tegurin. (Clm. Monac. 19824) fol. 279 b. A. — Cod. SS. Udalrici et Afrae (Clm. Monac. 4423) fol. 139 b. B. — Cod. Tegurin. (Clm. Monac. 20021) anni 1470 fol. 342 b. C. — 2, 3 rhetores | Gentium B. — 3, 4 Me in culpa — 3, 7 Nam sperno felicia et finem beatum B. — 5, 4 Te fehlt B. — 5, 7 Da in coeli curia | Me cum Christo tutum B.

43. Ad sanctam Luciam.

1. Ave, virgo nobilis
   O Syracusana,
   Lucia immobilis,
   Quae stas fide sana,
   Praesidis ignobilis
   Dicta spernis vana,
   Vulnus poenae labilis
   Mente suffers plana.

2. Ave, ecce nimium
   Gravor sub peccato,
   Opis praebe brachium
   Mihi desolato,
   Contra omne vitium
   Me nunc confortato,
   Placa regem omnium
   Interventu grato.

3. Ave, de mortalibus
   Me solve peccatis,
   Et de venialibus
   Saepe iteratis,

Per te primis motibus
In me temperatis
Sic, ut sim in actibus
Dehinc pietatis.

4. Ave, me hic vivere
   Da sine querela,
   Modum quo proficere
   Valeam, revela;
   Viam vitae pandere
   Dignanter anhela,
   Nam vult post te currere
   Mea mens anhela.

5. Ave, de virtutibus
   Ad montem virtutum,
   Me duc ab obstantibus
   Iter para tutum,
   Cunctis impugnantibus
   Me te offer scutum,
   Junge me coelestibus
   Gloria indutum.

Cod. Tegurin. (Clm. Monac. 19824) fol. 280 a.

44. De sancta Margaretha.

1. Ave, o ingenua,
   Dulcis Margaretha,
   Vana et felliflua
   Mundi transis freta,
   Sathanae tu cornua
   Calcas inquieta,
   Pro me flecte genua
   Deo mente laeta.

2. Ave, in me tabuit
   Lumen rationis,
   Heu et fructus marcuit
   Bonae actionis,
   Torpor me absorbuit
   Indurationis,
   Proh pudor, praevaluit
   Faex confusionis.

3. Ave, jam confugio
   Ad te cum pavore,
   Ut sim sub refugio
   Tuo tutiore,
   Namque culpae vitio
   Pro sordidiore
   Scio, Dei filio
   Me ingratum fore.

4. Ave, aures precibus
   Imple salvatoris,
   Pro cunctis reatibus
   Mei peccatoris,
   Ut solvar ab actibus
   Vitae vilioris,
   Ne involvar ignibus
   Aeterni furoris.

5. Ave, tua gratia
   Gaudeam sanatus,
   Ab omni miseria
   Culpae serenatus

Sim in conscientia,
In Christo fundatus,
Conregnem in gloria
Ipsi sociatus.

Cod. Tegurin. (Clm. Monac. 19824) fol. 281 a. A. — Cod. SS. Udalrici et Afrae (Clm. Monac. 4423) fol. 140 a. B. — Cod. Lunaelac. (Palat. Vindob. 4087) fol. 259 a. C. — 2, 3 Et fructus heu B.

45. Ad sanctam Ursulam.

1. Ave, virgo Ursula,
   Generis regalis,
   Non te carnis macula
   Fuscat aliqualis,
   In te tabernacula
   Princeps illocalis
   Fixit, praebens oscula
   Sponsi spiritalis.

2. Ave, primiceria
   Victoriosarum,
   Te undena milia
   Ornant puellarum,
   Tibi per martyria
   Tot quidem sanctarum
   Frequentantur gloria
   Per orbem terrarum.

3. Ave, mundi dulcia
   Quae aspernabaris,
   Juste tympanistria
   Agni nuncuparis,

Christo multa milia
Martyrum lucraris,
Cum quibus in curia
Coeli gloriaris.

4. Ave, ecce sceleris
   Me laedit ligamen,
   Cujus quoque ponderis
   Opprimit gravamen,
   Praecurre prae ceteris
   Ad meum juvamen,
   Contra tela veteris
   Hostis sis tutamen.

5. Ave, his temporibus
   Quae surgis ut stella,
   Occidentis partibus
   Patrona novella,
   Tuis piis precibus
   Mortis fuga fella,
   Me junge coelestibus,
   O dulcis puella.

Cod. Tegurin. (Clm. Monac. 19824) fol. 281 b. A. — Cod. SS. Udalrici et Afrae (Clm. Monac. 4423) fol. 141 b. B.

46. Ad sanctam Mariam Magdalenam.

1. Ave, clari generis
   Dulcis Magdalena,
   . Universi sceleris
   Quae fuisti plena,
   Illustravit sideris
   Te coelestis vena,
   Fructum vitae foederis
   Degustas amoena.

2. Ave, quae convivia
   Felix introisti,
   Ubi Jesum copia
   ꓹBalsami unxisti,

Pedes abundantia
Lacrymae lavisti,
Quos crinis decentia
Osculans tersisti.

3. Ave, te clementiae
   Dei mundat norma,
   Quae es poenitentiae
   Speculum et forma,
   Me obedientiae
   Divinae reforma
   Et benevolentiae
   Ipsius conforma.

4. Ave, quae jam pabulo
   Vitae regionis
 Frueris, a poculo
   Me nunc Babylonis
 Salva et a vinculo
   Educ Pharaonis,
 Ne plectar venabulo
   Dirae ultionis.

5. Ave, o discipula
   Christi redemptoris,
 Funda propugnacula
   Boni in me moris,
 Et ad fontem stimula
   Me Dei amoris,
 Ut vivam per saecula
   In regno decoris.

Cod. Tegurin. (Clm. Monac. 19824) fol. 279 a. A. — Cod. SS. Udalrici et Afrae (Clm. Monac. 4423) fol. 139 a. B. — 1, 8 Degusta B.

Druckfehler.

S. 7 Zeile 1 v. u. lies: Hiezu verfaſste im Auftrage, statt: verfaſste er im Auftrage.

Inhalts-Verzeichnis.

Pierer'sche Hofbuchdruckerei, Stephan Geibel & Co. in Altenburg.

Lightning Source UK Ltd.
Milton Keynes UK
UKHW010633180119
335699UK00006B/728/P